QICHE LINGBUJIAN ZHIZAO GONGYI JI DIANXING SHILI

汽车零部件制造工艺及典型实例

张志君　主　编
王宇昆　吴永锋　孙澄宇　副主编

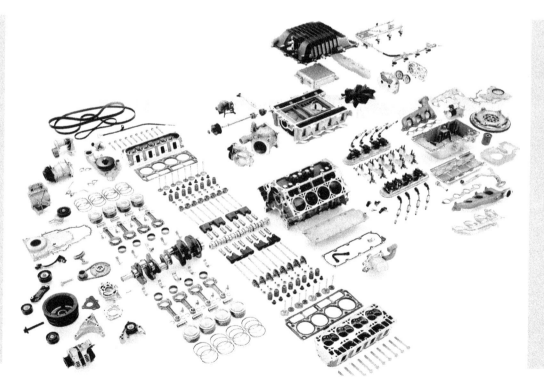

化学工业出版社
·北京·

全书分为上、下两篇：上篇为汽车零部件机械加工的基础知识，包括结构工艺性、工艺基础、工艺规程制定、定位与装夹、质量控制、装配工艺尺寸链等；下篇重点介绍各种典型汽车零件的加工工艺，主要介绍了齿轮、连杆、曲轴、箱体、车身、活塞、半轴、轮毂8种典型汽车零件的机械加工工艺过程、工艺特点和分析、加工操作要点等。本书内容针对性强，注重加工实际，有较强的实用性。

本书可作为高等院校有关汽车、拖拉机、内燃机各专业的教学用书，也可作为从事汽车、拖拉机、内燃机等设计、研究、生产、制造、维修等工程技术人员和技术工人的参考用书。

图书在版编目（CIP）数据

汽车零部件制造工艺及典型实例/张志君主编.—北京：化学工业出版社，2015.11（2018.1重印）
ISBN 978-7-122-25140-4

Ⅰ.①汽⋯ Ⅱ.①张⋯ Ⅲ.①汽车-零部件-生产工艺 Ⅳ.①U463.06

中国版本图书馆CIP数据核字（2015）第218041号

责任编辑：张兴辉　　　　　　　　　　　文字编辑：项　潋
责任校对：王　静　　　　　　　　　　　装帧设计：王晓宇

出版发行：化学工业出版社（北京市东城区青年湖南街13号　邮政编码100011）
印　　装：北京虎彩文化传播有限公司
787mm×1092mm　1/16　印张23½　字数549千字　2018年1月北京第1版第2次印刷

购书咨询：010-64518888　　　　　　　　售后服务：010-64518899
网　　址：http://www.cip.com.cn

凡购买本书，如有缺损质量问题，本社销售中心负责调换。

定　价：98.00元　　　　　　　　　　　　　　　　　版权所有　违者必究

前言　FOREWORD

　　作为全球汽车第一大产销国，中国没有一家汽车制造企业品牌价值进入汽车品牌价值排行榜前十行列。与世界发达的工业国家相比，我国的汽车零部件产品存在性能差、寿命短、质量不稳定等问题。原因当然是多方面的，然而技术队伍的素质是主要原因。汽车零部件制造工艺技术中许多方面要依赖于生产者的经验和技巧。随着中国汽车制造业的迅猛发展，新生力量不断增加，国内汽车制造业急待提高制造者的技术水平。而本书就是为了满足读者需要和社会需求，在化学工业出版社倡导下编写的。

　　本书分上篇、下篇两部分，上篇主要介绍了汽车零部件制造工艺基本概念，汽车零部件结构工艺性，汽车零部件常见制造工艺基础知识，汽车零部件机械加工工艺规程制定，工件的定位和机床夹具，汽车零部件加工精度及质量控制及其汽车零部件装配工艺等。下篇介绍典型汽车零件的加工工艺，主要介绍了齿轮、连杆、曲轴、箱体、车身、活塞、半轴、轮毂共8种典型汽车零件的机械加工工艺过程、工艺特点和分析、加工操作要点等。

　　本书的特点是针对性强，理论联系实际，内容实用，图文并茂。本书除可作为高等院校有关汽车、拖拉机、内燃机各专业的教学用书外，也可作为从事汽车、拖拉机、内燃机等设计、研究、生产、制造、维修等工程技术人员和技术工人的参考用书。

　　本书由张志君主编，王宇昆、吴永锋、孙澄宇副主编，参加本书编选和制图工作的还有刘丽杰、郝政、王志军、凌明泽、陈向东等。

　　由于编写时间较短，加之编者水平有限，书中难免有不妥之处，敬请广大读者批评指正。

编　者

目录 | CONTENTS

上 篇

第1章 汽车零部件制造工艺基本概念 …… 1
- 1.1 汽车零件的生产过程 …… 1
- 1.2 汽车生产的工艺过程 …… 2
- 1.3 汽车零件的加工经济精度 …… 3
  - 1.3.1 加工精度和成本的关系 …… 4
  - 1.3.2 加工经济精度与加工方法的选择 …… 4
- 1.4 汽车制造专业的工艺文件 …… 7
  - 1.4.1 工艺规程 …… 7
  - 1.4.2 管理用工艺文件 …… 10

第2章 汽车零部件结构工艺性 …… 11
- 2.1 概述 …… 11
- 2.2 汽车零件结构的机械加工工艺性 …… 12
  - 2.2.1 提高零件的标准化程度 …… 12
  - 2.2.2 零件结构应便于在机床或设备上安装 …… 14
  - 2.2.3 零件结构应利于提高切削效率和保证加工质量 …… 15
  - 2.2.4 零件结构应便于工件的加工和测量 …… 16
  - 2.2.5 零部件加工时要有足够的刚性 …… 19
- 2.3 零件设计尺寸及其偏差和表面粗糙度的合理标注 …… 19
  - 2.3.1 对设计尺寸标注的要求 …… 19
  - 2.3.2 零件设计尺寸的分类 …… 19
  - 2.3.3 主要尺寸的标注方法 …… 20
  - 2.3.4 尺寸标注的一般方法和步骤 …… 20
  - 2.3.5 尺寸标注时应考虑的一些工艺问题 …… 21
  - 2.3.6 表面粗糙度的合理标注 …… 28
- 2.4 产品结构的装配工艺性 …… 28
  - 2.4.1 产品的继承性好 …… 28
  - 2.4.2 产品能分解成若干个独立装配的装配单元 …… 28
  - 2.4.3 各装配单元要有正确的装配基准 …… 29
  - 2.4.4 便于装配和拆卸 …… 30
  - 2.4.5 正确选择装配方法 …… 31
  - 2.4.6 尽量减少装配时的修配和机械加工 …… 32
  - 2.4.7 连接结构形式应便于装配工作的机械化和自动化 …… 32

第3章 汽车零部件常用制造工艺基础知识 …… 33
- 3.1 汽车零部件毛坯制造工艺基本知识 …… 33
  - 3.1.1 铸造 …… 33
  - 3.1.2 锻造 …… 41
  - 3.1.3 焊接 …… 46
  - 3.1.4 冲压 …… 68
  - 3.1.5 粉末冶金 …… 74
  - 3.1.6 塑料成形工艺 …… 77
- 3.2 汽车零件的一些典型的加工方法 …… 81
  - 3.2.1 拉削和镗削 …… 82
  - 3.2.2 磨削 …… 85
  - 3.2.3 光整加工 …… 87
  - 3.2.4 齿面的加工 …… 89
  - 3.2.5 表面强化工艺与电加工 …… 89

第4章 汽车零部件机械加工工艺规程制定 …… 92
- 4.1 概述 …… 92
- 4.2 工艺路线的制定 …… 92
  - 4.2.1 定位基准的选择 …… 92
  - 4.2.2 表面加工方法的选择 …… 96
  - 4.2.3 加工阶段的划分 …… 98

4.2.4　工序的集中与分散 …………… 100
　4.2.5　工序顺序的安排 ……………… 101
4.3　工序具体内容的确定 ……………… 103
　4.3.1　加工余量和工序尺寸的
　　　　 确定 ………………………… 103
　4.3.2　机床（设备）及工艺装备的
　　　　 选择 ………………………… 107
　4.3.3　切削用量的确定 ……………… 108
　4.3.4　时间定额的确定 ……………… 108
4.4　工艺方案的经济评比 ……………… 109
4.5　提高机械加工劳动生产率的工艺
　　 途径 …………………………………… 112
　4.5.1　缩短单件计算定额的工艺
　　　　 措施 ………………………… 112
　4.5.2　多台机床操作 ………………… 114
　4.5.3　高效和自动化加工 …………… 114
4.6　成组技术概述 ……………………… 115
　4.6.1　成组技术的概念 ……………… 115
　4.6.2　零件组的划分 ………………… 116
　4.6.3　成组工艺过程及生产组织
　　　　 形式 ………………………… 116
　4.6.4　成组加工的生产组织
　　　　 形式 ………………………… 117

第5章　工件的定位和机床夹具 ……… 119

5.1　基准的概念 …………………………… 119
　5.1.1　设计基准 ……………………… 119
　5.1.2　工艺基准 ……………………… 119
5.2　工件的装夹方法和位置公差的
　　 保证 …………………………………… 121
　5.2.1　找正装夹法 …………………… 121
　5.2.2　专用机床夹具装夹法 ………… 122
　5.2.3　工件位置公差的保证 ………… 123
5.3　专用机床夹具的组成及其
　　 分类 …………………………………… 123
　5.3.1　专用机床夹具的组成 ………… 123
　5.3.2　专用机床夹具的分类 ………… 124
5.4　工件在夹具中定位的基本
　　 规律 …………………………………… 125
　5.4.1　工件定位的六点定位
　　　　 规则 ………………………… 125
　5.4.2　工件正确定位应限制的自
　　　　 由度 ………………………… 126
　5.4.3　机床夹具定位元件及其所限制的
　　　　 自由度 ……………………… 129

5.5　定位误差的分析与计算 …………… 139
　5.5.1　定位误差的定义及产生的
　　　　 原因 ………………………… 139
　5.5.2　定位误差的分析与计算 ……… 141
　5.5.3　加工误差不等式 ……………… 148
5.6　工件的夹紧及夹紧装置 …………… 149
　5.6.1　夹紧装置的组成和夹紧的基本
　　　　 要求 ………………………… 149
　5.6.2　夹紧力的确定 ………………… 150
　5.6.3　常用的典型夹紧机构 ………… 152
5.7　典型机床夹具 ……………………… 157
　5.7.1　钻床夹具 ……………………… 157
　5.7.2　铣床夹具 ……………………… 161
5.8　夹具设计的方法和步骤 …………… 163
　5.8.1　夹具设计的要求 ……………… 163
　5.8.2　夹具的设计步骤 ……………… 164

第6章　汽车零部件加工精度及质量
　　　　 控制 …………………………… 166

6.1　机械加工质量的概念 ……………… 166
　6.1.1　加工精度 ……………………… 166
　6.1.2　表面质量 ……………………… 167
6.2　产生加工误差的主要因素 ………… 167
　6.2.1　原理误差 ……………………… 167
　6.2.2　机床的制造、安装误差及
　　　　 磨损 ………………………… 168
　6.2.3　刀具的制造误差及磨损 ……… 170
　6.2.4　工艺系统受力、受热变形引起的
　　　　 误差 ………………………… 171
　6.2.5　工件内应力 …………………… 177
　6.2.6　其他误差 ……………………… 179
　6.2.7　加工误差的分析方法 ………… 180
6.3　表面质量的形成及影响因素 ……… 183
　6.3.1　表面粗糙度 …………………… 183
　6.3.2　工件表面层的力学性能和化学
　　　　 性能 ………………………… 185
6.4　加工质量对机器零件使用性能的
　　 影响 …………………………………… 188
　6.4.1　表面质量对零件耐磨性的
　　　　 影响 ………………………… 188
　6.4.2　表面质量对零件耐疲劳性的
　　　　 影响 ………………………… 189
　6.4.3　表面质量对零件耐蚀性的
　　　　 影响 ………………………… 190
　6.4.4　表面质量对零件配合质量的

影响 …………………………… 190

第7章　汽车零部件装配工艺 …… 191
7.1　装配工艺概述 …………………… 191
7.1.1　装配的概念 ………………… 191
7.1.2　装配精度 …………………… 191
7.1.3　装配工作的基本内容 ……… 192
7.1.4　装配工作的生产类型和组织形式 ……………………… 194
7.2　装配工艺规程 …………………… 195
7.2.1　概述 ………………………… 195
7.2.2　制订装配工艺规程的基本原则 ……………………… 195
7.2.3　装配工艺规程的内容及制订的方法和步骤 …………… 196
7.2.4　汽车总装配工艺过程简要介绍 ……………………… 198
7.3　尺寸链基本概念 ………………… 199
7.3.1　尺寸链的定义 ……………… 199
7.3.2　尺寸链的组成 ……………… 200
7.3.3　尺寸链的分类 ……………… 201
7.4　尺寸链计算的基本公式 ………… 202
7.4.1　直线尺寸链的计算 ………… 203
7.4.2　平面尺寸链的计算 ………… 207

7.5　装配尺寸链的建立 ……………… 208
7.5.1　装配尺寸链的基本概念 …… 208
7.5.2　装配尺寸链的建立 ………… 208
7.6　保证装配精度的方法 …………… 212
7.6.1　互换装配法 ………………… 212
7.6.2　选择装配法 ………………… 214
7.6.3　调整装配法 ………………… 217
7.6.4　修配装配法 ………………… 220
7.7　工艺尺寸链的计算 ……………… 221
7.7.1　工序基准、测量基准与设计基准重合时工序尺寸的确定 ……………………… 221
7.7.2　工序基准、测量基准与设计基准不重合时工序尺寸的确定 ……………………… 222
7.7.3　以待加工表面为工序基准时工序尺寸的确定 ………… 224
7.7.4　一次加工同时保证多个设计尺寸时工序尺寸的确定 … 225
7.7.5　对称度、同轴度为设计要求的有关工序尺寸的确定 …… 226
7.7.6　孔系坐标尺寸的计算 ……… 227

下　篇

第8章　齿轮制造工艺 ………………… 229
8.1　齿轮的结构特点及结构工艺性分析 ……………………………… 229
8.1.1　齿轮的结构特点 …………… 229
8.1.2　齿轮的结构工艺性分析 …… 230
8.2　齿轮的机械加工工艺 …………… 231
8.2.1　齿轮的主要技术要求 ……… 231
8.2.2　齿轮的材料和毛坯 ………… 232
8.2.3　齿轮机械加工的定位基准 ………………………… 233
8.2.4　齿轮主要加工表面的工序安排 ……………………… 234
8.3　齿轮主要表面的机械加工 ……… 236
8.3.1　齿坯加工 …………………… 236
8.3.2　齿面加工 …………………… 236
8.3.3　齿端倒角加工 ……………… 241
8.3.4　修磨基准孔和端面 ………… 242
8.3.5　齿轮的检验 ………………… 242

第9章　连杆制造工艺 ………………… 244
9.1　连杆的结构特点及结构工艺性分析 ……………………………… 244
9.1.1　连杆的结构 ………………… 244
9.1.2　连杆的结构工艺性 ………… 245
9.2　连杆的材料、毛坯及主要技术要求 ……………………………… 246
9.2.1　连杆的材料 ………………… 246
9.2.2　连杆的毛坯 ………………… 246
9.2.3　连杆的技术要求 …………… 247
9.3　连杆的机械加工工艺 …………… 248
9.3.1　连杆机械加工的定位基准 ………………………… 249
9.3.2　连杆主要加工表面的工序安排 ……………………… 250
9.4　连杆的主要表面的机械加工 …… 251
9.4.1　大、小头端面的加工 ……… 251
9.4.2　连杆辅助基准和其他平面的

　　　　加工 …………………………… 253
　9.4.3　螺栓孔及锁口槽的加工 …… 254
　9.4.4　连杆大、小头孔的加工 …… 255
　9.4.5　连杆接合面裂解加工
　　　　工艺 …………………………… 256
9.5　连杆的称重、去重以及检验 …… 257
　9.5.1　连杆的称重与去重 ………… 257
　9.5.2　连杆的检验 ………………… 257

第 10 章　曲轴制造工艺 …………… 259
10.1　曲轴的结构特点及主要技术
　　　要求 ………………………………… 259
　10.1.1　曲轴的主要组成部分及
　　　　　功用 ………………………… 259
　10.1.2　曲轴的结构特点 …………… 261
　10.1.3　曲轴的技术要求 …………… 263
10.2　曲轴的加工工艺分析 …………… 264
　10.2.1　曲轴的材料 ………………… 264
　10.2.2　曲轴毛坯制造工艺 ………… 265
　10.2.3　曲轴的加工工序安排与定位基
　　　　　准的选择 …………………… 266
　10.2.4　曲轴的表面强化工艺 ……… 269
10.3　大批量曲轴的机械加工
　　　工艺 ………………………………… 270
　10.3.1　曲轴轴颈车削加工 ………… 271
　10.3.2　曲轴轴颈铣削加工 ………… 272
　10.3.3　曲轴车拉加工 ……………… 273
　10.3.4　CNC 高速曲轴外铣
　　　　　加工 ………………………… 274
　10.3.5　曲轴磨削工艺 ……………… 275
　10.3.6　曲轴光整加工工艺 ………… 276
　10.3.7　曲轴的动平衡处理
　　　　　工艺 ………………………… 277

第 11 章　箱体零件制造工艺 ……… 278
11.1　箱体零件的结构特点及技术
　　　要求 ………………………………… 278
　11.1.1　箱体零件的结构特点及结构工
　　　　　艺性 ………………………… 278
　11.1.2　箱体零件的技术要求 ……… 280
11.2　箱体零件机械加工工艺 ………… 281
　11.2.1　箱体零件的材料和
　　　　　毛坯 ………………………… 281
　11.2.2　箱体零件机械加工的定位
　　　　　基准 ………………………… 283
　11.2.3　箱体零件主要加工表面的机械

　　　　　加工工序安排 ……………… 284
　11.2.4　箱体零件机械加工的加工
　　　　　方案 ………………………… 285
11.3　箱体平面的加工方法 …………… 287
11.4　箱体孔隙的加工方法 …………… 290
　11.4.1　平行孔系的加工 …………… 291
　11.4.2　同轴孔系的加工 …………… 293
　11.4.3　交叉孔系的加工 …………… 293

第 12 章　汽车车身制造工艺 ……… 294
12.1　汽车车身冲压材料 ……………… 294
　12.1.1　汽车车身冲压材料的
　　　　　要求 ………………………… 295
　12.1.2　常用汽车车身冲压
　　　　　材料 ………………………… 296
　12.1.3　新型汽车车身冲压
　　　　　材料 ………………………… 299
12.2　汽车车身覆盖件冲压工艺 ……… 300
　12.2.1　汽车车身覆盖件的特点及
　　　　　分类 ………………………… 300
　12.2.2　常用的冲压工序 …………… 302
　12.2.3　车身覆盖件的冲压
　　　　　工艺 ………………………… 304
12.3　汽车车身装焊工艺 ……………… 309
　12.3.1　车身装焊的过程 …………… 309
　12.3.2　汽车车身常用焊接
　　　　　方法 ………………………… 310
　12.3.3　车身装焊夹具及生
　　　　　产线 ………………………… 318
12.4　汽车车身涂装工艺 ……………… 320
　12.4.1　车身涂装用涂料 …………… 320
　12.4.2　涂装前的表面处理 ………… 323
　12.4.3　车身涂装工艺体系及常用涂装
　　　　　方法 ………………………… 324

第 13 章　活塞制造工艺 …………… 329
13.1　活塞的结构特点及结构工
　　　艺性 ………………………………… 329
　13.1.1　活塞的结构特点 …………… 329
　13.1.2　活塞的结构工艺性 ………… 330
13.2　活塞的材料、毛坯及主要技术
　　　要求 ………………………………… 331
　13.2.1　活塞的材料 ………………… 331
　13.2.2　活塞的毛坯 ………………… 332
　13.2.3　活塞的主要技术要求 ……… 333
13.3　活塞的加工工艺 ………………… 334

  13.3.1 活塞加工工艺性分析 …… 334
  13.3.2 活塞加工定位基准的
     选择 …………………… 334
  13.3.3 活塞的加工工序安排 …… 336
  13.3.4 活塞的加工工艺过程 …… 336
 13.4 活塞主要表面的加工 …………… 337
  13.4.1 活塞裙部的精加工 ……… 337
  13.4.2 活塞环槽的加工 ………… 340
  13.4.3 活塞销孔的加工 ………… 340

第14章 半轴制造工艺 ……………… 343
 14.1 半轴的结构特点及结构工
   艺性 ……………………………… 343
  14.1.1 半轴的支承及受力 ……… 343
  14.1.2 半轴的结构及结构工
     艺性 …………………… 344
 14.2 半轴的选材及主要技术
   要求 ……………………………… 345
  14.2.1 半轴的选材 ……………… 345
  14.2.2 半轴的主要技术要求 …… 346
 14.3 半轴的加工工艺 ………………… 347
  14.3.1 半轴毛坯的成形工艺 …… 348
  14.3.2 半轴的热处理工艺及机械加工
     工艺 …………………… 351

第15章 轮毂制造工艺 ……………… 352
 15.1 轮毂的结构特点及结构工
   艺性 ……………………………… 352

  15.1.1 轮毂的结构特点 ………… 352
  15.1.2 轮毂的结构工艺性 ……… 353
 15.2 轮毂的材料及主要技术
   要求 ……………………………… 354
  15.2.1 轮毂的材料 ……………… 354
  15.2.2 汽车轮毂的主要技术
     要求 …………………… 356
 15.3 轮毂的加工工艺 ………………… 358
  15.3.1 钢制轮毂制造工艺 ……… 358
  15.3.2 铝合金轮毂制造工艺 …… 358

第16章 转向节制造工艺 …………… 361
 16.1 转向节结构工艺性 ……………… 361
  16.1.1 转向节的结构特点和主要技术
     要求 …………………… 361
  16.1.2 转向节的毛坯材料及制造
     方法 …………………… 362
  16.1.3 转向节结构工艺性 ……… 362
 16.2 转向节的加工工艺 ……………… 363
  16.2.1 转向节加工工艺过程
     概述 …………………… 363
  16.2.2 转向节的机械加工工艺
     分析 …………………… 364
  16.2.3 转向节加工精度的
     检验 …………………… 366

参考文献 ……………………………… 367

上 篇

第1章 汽车零部件制造工艺基本概念

1.1 汽车零件的生产过程

汽车是一个复杂的机械产品，构成一辆汽车的整体零部件包括细小的螺丝钉在内，数目大概在3万个左右。其生成过程也是相当复杂的。由原材料制成各种零件和总成（总成是由若干个零件按规定技术要求组装的装配单元），并装配成汽车产品的全部过程称为汽车生产过程。其中包括原材料的运输和保管，生产准备，毛坯制造，零件的机械加工与热处理，部件装配和汽车的总装配，产品的品质检验和试车、调试、涂装及包装、储存等。图1-1所示为汽车生产过程。

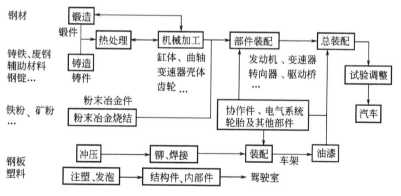

图1-1 汽车的生产过程

汽车零件的生产过程也是由一个或者几十个不同的专业化生产厂（车间）联合完成的。汽车零件的生产过程是指从原材料到汽车零件成品的全过程。一个零件的完成一般要经历毛坯制造、热处理、机械加工等过程。例如生产一台发动机，首先是铸造、锻件厂（车间）将各种特性不同的原材料加工制成毛坯，然后经过机械加工、热处理厂（车间）制成合格的零件，再结合利用其他专业技术的产品，如火花塞（汽油机）、燃油泵（柴油机）等各种附件，在总装厂（车间）进行部件装配和总成装配，最后经过调试试验达到要求的性能指标，成为一台合格的发动机。一家汽车制造企业是不可能承担全部汽车零部件的生产的，一般它只完成生产过程中的主要零件和部件及总成的生产，如发动机、变速器、驱动桥、车架、车身等。其余的零部件或附件，如橡胶轮胎制品、玻璃制品、电子电气装置等，则由产品专业化企业或公司完成生产。

1.2 汽车生产的工艺过程

工艺是指制造产品的方法，它包含各种制造技术和手段。生产过程中，直接改变生产对象的形状、尺寸、表面之间相对位置和性能等，使之变为成品或者半成品的方法和具体过程，称为工艺过程。例如毛坯的铸造、锻造和焊接，改变材料性能的热处理，零件的机械加工和装配等，都属于工艺过程。汽车制造的工艺过程包括毛坯（铸件、锻件等）制造工艺过程、热处理工艺过程、零件的机械加工工艺过程、总成或部件及汽车产品的调试、装配工艺、检验工艺过程等。

将原材料通过浇铸、锻造、冲压或焊接的方法制造成铸件、锻件、冲压件或焊接件的生产过程，分别称为铸造、锻造、冲压或焊接工艺过程，统称为毛坯制造工艺过程。

通过各种热处理方法改变零件材料性能的生产过程，称为热处理工艺工程。

在机床设备上利用金属切削刀具或者磨料工具，利用切削加工方法，直接改变毛坯的形状、尺寸、表面质量以及物理力学性能，使之成为合格零件的生产过程，称为机械加工工艺过程。就广义而言，电加工、超声波加工、激光加工、电子束及离子束加工等也属于机械加工工艺过程。根据机械加工中有无切屑，可以分为切屑加工和无屑加工两类。切屑加工是利用切削刀具或磨料工具从生产对象（工件）上切除多余材料的加工方法，如汽车制造中所采用的车削、钻削、铰削、铣削、拉削、镗削、磨削、研磨、抛光、超精加工和齿轮轮齿加工中的滚齿、插齿、剃齿，以及锥齿轮轮齿加工中的铣齿、拉齿等。无屑加工是使用滚挤压工具对生产对象施加压力，使其产生塑性变形而成形和强化表面的加工方法，如汽车零件制造中采用的热轧齿轮轮齿、冷轧和冷挤压齿轮轮齿、滚挤压轴零件外圆和内孔等。

按规定的装配技术要求，将合格产品零件以及外购件、标准件等装配成组件、部件和整台机器的生产过程，称为装配工艺过程。它是改变零件、装配单元（总成或部件）间的相对位置的过程，分为总成部件的装配（分装或部装）和汽车产品的总装配。

一个零件的机械加工往往比较复杂。为了便于生产组织和管理，合理调配和使用生产设备以及其他生产资源，保证零件加工质量和提高生产效率，生产中常常把机械加工工艺过程分为若干个依次排列的工序，而工序又可分为安装、工位、工步和走刀等。毛坯通过这些工序就变成了成品或者半成品。

机械加工工艺过程主要分为工序、安装、工位、工步、行程等工作内容。

(1) 工序

一个或一组工人，在一个工作地，对一个或同时对几个工件进行连续加工，所完成的那一部分工艺过程，称为工序。工序是组成工艺过程的基本单元，也是生产计划的基本单元。工序划分的主要依据是工作地点是否变动，对同一个工件不同表面的加工是否连接（顺序或者平行）完成。由于零件表面具有不同的形状、精度，因而这些表面不可能在一台机床上全部加工完成。同时划分工序可以提高生产效率，降低生产成本。

（2）安装

工件在加工前，先要把工件放准。确定工件在机床上或夹具中占有正确的位置的过程称为定位。工件定位后将其固定，使其在加工过程中保持定位位置不变的操作方法称为夹紧。将工件在机床上或夹具中定位、夹紧的过程称为装夹。

同一道工序中，工件（或装配单元）经一次装夹后所完成的那一部分工序称为安装。在一道工序中，工件可能被安装一次或几次后才能完成加工。工件在一道加工工序中，应尽量减少安装的次数，若是安装次数增多，就会增加安装的时间，导致生产效率降低；由于多次安装，安装位置改变，容易产生安装误差，影响被加工部位间的精度。所以，在同一工序中，减少安装次数可以提高生产效率和零件的位置精度。对于有位置公差要求的工件（或装配单元）表面，应在一次安装中加工出来。

（3）工位

为了完成一定的工序内容，在采用各种回转工作台、回转夹具、移动夹具、多轴自动机等进行零件加工时，零件一次安装后，工件与机床夹具或设备的可动部分一起相对于刀具或者设备的固定部分的位置变动后所占据的每一个位置上所完成的那一部分工艺过程，称为工位。机床夹具的分度机构或机床设备工作台的移位或转位来实现工位的变换。采用一道工序一次安装两个工位的加工方案的优点是，节省了装卸工件的时间，提高了生产效率，同时在采用毛坯表面装夹条件下，一次安装中的不同工位加工的位置公差较小。

（4）工步

在一次安装或工位中，加工表面（或装配时的连接表面）和加工（或装配）工具、切削用量的转速与进给量保持不变时所连续完成的那一部分工序称为工步。

在汽车零部件加工中，有时为了提高生产效率，常在一次安装中，利用多个刀具同时加工多个待加工表面，作为一个工步，称为复合工步，在工艺规程中，只写为一个工步。

（5）行程

行程（进给次数）有工作行程和空行程之分。工作行程是指刀具以加工进给速度相对工件所完成的一次进给运动的工步部分；空行程是指刀具以非加工进给速度相对工件所完成的一次进给运动的工步部分。

1.3 汽车零件的加工经济精度

汽车零件上具有使用功能的表面，都有较严格的尺寸、形状、位置公差和一定的表面粗糙度要求的规定。为了确保这些加工要求的实现，在零件加工过程中，必须选择一些经济的切削加工方法。这些被加工表面的加工要求能否由这些加工方法来实现，是由该加工方法的加工经济精度来决定的。

加工精度是加工后零件表面的实际几何参数与图纸要求的理想几何参数的符合程度。零件实际几何参数与理想几何参数的偏离数值称为加工误差。加工精度包括三个方面的内容：尺寸精度、形状精度及位置精度。尺寸精度指加工后零件的实际尺寸与零件尺寸的公差带中心的相符合程度；形状精度指加工后的零件表面的实际几何形状与理想的几何形状的相符合程度；位置精度指加工后零件有关表面之间的实际位置与理想位置的相符合程度。

加工经济精度是机械加工中常用的概念。因为企业是追求经济效益的，经济效益是企业生存的依据，因此一个零件从设计到加工都要注意其经济性。加工经济精度是指在正常的加工条件下（采用符合质量标准的设备和工艺装备，使用标准技术等级的工人、不延长加工时间）一种加工方法所能保证的加工精度和表面粗糙度。

使用要求决定加工精度的高低。零件的成本是和加工精度密切相关的，7级精度应该是比较高的精度，再往上 6 级、5 级、4 级是更高的精度，精度等级每往上增加一个等级，加工的难度就会呈几何级增长，不仅对加工机床和工具的要求会更高，也要求工人有较高的加工水平。例如，7 级精度用一般的机床和工具就可以达到，但是 6 级就要用磨床，而 5 级就要用数控机床和精磨，甚至手工研磨了，4 级就更难。每增加一个精度等级可能会多几个工序，多用几台更好的机床，多用技术工人，从而使零件的成本增加。追求经济精度就是要在满足使用要求的条件下以最低的精度、最低的成本，达到追求利益最大化的目的。

1.3.1 加工精度和成本的关系

任何一种加工方法的加工精度和加工成本之间有如图 1-2 所示的关系。图中 δ 表示加工误差，C 表示加工成本。由图中曲线可知，两者关系的变化总趋势是加工误差越小，加工成本越高，加工成本随着加工误差的下降而上升，但在不同的加工误差范围内加工成本上升的比率不同。A 点左侧曲线表明，当加工误差减小到一定范围时，加工误差减少一点，加工成本会上升很多；投入的成本再多，加工误差的下降也是特别不明显的，这说明当加工误差减小到一定的范围时，加工误差基本上不随加工成本的上升而降低，表明某种加工方法加工精度的提高是有极限的（图中 δ_L）。B 点右侧的曲线表明，当加工误差大到一定程度时，加工成本基本上不随着加工误差的增大而减小，这说明对于一种加工方法，当加工误差增大到一定的范围内时，成本的下降也是有极限的，即有最低成本（图中

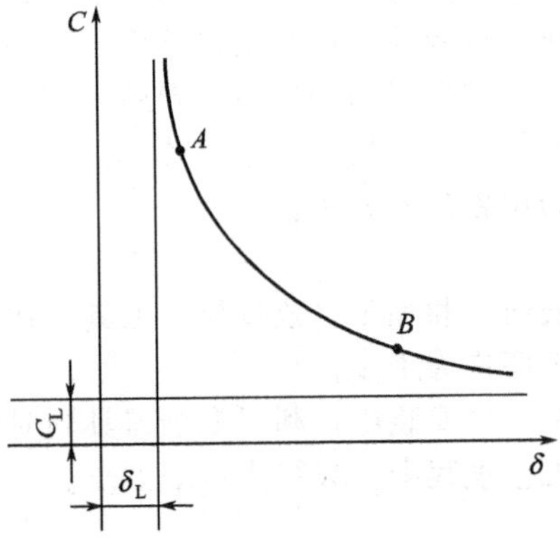

图 1-2 加工精度与加工成本的关系

C_L）。当只有在曲线 AB 段，加工成本随着加工误差的减少而上升的比率相对稳定。由此可见，只有当加工误差等于曲线 AB 段对应的误差值时，采用相应的加工方法加工才是经济的，该误差值所对应的精度即为该加工方法的经济精度。因此，加工经济精度是指一个精度范围而不是一个值。

1.3.2 加工经济精度与加工方法的选择

因为汽车零件的制造大多采用调整法加工，即在一次对刀后，按规定的单件时间加工一批工件。工件的加工精度只能由工艺系统自身的运行来获得，单件时间的限制决定了不可能依靠工人慢工细作的技艺来达到加工精度，也不应靠全数检查来挑选合格品。按零件精度和表面粗糙度要求来确定加工方法时，要比有关表格推荐的经济加工精度保守一个精度等级。例如对精度等级要求为 IT7 的表面加工，要按 IT6 来确定加工方法，或者说，用 IT6 加工方法来加工 IT7 的表面。对表面粗糙度的获得方法也可以这样考虑。各种加工方法（车、铣、刨、钻、镗、铰等）所能达到的加工精度和表面粗糙度都有一定范围，如表 1-1～表 1-8 所示。

表 1-1 外圆柱表面加工的尺寸经济精度

加工方法		公差等级(IT)	加工方法		公差等级(IT)
车削	粗车	11～12	磨削	粗磨	8
	半精车	8～10		精磨	6～7
	精车	7～8		精密磨	5～6

表 1-2 孔加工的经济精度

加工方法		公差等级(IT)	加工方法		公差等级(IT)
	钻孔及用钻头扩孔	11~12	镗孔	精密镗	6~7
扩孔	粗扩	12		金刚镗	6~7
	铸孔或冲孔后一次扩孔	11~12	拉孔	粗拉铸孔或冲孔	7~9
	钻或粗扩后的精扩	9~10		粗拉或钻孔后粗拉孔	7
铰孔	粗铰	9	磨孔	粗磨	7~8
	精铰	6~8		精磨	6~7
	精密铰	6~7		精密磨	6
镗孔	粗镗	10~12		研磨、珩磨	6
	精镗	7~9		滚压、金刚石挤压	6~9
	高速镗	7~8			

注：孔加工精度与工具的制造精度有关。

表 1-3 断面加工的经济精度

加工方法		直径/mm			
		≤50	>50~120	>120~260	>260~500
车削	粗	0.15	0.20	0.25	0.40
	精	0.07	0.10	0.13	0.20
磨削	普通	0.03	0.04	0.05	0.07
	精密	0.02	0.025	0.03	0.035

注：指端面至基准的尺寸精度。

表 1-4 齿轮加工的经济精度

加工方法	精度等级(IT)	加工方法	精度等级(IT)
多头滚刀滚齿($m=1~20mm$)	8~10	直齿锥齿轮刨齿	8
单头滚刀滚齿($m=1~20mm$)	6~8	螺旋锥齿轮刀盘铣齿	8
圆盘形插齿刀插齿($m=1~20mm$)	6~8	蜗轮模数滚刀滚蜗轮	8
圆盘形剃齿刀剃齿($m=1~20mm$)	5~7	热轧齿轮($m=2~8mm$)	8~9
珩齿	6~7	热轧后冷校齿轮($m=2~8mm$)	7~8
磨齿	5~6	冷轧齿轮($m≤1.5mm$)	7

表 1-5 花键加工的尺寸经济精度   mm

花键的最大直径	轴				孔			
	用磨削的滚铣刀铣削		成形磨		拉削		推削	
	精度				热处理前精度			
	花键宽	底圆直径	花键宽	底圆直径	花键圆	底圆直径	花键圆	底圆直径
18~30	0.025	0.05	0.013	0.027	0.013	0.018	0.008	0.012
>30~50	0.040	0.075	0.015	0.032	0.016	0.026	0.009	0.015
>50~80	0.050	0.01	0.017	0.042	0.016	0.030	0.012	0.019
>80~120	0.075	0.125	0.019	0.045	0.019	0.035	0.012	0.023

表1-6 米制螺纹加工的经济精度

加工方法		精度等级	公差带	加工方法	精度等级	公差带
车削	外螺纹	1～2	4h～6h	用圆板牙加工外螺纹	2～3	6h～8h
	内螺纹	2～3	5H、6H、7H	梳形螺纹铣刀	2～3	6h～8h
用梳形刀车螺纹	外螺纹	1～2	4h～6h	旋风切削	2～3	6h～8h
	内螺纹	2～3	5H、6H、7H	搓丝板搓螺纹	2	6h
用丝锥攻内螺纹		1～3	4H、5H～7H	滚丝模滚螺纹	1～3	4h～6h

表1-7 各种加工方法所能达到的公差等级

加工方法		公差精度等级(IT)		加工方法		公差精度等级(IT)	
		经济的精度等级	可达的精度等级			经济的精度等级	可达的精度等级
车	粗	7～8	2	铰	精	4	1
	精	6～7			细	2～3	
	细	3～4		镗	粗	6～7	1
铣	精	6～8	2		精	3～5	
	粗	5			细	2	
	细	3～4		磨	粗	4	1
刨	精	6～8	3		精	3	
	粗	5			细	2	
	细	4		拉削	粗①	5～7	2
钻	无钻模	7	4		精	3～4	
	有钻模	6			细	2～3	
	扩钻	5～6		切螺纹	车削	2～3	2
冷压	冲裁	8	3～4		丝锥		
	踏弯	10	5～6		板牙	3	
	拉伸	9～10	5～6		碾压	2	1
	挤压	5	2	塑料压制		8～9	6～7
粉末冶金		5～7	3				

①一般冷拔型钢的公差等级。

表1-8 表面光洁度的等级、表面特征、加工方法和应用举例

表面光洁度		表面特征	主要加工方法	应用举例
名称	等级			
粗面	1	明显可见刀痕	粗车、粗铣、粗刨、钻	为光洁度最低的加工面，一般很少应用
	2	可见刀痕	用粗纹锉刀和粗砂轮加工	
	3	微见刀痕	粗车、刨、立铣、平铣、钻	不接触表面、不重要的接触面，如螺丝孔、倒角、机座底面等
半光面	4	可见加工痕	精车、精铣、精刨、铰、镗、粗磨等	没有相对运动的零件接触面，如想、盖、套筒
	5	微见加工痕		要求紧贴的表面、键和键槽工作表面，相对运动速度不高的接触面，如支架孔、衬套、带轮轴孔的工作面
	6	看不见加工痕		

续表

表面光洁度		表面特征	主要加工方法	应用举例
名称	等级			
光面	7	可辨加工痕迹方向	精车、精铰、精拉、精镗、精磨等	要求很好的密合接触面,如与滚动轴承配合的表面、锥销孔等;相对运动速度很高的接触面,如滑动轴承的配合表面、齿轮轮齿的工作表面等
光面	8	微变加工痕迹方向		
光面	9	不可辨加工痕迹方向		
最光面	10	暗光泽面	研磨、抛光、超级精细研磨等	精密量具的表面,极重要零件的摩擦面,如气缸的内表面、精密车床主轴径等
最光面	11	亮光泽面		
最光面	12	镜状光泽面		
最光面	13	雾状光泽面		
最光面	14	镜面		

注:各种绝缘零件机加工表面的光洁度规定在 3～6 之间。

1.4 汽车制造专业的工艺文件

工艺文件是指以一定的格式文件的形式确定下来以便贯彻执行的全部资料的总称,按其作用可分为工艺规程和管理用工艺文件两类,工艺规程是管理用工艺文件的基础和依据,管理用工艺文件是工艺规程得以实施的保证,具体见表1-9。

表 1-9 机械加工的主要工艺文件

分类	包含内容	分类	包含内容
工艺规程	工艺过程卡	管理用工艺文件	工艺分工路线图
	工艺卡		各类工具一览表(清单、草案)、更改通知书
	工序卡		专用工装设计任务书
	机床调整卡		专用设备设计任务书
	检验工序卡		工艺更改通知书
	工艺附图		工艺技术问题联系单
	工艺手则		毛坯图
			工厂设计说明书
			工艺设备平面布局图

由于各汽车制造企业具体情况不同,在实际生产中,还应结合具体情况作适当的增减,对工艺文件格式,也可以根据需要自行制定。

1.4.1 工艺规程

工艺规程是把比较合理的工艺过程确定下来后,按一定的格式(通常是表格或图表)和要求写成文件形式要求企业有关人员必须严格执行的指令性文件,称为工艺规程。工艺规程一般包括:工件加工工艺路线及所经过的车间和工段;各工序的内容及所采用的机床和工艺装备;工作的检验方法;切削用量;工时定额及工人技术等级等。

机械加工工艺规程是以卡片形式出现的文件。机械加工工艺规程是规定零件制造生产工艺过程和操作方法的工艺文件,是总结生产实践经验,结合先进制造生产工艺技术和具体生产条件,在合理的工艺理论和必要的生产工艺试验基础上,制定并指导生产组织、生产管理、工艺管理和生产操作等的技术文件。

(1) 工艺规程的作用

① 工艺规程是指导生产的主要技术文件　合理的工艺规程是在长期的生产实践和科学试验的基础上，结合具体生产条件而制定的，运用工艺理论，进行科学的理论分析和运算，并在生产实践过程中不断地加以改进和完善。生产中必须严格执行既定的生产规程，否则，有可能引起产品质量严重下降，生产效率急剧降低，更严重的将使生产陷入混乱状态。但是工艺规程也不是固定不变的，由于生产的发展和科学技术的进步，新工艺、新材料的不断出现，因此工艺人员应该不断总结工人的革新创造，吸取合理化建议、技术革新成果、新技术、新工艺和国内外的先进工艺技术，对现有工艺不断改进和完善发展，以便于更好地发挥其作用。

② 工艺规程是组织和管理生产的基本依据　在产品投入生产前，可依据工艺规程确定生产加工的具体过程和操作方法，进行必要的技术准备和生产准备工作。产品生产过程中，企业生产计划和调度部门可根据工艺规程安排零件的投料时间和数量、调整设备负荷，生产调度、工时考核按工时定额有节奏地进行生产，调整、检验生产零部件的具体过程和操作方法，确保产品合格。工艺规程使整个企业的各科室、车间工段和工作地紧密配合，均衡地完成生产计划。

③ 工艺规程是新建、扩建或改建工厂或车间的基本技术资料　在新建、扩建或改建工厂或车间时，根据工艺规程和生产纲领，可以统计出应配备的机床和设备的种类、规格和数量，同时还能确定机床和设备的布置和动力配置，然后计算出所需车间的面积和工人数量、工种和等级。确定车间的平面布置和厂房基建的具体要求，从而拟定出可行的计划。

④ 工艺规程是进行技术交流的重要手段　技术先进、经济合理的加工工艺可通过工艺规程进行交流，以便于推广先进经验，提高工艺技术水平，这对整个行业技术水平的提高有重要的意义。

(2) 制定工艺规程的原则

制定工艺规程的原则是在一定的生产条件下，在规定的期间内，应以最少的劳动量和最低的成本，可靠地加工出符合图样及技术要求的零件。在设计制定工艺规程时应遵循以下原则。

① 技术上的先进性　在设计制定工艺规程时，要充分了解本行业国内外工艺技术的发展水平，通过必要的工艺试验，在能稳定而可靠地保证零件达到图纸的技术要求时，积极采用适用的先进工艺和工艺装备。

② 经济上的合理性　在一定的生产条件下，应该在可能会出现的多种能保证零件技术要求的工艺方案里，通过核算及相互对比，选择经济上最合理的方案，使产品的能源、原材料消耗和成本最低，实现生产率和生产成本最经济合理。

③ 良好的劳动条件　在设计制定工艺规程时，要注意降低工人的劳动强度，采取机械化或自动化的措施，保障生产安全，创造良好、文明的劳动条件。

(3) 制定工艺规程所需原始材料

在制定工艺规程时，通常应具备的原始资料如下。

① 产品全套装配图和零件的工作图。

② 产品验收的质量标准和交货状态。

③ 产品生产纲领（年产量及品种）。

④ 毛坯资料；毛坯资料包括各种毛坯制造方法的技术经济特征；各种钢材型号的品种和规格；毛坯图等。在无毛坯图的情况下，需要实地了解毛坯的形状、尺寸及力学性能等。

⑤ 工厂（车间）现有的场地、设备等生产条件；只有通过考察现场的工作条件，才能使制定的工艺规程切实可行。在工厂（车间）要深入生产实际，了解毛坯的生产能力和技术水平；加

工设备和工艺装备的规格及性能；工人的技术水平，专用设备和工艺设备的制造能力等。

⑥ 国内外工艺技术的发展情况：工艺规程的制定，即应符合生产实际，又不能墨守成规，要随着产品和生产的发展不断地革新和完善现行工艺。因此要经常研究国内外有关资料，积极引进适用的生产工艺技术，不断提高工艺水平，以便在生产中取得最大的经济效益。

⑦ 有关的工艺手册、标准及图册。

(4) 设计机械加工工艺规程的步骤

① 零件的工艺分析，包括分析被加工零件的结构特点，各项工艺要求，审查零件的机械加工工艺性。制定工艺规程时，应先认真分析零件工作图及其所在部件（总成）装配图，了解零件在部件（总成）中的位置、结构和功用，分析零件结构工艺性及各项技术要求，并根据零件的结构形状和技术要求，找出制定加工工艺的主要技术关键和难点。

② 确定毛坯类型：毛坯选择的合理性对零件机械加工工艺过程的经济性有很大影响。毛坯类型和制造方法不同对零件质量、加工方法、材料利用率以及机械加工工作量都有很大影响。选择毛坯制造方法要考虑毛坯的形状和尺寸、毛坯精度、产量和供货期等，还要从工艺角度对毛坯提出制造要求。确定毛坯类型的主要依据是零件在产品中的作用和生产纲领以及零件本身的结构。

③ 拟定零件机械加工工艺路线：工艺路线是零件在生产过程中由毛坯到成品依次经过的全部加工内容。拟定机械加工工艺路线，就是确定机械加工各道工序的加工方法和顺序。其主要内容有：定位基准的选择；定位装夹方案；各表面加工方法及过程的确定；加工阶段和工序的划分；加工顺序的安排以及热处理、检验和辅助工序的安排等。

拟定机械加工工艺路线是制定机械加工工艺规程的核心环节，一般需提出几种可能的方案进行分析、比较、论证，最后选出一种适合工厂（车间）生产条件、确保加工质量、高效和低成本的最佳方案。

④ 选择满足各工序要求的加工设备：选择加工设备时，应使加工设备规格与工件尺寸相适应；设备精度与工件精度要求相适应；零件形状与机床功能种类相适应；设备生产率必须满足生产类型的要求。

⑤ 确定刀具、夹具、量具和必需的辅助工具对需要设计或改装的工艺装备提出具体的设计任务书。

⑥ 确定各工序加工余量、计算工序尺寸及偏差。

⑦ 确定关键工序的技术要求和检验方法。

⑧ 确定各工序切削用量：目前，单件小批量生产时，切削用量多由操作者自行确定，机械加工工艺过程卡一般不做明确规定。在中批量生产，特别是大批量生产时，必须给定切削用量，不得随意变动，以确保切削用量选择的合理性和生产结构的均衡性。

⑨ 确定时间定额。

⑩ 填写所需工艺文件：由于生产类型的不同，工艺文件的形式多种多样，其繁简形式也有很大的差别。常用的工艺规程主要包括工艺过程卡、工序卡、调整卡、检验工序卡等。

① 机械加工工艺过程卡　这种卡片简称为工艺过程卡，又称为工艺路线卡或工艺流程卡。工艺过程卡以工序为单位，简要地列出整个零件加工所经过的工艺路线（包括毛坯制造、机械加工和热处理）。其内容包括各工序的工序号、工序内容、工艺过程所经过的各个车间和工段，每个工序所使用的机床、工艺装备及时间定额等。工艺过程卡是指定其他工艺文件的基础，也是准备生产技术设备、编排作业计划和组织生产的依据。这种卡片中，除了标明零件的特征外，只列出工序的序号、工序内容、设备、工装、切削规范和单件工时定额。由于各个工序的说明不够具体，故一般不直接指导工人操作，而更多的是作为日常生产中的各项管理和统计工作的依据。单件小批量生产中，通常不编制其他较详细的工艺文件，

而是以这种卡片作为生产指导。

② 机械加工工序卡　简称为工序卡。机械加工工序卡是根据机械加工工艺卡的一道工序编制的一种工艺文件。它更详细地说明整个零件各个工序的要求，用来具体指导工人操作的工艺文件。它更详细地说明整个零件各个工序的要求，按工序分工步，说明该工序每一工步的内容、使用设备、工件的夹紧方式、刀具的类型和位置、进刀方向、切削工艺参数、时间定额、操作要求等详细的内容，是指导生产最详细的文件。在卡片上绘有工序简图，对加工表面、夹紧、定位、支撑、进给方向等进行详细说明。填写工序卡时，按工步填写工序尺寸、公差和表面粗糙度、形位公差等技术要求。一般适用于大批量生产的零件。

机械加工工序卡对工序图还有以下要求。

a. 应画出加工件的主要轮廓线，用加粗的线标明加工表面。

b. 尽量采用原机械工业部《定位、夹紧符号标准》（JB/Z 74—82）中规定的符号标注定位基准及其所限制的自由度数目和夹紧位置及力源，其中定位、夹紧符号应尽量在轮廓线上标注。

c. 标注该工序应保证的工序尺寸及公差、表面粗糙度、形位公差等技术要求。

d. 应标明零件的数目、加工时的排列方式等。

③ 调整卡　调整卡主要用于多工位、多刀加工的工序。它是对自动、半自动机床或某些齿轮加工机床进行调整的一种工艺文件。它能突出表明机床、刀具和工件间的位置关系，多工位多刀加工时刀具的排列和布置，工作行程长度及各工位切削参数（刀具参数和切削用量），为工人调整机床提供依据。下列情况需定制调整卡：机床调整复杂，如对齿轮、凸轮的加工；加工过程复杂，如采用多工位加工中心加工零件时，刀具在机床上的排列和布置。其格式一般因机床而异。

④ 检验工序卡　它是对成批大量生产中的检验工序做详细说明，指导检验人员对复杂的、精度高的零件进行检验的工艺文件。其主要内容有：检验项目、精度及技术要求；检验用夹具、量具名称、规格、编号；检验简图，标明检验室的定位、标定、测量方法及操作程序；检验对象的抽样规则。

1.4.2　管理用工艺文件

管理用工艺文件是工艺规程得以实施的保证，它包括了工装设计任务书、工具一览表（清单）与草案、工厂设计文件。

① 工装设计任务书　工装设计任务书是向工装设计人员提供的工艺文件。一般包括标明加工、定位、夹紧的位置和技术要求的简图、生产设备的型号、规格参数等。如若对工装结构、动力源有特殊要求时应加以说明。其格式因各种工装的要求不同和各企业管理组织形式不同而有较大的差别。

② 工具一览表（清单）与草案　工具一览表（清单）与草案有刀具、刀辅具、夹辅具、量具一览表（清单）与草案等。列入"草案"的工具用于生产准备，应该一次性订货。在工具一览表（清单）的工具用于正式生产，工具供应部门应按定额进行储备，并保证供应。

③ 工厂设计文件　工厂设计文件有工艺设备平面布置图和工厂设计说明书。其中工艺设备平面布置图是厂房设计和地面施工的依据。工厂设计分为扩大初步设计和施工设计两个阶段。工艺设计在工厂设计的两个阶段中是逐步深化的。

工艺文件的详简程度，主要取决于生产专业化程度和零件工艺的复杂程度。专业化程度越高，工艺文件越详细。为了提高现场工艺文件的快速可读性，要求它的内容简明扼要，文字清晰整齐，术语、符号、计量单位应符合有关标准。

第 2 章 汽车零部件结构工艺性

2.1 概述

设计汽车产品零部件时，除了满足零件的使用性能要求外，还要便于制造和维修，即还应满足制造工艺的要求，要满足结构工艺性的要求。如若一个零部件的设计不满足结构工艺性要求，将会在零部件的制造过程中对零部件的生产效率和经济性产生影响，严重的话，零部件甚至无法制造。因此，在设计汽车产品及其零部件时要考虑其结构工艺性要求，确保设计的整车及零部件都具有良好的结构工艺性。结构工艺性就是指所设计的产品、零部件在满足使用要求的前提下，制造、维修的可行性和经济性；是在一定的生产条件下，所设计的产品、零部件在满足使用性能的要求时，能够以最低的成本、较高的生产率、最少的劳动量及最低的材料消耗制造出来。

产品零部件的结构工艺性贯穿于零件生产和使用的全过程，包括材料的选择、毛坯生产、机械加工、热处理、机器的装配、机器的使用、机器的维修、报废、回收和再利用等。产品的结构工艺性还与毛坯的选择、制造方法、质量和技术要求、标准化生产、产生类型和批量、产品的继承性等方面有关系。因而，产品的设计、制造与零部件的结构工艺性有重要的关系。零部件的结构工艺性还是一项重要的技术经济指标，其研究的内涵和影响因素涉及生产批量、工艺路线、加工精度、加工方法、工艺装备等许多方面。

结构工艺性包括以下三个方面。

① 在毛坯制造方面　铸件要尽量壁厚均匀、结构合理，这样便于造型和后面的机械加工；锻件要尽可能形状简单，便于出模。

② 在机械加工方面　要合理标注零件的技术要求；便于安装、加工；有利于提高加工质量和加工效率。

③ 在装配方面　要减少修配量、便于装备等。

在不同的生产类型和生产条件下，不同的科学技术水平，同样结构的制造可行性和经济性可能不同。图 2-1 所示为满足同一使用功能的两种箱体结构。如果各孔的同轴度较大，适用于大批量生产时，图 2-1(a) 的结构性良好，可以采用高生产率的专用机床——双面镗床，在镗孔时，镗刀可以从箱体的两端同时向中间进给镗出四个孔。虽然专用机床的一次性投资费用较高，但若是生产量大、年产量稳定，则分摊到每个零件上的工艺成本很低，在经济上是合理的。当是单件小批量生产时，图 2-1(b) 的结构性较好，卧式镗床的镗杆从箱体的一端深入镗孔，此时孔径应从镗杆伸入的方向向另一方向逐渐递减。若箱体的同轴度要求较高，则不论是大批量生产或者是单件小批量生产，箱体的孔径结构都应该设计成图 2-1(b) 的情况，同时应该在加工的时候设计几个支撑镗杆的导套，以保证加工要求。

如图 2-2 所示的双联滑动齿轮，图 2-2(a) 的结构为整体加工的结构，因为两齿圈的轴向间距很小，小齿轮不能采用滚齿加工，只能采用插齿加工，因而在结构设计时，两齿轮间要设计出足够的空刀宽度来保证插齿刀的正常工作，但插斜齿需要专用螺旋导轨，同时齿轮宽度也增大了，这样会造成轴长度的增加，对整体结构造成不良影响。如果采用电子束焊接技术，可以分别将大小齿轮滚齿加工，然后再将它们焊接成一个整体，如图 2-2(b) 所示的结构，这样结构工艺性良好，不仅能缩短两齿轮间的轴向距离，又因为滚齿的生产效率高，其运动精度较高，提高了生产效率。

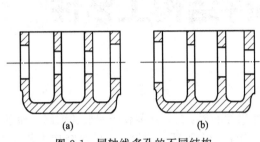

图 2-1　同轴线多孔的不同结构

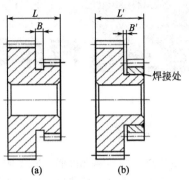

图 2-2　双联滑动齿轮的两种结构

评价零部件机械加工结构工艺性优劣的因素有很多，对具体的零部件结构而言主要有加工精度和表面质量、标准化、加工效率等。在零部件设计之初，设计人员要充分重视结构的优化，在满足零件使用要求的前提下，零件的结构设计应做到：

① 有利于零件达到加工质量的要求；
② 有利于使用高效机床和先进加工工艺相适应；
③ 有利于减少零件的机动工时；
④ 有利于减少加工过程中的辅助工时；
⑤ 有利于使用标准刀具和量具。

零件的结构工艺性对其工艺过程的影响很大。使用性能完全相同而结构不同的两个零件，它们的加工方法及制造成本可能会有很大的差别，零件要有良好的结构工艺性。工艺人员如果发现零件的结构工艺性不好，可以提出局部改变其形状和尺寸，但应遵循以下两条原则。

① 不能影响零件的使用性能和作用。
② 任何小的改变都应会同设计人员研究，取得一致意见，必要时可进行一些试验，通过规定的审批手续后方能修改。

设计人员在设计产品或者零部件时，必须对结构工艺性有足够的了解和认识，掌握制造工艺和装配工艺的理论知识，在产品技术设计阶段，要做到对设计方案中零部件的结构工艺性进行全面考虑、综合分析和评价；在产品工作图设计阶段，应对产品和零部件的结构工艺性进行全面的审查并提出意见和建议，使所设计的产品、零部件能符合制造、使用、维护等方面的要求，在以后的生产准备和正式生产阶段，与工艺人员密切结合，不断修改和完善设计产品或零部件结构，以便于提高产品质量和生产效率。

2.2　汽车零件结构的机械加工工艺性

零件的机械加工工艺性主要从两个方面进行研究和分析：一是零件的材料和结构的工艺性；二是零件的尺寸和公差标注的工艺性。本节主要分析零件的材料和结构的工艺性。零件结构工艺性的审查和评价，主要从以下几个方面进行。

2.2.1　提高零件的标准化程度

(1) 零件结构要素的标准化

标准化是在经济、技术、科学和管理等社会实践中，对重复性事物和概念通过定制、发布和实施标准，达到统一，以获得最佳秩序和社会效益的一项技术措施。

零件结构要素的标准化主要包括螺纹、中心孔、空刀槽、砂轮越程槽、锥度与锥角、莫氏锥度、花键、齿轮模数和压力角、零件倒圆与倒角、球面半径、T形槽、锯缝尺寸等结构的形状及其尺寸，都应该符合国家标准和行业标准。

零件结构要素标准化程度高，不仅简化了设计工作，而且减少了零件生产准备工作量，提高了设计质量和零件的可靠性，同时还减少了零件在机械加工中可使用标准或通用的工艺装备，例如，可以使用标准刀、夹、量具，从而减少专用工装的设计、制造周期和费用。也减少工艺装备的规格，缩短零件的生产准备周期，降低生产成本。

（2）尽量采用标准件和通用件

标准件是指一个企业按照国家标准、行业标准和企业标准制造的零件。通用件是指在同一类型不同规格或者不同类型的产品中，部分零件相同，彼此可以互换通用的零件。诸如，螺钉、螺母、轴承、垫圈、弹簧、密封圈等零件一般由标准件厂生产，根据设计需要选用即可，这样不仅可以缩短零件设计周期，还能使用、维修很方便，同时降低生产成本。标准件和通用件在产品中所占的比例，是评定一个产品标准化程度的一项重要指标。汽车产品由大量零件构成，设计产品时，应尽量采用通用件和标准件。通用件和标准件在产品中所占的比例较高时，可以简化设计，避免重复设计工作，减少产品中零件的种类，扩大零件制造批量；可以采用高效设备或者工艺装备，减少工艺装备的数量，降低成本，同时还便于更换和维修。

（3）应能使用标准化、通用化刀具、夹具和量具

零件上的结构要素如孔径及孔底形状、中心孔、沟槽宽度或角度、圆角半径、锥度、螺纹的直径和螺距、齿轮的模数等，其参数应尽量与标准刀具相符，以便能使用标准刀具加工，避免设计和制造专用刀具，降低加工成本。

例如被加工的孔应具有标准直径，不需要特质刀具。当加工不通孔时，由一直径到另一直径的过渡最好做成与钻头顶角相通的圆锥面，若是设计成与孔的轴线向垂直的底面或其他角度的锥面，将使加工复杂化。如图2-3所示盲孔的结构中，图2-3(a)是合理的，图2-3(b)是不合理的。

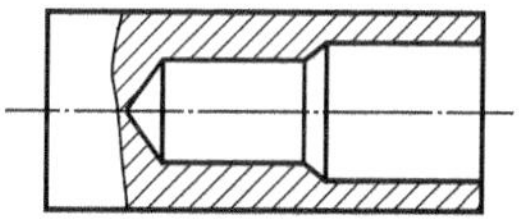

（4）提高产品的继承性

提高产品继承性不仅能够充分利用原有产品中合理的结构和先进、成熟的技术，而且还可以充分利用原有的制造工艺、工艺装备和生产设备。产品的继承性较高，可以减少产品设计和生产准备工作量，缩短产品开发和生产周期，节约资金，提高设计制造可靠性和产品质量。

(a) 合理

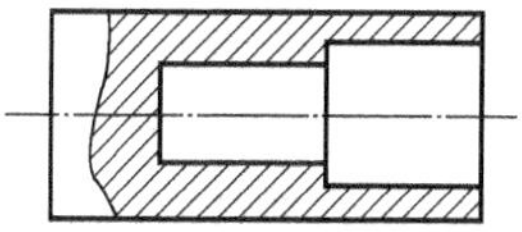

(b) 不合理

图2-3 盲孔的结构

（5）合理地规定表面的精度等级和粗糙度数值

零件上不加工的表面，不要设计成加工面，在满足使用要求的前提下，表面的精度越低，表面粗糙度越大，越容易加工，成本也越低。所规定的尺寸公差、形位公差和表面粗糙度值，应按国家标准选取，以便使用通用量具检验。

（6）采用切削加工性好的材料和标准型材

材料的切削加工性是指在一定生产条件下，材料切削加工的难易程度和经济性。对材料的切削加工性的要求是：粗加工时能获得较高的生产率；精加工时能获得较高的加工精度和较小的表面粗糙度值。材料的切削加工性随着不同金属材料的化学成分、金相组织及物理力学性能不同而不同。加工的表面质量、刀具耐磨程度（刀具寿命）、切削力和切屑的排出难易程度等可以来衡量材料的切削加工性。一般而言，材料的硬度越高，其切削加工性越差，硬度过高还会引起刀具崩刃和刀尖烧损；材料的强度越高，切削材料所需要的切削力越大，产生的切削温度也越高，加剧了刀具磨损；同类材料强度相同时，塑性大的材料所需要的切削力较大，产生的切削温度也较高，产生的切屑易与刀具发生黏结，因而刀具磨损大，加工表面粗糙度值大，所以切削加工性差。

因此，为了正确选择零件材料，产品设计人员选择材料时，除了要满足使用性能和力学性能要求外，还必须满足材料的切削加工性要求，为此，必须对材料的切削加工性及材料的最新发展有较全面的了解。

只要能满足使用要求，零件的毛坯应尽量采用标准型材，不仅可以减少毛坯制造的工作量，而且由于型材的性能好可减少切削加工的工时及节省材料。

2.2.2 零件结构应便于在机床或设备上安装

设计零件时工件安装的稳定性必须加以考虑，零件切削加工只有在工件正确安装的基础上才能实现。设计的零件应使其结构装夹方便可靠，装夹次数最少，有位置精度要求的各表面应尽量能在一次装夹中加工完成。为了便于零件结构的装夹，以下几点措施可以考虑。

① 增加工艺凸台；增加安装凸缘和安装孔；改变结构或增加辅助安装。表 2-1 为具体实例。

表 2-1 具体实例

改进前	改进后	改进后优点
		在零件上设计了工艺凸台，可以在精加工后切除，便于安装
		为了便于安装，增加了夹紧边缘或夹紧孔
		改进前锥面无法用卡盘装夹，改进后圆柱面易于定位夹紧

② 应具有可靠定位用的定位基准和夹紧表面。产品设计者在零件设计时，必须认真考虑零件在机械加工时可能采用的定位和夹紧方案，应尽可能使定位基准（或基面）与装配基准重合。为保证零件的加工要求，对定位基准（或基面）规定出合理的尺寸和位置公差要求等。有时对定位基准（或基面）所规定的尺寸和位置公差要求比产品设计要求更为严格。如果零件结构上没有合适的装配基准可作为定位基准（或基面），应考虑在零件适当的位置处设置一个定位基准（或基面）——辅助基准；或在零件的适当位置处增加一个结构表面加工

出定位基准（或基面）——附加基准。

2.2.3 零件结构应利于提高切削效率和保证加工质量

减少切削加工量和提高切削用量，都能缩短基本工艺时间，从而提高切削效率。零件加工时，要承受相当大的切削力和夹紧力，如刚度不好，加工时会产生较大的变形，有时不得不降低切削用量，从而影响加工质量和生产率。

（1）便于多件加工

图 2-4(a) 所示的齿轮，轮毂与轮缘不等高，多件一起滚齿时，刚性较差，且轴向进给行程较长。若改为图 2-4(b) 所示的结构，既能增加加工时的刚性，又可缩短轴向进给的行程。

（2）尽量减少加工量

① 设计零件时考虑标准型材的利用，一般选用形状和尺寸相近的型材做坯料，这样可以大大减少加工的工作量。

② 零件的结构和加工表面形状应尽量简单，尽量采用平面、外圆柱表面和内圆柱孔表面，能减少切削量，以较高的生产率进行。

（3）零件的加工表面积应尽量少

如图 2-5 所示两种结构的气缸套，相对于图 2-5(a) 中结构，图 2-5(b) 所示结构的工艺性良好。因为外圆表面分成两段不等直径的外圆加工时，可以使用两把外圆车刀同时加工，刀具的工作行程短，生产效率高，而且刀具的消耗量少，有利于降低制造成本。

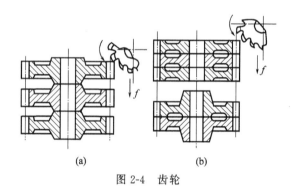

图 2-4　齿轮　　　　图 2-5　气缸套外圆的两种结构

（4）减少零件加工时的安装次数

零件在一道工序中需加工多个加工表面时，应尽量分布在同一个方向上，尽量能在一次安装中方便地加工，从而提高生产效率。

（5）减少加工时的行程次数

有的零件有多个加工表面，虽然在同一个方向上，但是由于结构限制，不能一次在工作行程中加工出来，影响了生产率。

（6）将复杂的零件分解成若干个简单零件

有些汽车零件较为复杂，定位和加工较为困难；有的零件由于结构受限，使其加工生产率较低。如图 2-6 中所示的汽车离合器拨叉轴，整体锻造和机械加工的工艺性均较差。如果将分离拨叉分解成拨叉轴和摇臂分别加工，然后焊接在一起，则机械加工简单，生产率较高。

（7）孔的入口和出口端面与孔轴线垂直

在零件结构设计时，孔的轴线若是不垂直于进口或者出口的端面，钻头在钻孔时钻入和钻出会引起钻偏，很容易发生偏斜或弯曲，甚至折断。因此，应避免在曲面或者斜壁上钻孔和斜孔。零件上如果两边有同轴的孔,则这种孔最好是穿通的,可以减少装夹次数。尽可能避免弯曲的孔,弯曲的孔是不可能机械加工出来的,因而设计产品或者零部件时,要避免弯曲的孔。

图 2-7(a) 中,在变速器第一轴上钻润滑油孔,入口端面与孔轴线垂直,其结构合理;图 2-7(b) 中,拨叉螺纹孔入口凸起端面与螺纹孔轴线垂直,其结构合理。

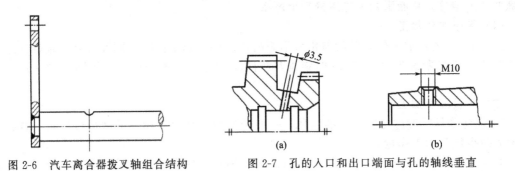

图 2-6 汽车离合器拨叉轴组合结构　　图 2-7 孔的入口和出口端面与孔的轴线垂直

图 2-8(a) 所示结构不便于加工,结构设计不合理;图 2-8(b) 的设计比较合理。

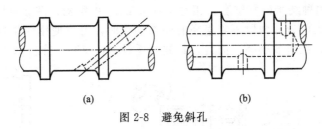

图 2-8 避免斜孔

图 2-9(a) 所示的孔加工不出来,图 2-9(b) 中间那部分竖直的孔加工不出来,图 2-9(c) 所示的设计比较合理。

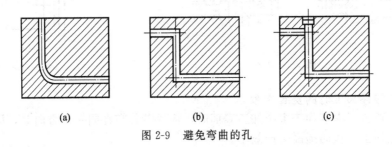

图 2-9 避免弯曲的孔

(8) 同类结构要素应尽量统一

如阶梯轴、三联齿轮的退刀槽、圆角、齿轮模数等应尽量采用统一数值,可以减少换刀和对刀次数。如图 2-10 所示的结构,图 2-10(a) 所示结构设计不合理;图 2-10(b) 所示结构设计合理。

2.2.4　零件结构应便于工件的加工和测量

(1) 刀具的引进和退出要方便

零件结构设计时,使它能在正常的条件下保证刀具的自由进入和退出,对降低劳动量有很大的影响。如图 2-11 所示的 T 形槽,图 2-11(a) 所示结构为带有封闭的 T 形槽,铣刀无法进入槽内,所以这种结构无法加工。如果把它改变成图 2-11(b) 所示结构,T 形槽铣刀

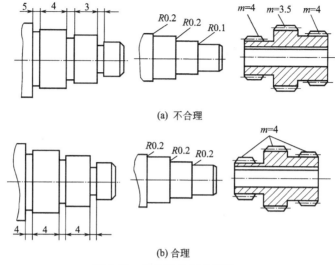

图 2-10 同类结构应尽量统一

可以从大圆孔中进入槽内,但不容易对刀,操作很不方便,也不便于测量。如果把它设计成图 2-11(c) 所示的开口的形状,则可方便地进行加工。

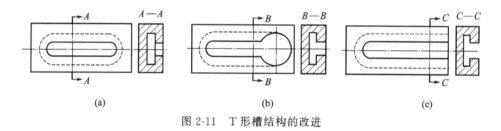

图 2-11 T形槽结构的改进

(2) 尽量避免箱体、壳体内壁平面的加工

由于刀具不方便进入或接近箱壳体内壁平面,应尽可能避免内壁平面的加工或改善其结构。如图 2-12(a) 所示的变速器壳体倒挡轴结构,齿轮轮毂两端面与变速器壳体相接触的变速器箱体的两个内侧端面需要加工。加工时,一般在箱壳体侧面均留有窗口,使用专用铣削头从窗口伸入加工处同时铣削两内侧端平面,这种方法加工成本较高,同时加工比较麻烦,安装次数较多。如果将结构改变为图 2-12(b) 所示的结构,用倒挡轴轴肩作为齿轮的一侧支承端面,则变速器箱壳体内侧端面的加工就可以简化,在加工孔时,可以利用镗刀直接加工出两个孔,使用同一镗杆上的刮刀就可以同时加工变速器内侧左端平面,这样只需要一次装夹,就可以完成加工,避免了使用专用刀具,降低了成本。不过这种结构应保证孔径尺寸 ϕD 大于内侧左端面平面尺寸 ϕd[见图 2-12(c)]。

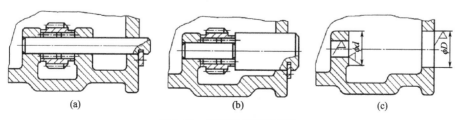

图 2-12 倒挡轴及壳体结构

(3) 凸缘上的孔要留出足够的加工空间

如图 2-13 所示，在凸缘上钻孔时，孔的位置应使标准钻头可以工作，若孔的轴线距离箱壳体壁的距离 s 小于钻头外径 D 的一半，则很难对孔进行加工，一般情况下，要保证 $s \geqslant D/2 + (2\sim5)\mathrm{mm}$，才便于孔加工。

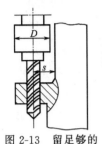

图 2-13 留足够的钻孔空间

(4) 零件结构应保证刀具能够正常工作

为了避免刀具或砂轮与工件的某个部分相碰或者便于工件加工，在汽车零件结构设计时，设计人员应考虑某表面采用何种加工方法，使用何种刀具进行加工，在结构上应该采用何种条件方能保证道具正常工作。例如图 2-14(a) 中为避免刀具损坏，在车床上使用螺纹车刀车削螺纹时，必须要留出退刀槽；如图 2-14(b) 所示，在插齿机上用插齿刀加工双联齿轮或者三联齿轮的小齿轮时，齿轮件必须要留有足够的空刀槽，其目的是避免插齿刀工作行程结束时碰撞到大齿轮断面而损坏插齿刀；如图 2-14(c) 所示，在内圆磨床上磨内孔时，留有砂轮越程槽是为了避免砂轮损坏；如图 2-14(d) 所示，在加工箱体螺纹孔时，在底孔入口均加工出倒角，可以保证丝锥能容易对准底孔，并自动引入。

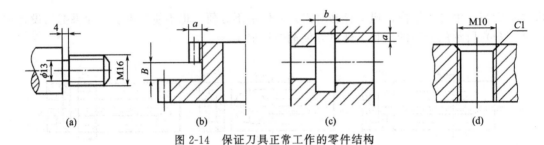

图 2-14 保证刀具正常工作的零件结构

(5) 零件结构应使刀具具有良好的工作条件

在汽车零件结构中，有一些零部件有润滑油深孔，例如，气缸（柴油机体）、曲轴、部分连杆、传动轴总成的十字轴等。深孔一般是指孔长与孔径之比大于 5 的孔。加工深孔时，钻头细长，刚性差，钻头极易发生冷偏；在深孔加工时，钻削过程中产生很大的切削热，而冷却润滑钻头切削刃极为困难，钻头切削刃易被烧伤，失去切削能力；同时钻削过程中产生的切屑不易排出，使钻削力矩大增，钻头极易折断；为了不使钻头失效破坏，和冷却润滑切削刃和排出切屑，必须多次退出、冷却、润滑钻头，降低了钻孔的生产效率。因此，在产品零部件结构设计时，应尽可能改善深孔结构或用其他结构代替深孔结构。采用阶梯孔可以改善上述缺陷，气缸上的润滑油孔和十字轴润滑油孔就设计成这种结构，在连杆小头顶面处钻一个小孔或铣一个窄槽，利用飞溅式润滑方式润滑，可以避免深孔加工。图 2-15(a) 所示的连杆上连通大、小孔的润滑油深孔结构，可以改进为图 2-15(b) 所示的两种结构，在连杆小头顶面处钻一个小孔或铣一窄槽，利用飞溅式润滑方式润滑，避免了深孔加工。

加工要求不同的表面以及加工面与非加工面应该明确分开，以改善刀具的加工条件。如图 2-16 (a) 所示的轴零件，其外圆与键槽底面没有明显分开，因为轴外圆表面留有切削余量，因而在铣键槽时，铣刀必须从轴端开始进刀，这样不仅影响零件

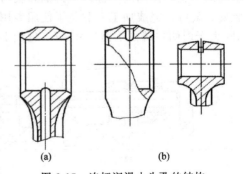

图 2-15 连杆润滑小头孔的结构

的生产率，而且由于切屑很薄，容易引起铣刀切削刃的磨损，降低了铣刀的使用寿命，同时还很容易蹭伤细轴的表面。如改为图 2-16(b) 所示的结构，键槽的底面高出轴外圆表面 0.3~0.5mm，就能很好地解决上述问题，不易划伤轴表面。

2.2.5 零部件加工时要有足够的刚性

零部件在加工时，要具有足够的刚性，不仅是产品零部件结构设计的要求，而且也是零部件制造过程中的要求。零部件在切削加工时，受到较大的切削力和夹紧力的作用，易产生较大的变形，会影响零部件的加工质量和生产率。合理布置加强肋，可以增强零部件的刚性，提高切削用量。如图 2-17 所示的拨叉，因结构设计和制造工艺的要求，为保证拨叉平面 F 的加工要求，在板辐上设计有加强肋以提高其刚性。

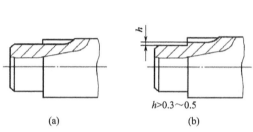

图 2-16 不同要求的表面明显分开

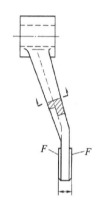

图 2-17 变速器拨叉上设置加强肋

2.3 零件设计尺寸及其偏差和表面粗糙度的合理标注

为了满足结构、工艺要求，产品设计中的零件设计尺寸及其极限偏差的标注是十分重要的工作内容。它对零件机械加工的难易程度和保证产品或部件（总成）的使用性能都有很大影响，故产品设计人员要合理地标注零件设计尺寸及其极限偏差。产品设计人员在标注设计尺寸时，应该考虑满足结构设计要求和满足工艺要求。

下面就零件设计尺寸标注的步骤和方法，以及在标注时应考虑的一些制造工艺方面的问题加以介绍。

2.3.1 对设计尺寸标注的要求

零件图标注的设计尺寸及其极限偏差，不仅应该符合机械制图国家标准、尺寸、公差与配合之外，还应满足产品的结构设计要求和工艺要求，即满足使用的精度要求，便于加工、安装、测量等。

2.3.2 零件设计尺寸的分类

零件图样上的设计尺寸根据对装配精度的影响，可以分为主要尺寸和自由尺寸两类。

主要尺寸亦称为功能尺寸或结合尺寸，它是参与某一装配尺寸链的组成环和影响装配精度的尺寸，是决定该零件在产品装配单元中位置的尺寸，故必须标注尺寸极限偏差。

自由尺寸亦称为非功能尺寸或未标注公差尺寸，它是不参与任何装配尺寸链和零件尺寸链的尺寸，除有特殊要求，例如，表面作为定位基准，不需要标注尺寸极限偏差。自由尺寸和公差应单独标注，不列入尺寸链。

2.3.3 主要尺寸的标注方法

合理标注设计尺寸，首先要正确选择设计基准。零件图样上设计尺寸的标注方法主要有下述两种。

① 根据设计要求标注尺寸 零件图样上的主要尺寸都是从该零件在产品或部件（总成）中的位置装配基准标注的，即是以装配精度为封闭环；按尺寸链最短原则，找出各组成环；按装配基准标注尺寸。从装配基准标注设计尺寸的特点是：按尺寸链最短原则标注，组成环较少，公差较大，机械加工就比较容易，容易保证精度；便于对零件尺寸和装配精度进行计算和校核。由于没有考虑到制造工艺的要求，有些尺寸可能不便于调整刀具或测量，加工时可能要进行尺寸换算。

② 根据设计和工艺的要求标注设计尺寸 按设计要求标注的尺寸，对其中不能满足工艺要求的尺寸，应按制造要求进行标注。为了使标注后的设计尺寸满足设计要求和工艺要求，标注时需要用零件尺寸链进行换算。零件图样上的自由尺寸一般应按制造工艺要求标注，即先按设计要求标注尺寸；再按基准重合原则对某些尺寸进行标注；标注时应进行基准不重合误差的计算；综合考虑设计和工艺要求。

自由尺寸只按工艺要求标注。设计人员在标注零件的主要尺寸时，不能只考虑工艺要求，不考虑设计要求。按工艺要求换算的尺寸的公差要求比按设计要求直接标注的尺寸要严格，既增加了机械加工难度，又不能满足装配精度要求。

2.3.4 尺寸标注的一般方法和步骤

零件尺寸是在完成装配图样后，画零件图时标注的。下面根据图 2-18 所示的中央传动主动锥齿轮传动装置来介绍零件尺寸标注的具体步骤。

(1) 零件主要尺寸的标注

① 根据尺寸链最短原则建立装配尺寸链 为了满足部件（总成）的使用性能，在结构设计时，设计人员在装配图样上规定了若干个装配精度。这些装配精度就是装配尺寸链的封

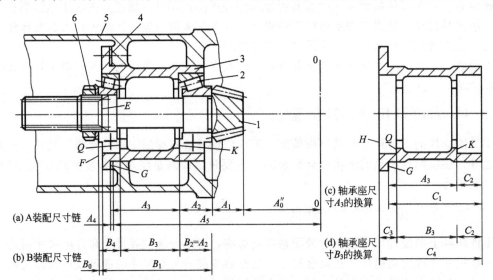

图 2-18 中央传动装置的装配尺寸链及轴承座主要尺寸的标注
1—主动锥齿轮；2—前轴承；3—轴承座；4—垫片；5—后桥壳体；6—调整螺母；
E—主动锥齿轮轴颈端面；F—后轴承内圈左端面

闭环。以尺寸链最短原则查找装配尺寸链各组成环，与组成环对应的尺寸（在零件上）是直接影响装配精度的尺寸，是零件的主要尺寸。若装配精度要求较高时，应采用独立原则（尺寸、形状及位置精度分别满足），将影响装配精度的形位公差也作为组成环考虑。

如图 2-18(a) 所示，封闭环 A_0'' 的装配尺寸链方程式为

$$A_0'' = (A_4 + A_5) - (A_1 + A_2 + A_3)$$

当调整螺母 6 预紧前、后轴承时，为了使调整螺母 6 能够预紧轴承，后轴承内圈左端面 F 与主动锥齿轮轴颈端面 E 之间应存在一定的装配间隙 B_0。图 2-18(b) 所示的尺寸链为以 B_0 为封闭环查找的装配尺寸链，尺寸链的方程式为

$$B_0 = (B_2 + B_3 + B_4) - B_1$$

其中，$A_1 \sim A_5$、$B_1 \sim B_4$ 均为所在零件上的主要尺寸。

② 确定装配方法，解算尺寸链　由于装配精度是依靠装配方法和零件制造精度共同保证的，故 A 装配尺寸链封闭环的尺寸精度 A_0'' 采用固定调整法来保证，B 尺寸链封闭环的尺寸精度 B_0 用完全互换法来保证。然后根据相应解算装配尺寸链的方法，计算出各组成环的尺寸、公差和极限偏差。这样就确定了按结构设计要求的有关零件的主要尺寸。如果这些尺寸也能满足工艺要求，就可将它们直接标注在零件设计图样上，这些尺寸就成为设计尺寸及其极限偏差。另外，零件图样上的主要尺寸及其极限偏差必须经装配尺寸链的计算。

③ 根据基准统一和基准重合原则，修改和最后确定主要尺寸及其极限偏差　根据零件加工表面形状、结构特点及生产条件等，分析零件可能采取的工艺方案，确定零件加工时的定位基准和测量基准。当确定的主要尺寸不便于加工或测量时，应将其改为从便于加工或测量的工艺基准标注。为了能够可靠地保证装配精度要求，标注后的主要尺寸应通过零件尺寸链计算。

从图 2-18(c) 和图 2-18(d) 中可以发现，轴承座主要尺寸 A_3 和 B_3 分布在两个方向上，在不使用专用检测工具的情况下，不便于调整刀具位置和测量尺寸。当轴承座为批量生产时，尺寸 A_3 用尺寸 C_1、C_2 代替 [见图 2-18(c)]，尺寸 B_3 用 C_2、C_3 和 C_4 代替 [见图 2-18(d)]。由图 2-18(c) 和图 2-18(d) 所示的两个尺寸链计算出尺寸 C_1、C_2、C_3 和 C_4 的尺寸及其极限偏差，最后将它们标注在零件图样上。C_1、C_2、C_3 和 C_4 的尺寸及其极限偏差就成为改注后的设计尺寸。C_1、C_2、C_3 和 C_4 的尺寸公差被缩小了。

由上述内容可知，如果装配基准和加工、测量基准重合，不仅可以简化设计工作和工艺过程，而且可以提高零件的加工精度。因此，除非不得已的情况下，不要轻易修改从装配基准标注的设计尺寸。

(2) 零件自由尺寸的标注

自由尺寸都是按照制造工艺要求标注的，自由尺寸的极限偏差一般不需要标注在零件图样上。按照公差与配合国家标准中"未注公差尺寸的极限偏差"规定，自由尺寸的公差等级可以取为 IT12～IT18。对机械加工表面尺寸公差可取为 IT12～IT14，或者按照企业标准规定。

2.3.5　尺寸标注时应考虑的一些工艺问题

产品设计人员在标注尺寸时，不仅要考虑结构设计要求，还要充分考虑制造工艺要求。设计人员不仅应具备较丰富的制造工艺，还应该具有丰富的生产实践知识，这样才能合理标注设计尺寸及其极限偏差。尺寸标注时应考虑的主要工艺问题如下。

(1) 尺寸的标准化及尺寸的统一

零件图样上标注的设计尺寸数值，尤其是安装尺寸、连接尺寸、配合尺寸和产品名义尺寸，应满足以下要求。

① 应尽量符合国家标准"标准尺寸"中的规定。

② 首先从优先数系 R 系列中选取标准数值,其次可从 Ra 系列中选取。

这样在零件制造时就可以使用标准尺寸的刀具和量规等工艺装备,既能缩短生产准备周期,又能降低零件制造成本。

③ 用成形刀具加工时,如空刀槽、螺纹、键槽等,如果尺寸相差不大,都应尽量取统一数值,这样可以减少刀具和量具种类,使工艺过程简化,降低零件制造成本。如图 2-19 所示,当轴上空刀槽、键槽尺寸统一时,即把图 2-19(a) 中的两个尺寸为"2"的退刀槽的尺寸修改为"3",这样三个退刀槽的尺寸就统一了,同时把右端尺寸为"8"的键槽的尺寸修改为"10",如图 2-19(b) 所示,这样键槽的尺寸也统一了,这不仅减少刀具和量具的种类,还降低零件的制造成本。

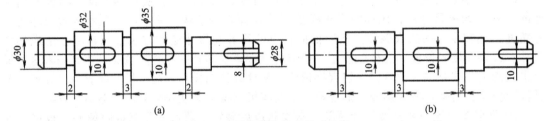

图 2-19　零件结构要素尺寸的统一

(2) 考虑加工顺序标注尺寸

当零件图上的设计尺寸能顺序地作为工序尺寸时,这些尺寸就能直接获得。按加工顺序标注尺寸,尽量减少尺寸换算,避免多尺寸同时标注。这样不仅容易保证加工尺寸的要求,也易于保证其精度和便于测量。

如图 2-20(a) 所示,尺寸 45mm、160mm、40mm、140mm 都是从精磨过的齿轮端面标注的。由于齿轮的两个端面最后要经过精磨加工,只能保证尺寸 45mm 和 60mm,不能保证 160mm、40mm、140mm 三个尺寸,其累积的加工误差较大,有可能超出尺寸公差要求。如将尺寸改为图 2-20(b) 所示的标注方式,精磨端面时,直接保证尺寸 160mm、60mm;其他尺寸由前面工序保证,则各尺寸精度就容易得到保证,且不需进行工艺换算,不增加加工难度,加工工艺性较好。图 2-21 所示的阶梯轴是最后钻中心孔,图 2-21(a) 所示的标注方式,既不符合加工顺序要求,也无法测量;图 2-21(b) 为改进之后的图,改进之后的尺寸标注与加工顺序一致,易于测量。

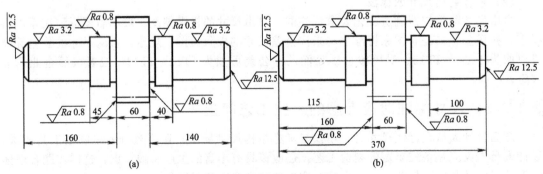

图 2-20　齿轮轴的尺寸标注方案

(3) 由定位基准或调整基准标注尺寸

标注零件尺寸时,应该使加工误差尽可能小,故尺寸标注的设计基准应该与定位基准重合，还应使刀具调整方便，这样避免了基准不重合误差，不仅简化了工艺装备，还便于加工和测量。尺寸标注的设计基准应该与定位基准重合包括：坐标式标注（三个坐标都重合，但每个轴段可能误差较大）；链式标注（便于调整刀具保证各轴段精度，总长可能误差较大）；混合式标注（部分克服了以上两种方法的缺点）。

如图 2-22 所示，当在转塔和自动车床上加工小轴（销）时，棒料从左向右送至定位器定位，棒料送料定位器设置在右端面，故零件轴向尺寸应从右端面开始标注。

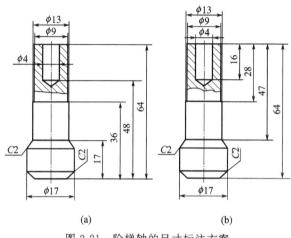

图 2-21　阶梯轴的尺寸标注方案

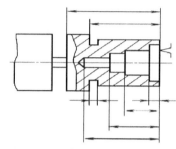

图 2-22　在转塔和自动车床上加工小轴（销）时尺寸标注实例

(4) 从实际存在的和易测量的表面标注尺寸

加工时零件设计基准与定位基准、测量基准应尽量重合，故设计尺寸应尽量从实际存在的几何要素标注，这样不仅可以简化工艺装备和保证加工精度，并且易于加工和测量。

如图 2-23(a) 所示的键槽和平面，是以轴线或已加工去的上母线为基准标注尺寸。由于这些尺寸是从假想的几何要素标注的，不易于直接测量。加工时必须选择假想的轴线作为定位基准，这样定位基准与设计基准才能完全重合，故需要使用能对中的定心夹紧机构。这样使夹具结构复杂，为夹具设计增加了困难，同时也不便于测量，如图 2-23(b) 所示。如图 2-23(c) 所示，设计尺寸的设计基准是实际存在的下母线，加工时可以使用图 2-23(d) 所示的简

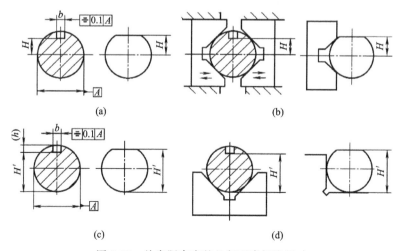

图 2-23　从实际存在的几何要素标注尺寸

单夹具定位元件。虽然尺寸 H' 有较小的定位误差，但简化了夹具结构，便于测量，保证了基准重合。

考虑到工艺的可能性，在结构设计要求尺寸从假想的几何要素标注时，可将尺寸换算到从实际要素标注。虽然换算后的尺寸公差缩小了，但从工艺的方便性来说，仍然是比较经济的。如果由于换算后的尺寸公差过小，造成加工不经济或达不到要求时，尺寸只能从假想的几何要素标注，这时要使用结构较为复杂的机床夹具和检验量具。

除了要考虑从实际存在的测量基准标注外，标注尺寸时还要考虑尺寸测量的方便性，即能使用通用量具或简单测量方法测量。

如图 2-23 所示的键槽，当键槽位于轴端时，键槽的深度尺寸可标注成图 2-23(c) 所示的尺寸 H'；当键槽位于轴中部时，键槽的深度尺寸若仍标注成图 2-23(c) 所示的尺寸 H'，则不仅不便于调整刀具的位置，而且还不便于测量键槽的深度尺寸。此时可以从上母线标注键槽深度 h。

又如图 2-24 所示的套筒，假如要求标注尺寸 10mm、（50±0.1）mm、（35±0.1）mm，尽管这些尺寸是从实际表面标注的，但（35±0.1）mm 不便于使用量具测量。标注成（10±0.03）mm、（45±0.07）mm 和（50±0.1）mm，易于测量。

(5) 箱体及壳体类零件尺寸的标注

一些结构比较复杂的箱体及壳体类零件，例如，变速器的（箱）壳体、后桥壳体、离合器壳体等，由于结构较为复杂，在某一方向上很难找到一个既满足工艺要求又实际存在的表面作为尺寸标注基准。

对于回转型壳体零件，如水泵壳体、飞轮壳体、差速器壳体和减速器壳体等，一般采用的尺寸标注基准是加工精度要求较高的主要孔中心线。如图 2-25 所示的水泵壳体，就是从主要孔的中心线标注的螺栓孔和螺纹孔位置尺寸。

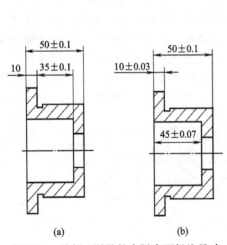

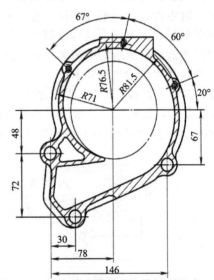

图 2-24 从便于测量的实际表面标注尺寸　　图 2-25 从水泵壳体孔中心线标注尺寸

对于平面型壳体，例如，变速器壳体、气缸体、机身等箱体零件，在外形表面上没有合适的定位基准，一般采用辅助基准（工艺孔或工艺凸台）作为尺寸标注基准。

如图 2-26 所示，汽车变速器壳体采用的定位基准是两个工艺孔 B。设计尺寸（54±0.15）mm、（110±0.15）mm 就是从工艺孔中心线标注的。工艺孔本身尺寸公差规定为 H7～H9 级，两工艺孔中心距偏差值不大于±0.05mm，这样易于保证加工表面的位置尺寸精度。

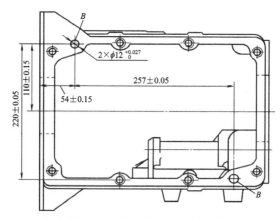

图 2-26 变速器壳体从工艺孔标注尺寸

(6) 对称表面尺寸的标注

汽车零件中，有不少表面相对基准中心平面（或中心线、轴线）是对称分布的，其对称尺寸的不同标注方法将影响制造工艺和对称度误差。

如图 2-27 所示的支架零件，要求两孔 d 的中心距为 200mm，极限偏差为 ±0.2mm，对孔 D 的对称度公差为 0.2mm，其对称度可有以下几种标注方案：如图 2-27(a) 所示，尺寸标注重复造成尺寸封闭，故尺寸标注不正确；如图 2-27(b) 所示，由于右边缘孔到中心孔的中心距为工艺尺寸链的封闭环，封闭环公差是所有组成环公差之和，为 0.6mm，对称度公差为 0.4mm，故部分零件对称度误差将要超出要求值而成为废品，故标注不正确；如图 2-27(c) 所示，尺寸标注较好，对称度公差是 0.2mm，两孔中心距公差也是 0.2mm，既能保证对称度要求，也能保证孔 d 中心距（200±0.2)mm 的要求，但这种标注方案，两边缘孔与中心孔的中心距误差对对称度是有影响的；如图 2-27(d) 所示，标注尺寸最好，两孔中心距公差和对称度公差相互独立。

图 2-28 所示为汽车传动轴总成的十字轴，该零件两端端面的尺寸公差为 $108^{-0.048}_{-0.078}$mm，对称度公差为 0.1mm，图中标注两端面距离和对称度公差相互独立，故对称度按独立原则

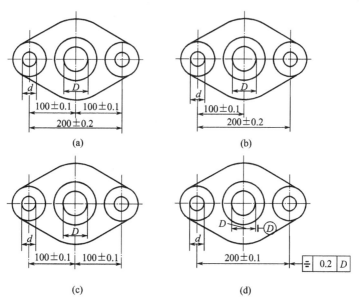

图 2-27 对称表面的几种尺寸标注方案

标注是合理的。

(7) 组合刀具同时加工多表面的尺寸标注

在汽车制造中,经常有使用复合钻头或复合扩孔钻加工阶梯孔,组合铣刀同时铣削多个表面,多刀车削阶梯轴端面和镗阶梯孔等使用组合刀具(或多刀)同时加工多个表面的情况。由刀具直接保证这些表面的尺寸和形状。此时,为了易于调整刀具加工终止位置,零件有关表面间的尺寸标注应与刀具相应尺寸相同,同时用零件上的一个加工表面与其定位基准或调整(工序)基准建立联系。

图 2-29 所示为两把镗刀同时加工阶梯孔时,其深度尺寸的标注情况。图中由刀具位置保证的尺寸应该按刀具位置标注。

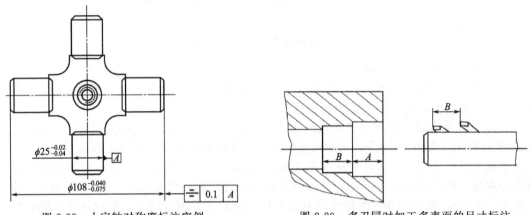

图 2-28 十字轴对称度标注实例　　图 2-29 多刀同时加工多表面的尺寸标注

(8) 非加工表面与加工表面之间的尺寸标注

汽车零件中,一般都有多个加工表面和非加工表面,零件各非加工表面的位置尺寸应直接标注,非加工表面与加工表面之间的尺寸只标注一次,其他应是加工表面和加工表面或非加工表面和非加工表面之间的尺寸标注。

图 2-30 所示为多个非加工表面与加工表面之间的尺寸标注实例。零件毛坯为铸件。在图 2-30(a) 中的标注不合理,用非加工表面作尺寸标注基准,只能保证一个尺寸符合要求,其余尺寸就可能会超差。设计基准为下平面 K,用坐标式标注给出各平面与平面 K 之间的尺寸关系。如果加工时定位基准为非加工平面 P,为保证尺寸 A 先加工平面 K,为保证尺寸 B,以平面 K 为定位基准,加工上平面 Q,尺寸 C、D 和 E 为非加工表面与加工表面 K 之间的尺寸,需要同时间接保证,是工艺尺寸链的封闭环,其累计误差是很大的,可以超过铸件尺寸公差,对于铸造来说,难度很大。图 2-30(b) 所示的标注是合理的,只有一个非

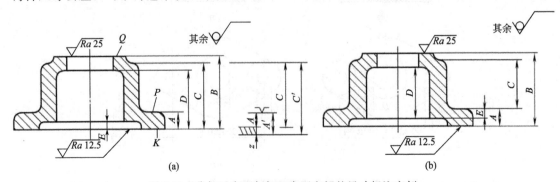

图 2-30 非加工表面与加工表面之间的尺寸标注实例

加工表面（P）与加工表面（K）建立尺寸关系，其余非加工表面之间的尺寸联系，由铸造直接保证；其余加工表面之间的尺寸联系，由加工直接保证。即先以非加工平面 P 为基准，加工平面 K 保证了尺寸 A，再以加工平面 K 为基准，加工上平面 Q，保证了尺寸 B，使尺寸 C、D、E 均为非加工面之间的尺寸，并且由前面工序锻坯保证。由于非加工面粗基准只使用一次，容易得到较高的加工精度，也有利于刀具调整。

图 2-31 所示为零件多个加工表面与非加工表面间尺寸标注实例。零件毛坯为锻件。在图 2-31（a）中的尺寸标注不合理，同一个非加工平面 P 与多个轴向加工平面建立了尺寸关系。即加工时，如用非加工平面 P 作为粗基准，A、B、C 多个加工面和非加工面之间有关系。由于定位基准是毛坯表面，尽管定位基准与设计（工序）重合，不仅定位精度很低，而且各加工尺寸误差比较大，得不到较高的尺寸精度。如图 2-31（b）所示，如用非加工平面 P 作为粗基准，再以平面 A 为基准加工平面 B、C，只有一个加工表面 K 与非加工表面 P 建立了一次尺寸关系，而其余都是加工表面之间建立尺寸联系，故图 2-31（b）中的尺寸标注是合理的。这样标注尺寸，既易于保证加工精度，又利于调整刀具和测量加工尺寸。

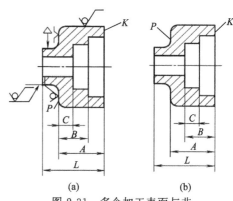

图 2-31　多个加工表面与非加工表面见的尺寸标注实例

尺寸标注时，还要注意要留有封闭环；形状和位置公差不能大于尺寸公差；合理标注尺寸可降低加工精度。具体见表 2-2。

表 2-2　尺寸标注其他应注意的问题

注意类型	改进前	改进后	改进后优点
标注尺寸要留封闭环	40　185±0.1　40；265$_{-0.2}^{\ 0}$	40　185±0.1	改进后留封闭环
几何公差与尺寸公差关系	∥ 0.02 A；⌀ 0.03；50$_{-0.015}^{\ 0}$	∥ 0.02 A；⌀ 0.015；50$_{-0.03}^{\ 0}$	几何公差不能大于尺寸公差
合理标注尺寸	10±0.025（×4）；40±0.1	10±0.1；20±0.1；30±0.1；40±0.1	改进后采用统一基准，降低了尺寸精度，便于加工

2.3.6　表面粗糙度的合理标注

表面粗糙度是加工表面的微观几何形状误差，其波距与波高的比值一般小于50。零件表面粗糙度对零件使用性能有很大影响，故必须合理选择表面粗糙度。因为表面粗糙度值越小，其表面加工工艺越复杂，成本越高。因此，表面粗糙度的选择，不仅要根据表面使用功能和工作条件确定，还应该考虑表面加工的经济性。一般可按如下原则选择表面粗糙度。

① 表面粗糙度越小，加工越难。
② 在满足表面使用功能要求的情况下，表面粗糙度值应尽量选择较大数值。
③ 以下表面选用较小的表面粗糙度值：
　a. 有相对运动的摩擦表面，运动速度高，单位面积压力大的；
　b. 承受循环交变载荷和容易引起引力应力集中的表面；
　c. 对有配合要求的表面，过盈配合中要求可靠性及承受重载的，间隙配合中间隙值较小的。
④ 难加工的表面粗糙度值可以选择大一些，例如，大尺寸、轴孔配合的孔等。
⑤ 在相同条件下，小尺寸比大尺寸、外表面比内表面的表面粗糙度值小。
⑥ 配合表面的粗糙度应和表面形状公差相协调，一般形状精度越高，表面粗糙度值越小。

在一般情况下，根据表面使用功能和上述选择原则合理确定表面粗糙度。形状公差常与尺寸公差有关，故选择表面粗糙度可以按形状公差所占尺寸公差的百分比来选择，如表2-3所示。

表2-3　表面形状公差与表面粗糙度之间的关系　　　　　　　　　　　　%

形状公差t占尺寸公差T的百分比(t/T)	表面粗糙度参数占尺寸公差的百分比(Ra/T)
约60	≤5
约40	≤2.5
约25	≤1.2

表面粗糙度常用Ra和Rz表示：
Ra为一定长度上所有凹凸不平高度的平均值；
Rz为一定长度上5个最高和5个最低凹凸不平高度的平均值，约为Ra的4倍。

2.4　产品结构的装配工艺性

汽车产品的精度要求，最终要由装配工艺来保证。设计人员在产品设计时，必须充分考虑其装配工艺性。机器结构的装配工艺性是指机器结构装配过程中使相互连接的零部件不用或少用修配和机械加工用较少的劳动量，花费较少的时间按产品的设计要求顺利地装配起来的性能。产品结构的装配工艺性对产品的整个生产过程有较大的影响，是评价产品设计的指标之一。产品在装配时，不仅要保证装配精度要求，还应该便于装配，缩短装配周期，减少装配工作量和降低装配成本等。产品结构装配工艺性可以从以下几个方面来考虑和审查。

2.4.1　产品的继承性好

产品能继承已有产品的结构，便于零部件标准化、通用化、系列化，这样可以减少装配的准备工作量，减少劳动量，降低生产成本，提高装配效率。

2.4.2　产品能分解成若干个独立装配的装配单元

汽车产品从装配工艺性的角度分析，是由若干装配单元组成的，一个产品的装配单元可以分为零件、合件、组件、部件和产品五个部分。合件一般是由两个或两个以上零件通过永久性连接（如焊接或铆接）组合成的不可拆卸的整体件，合件又称为结合件，如离合器拨叉轴；组件是由若干个零件和合件组成的组合体,如连杆体、连杆盖、螺栓等组成的组合体等;部件是由若干个零件、合件和组件组成的能完成某种使用功能的组合体,如汽车变速器、发动机等。

在汽车结构中,也经常将合件、组件和部件统称为总成。如果将产品划分为独立装配的装配单元,则除零件外,每一级装配单元在装配时都可以单独进行装配。在装配时,以一个零件(或合件、部件)为基础,这个零件(或合件、部件)称为基础件,其余零件和合件及组件或部件按一定顺序装配到基础件上,成为下一级的装配单元。如载货汽车的装配,从基础件车架开始,分为驾驶室、发动机、变速器、前桥和后桥等部件(总成),则各部件可以平行地进行装配作业,扩大了装配的作业面积,容易实现流水作业,缩短了装配生产周期和提高了装配生产率。由于在总装配之前可以单独进行部件装配,部件装配后就可以进行部件试验和调整,以较完善的状态送去总装,为提高汽车产品的质量和保证其性能打下了良好的基础,有利于保证装配质量。这样为企业之间的协作和产品的配套提供了有利条件,也为组织部件(总成)的专业化生产和实现多品种自动化装配生产以及产品更新换代提供了便利条件。在汽车产品设计时,采用这种设计方案,称为模块化设计。

把汽车产品划分成独立的装配单元,还可以使汽车产品局部结构改进后整个汽车产品只是局部变动,使汽车产品改装起来方便,有利于汽车产品的改进和更新换代。划分独立的装配单元也有利于汽车产品的维护检修,给汽车产品的包装、运输带来很大方便。

2.4.3 各装配单元要有正确的装配基准

与工件在加工时的定位和夹紧情况类似,装配的过程是先将待装配的零件、组件和部件放到正确的位置,然后再紧固和连接。零件在装配单元中的正确位置,是靠零件的装配基准(基面)和其他零件相接触或相配合来实现的。因此,为使零件在装配单元中能正确定位和减少装配时找正的时间,应该有正确的装配基准;要根据零件的使用功能要求限制其必要的自由度,一般不应该出现过定位现象。装配基准的选择也要用夹具中的"六点定位"原理。

图 2-32 所示为主动锥齿轮轴承座组件(总成)装配图。当轴承座 2 装配到后桥壳体 1 内,其装配基面是轴承座的两段外圆和法兰端面,符合装配要求。轴承座装配基面与后桥壳体的内孔配合并与端面接触后,被限制了五个自由度,而绕轴线旋转的自由度不必限制。这样,轴承座在后桥壳体内就正确定位了。故图 2-32(a)、图 2-32(b) 所示的结构都有正确的装配基准。

图 2-33 所示为液压缸组件,图 2-33(a) 采用螺纹结构,不能保证端盖与液压缸的同轴度,当改用图 2-33(b) 所示的圆柱配合面定位时,则可以解决上述问题。

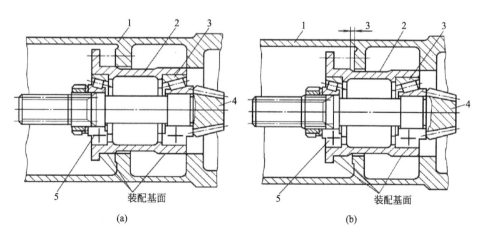

图 2-32 轴承座组建装配基面及两种设计方案
1—后桥壳体;2—轴承座;3,5—圆锥滚子轴承;4—主动锥齿轮轴

图 2-34 所示为汽车后桥主减速器总成装配图。主减速器及差速器总成装入后桥壳体内时，装配基面为支撑端面和外圆柱面（简称外止口）。图中设计的在主减速器壳体和后桥壳体接触面上的圆柱定位销是为了限制主减速器壳体和后桥壳体绕止口轴线的转动。这是因为主减速器壳体和后桥壳体绕止口轴线的转动会对半轴齿轮的角度位置产生影响，从而在工作时增加半轴的附加载荷。主减速器和后桥壳体上面增加了圆柱定位销后，为了保证半轴的装配精度要求，两个壳体定位销孔的尺寸及位置公差都要求比较严格。有些设计中没有这个定位销，在装配时，主减速器及差速器总成角度位置是依靠工人的经验把半轴插入半轴齿轮花键孔内来保证的。这样装配，虽然增加了装配时间，但省去了一个圆柱销和定位孔的加工。轴颈 d 和端面 T 是半轴齿轮的装配基面，它们确定了半轴齿轮的位置。同时半轴齿轮还与行星齿轮相啮合，当差速器中有三个行星齿轮时，啮合的接触点也限制了半轴齿轮轴线的位置，出现了过定位现象，这会对半轴齿轮的装配关系和啮合质量产生影响。在某些汽车产品中，半轴齿轮轴颈 d 与差速器壳体内孔之间的间隙增加到 1mm 以上，而不是让它们相配合，这样就避免了过定位。

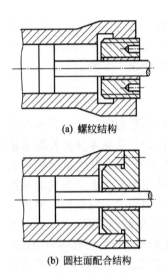

图 2-33　液压缸组件的两种结构

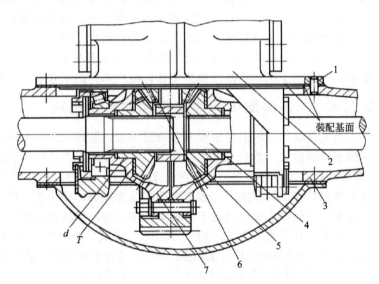

图 2-34　汽车后桥主减速器总成装配图
1—圆柱定位销；2—减速器壳体；3—后桥壳体；4—半轴；
5—半轴齿轮；6—行星齿轮；7—差速器壳体

2.4.4　便于装配和拆卸

产品设计时，要考虑在装配过程中，当发现问题或进行调整时，需要进行中间拆装，因而零件结构应便于装配和拆卸，并且力求使装配方法和装配所使用的工具最简便，这样能节省装配时间，提高生产率。

在图 2-32 中的轴承座组件装配中，轴承座的两段外圆表面与后桥壳体孔相配合。如果设计成两段外圆表面同时进入后桥壳体孔内，然后两孔配合［见图 2-32(a)］，由于它们不易同时对准两圆柱孔，装入较为困难；而若设计成轴承座右段外圆表面先进入壳体孔 3mm 后，并具有良好的导向后，左段外圆表再在进入壳体孔内配合［见图 2-32(b)］，由于右段外圆表面与壳体内孔起导向作用，装配就容易，工艺性较好。同时，右段外圆前端设计有较小的倒角（一般为 15°～30°）来确保右段外圆表面能够比较容易进入壳体内孔。轴承座右段外圆直径在设计时要略小于左段外圆直径，这样能减少外圆与壳体内孔装配时的摩擦力。同样，主动锥齿轮轴两段轴颈的直径也应按照这一原则设计。假如由于结构设计上的原因，必须让两段轴颈直径相等，这时则可以选择能使左段轴颈与圆锥滚子轴承 5 内圈孔的配合比较松一些的配合。同时，为了方便圆锥滚子轴承 3

内圈的装入，应该让两段轴颈中间部分直径做得小一点。

图 2-35 所示为箱体零件用圆柱销定位的局部结构图，圆柱销与下箱体上的销孔为过盈配合。若圆柱销孔设计成盲孔［见图 2-35(a)］，因为没有通气孔，故打入圆柱销时会形成密封腔，空气不易排出，阻碍了圆柱销顺利进入。因此，除非特殊需要，否则应设计成图 2-35(b) 和图 2-35(c) 所示的那样，将下箱体上的定位销孔钻成通孔，这样还有利于圆柱销的拆卸，或在圆柱销上铣出通气平面或钻通气孔。假若下箱体不能钻出通孔，可以使用带螺孔的定位销，这样在需要时可以方便地用取销器取出定位销。

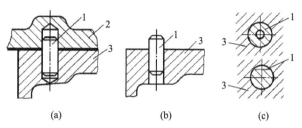

图 2-35　两箱体零件用圆柱销定位的局部结构
1—圆柱销；2—上箱体；3—下箱体

装配工艺性不仅要考虑产品制造时装配的方便性，也要考虑装配中的调整、修配和使用维修中拆卸的方便性。图 2-36 为轴承座内孔和轴颈轴肩的结构。图 2-36(a) 中，轴承座孔肩内径等于圆锥滚子轴承外圈内径，而圆锥滚子轴承内圈外径等于轴颈轴肩直径，使轴承内、外圈均难以拆卸。而图 2-36(b) 中，轴承座孔肩内径大于轴承外圈内径，轴颈轴肩小于轴承内圈外径，这样拆卸轴承就比较方便。图 2-36(c) 中，轴承座孔肩处设计有 2～4 个缺口，同样，轴承内、外圈也比较容易拆卸。

图 2-37 所示为带有便于拆卸螺孔的锥齿轮结构。在设计时，锥齿轮上设计出了两个螺孔，在拆卸时，在两个螺孔中旋入螺栓就可以比较方便地拆卸锥齿轮。

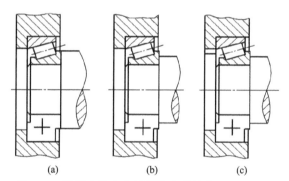

图 2-36　轴承座孔肩和轴颈轴肩的结构

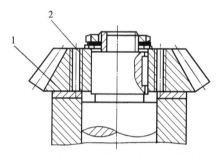

图 2-37　带有便于拆卸螺孔的锥齿轮结构
1—调整垫片；2—锥齿轮上拆卸用螺孔

2.4.5　正确选择装配方法

在装配时，各部件（总成）都规定了若干个装配精度要求来确保产品的使用性能。这些装配精度要求是由装配方法和零件制造精度来保证的。装配方法选择正确与否，将在很大程度上影响装配生产率和经济性。

装配方法有：互换装配法、选择装配法、修配装配法、调整装配法。

① 互换装配法即零件具有互换性，就是在装配过程中，各相关零件或部件不经任何选择、调整，安装后就能达到装配精度要求的一种方法，此时，装配精度主要取决于零件或部件加工精度。按互换程度不同，互换装配法分为完全互换法和不完全互换法。完全互换法是指在全部产品中，装配时各组成环零件不需挑选或改变其大小或位置，装配后既能达到装配精度要求。不完全互换装配法是指在绝大多数产品中，装配时各组成环零件不需要挑选或改

变其大小或位置，装配后即能达到装配精度要求。其实质是将尺寸链中各组成环公差比用完全互换法时放宽，使加工容易，成本降低。仅适用于大批、大量生产类型。

② 选择装配法的实质是将相互配合的零件按经济精度加工，即将尺寸链中组成环公差放大到经济可行程度，然后选择合适的零件进行装配，以保证规定的装配精度。选择装配法能达到很高的装配精度要求，又不增加零件机械加工费用。选择装配法包括直接选择法、分组选择法和复合选择法。适用于成批、大量生产时组成零件较少而装配精度要求较高的场合。

③ 修配装配法是将零件按经济精度加工，在装配时通过修配方法改变尺寸链中某一项先选定的组成环尺寸，使之能满足装配精度要求。装配时进行修配的零件叫"修配件"，该组成环称为"修配环"。又因为在装配时，其他组成环会产生累积误差，为了保证装配精度，该组成环的修配是补偿了其他组成环产生的累计误差，故又称为"补偿环"。修配法采用机械加工方法去除补偿环零件上的补偿量来改变补偿尺寸。修配装配法适用于单件小批生产中装配精度要求高而且组成环多的情况。修配装配法包括按件修配法和合并加工修配法。

④ 调整装配法是指，在装配时，用改变产品中可调整零件的相对位置或选用合适的调整件来达到装配精度的方法。调整装配法的实质是各零件公差仍按经济精度原则来确定，选择一个组成环为调整环，用一个可调整的零件来调整它在装配中的位置以达到装配精度或者增加一个定尺寸零件（如垫块、垫圈、套筒）来达到装配精度的方法来改变补偿尺寸。上述两个零件都起到了补偿累积误差的作用，也称为"补偿件"。调整装配法适用于有精度要求较高的尺寸链存在的情况。它包括移动调整法、固定调整法和误差抵消调整法。

完全互换装配法是最简单、生产率最高的一种装配方法，装配质量稳定可靠，装配过程简单，生产效率，高易于组织流水线及自动化装配，也便于采用协作方式组织规模化生产。因此，完全互换装配法适用于装配精度要求不高和零件尺寸公差在加工经济精度范围内的情况，即多用于高精度少环尺寸链或低精度多环尺寸链中。设计人员在设计结构时，应满足装配尺寸链"最短路线原则"，应使结构尽量紧凑、简单，结构中所包含的零件数量尽量少；从装配尺寸链分析，即要减少组成环环数，对装配精度要求高的尺寸链更应该如此。这样，在保证同样装配精度要求的情况下，相关零件和相关尺寸较少，零件上的设计尺寸合理标注，装配尺寸链的环数少，就有可能采用完全互换装配法。

当装配精度要求高，或组成环数目较多，如果使用完全互换装配法来保证装配精度要求，会使零件尺寸公差过小时，造成加工困难，这时，应考虑使用其他装配方法，例如补偿法（包括调整装配法和修配装配法）。在采用补偿法时，应合理地选择补偿环，补偿环所处的位置应尽可能便于调节或便于装卸。

2.4.6 尽量减少装配时的修配和机械加工

若在装配时进行修配和机械加工，切屑容易掉入产品中，对产品的清洁度和产品质量造成影响，对修配和机械加工的时间又难以控制，不便于组织流水作业，这样既延长了产品装配生产周期，又不能保证互换性。因此，装配时应尽量避免修配和机械加工。一般情况，只有合件和组件要求的位置公差（也就是装配精度）很小时，才将合件和组件装配后，用修配装配法保证其精度。通常这样的修配和机械加工都安排在机械加工生产线上。修配或机械加工后，应仔细清除切屑和其他污物。

2.4.7 连接结构形式应便于装配工作的机械化和自动化

能用最少的工具快速装、拆产品；如果有质量大于20kg的装配单元，应具有吊装的结构要素；还要避免采用复杂的工艺装备。满足这些要求，既便于安装、运输，还能减轻工人劳动强度、提高劳动生产率，又节约成本。

CHAPTER 3 第3章 汽车零部件常用制造工艺基础知识

3.1 汽车零部件毛坯制造工艺基本知识

毛坯质量的好坏会对零部件的质量产生较大影响。毛坯种类的选择不仅对毛坯的制造工艺和费用有很大影响，也与零件的机械加工工艺和加工质量密切相关。合理选择毛坯的类型，会使零件制造工艺简便、质量稳定、生产率高、制造周期短、成本低。为了合理选用毛坯，需要清楚地了解各类毛坯的特点、适用范围及选用原则等，这需要毛坯制造和机械加工两方面的工艺人员密切配合，合理确定毛坯的种类、结构形状，并绘出毛坯图。常用的汽车零件的毛坯种类有：铸件、锻压件、焊接件、冲压件、粉末冶金件及塑料成形工艺等。

3.1.1 铸造

铸造是将融化后的金属液浇灌入铸型空腔中，待其凝固、冷却后，获得一定形状的零件或零件毛坯的成形方法。通过铸造成形方法获得的毛坯或零件称为铸件。铸造是最常用的毛坯生产方法，对于形状复杂、用其他方法难以成形的各类汽车零件都可用铸造方法生产其毛坯。

铸造生产的特点如下。

① 可以大大减少机械加工及金属的消耗。因为铸造不但可以生产与机械零件形状接近的毛坯，而且可以生产半成品甚至成品。

② 一般说来，可以制造任何尺寸、质量和复杂形状的铸件。

③ 可以用其他方法不能加工或不易加工的材料生产铸件，如铸铁、南锰钢等。

④ 生产成本低，这是因为铸造所用原材料来源广泛，价格低廉，废品回收容易，一般不需要很多的复杂设备，生产准备工作也比较容易。

在汽车产品的制造过程中，采用铸造制成毛坯的零件很多，汽车上的铸件，不仅在形状和强度方面应符合设计要求，对于材质稳定性和铸件的经济性也有严格的规定。

对汽车上铸件的主要要求如下。

① 铸件形状复杂，常需使用砂芯。

② 尺寸精度高。

③ 采用薄壁铸件以减小质量。

④ 材质稳定。

⑤ 具有足够的耐压性和抗压性。

根据所采用的工艺方法，通常将铸造分成砂型铸造和特种铸造两大类。在汽车用铸件生产中，砂型铸造所生产的铸件占整个汽车铸件的90%以上。汽车零部件也常采用特种铸造来生产铸造毛坯，用于提高生产率，改善劳动条件，获得尺寸精准、机械强度好的铸件。凡不同于砂型铸造的其他所有铸造方法统称为特种铸造，如永久型铸造、精密铸造、压力铸造、熔模铸造、壳模铸造和离心铸造等。各种铸造方法的工艺特点见表3-1。

表3-1 各种铸造方法的工艺特性

毛坯制造方法	最大质量/kg	最小壁厚/mm	形状的复杂性	材料	生产方式	精度等级	尺寸公差值/mm	表面粗糙度/μm	其他
手工砂型铸造	不限制	3~5	最复杂	铁碳合金、有色金属及其他合金	单件生产及小批生产	IT14~IT16	1~8	—	余量大,一般为1~10mm;由砂眼和气泡构成的废品率高,表面有结砂硬皮,且结构颗粒大;适用于铸造大件;生产率低
机械砂型铸造	至250	3~5	最复杂			IT14左右	1~3	—	生产率比手工制砂型高数倍至数十倍;设备复杂;但要求工人的技术低;适用于中小型铸件
永久型铸造	至100	1.5	简单或平常		大批生产及大量生产	IT11~IT12	0.1~0.5	12.5	因免去每次造型,生产率高,单边余量一般为1~3mm;结构细密,能承担较大压力;占用生产面积小
离心铸造	通常200	3~5	主要是旋转体			IT15~IT16	1~8	12.5	每件只需2~5min,生产率高;力学性能好且少砂眼,壁厚均匀;不需要泥芯和浇注系统
压力铸造	10~16	0.5(锌)1.0(其他合金)	由模子制造难易而定	锌、铝、镁、铜、锡、铅各金属的合金		IT11~IT12	0.05~0.15	6.3	每小时可制造50~500件,生产率最高;设备昂贵;可直接制取零件或仅需少许加工
熔模铸造	小型零件	0.8	非常复杂	适于切削困难的材料	单件生产及成批生产	—	0.05~0.2	25	占用生产面积小,每套设备只需30~40m²;铸件力学性能好,便于组织流水线生产;铸造延续时间长,铸件可不经加工
壳模铸造	至200	1.5	复杂	铸铁和有色金属	小批至大量	IT12~IT14		12.5~6.3	一个制砂工班产为0.5~1.7t,生产率高;外表面余量为0.25~0.5mm,孔余量为0.08~0.25mm;便于机械化与自动化;铸件无铁皮

(1) 砂型铸造

砂型铸造是指液态金属完全靠重力充满整个铸型型腔，直接形成铸型的原材料主要为型砂。砂型铸造的主要工序内容包括制造模样和芯盒、制备型砂和芯砂、造型、砂型及型芯烘干、合型、融化金属、浇注、落砂、清理和检验等。铸型的结构主要由上砂型、下砂型、浇注系统、型腔、型芯、出气孔等组成。融化后的金属液从浇注系统注入，流进型腔，待其凝固冷却后，从砂型中取出铸件，除去表面的粘砂和浇冒口，经检验合格，就得到所需的铸件。

制造铸型用的材料称为造型材料，主要是指型砂和芯砂。型砂由砂子与黏合剂、水等混合而成。型砂材料必须具有一定的黏合强度，以便被塑成所需的形状并能抵御高温铁水的冲刷而不会崩塌。

型砂应具备的性能如下。

a. 可塑性。型砂在外力作用下容易获得清晰的模型轮廓，外力去除后仍能保持其形状的性能称为可塑性。

b. 强度。型砂在外力作用下而不破坏的能力叫强度。

c. 耐火性。在高温液体金属作用下，型砂不软化、不黏结金属的性能称为耐火性。

d. 透气性。型砂允许气体透过的能力称为透气性。

e. 退让性。铸件凝固和冷却过程中产生收缩时，型砂被压缩、退让的性能称为退让型。

由于砂芯是形成铸件的内腔，它被高温液体金属包围。因而还要考虑型（芯）砂的回用性、发气性和出砂性等。

表 3-1 为各种铸造方法的工艺特性。

模样和芯盒是造型和制芯的模子。模样主要用以形成铸件外部形状；芯盒用来制造型芯，以铸成内部形状。在单件、小批生产中，广泛用木材来制造模样和芯盒；在大批、大量生产中，常用铸造铝合金、塑料等来制造模样和芯盒。

造型是砂型铸造的基本工序，分为手工造型和机器造型两种。手工造型是指全部用手工或手动工具完成的造型过程。手工造型按照起模特点可分为整模造型、挖砂造型、分模造型、活块造型、三箱造型等方法。在单件、小批生产中，常采用手工造型。机器造型是指用机器完成全部或至少完成紧砂操作的造型过程。在大批、大量生产中，则采用机器造型。

浇注系统是熔融的液体金属流入型腔的通道。浇注系统由浇口杯、直浇道、横浇道和内浇道等组成。铸件的浇注位置是指浇注时铸件在铸型内所处的位置；分型面是指两半铸型相互接触的表面。它们的选择原则主要是保证铸件质量和简化造型工艺。一般情况下，应该先选择浇注位置后决定分型面，这样既能保证质量，又能避免合型后翻转铸型。

浇注位置的选择原则如下。

a. 铸件的重要加工面应朝下，当重要加工面朝下有困难时，则应尽量使其处在侧面位置。

b. 铸件的大平面应朝下。

c. 具有大面积的薄壁铸件，薄壁部分应放在铸件下部。

d. 易形成缩孔的铸件，应将壁厚的部分放在上部。

e. 保证铸件实现定向凝固。

f. 便于型芯的固定、安装、排气和合型。

分型面的选择原则如下。

a. 分型面应尽量采用平面分型面。

b. 应使铸型有最简单和最少的分型面。

c. 尽量使铸件主要加工面和加工基准面放在同一砂型中。

d. 应尽量减少型芯和活块的数量。

e. 分型面一般取在铸件的最大截面处。

　　上述几项原则，对于具体铸件来说，往往彼此矛盾，难以全面符合，所以必须综合各种利弊，选择最佳方案。

　　合金的铸造性能是指合金在铸造生产过程中所表现出来的工艺性能，它对铸造质量有极大的影响。主要是指流动性、收缩性、偏析和吸气性等。

　　a. 流动性。合金的流动性是指熔融液态合金的流动能力，它是金属固有的性质。流动性好的熔融液态金属，充填铸型的能力强，能浇出形状复杂、壁薄的铸件，避免产生浇不足、冷隔等缺陷；有利于金属液中气体和夹杂物的上浮和排除，可减少气孔、渣眼等缺陷；铸件在凝固及收缩过程中，可得到来自冒口的熔融液态合金的补充，可防止铸件产生缩孔、缩松（分散而细小的缩孔）等缺陷。合金成分、浇注温度、浇注压力和铸型等因素影响流动性。根据合金的流动性测定，灰铸铁的流动性最好，锡青铜次之，铸钢最差。

　　b. 收缩性。合金在冷却凝固过程中，其体积和尺寸减小的现象称为收缩。合金从浇注温度冷却到室温要经过液态收缩、凝固收缩和固态收缩三个阶段。液态收缩和凝固收缩是铸件产生缩孔、缩松缺陷的基本原因。一般来说，合金的凝固范围窄，容易产生缩孔；合金的凝固范围宽，容易产生缩松。固态收缩会引起铸件尺寸的缩小，它是产生铸造应力、变形和裂纹缺陷的基本原因。影响铸件收缩的主要因素有合金成分、浇注温度以及铸型和铸件结构等。在灰铸铁中，碳和硅的含量较多，则收缩较小；合金的浇注温度增高，则收缩增加。

　　c. 偏析及吸气性。在铸件中出现化学成分不均匀的现象称为偏析。偏析是铸件性能不均匀，严重时会使铸件报废。合金在熔炼和浇注时吸收气体的性能称为合金的吸气性。在熔融合金液冷凝过程中，随着温度降低会析出过饱和的气体。若这些气体来不及从合金液中逸出，将在铸件中形成气孔、针孔或非金属夹杂物（如 FeO、Al_2O_3 等），从而降低了铸件的力学性能和致密性。为减少合金的吸气性，常采用缩短熔炼时间，选用烘干过的炉料；在熔剂覆盖层下或在保护性气体介质中熔炼合金；提高铸型和型芯的透气性；降低造型材料中的含水量等。

　　将熔融金属浇入铸型的操作，称为浇注。金属液应在一定的温度范围内按规定的速度注入铸型。用手工或机械使铸件和型砂、砂箱分开的操作，称为落砂。浇注后，过早分型，会使铸件产生应力、变形，甚至是开裂，铸铁件还会形成白口而使切削加工困难。铸件越大，冷却时间越长。落砂后从铸件上清除表面粘砂、型砂、多余金属（包括浇冒口、飞翅和氧化皮）等的过程称为清理。灰铸铁件的浇冒口可用铁锤打掉，铸钢件的浇冒口可用气割除去，有色金属的浇冒口可用锯削割除。粘砂用清理滚筒、喷砂器、抛丸等设备进行清理。

　　铸件清理后，应进行质量检验。检验铸件成形质量最常用的方法是宏观法，可通过肉眼观察（或借助尖嘴锤）找出铸件的表面缺陷，如气孔、砂眼、粘砂、缩孔、浇不到、冷隔等。对于铸件的内部缺陷则要通过一定的仪器才能发现，如进行耐压试验、磁粉探伤、超声波探伤等。若有必要，还可对铸件（或试样）进行解剖检验、力学性能检验、金相检验和化学成分分析等。表 3-2 列出了常见的铸件缺陷及产生的主要原因。

表 3-2　常见的铸件缺陷及产生的主要原因

缺陷名称	特征	产生的主要原因
气孔	在铸件内部或表面有大小不等的光滑孔洞	型砂含水过多，透气性差，起模和修型时刷水过多；型芯烘干不良或型芯通气孔堵塞，浇注温度过低或浇注速度太快等
缩孔	缩孔多分布在铸件厚断面处，形状不规则，孔内粗糙	铸件结构不合理，如壁厚相差过大，造成局部金属集散；浇注系统和冒口的位置不当，或冒口过小；浇注温度太高，或金属化学成分不合格，收缩过大
砂眼	铸件内部或表面带有砂料的孔洞	型砂和芯砂的强度不够；砂型和型芯的紧实度不够；合型时砂型局部损坏；浇注系统不合理，冲坏了砂型

续表

缺陷名称	特征	产生的主要原因
粘砂	铸件表面粗糙,粘有砂粒	型砂和芯砂的耐火性不够;浇注温度太高;未刷涂料或涂料太薄
错型	铸件沿分型面有相对位置错移	模样的上半模和下半模未对好;合型时,上下砂型未对准
冷隔	铸件上有未完全融合的缝隙或坑洼,其交接处是圆滑的	浇注温度太低;浇注速度太慢或浇注中曾有中断;浇注系统位置开设不当或内浇道横截面积太小
浇不到	铸件不完整	浇注时金属量不够,浇注时液体金属从分型面流出;铸件太薄;浇注温度太低;浇注速度太慢
裂缝	铸件开裂,开裂出金属表面氧化	铸件结构不合理,壁厚相差太大;砂型和型芯的退让性差;落砂过早

① 砂型铸造的工艺过程　砂型铸造工艺过程如图 3-1 所示,主要有:造型;造芯;砂型及型芯烘干;合型;熔炼金属;浇注;落砂和清理;检验。有时对某个具体的铸造工艺过程来说并不一定包括上述全部内容,如铸件无内壁时不需造芯,湿型铸造时砂型不需烘干等。

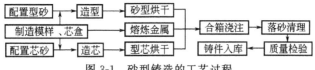

图 3-1　砂型铸造的工艺过程

② 工艺参数的选择　铸造工艺设计参数(简称工艺参数)是指铸造工艺设计时需要确定的某些数据,这些工艺数据一般都与浇注位置、模样及芯盒尺寸有关,即与铸件的精度有密切关系,同时也与造型、制芯、下芯及合箱的工艺过程有关。铸造工艺参数主要有:铸件尺寸公差、铸件重量公差、机械加工余量、铸造收缩率、起模斜度、最小铸出孔及槽、工艺补正量、分型负数、反变形量、砂型负数、非加工壁厚的余量、分芯负数、铸造圆角等。

a. 机械加工余量。在铸件设计时预先增加而在机械加工中再切去的金属层厚度,称为加工余量。加工余量的大小取决于铸造合金的种类、造型方法、工艺方法、铸件大小和结构、生产批量及加工面在铸型中的位置等诸多因素。铸件表面粗糙、变形大、其机械加工余量大;非铁合金表面较光洁,其机械加工余量较小;铸件越大、越复杂,其机械加工余量越大;铸件的顶面比底面和侧面的机械加工余量大。

b. 起模斜度。为使模样容易从砂型中取出或型芯自芯盒中脱出,平行于起模方向在模样或芯盒壁上所增加的斜度,称为起模斜度。模样越高,起模斜度取值越小;内壁起模斜度比外壁起模斜度大;手工造型比机器造型的起模斜度大。铸件外壁起模斜度一般取 30″～4°;铸孔内壁的起模斜度常取 3°～10°;中小型木模通常取 30″～3°。

c. 收缩余量。由于铸件在浇注后冷却收缩,其尺寸要比模样的尺寸小,为了保证铸件要求的尺寸,必须加大模样的尺寸。一般灰铸铁的收缩余量为 0.8%～1.0%,铸造铝合金为 1.0%～1.5%,铸钢为 1.8%～2.2%。收缩余量的大小除了与合金种类有关外,还与铸造工艺、铸件在收缩时的受阻情况有关。

d. 铸造圆角。在设计铸件和制造模样时,铸造壁的连接和拐角部分要做成圆弧过渡,称为铸造圆角。其目的是防止铸件在壁的连接和拐角处产生缩孔和应力集中而引起裂纹,并形成粘砂等缺陷,防止铸型的尖角损坏和产生砂眼。

e. 型芯头。为保证型芯在铸型中的定位、固定和排气,模样和型芯都要设计成型芯头。

它们之间的尺寸和形状要留有装配用的芯头间隙。

③ 铸件结构工艺性　铸件结构工艺性是指所设计的铸件结构在满足零件使用性能要求的前提下，还能适应制造工艺和合金铸造性能的要求，以及铸造成形的可行性和经济性。在设计制造零件结构时，必须从产品的产量、生产条件、铸造方法等实际情况出发，考虑到铸造工艺过程的特点，力求简化铸造工艺的各个环节，同时又要注意合金的铸造性能，防止铸件缺陷的产生，以保证铸件质量。

铸造工艺对铸件结构有以下要求。

a. 为了减小制模和造型的难度，铸件外形应力求简单，尽量避免采用曲面和内凹形状。

b. 铸件应具有较少的分型面，并尽量使分型面成平面。

c. 为了起模方便，铸件应具有结构斜度。

d. 铸件应尽可能不使用活块。

e. 铸件应尽量不用或少用型芯。

合金性能对铸件结构有以下要求。

a. 为保证液态金属能充满铸型，铸件应有合理的壁厚，铸件壁厚不能小于允许的最小壁厚；铸件壁厚取决于合金的种类、铸件的形状和大小及铸造方法等因素。

b. 为了避免因铸件壁厚相差过大，在厚壁处因补缩困难产生缩孔或缩松，或因冷却速度不同而产生内应力，致使铸件变形甚至开裂，铸件壁厚应均匀。

c. 铸件壁与壁的连接：为减少金属集聚和应力集中，铸件的垂直壁连接处应有结构圆角；为了减少金属集聚和缩孔、缩松等缺陷的产生，铸件上的肋或壁的连接应避免交叉和锐角；为了防止应力集中和裂纹的产生，铸件厚壁与薄壁的连接要逐步过渡。

d. 应避免铸件收缩受阻。

e. 铸件的大水平面，容易产生浇不到等缺陷，平面型腔的上表面易产生夹砂，同时大平面不利于气体和金属夹杂物的排出，因而应尽量避免铸件有大的水平面。

表 3-3 所示为砂型铸造条件下铸件的最小壁厚。

表 3-3　砂型铸造条件下铸件的最小壁厚　　　　　　　　　　　　mm

铸件尺寸	允许的最小壁厚						
	铸钢	灰铸铁	球墨铸铁	可锻铸铁	铝合金	镁合金	铜合金
<200×200	6~8	5~6	6	4~5	3	—	3~5
200×200~500×500	10~12	6~10	12	5~8	4	3	6~8
>500×500	18~25	15~20	—	—	5~7		

注：结构复杂的铸件以及灰铸铁牌号高时，选取偏大值；如有特殊需要，在改善铸造条件下，灰铸铁最小壁厚可不超过 3mm；可锻铸铁最小壁厚可小于 3mm。

(2) 特种铸造

由于砂型铸造的尺寸精度不高、表面粗糙、生产率低、质量不稳定、劳动强度大。为了克服砂型铸造这方面的缺点，故采用特种铸造。特种铸造是指凡与普通砂型铸造有一定区别的其他铸造方法。在汽车制造中，常常采用的特种铸造方法有压力铸造、低压铸造、金属型铸造、离心铸造及消失模铸造和熔模铸造等。还有一些在汽车铸件大量生产中比较少用的特种铸造方法，例如，挤压铸造、陶瓷型铸造、石膏型铸造、连续或者半连续铸造以及真空吸铸等。

① 压力铸造　压力铸造是将熔融金属在高压下高速充型，并在压力下凝固的铸造方法。压力铸造用的压铸机由定型、动型、压室等组成。压力铸造时，首先动型与定型合紧，在压力下用活塞将熔融金属压入金属型腔，在型腔中压力保持一段时间，金属凝固后，打开铸型，用顶杆推出铸件以及与之相连的直浇道、横浇道和内浇道。压铸型再关闭，又开始同样

的循环。图 3-2 所示为立式冷压室式压铸机工作原理图。

压力铸造分为高压铸造、中压铸造。

高压铸造是对熔融金属注入型腔后的金属型或金属液面施以较高的压力,如在半融化状态时,施加几百个大气压的压力。加压后金属组织致密、强度提高。对金属型加压的方法称为液态模锻,常用于制造铝制带轮等零件,但不宜制造小而薄或多型芯的复杂铸件。

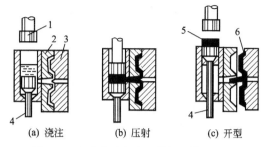

图 3-2　立式冷压室式压铸机工作原理图
1—压铸活塞；2—动型；3—定型；
4—下活塞；5—余料；6—铸件

中压铸造也成为压力铸造,下述压力铸造即为中压铸造。中压铸造是指将熔融金属加压注入金属制的压铸型中,并在压力下凝固的铸造方法。为了注入金属液,应在压铸型上加工出浇道,将压铸型装在压铸机上,用压入装置将金属液注入。

压力铸造的优点如下。

a. 铸件的精度及表面质量较其他铸造方法均高,一般可达 IT11～IT13,表面粗糙值 Ra 可达 $1.6\sim6.6\mu m$。因此,压铸件不经机械加工或仅个别表面进行少量加工即可使用。

b. 由于压铸型精密,在压力下浇注,极大地提高了合金的冲型能力,可压铸出形状复杂的薄壁件或镶嵌件。因而可铸出极薄件,或直接铸出小孔、螺纹等。

c. 因为其冷却速度快,又是在压力下结晶,表层结晶细密,压铸件的强度和硬度都比较高。其抗拉强度比砂型铸件提高了 25%～30%。

d. 由于压力铸造是在压铸机上进行的,较易实现生产过程的自动化,因而比其他铸造方法的生产率都高。

压力铸造以金属型铸造为基础,又增加了高压下高速冲型的功能,从根本上解决了金属的流动性问题,不仅生产率高,经济性好,压铸件表面粗糙值小,强度大,质量高,便于大批大量生产,因而在汽车制造中得到了广泛的应用。

② 低压铸造　低压铸造是介于重力铸造(如砂型、金属型铸造)和压力铸造之间的一种方法。它是使液态合金在压力下,自下而上地充填型腔,并在压力下结晶,形成铸件的工艺过程。由于所用的压力较低(2～7MPa),所以常常称为低压铸造。

低压铸造的基本原理：将融化的金属液注入密封的电阻坩埚内保温。铸型(一般为金属型)放置在密封盖上,垂直的升液管使金属液与朝下的浇注系统相通,铸型为水平分型。金属型在浇筑前必须预热,而且要喷刷涂料。工作时由储气罐向保温室中送入压力为 $0.01\sim0.08MPa$ 的干燥压缩空气或惰性气体,使金属液沿升液管从密封坩埚中以 $10.5\sim10.6m/s$ 的速度压入铸型型腔内,将其充满后,仍保持一定的压力到型腔内金属液完全凝固。然后撤除液面上的压力,使升液管和浇注系统中尚未凝固的金属液在重力作用下流回到坩埚,保证升液管和浇口内没有凝固的金属液。最后,打开铸型取出铸件。

低压铸造不需另设冒口,而由浇注系统兼起补缩作用。为实现自上而下的顺序凝固,浇注系统应开在铸件厚壁处,而且浇注系统的横截面积必须足够大。

低压铸造的特点和使用范围如下。

a. 充型压力和速度便于控制,故可适应各种铸型,如金属型、砂型、熔模型、树脂壳型等。由于冲型平稳,冲刷力小,且液流和气流的方向一致,故气孔、夹渣等缺陷较少。

b. 铸件的组织致密,力学性能较高,对于防止铝合金真空缺陷和提高铸件的气密性效果尤为显著。

c. 由于省去了补缩冒口，金属的利用率大大提高。

d. 由于提高了充型能力，有利于形成轮廓清晰、表面光洁的铸件，这对于大型薄壁件的铸造非常有利。

e. 设备压力铸造容易，便于实现机械化和自动化生产。

低压铸造目前主要用来生产质量要求高的铝、镁、铜合金和少量的钢制薄壁壳体类铸件，如发动机的气缸体、缸套、缸盖，高速内燃机的活塞、带轮、变速箱壳体等。

③ 金属型铸造　金属型铸造是用重力浇注将熔融金属浇入金属铸型（即金属型）中，待其冷却后获得铸件的方法。按分型面位置的不同，金属型可分为垂直分型式、水平分型式和复合分型式三种。金属型是指由金属材料制成的铸型，不能称为金属模。图3-3所示为铝活塞的金属型铸造示意图。该金属型由两个半型2组成，采用垂直分型。内腔有可拆式金属型芯3、4和5。径向圆孔由两根圆柱金属芯棒1形成。浇注后冷却到一定的温度时，先分别抽出可拆式金属型芯3、4和5，然后从水平方向抽出两侧的圆柱金属芯棒1，最后分别开半型2，即可取出铸件。

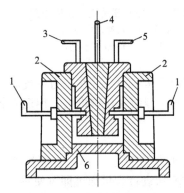

图3-3　铝活塞金属型简图
1—圆柱金属芯棒；2—半型；3～5—可拆式金属型芯；6—底型

为防止金属液因冷却过快而产生铸造缺陷，浇注前应将金属型预热到适当的温度（浇注有色金属件时，应将金属型预热到150～250℃；浇注铸铁时，应预热到300～500℃）。由于金属型无退让性，为避免铸件收缩受阻，应在铸件未完全冷却之前（有色金属件470～500℃，铸铁850～950℃）开型取出铸件，否则会因铸件的收缩受阻而使逐渐产生裂纹或卡在金属型中难以取出。每次浇注前应在型腔表面涂一层涂料，以减少液态金属对型腔表面的侵蚀，提高铸件表面质量和便于铸件脱型。为便于排气，应在金属型分型面上加工出深0.2～0.5mm的三角形通气槽。

金属型铸造实现了"一型多铸"，下芯、合型比较方便，劳动条件好，生产率较高，克服了砂型铸造的造型工作量大、占地面积大、生产率低等缺点；具有铸件尺寸准确，精度比砂型铸件高，铸件晶粒细，铸件精度和力学性能高的特点，其缺点是上行排气困难，开型和取出铸件均不方便。金属型铸造主要用于结构较简单的铝合金、铜合金以及铸铁的批量生产，例如汽车的铝合金缸盖、进气管及活塞等。

④ 离心铸造　离心铸造是将熔融金属浇入水平、倾斜或立轴旋转的铸型中，在离心力的作用下，凝固成形的铸件轴线与旋转铸型轴线重合的铸造方法。通常铸件多是简单的圆筒形，铸造时不用型芯就可以形成圆桶形内孔。当铸型绕垂直轴回转时，浇注入铸型中的熔融金属的自由表面呈抛物线状，不宜铸造轴向长度较大的铸件；当铸型绕水平轴回转时，浇注入铸型中的熔融金属的自由表面呈圆柱形，常用于铸造要求壁厚均匀的中空铸件。

离心铸造时，熔融金属受离心力的作用容易充满型腔；在离心力的作用下，混入液态金属中的气体、熔渣等容易集中在铸件的内表面，并使金属呈定向结晶，力学性能较好，能获得组织致密的铸件。但铸件的内表面质量较差，尺寸也不准确，故应留有较大的加工余量。当铸造具有圆形内腔的铸件时，可以省去型芯。铸件上不带浇注系统，减少了金属的消耗量。离心铸造生产的铸件尺寸精度可达IT12～IT14，表面粗糙度Ra值为12.5～6.3μm。离心铸造主要用于制造铸钢、铸铁、有色金属等材料的各类管状零件的毛坯，多用于浇注各种金属的圆管状铸件，如各种套、环、管等；可以铸造各种要求组织致密、强度要求较高的成形铸件，如小叶轮、成形刀具等。

几种铸造方法特点的比较见表 3-4。

表 3-4 几种铸造方法特点的比较

比较项目	铸造方法				
	砂型铸造	熔模铸造	金属型铸造	压力铸造	离心铸造
使用金属的范围	任意	不限制,但是以铸钢为主	不限制,但以有色金属为主	铝、锌等低熔点合金	以铸铁、铜合金为主
适用铸件的大小及质量	任意	一般小于25kg	以中小铸件为主,也可用于数吨大件	一般为10kg以下的小铸件,也可用于中等铸件	不限制
生产批量	不限制	成批、大量,也可单件生产	大批、大量	大批、大量	成批、大量
铸件尺寸精度	IT14~IT15	IT11~IT14	IT12~IT14	IT11~IT13	IT12~IT14
铸件表面粗糙度 $Ra/\mu m$	粗糙	12.5~1.6	12.5~6.3	3.2~0.8	内孔粗糙
铸件内部质量	结晶粗	结晶粗	结晶细	结晶细	缺陷很少
铸件加工余量	大	小或不加工	小	不加工或精加工	内孔加工量大
生产率(一般机械化程度)	低、中	低、中	中、高	最高	中、高
设备费用	中、低	中	中	高	中
应用举例	各种铸件	刀具、叶片、自行车零件、机床零件、刀杆、风动工具等	铝活塞、水暖器材、水轮机叶片、一般有色金属铸件等	汽车化油器、喇叭、电器、仪表、照相机零件等	各种铁管、套筒、环、辊、叶轮、滑动轴承等

3.1.2 锻造

锻造是利用金属材料的可塑性,借助外力(加压设备)或加工模具的作用,使坯料或铸铁产生局部或全部变形而形成所需要的形状、尺寸和一定组织性能锻件的加工方法。

锻造生产的过程主要包括以下几个方面。

① 下料 下料是根据锻件的形状、尺寸和重量从选定的原材料上截取相应的坯料。中小型锻件一般以热轧圆钢或方刚为原材料。锻件坯料的下料方法主要由剪切、锯割、氧气切割等。

② 加热 为了提高金属的塑形,降低变形抗力,并使内部组织均匀。因而除了高塑形金属外,一般可锻金属材料必须经加热才能进行锻造。

③ 模锻 形状简单的模锻件,多在锤上采用单槽模模锻。一般经过2~5次锤击便可成形。钛合金不宜采用多模膛,一般采用自由锻制坯,然后在锤上模锻成形。

钛合金在压力机上模锻可以提高塑性,降低变形抗力。故广泛用来生产形状简单、不需复杂制坯工步的中小型锻件。形状复杂的低塑性钛合金适宜在压力机上模锻。在压力机上模锻时,应分成预锻和终锻两道工序。两道工序可以用一套模具,也可以用两套不同的模具。在两道工序之间,需进行中间切边、酸洗并清除表面缺陷。

模锻钛合金的模具都要预热,预热温度主要与所用设备类型有关。在锤上或压力机上模锻时，模具可预热到 200～250℃；在水压机上模锻时，模具应预热到 350～400℃。

模锻钛合金时，型腔常用的润滑剂有水基或油基石墨，水基或油基石墨和二硫化钼的混合物。对于重要的钛合金锻件或精密锻件，坯料上还应涂一层硼硅酸盐的玻璃涂层。

④ 冷却和切边　锻件的冷却是保证锻件质量的重要环节。冷却的方式有空冷、坑冷和炉冷。一般地说，碳素结构钢和低合金钢的中小型锻件，锻后均采用冷却速度较快的空冷方法，成分复杂的合金钢锻件和大型碳钢件，要采用坑冷或炉冷。冷却速度过快会造成锻件表层硬化，难以进行切削加工，甚至产生裂纹。

批量小、尺寸大的锻件，通常是在室温下用带锯或机械加工切除毛边，对于批量大、尺寸小的锻件，则用切边模热切。则切边温度为 600～800℃，如果切边后马上进行校正，则切边温度为 800℃。

⑤ 锻后热处理　锻件在切削加工前，一般要进行一次热处理。热处理的作用是使锻件的内部组织进一步细化和均匀化，消除锻造残余应力，降低锻件硬度，便于进行切削加工等。常用的锻后热处理方法有正火、退火和球化退火等。具体的热处理方法和工艺要根据锻件的材料种类和化学成分确定。

(1) 锻造的特点及分类

锻造可以分为将金属加热到赤热状态加工的热锻、在常温下加工的冷锻以及加热到某一温度的温热锻造等。热锻使坯料粗大的组织细化，可显著提高其力学性能，广泛应用于制造对强度和韧性要求高的零件，其工艺过程如图 3-4 所示。冷锻使坯料变形需要施加大的压力，故只用于易于变形的坯料，其工艺工程如图 3-5 所示。温热锻造介于热锻和冷锻之间，进行温热锻造应注意控制温度，至今应用尚不广泛。

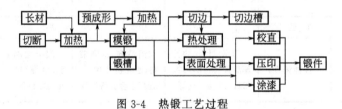

图 3-4　热锻工艺过程

(a) 采用多工位连续压力机　　(b) 采用单点压力机

图 3-5　冷锻工艺过程

热锻是指终锻温度高于再结晶温度，工作温度高于模具温度的锻造。在受热状态下，材料具有良好的加工性，很少受零件形状和尺寸的约束。汽车后半轴与转向节等需保证安全的重要零件，连杆、曲轴等发动机零件的毛坯，都采用热锻成形。热锻趋向于大型化、高速化、省力化和自动化。与此同时，为了提高锻压设备锻制小型零件的生产率，以及不限于熟练工才能操作，其主流是逐渐用压力机和镦锻机代替锻锤。热锻模模膛润滑对提高锻模寿命和锻件质量、改进工艺性能有重要作用。

冷锻是指在室温或低于再结晶温度下进行的锻造。由于冷锻具有生产率高并能提高零件强度等优点，在汽车制造中，近来已从加工发动机气门等小零件，发展到加工球头销、差速器小齿轮和后半轴等大、中型零件。冷锻工艺是一种精密塑性成形技术，具有切削加工无可比拟的优点，如制品的力学性能好、生产率高和材料利用率高，特别适合于大批量生产，而且可以作为最终产品的制造方法，在交通运输工具、航空航天和机床工业等行业具有广泛的应用。当前汽车工业、摩托车工业和机床工业的长速发展，为冷锻这一传统技术的发展提供了原动力。

冷锻零件的形状越来越趋于复杂，由最初的阶梯轴、螺柱、螺母和导管等，发展到形状复杂的零件。

冷锻工艺的优点如下。

a. 产率高。

b. 材料利用率高。

c. 表面粗糙度高（有时可不再经研磨加工）。

d. 冷锻模寿命比热锻模长。

e. 容易自动化。

f. 改善劳动环境。

j. 冷加工硬化可提高零件强度。

冷锻工艺的不足之处如下。

a. 形状复杂的零件不能冷锻成形。

b. 冷锻工艺容易使零件内部发生缺陷。

c. 有些材料不宜冷锻成形。

d. 冷锻成形压力其他锻造方法要高。

温锻是指介于热锻和冷锻温度之间的加热锻造。和热锻相比，温锻成形件表面不会发生强烈的氧化作用，表面质量好，尺寸公差小，甚至可直接成形零件的工作表面，完全省掉后续机加工，且没有飞边，节省原材料。

冷锻成形虽然可以获得更高的表面质量和尺寸精度，但冷锻成形对变形材料及零件形状的要求比较苛刻。对于常用的合金结构钢，只有在其含碳量低于 0.45% 时才能采用冷锻成形，且只限于成形形状简单的零件。在多工步冷锻成形中，各工步之间通常要加入热处理工步，以消除冷作硬化，此外合金结构钢在冷成形时变形抗力大，对压力机吨位及模具材料要求高，这样势必降低生产效率、增加生产成本。

温锻成形的温度范围介于冷锻和热锻之间，对于常用的合金结构钢，其温锻时的屈服应力约为冷锻时的 1/3，材料的变形能力和室温下相比可提高 2~3 倍，这样可以减少成形工步，节约设备投资；而所成形零件的尺寸精度和表面质量与冷锻成形相当；若最后增加一个冷整形工步，则可获得冷锻成形相同的尺寸精度和表面质量。因此温锻成形服突破了冷锻成形中变形材料、零件形状，需增加中间热处理工步及变形抗力的局限性，又克服了热锻中因强烈氧化作用而引起的表面质量及尺寸精度问题，具有显著的优越性。

如前所述，温锻精密成形技术具有显著的优越性，但需要高精度的专门设备，且对模具结构、模具材料的要求较高，所以只适宜于大批量生产。汽车工业中存在大量形状较复杂的轴对称或旋转对称零件、包括轴颈、内星轮、外套、齿轮、棘爪、联轴器等。这些锻件受零件材料或零件形状的限制，用单纯的冷锻工艺难以成形；若采用热锻工艺，则原材料及能源的消耗量大。后续机加工量大。由于型面形状复杂，机加工难度高，势必增加生产成本，且切削加工会破坏零件的金属流线结构，降低零件的力学性能。这些锻件的生产批量大，如采用温锻工艺或温锻、冷锻综合工艺来生产，则可以充分发挥温锻精密成形的优越性．降低成本，提高质量。因此，温锻精密成形技术近年来在美国、日本、德国等发达国家得到越来越广泛的应用，并有逐步取代热锻工艺的趋势。

温锻目的可归纳为下述两点。

① 从冷锻出发，为了缩短工艺过程，或在已有设备上进行大件加工，或使在室温下难于变形的材质加工成形，从而适当升高温度，以扩大冷锻工艺范围。

② 从提高热锻件的精度出发，降低锻造温度，也称为半热锻。

若能充分考虑材料热膨胀的变化和模具的弹性变形，并能准确控制加热温度，温锻制品精度可达到冷锻的程度。已经查明，500℃以下温锻零件的表面精度与冷锻的大致相同。此外，也可与热锻相结合，即先以热锻粗成形，而后以温锻最后成形，以提高尺寸精度。目前温锻的最大问题是，还没有找到一种非常合适的润滑剂。

等温锻是指模具带加热和保温装置，成形时模具与坯料等温的锻造。

根据成形方式的不同，锻造可以分为自由锻和模锻两大类，自由锻按锻造时工件所受作用力来源的不同，又分为手工自由锻与自由锻两种。自由锻不使用锻模，采用具有平面或曲面形状的工具使坯料成形。由于手工自由锻作用力较小只能得到小的变形，且劳动强度大，在现在工艺生产中，已逐步被机器自由锻和模锻所代替。模锻按所使用锻造设备的不同，又分为模锻和胎模锻两种。模锻时采用锻模对坯料进行锻造。在锻模上以加工有与锻件形状相同的型腔，将坯料置于模上，对坯料加压便可得到所需形状的锻件。

锻造过程中，金属因经历塑性变形可得到连续和均匀的金属纤维组织，因而使其内部组织更加致密，晶粒得到细化，没有铸件的粗大组织和内部缺陷，因此锻件比铸件具有更好的力学性能。因此，一些要求强度高、耐冲压、抗疲劳、承受重载和冲击载荷的重要机器零件，如汽车发动机、变速器、转向器、曲轴、连杆、行走部分总成的零件上等都采用锻造的方法制造。但是由于它在固态下塑形，难以获得复杂的形状，特别是一些复杂内腔的零件。

与压力机锻造相比，锻锤锻造是用冲击力使坯料产生变形，噪声大，产生的振动要传递给地面。与之相反，压力机锻造无冲击力、无噪声。此外，因前者是瞬时受力，施加的压力往往不能达到坯料内部；后者是静压力，所加压力可传递到坯料内部，因为可以得到尺寸精度高的锻件。与压力机锻造相比，锻锤的质量较小，所需动力也比较小，因而一般锻件用锻锤锻造。

(2) 自由锻造

自由锻造是将金属坯料放在铁砧上承受冲击或压力而产生塑性变形成形的加工方法。自由锻造可对坯料进行拔长、墩粗、冲孔、弯曲、切割作业。汽车的齿轮和轴等的毛坯就是用自由锻造的方法加工的。

只用简单的通用性工具，或在锻造设备上、下砧间直接使坯料变形而获得所需的几何形状及内部质量的锻件，称为自由锻，是锻件的主要生产方法。自由锻锻件形状和尺寸主要由操作工的操作技术来保证，金属受力变形，在砧铁间各个方向是自由流动的。自由锻可分为手工锻造和机器锻造两种。手工锻造劳动强度大，只适用于少量小型锻件的生产，汽车生产中主要依靠机器锻造进行生产，锻件精度不高，不能锻造形状复杂的锻件。

自由锻的优点是工艺灵活，所用工具简单，设备与工具通用性大，成本低，小至几克，大至数百吨的坯料都可以锻造，一般是生产大件的主要方法，其缺点是加工余量大，生产率低，要求工人技术水平较高。自由锻造用于单件、小批生产。

机器锻造是自由锻的基本法。手工锻造是由人力锤击金属产生变形的，只能锻制小锻件，生产率很低，在机器制造工厂只能作为机器锻造的辅助操作。机器锻造在锻造设备上进行，常用的设备有锻锤或水压机。锻锤是靠冲击力，水压机是用静压力使坯料变形。

自由锻工序可分为基本工序、辅助工序及修整工序。辅助工序是为基本工序操作方便而进行的预先变形，如压钳口、钢锭倒棱和压肩等。修整工序是为提高锻件表面质量而进行的工序，如校整、滚圆、平整等。基本工序是自由锻造的主要工序，可分为墩粗、拔长、冲孔、弯曲、扭转、切割及焊接等。

使坯料高度减小，横截面积增大的锻造工序称为墩粗。制造高度小、截面大的工件，如齿轮、圆盘等，必须经过墩粗工序。

使坯料横截面积减小、长度增加的锻造工序称为拔长。制造外形长而截面小的工件，如轴、曲轴、连杆、套筒、圆环等。

在坯料上冲出通孔或不通孔的锻造工序称为冲孔。冲孔常用于制造带孔齿轮、套筒、圆环及重要的大直径空心轴等锻件。为了减小冲孔的深度和保持端面的平整,冲孔前通常先将坯料墩粗。冲孔后大部分锻件还需经芯棒拔长、扩孔或修整。

采用一定的工模具将毛坯弯成规定的外形的锻造工序叫弯曲。坯料弯曲变形时,金属的纤维组织未被切断,并沿锻件的外形连续分布,可保证力学性能不致削弱。因此,质量要求较高并具有弯曲轴线的锻件是利用弯形工序来锻制的。

在保持坯料轴线方向不变的情况下,将坯料的一部分相对于另一部分扳转一定角度的工序叫扭转。扭转时,必须将坯料加热至始锻温度(始锻温度是指开始锻造的温度),受扭曲变形的部分必须表面光滑,面与面的相交处要有圆角过渡,以防扭裂。

切割是分割坯料或切除锻件余料的工序。

(3) 模型锻造

金属坯料在锻模模腔内在一次或多次承受冲击力或压力的作用下,被迫流动成形的过程称为模型锻造,简称模锻。通过模腔对金属坯料流动的限制,最终得到与模腔形状相符的锻件。

模型锻造是将金属坯料放在锻模的模腔内,承受冲击或压力使坯料变形并充满锻模模腔,从而获得具有形状和尺寸要求的锻件的加工方法。与自由锻相比,模锻制造的工件形状更复杂,尺寸更精确,表面更光洁,操作更简单,易于实现机械化,锻件生产成本低。但是模锻的设备费用高,制造周期长,成本高。故模锻只适用于批量大、质量较小的中小型锻件的生产。汽车模锻件的典型例子有发动机连杆、曲轴、汽车前轴和转向节等。

按使用设备不同,模锻可分为胎模锻、锤上模锻、压力机上模锻及其他专用设备上的模锻。其中锤上模锻的工艺通用性强,是目前最常用的模锻方法。

锤上模锻是在模锻锤上进行模型锻造的方法。它比其他设备费用低,模锻工艺通用型大,能生产各种类型的锻件,是目前应用最广泛的一种模锻方法。锤上模锻所用的锻模由上、下模组成。上下模块用楔铁分别固定在锤头和铁砧座上。锻造时,下模块不动,上模块和锤头一起做上下运动对坯料进行锤击,锻出所需要的锻件。

在锻压生产中广泛应用的锤上模锻虽然有工艺适应性强的特点,但由于模锻锤在工作中存在振动和噪声大、劳动条件差、蒸汽效率低、能源消耗多等难以克服的缺点,因此近年来大吨位模锻锤,有逐渐被压力机所取代的趋势。常用的模锻压力机有曲柄压力机、摩擦压力机和平锻机等。其中曲柄压力机导向精度高,上、下模都可以安装顶出装置,工作时不易错移、变形均匀、形状准确、锻件余量及公差较小。同时,曲柄压力机振动小,噪声低,操作安全,劳动条件得到改善。但模腔内不易清除氧化皮,锻件应采用无氧化加热或电加热。

胎膜锻是在自由锻设备上使用可移动模具生产模锻件的一种锻造方法。所用模具称为胎膜。胎膜锻的结构简单,形式多种多样。一般选用自由锻方法制坯,然后在胎膜中终锻压成。胎膜锻是介于自由锻和模锻之间的一种工艺。

胎膜锻与自由锻相比,可获得形状复杂、尺寸较为精确的锻件,节省金属,提高生产率。与模锻相比,可利用自由锻设备组织各类锻件生产,操作灵活,胎膜制造也较简单。但胎膜锻尺寸精度低于模锻。另外,胎膜锻的劳动生产率、模具寿命等方面低于模锻。胎膜锻适用于没有模锻设备的中小型工厂中生产中、小批量锻件。

模锻按成形温度可分为冷锻、热锻、等温锻、温锻等,模锻的主要特点:模锻件尺寸相对精确,加工余量小;生产率高,金属变形是在模腔内进行,锻件成形快;可以锻出形状比较复杂的锻件;比自由锻节省材料,减少切削加工工作量,降低成本;操作简单,易于实现机械化和自动化生产。

模锻的缺点在于坯料整体变形,变形抗力较大,且模锻所需的设备吨位较大,故锻件的质量通常受到设备吨位的限制,一般只能生产150kg以下的中小型锻件,锻模制造成本高,

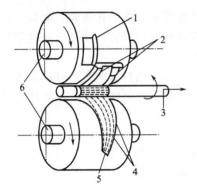

图 3-6 加工原理图
1—切削刃；2—模镗外缘面；3—加工坯料；4—模镗成形面；5—工作轧辊；6—轧辊轴

适用于中、小型锻件的大批量生产。

(4) 特种锻造

① 回转锻造　回转锻造有多种方式，其中横向轧制是近年由欧洲提出的，适于加工轴类零件。横向轧制也有 2~3 个类型，本节仅以横向楔形轧制为例来说明。图 3-6 所示为其加工原理图。在两个轧辊的圆周面上，刻出具有楔形成形斜面、尺寸相等、位置相差 180°的轧制模腔，在上、下模腔间插入与轧辊轴平行的已加热的棒料，上、下轧辊回转，棒料随同回转并被轧制成形。这种成形方法的优点在于生产率高，并可提高材料利用率。目前日本已有工厂达到实用阶段。

② 烧结锻造　烧结锻造是一种将粉末冶金技术中的烧结法和锻造加工法的优点相互结合的方法。其要点是，以金属粉末为原材料，用粉末冶金方法做成预成形件，然后进行热锻，以接近理论密度，得到普通烧结法所不能比拟的、质量不低于一般锻件的产品。由于预成形件的形状和质量接近零件的最终要求，可得到几乎没有毛边、精度极高的成品。目前已有用这种方法生产齿轮的报道，也开始有人发表论文，探讨用于生产连杆类零件的途径。

③ 液态模锻　液态模锻又称高压铸造法或半熔融锻造法，可以认为是一种将铸造、锻造相结合的成形方法。其方法是将熔融或半熔融状态的金属注入金属型内，施加高压并保持，直至凝固，以阻止金属晶粒增长，提高零件强度，并能高效率生产形状复杂的零件。最近几年来，液态模锻在国内外稳步发展，表现在开发并投产的产品品种不断增多，有向更高品质、更高性能和更多样化方向发展的趋势；国外各大压铸机生产厂家，投入了一定的精力改进并新开发了几种挤压铸造机；学术界和产业界密切配合，在液态模锻工艺、材料的组织与性能、模具工装、基础理论以及在金属基复合材料、半固态加工技术等方面进行了不少研究工作，并在实际生产中取得了可喜的成绩，使液态模锻已成为汽车、家电等行业高档有色金属铸件大批量生产的重要技术手段。

关于液态模锻新产品的开发，各国均遵循如下方向。

a. 代替部分常规的压铸件，使其有更致密的组织，可固溶处理，并提高其力学性能。

b. 代替部分砂型、金属型铸件，使其内部组织更致密，表面轮廓更清晰，尺寸精度更高。

c. 代替部分锻件、热挤压件，降低成本，简化工艺。

3.1.3 焊接

焊接是用加热或加压，或加热又加压的方法，在使用或不使用填充金属的情况下，使两块金属接合在一起的加工工艺方法。

焊接广泛应用于机械、冶金、电力、锅炉和压力容器，如建筑、桥梁、船舶、汽车、电子、航空航天、军工和军事装备等生产部门。通过焊接，被连接的焊件不仅在宏观上建立了永久性的联系，且在微观上建立了组织之间的内在联系。焊接能非常方便地利用型材和采用锻焊、铸焊、冲压焊等复合工艺，制造出各种大型、复杂的机械结构和零件，并可把不同材质和不同形状尺寸的坯材连接成不可拆卸的整体，从而使许多大型复杂的铸、锻件的生产过程由难变易，由不可能变为可能。

与螺纹、销钉、铆接等连接方法相比，焊接具有结合强度大、气密性好、生产效率高、节省材料等优点。焊接在汽车生产中所占的比重达 30%~40%，成为影响、制约产品成本、质量和工厂生产能力的关键因素。汽车制造中焊接生产具有批量大、生产速度快、自动化程度高、对被焊接零件的装配焊接精度要求高等特点。在汽车整个结构中,车身、车架、油箱、消声器等薄壁零部件,均为金属焊接结构件。针对不同的产品技术要求和工厂的现行条件,目前已有许多焊接方法应用在汽车制造上,如点焊、凸焊、缝焊、二氧化碳气体保护焊、熔化极氩弧焊、非熔化极氩弧焊等。为了提高焊接质量、增大生产能力和改善工人的劳动条件,专用焊接设备及焊接机器人工作站的应用,已成为焊接生产的发展趋势。

焊接技术也还存在一些不足之处,如焊接结构不可拆卸,给维修带来不便;焊接结构中会存在焊接应力和变形;焊接接头的组织性能往往不均匀,并会产生焊接缺陷等。

3.1.3.1 焊接的特点、分类及方法

(1) 焊接的特点

焊接与其他连接方法有着本质的区别,焊接生产的特点主要有以下几个。

① 节省金属材料,结构重量轻,生产周期短。

② 以小拼大、化大为小,可制造重型、复杂的机器零部件,简化铸造、锻造及切削加工工艺,获得最佳技术经济效果。

③ 焊接接头具有良好的力学性能和密封性。

④ 能够制造双金属结构,使材料的性能得到充分利用。

⑤ 生产的毛坯有较好的强度和刚度,质量轻,材料利用率高。

焊接的缺点是抗振性较差、变形大,需经时效处理后才能进行机械加工。因此,选用焊接件为毛坯,对一些性能要求高的汽车重要零件在机械加工前应采用退火处理,以消除应力、防止变形。

(2) 焊接的分类

焊接的分类方法很多,若按焊接过程中金属所处的状态不同,可把焊接方法分为熔焊、压焊和钎焊三大类,每类都包括许多焊接方法。

焊条电弧焊是目前应用最普遍的,也是其他种类焊接方法的基础。焊条电弧焊的最大优点是设备简单,应用灵活、方便,适用面广,可焊接各种焊接位置和直缝、环缝及各种曲线焊接,尤其适用于操作不变的场合和短小焊缝的焊接;埋弧自动焊具有生产率高、焊缝质量好、劳动条件好等特点;气体保护焊具有保护效果好、电弧稳定、热量集中等特点。

焊接的分类繁多,根据焊接过程中加热程度和工艺特点的不同,焊接可分为三大类,见图 3-7。

① 钎焊 钎焊是在焊接过程中,采用比母材熔点低的金属材料(填充材料)作为钎料,将焊件和钎料加热到高于钎料但低于母材熔点的温度,利用液态钎料润湿母材,充填接头间

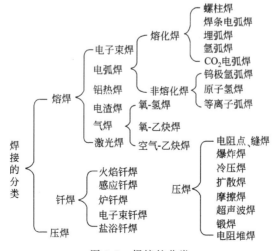

图 3-7 焊接的分类

隙并与母材相互扩散实现连接焊件的方法，如软钎焊（加热温度在450℃以下的锡焊）和硬钎焊（加热温度在450℃以上的铜焊）。钎焊过程中被焊工件不熔化，且一般没有塑性变形。

② 熔焊 在焊接过程中，在不加压力的情况下，将工件焊接处局部加热到熔化状态，形成熔池（通常还加入填充金属），冷却结晶后形成焊缝，被焊工件结合为不可分离的整体的焊接方法称为熔焊。常见的熔焊方法有气焊、电弧焊、电渣焊、等离子弧焊、电子束焊、激光焊等。

③ 压焊 在焊接过程中无论加热与否，均需要加压以完成焊接的焊接方法称为压焊。常见的压焊有电阻焊、摩擦焊、冷压焊、扩散焊、爆炸焊等。

(3) 常用的焊接方法

焊接的方法多种多样，根据热源产生的方式不同，目前在汽车制造中主要采用电弧焊、气焊、和电阻焊等方法。它们之间的相同点是：金属零件都是经熔合过程连接的。该过程是指局部的小冶金过程。木材沿着共同边界或相邻表面被熔化，熔化的金属在它们之间形成共同的熔池，熔池凝即永久性连接。其他焊接方法，如等离子弧焊、电渣焊、激光焊、针孔电子束焊、摩擦焊以及钎焊等，尽管它们得到了应用，但并不是主要，只用于某些特殊的加工。表3-5列举了汽车制造焊接方法的分类。常用焊接方法的选择如表3-6所示。表3-7所示为汽车生产中采用的焊接方法及其典型应用实例。

表3-5 汽车制造中焊接方法的分类

汽车焊接法	电弧焊	包剂焊丝电弧焊 CO_2气体保护焊 金属焊丝惰性气体保护焊 钨极惰性气体保护焊 埋弧焊
	电阻焊	点焊 凸焊 滚焊、缝焊 闪光焊
	气焊	氧-乙炔焊 硬钎焊 软钎焊
	其他	T形螺栓焊 摩擦焊 电子束焊

表3-6 常用焊接方法的选择

焊接方法	主要接头形式	焊接位置	被焊接材料选择	应用选择
焊条电弧焊	对接、角接、搭接、T形接	全位置	碳钢、低合金钢、铸铁、铜及铜合金、铝及铝合金	各类中小型结构
埋弧自动焊		平焊	碳钢、合金钢	成批生产、中厚板长直焊缝和较大直径环焊缝
氩弧焊		全位置	铝、铜、镁、钛及其合金，耐热钢，不锈钢	致密、耐蚀、耐热的焊件
CO_2气体保护焊			碳钢、低合金钢、不锈钢	
等离子弧焊	对接、搭接	全位置	耐热钢，不锈钢，铜、镍、钛及其合金	一般焊接方法难以焊接的金属和合金
气焊	对接		碳钢、低合金钢、铸铁、铜及铜合金、铝及铝合金	受力不大的薄板及铸件和损坏的机件的补焊
电渣焊		立焊	碳钢、低合金钢、不锈钢、铸铁	大厚铸、锻件的焊接

续表

焊接方法	主要接头形式	焊接位置	被焊接材料选择	应用选择
点焊	搭接	全位置	碳钢、低合金钢、不锈钢、铝及铝合金	焊接薄板壳体
缝焊	搭接	全位置	碳钢、低合金钢、不锈钢、铝及铝合金	焊接薄壁容器和管道
对焊	搭接	全位置	碳钢、低合金钢、不锈钢、铝及铝合金	杆状零件的焊接
摩擦焊	对接	平焊	各类同种金属和异种金属	圆形界面零件的焊接
钎焊	搭接	—		强度要求不高,其他焊接方法难以焊接的焊接

表 3-7　汽车生产中采用的焊接方法及其典型应用实例

焊接方法			典型应用实例
接触焊	点焊	悬挂点焊钳(手工或机械)	车身总成、车身侧围分总成
接触焊	点焊	固定焊机	小型零部件
接触焊	多点焊	压床式多点焊机	车身底板总成
接触焊	多点焊	C 形多点焊机	车门、发动机盖、行李厢盖总成
接触焊	缝焊	悬挂缝焊钳	车身顶盖流水槽
接触焊	缝焊	固定焊机	汽油箱总成
接触焊	凸焊		螺母、小支架
接触焊	闪光对焊		后桥壳管、车轮钢圈
电弧焊	CO_2 气体保护焊	半自动	车身总成
电弧焊	CO_2 气体保护焊	自动	后桥壳、消声器
电弧焊	手工电弧焊		厚料零部件
电弧焊	埋弧焊		重型后桥壳
电弧焊	氩弧焊		车身顶盖后两侧接缝
气焊	氧-乙炔焊		车身总成补焊
气焊	钎(铜、银)焊		铜和钢件
气焊	锡焊		水箱
特种焊	微弧等离子焊		车身顶盖后角板
特种焊	电子束焊		齿轮
特种焊	激光焊		车身地板
特种焊	摩擦焊		后桥壳管与法兰转向杆

① 焊条电弧焊　焊条电弧焊是用手工操作焊条进行焊接的一种电弧焊。电弧焊是利用焊接电弧产生的高温作为焊接热源,使被焊金属局部熔化而实现永久性连接的工艺方法。我们常见工人一手拿着面罩,另一手拿着与电线相连的焊钳和焊条的焊接方法就是焊条电弧焊,这是利用电弧放电产生的高温熔化焊条和焊件,使之接合的焊接方法。在具有一定电压的两电极间或电极与工件间的气体介质中,产生强烈而持久的放电现象称为电弧,此电弧用于焊接即称为焊接电弧。电弧放电时,由于电极材料的不同,将产生 600℃ 以上的高温和耀眼的弧光。

焊条电弧焊是目前应用最普遍的,也是其他种类焊接方法的基础。焊条电弧焊的最大优点是设备简单,应用灵活、方便,适用面广,可以焊接各种焊接位置和直缝、环缝及各种曲线焊缝,对生产环境及焊接位置的适应性强,尤其适用于操作不便的场合和短小焊缝的焊接;同时焊条系列完整,可以焊接大多数常用金属材料,对焊接接头装配要求低,可焊的金属材料广。埋弧自动焊具有生产率高、焊缝质量好、劳动条件好等特点；气体保护焊具有保护效果好、电弧稳定、热量集中等特点。

焊点电弧焊具有以下缺点。

a. 由于焊工需要在高温、尘雾环境下工作，故劳动条件差，强度大。

b. 焊条载流能力有限（电流为20～500A），焊接厚度一般在3～20mm之间，若焊接电流太大金属熔化快、熔深大，易产生咬边和烧穿等缺陷，若焊接电流太小，输入热量少，又可能造成未焊透和夹渣，同时生产率较低，焊接质量很大程度上取决于焊工的操作技能。

一些活泼金属、难熔金属及低熔点金属不适合用于焊条电弧焊。若焊接速度过快，焊波高而尖，焊缝宽度和焊深都减小，甚至可能产生夹渣和未焊透的缺陷，焊接速度太慢，焊缝宽度和堆高增加，焊接生产率低，焊薄板容易烧穿。由于焊条电弧焊的熔敷速度低，焊接质量受焊工水平的影响大，焊后焊渣的清理比较麻烦，因而在汽车生产线上已较少应用。

② 电阻焊　汽车车身装配几乎都用电阻焊。只对一些较厚的零件（板厚大于2mm），或根据结构上的要求不能采用电阻焊时，才采用其他焊接方法。电阻焊属于压焊的一种，电阻焊是利用电流通过工件及其接触处产生的电阻热，将连接处加热到塑性状态或局部熔化状态，再通过电极施加压力形成焊接接头的焊接方法。电阻焊通常分为点焊、缝焊和对焊，对焊又可根据其焊接过程的不同，分为电阻对焊和闪光对焊。由于接头形式不同，焊接方法也不一样。搭接接头适用于采用点焊、凸焊和缝焊；对接接头仅适用于采用电阻对焊和闪光对焊。

在各种焊接方法中，电阻焊的效率最高，最适用于大量生产。电阻焊具有以下优点。

a. 冶金过程简单，熔核被塑形环包围，不受外界空气的影响，熔核内不易产生冶金缺陷。

b. 热影响区小，焊接变形与应力小。焊后一般不需安排校形和热处理工序。

c. 不需要焊丝、焊条等填充金属，也不需要其他一些辅助材料，所以成本低。

d. 加热时间短、焊接速度快，因此生产率高。

e. 操作简单，生产效率高，易于实现机械化、自动化。

f. 电阻焊时，不放出有害的气体和强光，劳动条件好。

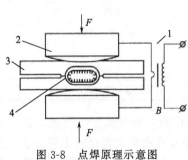

图 3-8　点焊原理示意图
1—变压器；2—电极；3—板材；
4—熔化核心（熔核）

点焊是焊件装配成搭接接头，并压紧在两电极之间，利用电阻热融化母材金属，形成焊点的电阻焊方法。点焊是一种具有代表性的电阻焊，在大量生产条件下，采用多头点焊方式。点焊原理图如图 3-8 所示，其过程示意图如图 3-9 所示。

与熔焊方法相比，点焊是在压力作用下通过内部电阻热加热金属而形成焊点，其冶金过程简单，且加热集中，热影响区域小，易于获得品质优良的焊接接头；与铆接相比，不需要其他金属，结构重量轻，这对有着较高行驶速度的乘用车来说十分重要，可以达到轻量化、节省能源的要求；点焊焊接过程中不产生弧光、有害气体及噪声，劳动条件比较好；点焊过程因机械化、自动化程度高，可以提高生产效率，减轻操作者的劳动强度，适合于自动生产线的要求。

凸焊是在一焊件的贴合面上预先加工出一个或多个凸起点，使其与另一焊件表面相接触并通电加热，然后压塌，使这些接触点形成焊点的电阻焊方法。电阻焊是一种能够同时进行多点焊接的高效率焊法，可用于代替电弧焊、钎焊和咬接。这种焊接方法的特点是加工速度快，且除电力外无其他消耗。

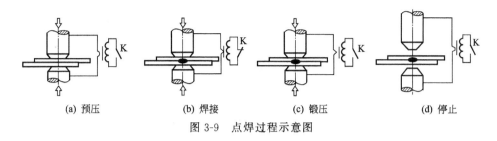

图 3-9 点焊过程示意图

  凸焊与点焊相比，其不同点是预先在板件上加工出凸点，或利用焊件上能使电流集中的形面、倒角等作为焊接时的相互接触部位。焊接时靠凸点接触，提高了单位面积上的压力与电流密度，有利于将板件表面氧化膜压破，使热量集中，减小分流，减小了点焊中心距，一次可进行多点凸焊，提高了生产率，并减小了接头的翘曲变形。在车身上，一般是将凸焊螺母（有凸点的螺母）焊在薄板上，这样在装配时只需拧紧螺栓即可，提高了装配工效。

  缝焊是将焊件装配成搭接或对接接头，并置于两滚轮电极之间，给滚轮加压，并使之转动，连续或断续送电，形成一条连续焊缝的电阻焊方法。缝焊是一种连续进行的点焊方法，可获得密封性优良的焊缝，适用于汽油箱、后桥壳等部件。点焊机的利用率为 3%～7%，与此对比，由于缝焊机以连续电流断续工作，其利用率可达 50%。为此，一般在焊接过程中，应将电极与焊接部位要使用冷却剂（一般用水）冷却，以防止焊件金属过热，并可保护电极。为获得满意效果，待焊表面必须清洁，无杂质、油漆、油脂等。缝焊广泛用于焊接金属平板和弯板，最适宜的材料是低碳钢、不锈钢或合金钢板件。铝、黄铜、钛等其他金属及合金也可以进行缝焊。缝焊最广泛的应用是制造管件。其在汽车上应用的产品有消声器、圆筒、汽油箱、仪表以及金属容器等，同时也适用于汽车顶盖周边焊接。

  对焊是利用电阻热使两个焊件在整个断面上焊接起来的一种方法。根据焊接操作方法的不同，对焊可以分为电阻对焊和闪光对焊两种。对焊的焊接端面形状应尽量相同，圆棒直径、方钢边长和管子壁厚之差不应超过 15%。对焊主要用于刀具、管子、钢筋、钢轨、锚链、链条等的焊接。

  电阻对焊是将焊件装配成对接接头，使其端面紧密接触，利用电阻热加热至塑性状态，然后迅速施加顶锻力完成焊接的方法。电阻对焊操作简单，接头比较光滑，但焊前应很好地加工和清理焊件端面，否则易造成加热不均匀。另外，高温端面易发生氧化夹渣，质量不易保证，一般仅用于断面简单、直径（或边长）小于 20mm、强度要求不太高的焊件。

  闪光对焊是将焊件装配成对接接头，接通电源，并使其端面不断移近，达到局部接触，利用电阻热加热这些触点（产生闪光），使其端面金属熔化，直至端部在一定深度范围内达到预定温度时，迅速施加顶锻力完成焊接的焊接工艺。闪光对接过程中，焊件端面的表面氧化物及其他杂质，一部分随四溅的闪光火花带出清除，一部分在最后加压时随液态金属挤出，不混入焊缝内，因此在接头中夹渣较少，质量好，强度高，可靠性好。

  闪光对焊的缺点是：金属损耗大；闪光火花易玷污其他设备和环境；接头处焊后有毛刺，需要加工清理；在直角焊缝上不能施加充分的抵紧压力，焊缝强度较差。闪光对焊常用于重要焊件的焊接，可焊相同金属，也可焊一些异种金属（铝-钢、铝-铜等）。被焊工件可以是直径小到 0.01mm 的金属丝，也可以是断面大到 20000mm^2 的金属棒和金属型材。闪光对焊热影响区的范围极小，宜用于薄板或薄壁管件焊接，汽车车轮轮辋总成是一种典型的闪光对焊部件。对窗框之类零部件，闪光对焊仍然是一种广泛使用的有效焊接方法。

  电阻焊有下述缺点：焊接设备费用较高，投资较大；焊接设备复杂，需要大功率的电网设备，耗电量大；电阻焊同气焊、电弧焊相比，设备搬运麻烦，不能灵活机动地工作；对焊件厚度和接头形式有一定限制。

③ 气体保护焊　气体保护焊是利用外加气体来保护电弧和焊缝的电弧焊。目前常用的保护气体是氩气和二氧化碳，称为氩弧焊和 CO_2 保护焊。CO_2 气体保护焊是以 CO_2 作为保护气体，以连续送进的焊丝为电极的焊接方法。

氩弧焊是使用氩气作为保护气体的气体保护焊。氩弧焊的焊接质量比较高，因为氩气是惰性气体，在高温下，氩气不与金属起化学反应，也不溶于金属，且保护电弧和熔池不受空气的有害作用。氩弧焊按所用的电极不同可分为钨极氩弧焊、熔化极氩弧焊和钨极脉冲氩弧焊等。其中钨极氩弧焊以高熔点的铈钨棒作为电极，焊接时，钨极不熔化，只起导电和产生电弧的作用，易于实现机械化。因钨极所能通过的电流有限，所以只适于焊接板厚在 6mm 以下的焊件。熔化极氩弧焊可分为自动熔化极氩弧焊和半自动熔化极氩弧焊，它以连续送进的焊丝为电极，可以用较大的电流焊接厚度在 25mm 以下的焊件。半自动熔化氩弧焊由于是由焊工手持焊枪进行操作，其送丝和保证弧长是自动的，因而可以焊接曲折和狭窄的焊缝。钨极脉冲氩弧焊通过对脉冲波形、脉冲电流、基本电流、与两电流的持续时间的调节和控制，可以准确改变和控制焊接工艺参数和能量的大小，从而可以控制焊缝的尺寸和焊接质量。

脉冲氩弧焊的特点如下。

a. 焊缝是脉冲式的熔化、凝固，易于控制，可避免薄件烧穿，适于焊接 0.1～5mm 厚的钢材或管材，能实现单面焊双面成形，保证根部焊透。

b. 熔池脉冲式熔化，易于克服因表面张力小或自身重量影响造成的焊缝偏浆与塌陷缺陷，适合于各种空间位置焊接，易于实现全位置自动焊。

c. 容易调节焊接工艺参数、能量和焊缝在高温停留的时间，因而适合于淬火钢和高强度钢的焊接可减少裂纹倾向和焊接变形。

d. 焊接质量稳定，焊接接头的力学性能比普通氩弧焊高。

氩弧焊时，由于氩气只起保护作用，焊接过程中没有冶金反应，所以氩弧焊前必须把焊接接头表面清理干净，否则杂质与氧化物会留在焊缝内，导致焊缝质量显著下降。

氩弧焊的特点如下。

a. 由于用惰性气体氩气作保护，适用于焊接各类合金钢、易氧化的有色金属以及锆、钽、钼等稀有金属。

b. 氩弧焊电弧稳定，飞溅小，焊缝致密，表面没有焊渣，焊缝成形美观。

c. 电弧和熔池区是气体保护，明弧可见，便于操作，容易实现全位置自动焊接。在工业中已开始应用的焊接机器人，一般都采用氩氖弧焊或 CO_2 气体保护焊。

d. 电弧在气流压缩下燃烧，热量集中，熔池较小，焊接速度较快，因此焊接热影响区域较窄，焊件焊后变形较小。

由于氩气价格较高，因此目前主要用于焊接铝、镁、钛及其合金，也用于焊接不锈钢、耐热钢和一部分重要的低合金结构钢。

自从二氧化碳气体保护焊研究成功以来，在汽车制造上业中，逐渐代替了金属焊丝惰性气体保护焊、钨极惰性气体保护焊和埋弧焊，成为一种极为普及的工艺。因为 CO_2 气体保护焊具有如下一些特点：

a. 焊接成本低。CO_2 气体容易制取，价格低，焊接耗电量小。

b. CO_2 气体保护焊的成本只有埋弧焊和焊条电弧焊的 40%～50%。

c. 生产效率高。CO_2 气体保护焊电弧的穿透力强，熔深大。而且焊丝的熔化系数高，所以熔敷速度快。焊丝可连续自动送进，不用像焊条电弧焊那样频繁更换焊条，生产率可比焊条电弧焊高 1～4 倍。

d. 适用范围广。能进行全位置焊接，便于实现自动控制。焊接薄板时，比气焊速度快，尤其是变形小；薄板可焊到 1mm 左右，间隙可小于 0.5mm。焊接厚件可采用多层焊。

e. 抗锈能力比其他焊接方法强，焊缝含氢量低，抗裂性好。

f. 因为是明弧，便于观察和控制焊接过程，有利于实现焊接过程的机械化和自动化，焊后不需清渣。

CO_2 气体保护焊有以下几种类型：管状焊丝焊接法；实心焊丝普通 CO_2 气体保护焊；短路移动 CO_2 气体保护焊；脉冲电弧焊。

汽车制造工业上经常使用的是短路移动 CO_2 气体保护焊和脉冲电弧焊。

因为 CO_2 气体密度比空气大，受电弧加热后体积膨胀，所以 CO_2 气体保护焊在隔绝空气、保护焊接熔池和电弧方面的效果相当好。进行 CO_2 气体保护焊时，必须采用含有脱氧剂的专用焊丝（如 H10MnSiMo、H04Mn2SiAlTiA、H08Mn2SiA）对熔池金属进行脱氧，及专用的平外特性焊接电源。CO_2 气体的纯度不得低于 99.5%。当 CO_2 气瓶内的压力低于 1MPa 时，就应停止使用，以免溶于液态 CO_2 中的水分汽化量增大而产生气孔。

CO_2 气体保护焊的缺点是 CO_2 的氧化作用使熔滴飞溅较为严重，因此焊缝表面成形不够光滑。另外，焊接烟雾较大，弧光强烈；如果控制或操作不当，容易产生气孔。

④ 钎焊 钎焊是采用比母材（焊件）熔点低的合金作为钎料，将焊件和钎件加热到高于钎料熔点、低于母材熔点的温度，利用液态钎料润湿作用润湿母材，毛细作用填满并保持在接头间隙内与母材相互扩散，实现连接焊件的一种焊接方法。

钎焊的过程是：将表面清洗好的焊件以搭接接头的形式装配在一起，把钎料放在接头间隙附近或接头间隙之间。当焊件与钎料加热到稍高于钎料的熔点温度后，钎料熔化（此时焊件未熔化），并借助毛细管作用吸入和充满固态焊件间隙，液态钎料与焊件金属相互扩散溶解，冷凝后即形成钎焊接头。

钎焊根据钎焊熔点的不同，可以分为硬钎焊和软钎焊。

硬钎焊的钎料熔点在 450℃ 以上，接头强度较高，都在 200MPa 以上，属于这类的钎料有铜基、银基和镍基等。银基材料钎焊的接头具有较高的强度、导电性和耐蚀性，而且熔点较低，工艺性较好，不过银基材料成本较高，适用范围较小，仅用于要求高的焊件。镍铬合金钎料的工作温度可高达 900℃，工艺要求比较严格，适用于钎焊中耐热的高强度合金和不锈钢。硬钎焊主要用于受力较大的钢件和铜合金构件的焊接以及工具、刀具的焊接等。

软钎焊的钎料熔点在 450℃ 以下，由于软钎焊的接头强度较低，一般不超过 70MPa，因此，常用于钎焊受力不大、工作温度较低的焊接。常用的材料是锡铅合金，也称为锡焊。锡铅合金的钎料的熔点一般低于 230℃，熔液渗入接头间隙的能力强，所以具有较好的焊接工艺性能，也具有良好的导电性。因此，软钎焊经常用于常温工作的焊接受力不大的钢、铜及铜合金等构件。

在钎焊过程中，一般都需要使用焊剂，使用熔剂的作用是清除母材表面的氧化物和杂质，并保护母材和钎料在钎焊过程中免受氧化，增加钎料的渗透能力和对母材的附着能力。软钎焊时，经常用松香或氯化锌溶液作焊剂；硬钎焊时，应根据钎料的种类选用焊剂，主要由硼砂、硼酸、氟化物、氯化物等组成。钎焊的加热方法可分为烙铁加热、火焰加热、电阻加热、感应加热、炉内加热、盐浴加热等。可根据焊接种类、焊件形状与尺寸、接头数量、质量要求与生产批量等综合选择加热方式。

钎焊有如下特点。

a. 焊件加热温度较低，对母材的物理化学性能影响小，焊接应力和变形较小，焊件尺寸精确。

b. 焊接接头外表光滑平整，不需再进行加工。

c. 钎焊可以焊接性能差别较大的异种金属和薄厚不等的焊件，对焊件整体加热时，可同时焊接多条（甚至上千条）焊缝的复杂形状的焊件，生产率很高。

d. 钎焊设备简单，生产投资较少。

但钎焊接头的强度较低，动载强度比较低，耐热能力较差，对焊件清理要求严格。常用于异种金属构件和某些复杂薄板结构等，不适用于较重要钢结构和重载、动载机件的焊接。

⑤ 激光焊接　激光技术采用偏光镜反射激光产生的光束使其集中在聚集装置中产生巨大能量的光束，如果焦点靠近工件，工件就会在几毫秒内熔化和蒸发，这一效应应用于焊接工艺上就是激光焊接。用聚焦的激光束作为能源轰击焊件所产生的热量进行焊接的方法叫激光焊。

利用原子受激辐射原理，使物质受激而产生波长不一、方向一致和强度很高的光束，这种光束叫做激光。激光具有单色性好、方向性好以及能量密度高等特点，所以被成功地用于金属或非金属材料的焊接、穿孔和切割。

激光焊的基本原理是：利用物质受激产生的激光束，通过聚焦系统到十分微小的焦点（光斑），其能量密度大于 $10^5\,W/cm^2$，当调焦到焊件接缝时，光能转换为热能，从而使金属熔化成为焊接接头。

激光焊接技术是在 20 世纪 80 年代运用于汽车领域的。汽车工业中，激光技术主要用于车身拼焊、零件焊接和自动变速器的联体齿轮（如锁环式自动挂挡同步器联体齿轮）的焊接。激光焊（主要是脉冲激光点焊）特别适用于焊接微型、精密、排列非常密集和热敏感的焊件，激光点焊除了焊接一般薄板、箔材的搭接接头外，微型继电器、电容器、石英晶体的管壳封焊以及仪表游丝的焊接等。在汽车工业中的应用也发展很快。

激光焊接的优点如下。

a. 激光辐射的能量放出极其迅速，点焊过程只有几毫秒，不仅可将热量降到最低的需要量，同时提高了生产率；激光焊的能量密度高，热量集中，作用时间短，热影响区域小，而且热影响区金相变化范围小，且因热传导所导致的变形亦最低适用于焊接热敏感材料；被焊材料不易氧化，因而可以在大气中焊接，不需要真空，亦不做 X 射线防护。

b. 在穿孔形式的激光焊接时，焊接的深宽比能够达到 10∶1，而且激光焊接还可以切换装置将激光束传送到多个工作站。

c. 激光焊接不需要使用电极，因而不用考虑电极污染或受损，由于不属于接触式焊接，机具的损耗及变形均可降至最低。

d. 激光束易于聚焦、对准及受光学仪器所导引，可放置在离工件适当的距离，且可通过工件周围的机具或障碍，其他焊接方法则因受到上述的空间限制而无法发挥；激光束可用反射镜或偏转棱镜将其在任何方向上弯曲或者聚焦，可用光学纤维引导难以接近的部位，并且还可以通过透明材料进行聚焦，所以能够焊接一般难以接近的接头或无法安置的焊点。

e. 工件可放置在封闭的空间（经抽真空或内部气体环境控制下）。

f. 激光束可聚焦在很小的区域，可焊接小型且间隔相近的部件。

g. 可焊材料种类范围大，可焊接不同物性（例如不同电阻）的两种金属，也可对绝缘材料直接焊接，甚至能把金属非金属焊接在一起。

h. 激光焊接易于以自动化进行高速焊接，亦可用于数控或计算机控制。

i. 焊接薄材或细径线材时，不会像电弧焊接般易有回熔的困扰。

j. 激光焊接不像电弧焊接及电子束焊接一样容易受磁场所影响，能精确地对准焊件。

激光焊接的被焊接工件变形极小，几乎没有连接间隙，焊接深宽比高，因此焊接质量比传统焊接方法高。在汽车工业中，激光技术主要用于车身拼焊、焊接和零件焊接。一辆汽车的底盘由数百种以上的零件组成，采用激光焊接可以将很多不同厚度、牌号、种类、等级的材料焊接在一起，制成各种形状的零件，过去无法实现或难以实现连接的零部件的焊接，采用激光焊接得以优质、高效地完成，大大提高了汽车设计的灵活性。

激光焊接已经逐渐取代传统的焊接方法，激光焊接运用于汽车可以降低车身重量、提高车身的装配精度、增加车身的刚度、降低汽车车身制造过程中的冲压和装配成本、减少车身零件的数目同时将其整体化，还可以达到省油的目的，焊接的精度也得到了提高。主要用于车身框架结构的焊接，例如顶盖与侧面车身的焊接，同时变速器齿轮、气门挺杆、车门铰链等激光焊接零件也被广泛采用。用激光焊接技术，减少了工件连接之间的接合面宽度，降低了板材使用量，减轻了车身的重量，提高了30%的车体刚度。激光焊接的零件焊接部位几乎没有变形，焊接速度快，而且不需要焊后热处理。目前激光焊接零部件已经被广泛采用。

激光拼焊是在车身设计制造中，根据汽车车身不同的设计和性能要求，选择车身零部件所需的、不同规格的钢板，通过激光裁剪和拼焊技术，再经过冲压成形成为车身零件的制造工艺，例如前挡风玻璃框架、车门内板、门槛、前后纵梁、车身底板、中立柱等。激光拼焊具有减少零件和模具数量、减少点焊数目、优化材料用量、降低零件重量、降低成本和提高尺寸精度等优点，实现了采用更合理的车身结构，提高车身强度，减小车身重量。目前已经被许多大汽车制造商和配件供应商所采用。国内激光拼焊板需求量迅速上升，国产高品质车型如帕萨特、别克、奥迪、雅阁、标致等都开始采用激光拼焊板。例如，一汽奔腾B50车身有16个零件采用激光拼焊。

⑥ 塑料焊接技术　超声波塑料焊接技术是使用高频机械能软化或熔化接缝处的热塑性塑料。被连接部分在压力作用下固定在一起，然后将高频率通常是20kHz或40kHz超声波振动通过工件传到所学焊接的塑料件的接口部分，焊件结合处分子剧烈摩擦，瞬间产生高热量，使接口处塑料熔化，从而使两个焊件以分子交替融合连接方式真正结合为一体。因为这种分子运动是在瞬间完成的，所以绝大部分的超声波塑料焊接可以在0.25～0.5s内完成，而且超声波焊接容易实现自动化。超声波塑料焊接适用于焊接面积较小、结构规则和热塑性的塑料件。

超声波塑料焊接技术的优点是：快速、灵活，焊接过程稳定且不需焊剂或保护气体，也不产生有害气体或熔渣，产品焊接质量有保证。

振动摩擦塑料焊接技术是使工件在加压的状况下相互摩擦过程中产生的摩擦能量沿熔接部位传导，并且在特别设计的部位使塑胶因摩擦生热而熔化，熔化时段过后在继续加压的状态下冷却固化，固化后的接口强度与本体塑胶强度相当。

塑料焊接技术已被成功地运用于汽车保险杠、仪表板和仪表盘、制动显示灯、方向指示器、汽车门板以及其他与发动机有关的零部件制造工业中。近年来，原先许多传统使用金属的零部件也开始用塑料代替，如进气管、仪表指针、散热器加固、油箱、滤清器等。振动摩擦塑料焊接适用于焊接面积较大、结构复杂的工件，而且对塑料类型没有特殊要求。

⑦ 中频电阻焊　过去传统使用的普通交流工频电阻焊存在焊接质量不稳定、飞溅大、焊接质量缺乏有效控制、需要单相大容量电源等问题。面对当今汽车工业的发展，车身大量采用高强度钢、镀锌钢、多层钢，甚至铝合金板材，柔性自动化焊接生产线中大量使用焊接机器人、近年来，中频电阻焊技术已开发成熟，并形成成套的中频电阻焊技术和相应的设备，应用于车身焊接生产中。

a. 从图3-10中可以看出，中频焊接是三相平衡负载，比单相交流焊接对电网的冲击

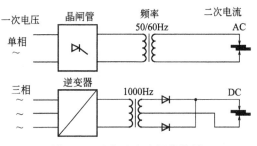

图3-10　中频和交流焊接控制

要小很多，减少供电系统的要求，符合国家的能源政策。

b. 从第一个图中可以看出，中频焊接是直流焊接，功率因数接近于1，因此它是洁净的焊接，不会对电网产生污染并可减少电磁辐射对人身的影响。

c. 中频焊接节能降耗，大大减少基建投资。美国通用汽车统计用中频焊接每焊点可以节约4美分。

d. 中频焊接变压器体积重量大大减少，提高生产效率和减少工作强度。

e. 从图3-11中看出，中频焊接的频率为1000Hz，比传统的50Hz的焊接控制要快很多。中频焊接的电流响应时间为1ms，比交流的20ms快20倍，调整精度和监视精度大大提高，因此，焊接质量提高。

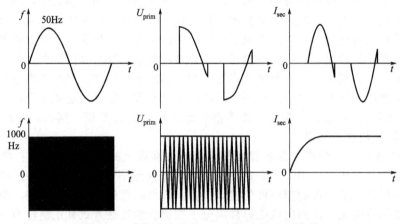

图3-11 中频和交流的一、二次电流电压波形

f. 中频焊接的焊接电流波形工艺性稳定，适合各种焊接材料需要。

g. 中频焊接的时间调整单位为1ms，能适应各种精密焊接的需要和一些特殊应用。

h. 随着中频焊接的技术应用，使许多快速实时反馈成为可能。

交流和中频焊机的比较见表3-8。

表3-8 交流和中频焊机的比较

对比项目	工频焊剂(50Hz/60Hz)	中频焊机(1000Hz)
焊接规范	响应速度20ms，电流达到设定值所需时间长；两相输入，参数不稳定	响应速度1ms，电流能够更快地达到设定值，能更多、更准确地分析参数；三相均衡输入，参数稳定
焊接质量	焊接飞溅大，表面质量控制较中频焊机困难	由于频率高达1000Hz，二次电流输出能力强，波形平直，熔合尺寸稳定的范围扩大。几乎不产生飞溅，且焊接初级阶段电流呈自然递增，焊点表面质量好。
适应性	适应材料范围小，铝合金以及铝等导热快、焊接性差的材料无法进行焊接	应用多种材料的焊接，如铝合金以及铝等导热快、焊接性差的材料也可焊接。另外对于镀锌板和普通多层板的焊接，其焊接质量远高于工频焊接的焊接质量
变压器	变压器尺寸大，输入功率高	变压器尺寸小，输入功率低
能源利用率	两相输入，工作时很难保证相电压之间的均衡，功率因数低，为0.6~0.7	三相负荷均衡，功率因数高达0.9以上，节能(根据美国通用公司的报告，中频点焊比工频点焊每焊接一点节省4美分)
辅助材料利用率	电极使用寿命短，消耗量大；用气用水量大	没有明显的峰值电流和飞溅，缩短了焊接时间，点击使用寿命长；效率比AC提高，尤其在一些高速缝焊中应用

目前，电阻焊的最大应用领域就是汽车制造业中的车身生产。近年来，国外部分生产汽车批量大的企业已将中频点焊机器人和伺服技术点焊机器人应用于轿车白车身（body in white）装焊线。尤其在欧洲，中频点焊机器人使用量已占 40%，并扩大到铝合金轿车车身的点焊作业。

中频点焊除了有通用的技术优势外，在轿车生产中的还有一些特别的优势。

a. 经济效益显著。交流点焊机与电力网接通依靠晶闸管导通，因此存在空白区，热量不集中且焊接质量不稳定。而中频点焊机三相负载平衡、低输入、没有电网过渡过程、功率因数高，并且节约电能。在轿车白车身的装焊中，经常使用的是 160kV·A 交流悬挂式点焊机，但使用中频点焊钳只需 44kV·A 就够了。国内每条汽车焊接生产线的点焊机数量都在 100 套以上，节能效果更加明显。

b. 焊接条件范围扩大。对于汽车装焊合件，在保证焊合直径为 4mm 时，在标准焊接电流的条件下产生飞溅；而中频点焊机焊接按设置的焊接电流无飞溅，焊接电流小，电极发热量小，延长了电极使用时间，这是中频点焊的最大特点。

c. 焊接回路小型轻量化。中频点焊系统焊钳和整流焊接变压器一体化，中频整流焊接变压器的质量为单相交流式的 1/5~1/3，而焊钳质量减小 1/3~1/2。由于焊钳的质量减小，点焊机械装置所支撑的质量也随之减小，从而使驱动电动机功率下降。点焊作业时，在加速、制动以及点焊过程中的磨损也相应减少，即使在点焊机器人高速旋转时，对极限点焊区也能实现驱动接近。

d. 可以广泛点焊异种金属和特殊材料。中频点焊具有焊接电流波形的硬特性，直流极性的效果和良好的热效率，电流焊接热效率比交流点焊高，并且可以用低电流焊接，因此，中频点焊具有焊接钢、带镀层钢板、不锈钢、铝及对异种导热材料进行组合焊接的特性（例如铝和钢的点焊）。

目前，我国几个轿车主要生产厂都已建立了中频点焊装焊线。有的生产厂随着产量的增长和新产品的开发正处于中频点焊机器人装焊线的建造中（如沈阳华晨宝马、北京现代、东风日产和一汽轿车）；有的已经将中频手工点焊钳和中频机器人点焊钳组成装焊线（如一汽大众 C6 轿车装焊线）。沈阳华晨宝马汽车车身焊接生产线采用了 180 套 BOSCH 中频焊接系统，用于宝马 3 系列和 5 系列生产，使用中频焊接后，产品焊接质量稳定可靠。目前，国内的宝马汽车、奥迪汽车、奔驰汽车、天籁汽车等高档汽车都有中频焊接系统的应用，使用后的综合效益大大优于交流焊接，得到了汽车生产厂家的广泛认可。

在车身装焊生产线上，中频电阻焊则用于悬架式点焊钳或机器人点焊钳。目前，中频点焊大量运用于镀锌钢板、高强度钢的焊接，如一汽大众、速腾、宝来等生产线上规定，凡高强度钢板、镀锌钢板必须采用中频点焊工艺。上海通用烟台景程生产线采用侧围焊接，解决了长期焊接质量不稳定的难题。其他汽车公司也逐步大量采用中频点焊技术，取得了很好的效果。

⑧ 等离子弧焊　等离子弧焊（PAW）是借助冷喷嘴对电弧的拘束作用，以获得高能量密度的等离子弧进行焊接的方法。利用一些装置使自由电弧的弧柱受到压缩（称为压缩效应），弧柱中的气体就完全电离，产生温度比自由电弧高得多的等离子电弧。

等离子弧焊除了具有氩弧焊的优点外，还有以下特点。

a. 等离子弧能量密度大，弧柱温度高，10~20mm 厚度的钢材开 I 形坡口，能一次焊接，双面成形，焊接速度快，生产率高，应力变形小。

b. 电流小到 0.1A 时，电弧仍能稳定燃烧；能保持良好的挺直度和方向性，所以可焊接很薄的材料。

c. 焊接速度明显提高，可达手工非熔化极气体保护焊（简称 TIG 或 GTAW，又称钨极氩弧焊或钨极惰性气体保护焊）的4～5倍以上，工件厚度的可焊范围越大，提高越明显。

　　d. 焊缝性能优良。

　　e. 在可焊范围内容易得到完整、规则的全焊透焊缝。

　　f. 可以得到与母材化学成分和性能相同的焊缝。

　　g. 由于电弧集中，焊缝热影响区减小，且具有较低的氧化。

　　h. 不用开坡口，大大减少了焊丝用量和焊前坡口制备。

　　i. 焊接过程由于电弧挺度好，电弧容易控制。

　　等离子弧焊在生产中已广泛应用，特别是国防工业及尖端技术所用的铜合金、合金钢，以及钨、钼、钴、钛等金属及其合金的焊接。如钛合金导弹壳体、波纹管及膜盒、微型继电器、电容器的外壳封焊以及飞机上一些薄壁容器等均可用等离子焊。等离子弧焊在汽车上的应用主要是汽车燃油箱的两个半圆边缘的焊接，许多行业对等离子弧焊工艺的进一步发展非常感兴趣，具体的开发将会集中在开发很高的气离子密度和用于等离子焊枪的重新设计上。

　　车身等离子弧焊有四个优点：焊接强度增大30%；车体表面更加美观，避免了焊接变形；加快了生产速度，增加了车身的耐蚀性；设备费用及维护费用大大降低。

　　⑨ TCP自动校零技术　焊接机器人的工具中心点（tool center point，TCP）就是焊枪的中心点，TCP的零位精度直接影响着焊接质量的稳定性。但在实际生产中不可避免地会发生焊枪与夹具之间的碰撞等不可预见性因素导致TCP位置偏离。通常的做法是手动进行机器人TCP校零，但一般全过程需要30min才能完成，影响生产效率。

　　TCP自动校零是用在机器人焊接中的一项新技术，它的硬件设施是由一梯形固定支座和一组激光传感器组成。当焊枪以不同姿态经过TCP支座时，激光传感器都将记录下的数据传递到CPU与最初设定值进行比较和计算。当TCP发生偏离时，机器人会自动运行校零程序，自动对每根轴的角度进行调整，并在最少的时间内恢复TCP零位。

　　某汽车零部件厂在生产底盘零部件、座椅骨架、导轨、消声器以及液力变矩器等焊接件时，采用FANUC R-2000iB型智能机器人进行螺柱焊接工序。FANUC R-2000iB型智能机器人采用了目前最先进的TCP自动校零技术，采用该技术在实际生产中可避免发生焊枪与夹具之间的碰撞等不可预见性因素导致的TCP位置偏离问题。

　　目前在波罗后桥及帕萨特副车架的机器人焊接生产线上均采用了该技术，大大方便了设备调整，节约了调整时间，提高了产品的质量。

　　⑩ 焊缝自动跟踪技术　焊接机器人缺少对工件的自适应能力，效果比较好的是用激光视觉传感器系统。它能够自动识别焊缝位置，在空间中寻找和跟踪焊缝、寻找焊缝起始点、终点，实现焊枪跟随焊缝位置自适应控制。但这种方法不太适合轿车底盘零件的焊接，仅可使用焊缝自动跟踪技术为电弧电压跟踪传感，该系统具有寻找焊缝起始点、终点以及弧长参考点，焊接过程小。根据弧长的变化，用电弧传感器控制电压自适应控制。

　　焊缝自动跟踪技术可以进一步提高焊接质量和焊接效率，改善劳动条件。应用焊缝自动跟踪技术可避免由于焊偏造成的未焊透等缺陷，减少焊接电弧的高温与光辐射对操作者的影响，并可以减少焊接辅助时间，因此深受生产部门欢迎，尤其是在小直径内环缝等人难以接近的条件下焊接。这种方法也只能应用于角接接头形式，对于轿车底盘零件大量薄板搭接焊缝，因无法寻找弧长参考点也无法应用。

3.1.3.2　材料的焊接性

　　材料的焊接性是指采用一定焊接方法、焊接材料、工艺参数及结构形式的条件下，获得优质焊接接头的难易程度，即其对焊接加工的适应性。

(1) 金属材料的焊接

　　金属材料的焊接性是指在一定的焊接工艺条件下，金属材料获得优质焊接接头的难易程度。它一般包括两个方面。

① 接合性能　即在给定的焊接工艺条件下，金属形成完好焊接接头的能力，特别是接头对产生裂纹的敏感性要小。决定接合性能的因素有：工件材料的物理性能，如熔点、热导率和膨胀率，工件和焊接材料在焊接时的化学性能和冶金作用等。当某种材料在焊接过程中经历物理、化学和冶金作用而形成没有焊接缺陷的焊接接头时，这种材料就被认为具有良好的接合性能。

② 使用性能　某金属材料在给定的焊接工艺条件下，金属的焊接接头在使用条件下安全运行的能力，包括焊接接头承受载荷的能力，承受静载荷、冲击载荷和疲劳载荷等，以及其他特殊性能（如耐低温、耐高温、耐蚀、抗疲劳等）。这不仅与金属本身材质有关，也与焊接时采用的工艺条件、焊接方法有关。

(2) 碳素钢和低合金结构钢的焊接

钢材焊接性能的好坏主要取决于它的化学组成。而其中影响最大的是碳元素，也就是说金属含碳量的多少决定了它的可焊性。钢中的其他合金元素大部分也不利于焊接，但其影响程度一般都比碳小得多。钢中含碳量增加，淬硬倾向就增大，塑性则下降，容易产生焊接裂纹。通常，把金属材料在焊接时产生裂纹的敏感性及焊接接头区力学性能的变化作为评价材料可焊性的主要指标。因此，含碳量越高，可焊性越差。含碳量小于 0.25% 的低碳钢和低合金钢，塑性和冲击韧性优良，焊后的焊接接头塑性和冲击韧性也很好。焊接时不需要预热和焊后热处理，焊接过程简便，因此具有良好的焊接性。随着含碳量增加，焊接的裂纹倾向大大增加。

① 低碳钢的焊接　Q235、10、15、20 等低碳钢的含碳量少，由于其碳的质量分数低于 0.25%，塑性很好，淬硬倾向小，不易产生裂纹，所以焊接性最好，是应用最广泛的焊接结构材料。焊接过程中不需要任何特殊的工艺措施，任何焊接方法和最普通的焊接工艺即可获得优质的焊接接头。用电弧焊焊接低碳钢时，为了提高焊缝金属的塑性、韧性和抗裂性能，通常都是使焊缝金属的含碳量低于母材，依靠提高焊缝中的硅、锰含量和电弧所具有较高的冷却来达到与母材等强度。因此，焊缝金属会随着冷却速度的增加，其强度会提高，而塑性和韧性会下降。当厚板单层角焊缝时，焊脚尺寸不宜过小；多层焊时，应尽量连续施焊；焊补表面缺陷时，焊缝应具有一定的尺寸，焊缝长度不得过短，必要时应采用 100～150℃ 的局部预热。

但由于施焊条件、结构形式不同，为确保低碳钢的焊接质量，在焊接工艺方面必须注意以下事项。

a. 焊前清除焊件表面铁锈、油污、水分等杂质，焊接材料焊前烘干。

b. 角焊缝、对接多层焊的第一层焊缝以及单道焊乡要避免采用窄而深的坡口形式，以防止出现裂纹、未焊透或夹渣等焊接缺陷。

c. 焊接刚性大的或者重要构件时，为了防止产生裂纹，宜采用焊前预热和焊后消除应力的措施。

d. 在环境温度低于 -10℃ 时，焊接低碳钢结构时接头冷却快，为了防止产生裂纹，应采取以下减缓冷却速度的措施。

ⓐ 焊前预热，焊时保持层间温度不应低于预热温度。

ⓑ 采用低氢型或超低氢型焊接材料。

ⓒ 点固焊时必须加大焊接电流，减慢焊接速度，适当加大点固焊的焊缝截面和长度，必要时焊前也必须预热。

ⓓ 整条焊缝连续焊完，尽量避免中断。

ⓔ 不应在坡口面以外的母材上引弧，熄弧时要填满弧坑。

低碳钢对焊接方法几乎没有限制，应用最多的是焊条电弧焊、埋弧焊、气体保护电弧焊和电阻焊。

② 中碳钢的焊接　中碳钢的碳的质量分数为 0.25%～0.60%。当碳的质量分数接近 0.25%而含锰量不高时，焊接性良好。随着含碳量的增加，焊接性逐渐变差。如果碳的质量分数为 0.45%左右而仍按焊接低碳钢常用的工艺施焊时，在热影响区可能会产生硬脆的马氏体组织，易开裂，即形成冷裂纹。焊接时，相当数量的母材被熔化进入焊缝，使焊缝的含碳量增高，促使在焊缝中产生热裂纹，特别是当硫的杂质控制不严时，更易出现。这种裂纹在弧坑处更为敏感，分布在焊缝中的热裂纹与焊缝的鱼鳞状波纹线相垂直。当焊件刚性较大或焊接材料、工艺参数选择不当时，容易产生冷裂纹。多层焊焊接第一层焊缝时，由于母材金属熔合到焊缝中的比例大，使其含碳量及硫、磷含量增高，容易产生热裂纹。此外，含碳量高时，气孔敏感性增大。

焊接工艺要点如下。

a. 预热和层间温度。预热是焊接和焊补中碳钢防止裂纹的有效工艺措施。因为预热可降低焊缝金属和热影响区的冷却速度、抑制马氏体的形成。预热温度取决于碳含量、母材厚度、结构刚性、焊条类型和工艺方法等，最好是整体预热，局部预热，其加热范围应为焊口两侧150～200mm。通常，35 和 45 钢的预热温度为 150～250℃，含碳量再高或者因厚度和刚度很大，裂纹倾向大时，可将预热温度提高至 250～400℃。多层焊时，要控制层间温度，一般不低于预热温度。

b. 浅熔深。为了减少线材金属熔入焊缝中的比例，焊接接头可做成 U 形或 V 形坡口。如果是焊补铸件缺陷，所铲挖的坡口外形应圆滑，其目的是减少母材熔入焊缝金属中的比例，以降低焊缝中的含碳量，防止裂纹产生。多层焊接时由于母材熔化到第一层焊缝金属中的比例最高达 30%左右，所以第一层焊缝焊接时，应尽量采用小电流、慢焊接速度，以减小母材的熔深。应采用小焊条、小焊接电流，以减少熔深。

c. 焊后处理。最好是焊后冷却到预热温度之前就进行消除应力热处理，尤其是大厚度工件或大刚性的结构件更应如此。消除应力回火热处理温度一般在 600～650℃之间。如果焊后不能立即进行消除应力热处理，则应先进行后热，以便扩散氢逸出。后热温度 150℃，保温 2h。

d. 锤击焊缝金属。没有热处理消除焊接应力的条件时，可采用在焊接过程中用锤击热态焊缝的方法减小焊接应力，并设法使焊缝缓冷。

③ 高碳钢的焊接　当高碳钢的碳的质量分数大于 0.60%时，焊后的硬化、裂纹敏感倾向更大，因此焊接性极差，不能用于制造焊接结构。常用于制造需要硬度更大或耐磨的部件和零件，其焊接工作主要是焊补修复一些损坏件。焊接时，应注意焊前预热和焊后缓冷。

高碳钢焊接性差，焊接时必须注意以下事项。

a. 由于高碳钢零件为了获得高硬度和耐磨性，材料本身都需经过热处理，所以焊前应先进行退火，才能进行焊接。

b. 采用结构焊条时，焊前必须预热，预热温度一般在 250～350℃以上，焊接过程中必须保持层间温度不低于预热温度。

c. 采取与焊接中碳钢相似的工艺措施，尽量减少熔合比，采用小焊接电流、低焊接速度，焊接尽可能连续进行，中间不停止。

d. 焊后缓冷，并应立即送入炉中进行消除应力的高温回火，随后根据需要进行相应的热处理。

高碳钢零部件的高硬度或高耐磨性能是通过热处理获得的，因此焊补这些零、部件前应先行退火，以减少焊接裂纹，焊后再重新进行热处理。

④ 低合金结构钢的焊接　低合金结构钢是在碳素结构钢的基础上加入一定量的合金元素［合金元素总量（质量分数）小于5%］的合金钢。加入一定量的合金元素以提高钢的强度并保持其具有一定的塑性和韧性，或使钢具有某些特殊的性能，如耐低温、耐高温或耐蚀性等。焊接中常用的低合金钢一般可分为高强钢、低温用钢、耐蚀钢及珠光体耐热钢。

低合金钢通过合金元素对钢的组织产生作用，使钢达到一定性能要求的同时也影响着钢的焊接性。此外，自然条件对钢的焊接性也有较明显的影响，如接头的工作环境温度（高温或低温）、工件的承载情况（静载、冲击、交变）及工件接触介质的腐蚀性等。自然条件越恶劣，金属材料的焊接性就越难以保证。

低合金钢焊接热影响区具有一定的淬硬倾向，随着碳当量 C_{eq} 值的提高，淬硬倾向也随之增加。低合金钢由于含有一定的合金元素，容易淬火，在焊接电弧的作用下，过热区被加热到很高温度。随后迅速冷却下来，在过热区形成粗大的淬硬组织。在整个焊接接头中，过热区硬度最高、塑性最低，虽然该区很窄，但却是焊接接头的薄弱环节。因此，冷却速度也是热影响区淬硬倾向的重要影响因素。在低合金结构钢产品的焊接过程中，容易在过热区产生裂纹，如果不做改善性能的焊后热处理，就会影响产品的使用性能和安全性。

在焊接低合金钢时，当采用含硫量高的焊接材料（焊条）时，会在焊缝金属中产生热裂纹。产生热裂纹的原因还包括焊接接头的刚度和焊接熔池的形状与尺寸。但总的说来，低合金钢焊接产生热裂纹的倾向并不严重。低合金钢焊接时的主要问题是容易产生冷裂纹。据统计，低合金钢焊接事故中，热裂纹仅占10%，90%的裂纹均属于冷裂纹。

冷裂纹经常产生在焊接热影响区，个别在焊缝金属中发生。冷裂纹产生的原因有三个方面的因素：焊缝及热影响区的含氢量；热影响区和焊缝金属的淬硬程度；因接头的刚性所决定的焊接残余应力。焊接裂纹除以上叙述的热裂纹和冷裂纹外还包括再热裂纹和热影响区的层状撕裂。再热裂纹是焊后热处理过程中出现的裂纹，这种裂纹产生的原因，一般认为是在加热消除热应力的过程中所发生的变形超出了热影响区金属在该温度下的塑性变形能力而引起的。大厚度轧制钢板焊接时，在热影响区可能产生与板表面平行的裂纹，这种裂纹称为热影响区层状撕裂。

低合金结构钢含碳量较低，对硫、磷控制较严，焊条电弧焊、埋弧焊、气体保护焊和电渣焊均可用于此类钢的焊接，以焊条电弧焊和埋弧焊较常用。选择焊接材料时，通常从等强度原则出发，为了提高抗裂性，尽量选用碱性焊条和碱性焊剂；对于不要求焊缝和母材等强度的焊件，亦可选用强度级别略低的焊接材料，以提高塑性，避免冷裂。

(3) 铸铁的焊补

铸铁实际是铁、碳、硅三元合金，并含有 Mn、S、P 等元素，球墨铸铁中还含有一定的球状元素。特种铸铁中加入少量的合金元素 Cr、Mo、Ti。铸铁的碳、硅含量高，塑性差，属于焊接性很差的材料。铸铁的含碳量高，脆性大，焊接性很差，在焊接过程中易产生白口组织和裂纹。白口组织是由于在铸铁补焊时，碳、硅等促进石墨化元素大量烧损，且补焊区冷速快，在焊缝区石墨化过程来不及进行而产生的。采用含碳、硅量高的铸铁焊接材料或镍基合金、铜镍合金、高钒钢等非铸铁焊接材料，或焊补时进行预热缓冷使石墨充分析出，或采用钎焊，可避免出现白口组织。

裂纹通常发生在焊缝和热影响区，产生的原因是铸铁的抗拉强度低，塑性很差（400℃以下基本无塑性），而焊接应力较大，且接头存在白口组织时，由于白口组织的收缩率更大，裂纹倾向更加严重，甚至可使整条焊缝沿熔合线从母材上剥离下来。防止裂纹的主要措施有：采用纯镍或铜镍焊条、焊丝，以增加焊缝金属的塑性；加热减应区以减小焊缝上的拉应力；采取预热、缓冷、小电流、分散焊等措施减小焊件的温度差。

一般铸铁不考虑作为焊接结构件，而只能进行焊补。目前铸铁的主要用途有：铸铁缺陷的焊补；损坏铸件的修复；特种铸铁与其他材料焊成组合零部件。铸铁在制造和使用中容易出现各种缺陷和损坏。铸铁补焊是对有缺陷铸铁件进行修复的重要手段，在实际生产中具有很大的经济意义。

补焊方法主要根据对焊后的要求（如焊缝的强度、颜色、致密性，焊后是否进行机加工等）、铸件的结构情况（大小、壁厚、复杂程度、刚度等）及缺陷情况来选择。手工电弧焊和气焊是最常用的铸铁补焊方法。

焊条电弧焊补焊的方法有以下两种。

① 热焊及半热焊　焊前将焊件预热到一定温度（400℃以上），采用同质焊条，选择大电流连续补焊，焊后缓冷。其特点是焊接质量好，生产率低，成本高，劳动条件差。

② 冷焊　采用非铸铁型焊条，焊前不预热，焊接时采用小电流、分散焊，减小焊件应力。焊缝的强度、颜色与母材不同，加工性能较差，但焊后变形小，劳动条件好，成本低。

(4) 有色金属的焊接

① 铜及铜合金的焊接　铜具有优良的导电性、导热性、耐蚀性、延展性及一定的强度等特性。在电气、电子、化工、食品、动力、交通及航空航天工业中得到广泛应用。在纯铜（紫铜）中添加 10 余种合金元素，形成固溶体的各类铜合金，如加锌为黄铜；加镍为白铜；加硅为硅青铜；加铝为铝青铜等。

a. 难熔合。由于铜及铜合金具有高的导热性，许多的热量被传导出去，使母材难以局部熔化，因此必须选用功率大、热量集中的热源，且在焊前必须对焊件进行预热。

b. 活动性大。熔化了的铜液具有很好的活动性，一般只能在平焊位置施焊。若要在其他空间位置单侧对焊，必须加垫板，以保证焊透和获得较好的成形。

c. 易变形。由于铜的热膨胀系数大，冷却下来时，焊缝要产生很大的缩短，因此必定要产生很大的变形。当未选用防变形方法时，会构成很大的焊接应力，容易出现裂纹。

d. 易氧化。铜在液态时易氧化生成氧化亚铜，融化在铜液中。结晶时，生成熔点较低的共晶体，存在于铜的晶粒间上，使塑性下降，并往往使接头的强度、导电性、耐蚀性低于母材。

e. 易开裂。铜和铜合金在焊接时，由于很大的焊接应力及氧化生成低熔点的共晶体存在于晶粒间，容易开裂。若富含铅、铋、硫等有害杂质时，构成裂纹的风险性则更大。

f. 易产生气孔。在液态铜中氢的溶解度很大，凝固后溶解度又下降。焊接时焊缝冷却很快，过剩的氢来不及逸出，则构成氢气孔。另外，高温时的氧化亚铜与氢、一氧化碳反应生成的水蒸气和二氧化碳，若凝固前不能够全部逸出，则形成气孔。

② 铝及铝合金的焊接　铝具有密度小、耐蚀性好、塑性高和导电性、导热性、焊接性优良等优点，因而铝及铝合金在航空、汽车、机械制造、电工及化学工业中得到了广泛应用。

铝及其合金的化学活性很强，表面极易形成难熔氧化膜（Al_2O_3 熔点约为 2050℃），这层氧化铝膜不溶于金属并且妨碍被熔融填充金属润湿。加之铝及其合金导热性强，焊接时易造成不熔合现象。由于氧化膜密度与铝的密度接近，也易成为焊缝金属的夹杂物。同时，氧化膜可吸收较多水分而成为焊缝气孔的重要原因之一。此外，铝及其合金的线膨胀系数大，焊接时容易产生翘曲变形。铝的导热性约为低碳钢的 5 倍，焊接时需要更高的焊接热输入，应使用大功率或能量集中的热源，有时还要求预热。铝的线膨胀系数约为低合金钢的 2 倍，凝固时收缩率比低碳钢大 2 倍。若工艺措施不当，易产生裂纹。金属的固态和液态色泽不易区别，焊接操作时温度难以控制；铝在高温时强度很低，焊接时易引起金属塌陷或下漏。焊后焊缝易产生气孔，焊接接头易发生软化。

(5) 异种材料焊接性

① 异种材料的分类、组合　材料种类繁多，性能各异，按工程实际需要，异种材料的分类和组合在工程中是多种多样的。从材料角度看，异种材料焊接的分类和组合主要包括下述三大类。

a. 不同金属材料之间的组合。异种钢铁材料的组合，又称为异种黑色金属的组合；钢铁材料与有色金属的组合，如钢与铝的焊接等；异种有色金属的组合，如铜与铝的焊接等；金属材料与非金属材料的组合，如钢与石墨、金属与陶瓷。图 3-12 所示为铜与铝的焊接；图 3-13 所示为异种钢的焊接。

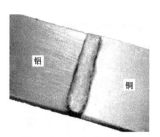
图 3-12　铜与铝的焊接

图 3-13　异种钢的焊接

b. 不同组织或合金系的异种钢焊接构件。各种类型的钢铁材料是现代工业中应用最广泛的金属材料，工程结构中应用较多的是不同金相组织的异种钢焊接，这类结构件主要分以下两种情况。

ⓐ 母材金相组织相同，但焊缝金属与母材基体合金系及组织性能不同的异种钢焊接构件，例如 1Cr18Ni9Ti 与高镍奥氏体钢之间的焊接结构件。

ⓑ 母材金相组织不同的异种钢组合，最常见的有珠光体钢与铬镍奥氏体钢、珠光体钢与高铬铁素体钢的焊接结构件等。

c. 不同用途的异种材料焊接构件。用于耐磨的异种金属组合，如高碳钢、各种合金钢、超合金、碳化钨等硬质合金，这些材料主要用于制造建筑机械、发动机、炼钢机械、刀具等；用于耐热的异种金属组合，如铬钼钢、不锈钢、耐热钢、镍基合金等各种耐热超合金、复合材料、金属间化合物等，这些材料主要用于制造锅炉、发动机、炼钢、各种机械、汽轮机、核电站等；用于耐蚀的异种金属组合，如各种不锈钢、镍基合金、铝等，这些材料主要用于制造石油化工、轻工、原子能、海洋工程装备及医疗器械等。用于减轻装备重量的异种金属组合，如钛、铝、镁及其合金等，主要用于航空航天、运载火箭、导弹、运输设备等；提高电磁性能的异种金属组合，如银、铜、铍及其合金等，主要用于制造电器、计算机、电子工业零件等。

② 异种材料的焊接性特点。异种材料的焊接性取决于两种材料的组织结构、物理化学性能等，两种材料的这些性能差异越大，焊接性越差。

异种材料的焊接与同种材料焊接相比，有很大的不同，前者一般要比同种材料焊接困难。异种材料焊接时，因为材料的物理、化学性能及化学成分等有显著差异，从焊接性和操作技术上都比同种材料难焊。

异种材料焊接时，存在以下主要问题。

a. 异种材料之间不能形成合金，如焊接铁与铅时，不仅两种材料在固态时不能相互溶解，而且在液态时彼此之间也不能相互溶解，液态金属呈层状分布，冷却后各自单独进行结晶。在这类异种材料的结合部位，不能形成任何中间相结构。

b. 异种材料的线膨胀系数不同，容易引起热应力，而且这种热应力不易消除，结果会产生很大的焊接变形。

c. 异种材料焊接过程中，由于金相组织的变化或新生成的组织，都可使焊接接头的性能恶化，给焊接带来很大的困难。

d. 异种材料焊接接头的熔合区和热影响区的力学性能较差，特别是塑性明显下降。

e. 由于接头塑韧性的下降以及焊接应力的存在，异种材料焊接接头容易产生裂纹，尤其是焊接热影响区更容易产生裂纹，甚至发生断裂。

③ 影响异种材料焊接性的因素

a. 物理性能差异。融化温度 T 不一同，导致焊缝融化和结晶状态不一致，力学性能变坏。例如：低熔点金属过早熔化而发生流淌或者与高熔点金属产生未融合；线膨胀系数 λ 不同，导致接头产生较大的焊接应力和变形，焊缝及热影响区产生开裂；热导率 α 不同，导致热输入失衡，熔化不均和改变焊缝及其两侧的结晶条件。例如，热导率高的金属而影响区宽，冷却速度快容易淬硬，而热导率低的金属则发生过热力学性能不同，导致接头力学性能不均匀，恶化接头质量；电导率 C 不同、电磁性不同导致焊接电弧不稳，焊缝成形差。例如，有磁性金属和无磁性金属组合，当采用直流电弧或电子束方法焊接时会因磁场的作用，使电弧偏吹或电子束偏离其轴线（偏向磁铁体一侧），其后果是磁铁体金属熔化量过大，产生过分稀释或无磁性金属根部未融合等缺陷。

b. 结晶化学性能的差异。结晶化学性差异（晶格类型、晶格常数、原子半径、原子外层电子结构等）决定两种材料在冶金学上的相容性：无限固溶、有限固溶、形成化合物、产生中间相、不能形成合金。两种被焊金属在冶金学上是否相容，取决于它们在液态和固态时的互溶性以及这两种材料在焊接过程中是否产生金属间化合物（脆性相）。

当两种材料在液固状态下互溶时，可形成一种新相（固溶体），这两种材料便具有冶金"相容性"，原则上是可焊的。合金原则之间相容条件：两者晶格类型相同；晶格常数、原子大小相近（差值不超过10%）；元素周期表中位置相邻（即电化学性质相差小）；若同时满足这些条件，则能无限溶解，所形成的固溶体称为无限固溶体；若只是部分满足上述条件，则只能有限地溶解，这样的固溶体称为有限固溶体。

c. 材料的表面状态。表面氧化层（氧化膜）、结晶表面层情况、吸附的氧离子和水分、油污、杂质等状态，都直接影响异种材料的焊接性。

d. 过渡层的控制。异种金属焊接时，必产生一层成分、组织及性能与母材不同的过渡层，其性能很大程度上决定了整个接头的性能。例如，熔合比越大，焊缝金属与母材的差异越大，过渡层越明显；液态熔池停留时间越长，则焊缝金属混合越均匀，过渡层不明显。

④ 异种材料焊接方法

a. 熔焊。对于互溶度有限、物理化学性相差大的异种材料，熔焊元素相互扩散导致接头的成分和组织不均匀或生成脆性化合物，因此，熔焊时应减小稀释率，采用小电流高速焊，或在坡口一侧或两侧堆焊中间合金过渡层。

b. 压焊。大多数压焊方法是对母材加热至塑性状态或不加热，在一定压力下完成焊接的，一般不存在稀释问题。例如冷压焊、超声波焊、扩散焊等方法在接头处温度低，一般也不发生金属间化合物，这对异种金属焊接很有利。

c. 钎焊。采用比母材熔点低的金属材料作钎料，将焊件和钎料加热到高于钎料熔点、低于母材熔点的温度，利用液态钎料润湿母材，填充接头间隙实现连接焊件的方法。

d. 熔焊-钎焊。这是一种为了解决异种金属间没有相容性或易生成金属间化合物时采取的一种焊接技术。实质是在一个异种金属接头上对最难焊接的金属采取钎焊，易焊接的金属采取熔焊。简易的做法是先钎焊，后熔焊。

异种材料焊接方法总结见表 3-9。

表 3-9 异种材料焊接方法总结

项目	熔焊	压焊	钎焊	熔-钎焊
焊接热输入及影响	焊接热输入大，热影响区较大	焊接热输入小，热影响区较小	焊接热输入小，热影响区较小	焊接热输入适中
稀释率	较大	零	零	小
填充金属	有	无	有	无
母材熔化	熔	不熔或很少	不熔	熔

注：焊缝金属实际上是熔敷金属与熔化的基体金属混合在一起的合金。基体金属（母材）熔入焊缝后使其合金元素比例发生变化，焊缝中合金元素比例减小称为"稀释"，若比例增加则称为"合金化"。

⑤ 异种材料焊接对填充金属的要求

a. 能够承受母材的稀释而不产生裂纹、气孔、夹杂物以及有害的金属间化合物。

b. 形成的焊缝金属其组织和性能保持稳定，在使用条件下不会产生元素的迁移，脆性相析出等不良现象。

c. 具有与母材相适应的物理性能。如线膨胀系数介于两母材之间；热导率和电导率尽可能相近等。

d. 所形成的焊缝金属，在使用条件下其强度和塑性至少与两母材中的一种相同；其耐腐蚀性能也应等于或超过两母材的耐蚀性能。

在具体选择中遇到两种母材熔化温度相差很大时，宜选择常用于焊接低熔点母材的那种填充金属。如果用了高熔点填充金属就可能受到低熔点母材的过分稀释。

当两母材线膨胀系数相差较大，除了选用线膨胀系数介于两母材之间的填充金属外，也可以考虑选用具有高塑性的填充金属，缓解因温度变化所产生的热应力。

⑥ 焊接材料选取的一般原则

a. 保证焊接接头的使用性能，可根据接头两侧焊接性较差或强度较低的材料选择。如异种 P（磷）钢的焊接，按强度较低一侧母材的要求选焊接材料，焊缝熔敷金属成分与强度较低一侧母材成分接近，焊缝热强性不低于母材。

b. 焊缝具有一定的致密性和良好的工艺性能。

c. 保证焊缝金属具有所要求的特性，如热强性、耐热性、耐蚀性和耐磨性等。低合金钢和不锈钢的焊接，选用焊丝应具有较高的抗裂和耐蚀性。

d. 加能形成中间过渡层的焊接材料，如陶瓷与金属的焊接，一般应加入中间过渡层，对两母材的性能差异起缓冲作用。

⑦ 钢与有色金属的焊接 钢与有色金属的热物理性能相差很大，尤其是熔点和线膨胀系数有显著差别，而且有色金属元素容易与钢中的 Fe 元素生成脆性化合物，因此，钢与有色金属焊接时容易存在如下三大问题：两者熔点、线膨胀系数、力学性能差别大，产生较大的热应力，因此裂纹倾向大；生成金属间化合物，例如 FeAl、Fe_3Al，导致接头性能变脆；钢与 Ti、Ni 等有色金属焊接时，Ti、Ni 在高温下容易吸收 N、H、O 等气体，形成气孔。

a. 钢与铝、铝合金的焊接。铝及铝合金与钢熔点相差很大，焊接时低熔点的铝先熔化，而此时钢件仍在固体加热状态；铝与钢的线膨胀系数相差很悬殊，焊接过程中接头处产生很大的热应变，增加了裂纹倾向。此外，铝高温时能形成高熔点的氧化膜（Al_2O_3），此氧化膜既能形成焊缝夹渣，又直接影响金属的熔合。

为了解决钢与铝熔焊时的困难，常采用的工艺措施是：在钢表面覆上一层与铝能很好结合的过渡金属，如锌、银等，过渡层厚度 $30\sim40\mu m$，钢侧和铝侧分别采用钎焊和熔焊工艺；对接焊时，使用K形坡口，坡口开在钢材一侧，焊接热源偏向铝材一侧，以使两侧受热均衡，防止过渡层金属蒸发；使用惰性气体保护，如用氩弧焊等。

b. 钢与铜及铜合金的焊接。钢与铜及铜合金的焊接主要存在三个问题：焊缝易产生热裂缝，这与低熔点共晶、晶界偏析以及铜与钢线膨胀系数相差较大有关；热影响区产生铜的渗透裂纹，特别是铜及铜合金与不锈钢焊接时更为敏感。为了防止渗透裂纹，应采用较小的焊接热输入，选择合适的填充材料，控制易产生低熔点共晶的元素和化合物（如S、P、Cu_2O、FeS、FeP等），向焊缝中过渡Al、Si、Mn、Ti、V、Mo、Ni；焊接接头力学性能可能降低。

焊接方法：可采用焊条电弧焊、埋弧焊、非熔化极气体保护焊（简称TIG或GTAW，又称钨极氩弧焊或钨极惰性气体保护焊）和电子束焊。

焊接材料：可采用低碳钢焊条，也可采用铜焊条（焊接接头的塑性和抗裂性较好）。

工艺参数：采用小直径焊条或焊丝、小电流、快速焊、不摆动。

3.1.3.3 焊接件的结构工艺性

在焊接结构的生产制造中，除考虑使用性能之外，还应考虑制造时焊接工艺的特点及要求，才能保证在较高的生产率和较低的成本下，获得符合设计要求的产品质量。焊接件的结构工艺性是指在一定的生产规模条件下，如何选择零件加工和装配的最佳工艺方案，因而焊接件的结构工艺性是焊接结构设计和生产中一个比较重要的问题，是经济原则在焊接结构生产中的具体体现。

设计焊接件以及在焊接结构的生产制造中，除了要考虑焊件的使用性能外，还应考虑焊件结构的工艺性能，使焊件生产简便、质量优良、成本低廉，能保证在较高的生产率和较低的成本下，获得符合设计要求的产品质量。焊接件的结构工艺性应考虑到各条焊缝的可焊到性，焊缝质量的保证，焊接工作量、焊接变形的控制，材料的合理应用，焊后热处理等因素，具体表现在焊缝的布置、焊接接头和坡口形式等几个方面。

(1) 焊接结构材料的选择

对焊接结构来说，材料的焊接性不能只强调选用高强度、高质量的结构材料，还应该考虑制造成本、生产周期及材料加工性能。汽车焊接结构选用的材料一般可焊性都较好，车身大都采用可焊性较好的低碳钢冷轧板材。在满足焊接结构件使用性能的前提下，应尽量选用焊接性良好的材料，应优先选用低碳钢和普通低合金钢。因为这类钢的淬硬倾向小，塑性高，焊接性良好，价格低，焊接工艺简单，易于保证焊接质量。而中、高碳钢焊接性不好，应尽量避免使用。尽量选用镇静钢，因为镇静钢含气量低，特别是含H_2和O_2量低，可防止气孔和裂纹等缺陷的产生。在采用两种不同材料进行焊接时，应注意它们焊接性的差异。异种金属焊接时焊缝应与低强度金属等强度，而工艺应按高强度金属设计。尽量采用工字钢、槽钢、角钢和钢管等型材，以简化工艺过程。

(2) 焊接接头形式及厚度

焊接接头的形式图3-14所示。焊接接头形式应根据工作条件所确定的接头形式、坡口形式和尺寸、焊缝尺寸等来选择。

焊接接头的设计要求如下。

① 保证接头满足使用要求。

② 焊接的难易与变形程度：焊接易于实现，变形能够控制。

③ 焊接成本：经济性。

④ 施工条件：技术人员设备等条件。

在结构设计时，设计者应综合考虑结构形状、使用要求、焊件厚度、变形大小、焊接材料的消耗量、坡口加工的难易程度等因素，以确定接头形式和总体结构形式。

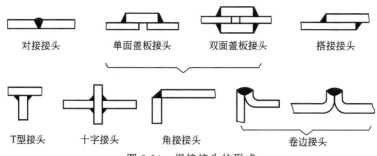

图 3-14 焊接接头的形式

焊接接头的形式主要有角接接头、对接接头、T形接头和搭接接头 4 种,其中对接接头是焊接结构中最常用的焊接结构形式,接头上受热均匀,应力分布比较均匀,便于无损检测,焊接质量容易保证,但对焊前准备和装配质量要求相对较高。对接接头分类如图 3-15 所示。

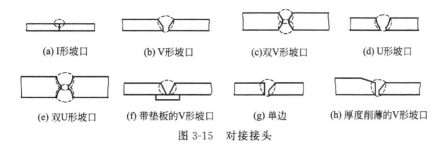

图 3-15 对接接头

角接接头便于组装,能获得美观的外形,但其结构不连续,承载能力较差,应力集中比较严重,通常只起连接作用,不能用来传递工作载荷,应用在某些特殊部位,如接管、法兰、夹套、管板和凸缘的焊接等。

其次还有弯边接头、锁底接头、套管接头及斜 T 形接头,而汽车车身零件的常用的装焊形式可以分为搭接接头和弯接接头。

采用搭接接头的零件比较小且焊点布置又靠近零件的边缘时,可以在固定式点焊机上进行焊接;搭接接头属于角焊缝,便于组装,常用于对焊前准备和装配要求简单的结构,在接头处结构明显不连续,但焊缝受剪切力作用,应力分布不均,承载能力较低,且结构重量大,不经济。主要应用在用于加强圈与壳体、支座垫板与器壁以及凸缘与容器的焊接。

对弯边接头来说,小合件一般在固定式点焊机上进行,而大合件或分总成一般在悬挂式点焊机上使用焊钳来完成。对于焊接接头,在车身设计时应尽量避免封闭式接头,因为车身本身的刚性及零件形状的偏差使得装焊焊接质量很难控制。弯接接头在装配精度上要比搭接接头更容易保证质量。例如汽车顶盖的下盖板与下后围连接若采用搭接接头,搭配时易产生上下错位,而改为弯接接头,装配就比较稳固。此外,对涉及车身外观的焊接,由于焊接热应力会使表面产生局部变形而影响外观质量,这时可以通过改变车身零件的形状来消除或减少这种缺陷。

焊接件连接处材料的厚度直接影响着材料的焊接工艺性。当焊接材料过薄时,焊接过程中易过热或者烧穿;当焊接件厚度过大时,会造成了结构的重量和焊接接头的工作量增加,不仅延长了热处理的时间,同时在焊接加热或冷却受热不均时,容易产生裂纹。在设计焊接结构时,为了简化焊接工作,提高焊接质量,应尽量采用统一的几种厚度的板料和管料,在统一结构上应尽量采用同一厚度的材料,若由于受其他条件约束,两个相连接的零件不能满足厚度都相等时，厚度差别不能过大，要有一定厚度比，如果采用两块厚度相差较大的金属材料进行焊接，则接头处会造成应力集中，而且接头两边受热不均易产生焊不透等缺陷。一般在较厚零件与薄壁零件焊接时要采用过渡接头连接形式。

(3) 焊缝的布置

焊缝是指焊接后焊件中形成的结合部分。焊缝的布置对焊接结构工艺性有着非常重要的意义。合理的焊缝布置可以减少内应力和变形，提高结构的安全可靠性和焊接生产率。焊缝一般遵循下列原则。

① 焊缝位置应便于施焊，有利于保证焊缝质量；尽量减少结构的焊缝数量和焊缝的长度；尽量使得焊缝对称分布；在布置焊缝时应尽量使焊缝能在水平位置进行焊接。除焊缝空间位置外，还应考虑各种焊接方法所需要的施焊操作空间。另外，还应注意焊接过程中对熔化金属的保护情况。气体保护焊时，要考虑气体的保护作用。埋弧焊时，要考虑接头处有利于熔渣形成封闭空间。

② 尽量减少交叉焊缝，焊缝布置应有利于减少焊接应力和变形；尽量减少焊缝数量，采用型材、管材、冲压件、锻件和铸钢件等作为被焊材料。这样不仅能减小焊接应力和变形，还能减少焊接材料消耗，提高生产率；尽可能分散布置焊缝，焊缝集中分布容易使接头过热，材料的力学性能降低。两条焊缝的间距一般要求大于3倍或5倍的板厚；尽可能对称分布焊缝，可以使各条焊缝的焊接变形相抵消，对减小梁柱结构的焊接变形有明显的效果。

③ 焊缝应尽量避开结构最大应力和应力集中部位；以防止焊接应力与外加应力相互叠加，造成过大的应力而开裂。不可避免时，应附加刚性支承，以减小焊缝承受的应力。

④ 焊缝应尽量避开机械加工面，一般情况下，焊接工序应在机械加工工序之前完成，以防止焊接损坏机械加工表面。此时焊缝的布置也应尽量避开需要加工的表面，因为焊缝的机械加工性能不好，且焊接残余应力会影响加工精度。如果焊接结构上某一部位的加工精度要求较高，又必须在机械加工完成之后进行焊接时，应将焊缝布置在远离加工面处，以避免焊接应力和变形对已加工表面精度的影响。

3.1.4 冲压

冲压工艺是一种先进的金属加工方法，它是建立在金属塑性变形基础上，在常温条件下使金属板料在冲模中承受压力而被切离或成形，从而获得具有一定形状、尺寸和性能的零件的加工方法。板料冲压的坯料厚度一般小于4mm，这种加工方法通常是在冷态下进行的，所以又称冷冲压。只有当板料厚度超过8～10mm时，才采用热冲压。冲压工艺概要见图3-16。

冲压通常又叫冷冲压，冲压是汽车制造最重要的工种之一。冲压工艺是一种适合大量生产，具有其他方法所不能比拟的加工方法。冲压件具有重量轻、强度高、形状美观等特点，

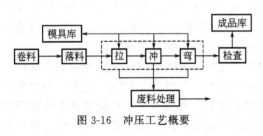

图3-16 冲压工艺概要

汽车冲压件可分为车身冲压件与车架、车轮冲压件两大类。汽车零件的冲压主要是指金属板料在常温下的冲压，即通过安装在压力机上的模具，对板料施加外力，使之产生塑性变形或分离，从而获得一定尺寸、一定形状和一定性能的汽车零件的加工方法。

在汽车制造过程中，冲压工艺将制造汽车骨架和护板的钢板从原料加工成零件。汽车车身是由覆盖件、结构件等组焊而成的全金属薄壳结构，车身本体的零件基本上都是采用冲压工艺生产出来的，冲压材料（薄板等）的质量占全部汽车材料的40%～45%。采用冲压工艺生产的零件，不仅重量轻、强度高、刚性好和形状美观，而且工艺过程较简单，尺寸的一

致性好，材料消耗少。因此，冲压不仅可以提高生产效率，还可降低生产成本，使汽车工业得以迅速发展。冲压工艺具有劳动量小、加工时间短、无切屑、工具消耗量低等优点。车上冲压件有：车身的内、外覆盖件和骨架件；车架的纵梁、横梁和保险杠等；车轮的轮辐、轮辋和挡圈等；座椅的骨架、滑轨和调角器等；车厢的侧板和底板等；发动机的气缸垫、油底壳和滤清器等；底盘上的制动器零件、减振器零件等；散热器的散热片、冷却水管和储水室等；车锁及其他附件零件等都是冲压件。

3.1.4.1 冲压的特点

几乎在一切有关制造金属成品的工业部门中，都广泛地应用着板料冲压，特别是在汽车、拖拉机、航空、电器、仪器以及国防等工业中占有极其重要的地位。由于冲压加工零件的形状、尺寸、批量大小、精度要求、原材料性能等的不同，其冲压方法多种多样。冲压工艺与其他金属加工方法相比，具有以下特点。

① 冲压生产操作简单，生产率高，零件成本低，工艺过程易于实现机械化与自动化。

② 利用冲压工艺方法可以获得其他金属加工方法所不能或难以加工的、形状复杂的零件，废料较少。

③ 冲压件的尺寸精确，表面光洁，质量稳定，互换性好，一般不再进行机械加工，即可作为零件使用。

④ 冲压加工一般不需加热毛坯，也不像切削加工需切除大量金属，因此它的材料利用率高，使冲压件具有重量轻、强度高和刚性好的优点，适合于进行车身零件的加工。

⑤ 冲压所用原材料为轧制板料或带料，在冲压过程中材料表面一般不受破坏，因此冲压零件的表面质量较好，为后续表面处理工序（如涂装）提供了方便。

⑥ 对冲压材料和模具有一定的专业要求。

3.1.4.2 冲压工序的分类

冲压基本工序按加工性质的不同，可以分为两大类：分离工序和变形工序。

分离工序也称为冲裁，是将冲压件或毛坯在冲压过程中沿一定的轮廓使其相互分离，其冲压零件的分离断面要满足一定的断面质量要求。分离工序主要有落料、冲孔、剪切、切口、切边剖切等。

变形工序是板料在不破坏的情况下产生塑性变形，获得所需求的形状及尺寸的工序，主要有弯曲、卷圆、扭曲、拉深、变薄拉深、翻边、缩口、扩口、起伏、卷边、胀形、旋压、整形、校平、压印等。

冲压件一般是通过冲裁、拉深、切边、冲孔、复合冲裁、弯称、复合屈曲等工序中的若干种，冲压成指定形状。压力机的生产周期极短，仅为0.1min左右。一般通过更换压力机上的冲模进行批量生产。大量生产时，通常将3～6台压力机按工艺顺序排列。至于护板、大型板件等冲压件，一般则在包括装料机和卸料机组成的冲压自动线上加工。小型冲压件与车轮部分零件多用一台压力机进行连续自动生产，力求达到省力。

3.1.4.3 现代冲压新技术

(1) 模块式冲压

模块式冲压是最近几年发展起来的新兴技术，一般模块式冲压加工系统由一台带有控制功能模块的压力机、卷材带材送进装置、带材矫正机及可编程进给装置等构成。系统在运行时可进行冲模横向位移、带材进给定位、冲模重复运行及自动调整下工步等多项功能。由于在冲压过程中进行可编程冲压，使这种模块式冲压系统能柔性地适应生产需求，在相同带材上进行不同工件及批次的混合生产，实现串接式加工，还同时在精密冲压件工件两面冲压加工，极大地提高了工作效率。

模块式冲压的突出优点在于能把冲压加工系统的柔性与高效生产统一起来。概括而言，模块式冲压的特点如下。

① 在冲压成形过程中快速更换组合模具以提高生产效率。
② 由于具有带材的供带和矫带装置，可省上料下料工序。
③ 实现了大精密冲压件工件的不停机加工。
④ 既能独立又能成系列地控制组合冲模动作，能连续进行冲压加工。
⑤ 冲模具有可编程的柔性特点。

模块式冲压装置的集成度是很高的，能够在宽度为 300mm 的尺寸范围内安排 35 个模具，通过冲模上端的顶板可对冲模进行独立式系列控制，即形成冲模的集成控制。整个系统的编程在 windows 用户界面和菜单下实现，编程涉及模具沿着横向定位轴的伺服驱动定位、带材的检验矫正及纵向进给定位、冲压件的质量跟踪检验、冲模的调整及压力机状况监控等多功能。当冲模重新配置或更换时，这些变化会被控制系统所储存，以备下次查询和调用。

（2）亚毫米冲压项目

亚毫米冲压是指汽车车身冲压件的精度控制在 0～1.0mm 的范围内，并趋近于零，与过去制造业通行的误差 2mm 相比，是个非常大的提高。这是一个以提高汽车车身冲压质量和制造技术为目标的综合项目。该项目与 2mm 工程都是 20 世纪 90 年代后期美国汽车界开展的大型研究项目。2mm 工程就是把车身装配尺寸变动量控制在 2mm 之内，大大严于原先的 8mm 误差范围。

冲压加工成形技术是影响汽车车身制造水平的关键因素之一，美国专家曾在一条汽车装配线上对 50 多个个案进行实地分析，在造成车身尺寸误差变动的诸多原因中，冲压件本身尺寸造成的积累误差占 23%。

多项研究表明，压力成形加工技术是进一步提高汽车车身制造水平的关键。亚毫米冲压技术就是在这个背景下提出来的。亚毫米冲压的中心是冲压件的精度与敏捷度两个目标，精度就是使冲压件尺寸准确度，从目前已有的业界标准（2mm 左右）控制在 0mm 或亚毫米的水平，其关键是控制车身支架、立柱等结构件的尺寸变动，并使车身覆盖件分块度大，如采用整体左右侧板和顶盖板等。敏捷度则是指减少冲压件的生产准备时间达 30%，包括模具设计、试样制造和工装准备时间，以达到极大缩短新车型制造周期的目的。该项目包括冲压和装配的集成设计、冲压系统敏捷设计和制造、冲压过程印智能检测和监控、全系统集成四个子项目。

通过亚毫米冲压项目的研究，冲压成形技术有了飞跃性的进展，其中包含以下几个方面。

① 冲压过程和部件装配工艺的设计由基于经验和传统工艺向科学和数据过程转化。
② 冲压设计向 CAD 和模拟试模转化，摒弃了传统的尝试法。
③ 实施模具设计制造由过去串行方式向并行方式转化。
④ 实现了过程监测和设备维护由被动响应向科学预测式转变。

亚毫米冲压项目分为冲压和装配的集成设计、冲压系统敏捷设计和制造、冲压过程的智能检测和监控、全系统集成 4 个相关联的研究子项目。图 3-17 是亚毫米冲压项目系统构成。

2mm 工程和亚毫米冲压两项目现已先后完成，正在美国汽车制造公司推广应用，取得了许多有益的成果，冲压成本大幅下降，获得日益增长的经济效益和社会效益，并逐步向其他国家推广应用。

（3）特种冲压成形技术

现代汽车冲压件的技术要求朝着结构复杂、分块尺寸增大、相关边的零部件较多、承载能力变大和内应力限制严格等方向发展。由于传统的汽车冲压件成形工艺已经不能满足目前

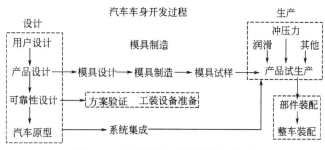

图 3-17 亚毫米冲压项目系统构成

车身制造的要求,这就要求并促进特种冲压成形技术,如液压成形、精密成形、爆炸成形、旋压成形、无模成形、激光成形和电磁成形技术的发展。限于本文篇幅,主要介绍压力拉深技术、内高压成形和电磁成形技术。

传统的拉深模具由刚性凸模、压边圈和凹模构成。拉深过程中,凸模底部材料几乎不发生塑性变形,坯料的主要变形区是凸缘区。该区材料在周向压应力和径向拉应力作用下发生塑性变形并被逐渐拉入凹模内,转化形成筒壁。液力拉深技术是在原理和方法上不同于传统拉深方法的一种新技术,包括液力深拉深和液力正拉深两种。

液力深拉深利用压力介质(大多是油水乳剂)进行成形,主要在双动液压机上完成。液体介质一般为油或水。由于成形过程中拉深凸模压入液压腔而产生向各个方向起作用的反压力,并将要成形的坯料始终紧压在凸模表面上,因此加大了凸模与坯料之间的附着摩擦,不仅使拉深力大大提高,而且成形件的精度很高,也利于减少回弹。此外,由于板材不是在刚性圆角上进行拉深,而是通过液体间隙的压力被拉深,因而成形件应力分布均匀,表面质量高。

液力正拉深是利用压力介质(大多是油水乳剂)进行成形的。由于板坯不与凸模或者凹模摩擦,而是通过液压乳剂将板坯挤压到凸模上,因此不仅模具磨损小,模具的耐用度高,而且工件可达到较理想的表面质量。此外,由于使用液力正拉深工艺费用低于传统工艺,用一套模具可以加工各种材料和任何厚度的板材,模具费用大为降低。

内高压成形的原理是通过内部加压和轴向加力补料把管坯压入模具型腔使其成形为所需要的工件,即先将管材置于具形状的模具中,借由管件内部加入高压流体(目前主要以水为主),搭配轴向施加压力补偿管料,把管料压入模具腔体内成形。内压成形所需的液压力一般约为 200MPa,特殊状况下可以高达 400MPa。管件内压成形原理如图 3-18 所示。

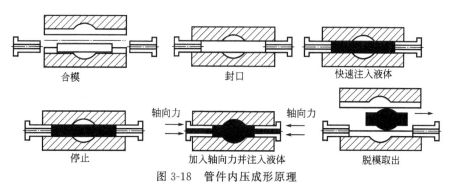

图 3-18 管件内压成形原理

内高压成形技术与其他冲压成形技术相比,有下列优点。
① 在成形过程中可一次加工出顶盖板、门框等大型复杂几何形状的工件。
② 因为液体在成形过程中冷却作用,使工件被"冷作强化",从而获得比一般冲压加工

更高的工件强度，这使得允许采用更薄的板材，使工件更轻量化。

③ 工件外表板面只与压力液体接触，加压过程较平缓，零部件成形变化均匀，可获得匀称的压力分布，获得更好的平滑外表面。

④ 冲模和工具费用可下降40%，特别可降低凸型零件加工的节拍时间，为0.1~0.5min，这在特种成形工艺中是较短的，可实现批量生产。目前，宝马汽车公司的仪表板支撑梁以及大众汽车公司某些汽油发动机排气系统的制造都采用了内高压成形技术。

利用通电线圈产生的电磁力的电磁成形工艺，是目前颇有前途的另一种新型加工手段。该工艺源于20世纪60年代核裂变研究的成果，但一直没被人们重视。电磁成形工艺原理是，当线圈通入交流电时，数微秒内建立起磁场，使金属工件，尤其是导电率强的钢铝材质感应出电流，感应电流又将受到磁场作用，使工件产生张力与凹模吻合而迅速成形。当线圈在工件内时，电磁力将使工件外张成形，属当前应用较广泛的一种工艺；当线圈平面平行于板件放置时，电磁力将使工件拉深成形。

电磁成形技术是一种非接触成形工艺，其突出优点如下。

① 加工成形迅速，生产效率高。

② 常用于金属与非金属的连接，可取代粘接或焊接。

③ 不需辅助材料如润滑油脂等，有利环境保护。

(4) 冲压过程自动监控

现代冲压技术的另一个重要特点是对冲压过程进行自动监控，以保护冲压件的质量。在亚毫米冲压项目的自动检测和监控中，其研究成果就包括、冲压过程的特征分析在线传诊断和检测系统、高速和非接触的冲压件测量系统、冲模维护的科学预测系统、冲压成形关键参数的在线调节和补偿系统等。

冲压过程引起工件质量发生变化的原因主要有凹、凸冲模的磨损、裂纹及冲模错位等，这些微小变化可由高分辨率的位移传感器和冲压力传感器进行跟踪检测。其中位移测量是极重要的一种测量，它可监视偏差，跟踪加工全过程，及时输出监测信息和进行报警停机。在线冲压的图形处理系统是保证冲压工件质量的有效测试方法，它能进行二维几何图形的标准检测，其项目有长度、直径、平行度、角位、冲压板材结构及识别废品等。监视系统使用的位移及角度传感器有光学式与电学式两种，它们的测试精度分辨率都可达到$1\sim10\mu m$级的水平。最适用冲压技术的传感器安装方案是把多种传感器集中装于一块传感器板上，再把它精确地固定在模具接口处，即冲头夹紧板上，利用传感数据监控冲压全过程，并通过控制器得到及时处理，保证冲压件的质量。

3.1.4.4 冲压件的结构工艺性

进行冲压件的结构设计时，不仅要保证其使用要求，还要满足冲压工艺性的要求。这样既可减少材料的消耗和工序数，还可使产品质量稳定、模具寿命延长、操作简单、成本降低。通常对冲压件的结构工艺性影响最大的是工件的几何形状、尺寸和精度要求。

冲压工艺性是指冲压件对工艺的适应性，即所设计的冲压件的尺寸大小、尺寸精度与基准、结构形状等是否符合冲压加工的工艺要求。汽车冲压件都应具有良好的工艺性和经济性，衡量其水平的重要标志有冲压件的工序数、车身总成的分块数量和尺寸大小、冲压件的结构等因素。减少冲压过程的工序数，意味着减少冲压件数、节省工装数量、简化冲压过程的传送装置，缩减操作人员和冲压占地面积，是节约投资额和能耗的极好措施，所以冲压制造商都能把冲压工序数设计作为降低汽车制造成本的重要途径，甚至不惜改进产品设计来满足制造工艺方面的要求。同时，还应采用尽量大尺寸的合理的车身总成分块，如整块式车身左右侧板及车顶盖板，既可使汽车外形美观，空气阻力减少，又可减少冲压件数量及焊点，能有效地降低成本。

(1) 冲裁件的结构工艺性

冲裁件的结构工艺性是指冲裁件对冲裁工艺的适应性,即冲裁件结构、形状、尺寸大小及偏差是否符合冲裁加工的工艺要求。冲裁件的结构工艺性是否合理,对冲裁件的质量、模具寿命和生产率有很大影响。主要包括以下几方面。

① 冲裁件的形状应力求简单、对称,排样废料少。在许可的情况下,把冲裁件设计成少、无废料排样的形状,最好是规则的几何形状或由规则的几何形状组成,有利于排样时合理利用材料,尽可能提高材料的利用率。

② 冲裁件转角处应尽量避免尖角,直线相接处均要以圆角过渡,通常转角处应有半径大于等于 $0.25t$ (t 为板厚)的圆角,以减小角部模具的磨损。

③ 冲裁件应避免过窄的切槽和细长悬臂结构,孔的最小尺寸及孔与孔、孔与边缘的距离不应过小。

④ 冲裁件的尺寸精度要求应与冲压工艺相适应,其合理经济精度为 IT9～IT12,较高精度冲裁件可达到 IT8～IT10。采用整修或精密冲裁等工艺,可使冲裁件精度达到 IT6～IT7。但成本也相应提高。

(2) 弯曲件的结构工艺性

具有良好工艺性的弯曲件,不仅能简化弯曲工艺过程和模具设计,而且能提高弯曲件的精度和节省原材料。弯曲件的结构工艺性设计时应考虑以下几个方面。

① 弯曲件的弯曲半径不宜过大或过小,过大时因受到弹复的影响,弯曲件的精度不易保证;而过小时,弯曲件容易产生裂纹。

② 弯曲件的形状应尽量对称,弯曲半径应左右对称,以防止在弯曲时发生工件偏移。直边过短不易弯曲成形,应使弯曲件的直边高 $H>2S$ (S 为坯料厚度);弯曲已冲孔的工件时,孔的位置应在变形区以外。孔的位置不能离弯曲线太近,一般 S(S 为坯料厚度)$<2mm$ 时,$L \geqslant S$ (L 为孔的位置与弯曲线的距离,S 为坯料厚度);$S \geqslant 2mm$ 时,$L \geqslant 2S$。如工件不对称时,为防止板料偏移,在模具结构的设计时,可考虑增设压紧装置或定位工艺孔。

③ 应尽可能沿材料纤维方向弯曲,多向弯曲时,为避免角部畸变,应先冲工艺孔或切槽。同一平面有多重弯曲时,应设置相同的弯曲方向。

(3) 拉深件的结构工艺性

拉深件设计时主要考虑以下几个方面。

① 拉深件的形状应力求简单、对称,避免圆锥形、球面形和空间复杂曲面形。尽量采用轴对称的形状,使零件变形均匀和模具加工制造方便。拉深件的形状有回转体形、非回转体对称形和非对称空间形 3 类。其中以回转体形,尤其是直径不变的杯形件最易拉深,模具制造也方便,尽量避免直径小而深度大,否则不仅需要多副模具进行多次拉深,且容易出现废品。

② 尽量避免半敞开及非对称的空心件,否则应设计成对称组合的拉深,然后剖开,以减少工序、节约材料、保证质量。

③ 拉深件的底部与侧壁,凸缘与侧壁应有足够的圆角。拉深件底部或凸缘上的孔边到侧壁要有足够的距离。另外,带凸缘拉深件的凸缘尺寸要合理,不宜过大或过小,否则会造成拉深困难或导致压边圈失去作用;拉深件的表面质量一般不超过原材料的表面质量。

④ 拉深件高度应尽量小一些。

⑤ 为避免角部产生裂纹,侧壁与地面间圆角半径 r_1、侧壁与凸缘间圆角半径 r_2 以及矩形件四壁间圆角半径 r_3 应尽可能大些。一般应满足 $r_1 \geqslant S$,$r_2 \geqslant 2S$,$r_3 \geqslant 3S$ (S 为坯料厚度)。

⑥ 不要对拉深件提出过高的精度或表面质量要求。拉深件直径方向的经济精度一般为 IT9~IT10，经整形后精度可达到 IT6~IT7。

3.1.5 粉末冶金

粉末冶金法是采用成形和烧结等工序将金属粉末，或金属与非金属粉末的混合物，通过固结使其成为具有一定形状金属制品的技术，其制品统称为粉末冶金零件或烧结零件。粉末冶金零件是机械制造工业中的一大类通用性基础零件，包括一些结构零件、减摩零件和摩擦零件。但其模具和金属粉末成本较高，批量小或制品尺寸过大时不宜采用。从普通机械制造到精密仪器，从五金工具到大型机械，从电子工业到电机制造，从采矿到化工，从民用工业到军事工业，从一般技术到尖端高科技，几乎没有一个工业部门不在使用着粉末冶金材料或制品。

粉末冶金技术具备显著节能、省材、性能优异、产品精度高且稳定性好等一系列优点，非常适合于大批量生产。另外，部分用传统铸造方法和机械加工方法无法制备的材料和复杂零件也可用粉末冶金技术制造，因而备受工业界的重视。

汽车工业中使用的各类粉末冶金零件，已占粉末冶金总产量的 70%~80%，如图 3-19、图 3-20 所示。由于零部件的高强度化、高精度化以及低成本化，使粉末冶金零件在汽车上的使用量越来越多，如汽车发动机的气门座、链轮、带轮等。

图 3-19 汽车零件——铁基粉末冶金轴承

图 3-20 汽车粉末冶金零件

粉末冶金工艺过程的基本工序有如下。

① 原料粉末的制取和准备，粉末可以是纯金属及其合金、非金属、金属与非金属的化合物及其他各种化合物等。

② 将金属粉末及各种添加剂均匀混合后制成所需形状的坯块。

③ 将坯块在物料主要组元熔点以下的温度进行烧结，使制品具有最终的物理、化学和力学性能。

综上所述，粉末冶金工艺过程包括粉料制备、成形、烧结及后续处理等工序。其工艺流程如图 3-21 所示。

图 3-21 粉末冶金工艺流程

3.1.5.1 粉末冶金的特点及分类

粉末冶金具有用传统的熔铸方法无法获得的独特的化学组成和力学、物理性能。粉末冶金是一种少无切削工艺，运用粉末冶金技术可以直接制成多孔、半致密或全致密材料和制品，如含油轴承、齿轮、凸轮、导杆、刀具等。与传统材料工艺相比，粉末冶金材料工艺具有以下特点。

① 粉末冶金工艺是在低于基体金属熔点下进行的，因此可以获得熔点、密度相差悬殊的多种金属、金属与陶瓷、金属与塑料等不均质的特殊功能复合材料和制品，能够充分发挥各组元材料各自的特性，是一种低成本生产高性能金属基和陶瓷复合材料的工艺技术。

② 提高了材料性能。用特殊方法制取的细小金属或合金粉末，凝固速度快，晶粒细小均匀。因此，保证了材料的组织均匀、性能稳定以及良好的冷、热加工性能，且粉末颗粒不受合金元素和含量的限制，乐意提高强化相含量，从而发展成新的材料体系。

③ 可以生产普通熔炼法无法生产的具有特殊结构和性能的材料和制品，如新型多孔生物材料、多孔分离膜材料、高性能结构陶瓷磨具和功能陶瓷材料等。

④ 由于粉末冶金工艺在材料生产过程中并不熔化材料，避免了由坩埚和脱氧剂等带来的杂质，而烧结一般在真空和还原气氛中进行，不怕氧化，也不会给材料任何污染，能制取高纯度材料，可以实现近净形成形和自动化批量生产，大量减少加工余量，提高了材料利用率，降低了成本。

粉末冶金的品种繁多，主要有：钨等难熔金属及合金制品；用 Co、Ni 等作黏结剂的碳化钨（WC）、碳化钛（TiC）、碳化钽（TaC）等硬质合金，用于制造切削刀具和耐磨刀具中的钻头、车刀、铣刀，还可制造模具等；Cu 合金、不锈钢及 Ni 等多孔材料，用于制造烧结含油轴承、烧结金属过滤器及纺织环等。随着粉末冶金生产技术的发展，粉末冶金及其制品将获得更加广泛的应用。

3.1.5.2 粉末的制取

制取粉末是粉末冶金的第一步。粉末冶金材料和制品不断增多，其质量不断提高，要求提供的粉末种类愈来愈多。例如，从材质范围来看，不仅使用金属粉末，也使用合金粉末、金属化合物粉末等；从粉末外形来看，要求使用各种形状的粉末，如产生过滤器时，就要求形成粉末；从粉末粒度来看，要求各种粒度的粉末，粗粉末粒度有 $500\sim1000\mu m$，超细粉末粒度小于 $0.5\mu m$ 等。

制取粉末主要取决于该材料的性能及制取方法的成本。粉末的形成是将能量传递到材料，从而制造新生表面的过程。制粉方法大体上可分为机械法和物理化学法两大类。机械法制取粉末是将原材料机械地粉碎，而化学成分基本上不发生变化的工艺过程；物理化学法则是借助化学或物理的作用，改变原材料的化学成分或聚集状态而获得粉末的工艺过程。但是，在粉末冶金生产实践中，机械法和物理化学法之间并没有明显的界限，而是相互补充的。例如，可使用机械法去研磨还原法所得粉末，以消除应力、脱碳以及减少氧化物。从工业规模而言，制粉应用最广泛的方法是机械法、雾化法和还原法。

(1) 机械粉碎法

固态金属的机械粉碎既是一种独立的制粉方法，又常作为某些制粉方法不可缺少的补充工序。例如，研磨电解制得的硬脆阴极沉积物，研磨还原制得的海绵状金属块等。机械粉碎是靠压碎、击碎和磨削等作用，将块状金属、合金或化合物机械地粉碎成粉末。根据物料粉碎的最终程度，基本可以分为粗碎和细碎两类；根据粉碎的作用机构，以压碎作用为主的有碾碎、辊轧以及颚式破碎等，以击碎作用为主的有锤磨等，属于击碎和磨削等多方面作用的有球磨、棒磨等。机械研磨比较适用于脆性材料。研磨塑性金属和合金制取粉末的有旋涡研磨、冷气流粉碎等。

(2) 雾化法

雾化法是一种粉末的物理制备方法。依靠自重从漏包中流出的金属液流被从喷嘴喷射出的高压气流或水流冲击破碎，雾化成粉。喷射流的主要作用是：把金属液流击碎成细小的液滴；通过急冷使细小的液滴凝固。该法可以用来制取多种金属粉末和各种合金粉末。实际上，任何能形成液体的材料都可以通过雾化来制取粉末。各种雾化高质量粉末与新的致密技术相结合，出现了许多粉末冶金新产品，其性能往往优于相应的铸锻产品。

雾化法工艺简单，可连续、大量生产，而被广泛采用。该法很早就被用于制造 Pb、Sn、Zn、Al、青铜、黄铜等低熔点金属与合金的粉末。近来，随着雾化技术的进展，对于 18-8 不锈钢、低合金钢、镍合金等的粉末，也已采用雾化法制造。雾化粉末的颗粒形状因雾化条件而异。金属溶液的温度越高，球化的倾向越显著。依据雾化的金属，加入微量的 P、S、O 等，以改变金属液滴的表面张力，也可以制成球形颗粒粉。

雾化法是一种生产效率较高、成本较低和易于制得高纯度粉末的重要工业方法。其缺点是合金粉末易产生成分偏析以及难以制得小于 300 目的细粉。

(3) 还原法

还原法是用还原剂还原金属氧化物及盐类来制取金属粉末，是一种广泛采用的制粉方法。还原剂可呈固态、液态或气态，被还原的物料也可以是固态、气态或液态物质。在工业上，还原法被广泛地用来制取铁、铜、镍、钴、钨、钼等金属粉末，这是因为还原法制取的粉末不仅经济，且制粉过程比较简单，在生产时容易控制粉末的颗粒大小和形状。还原法制得的粉末还具有很好的压制性和烧结性。

3.1.5.3 粉末成形

粉末制取后，粉末成形过程通常由下列工序组成：粉末混合、粉末压紧、粉末烧结。在粉末压紧过程中，将金属粉末制成具有一定形状、尺寸、孔隙度、孔隙类型及强度的预成形坯。烧结在保护气氛的高温炉或真空炉中进行。烧结不同于金属熔化，烧结时至少有一种元素仍处于固态，烧结过程中粉末颗粒间通过扩散、再结晶、熔焊、化合、溶解等一系列的物理化学过程，成为具有一定孔隙度的冶金产品。如果烧结条件控制得当，烧结体的密度和其他物理、力学性能可以接近或达到相同成分的金属致密材料。

(1) 钢模冷压成形

粉末压紧时，需要较高的压力使粉末成为所需形状。常用的工艺方法称为钢模冷压成形。封闭钢模冷压成形是指在常温下，粉料在封闭的钢模中，按规定的单位压力，将粉料制成压坯的方法。这种成形过程通常由下列工序组成：称粉、装粉、压制、保压及脱模。压制后的工件称为预成形坯。预成形坯一般具有足够的强度，搬运时不会破裂，但远低于烧结后的工件强度。常用的钢模冷压成形的压力设备为机械式、水压式或者二者的结合。根据工件的复杂程度，钢模冷压成形的基本方式有三种，即单向压制、双向压制以及浮动阴模压制。单向压制时，由于粉末坯料与阴模之间的摩擦，使得预成形坯的底部和顶部的密度不均匀；双向压制法所得到的预成形坯，与冲头接触的两端密度较高，中间的密度较低，与单向压制相比，沿高度方向密度的不均匀性得到改善，适于压制较长的制品；浮动阴模压制的预成形坯的密度沿高度方向分布均匀。

(2) 烧结

烧结是将粉末预成形坯在适当的温度和气氛条件下加热的过程，即把粉末预制件加热到低于其基本成分熔点的温度下保温，然后以各种方式和速度冷却到室温。在烧结过程中，发生了一系列物理和化学的变化，粉末颗粒的聚集体便成为晶粒的聚集体，从而获得具有所需物理、力学性能的制品或材料。烧结对粉末冶金材料和制品的性能有着决定性的影响。烧结的结果是粉末颗粒之间发生粘接，烧结体的强度增加，密度提高。如果烧结条件控制得当，烧结体的密度和其他物理、力学性能可以接近或达到相同成分的致密材料。用粉末烧结的方法可以制得各种纯金属、合金、化合物以及复合材料。由于粉末冶金生产属于大批量生产，所以大多烧结炉设计成自动进料方式，一般包括三个步骤：预热、烧结和冷却。

随着粉末冶金工业的发展，粉末冶金出现许多新工艺，并得到迅速发展，如热压成形、粉末挤压、粉末轧制、粉末锻造、等静压成形、喷射成形等。这些先进工艺的特点是：具有更高的生产率；采用加热压实，以减小成形压力，提高了压实密度并增加制件强度；提高了制件表面质量；扩大了应用范围等。

3.1.6 塑料成形工艺

非金属材料是除金属以外的工程材料。工程上常用的非金属材料有塑料、橡胶、陶瓷、复合材料等。塑料的主要成分是合成树脂，有聚氯乙烯、聚乙烯、聚丙烯、聚苯乙烯、聚酰胺、聚碳酸酯、聚氨酯、环氧树脂等。简单组分的塑料基本上以树脂为主要成分，不加或添加少量人工助剂；多组分塑料除树脂外还需要加入其他助剂，如增塑剂、稳定剂、润滑剂、填充剂、阻燃剂、发泡剂、着色剂等，用以改善塑料的加工性能和使用性能。

塑料的种类很多，按其使用特性可分为通用塑料、工程塑料、功能塑料和交联高聚物塑料。通用塑料一般只能作为非结构材料使用，产量大，用途广，价格低；工程塑料作为工程结构材料使用，力学性能优良，能在较宽温度范围内承受机械应力和在较为苛刻的化学、物理环境中使用；功能塑料用于特种环境中，具有某种特殊性能的塑料；交联高聚物塑料通过交联反应值得的高聚物成为交联高聚物，其强度、耐热性、化学稳定性和尺寸稳定性均有很大提高，在生产、生活中用途广泛。

在机械制造行业中，塑料应用最广泛的是高聚物材料。塑料在适当的温度和压力下能塑制成各种形状规格的制品，成形效率高，能耗和制件成本低。目前已广泛应用于机械、电子、汽车、航空航天、家电、生活用品等领域。塑料用来制造汽车的内饰件、外装件和功能件，尤其是近期采用工程塑料及合金、纤维增强复合材料制造外装件备受重视。在塑料品种的选用上，热塑性塑料的用量站总用量的70%，其中聚丙烯（PP）的用量约占热塑性塑料的总用量的40%。表3-10为汽车用塑料的主要应用场合。

表3-10 汽车用塑料的主要应用场合

塑料	应用场合
PP	保险杠、蓄电池壳、仪表板、挡泥板、嵌板、采暖及冷却系统部件、发动机罩、空气滤清器、导管、容器、侧遮光板
PU	座垫、仪表板垫及罩盖、挡泥板、车内地板、车顶篷、遮阳板、减振器、护板、防撞条、保险杠
ABS	收音机壳、仪表壳、制冷与采暖系统部件、工具箱、扶手、散热器格栅、内饰车轮罩、变速器壳
PE	内护板、地板、燃油箱、行李舱、冲洗水水箱、挡泥板、扶手骨架、刮水器、自润耐磨机械零件
PET	纺织物、盖、带、轮胎帘、气囊、壳体
PBT	电子器件外壳、保险杠、车身覆盖件、刮水器杆、齿轮
PA	散热器水室、转向器衬套、各种齿轮、带轮、层面零件、顶盖、油箱、油管、进气管、车轮罩、插头、轮胎帘布、安全带
PVC	电线电缆包衬、驾驶室内饰、嵌板、地板、防撞系统、涂料
POM	燃油系统、电气设备系统、车身体系的零部件、线夹、杆塞连接件、支撑元件
PC	保险杠、前轮边防护罩、车门把手、车身覆盖件、挡泥板、前照灯、散光玻璃
PMMA	后挡板、灯罩及其他装饰品
PPO	嵌板、车轮罩盖、耐冲击格栅
PF	化油器

在塑料成形生产中，塑料原料、成形设备和成形所用模具是三个必不可少的物质条件，

必须运用一定的技术方法，使这三者联系起来形成生产能力，这种方法称为塑料成形工艺。

塑料成形的工艺过程包括塑料成形和塑料加工。塑料成形是指将原料（树脂与各种添加剂的混合料或压缩粉），在一定温度和压力下塑制成一定形状的制品的过程。塑料加工则是指将成形后的塑料制品再经后续加工（如机械加工等）制成成品零件的工艺过程。塑件的生产和金属零件一样，根据使用要求，进行结构设计，选择树脂品种和添加剂成分，通过成形加工和后续加工，制成一定尺寸和形状的制品或零件。

塑料的性能包括物理性能、化学性能、力学性能和成形工艺性能，分别体现塑料的使用价值和成形特性。

① 物理性能　密度小、塑料的热导率较小、耐热性较差，能在100℃左右长期使用，是良好的电绝缘体。

② 化学性能　主要指塑料的耐蚀性，其化学稳定性很高，能耐酸、碱、油水及大气等物质的侵蚀。

③ 力学性能　强度、刚度和韧度很低、机械零件应选用蠕变较小的塑料，并且应力松弛、减摩性能好。

④ 塑料成形工艺性能　收缩性、流动性、热敏性、吸水性、硬化特性。

3.1.6.1　塑料成形工艺的特点及分类

塑料成形工艺的特点主要表现为塑料材料的特点，主要有以下几个方面。

① 流动性　塑料在一定的温度与压力下填充模具型腔的能力称为塑料的流动性。影响流动性的因素主要有温度、压力、模具结构、添加剂和成形工艺等。填料粒度细且呈球状、湿度大、增塑剂和润滑剂含量高、预热及成形条件适当、模具型腔表面粗糙度值小、模具结构适当等都将使流动性得到提高，选用的塑料流动性必须与塑件要求、成形工艺及成形条件相适应，模具设计时应根据流动性来考虑浇注系统、分型面及进料方向等。

② 收缩性　塑料制品从模具中取出冷却到室温后，发生尺寸收缩的特性称为收缩性。影响收缩率大小的因素很多，主要有塑料品种、塑件结构、模具结构、成形工艺等。因此收缩率不是一个固定值，而是在一定范围内变化的，收缩率的波动将引起塑件尺寸波动。因此模具设计时应根据以上因素综合考虑选择塑料的收缩率，对精度高的塑件应选取收缩率波动范围小的塑料，并留有试模后修整的余量或适当改变工艺条件或按实际情况修正模具。

③ 结晶性　一般高聚物的结晶是不完全的，高聚物固体中晶相所占质量分数称为结晶度。结晶型高聚物完全熔融的温度T_m为熔点。塑料的结晶度与成形时的冷却速度有很大关系，塑料熔体的冷却速度愈慢，塑件的结晶度也愈大。塑料的结晶度大，则密度也大，分子间作用力增强，因而塑料的硬度和刚度提高，力学性能和耐磨性增高，耐热性、电性能及化学稳定性亦有所提高；反之，结晶度低或无定形塑料，其与分子链运动有关的性能，如柔韧性、耐折性、伸长率及冲击强度等则较大，透明度也较高。

④ 热敏性　热敏性是指某些热稳定性差的塑料，在料温高和受热时间长的情况下就会产生降解、分解、变色的特性，具有这种特性的塑料叫做热敏性塑料。为了防止热敏性塑料在成形加工过程中出现分解现象，应在塑料中加入稳定剂，选择合适的成型设备，正确控制成形温度和加工周期，同时应及时消除分解产物，设备和模具应采取防腐蚀措施等。有些塑料对温度比较敏感，如果成形时温度过高容易变色、降解，如聚氯乙烯、聚甲醛等。

⑤ 吸水性　塑料吸收水分的性质称为吸水性。若成形时塑料中的水分和挥发物过多，将使流动性增大，易产生溢料，成型周期长，收缩率大，塑件易产生气泡、组织疏松、翘曲变形、波皱等缺陷。必须采取相应措施，消除或抑制有害气体，包括采取成形前对物料进行预料干燥处理，在模具中开设排气槽、模具表面镀铬等措施。

⑥ 毒性、刺激性和腐蚀性和硬化特性　有些塑料在加工时会分解出有毒性、刺激性和

腐蚀性的气体。因硬化特性是热固性塑料特有的性能，专指热固性塑料的交联反应。硬化程度和硬化速度不仅与塑料品种有关，而且与塑件形状、模具温度和成形工艺条件有关，因此必须严格控制工艺条件和改善模具结构，以避免塑件出现"过熟"或"欠熟"。例如，聚甲醛会分解产生刺激性气体甲醛，聚氯乙烯及其衍生物或共聚物分解出既有刺激性又有腐蚀性的氯化氢气体。成形加工上述塑料时，必须严格掌握工艺规程，防止有害气体危害人体和腐蚀模具及加工设备。

除上述工艺性能外，还有吸气性、粘模性、可塑性、压缩性、均匀性和交联倾向等。塑料种类很多，其成形方法也很多。表 3-11 列出了常用的成形加工方法与模具。

表 3-11　常用的成形加工方法与模具

序号	成形方法	成形模具	用途
1	注射成形	注射模	如电视机外壳、食品周转箱、塑料盆、桶、汽车仪表盘等
2	压缩成形	压缩模	如电器照明用设备零件、电话机、开关插座、塑料餐具、齿轮等
3	压注成形	压注模	适用于生产小尺寸的塑件
4	挤出成形	口模	如塑料棒、管、板、薄膜、电缆护套、异形型材（扶手等）
5	中空吹塑	口模、吹塑模	适用于生产中空或管状塑件，如瓶子、容器、玩具等
6	热成形	真空成形模具	适合生产形状简单的塑件，此方法可供选择的原料较少
		压缩空气成形模具	

塑料的成形方法除了表 3-11 中列举的 6 种外，还有压延成形、浇铸成形、玻璃纤维热固性塑料的低压成形、滚塑（旋转）成形、泡沫塑料成形、快速成形等。

3.1.6.2　常用的塑料成形工艺

塑料成形的工艺过程包括塑料成形和塑料加工。塑料成形是指将原料（树脂与各种添加剂的混合料或压缩粉），在一定温度和压力下塑制成一定形状的制品的过程。塑料加工则是指将成形后的塑料制品再经后续加工（如机械加工等）制成成品零件的工艺过程。

塑料的种类很多，其成形的方法也很多，常用的塑料成形方法有注射成形、压缩成形、压延成形、挤出成形等。

(1) 注射成形原理和工艺过程

塑料注射成形又称注塑成形，是热塑性塑料制件的一种主要成形加工方法。其原理是将颗粒状态或粉状塑料从注射机的料斗送进加热的料筒中，经过加热熔融塑化成黏流态熔体，在注射机柱塞或螺杆的高压推动下，以很大的流速通过喷嘴注入模具型腔，经一定时间的保压冷却定型后可保持模具型腔所赋予的形状，然后开模分型获得成形塑件。这样就完成了一次注射工作循环。

近年来，塑料注射成形也用于部分热固性塑料的成形加工。包括汽车保险杠、仪表板和车门内护板在内的大部分大型塑料件普遍采用注塑成形工艺，该工艺的主要优点是可成形形状比较复杂的产品、生产效率较高、制品刚性好等；缺点是要求制品原材料熔融后的流动性好、小批量生产成本高。

注射成形所用的设备是注射机。注射过程包括加料、塑化、注射、保压、冷却定型和脱模等几个步骤。其工作过程如下。

① 将颗粒状或粉状塑料从注射机料斗送入高温的料筒，塑料在受到料筒加热和螺杆的剪切摩擦热作用下逐渐熔融塑化，并不断被螺杆压实同时被推向料筒前端，产生一定压力，使螺杆在转动的同时，缓慢地向后移动，当螺杆退到预定位置，触及限位开关时，螺杆即停止转动。

② 注射活塞带动螺杆按一定的压力和速度,将积存于料筒端部的塑料黏流态熔体经喷嘴注入模具型腔。

③ 充满模腔的熔料经一定时间的保压冷却定型后,开模分型,脱模取出塑件,获得具有一定形状和尺寸的塑料制件。

④ 塑件经注射成形后,除去浇口凝料、余料和飞边毛刺,有些制件还需要进行消除应力或稳定性能的后处理。

注射成形是热塑性塑料的主要成形方法之一,适用于几乎所有品种的热塑性塑料和部分热固性塑料。此方法生产率很高,可以实现高度机械化、自动化生产,制品尺寸精确,可以生产形状复杂、壁薄和带金属嵌件的塑料制品,适用于大批量生产。注塑成形在汽车塑料制品生产中所占的比例很大,如保险杠、仪表板、通风格栅、座椅靠背、护风圈、空调机壳等大型零件及各种开关、结构件、把手、装饰件、轮罩、减摩耐磨件、护条等小型零件。

(2) 压缩成形工艺

压缩成形工艺过程是预先对塑料原料进行预压成形和预热处理,然后将塑料原料加入模具加料室闭模后加热加压,使塑料原料塑化,经过排气和保压硬化后,脱模取出塑件,之后清理模具和对塑件后期处理。

压缩成形又称压塑成形、模压成形,其工艺原理是将预制的粉状、粒状或纤维状的热固性塑料(也可以是热塑性塑料)直接加入敞开的模具加料室,再合模,并对模具加热加压,使其熔融,塑料在热和压力的作用下呈熔融流动状态充满型腔,随后由于塑料分子发生交联反应逐渐硬化成形为具有一定形状和尺寸的塑料制件。图 3-22 所示为压缩成形过程图。

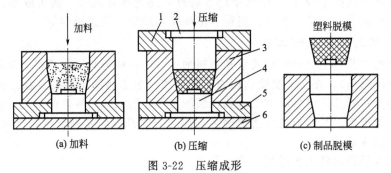

图 3-22 压缩成形
1—上模板；2—上凸板；3—凹模；4—下凸模；5—下模板；6—下模座

压缩成形主要用于热固性塑料的加工和生产,也可用于热塑性塑料。与注射成形相比,压缩成形可采用普通液压机,模具结构简单,可成形流动性很差的物料及大面积的薄壁制品。此外,压缩成形件内部取向组织少,塑件成形收缩率小以及制品性能均匀。但其成形周期长,生产效率低,劳动强度大,塑件精度难以控制,模具寿命短,不易实现自动化生产。压缩成形特别适用于形状复杂的或带有复杂嵌件的制品,如电器零件、仪表壳、电闸板、电器开关、插座或生活用具等。压缩成形也适合于汽车大型零件的生产,如车门、门梁柱、导流板、顶盖等。

(3) 压注成形工艺

压注成形又称传递成形或挤胶成形,是在改进压缩成形的基础上发展起来的一种热固性塑料成形方法。压注成形中,塑料在型腔内预先受热熔融,在压力作用下注入型腔,因此能制作成形状带有深孔或形状复杂的塑料零件,也可制作成带有精细嵌件的塑料零件,塑料零件的密度和强度也较高。由于塑料成形前模具已经完全闭合,因而塑料精度易保证,表面精度值也小,塑料零件上只有少许模具分型面造成的很薄的塑料飞边。

压注成形的优点如下。

① 成形周期短，塑件飞边小，易于清理。

② 能成形薄壁多嵌件的复杂塑料制品。

③ 塑件的精度和质量较压塑件高。但压注成形加料室内总会留有余料，故存在塑料损耗较大、模具结构较压缩模复杂、制造成本较高等缺点。

(4) 挤出成形及其新工艺

挤出成形又称挤塑成形，它是使加热或未加热的塑料借助螺杆的旋转推进力通过模孔连续挤出，经冷却凝固而成为具有恒定截面的连续成形制品的方法。挤出成形用于热塑性塑料型材的生产，如管材、板材、薄膜、各种异形断面型材、电线电缆包覆物和中空制品等，还常用于物料的塑炼和着色等。

挤出成形生产过程连续，生产效率高，工艺适应性强，设备结构简单，操作方便，用途广，成本低，塑件内部组织均衡致密，尺寸比较稳定准确，但制品断面形状较简单且精度较低，一般需经二次加工才制成零件。随着聚合物加工的高效率和应用领域的不断扩大和延伸，挤出成形制品的种类不断出新，挤出成形的新工艺层出不穷，其中主要有反应挤出工艺、固态挤出工艺和共挤出工艺。

① 反应挤出工艺是连续地将单体聚合并对现有聚合物进行改性的一种方法，因可以使聚合物性能多样化、功能化且生产连续、工艺操作简单和经济适用而普遍受到重视。该工艺的最大特点是将聚合物的改性、合成与聚合物加工这些传统工艺中分开的操作联合起来。

反应挤出成形技术是可以实现高附加值、低成本的新技术，已经引起世界化学和聚合物材料科学与工程界的广泛关注，在工业方面发展很快。与原有的成形挤出技术相比，它有明显的优点：节约加工中的能耗；避免了重复加热；降低了原料成本；在反应挤出阶段，可在生产线上及时调整单体、原料的物性，以保证最终制品的质量。

② 固态挤出工艺是指使聚合物在低于熔点的条件下被挤出模型。固态挤出一般使用单柱塞挤出机，柱塞式挤出机为间歇性操作，柱塞的移动产生正向位移和非常高的压力，挤出时模型内的聚合物产生很大的变形，使得分子严重取向，其效果远大于熔融加工，从而使得制品的力学性能大大提高。固态挤出有直接固态挤出和静液压挤出两种方法。

③ 共挤出工艺由两台以上挤出机完成，可以增大挤出制品的截面积，组成特殊结构和不同颜色、不同材料的复合制品，使制品获得最佳性能。按照共挤物料的特性，可将共挤出技术分为软硬共挤、芯部发泡共挤、废料共挤、双色共挤等。随着农用薄膜、包装薄膜发展的需要，共挤出吹塑膜可达到 9 层。多层共挤出对各种聚合物的流变性能、相黏合性能以及各挤出机之间的相互匹配有很高的要求。

(5) 压延成形

使加热塑化的物料通过一系列相向旋转的辊筒之间，受挤压和延展作用成为平面状连续材料的成形方法。压延成形生产效率高，产品质量好，且可直接制出各种花纹和图案。但其设备庞杂、维修复杂，且制品宽度受限制。压延成形可用于各类热塑性塑料，主要产品有薄膜、片材和人造革等。

3.2 汽车零件的一些典型的加工方法

汽车零件都是由若干不同的轮廓要素——表面构成的。这些表面之间都规定有不同的加工质量要求。大多数表面都必须进行机械加工。根据表面加工质量和生产率的要求，可以采用不同的加工方法。汽车零件的表面形状千变万化，由不同的典型表面如外圆、内孔、平面、螺纹、花键和轮齿齿面等组合而成。这些典型表面都有一定的加工要求，大多数表面都需要经过专业加工来实现其机械制造过程。

机械加工，是根据具体的设计要求选用相应的机床（包括车、铣、钻和磨等）及切削加工方法，即在机床上通过刀具与工件的相对运动，从工件毛坯上切除多余金属，使之形成符合要求的形状、尺寸的表面的过程。根据汽车零件的结构特征、加工表面形式及其加工要求、生产率要求等条件，可以采用不同的加工方法及工艺过程来保证。

3.2.1 拉削和镗削

3.2.1.1 拉削

拉削是使用拉削刀具在拉床上进行加工的一种高生产率的精切削加工方法，即拉削是使用拉削刀具加工各种内外成形表面的切削工艺。在拉床上用拉刀加工工件内表面或外表面的工艺过程叫做拉削加工。

拉床是用拉刀加工工件各种内外成形表面的机床。加工时，一般工件不动，拉刀做直线运动进行切削。拉削时机床拉刀的直线运动是加工过程的主运动，进给运动则靠拉刀本身的结构来实现。按工作性质的不同，拉床可分为内拉床和外拉床。拉床一般都是液压传动，它只有主运动，结构简单。液压拉床的优点是运动平稳，无冲击振动，拉削速度可无级调节，拉力可通过压力来控制。

拉削生产效率高，适宜大批量生产，而且能保证比较高的加工精度和表面粗糙度。一般加工精度为 IT5～IT8，表面粗糙度值 Ra 为 $0.8\sim3.2\mu m$。但拉刀价格昂贵，且一把拉刀只能加工一种尺寸表面。

拉削时使用的刀具称为拉削刀具，简称为拉刀。拉刀是非常复杂的组件，由一个单件制造而成的单刃刀具。拉刀是一种可加工内、外表面的多齿高效刀具。拉刀的结构和刀齿形状与拉削方式有关。拉刀结构有整体式、装配式和镶齿式 3 类。对形状复杂和大型拉刀，刀齿材料可用高速钢或硬质合金整体制造，用机械方法将刀齿块或刀齿紧固在刀体上。装配式和镶齿式拉刀亦称为组合式拉刀。这种拉刀的刀齿可用高速钢或硬质合金制造，因生产率高、寿命长，在汽车工业中常用于加工缸体和轴承盖等零件，但硬质合金拉刀制造困难，故刀体用高强度碳素钢制造，这样可节省刀具材料，简化刀具制造，且刀齿磨损或损坏后，便于更换和调整。

如图 3-23 所示，拉削的加工表面形状有很多种，根据工件加工表面形状的不同，拉刀的形状也不同。拉削在成批大量生产中得到了广泛应用，如内表面的拉削——圆孔、花键（矩形、渐开线形、三角形）孔、键槽、方孔等异形孔（通孔），如图 3-24 所示；外表面的

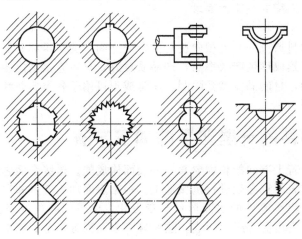

图 3-23 拉削加工表面

拉削-小平面（连杆的侧平面、分离平面、半圆孔等）、大型平面（缸体平面）、成形表面（制动凸轮等）、齿轮轮齿（直齿锥齿轮轮齿、弧齿锥齿轮轮齿等）、曲轴轴颈等。在汽车零件表面的拉削加工中，例如锥齿轮轮齿的加工，则应用了圆盘拉铣刀。圆盘拉铣刀是以圆周切削运动方式进行加工的。常用的是圆孔拉刀，如图 3-25 所示。

图 3-24　拉削各种孔形

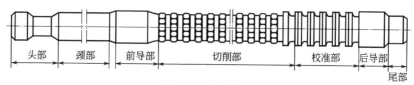

图 3-25　圆孔拉刀

如图 3-25 所示，拉刀的柄部用来将拉刀夹持在拉床上传递动力；颈部是柄部与过渡锥的连接部分，直径略小于柄部直径。拉刀的材料、尺寸规格等标志都打在颈部。过渡锥是颈部与前导部分之间的过渡部分，起对准中心的作用。前导部在切削部分进入工件前，它起引导作用，防止拉刀歪斜；并可以检查拉前孔径是否太小，以免拉刀第一个刀齿负担太重而损坏。切削部担负切削工作的部分。校准部起刮光、校准作用，提高工件的精度和表面光洁度；并作为切削部分的后备。后导部用来保持拉刀最后的正确位置，防止拉刀即将离开工件时因工件下垂而损坏已加工表面及拉刀刀齿。长拉刀工作时，拉刀因自重而一端下垂，造成工件和道具的歪斜。做出尾部后，将它支撑在滑动的托架上，托架与拉刀一起移动，以保证拉刀后端不下垂。

拉削时，拉刀只进行纵向运动，由于拉刀的后一个刀齿较前一个刀齿高 S_z（齿升量），因而拉削实现了连续切削。拉刀每一刀齿切去薄薄的一层金属，一次行程即可切去全部加工余量（见图 3-26）。拉削加工具有生产率高、拉刀耐用度高、加工精度高、表面质量好等特点，加工经济精度为 IT7～IT8，表面粗糙度值 Ra 为 $0.8～0.4\mu m$。拉刀耐用度高，可拉削特形表面，机床结构简单，只有一个主运动。

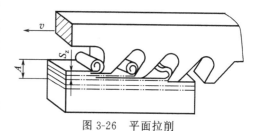

图 3-26　平面拉削

3.2.1.2　镗削

镗削是在大型工件或形状复杂的工件上用刀具扩大孔或其他圆形轮廓的内径的车削工艺。对于直径较大的孔、内成形面或孔内环槽等，镗削是唯一合适的加工方法。其应用范围一般从半粗加工到精加工，所用刀具通常为单刃镗刀。镗削是以镗刀旋转运动作为主运动，工件或镗刀作为进给运动，扩大工件预制孔的切削加工方法。其优点是能加工大直径的孔，而且能修正上一道工序形成的轴线歪斜的缺陷。镗孔的几何精度主要取决于机床精度，镗床上镗孔精度可达 IT7 级，表面粗糙度 Ra 值为 $0.8～0.1\mu m$，精镗孔时，精度可以达到 IT6，表面粗糙度 Ra 可达到 $0.8～0.02\mu m$。由于镗床与镗刀的调整复杂，技术要求高，生产率较低。在大批量生产中为提高生产率并保证加工质量，通常使用镗模。

在汽车零件孔的扩大加工中，镗孔占有较大的比例。镗削时，工件被装夹在工作台上，并由工作台带动做进给运动,镗刀用镗刀杆或刀盘装夹,由主轴带动回转做主运动。主轴在回转的同时,可根据需要做轴向移动,以取代工作台做进给运动。镗削可以在组合镗床、金刚(细)镗床和铣镗加工中心上进行,利用装有镗刀的镗杆(或镗刀)旋转,装有镗刀的镗杆(以下简称为镗杆)或装有工件的工作台做轴向进给实现对预制孔进行切削加工。

镗削在镗床上进行。镗床可以加工形状复杂的大型工件上的孔,例如发动机机体、变速箱体、机身和各种机器外壳上的孔。此外,在卧式镗床上利用不同的刀具和附件可以进行钻孔、铰孔,还可用多种刀具进行平面、沟槽和螺纹的加工,特别是孔有位置精度要求、需要与孔再一次安装中加工出来的短而大的外圆和端平面。图 3-27 所示为镗机架上的同心孔,镗杆的旋转为主运动,工件由工作台带着纵向移动为进给运动。图 3-28 所示为加工端面,转盘的旋转为主运动,刀具在转盘上做径向移动为进给运动。在镗平行孔时,一孔加工完成,工件位置的调整是由主轴上下移动及工作台横向移动来完成的。若第二孔与第一孔垂直时,将工作台扳转 90°即可。

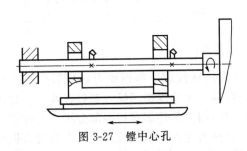

图 3-27　镗中心孔

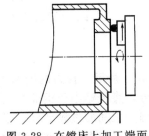

图 3-28　在镗床上加工端面

镗刀可在镗床、车床或铣床上使用。镗孔刀具的选用,取决于被加工零件的结构及孔的形状,在镗床上常用的镗刀有单刃镗刀和双刃镗刀两类。单刃镗刀只有一个切削刃,灵活性较大,适用于粗加工、半精加工或精加工,可以校正原有孔的轴线歪斜或位置偏差,应用范围广,适用于单件小批量生产,但是生产率较低。双刃镗刀常用的有固定式和浮动式两种,精镗大多采用浮动结构,浮动镗刀有两个对称切削刃,靠切削时作用于两侧切削刃上的背向刀来自动平衡其切削位置,可以抵偿刀具安装误差或镗杆径向圆跳动所引起的不良影响,提高了孔的加工精度,生产率较高,主要用于批量生产,但不能校正原有孔的轴线歪斜或位置偏差,刀具成本较高,结构复杂。

为了使孔获得高的尺寸精度,精加工用镗刀的尺寸需要准确地调整。微调镗刀可以在机床上精确地调节镗孔尺寸,它有一个刻有精密游标刻线的指示盘,指示盘与装有镗刀头的芯杆组成一对精密丝杠螺母副机构。当转动螺母时,装有刀头的芯杆即可沿定向键做直线移动,游标刻度读数精度可达 0.001mm。镗刀的尺寸也可在机床外用对刀仪预调。

镗削加工分为粗镗、半精镗和精细镗,精细镗也叫金刚镗,一般在金刚镗床上进行,主要用于代替铰、磨等精加工方法对有色金属及其合金进行精加工,也可用于铸铁和钢。表 3-12 是各种镗削所能达到的加工精度和表面粗糙度。

表 3-12　各种镗削所能达到的加工精度和表面粗糙度

加工阶段	粗镗	半精镗	精镗	精细镗
加工精度	IT12～IT11	IT10～IT9	IT8～IT7	IT6～IT5
表面粗糙度 $Ra/\mu m$	25～12.5	6.3～3.2	1.6～0.8	0.8～0.2

镗削加工工艺特点如下。

① 镗削能方便地加工直径很大的孔。

② 镗削能方便地实现对孔系的加工，可获得很高的孔距精度。

③ 镗床多种部件能实现进给运动，工艺适应能力强，能加工形状多样、大小不一的各种工件的多种表面。

④ 镗削是孔加工的主要方法之一，在镗床上镗孔是以刀具的回转为主运动，与以工件回转为主运动的孔加工方式比较，特别适合机架、箱体等复杂结构的大型零件上的孔加工；镗孔的经济精度等级为 IT7～IT9，表面粗糙度值 Ra 为 3.2～$0.8\mu m$。

3.2.2 磨削

用磨具或磨料加工工件各种表面的机床称为磨床。在磨床上用砂轮作刀具切削工件的加工方法叫磨削加工。磨削是用磨具以较高的线速度对工件表面进行加工的方法。通常磨削是指在磨床上用砂轮切削金属的过程。应用最普遍的是以砂轮为磨具的普通磨削。磨削可加工零件的内外圆柱面、内外圆锥面、平面以及成形表面（如螺纹、花键、齿形等）。

在现代机器制造业中，磨削通常作为精加工工序，与其他切削加工方式，如车削、铣削、刨削等比较，其主要特点如下。

① 砂轮上的磨粒每次只能从工件表面切除极薄的一层金属材料，能够较经济地获得高的加工精度（IT6～IT7）和很小的表面粗糙度（Ra 值一般为 0.8～$0.2\mu m$），采用高精度磨削方法时，表面粗糙度 Ra 值可达 $0.006\mu m$，广泛用于精加工。

② 由于磨粒的硬度极高，耐热性好，因此磨削不仅可以加工一般的金属材料，如碳钢、铸铁及某些有色金属，而且还可以加工一般刀具根本无法加工的高硬材料如淬硬钢、高速钢、硬质合金、钛合金和玻璃等金属及非金属材料。

③ 磨削是一种少切屑加工方法，在一次行程中切除的金属量很小，金属切除效率低。但磨削加工能切除极薄极细的切屑，故磨削加工有较强的修正误差能力。同时，磨削容易实现自动化，有利于高效率的生产。因此磨削在机械加工中起着极为重要的作用。

磨削过程中由于砂轮具有极高的磨削速度（一般为 30～$50m/s$），磨削加工切除单位体积金属所消耗的能量大，这些热量大部分转化为切削热，同时，磨料和黏结剂与工件之间强烈的挤压摩擦产生大量的切削热，使磨削区瞬时温度很高，可达到 1000～$1500℃$，易引起工件表面退火或烧伤，磨削过程中磨粒切削刃与工件接触点的瞬时温度可达 $1000℃$ 以上，砂轮与工件接触区的平均温度通常可达 500～$800℃$。故磨削表面容易产生残余应力，容易造成烧伤和产生裂纹。同时磨削过程历时很短，只有万分之一秒左右，为了减少摩擦和充分散热，降低磨削温度，避免或减少工件产生烧伤、裂纹或变形等现象，及时冲走屑末和确保工件表面质量，在磨削时需使用大量的冷却液。

磨削时，砂轮的回转是主运动。进给运动包括：砂轮的轴向、径向移动，工件的回转运动，工件的纵向、横向移动等。磨削加工根据加工对象的几何形状可分为外圆、内圆、平面及成形磨削加工等。根据工件被夹紧和被驱动的方法，可分为定心磨削和无心磨削两种。根据进给方向，可分为纵向进给磨削和横向进给磨削两种。根据砂轮的工作表面类型，可分为周边磨削、端面磨削及周边端面磨削三种。

磨床是金属切削机床的一种，用于对零件表面进行磨削加工。除了某些形状特别复杂的表面外，机器零件的各种表面大多能用磨床加工，因此磨床有许多种类。在汽车制造业中，常用的磨床有普通磨床和专用磨床两大类。普通磨床的通用性好，可适应多种零件的加工。普通磨床主要有外圆磨床、内圆磨床、平面磨床、无心磨床、工具磨床、刀具刃磨床、砂带磨床、导轨磨床、珩磨机、坐标磨床等。在生产中应用最多的是外圆磨床、内圆磨床、平面磨床、无心磨床 4 种。

外圆磨床主要用于磨削外回转表面，例如，轴类工件的外圆柱、外圆锥和轴肩端面。外圆磨床包括万能外圆磨床、普通外圆磨床、无心外圆磨床等。在外圆磨床上进行外圆磨削时，有如下几种运动：砂轮的高速旋转运动是磨削外圆的主运动；工件随工作台的纵向往复运动是磨削外圆的纵向进给运动；工件有头架主轴带动旋转式磨削外圆的圆周进给运动，砂轮做周期性的横向进给运动。

内圆磨床主要用于磨削内回转表面，例如工件的外圆柱孔、圆锥孔和孔端面。内圆磨床包括普通内圆磨床、无心内圆磨床、行星式内圆磨床等。

平面磨床用于磨削各种平面、沟槽等。平面磨床包括卧轴矩台平面磨床、立轴矩台平面磨床、卧轴圆台平面磨床、立轴圆台平面磨床等，平面磨削的方式通常可分为周磨与端磨两种。周磨是用砂轮的圆周面磨削平面，这时需要以下几个运动：砂轮的高速运动，即主运动；工件的纵向往复运动，即纵向进给运动；砂轮周期性横向运动，即横向进给运动；砂轮对工件做定期垂直移动，及垂直进给运动。端磨是用砂轮的端面磨削平面。这时需要下列运动：砂轮高速旋转、工作台圆周进给、砂轮垂直进给。

无心磨床用以磨削工件外圆柱面、内圆磨削，用于在轴承环专用磨床上磨削轴承环内沟道。工具磨床用于磨削各种工具，包括工具曲线磨床、卡板磨床、钻头沟槽磨床、丝锥沟槽磨床等。刀具刃磨床用于刃磨各种切削刀具，包括万能工具磨床、车刀刃磨床、钻头刃磨床、滚刀刃磨床、拉刀刃磨床等。专用磨床用于磨削某一零件上的一种表面，主要有花键轴磨床、曲轴磨床、凸轮轴磨床、活塞环磨床、球轴承套圈沟磨床、导轨磨床、曲轴磨床等。

外圆磨削方法有纵磨法纵向进给磨外圆和横向进给磨外圆，其中以纵向进给磨外圆最为常用。纵向进给磨外圆时工件除了旋转外，还和工作台一起纵向往复运动，工件每往复一次（或每单行程），砂轮横向进给一定的磨削深度，经过多次往复，将全部余量磨掉。为消除工件因径向力产生的弯曲变形，保证加工精度，在磨削最后阶段，应在没有横向进给的情况下，在纵向往复运动几次光磨，直到磨削时的火花消失为止。图 3-29 所示为纵磨法磨外圆。

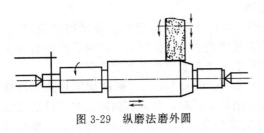

图 3-29 纵磨法磨外圆

纵向进给磨外圆，每次横向进给量很小，每次往复运动后的切削深度很小，切屑很薄，磨削力较小，散热条件好，磨削温度较低，而且还有光磨，所以，可得到较好的加工精度和表面粗糙度；但由于工作行程次数多，所以生产率较低。它主要用来磨削轴类零件的较长外圆表面，适用于单件小批量生产和精磨。

横向进给磨外圆时，工件只与砂轮做同向转动而无纵向进给运动，砂轮高速旋转的同时，以缓慢的速度连续或断续地对工件横向切入，横向进给量一般不大，直到尺寸符合要求为止，如图 3-30 所示。

这种方法生产率高，但工件与砂轮接触面积大，产生的切削力大，发热量大，散热条件差，对工件的精度和表面粗糙度都有不利的影响，横向进给磨外圆一般用于大批量生产中磨削刚性较好、精度较低和较短的外圆面或成形面。

平面磨削方法主要有两种：周面磨法（周磨法）和端面磨法（端磨法）。周面磨法在卧

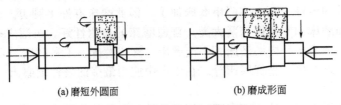

(a) 磨短外圆面　　　　(b) 磨成形面

图 3-30 用横磨法磨削工件

轴平面磨床上进行,端面磨法在立轴平面磨床上进行。

图 3-31(a) 所示的周面磨法是利用砂轮的圆周表面进行磨削。周面磨法磨削平面时,砂轮与工件的接触面小,因此发热少,散热快,排屑和冷却情况良好,工件热变形小,砂轮圆周面是磨损均匀,可达到较高的加工精度和较小的表面粗糙度,但效率较低,此法主要用于成批生产中的加工薄片小件。

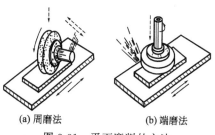

图 3-31 平面磨削的方法

图 3-31(b) 所示的端磨法磨削平面时,由于主轴刚性好,可采用较大的切削用量,工作效率高。但由于砂轮与工件接触面积大,砂轮端面上径向各处切削速度不同,磨损不均匀,排屑和冷却散热条件差,因此加工的表面质量差,故仅适用于粗磨。

端面磨法是用砂轮的端面进行磨削平面,这时磨头轴伸出长度短,刚度好,弯曲变形小,可以采用较大的磨削用量,磨削面积大,故生产率高。因砂轮与工件接触面积大,排屑条件差,散热及冷却困难,且砂轮端面上径向各处的切削速度不同,砂轮磨损不均匀,故加工精度低,表面粗糙度大,仅适用于粗磨。为改善排屑、散热和冷却条件,可采用镶块砂轮来代替整体式砂轮。镶块砂轮由若干块装在同一圆周上的砂瓦组成,用钢架箍住,使其不致因离心力而飞裂。这种砂轮与工件的接触面积小,因而发热少,砂轮也不易堵塞。同时,更换个别损坏的砂瓦也比较方便。

3.2.3 光整加工

光整加工是对经过精加工的工件表面采用不切除或切除极薄金属层,用以得到更高加工表面的尺寸精度、形状精度,并减小表面粗糙度值或用以强化表面的加工方法。

光整加工是生产中常用的精密加工。通常在精车、精镗和精磨之后,是获得高精度、小粗糙度的一种加工方法。常用的光整加工方法有研磨、珩磨、超精加工及抛光等。光整加工后工件可获得尺寸精度一般为 IT5 甚至更高,表面粗糙度 Ra 为 $0.1\sim0.05\mu m$。汽车发动机气缸套、凸轮轴支承轴颈及凸轮表面、曲轴的主轴颈及连杆轴颈均需经精整、光整加工。

珩磨是用镶嵌在珩磨头上的磨粒很细的油石在一定的压力下,对精加工表面低速进行的光整加工方法,多用于加工圆柱孔,在一定条件下,也可加工平面、外圆面、球面、齿面等。

珩磨时,由于珩磨头的旋转运动和轴向往复运动,油石上每颗磨粒在工件孔壁上磨出左右螺旋形的交叉痕迹,因而珩磨能获得表面粗糙度 Ra 为 $0.08\sim0.63\mu m$。同时,珩磨头的结构具有很大的径向刚度,工作平稳,不会出现振动,且余量小,冷却润滑充分,切削温度低,加工表面破坏层浅,能获得较高的尺寸精度(IT6~IT7)。珩磨时,由于油石是用径向弹簧将它保持在珩磨头上,能够使加工表面逐渐获得精确的圆柱孔,圆度或圆柱度可保证在 $0.003\sim0.005mm$ 范围内。

珩磨加工能有效提高尺寸精度、形状精度,同时还能获得较小的表面粗糙度。珩磨加工是一种使工件加工表面达到高精度、高表面质量、高寿命的一种高效加工方法。但珩磨不能修正被加工孔轴线的位置误差与直线度误差。由于珩磨常常是孔加工的最后工序,因而珩磨后,应将工件洗净,否则会导致工件的磨损加速。

珩磨的应用范围很广,发动机缸孔、缸套及主轴承座孔、连杆大头孔、各种液压装置的铸铁套和钢套的孔等零件,经常通过珩磨来完成光整加工。由于油石容易被堵塞而不能工作,故珩磨不适宜于加工韧性的有色金属。珩磨前被加工表面必须经过精细加工,珩磨前被加工表面的加工精度越高，珩磨余量就越小，在大量生产中，珩磨前往往进行细镗（金刚镗）。珩磨通常分为粗珩、精珩两道工序，粗珩除去余量的2/3～4/5，精珩只是去掉或修平粗珩留下的凸峰。

珩磨时，油石与工件接触面积大，必须供应大量清洁的冷却润滑液。珩磨铸铁和钢件时，多采用煤油，精珩时，在煤油内加10％的机油或锭子油，能延长冷却液的使用期限，减小表面粗糙度。

珩磨的生产率较高，易于实现自动化。这是由于珩磨时多个磨条同时工作，同时参加切削的磨粒较多，并且经常连续变化切削方向，能较长时间保持磨粒刃口锋利；由于已加工表面有左右螺旋形的交叉痕迹，利于油膜的形成，润滑性能好，故珩磨表面耐磨损；珩磨主要用于孔的精整加工，能加工直径为5～500mm或更大的孔，并且能加工孔深与孔径之比达10或者更大的孔。珩磨还可以加工外圆、平面、球面和齿面等。珩磨不仅在大批量生产中应用极为普遍，而且在单件小批生产中应用也较广泛。

研磨分为机械研磨和手工研磨。手工研磨的生产率低，工人劳动强度较大，研磨质量与工人的技术熟练程度有关，手工研磨操作简单，常用于单件小批量生产。在大批量生产时，则用机械研磨。机械研磨生产效率较高，研磨质量稳定。

研磨过程是由磨料切削金属过程的机械加工过程和化学现象相结合完成的。研磨套比工件软，研磨时部分磨粒则嵌入研具的表面层，形成无数个切削刃，由于工件与研具的相对运动，磨料就在工件表面上切除很薄的一层金属。研磨液使工件被加工表面形成一层氧化膜，以加速研磨过程。工件和研具之间相对运动较复杂，磨粒有可能均匀地切掉工件表面上的凸峰，从而减小工件表面粗糙度。研磨后，能够获得尺寸精度为IT5～IT6，表面粗糙度Ra为0.04～0.16μm。

研磨是光整加工工序，被加工表面在研磨前的工序应保证较高的加工精度和较小的表面粗糙度。研磨作用随研磨速度而增加，但研磨速度过高，会引起发热。研磨作用也随研磨压力的提高而增强。研磨的应用很广，常见的表面如平面、圆柱面、孔、锥面、齿轮面等都可用研磨进行光整加工。

超精加工是用细粒度油石进行磨削的一种光整加工方法。超精加工是外圆表面的光整加工方法，它是减小工件表面粗糙度值的有效方法之一。

超精加工能获得很小表面粗糙度的原因是，油石上每个磨粒都在工件表面上划出极细微的且不重复的相互交错的复杂轨迹，把工件表面上的凸峰全部切掉，剩下的只是不明显的凹痕。超精加工能减小工件表面粗糙度值，加工后被加工面表面粗糙度Ra可达0.02～0.08μm或更小。工件所要求的精度则应由前工序保证。超精加工的切削余量甚微，切削速度和压力不大，切削温度很低，故超精加工在切去前工序的表面变形层时，不再产生新的变形层。

超精加工过程中，在开始阶段，冷却润滑液的主要作用是冲洗去除接触面间的屑末和磨粒，以促进切削的正常进行。在加工最后阶段，为了保护已获得的光洁表面，冷却润滑液必须逐渐形成油膜，使切削作用逐渐减弱和自动停止。这种作用的实现，与油石压力和冷却润滑液的成分有关，当冷却润滑液的黏度过大时，油石容易淤塞，切削不容易进行；如果黏度过小，则不能形成油膜。

超精加工不能纠正上道工序留下来的几何形状及位置误差。由于超精加工设备较简单，可以在卧式车床上进行。

超精加工后，零件表面粗糙度减小，将增加零件配合表面间的实际接触面积。超精加工切削速度低，油石压力小，切削温度低，工件发热量小，没有烧伤现象，不易产生新的变形层；超精加工不能纠正上道工序留下的几何形状和位置误差。现在，超精加工在汽车制造业中被用来加工很多零件，如曲轴和凸轮轴的轴颈。

3.2.4 齿面的加工

汽车中使用的齿轮可分为圆柱齿轮和锥齿轮两大类，主要用来传递运动和动力，其齿廓多为渐开线形。齿轮的传动精度主要取决于轮齿齿面的加工。目前，齿面加工的主要方法有铣齿、滚齿、插齿、剃齿和珩齿等。其中，铣齿、滚齿和插齿加工效率和加工精度高，普遍应用于普通精度的齿面加工。磨齿、剃齿和珩齿主要用于齿面的精加工，效率一般比较低。按照加工原理，齿面加工可分为成形法和展成法两种方法。

齿轮是现代机器和仪表中不可缺少的重要零件，应用极为广泛。齿轮的类型按外形可分为圆柱齿轮、圆锥齿轮、蜗轮蜗杆及齿轮齿条。按齿宽方向与齿轮轴方向的关系可分为直齿、斜齿、人字齿。按齿廓形状又可以分为渐开线齿、摆线齿和圆弧齿，摆线齿主要用于钟表，圆弧齿主要用于重载传动，渐开线齿应用最为普遍，可用于各种机械。齿面的加工具体参见本书下篇。

3.2.5 表面强化工艺与电加工

随着汽车拖拉机工业的发展，用传统的切削加工方法制造某些零件远不能满足加工要求。同时，表面层的物理力学性能对零件的使用性能及寿命影响很大，如果在最终工序中不能保证零件表面获得预期的表面质量要求，则为了保证零件的表面质量，应在工艺过程中增设表面强化工序。采用表面强化工艺还可以降低零件的表面粗糙度值，这种方法工艺简单、成本低，在生产中应用十分广泛，用得最多的是喷丸强化和滚压加工。表面强化工艺有很多种，包括化学处理、电镀和表面机械强化等几种。本文仅对机械强化工艺方法进行介绍。

机械强化是指通过对工件表面进行冷挤压加工，使零件表面层发生冷态塑性变形，从而提高其表面硬度、强度并在表面层形成残余压应力的无屑光整加工方法。

滚挤压加工是在常温状态下，用坚硬材料（淬火钢、硬质合金、红宝石等）制成的工具，对工件进行冷滚、挤，使金属表层产生塑性变形，将工件表面上原有的波峰填充到相邻的波谷中，在其表面形成冷硬层和残余压应力，减小表面粗糙度值，提高其强度和硬度，从而提高其承载能力和疲劳强度的加工工艺方法。滚挤压加工不仅把工件表层晶粒变得更细，使金属组织更加紧密，而且还使表层金属内部产生有利的残余应力分布，从而使金属表层获得紧密强化的表面组织，提高零件的耐磨性、抗疲劳强度和耐蚀性，提高零件的表面质量。滚挤压加工是强化和光整加工的综合。

滚挤压加工包括滚压和挤压两种。挤压加工时，因工具通过内孔时表面被挤胀变大，故挤压加工又称为胀孔。用钢球挤压内孔时，因钢球本身不能导向，所以挤压前孔轴线应具有较高的直线度精度，才能获得较高的轴线直线度的内孔，该方法适用于加工较浅的孔。

相对于切削加工，滚挤压加工具有以下特点。

① 减小表面粗糙度　滚挤压加工使工件被加工表面表面粗糙度 Ra 从 $6.3\sim3.2\mu m$ 减小至 $1.6\sim0.05\mu m$。滚压加工前，被加工表面应具有一定的尺寸精度，滚压加工一般提高尺寸精度不明显，因而被加工表面应具有一定的尺寸精度再进行滚压加工。滚挤压加工对钢和铸铁材料修正形状误差的能力较低，而且不能提高形状精度；滚挤压对青铜、铝合金材料等易于塑性变形材料，修正形状误差的能力较强。

② 强化了被加工表面　滚压加工后工件被加工表面产生残余压应力，降低了应力集中程度，提高了疲劳强度，尤其是承受较大变应力的轴类零件，常在工艺过程中安排圆角滚压工艺，以提高其疲劳强度。例如，汽车中承受交变载荷的，如曲轴、转向节轴、变速器轴等零件。滚挤压加工时，零件被加工表面产生冷硬，提高了其硬度。同时，由于表面粗糙度值

减小了,增大了有效支撑面积,形成的表面峰谷形状的润滑条件好,因此,零件的耐磨性提高了。

③ 生产率高　滚挤压加工的生产率很高,相对于其他光整加工比较,其生产率提高了3~10倍。

滚挤压加工对提高零件疲劳强度有明显的效果,对于有应力集中的零件效果尤为显著。另外滚挤压加工具有工具结构简单、操作简单、对设备要求不高、生产效率地、成本低等优点,所以应用广泛。滚挤压加工使用范围很广,内外圆柱面、平面、成形表面等都可以利用滚挤压加工。在汽车制造中例如,铝合金活塞销孔、连杆大头轴瓦底孔、转向器壳轴承孔、气缸体(机体)主轴承座孔、有缸孔和曲轴圆角等在常温下易产生塑性变形的零件,都可以进行滚压加工,并且能取得不错的效果。

电加工又称电火花加工,是利用浸在绝缘液体介质中电极间的脉冲性电火花放电时的电腐蚀现象,来除去工件上的多余金属,以实现加工的目的。因为放电过程可见到火花,故称为电火花加工。

首先脉冲电源发出一连串的脉冲电压,电压施加在绝缘液体介质(常用煤油)中的工具电极(多数用紫铜和石墨)和工件电极上,此时液体介质迅速发生电离,形成火花放电通道产生瞬时高温,使局部金属迅速熔化甚至气化,使工件表面形成一个微小的凹坑。此脉冲放电过程连续不断,周而复始,随着工具电极不断向工件送进,结果在工件表面重叠起无数个电蚀出的很小凹坑,从而将工具电极的轮廓形状"复印"在工件电极上,得到所需尺寸和形状的表面。

电火花加工是一个电蚀过程,由四个阶段构成。分别为:绝缘液体介质电离,火花放电通道形成,金属熔化或气化,金属微粒脱离工件表面。电火花加工工作原理如图3-32(a)所示。脉冲电源发出一连串的频率较高的单向脉冲电压,电压施加在绝缘液体介质中的工具电极和工件电极上,此时绝缘液体介质被击穿电离成电子和正离子,形成火花放电通道。在放电通道中,电能大部分转换成热能,瞬时温度升高,达到10000℃。高温使两极放电点局部金属熔化或气化,熔化和气化了的金属抛入绝缘液体中形成的球状小颗粒(屑粒),其中小部分飞溅黏附在两电极表面上。绝缘液体汽分解的碳也部分地附着在电极表面上。因此,上述无数次的脉冲火花放电,使工件和工具电极表面形成微小的凹坑,如图3-32(b)所示,从而将工具电极的形状和尺寸也复印在工件电极上,获得了所需要的尺寸和形状的表面。电火花加工的物理过程可分为极间介质击穿和通道形成、能量转换及传递、电极材料的抛出、极间介质的消电离等几个阶段。脉冲放电结束时,极间电场快速消失,逐渐恢复本次放电通道处间隙介质的绝缘强度。为了保证电火花加工过程正常进行,在两次脉冲放电之间应该有足够的脉冲间隔时间。

在火花放电过程中,在电子、正离子的轰击和瞬时高温的作用下,工件和工具两极都会

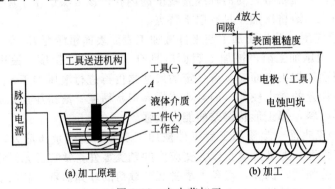

图3-32　电火花加工

发生电蚀，所以工具电极也会耗损。由于两电极所获得的能量不同，即使它们材料相同，其电蚀量也是不相等的，这种电蚀量不相等的现象称为极性效应。极性效应越显著越好，这样生产率越高，工具电极的耗损越少。极性效应与脉冲宽度、电极材料和单个脉冲能量有关。

要将电腐蚀现象用于金属材料的尺寸加工，就必须具备以下条件。

① 极间应有一定的液体介质。

② 工具与工件间始终维持极小的间隙（几微米至几百微米）。

③ 在前后两次脉冲放电之间，要有足够的停顿时间，从而避免发生局部烧伤现象。

④ 为了能让局部金属熔化、气化，放电点应该有足够的火花放电强度。

⑤ 放电是瞬时的脉冲放电，可保证较好的加工精度和表面质量。

电火花加工是利用脉冲放电时的电腐蚀现象来进行尺寸加工的，与切削加工相比较，电火花加工特点如下。

① 电火花加工的表面质量包括表面粗糙度、表面化学及物理力学性能三个方面。电火花加工后的表面是由大量的小凹坑和光滑的小硬凸起组成的。粗加工时的表面粗糙度 Ra 为 $25 \sim 12.5 \mu m$；精加工时的表面粗糙度 Ra 为 $1.25 \sim 0.32 \mu m$。电火花加工后的工件的表面层的化学成分和物理力学性能是有变化的。在表面粗糙度相同的情况下，电火花加工的表面耐磨性和耐腐蚀性都比切削加工的表面高。这是由于放电时的瞬时高温作用，金属表面层渗入绝缘介质分解后形成铁碳化合物，同时又进行高速冷却淬火，工件表面层硬度变得耐磨。表面小凹坑有利于保存润滑油，也提高了工件的耐磨性。在高温作用下，部分熔化或气化的金属黏附在表面层上，使工件的耐蚀能力增强。

② 电火花加工使工件出现斜度和横截面形状误差，工具尖角处耗损大，影响工件加工精度。

③ 电火花加工没有机械切削力的作用，也不会产生变形，因而特别适合于加工易变形的薄壁类零件。

④ 由于工具电极与工件不直接接触，故可用软的电极材料加工高硬度、高强度、高韧性以及脆性的导电材料，在一定条件下还能加工半导电和非导电材料，且淬火后也能进行电火花加工；同时还便于制造工具电极，加工各种复杂精密零件，例如窄槽、小孔等。

⑤ 电火花加工因能够直接利用电能进行加工，因而便于实现自动化。

电火花加工在汽车制造中得到了广泛应用，具体如下。

① 利用电火花穿孔和型腔加工制造冲模、热锻模、塑料磨具、粉末冶金模具等各种模具，利用电火花线切割制造冲模和各种样板等。

② 利用电火花穿孔、电火花磨削和镗磨等方法加工汽车零件。

③ 用电火花加工可在金属零件表面上涂覆一层耐磨金属，提高表面耐磨性。

第4章 汽车零部件机械加工工艺规程制定

4.1 概述

无论汽车零件的生产规模大小,其生产调度、技术设备、关键技术研究、设备、器材配置等都需要工艺规程来安排,否则生产将陷入混乱。如果产品质量出现问题,也能依据工艺规程来明确各生产单位的责任,工艺规程是处理生产问题的依据。

工艺规程是把比较合理的工艺过程确定下来后,按一定的格式(通常是表格或图表)和要求写成文件形式,要求企业有关人员必须严格执行的指令性文件,称为工艺规程。工艺规程一般包括:工件加工工艺路线及所经过的车间和工段;各工序的内容及所采用的机床和工艺装备;工作的检验方法;切削用量;工时定额及工人技术等级等。

机械加工工艺规程是指工艺过程拟定之后,要以图表或文字的形式写成工艺文件,用以指导生产的技术文件。机械加工工艺规程是规定零件制造生产工艺过程和操作方法的工艺文件,是总结生产实践经验,结合先进制造生产工艺技术和具体生产条件,在合理的工艺理论和必要的生产工艺试验基础上,制定并指导生产组织、生产管理、工艺管理和生产操作等的技术文件。

正确制定工艺规程能够节约原材料,使用较少的工时来降低生产成本,同时还能保证零件图样所规定的全部加工要求,获得高质量零件,提高生产效率。工艺过程的制定包括拟定工艺路线和各工序的具体内容两部分。拟定工艺路线用来确定各工序的加工方法及顺序;拟定工序是指具体地规定每道工序的操作内容,最后按照规定的格式编写成工艺文件。

4.2 工艺路线的制定

零件机械加工的工艺路线是指零件生产过程中,由毛坯到成品所经过的工序先后顺序。工艺路线的制定包括定位基准的选择、零件表面加工方法的选择以及确定零件的加工顺序等。工艺路线合理与否对工艺路线的工序数量、设备投资、车间面积、整个零件的加工质量、生产质量、生产率和经济性有直接影响。在制定工艺路线时,应从工厂的实际情况出发,充分考虑应用各种新工艺、新技术的可行性和经济性,在充分调查研究的基础上,选择一个符合工厂实际情况的工艺路线。制定工艺路线时主要进行以下几方面工作。

4.2.1 定位基准的选择

在加工时用于工件定位的基准,称为定位基准。定位基准是获得零件尺寸的直接基准。在机床上加工工件时,首先必须定位。为了实现定位,必须选择工件上的某些表面,使之与夹具上的定位元件或机床的工作台面相接触,并与刀具保持一定的相对位置关系。定位基准的选择是否合理,将直接影响所制定的零件加工工艺规程的质量。定位基准选择是否正确,与加工质量、生产率、成本的高低有直接关系。假如基准选择不当,往往会增加工序,或使工艺路线不合理,或使夹具设计困难,甚至达不到零件的加工精度要求。因而制定工艺规程时必须考虑选择工件的哪些表面作为定位基准。定位基准分为粗基准、精基准。未经过机械加工的定位基准称为粗基准，经过机械加工的定位基准称为精基准。精基准又可分为基本精基准和辅助基准两种。作为定位基准的表面又是装配基准的定位基准称为基本精基准；作为定位基准的表面，只是为满足工艺需要而在工件上专门设计的定位基准称为辅助基准。

粗基准和精基准的作用不同，因而他们的选择原则也不相同。

(1) 粗基准的选择原则

机械加工工艺规程中第一道机械加工工序所采用的定位基准都是粗基准。在选择粗基准时，首先要保证各加工表面有足够的余量；其次保证不加工表面的尺寸、位置符合图样要求。粗基准的选择原则如下。

① 零件上某个表面不需要加工，则应该选择这个不需要加工的表面作为粗基准。用不需要加工表面作粗基准，在不需要加工与加工表面之间有相互位置要求时非常重要，因为可以保证不需要加工表面和加工表面间的位置误差最小。当零件上有几个不需要加工表面，则应选择其中与加工表面相对位置精度要求较高的表面作为粗基准。这样，可使不需要加工表面与加工表面间的位置误差最小。

活塞是薄壁零件，为了保证活塞的刚度，其壁厚应保持均匀。加工活塞时，活塞内壁是非加工面。当毛坯质量较差时，定位情况如图 4-1 所示，此时选择的粗基准是活塞的内壁，可以通过对外圆的多次加工来提高外圆表面余量不均匀所引起的加工精度的影响。在大批大量生产时，使用永久型金属模浇铸出来的活塞毛坯，壁厚均匀。此时，用外圆作为粗基准，既能保证产品质量，又能保证操作方便和提高生产率。

② 如果零件上有多个非加工表面，则应该选择其中有较高精度要求的表面作为粗基准。若以精度要求高的重要表面作为粗基准，则以它为粗基准加工出来的精基准与尚未加工的这个重要表面之间有一定的相对位置精度。因此，以后以精基准定位加工这个重要表面时，就可保证有小而均匀的加工余量。

如图 4-2 所示的变速器壳体，在加工与上盖接合的平面时，采用的粗基准为轴承座孔。在夹具上用两个相应的同轴线的定位锥销，插在工件两端面的轴承座孔内；同时在另一端的轴承座孔内插入一活动的菱形销进行定位。这样，以设在该面上的两个定位孔和加工过的接合面加工轴承座孔时，就可保证轴承座孔具有足够均匀的余量。加工时的切削力和工艺系统弹性变形的变化较小，有利于提高轴承座孔的精度，而且又不易产生切削振动，也有利于减小表面粗糙度。

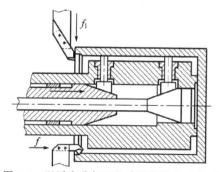

图 4-1 以活塞非加工的内腔作为定位基准

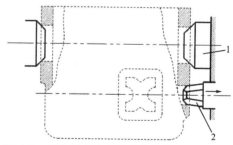

图 4-2 变速器壳体以轴承座孔作为粗基准
1—圆锥销；2—菱形销

③ 零件的表面若全部需要加工，而且毛坯比较精确，则应选择加工余量最少的表面作为粗基准。

④ 选择重要表面、加工面积最大表面作粗基准,这样可以保证这些重要表面加工余量的均匀性和保护这部分重要表面的表层质量。

⑤ 应尽可能选择光洁,不能有飞边、浇口、冒口或其他缺陷的毛坯表面作为粗基准,以便定位准确、夹紧可靠。

⑥ 粗基准在同一尺寸方向上一般只选择使用一次,应尽可能避免重复使用。因为粗基准是毛坯表面,表面粗糙,精度低,重复使用可能使定位误差变得很大。如在同一尺寸方向上重复使用,就不能保证重复装夹的位置一致,定位误差很大,因此粗基准在同一尺寸方向上,一般只允许使用一次。但是,若采用精制毛坯,而相应的加工要求又不高,由重复装夹产生的加工误差在允许的范围之内,则粗基准也可以重复使用。

(2) 精基准的选择原则

选择精基准主要考虑减少定位误差,保证加工精度和装夹方便、准确,因此精基准的选择原则如下。

① 基准重合原则 即应尽可能选用设计基准或工序基准作为定位基准,这样可避免由于基准不重合而引起的定位误差。如果加工的是最终工序,所选择的定位基准应与设计基准重合;若是中间工序,应尽可能采用工序基准作为定位基准。在对加工面位置尺寸有决定作用的工序中,特别是当位置公差要求很小的时候,一般不应违反这一原则。违反这一原则就必然会产生基准不重合误差,增加加工难度。有时,由于某些原因而不得不采用基准不重合的定位方案,在这种情况下,为了保证所要求的设计尺寸的加工精度,应通过工艺尺寸链的计算,对有关尺寸进行控制。

在活塞精镗销孔时,应选择裙部外圆和顶面作为最后加工销孔的定位基准来保证销孔轴线与顶面间尺寸及偏差 (56±0.08)mm,如图 4-3(a) 所示。这样没有基准不重合而引起的误差,能直接保证销孔轴线和顶面间的尺寸要求。有时用止口和底面来定位,不仅能避免工艺过程的定位基准变换,而且还能简化夹具种类,如图 4-3(b) 所示,但是这样就产生了定位基准与工序基准(设计基准)不重合,就需要对有关的工序尺寸进行换算,以便间接保证销孔轴线与顶面间尺寸及偏差 (56±0.08)mm 的要求,从而提高了对有关工序的加工精度要求,增加了加工劳动量。

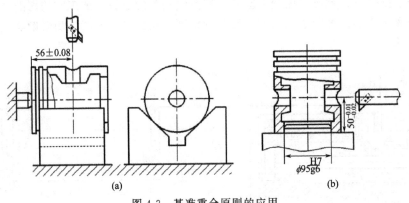

图 4-3 基准重合原则的应用

对于两个有位置公差要求的表面,可以认为这两个表面互为设计基准。当加工表面的位置公差要求很小时,常采用"互为基准"的办法进行反复加工。这样不仅符合基准重合原则,而且在互为基准反复加工过程中,使精基准本身的加工误差越来越小,能可靠地保证位置公差要求。当使定位基准与设计基准或工序基准重合后,如果使夹具结构复杂化,或存在定位不稳定等缺点时,应考虑重新选择定位基准,同时要进行定位误差计算。

② 基准统一原则　基准统一原则，即在各工序中，所用工序基准尽可能一致，亦称"基准不变"原则。

采用基准统一的优点有：可以避免由于定位基准的多次转换而产生的误差，从而保证各表面相对位置精度；减少加工工艺过程中夹具设计、制造的种类、数量，有利于保证各表面间的位置精度，缩短生产准备时间和降低生产成本。如发动机缸体、缸盖等箱体零件加工时，采用一面两孔作为工序基准，可以完成尽可能多的加工工序；齿轮等盘类零件加工时，采用中孔加上与中孔轴线垂直的端面作为定位基准加工齿坯外圆及齿形；发动机进、排气凸轮轴及曲轴等类似的轴类零件加工时，采用两端中心孔作为定位基准，可以保证各外圆表面的同轴度及端面与轴线的垂直度；铝活塞零件一般先加工出止口和端面，在后续的大部分加工工序中都统一以止口和端面定位。

③ 互为基准原则　某些位置精度要求很高的表面，可认为彼此互为设计基准，故采用互为基准反复加工的办法来达到位置精度要求。如高精度齿轮高频感应加热淬火后，常采用以齿面定位加工内孔，再以内孔定位磨削齿面，如此反复多次，不仅可以消除淬火变形，提高齿面与轴孔的精度，而且也可保证轴孔与齿面有高的相互位置精度。连杆大、小头孔的精加工不仅符合基准重合原则，而且在互为基准的反复加工过程中，基准的精度越来越高，最后可保证达到很高的位置精度。

④ 自为基准原则　对于某些精加工或光整加工工序，由于这类加工的加工余量小而且均匀，所以常常选择加工表面自身作为定位基准，这样不仅能保证加工质量，而且能提高生产率。例如，利用浮动镗刀加工发动机气缸套内孔或利用珩磨工艺珩磨缸体上的气缸内壁等。

⑤ 辅助基准与附加基准　在工件上为了满足工艺需要而专门设计制造的定位基准称为辅助基准。对于某些零件的加工，为确保定位精度、便于安装或实现基准统一，往往采用辅助基准定位。例如，轴类零件两端的中心孔、活塞的止口等所体现的定位基准也都是辅助基准。它们在零件工作时并没有什么用途，但作为辅助基准，可使工件安装方便，并能使很多工序的定位基准统一。又如，加工图4-4所示曲轴的连

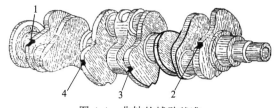

图4-4　曲轴的辅助基准
1～4—定位平台

杆轴颈时，为了实现角向定位，保证各连杆轴颈之间的相互角度关系，可以曲柄臂上加工出的各定位平台1～4为辅助基准。

在加工过程中，当工件上固有的定位基面因加工而消失时，可将带有同样定位基面的零件镶在该工件上。这种附加在工件上的定位基面所体现的定位基准，称为附加基准。例如，轴类工件上固有的中心孔，因加工中心通孔消失之后，当通孔较大且定位精度要求较高时，可在通孔两端镶锥堵，然后将工件连同两锥堵一起，顶在机床的前后顶尖之间进行加工。这样，工件装卸比较方便，有利于保证加工精度。

⑥ 应保证工件的装夹稳定可靠　精基准应选择面积大、尺寸与形状公差较小、表面粗糙度较小的表面，这样在加工时，不仅应能保证很高的定位精度，而且在夹紧力、切削力和工件本身的重力作用下，也不应引起工件位置的偏移或产生过大的变形。

所选择的精基准，应能保证定位准确、可靠，夹紧机构简单，操作方便。总之，选择定位基准是个复杂的问题，既要考虑零件的加工精度，又要使工件装夹方便可靠，夹具结构简单等。上述粗、精基准的选择原则，在选择基准时应当结合具体零件认真分析，在具体应用时，有些原则往往不能同时得到满足，这时应根据具体情况，抓住主要问题予以解决，不能

孤立地对待，同时，还要妥善地处理好次要问题。

4.2.2 表面加工方法的选择

如图 4-5 所示，一个具有一定加工质量要求的表面，一般都是需要进行多次加工才能达到精度要求。零件表面的加工方法，主要根据加工表面的结构特点及其技术要求、生产类型和工厂设备条件等，经分析比较后选择。因此，加工方法的选择，在保证加工质量的前提下，应同时满足生产率和经济性的要求。一个表面达到同样加工质量要求的加工过程及最终加工方法可以有多个方案。因此，在选择从粗到精的加工方法及其过程时，要综合考虑各方面的因素。一般选择表面加工方法应注意以下问题。

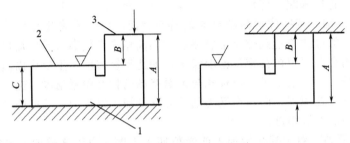

图 4-5 工件的定位夹紧方式
1～3—定位面

(1) 根据加工表面的加工精度和表面粗糙度要求确定最终加工方法

所选择的最终加工方法的经济精度和表面粗糙度必须可靠地保证加工要求。在确定最终加工方案时，可以根据有关资料和工厂生产经验，并结合具体生产条件，提出几种加工方案进行比较，选择一合理方案。例如，加工精度为 H7，直径为 $\phi 30^{+0.025}_{0}$ mm，表面粗糙度 Ra 为 $1.6\mu m$ 的孔，可有四种加工方案。

① 钻孔-扩孔-粗铰-精铰。
② 钻孔-拉孔。
③ 钻孔-粗镗-半精镗-精镗。
④ 钻孔-粗镗-半精镗-磨削。

可以根据零件及加工表面的结构特点和产量等条件，决定采用哪一种方案。

(2) 选择加工方法时要对各种技术要求进行综合分析

选择加工方法时，除要考虑精度和表面粗糙度的要求外，还要满足表面形状、位置精度、力学性能等各个方面的技术要求，并进行综合分析。零件的结构和表面特点不同，所选择的加工方法是不同的。如箱体零件的平面通常用铣削加工，而盘状零件的端平面则通常采用车削加工；箱体上的螺栓孔和大直径轴承座孔的加工，前者通常采用钻孔，而后者则通常采用镗孔方法。

加工方法应与工件的结构形状和大小相适应。例如，形状不规则的外圆不能选用无心磨削，箱体上的孔不能选用拉削和内圆磨削。

在位置精度方面，例如孔与端面的垂直度及孔与外圆表面的同轴度要求较高时，可在车床上采取一次安装，以车、镗的方法把几个表面一次加工好。有些加工方法不能提高位置精度，例如拉削、无心磨、珩磨、超精加工、研磨。

工件材料的性质及物理力学性能不同，所采用的加工方法也应不同。例如，硬度很低而韧性很大的材料不宜采用磨削加工，应采用切削加工的方法；硬度和强度都很高的材料，如淬硬刚、耐热钢等，不宜采用金属刃具切削加工，最好采用磨削的方法加工；而有色金属的加工一般采用金刚镗或细车方法进行精加工，而不宜采用磨削。

在要求提高表面耐磨性及疲劳强度的情况下，可对表面进行强化处理，如滚压、胀孔、喷丸处理等。

(3) 选择加工方法要考虑到生产率和经济性

选择加工方法时，除保证加工质量外，还要满足生产率和经济性的要求。不同的加工方法和加工方案，采用的设备和刀具不同，生产率和经济性也不大一样。例如，在大批大量生产中可采用专用的高效设备；某些零件的平面和孔加工可采用拉削加工代替铣削平面和镗孔；轴类零件可以采用半自动液压仿形机床和数控机床加工。而在单件小批量生产中，多采用通用机床、通常工艺装备及常规的加工方法。

(4) 考虑工厂现有设备和技术的发展

工艺人员必须熟悉本车间现有的加工设备的种类、数量、加工范围和精度水平，工人的技术水平，以充分利用工厂现有设备和考虑设备的负荷平衡，还应考虑到推广新技术、新工艺、不断提高工艺水平，挖掘企业潜力，创造经济效益。

表 4-1～表 4-3 介绍了外圆、内孔和平面常用的一些加工方案，供选择参考。

表 4-1 外圆表面加工方案的经济精度和表面粗糙度

序号	加工方案	经济精度等级	表面粗糙度 $Ra/\mu m$	适用范围
1	粗车	IT11～IT13	6.3～25	适用于淬火钢以外的各种金属零件的加工
2	粗车-半精车	IT8～IT10	3.2～6.3	
3	粗车-半精车-精车	IT6～IT9	0.8～1.6	
4	粗车-半精车-精车-滚压(或抛光)	IT6～IT8	0.025～0.2	
5	粗车-半精车-磨削	IT6～IT7	0.4～0.8	主要适用于淬火钢件的加工，不宜用于非铁金属钢件的加工
6	粗车-半精车-粗磨-精磨	IT5～IT7	0.1～0.4	
7	粗车-半精车-粗磨-精磨-超精加工(或轮式超精磨)	IT5	0.012～0.1	
8	粗车-半精车-精车-金刚石车		0.025～0.4	主要用于非铁金属钢件的加工
9	粗车-半精车-粗磨-精磨-超精磨(镜面磨削)		0.025～0.2	主要用于高精度钢件的加工
10	粗车-半精车-精车-精磨-研磨		0.05～0.1	
11	粗车-半精车-精车-精磨-粗研-抛光		0.025～0.4	

表 4-2 内孔表面加工方案及其经济精度

序号	加工方案	经济精度等级	表面粗糙度 $Ra/\mu m$	适用范围
1	钻	IT11～IT13	$Rz \geqslant 50$	适用于加工未淬火钢及铸铁的实心毛坯，也可用于加工非铁金属(所得的表面粗糙度值 Ra 稍大)
2	钻-扩	IT10～IT11	$Rz=25～50$	
3	钻-扩-铰	IT8～IT9	1.6～3.2	
4	钻-扩-粗铰-精铰	IT7～IT8	0.8～1.6	
5	钻-铰	IT8～IT9	1.6～3.2	
6	钻-粗铰-精铰	IT7～IT8	0.8～1.6	

续表

序号	加工方案	经济精度等级	表面粗糙度 $Ra/\mu m$	适用范围
7	钻-扩-拉	IT7~IT8	0.025~0.4	适用于大批大量生产,精度依据拉刀精度而定。矫正拉削后,Ra 可为 0.4~0.2μm
8	粗镗(扩)	IT11~IT13	$Rz=25~50$	适用于加工除淬火钢外的各种钢材(毛坯上已有铸出或锻出的孔)
9	粗镗(扩)-半精镗(精扩)	IT8~IT9	1.6~3.2	
10	粗镗(扩)-半精镗(精扩)-精镗(铰)	IT7~IT8	0.8~1.6	
11	粗镗-半精镗-精镗-浮动镗	IT6~IT7	0.2~0.4	
12	粗镗(扩)-半精镗-磨	IT7~IT8	0.2~0.8	主要适用于淬火钢件的加工,不宜用于非铁金属钢件的加工
13	粗镗(扩)-半精镗-磨-精磨	IT6~IT7	0.1~0.2	
14	粗镗(扩)-半精镗-精镗-金刚镗	IT6~IT7	0.05~0.2	主要用于精度要求较高的非铁金属
15	钻-扩-粗铰-精铰-珩磨	IT6	0.025~0.2	对精度要求很高的孔,以研磨代替珩磨,精度可到达 IT6 以上,Ra 可降低为 0.1~0.01μm
16	钻-扩-拉-珩磨	IT6~IT7		
17	粗镗-半精镗-精镗-珩磨	IT6~IT7		

表 4-3 平面加工方案及其精度

序号	加工方案	经济精度等级	表面粗糙度 $Ra/\mu m$	适用范围
1	粗车	IT11~IT13	$Rz \geq 50$	适用于工件的端面加工
2	粗车-半精车	IT8~IT9	3.2~6.3	
3	粗车-半精车-精车	IT7~IT8	0.8~1.6	
4	粗车-半精车-精车-磨	IT6~IT7	0.2~0.8	
5	粗刨(粗铣)	IT11~IT13	$Rz \geq 50$	适用于不淬硬的平面加工
6	粗刨(粗铣)-精刨(精铣)	IT7~IT9	1.6~6.3	
7	粗刨(粗铣)-精刨(精铣)-刮研	IT5~IT6	0.1~0.8	
8	粗刨(粗铣)-精刨(精铣)-宽刃精刨	IT6~IT7	0.2~0.8	适用于较大批量的生产,宽刃精磨的效率高
9	粗刨(粗铣)-精刨(精铣)-磨	IT6~IT7	0.2~0.8	
10	粗刨(粗铣)-精刨(精铣)-粗磨-精磨	IT5~IT6	0.025~0.4	适用于精度要求较高的平面加工
11	粗刨(粗铣)-精刨(精铣)	IT5~IT6	0.025~0.2	适用于大量生产中加工较小的不淬火平面
		IT5 以上	0.025~0.1	
12	粗刨(粗铣)-精刨(精铣)-磨-研磨	IT5~IT6	0.025~0.2	适用于高精度平面的加工
13	粗刨(粗铣)-精刨(精铣)-磨-研磨-抛光	IT5 以上	0.025~0.1	

4.2.3 加工阶段的划分

大多数零件都不能在一个工序内完成所有尺寸的加工,而整个加工过程所经历的工序较多,当零件的加工质量要求较高时,通常将零件及其表面加工的工艺过程划分为几个阶段,加工时按照一定的顺序,由粗到精,一个阶段一个阶段地进行。

(1) 粗加工阶段

粗加工是从毛坯上切除较大加工余量的加工阶段，因此，在这个加工阶段，需要高效地切除零件主要表面及一些加工余量较大表面上的大部分加工余量，使半成品零件从形状和尺寸上尽量接近成品的形状和设计图样的尺寸要求，以提高零件生产率。

(2) 半精加工阶段

半精加工的任务是切除主要表面粗加工后留下的误差，为主要表面的精加工做好准备（达到一定的加工精度，保证适当的精加工余量），并完成一些精度要求不高表面的终加工。在这个阶段中，一般是先进行零件主要表面的半精加工，然后完成一些次要表面的加工（如键槽、紧固用的螺栓孔及螺纹孔等）。另外，对一些有装合要求的零件（如连杆体与连杆盖），装合面的加工及装合工序也在这一阶段完成。

(3) 精加工阶段

保证零件加工后，对于加工质量要求不太高的零件，要达到全部的质量要求；对于加工质量要求极高的零件，通常达到其形状精度与位置精度。各主要表面达到产品设计图样规定的精度要求，最终获得零件设计图所需要的表面质量、设计尺寸和规定的技术要求。

(4) 精整、光整加工阶段

对于加工质量要求很高（尺寸精度 IT5 以上、表面粗糙度 $Ra \leqslant 0.2\mu m$）的零件，需要安排精整、光整加工阶段。精整、光整加工是精加工后从工件表面上不切除或切除极薄金属层，用以提高加工表面的尺寸及形状精度，减小表面粗糙度值或用以强化表面的方法，一般不用于纠正形状误差与位置误差。例如汽车发动机凸轮轴轴颈及凸轮表面、曲轴轴颈、制动盘端面等均需要经过精整、光整加工。

零件加工需划分加工阶段的原因如下。

① 保证加工质量　零件在进行粗加工时，由于加工余量大，切削用量大，需要的夹紧力大，切削力及切削热都较大，因而整个工艺系统，特别是工件，会产生很大的受力变形、热变形及工件内应力。因此，必须通过半精加工、精加工阶段，逐步降低切削用量和夹紧力，减小切削力和切削热，逐步修正工件变形，提高工件的尺寸精度和降低表面粗糙度值。同时，机械加工分段进行，在各阶段之间要有一定的时间间隔，对工件起到自然时效的作用，这样有利于消除工件的内应力，使工件有时间变形，以便在后续工序中将这种变形的后果加以纠正。此外，划分加工阶段，可使各表面的精加工在加工过程的后期进行，也有利于保护加工表面，使之免受损伤。

② 能尽早发现毛坯的缺陷　粗加工切除较大的余量，可以及早发现毛坯缺陷，如余量不够、浇不足、冷隔、气孔、裂纹等，以便及时报废或修补，避免继续加工造成浪费。

③ 可合理使用设备　机械加工分阶段进行，粗加工时为了便于获得较高的生产率，可使用功率大、刚性强、精度一般的高效机床；精加工时，为了确保零件的加工精度，则使用加工精度较高而功率不大的机床。这样，就充分发挥了设备各自的性能，也延长了高精度机床的使用寿命，从而获得更好的经济效益。

④ 方便安排热处理工序　把机械加工工艺过程划分为若干个阶段，便于在各阶段之间插入相应的热处理工序。这样既能达到力学性能要求，又能逐步消除工件的内应力与变形，以达到加工质量要求。精密零件粗加工后，一般应安排一次去应力时效处理，以消除或减少毛坯制造与粗加工阶段产生内应力对精加工的影响。此外，一般在半精加工之后，安排零件表面强化处理（如淬火、渗碳等），这样不但可以消除表面强化处理引起的变形，而且可满足零件表面强化的技术要求。

粗、精加工分开的原则既适用于某一表面的加工过程，也适用于整个零件的工艺过程。还需要指出的是，上述加工阶段的划分并不是绝对的。加工阶段的划分是对零件机械加工的全部工艺过程而言的，不能简单地以某道工序的性质或某一加工表面的特点来确定其所属加工阶段的种类。如何划分加工阶段，要根据具体情况，灵活掌握，不能绝对化。当加工质量要求不高、工件刚性足够、毛坯质量高、加工余量小时，也可不划分加工阶段。

4.2.4 工序的集中与分散

确定了表面的加工方法，并划分了加工阶段之后，还要解决一个工序完成加工内容多少的问题。有两种不同的做法：一种是使工序集中，即整个工艺过程所包含的工序数量少，而每道工序所包含的工步数量多；另一种是使工序分散，即整个工艺过程包含的工序数量多，而每道工序所包含的工步数量少，有时甚至一道工序中只有一个工步。

工序集中有下列优点。

① 减少装夹次数，便于保证各表面之间的位置公差　工件在一次装夹中加工多个表面，易于保证其位置精度，位置精度只决定于机床或机床夹具的精度。而分散加工时，表面的位置精度还决定于工件在每次定位时的定位精度，同时，还节省了辅助时间，提高了劳动生产率。

② 便于采用高效的专用设备和工艺装备　在成批生产时，工序集中适于采用六角车床、多刀车床、卧式或立式多轴车床、多轴钻、镗和铣等组合机床、多轴齿轮加工机床、滚插联合机床等进行加工，缩短了加工时间，大大地提高了生产率。

③ 有利于生产组织和计划工作　由于工序集中了，减少了工序数量、设备数量、操作工人人数和生产面积，因而简化了生产计划工作。同时，还减少了工时和运输工作量，缩短了产品的生产周期。因为工艺路线短，简化了生产计划工作和生产组织工作。

机械加工的主要发展方向是工序集中，但过分集中会带来下列问题：设备、工艺装备复杂，调整、维修困难，对工人的技术要求高，生产准备工作量大，变换产品比较困难。往往由于工件刚性不足和热变形等原因影响加工精度；采用的专用设备和工艺装备的数量多而且复杂，同时工作的刀具数量增多，调整和维修比较费事。工序过于集中时，机床工作可靠性降低，增加了机床停车、换刀时间损失，影响生产率。

工序分散的特点：由于工序简单，所用的机床设备、工艺装备也比较简单，调整、维修方便，调整时间也短，对操作工人技术水平的要求不高。生产准备工作量较小，变换产品比较容易，生产技术准备周期短，同时还可以采用合理的切削用量，减少机动时间。但所需机床设备和工人数量多，生产周期长，要占用较大的生产面积。

可见，工序集中与工序分散各有优缺点。在拟定工艺过程时，必须根据生产类型、零件的结构特点和技术要求及现有机床设备条件等具体情况综合分析确定工序集中的程度。例如箱体零件各面上有尺寸及位置公差严格的若干个孔（一般称为孔系），不仅精加工应集中在一台机床上，而且粗加工最好也集中在一台机床上进行，这样可以使精加工时余量分布均匀，有利于保证孔距尺寸及位置公差。

根据目前国内外的发展趋势，特别是近年来数控技术和柔性制造系统的发展，一般多采用工序集中的原则来组织生产。如单件小批量生产时，多将工序适当集中，让普通通用设备尽可能多地完成加工内容，减少工序数目，以简化生产计划与组织工作。多品种、中小批量生产时，更多采用数控机床、加工中心等高效、自动化设备等使工序集中，从而使一台生产设备尽可能多地完成加工内容，以便取得较好的经济效益。大量生产时，一般也多采用多刀、多轴机床和各种自动机床及组合机床等使工序集中。但是，对一些精度要求高，且形状复杂的零件来说，应根据零件结构特点，对加工工序合理分散，以便使用通用设备和结构简单的工装夹具组成流水生产线，生产出高质量的产品。对重型零件，为了减少工件装卸吊运的工作员，无论批量大小，都应使工序尽量集中。

4.2.5 工序顺序的安排

确定了零件各表面的加工方法柄并大致划分了工艺路线的加工阶段后，就要进一步确定表面机械加工的先后次序以及安排必要的热处理工序和其他辅助工序。

(1) 机械加工工序的安排

机械加工工序的安排原则

① 基准先行　工艺过程一开始，以粗基准或粗基准及部分精基准定位，先把精基准加工出来，并使其达到必要的精度与表面粗糙度要求，以保证后续工序定位准确。例如轴类零件（发动机曲轴、进排气凸轮轴等），首先是加工端面和中心孔；盘形齿轮要先加工孔和端面；箱体零件（发动机缸体，变速器壳体等）先加工定位用平面及其上定位用的每个工艺孔；对于精度要求很高的工件，或热处理后要继续加工的工件，为了提高定位精度，保证其他主要表面的精加工和光整加工质量，在精加工阶段开始时或热处理后，还要对精基准进行精整加工。当整个工艺过程所用到的精基准有若干个，在安排这些精基准和其他表面的加工顺序时，应按照基面转换的顺序和逐步提高加工精度的原则。

② 先粗后精　当工件分阶段进行加工时，要按照荒加工（又称去皮加工）→粗加工→半精加工→精加工→光整加工的顺序安排所有表面的加工。一般精度要求高的表面安排在加工过程的最后，避免受其他表面加工的影响。

③ 先平面后孔　对于支架、底座支承、箱体、连杆类零件等孔和平面均需要加工的工件，通常应先加工与孔有较高位置精度要求的平面，再加工孔。这样，可借助平面接触面积较大、平整、安装定位可靠的特点，以平面做精基准加工孔，可保证定位准确可靠，装夹、调整与测量方便，有利于保证孔的位置精度。加工与平面（即端面）垂直的孔时易于定心，减少刀具的磨损，有利于保证孔的加工质量。此外，在毛坯平面上钻孔、扩孔或镗孔时，若先加工平面，再加工孔，可以避免刀具不易定心，刀具易磨损、打刀的发生。

④ 主要表面与次要表面穿插进行加工根据零件的功能和技术要求，一般将零件加工表面区分为主要表面（如装配基准面、工作表面等）和次要表面（如键槽、紧固用的光孔与螺孔等），以主要表面的加工顺序安排为重点，将次要表面加工穿插于主要表面的加工工序中间。

一般将次要表面的加工都安排在主要表面的粗加工与半精加工结束之后，最后精加工或光整加工之前。这样，由于主要表面的加工被隔离开来，起到一定的时效作用，有利于消除内应力，从而保证主要表面的加工质量，同时还有利于保证其相互位置精度要求。

⑤ 安排机械加工工序的顺序时，要考虑车间内设备的布置情况　当工厂（车间）的设备按机床功能归类布置时，为了避免零件往返搬运费时以及碰伤、碰坏的可能，应考虑加工工序集中安排。同种工序尽量连续安排，以避免工件往返迂回。如前面工序均为车削加工，中间工序为铣削或钻削加工，最后为磨削加工。

对于单件小批量生产的零件，在拟定工艺过程时，不仅要安排好所有主要表面和次要表面的加工，也不可疏忽对于加工退刀槽、倒角、圆角等结构要素的工步。这些工步通常安排在半精加工阶段中的相应工序中。此外，由于某些总成的结构特点，这些工件的最后精加工必须安排在总成（合件和组件）装配之后进行。例如，为了确保加工质量要求，发动机连杆总成要在连杆体与连杆盖装配后精磨两端面、细镗和珩磨大小头孔等。

(2) 热处理工序的安排原则

热处理工序应根据其作用和目的，安排在工艺过程的适当位置。

① 预备热处理　预备热处理主要用来改善零件毛坯材料的组织性能、加工性能，消除毛坯制造时产生的内应力，并细化晶粒，为最终热处理（淬火、氮化等）做好组织准备。对

于不再进行最终热处理的工件，则要同时赋予所要求的力学性能。退火、正火多作为预备热处理，一般安排在机械加工之前进行。退火适用于碳素工具钢、合金结构钢高速钢等材料的锻件、焊接件以及供应状态不合格的原材料的预备热处理；正火适用于低碳和中碳的碳素结构钢及低合金钢等材料的锻件、焊接件以及渗碳零件的预备热处理；调质适用于淬透性较好的合金结构钢、合金工具钢和高速钢等材料制成的精密零件的预备热处理。

② 最终热处理 最终热处理就是为了获得最终所需的组织结构与使用性能而对零件进行的热处理。各种淬火-回火、氮化等，均属于最终热处理，调质也可作为最终热处理。淬火-低温回火通常安排在成形加工之后、磨削之前，它可以提高材料的硬度、耐磨性和疲劳强度。工件经表面淬火后，变形、氧化和脱碳较少。表面淬火之前，常常安排预备热处理，这样可以提高工件心部韧性、减少淬火变形、防止开裂。渗碳分为整体渗碳和局部渗碳两种。工件渗碳淬火后，工件表层获得了较高的硬度和耐磨性，心部仍保持一定的强度和较高的韧性与塑性。渗碳淬火工序常安排在半精加工与精加工之间。它适用于低碳钢和低合金钢。氮化是一种表面热处理工艺。强化氮化后，不需淬火表面层能达到极高的硬度、耐磨性和热硬性，并能提高疲劳强度和耐蚀性。耐蚀氮化后，工件具有较强的耐蚀能力，在大气、自来水、热蒸汽及弱碱溶液等介质中不受腐蚀。高速柴油机的曲轴、发动机的气缸、阀门等常常采用氮化处理。

③ 去除应力处理 为了消除工件内应力而进行的热处理工序，要根据工件的加工精度要求进行安排。常用的去除内应力工序有去应力退火、时效及冷处理等。时效又分为高温时效、低温时效（又称稳定尺寸处理）和自然时效。前面两种时效统称为人工时效。

对于复杂铸件（例如汽车发动机缸体等），宜采用去应力退火或高温时效。当工件的精度要求不高时，可安排在粗加工之前进行，以节省运输工作量；当工件的精度要求较高时，应安排在粗加工之后、精加工之前；对于高精度的复杂铸件，应在精加工之后和半精加工之后各安排一次；对于精度要求特别高而刚度又差的工件，在粗加工、半精加工过程中要安排多次高温时效，在粗磨、精磨过程中还要安排多次低温时效。对于精密零件如精密丝杠、精密轴承、精密量具、油泵油嘴零件等为了消除残余奥氏体、稳定尺寸，可在淬火后1h之内采用冰冷处理，即冷却到$-80 \sim -70$℃，保温$1 \sim 2$h。对于大型精密基体零件的铸件毛坯，采用自然时效代替人工时效，会使消除内应力的效果更好。

(3) 表面处理工序的安排

采用表面处理的方法，可以提高工件表面的硬度、耐磨性、耐蚀性、装饰性或疲劳强度。常用的表面处理工艺有金属覆蔽法、非金属覆蔽法、化学保护法及表面强化工艺等。

电镀是一种最常用的金属覆蔽法。按其作用的不同，常用的电镀层有以下几种。

① 起防止腐蚀作用的保护性镀层（如镀锌、镉、锡、铅等）。

② 不仅能避免零件腐蚀，还能提高零件表面硬度和耐磨性的工作-保护性镀层（如镀铬、镍等）。

③ 具有防止腐蚀与装饰作用的汽车、自行车、钟表零件等使用的保护-装饰性镀层（多为多层镀覆，底层常镀铜锡、锌铜或铜，表层常镀光亮铬或铬、镍）。

④ 耐磨和减摩镀层。耐磨镀层多镀硬铬，以提高表面硬度与耐磨性，用于大型轴和曲轴的轴颈、气缸套、活塞环、冲击模具的内腔等。减摩镀层多用镍、铅锡合金及铅锡锑合金等减摩合金以减少滑动摩擦，多用于轴瓦或轴套。

⑤ 热加工镀层，例如，镀铜能够防止局部渗碳，镀锡可以避免局部渗氮或氰化，在钎焊前镀锡、铜或银还可以提高锌焊质量。

当镀层的表面质量和加工精度要求很高（如镀硬铬的配合表面）时，电镀工序（除热加工镀层外）安排在磨削之后、光整加工之前，否则，安排在工艺过程的最后即可。而镀覆热加工镀层的电镀工序应安排在相应的化学热处理或钎焊工序之前。

非金属覆蔽法是在零件表面涂覆一层油漆、塑料或搪瓷。这类工艺通常安排在工艺过程的最后，这类工艺可以提高耐蚀性、耐磨性或装饰性。

化学保护法是使钢铁零件表面形成一层极薄（厚 $0.5\sim1.5\mu m$）的氧化膜，常用的有氧化、磷化等。氧化又称发蓝或发黑。氧化处理安排在零件完工之后进行。一般用来提高零件表面的耐蚀能力并美化外观。当在零件完工之后磷化，可以形成防护层；当磷化安排在相应工序之前时，用来形成油漆底层或减小零件冷压和冷拉时的摩擦力、防止裂纹。

表面强化工艺可使零件表面产生硬化层，提高其耐磨性，还能减少零件表面的缺陷与机械加工带来的损伤，使表面层产生压应力，从而降低应力集中，提高疲劳强度。

（4）辅助工序的安排原则

辅助工序包括检验、划线、校直、去磁、去毛刺、清洗、防锈、平衡、称重、打印等。检验工序是主要的辅助工序。合理安排检验工序是保证零件质量的重要措施之一。检验工序分中间检验和最终检验，其安排原则如下。

① 容易产生废品或花费工时较多的工序之后，应安排中间检验，以便及时发现废品，防止继续加工造成浪费。

② 粗加工之后精加工之前或者零件从一个车间转到另一个车间之前，一般应对工序尺寸和加工余量等进行检验。

③ 某些特殊的检验项目，如 X 射线检查和超声波探伤，一般安排在主要表面粗加工之后，精整、光整加工之前进行，以便及时发现工件缺陷，确定继续加工、修复或报废，避免造成更大的浪费。荧光检查、磁力探伤等安排在精加工之后，用以检查工件表面的缺陷。密封性、平衡性等检测则根据加工过程的需要和方便灵活安排。

除了检验工序外，在相应的工序后面还要考虑安排其他辅助工序。例如，对于需要按划线找正的工件（单件小批生产中的复杂的铸件、大型的铸件或锻件等），在机械加工之前要安排划线工序；在磁力夹紧、磁力探伤工序后要安排去磁工序。对于易腐蚀的工件，当工序间的间隔较长或需存放、包装时，应进行防锈处理；有些工件，为便于保证装配关系或位置（如分组装配、偶件装配等），加工后要安排打印工序（或工步）；对易于变形的工件（如发动机曲轴、凸轮轴、半轴等）在粗加工、热处理等工序后要安排校直工序；对于工作中要求运转平稳的工件（如发动机活塞、连杆、曲轴等），在精加工之后，要安排称重、平衡等工序；工件切削加工后装配前应把毛刺、锐边去掉，并清洗干净，装配前都要安排清洗工序，特别是研磨、珩磨等工序之后，清洗完毕，还要将工件擦干、烘干或用压缩空气吹干。

4.3 工序具体内容的确定

工艺路线确定之后，还要明确各工序的具体内容：加工余量及工序尺寸、设备与工艺装备、切削用量与时间定额等。

4.3.1 加工余量和工序尺寸的确定

（1）加工余量的概念

机械加工中，为改变毛坯的尺寸和形状，使之达到零件图的要求，要从该表面切除一层金属层，这层金属层的厚度，称为该表面的加工余量。在工件由毛坯加工成成品的过程中，每道工序（工步）切除的金属层厚度，即相邻两工序（工步）的工序（工步）尺寸之差称为该工序（工步）的加工余量 z_i，在零件某加工表面上切除的金属层的总厚度，即毛坯尺寸与零件的设计尺寸之差称为加工总余量 z_0（毛坯余量）。显然，加工总余量（简称总余量）等于所有工序（工步）的加工余量［简称工序（工步）余量］之和，即

$$z_0 = \sum_{i=1}^{n} z_i$$

式中，n 表示该表面被加工的工序（工步）数。

加工余量按加工表面形状的不同，分为单面余量和双面余量或对称余量。对于对称表面的加工（如回转表面的加工、各种齿形表面的精加工），如图 4-6(a) 和图 4-6(b) 所示，加工余量称为双面余量或对称余量。这时，加工余量的数值是从该表面对称的两边切除的金属层厚度之和。其中，回转表面（外圆、内孔）的双面余量又称直径余量，齿形表面（如齿轮、蜗杆、蜗轮、花键等）精加工的双面余量称为齿后余量。对于非对称表面（如平面）的加工，如图 4-6(c) 所示，加工余量为单面余量。在这种情况下，加工余量的数值就是从加工表面上切除的金属层的厚度。

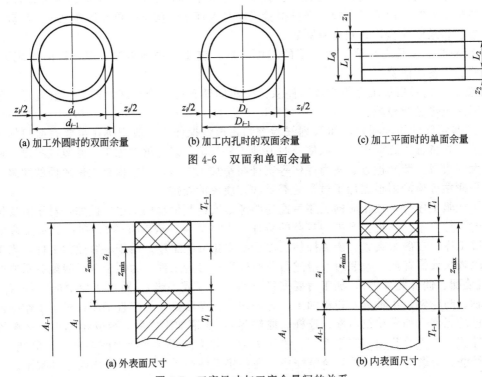

(a) 加工外圆时的双面余量　　(b) 加工内孔时的双面余量　　(c) 加工平面时的单面余量

图 4-6　双面和单面余量

(a) 外表面尺寸　　(b) 内表面尺寸

图 4-7　工序尺寸与工序余量间的关系

某工序（工步）的余量取决于本工序（工步）与前工序（工步）的尺寸。无论是毛坯制造还是机械加工，所得到的各工序（工步）尺寸都有公差，加工余量也在一定的范围内（最大余量与最小余量之间）变化。机械加工的最终工序（工步）尺寸及其公差带均应与设计尺寸相同，而中间各工序（工步）尺寸极限偏差一般规定为"入体原则"（即公差带向零件体内伸展的原则）方向，即对于轴类等外表面尺寸，工序（工步）尺寸极限偏差取单向负偏差（按 h 标注），工序（工步）尺寸的基本尺寸等于最大极限尺寸；对于孔类等内表面尺寸，工序（工步）尺寸极限偏差取单向正偏差（按 H 标注），工序（工步）尺寸的基本尺寸等于最小极限尺寸。但毛坯的制造偏差为双向公差带。如图 4-7 所示，工序尺寸与工序（工步）余量间的关系为

工序余量　　　　　$z_i = \begin{cases} A_{i-1} - A_i & (\text{外表面尺寸}) \\ A_i - A_{i-1} & (\text{内表面尺寸}) \end{cases}$

最大工序余量　$z_{\max} = \begin{Bmatrix} A_{i-1\max} - A_{i\min}（外表面尺寸） \\ A_{i\max} - A_{i-1\min}（内表面尺寸） \end{Bmatrix} = z_i + T_{A_i}$

最小工序余量　$z_{\min} = \begin{Bmatrix} A_{i-1\min} - A_{i\max}（外表面尺寸） \\ A_{i\min} - A_{i-1\max}（内表面尺寸） \end{Bmatrix} = z_i - T_{A_{i-1}}$

工序余量公差　$T_{z_i} = z_{i\max} - z_{i\min} = T_{A_i} + T_{A_{i-1}}$

式中　　A_i——本工序（工步）的工序（工步）尺寸；

　　A_{i-1}——上工序（工步）的工序（工步）尺寸；

　　$A_{i\max}$，$A_{i\min}$——本工序（工步）的最大极限、最小极限尺寸；

　　$A_{i-1\max}$，$A_{i-1\min}$——上工序（工步）的最大极限、最小极限尺寸；

　　T_{A_i}——本工序（工步）尺寸的公差；

　　$T_{A_{i-1}}$——上工序（工步）尺寸的公差；

　　T_{z_i}——本工序（工步）余量的公差。

加工余量的大小及其均匀性对零件的加工质量、生产率和成本有一定影响。当加工余量过大时，不仅会造成机械加工工作量的增加，降低生产率，而且由于材料、工具和电力的消耗增加，增加了成本，有时（如光整加工时）还会破坏已获得的加工质量；若加工余量不够，将不足以从工件表面上切除前工序（工步）留下的缺陷和各种误差，而达不到加工表面的加工精度和表面质量要求，增加了工件的废品率；若加工余量不均匀，还会产生误差复映，影响加工质量。在机械加工中，每一工序（工步）都必须有足够的且合理的加工余量。

在生产实践中，加工余量的确定有经验估算法、查表修正法和分析计算法。分析计算法因为要求必须具有可靠的原始资料，且计算过程比较复杂，因此，目前应用较少。经验估计法所确定的余量多半偏大，且往往不够准确，多用于单件小批量生产。查表修正法分析计算法简便，而且可靠，所以在工厂中应用较广。生产经验估计或查表确定加工余量时，不能全面考虑到毛坯的制造和机械加工中影响加工余量的因素。为了正确确定加工余量，必须根据各种影响因素加以修正。在确定工序（工步）余量时，应考虑下列因素。

① 上工序（工步）的尺寸公差 $T_{A_{i-1}}$　上工序（工步）加工后的表面的几何形状误差（如圆度、圆柱度和平面度等）和位置误差（平面间平行度等）在其尺寸公差范围内。因此，为了使被加工表面上纠正上工序（工步）留下的这些误差，上工序（工步）尺寸的公差值 A_{i-1} 应计入在本工序（工步）余量中。其数值取决于加工方法所能达到的经济精度。

② 上工序（工步）的表面粗糙度 R_{i-1} 和表面缺陷层（冷硬、脱碳等）深度 H_{i-1}　表面粗糙度 R_{i-1} 和表面缺陷层（冷硬、脱碳等）深度 H_{i-1} 与加工方法有关。如图 4-8 所示，为了保证加工后的表面不留下上工序（工步）的表面粗糙度和缺陷层，上工序（工步）的表面粗糙度 R_{i-1} 和表面缺陷层（冷硬、脱碳等）深度 H_{i-1} 应该计入本工序（工步）余量中。

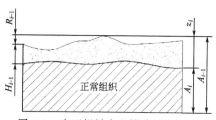

图 4-8　表面粗糙度和缺陷层的影响

③ 上工序（工步）的工件各表面相互位置的空间偏差 $\overrightarrow{\rho_{i-1}}$　上工序（工步）加工后，工件上有些形状误差和位置误差，例如，如轴线的直线度，轴线间的同轴度误差，轴线和平面的平行度、垂直度、对称度、位置度误差等。这类误差取决于加工方法，而且不包括在工件的尺寸公差范围内。为了在本工序（工步）中去除这些误差，这类误差必须计入本工序（工步）的余量中。这类误差可查阅有关手册中的形状经济精度与位置经济精度作为参考。

热处理工序往往使工件产生较大的变形，造成不容忽视的形状或位置误差。因而，为了能纠正热处理的工件变形，尤其是经渗碳淬火、调质等处理的工件变形，应增加较多的加工余量。工件热处理后变形的趋势和程度与其形状、结构、材料及热处理工艺等因素都有关系，要通过工艺试验来确定工件热处理变形的趋势和程度。

④ 本工序的安装误差$\vec{\varepsilon_i}$　安装误差的产生是由于夹具本身的制造误差及工件的定位误差和夹紧误差等因素导致工件安装后偏离其理想位置。由于存在安装误差，工序基准的位置将发生变化。因此，安装误差ε_i的值必须计入本工序的余量中，来保证已定的工序尺寸。

$\vec{\rho_{i-1}}$和$\vec{\varepsilon_i}$都具有一定方向性，都是矢量，它们的方向可能相同，也可能不相同。当两者同时存在时，它们的合成应为矢量和。

综上所述，可以建立的工序（工步）余量的公式

单面余量　　　　　　　　$z_i \geqslant T_{i-1} + R_{i-1} + H_{i-1} + |\vec{\rho_{i-1}} + \vec{\varepsilon_i}|$

双面余量　　　　　　　　$z_i \geqslant T_{i-1} + 2(R_{i-1} + H_{i-1}) + 2|\vec{\rho_{i-1}} + \vec{\varepsilon_i}|$

一般情况下，为了保险起见，在确定本工序（工步）的余量时，$\vec{\rho_{i-1}}$和$\vec{\varepsilon_i}$应按最不利情况考虑，将其数值相加。故为

单面余量　　　　　　　　$z_i \geqslant T_{i-1} + R_{i-1} + H_{i-1} + |\vec{\rho_{i-1}}| + |\vec{\varepsilon_i}|$

双面余量　　　　　　　　$z_i \geqslant T_{i-1} + 2(R_{i-1} + H_{i-1} + |\vec{\rho_{i-1}}| + |\vec{\varepsilon_i}|)$

具体应用上述公式时，应根据具体情况进行分析，对于不同的加工方法，其中有的因素并无影响，或者可以忽略不计。例如，浮动镗刀块镗孔、浮动铰刀铰孔和拉孔等，都是以孔本身导向，不能纠正已有的直线度误差和位置度误差，工件的安装位置对加工余量没有影响。因此，该工序（工步）余量的计算公式应为

$$z_i \geqslant T_{i-1} + 2(R_{i-1} + H_{i-1})$$

对于研磨、超精加工、抛光等光整加工工序，主要任务是减少上工序的表面粗糙度，因此，这些工序（工步）余量主要考虑表面粗糙度。其双面余量的计算式为

$$z_i \geqslant 2R_{i-1}$$

根据影响加工余量的因素逐项进行分析、计算的优点是确定的加工余量比较精确，不过由于在计算时需要参考很多有关资料数据，而且花费的时间很多，故仅在大批大量生产中对一些重要的表面才用这种方法校核或确定加工余量。

(2) 确定工序尺寸及公差

这种在工艺过程中根据加工的要求，在工艺附图或工艺过程中给出的尺寸称为工艺尺寸，而某工序加工应达到的尺寸称为工序尺寸。现仅就设计基准和工序基准重合的情况下，外圆和内孔的工序尺寸及其公差的确定作介绍。

加工精度和表面质量要求较高的外圆、内孔和平面等，都要经过多次加工。由于各道工序（工步）加工同一表面时工序基准相同，且与设计基准重合，因此，只需先确定各次加工的工序余量就可以计算出各次工序尺寸。其计算步骤如下。

① 依零件的设计要求制定工艺过程，选择加工方法。

② 根据毛坯种类、质量和结构尺寸确定加工表面的总余量，根据有关的手册中确定各工序的加工余量，并根据生产经验加以修正确定。

③ 最终工序按设计要求确定工序尺寸及极限偏差，其余的按选定的各种加工方法所能达到的经济精度等级或企业规定，确定各工序达到的公差等级、公差值。

④ 计算各工序的基本尺寸：由最终工序开始，逐步往前推算每道工序的工序尺寸，直

到第一道工序。最终工序的基本尺寸取零件图上的设计尺寸，中间各工序的基本尺寸，包容面计算最小极限尺寸，被包容面计算最大极限尺寸。

⑤ 标注偏差：按入体原则标注中间各机械加工工序的工序尺寸偏差，最后一道工序的工序尺寸偏差按零件图纸标注，毛坯尺寸的偏差查表确定，亦可将毛坯制造公差双向对称标注。

某箱体零件上的一个孔的设计要求是：孔径尺寸 $\phi 100^{+0.035}_{0}$ mm，表面粗糙度 Ra 为 $0.8\mu m$，毛坯为金属砂型铸造获得的铸铁件，材料是 HT200。工艺过程的和采用的加工方法为：粗镗-半精镗-精镗-细镗。在确定工序尺寸时，首先根据有关资料，确定孔的加工总余量为 8mm，毛坯尺寸及偏差为 $\phi 92^{+2.0}_{-1.0}$ mm，表面精度等级为 IT16。细镗孔时，工序余量为 0.1mm，精镗孔时，工序余量为 0.5mm，半精镗孔时，工序余量为 2.4mm，计算得粗镗孔的加工余量为 $8-0.1-0.5-2.4=5$ mm。

细镗工序的尺寸精度应达到图样要求，因此确定工序尺寸及公差为 $\phi 100^{+0.035}_{0}$ mm，从有关手册中，确定精镗的工序尺寸及公差为 $\phi 99.9^{+0.054}_{0}$ mm，表面精度等级为 IT8，半精镗的工序尺寸及公差为 $\phi 99.4^{+0.14}_{0}$ mm，表面精度等级 IT10，粗镗的工序尺寸及公差为 $\phi 97^{+0.44}_{0}$ mm，表面精度等级为 IT12，根据上述数据，即可计算出各工序尺寸，按照入体原则确定各中间工序的极限偏差。表 4-4 中列出了各工序的加工余量、所达到的公差等级、公差值、计算结果及工序尺寸标注。

表 4-4 加工箱体孔工序尺寸计算　　　　　　　　　　　　　　mm

工序名称	工序余量	工序(毛坯)尺寸	公差等级及公差值	工序(毛坯)尺寸及公差
细镗	0.1	100	IT7(0.035)	$\phi 100^{+0.035}_{0}$
精镗	0.5	$100-0.1=99.9$	IT8(0.054)	$\phi 99.9^{+0.054}_{0}$
半精镗	2.4	$99.9-0.5=99.4$	IT10(0.14)	$\phi 99.4^{+0.14}_{0}$
粗镗	5	$99.4-2.4=97$	IT12(0.44)	$\phi 97^{+0.44}_{0}$
毛坯	—	$97-5=92$	IT16(3)	$\phi 92^{+2.0}_{-1.0}$

4.3.2 机床（设备）及工艺装备的选择

机床（设备）和工艺装备是保证被加工零件加工质量和达到一定生产率的基础条件，而且也对零件加工的经济性也有重要影响。

(1) 机床（设备）的选择

在选择机床（设备）时，应遵循以下原则。

① 机床（设备）的尺寸规格要与被加工的零件的轮廓尺寸或其他相关尺寸相适应。

② 机床（设备）的加工精度、功率、刚度及切削用量范围应该与工序的加工性质相适应。

③ 机床（设备）的生产率应该与被加工零件的生产类型相适应。

④ 要充分利用现有机床（设备），要结合本厂的实际情况。

⑤ 合理选择数控机床、加工中心等先进制造设备。

(2) 工艺装备的选择

在生产中，人们将刀具、夹具、量具等统称为工艺装备。

① 夹具的选择　夹具的选择应与加工零件的生产类型相适应。由于汽车的生产属于成批、大量生产，各工序所使用的机床夹具，多数采用高效的气液传动的专用机床夹具。在多

品种、小批量生产的情况下，可采用可调机床夹具、组合夹具或成组夹具来提高生产率。夹具的精度应与工件的加工精度相适应。

② 刀具的选择　刀具的种类、规格、材料和精度主要取决于工序所采用的加工方法、加工表面的尺寸大小、工件材料、切削用量及工序的加工要求。在选择时应尽量采用标准刀具和能提高加工精度和生产率的复合刀具及专用刀具。

③ 量检具的选择　量检具的选择主要是根据生产类型和要求的检验精度来确定的。在单件小批生产中，一般采用通用量具，如游标卡尺、千分尺、百分表等；大批大量生产时，多采用极限量规和高生产率的专用检具、主动检查仪，表面间的位置误差多采用检验夹具等。

4.3.3　切削用量的确定

合理地选择切削用量，对提高生产率、保证加零件的加工质量、提高刀具寿命以及降低工艺成本等都有很大意义。根据切削用量对刀具寿命的影响程度，切削用量的选择次序依次为背吃刀量 a_p、进给量 f、切削速度 v_c。

在一般工厂中，由于工件材料、毛坯状况、刀具材料及几何角度以及机床的刚度等工艺因素变化较大，因而在工艺文件上不规定切削用量。在大批大量生产中，对组合机床、自动机床、多刀加工机床、加工精度和表面质量要求很高的工序，则应科学地、严格地选择切削用量，并填入工艺文件认真执行，以便充分发挥这些高生产率和高精度机床的作用。

(1) 背吃刀量 a_p 的选择

选择背吃刀量主要考虑工件的加工余量和工艺系统的刚度。根据相应的加工方法所需的加工余量来确定半精加工、精加工工序的背吃刀量，粗加工工序的背吃刀量应尽量将粗加工余量一次切除。若加工余量太大，应尽量减少工作行程次数，分几次切除。

(2) 进给量 f 的选择

精加工时，主要根据工件的加工精度和表面粗糙度要求来选择进给量。粗加工时的进给量的选择主要考虑工艺系统的刚度与强度，在工艺系统的刚度和强度允许的情况下，应尽量选取大一些的进给量。工艺系统的刚度和强度包括：机床进给系统的刚度与强度、刀杆尺寸、刀片厚度及工件尺寸等因素。

(3) 切削速度 v_c 的选择

背吃刀量和进给量确定之后，可在保证合理刀具寿命的前提下，确定切削速度。

4.3.4　时间定额的确定

时间定额是编排生产计划、计算零件生产成本、确定设备数量、生产人员编制、规划生产面积和企业经济核算的重要依据之一。时间定额就是在一定生产条件下，规定完成一道工序所需要消耗的时间。时间定额对企业及工人的经济利益有着直接的关系。合理确定时间定额能促进工人生产技能和技术熟练程度的不断提高，发挥他们的积极性和创造性，进而推动生产的发展。确定时间定额时要防止过紧和过松两种倾向，应该按平均先进水平确定时间定额，并随着生产水平的发展而不断修订。

时间定额由以下几部分组成。

(1) 基本时间 t_m

它是直接用于改变生产对象的尺寸、形状、相对位置以及表面质量等或材料性质等工艺过程所消耗的时间。对机械加工来说，就是切除加工余量所耗费的时间（包括刀具的切入和切出时间在内），通常称为机动时间。基本时间可根据有关计算公式求出。例如车削加工的基本时间为

$$t_m = \frac{L_{计} Z}{nfa_p}$$

式中　t_m——基本时间，min；

　　　$L_{计}$——工件行程的计算长度，包括工件加工表面的长度、刀具的切入长度和切出长度，mm；

　　　Z——工序加工余量，mm；

　　　n——工件的回转速度，r/min；

　　　f——刀具的进给量，mm/r；

　　　a_p——背吃刀量，mm。

(2) 辅助时间 t_a

它是指在一道工序中为实现工艺过程所必须进行的各种辅助工作（如装卸工件、操作机床、改变切削用量、试切、进退刀具、测量工件等）所消耗的时间。基本时间和辅助时间之和称为工序作业时间。辅助时间的确定方法随生产类型不同而异。在大量生产时，为使辅助时间确定得合理，需将辅助动作分解，再分别查表求得分解动作时间，或按分解动作实际测时，最后综合得到。在成批生产中，一般根据以往的统计资料来确定，单件小批量生产常用基本时间的百分比进行估算。

(3) 布置工作地时间 t_s

布置工作地时间是指为使加工正常进行，工人在工作班内用于照管工作地及保持正常工作状态（更换刀具、刃磨刀具、润滑及擦拭机床、清理切屑、对设备做补充调整、收拾工具等）所消耗的时间。它是消耗在一个工作班内的，不是直接消耗在每个工件上的，一般可按工序作业时间的百分比 α（一般 $\alpha=2\%\sim7\%$）来估算。

(4) 休息与生理需要时间 t_r

它是指工人在工作班内为恢复体力和满足生理上的需要所消耗的时间。它也是以工作班为计算单位，折算到每个工件上的。一般按工序作业时间的百分比 β（一般 $\beta=2\%$）来估算。

上述四部分的时间之和称为单件工时定额，即大量生产时的单件工时定额为

$$t_p = t_m + t_a + t_s + t_r = (t_m + t_a)\left(1 + \frac{\alpha+\beta}{100}\right)$$

成批生产还要考虑准备与终结时间 t_{su}。

(5) 准备与终结时间 t_{su}

它是指成批生产中，工人为了生产一批产品或零部件进行的准备和结束工作所消耗的时间。如加工一批工件开始时，工人需要熟悉工艺文件，领取毛坯、材料、工艺装备，安装刀具、夹具和调整机床和工艺装备等。当一批工件加工结束时，工人需要做一些终结工作：拆卸和归还工艺装备，发送成品等。准备与终结时间对一批工件只消耗一次，工件批量 n 越大，分摊到每个工件上的准备与终结时间 $t_{su}=T_{su}/n$ 就越少，所以成批生产时，加工一个零件的时间定额 t_c 可由下式确定

$$t_c = t_p + \frac{T_{su}}{n} = (t_m + t_s)\left(1 + \frac{\alpha+\beta}{100}\right) + t_{su}$$

式中　n——零件批量，件。

对于单件生产，式中的 T_{su} 可以忽略不计；对于大批大量生产，式子中的 n 可以认为是趋于无穷大。

4.4　工艺方案的经济评比

制定零件的机械加工工艺规程时，在同样能满足被加工零件加工要求和产品交货期的前

提下，其工艺过程或某一道工序可能有几种不同的工艺方案。这些方案中有些具有很高的生产率，但投资较大，而另一些可节省投资，但生产率低。不同的工艺方案有不同的经济效益。在给定的生产条件下，可以通过对不同工艺方案进行经济分析和评比，选定一个最经济合理的工艺方案。经济分析，就是通过比较各种不同工艺方案的生产成本，选出其中最为经济合理的加工方案。工艺方案经济分析方法一般有两种，即按技术经济指标或生产成本进行分析和评比。

按规定的一些技术经济指标来分析和评比几种工艺方案，经全面分析和评比后选定一个经济效果好的工艺方案，就是按技术经济指标进行分析评比。这些技术经济指标一般有：每一产品（零件）所需的工作量（工时或台时）；每一工人的年产量（单位为 t/人 或 件/人）；每平方米生产面积的年产量（单位为 t/m^2 或 $件/m^2$）、材料利用率、设备负荷率等。

制造一个零件或一套产品所需要的一切费用的总和，就是零件或产品的生产成本。它包括两类费用：与工艺过程直接有关的费用，称为工艺成本；与工艺过程无关的费用。在进行工艺过程的技术经济分析时，由于在同一生产条件下，不同工艺方案与工艺过程无关的费用基本上是相等的，所以只需分析和评比工艺成本。工艺成本又包括与产量有关的可变费用 V 和与产量无关的不变费用 C 两部分。它们的组成如下。

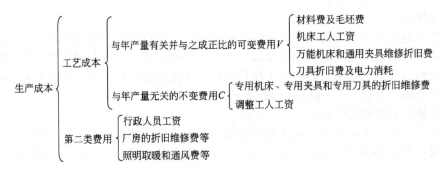

不变费用中的专用机床及专用夹具等的费用与工件（或零件）的年产量无关，这是因为专用机床和专用夹具等是专为某工件的某一工序加工所用的，当产量不足或负荷不满时，它只能闲置不用，但其折旧费用是确定的。

若工件的年产量为 N，则一种零件或某一工序全年的工艺成本 S_a 可用下式表示

$$S_a = VN + C$$

一个零件的单件工艺成本或一个零件的某一工序的工序成本 S 可用下式表示

$$S = V + \frac{C}{N}$$

式中　S_a——全年工艺成本，元；

　　　S——单件工艺成本，元/件；

　　　V——可变费用，元/件；

　　　N——年产量，元/件；

　　　C——不变费用，元。

两式均可用于计算单个工序的工艺成本。

图 4-9、图 4-10 分别是全年工艺成本和单件工艺成本与年产量 N 的关系。从图 4-9 和图 4-10 中可分别看出，年工艺成本 S_a 与年产量 N 呈双线性关系，年工艺成本的变化量与年产量的变化量成正比；而单件工艺成本 S 与年产量 N 呈双曲线关系，单件工艺成本 S 随产量 N 的增加而减少，当年产量 N 趋于无穷大时，单件工艺成本 S 接近于可变费用。

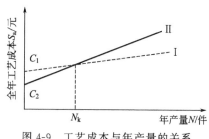
图 4-9 工艺成本与年产量的关系

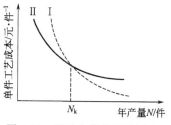
图 4-10 两种方案的经济评比

下面介绍对几种不同的工艺方案进行经济评比的方法一般分为两种情况。

① 当需要评比的工艺方案的基本投资相近或都采用现有设备时，工艺成本即可作为衡量各方案经济性的依据。

a. 如果两种工艺方案只有少数工序有差异，则用单件工艺成本作为依据进行评价。如果年产量 N 一定时，根据单件工艺成本计算式得

$$S_1 = V_1 + \frac{C_1}{N}$$

$$S_2 = V_2 + \frac{C_2}{N}$$

若 $S_1 > S_2$，则方案 Ⅱ 的经济性比较好。

当产量 N 为一变量时，设有两个工艺方案，分别计算两个方案的工艺成本，并画出工艺成本图。由图 4-9 可知，交点 N_k 所对应的产量称为临界产量，两个方案的经济性取决于计划产量。当年产量 $N < N_k$ 时，此时 $S_1 > S_2$，方案 Ⅱ 经济性较好；当 $N > N_k$ 时，$S_1 < S_2$，方案 Ⅰ 经济性较好。令 $S_1 = S_2$，则临界产量为

$$N_k = \frac{C_2 - C_1}{V_1 - V_2}$$

b. 若两种工艺方案差异较大，可采取对该零件的年工艺成本进行分析评比，从而找出经济性好的方案。设两种工艺方案的年工艺成本分别为

$$S_{a1} = VN_1 + C_1$$

$$S_{a2} = VN_2 + C_2$$

如图 4-10 所示，交点 N_k 所对应的产量称为临界产量，当年产量 $N > N_k$ 时，方案 Ⅰ 经济性较好，当年产量 $N < N_k$ 时，方案 Ⅱ 经济性较好，当 $N = N_k$ 时，两种方案经济性相当，可以任选其一。

② 各工艺方案的基本投资差额较大时，在考虑工艺成本的同时，还应比较投资的回收期。

例如方案 Ⅰ 采用价格较贵的、效率高的机床及工艺装备，基本投资费用 K_1 大，但工艺成本 S_{a1} 较低；方案 Ⅱ 采用的是价格便宜的一般设备，基本投资 K_2 小，但工艺成本 S_{a2} 高。这时若单独比较其工艺成本，评定其经济性是不全面的，还必须同时比较两种方案的基本投资的回收期。基本投资回收期 τ（单位为年）是指一种方案比另一种方案多花费的投资，需要多少时间才能由于工艺成本降低而收回来，投资回收期 τ 越短，经济效果就越好；反之，投资回收期 τ 越短，经济性越差。投资回收期 τ 可由下式计算

$$\tau = \frac{K_1 - K_2}{S_{a2} - S_{a1}} = \frac{\Delta K}{\Delta S}$$

式中　ΔK——当年工艺成本收益额，元；

ΔS——两种方案基本投资差额，元/年。

回收期应满足以下要求。

① 回收期应小于基本投资设备或工艺装备的使用年限。

② 回收期应小于该产品由于结构性能、市场竞争及国家计划安排等因素所决定的稳定生产的年限。

③ 回收期应小于国家规定的标准，例如一般专用机床夹具的标准回收期限为 2~3 年，机床为 4~6 年。

4.5 提高机械加工劳动生产率的工艺途径

劳动生产率是指一个工人在单位时间内制成合格产品的数量，也可以说是指机械加工过程中的生产效率。它是用合格产品数量和所消耗的时间之比来表示的。提高劳动生产率必须处理好加工质量、生产率和经济性三者的关系。要在保证质量的前提下提高生产率，在提高生产率的同时又必须注意经济效益，此外还必须注意减轻工人劳动强度、改善劳动条件等。

提高生产率的一般方法有：改进产品结构设计和改善产品加工工艺性，尽量产品标准化；采用新技术（包装和设备）；改善生产管理与组织；提高企业人员的业务素质。本节着重讨论的是从加工工艺的角度来提高机械加工的劳动生产率。

4.5.1 缩短单件计算定额的工艺措施

机械加工的生产率与时间定额互为倒数，缩短单件计算定额中的每一组成部分，对提高生产率都是有效的。一般可从以下几个方面考虑。

(1) 缩短基本时间

① 提高切削用量　增大切削速度、进给量和背吃刀量都能缩减基本时间，从而减少单件时间。提高切削用量能够提高切削效率，是提高加工生产率的主要途径之一。使用新型刀具材料是目前提高切削用量（主要是切削速度）的主要途径。近年来，随着不断出现的新型刀具材料，例如，涂层硬质合金刀具、陶瓷刀片、人造金刚石、立方氮化硼等，逐渐应用于发动机零件加工，切削速度得到了迅速提高。涂层硬合金刀具的切削速度可达 5m/s，立方氮化硼和人造金刚石刀具的切削速度则达到了 10~20m/s。另外强力切削和大进给都能同样地缩短基本时间。

② 缩短工作行程长度　用复合刀具和多刀对工件的同一个表面或多个表面同时进行加工，或用宽刃刀具或成形刀具做横向走刀同时加工多个表面，实现复合工步，由于各工步的基本时间全部或部分重合，故可减少工序的基本时间。如发动机上曲轴和凸轮轴在车削轴向长度（车开挡）可用 6~12 把刀（甚至更多）同时进行多刀车削；缸体零件的轴瓦两侧及轴瓦定位槽可用一个铣刀杆装有许多不同的铣刀成为一个组合刀杆，一次加工而成；曲轴的主轴颈和连杆轴颈以及凸轮轴上的主轴颈和凸轮形面，亦可采用多个宽砂轮一次磨成；缸体缸孔的加工可采用多刃加工（镗刀杆上可以装 4~8 把刀）。

采用多件加工（见图 4-11），由于降低了每个工件的基本时间，或者多件加工的基本时间重合，故缩短工作行程长度。多件加工可有下述三种形式：顺序多件加工 ［见图 4-11(a)］可减少刀具的切入和切出时间，常见于滚齿、平面磨削和各种铣削加工；平行多件加工 ［见图 4-11(b)］可使工件的基本时间重合，常用于铣削、平面磨削等加工中；平行顺序加工 ［见图 4-11(c)］，兼具上述两种形式的优点，缩短基本时间效果显著，适用工件较小，批量较大的情况，如垫圈等。多见于立轴平面磨削和铣削加工。

③ 利用往复行程的回程进行切削　一般来说，回程往往是不切削的或称为空行程。因此，利用回程切削能够提高加工生产率。

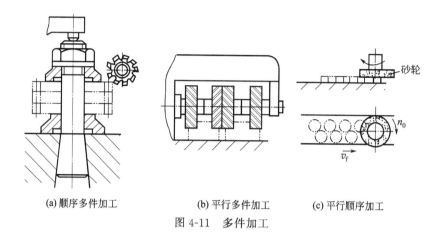

图 4-11 多件加工

(2) 缩短辅助时间

辅助时间在单件时间中占有较大比重,采取措施缩减辅助时间是提高生产率的重要途径。缩短辅助时间的主要方法是使辅助动作实现机械化和自动化,以及使辅助时间与基本时间部分或全部地重叠起来。缩短辅助时间有两个不同途径,即直接缩短辅助时间和间接缩短辅助时间。

① 直接减少辅助时间 采用先进高效专用机床夹具和各种上下料装置,实现辅助动作的机械化和自动化,以缩短辅助时间。对于工件来说,在大批大量生产中采用机械联动、气动、液动、电磁、多件联动、多点联动高效夹具,在单件小批生产采用组合夹具,都可缩短工件定位夹紧和输送的时间。对于机床来说,可以提高机床的自动化程度来缩短辅助时间,现代的数字控制机床和程序控制机床都有显著的效果。对于检测来说,尽可能采用主动检测装置或数字显示装置在加工过程中进行实时测量,可大大减少加工中的检测时间。另外,还可采用感应同步器或光栅等检测元件,它能够随时显示如工程过程中的各种位移,节省辅助时间。

② 间接减少辅助时间 利用回转工作台和往复运动使辅助时间与基本时间部分重合,甚至完全重合,以减少辅助时间。例如,采用多工位连续加工(转位夹具、回转工作台),工件的装卸时间就可完全与基本时间重合。图 4-12(a) 和图 4-12(b) 为辅助时间与基本时间部分重合的实例,图 4-12(c) 和图 4-12(d) 为辅助时间与基本时间完全重合的例子。

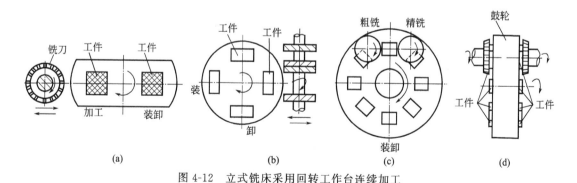

图 4-12 立式铣床采用回转工作台连续加工

(3) 减少服务时间

主要途径是减少对刀次数和缩短换刀的时间。提高刀具或砂轮的耐用度以减少换刀次数,在多刀车床上和自动车床上,还可以利用对刀装置在机外完成对刀来减少换刀次数。在钻床上采用快换夹头可减少换刀时间。目前被广泛采用的机夹刀具、不重磨刀具、强制换刀集中刃磨、自动换刀装置、刀具微调装置、刀具机床外预调以及专用对刀样板等,都可减少换刀和调刀的时间,进而减少了技术服务时间。采用不重磨硬质合金刀片,除减少刀具装卸和对刀时间外,还能节省刃磨时间。在我国汽车行业中已较广泛地采用了机夹不重磨刀具、密齿端铣刀、带自动补偿的多刃镗刀、枪钻、枪铰等。

在自动线中各加工机床上的切屑和冷却液采用地沟集中排放,切屑可集中处理,冷却液经多次过滤可循环使用,这大大减少工作地的服务时间。

(4) 减少准备终结时间

这部分时间主要影响成批生产时的生产率,在设计夹具、刀具、检验量具时,在保证质量的前提下,应尽可能调整方便而又迅速,采用成组工艺、成组夹具也可以减少调整时间。

在轮番生产中,增大零件在一批中的投放量可以缩短每个零件所占的准备终结时间,也是缩减准备与终结时间的有效途径。在中、小批生产中,可以把相似的零件组织起来进行加工,在更换另一种零件加工时,夹具和刀具可以不需调整或只需少许调整,就可进行加工,减少了准备时间。

4.5.2 多台机床操作

多台机床操作要求工艺过程合理、机床的自动化程度较高,而且工作场地布置合理。多台机床操作是由一个人管理多台机床,它可以提高工人的劳动生产率,减少直接生产人员,其实质就是工人能利用前一台机床的基本时间进行后几台机床的辅助工作,使辅助时间与基本时间相重合。多机床操作的形式有:相同工件的相同工序,如各类滚齿机、插齿机、磨齿机上的齿形加工;相同工件的不同工序,如一个工人同时看管流水线上相邻的几台机床;不同工件的不同工序,这种情况比较少见。

4.5.3 高效和自动化加工

在汽车零件的成批大量生产中,由于零件批量大,生产稳定,广泛使用各种高效机床进行加工。高效机床与普通机床相比最主要的特点是功率大、动作快,可以用几把甚至几十把刀具同时加工,因此其效率相当于几台甚至几十台普通机床。另外,高效机床的自动运动终保持协调一致,减少了各种人为因素的影响,确保加工质量稳定。故高效机床能够提高生产率、保证产品质量以及降低生产成本。

专门化机床和专用机床是通过缩小机床的工艺范围来实现机床高效的。专门化机床是为某一种类型零件特定的工序而专门设计的机床,其专用化程度较低。如用于加工凸轮轴的凸轮多刀车床,用于加工曲轴的主轴颈和连杆轴颈的多刀车床、曲轴铣床和曲轴车-车拉机床等。专用机床是为加工某一种零件某一个工序而设计制造的机床。专用机床的专用化程度比专门化机床为高。其结构比较简单,调整和操作方便,自动化程度较高。由于工作循环不变,所以其加工质量稳定。在专用机床上进行加工的工序主要有打中心孔、钻孔、铰孔、攻螺纹、镗孔与铣削加工等。

在汽车制造企业,一些大型复杂零件,如气缸体(柴油机机体)、气缸盖、变速器箱(壳)体、离合器壳体的成批大量生产等,通常采用多工位或多面组合机床进行加工。

组合机床是由按系列化、通用化、标准化设计制造的通用部件,与按被加工零件的形状结构及加工工艺要求设计的少量专用部件组成的自动、半自动高效专用机床。组合机床包括两种:一种是在加工工件时所有的动作(如刀具进刀、切削、退刀、装卸工件停车等),全部自动化,并能连续、重复进行加工的自动组合机床;另一种是能自动完成进刀、切削、退刀等动作,但需要工人参与装卸工件的半自动组合机床。

组合机床的特点如下。

① 具有一般专用机床的主要优点,采用多轴、多刀、多面、多工位同时加工,机床的工序集中程度高、生产率高且加工质量好。

② 与通用机床相比,组合机床部件通用化程度高,设计制造用期短、维修效果好、成本低、投资少、经济效果好。

③ 可减轻劳动强度、减少操作人员,对工人技术水平要求低。

④ 当加工对象改变时,组合机床原有的通用部件可以重新使用,只要更换少量的专用部件就可以组装成适应新产品加工要求的另一种组合机床,有利于产品更新换代。

如图 4-13 所示,各部件可以组合成从几个方向用多把刀具对工件进行加工的组合机床,能完成钻孔、扩孔、镗孔、铰孔、车端面、攻螺纹和铣平面等加工。

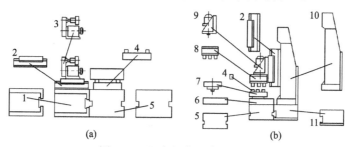

图 4-13 组合机床组成示意图
1—侧底座;2—滑台;3—镗削头;4—夹具;5—中间底座;6—垫块;
7—回转工作台;8—多轴箱;9—动力头;10—立柱;11—立柱底座

目前在汽车零件机械加工的自动线中,主要使用组合机床自动线。自动生产线(简称自动线),由工件自动输送装置,把按加工工艺过程排列的若干台组合机床连接起来,使工件在各台机床上依次进行自动定位、夹紧和加工的流水生产线。这种生产方式可以大大缩短辅助时间,减少基本时间,生产率很高。各台机床之间有工件的自动传输装置,操作工人的工作只是装上工件和卸下成品,以及监视机床和自动线工作是否异常。

由于汽车制造业产量大、结构典型、制造精度要求高、工艺比较成熟,所以自动线在汽车制造业中应用非常广泛。自动生产线有以下特点:自动化范围广,不论是切削工序或非切削工序还是加工或是检验,都可以实现自动化;自动化程度高,不仅能大幅度提高生产率,还可提高汽车产品的制造质量。

当生产量大,被加工零件品种较单一,不需要可调性和多品种适应性,生产效率稳定和工艺稳定时,多采用由各种高效自动化专用机床组成的组合机床自动线。组合机床自动线一般由组合机床、专用机床夹具、工件输送装置(较复杂的自动线有工件转位或翻转装置)、排屑装置以及控制系统(如电气控制系统、操纵台)等组成。中小批量的自动化生产主要表现在以下几个方面:采用数控机床和加工中心,这样只需要一两台机床就可完成一个零件的全部加工工序;大多采用数字程序控制,缩短了加工时间,减少了工艺装备数量;广泛应用柔性制造技术,具有高度的通用性和灵活性,大大缩短了整个自动线系统调整和更换加工零件所需时间和停机时间。

4.6 成组技术概述

4.6.1 成组技术的概念

随着科学技术的快速发展,机械工业(包括汽车行业)产品越来越多样化,大批量的产品越来越少,单件小批量的产品越来越多。因而,多品种、中小批量生产在机械工业中的地位日益重要。相对于大批大量生产而言，多品种、中小批量生产的生产计划、组织管理复杂化；零件从投料到加工完成的总生产时间较长；生产准备周期长；劳动生产率比较低，产品成本高。成组技术正是针对这种状况产生和发展起来的一项技术。它将大批大量生产的先进工艺、高效设备及生产组织方式运用到多品种、中小批量生产中，从而改变中小批量生产企业的落后生产状况。

成组技术（group technology，GT）是研究如何识别和发掘生产活动中有关事物的相似性，将具有相似特征或信息的多种事物，按照一定的准则分类成组，寻求解决这一组问题相对统一的最优方案，以取得所期望的经济效益。成组技术是一种先进的工艺方法，在机械制造领域，成组技术是将企业生产的多种产品、部件和零件，按照一定的相似准则分类编组，并以这些组为基础组织生产的各个环节（生产准备、设备布置、生产计划等），从而实现产品设计、制造工艺和生产管理合理化的一种合理化组织生产的科学方法。成组技术已发展到可以利用计算机自动进行零件分类、分组，不仅应用到产品设计标准化、通用化、系列化及工艺规程的编制过程，而且在生产作业计划和生产组织等方面也有较多的应用。

成组技术的特点可以概括为以下三点。

① 成组技术是一种综合性的技术管理方法。

② 成组技术是一种综合性的组织措施。它依据企业的客观条件和经营环境，通过有效地组织企业的生产经营活动，促使实现企业各个领域的工作科学化，达到企业期望的目标。

③ 成组技术是对产品生产过程的控制。成组技术的最终目标是实现生产全过程的控制。这一控制方法从用户订货开始，通过一系列的产品生产过程活动，直到产品合格出厂交付用户为止。

4.6.2 零件组的划分

零件组的划分是基于零件特征的相似性。零件分组的目的不同，零件相似性准则（特征）也就不一样。零件组就是按照一定的相似性准则，将品种繁多的产品零件划分为若干个具有相似特征的零件族（组）。

零件分类成组的基本方法如下。

(1) 目测法

该方法是由有经验的工程人员，通过直接观测零件图或实际零件以及零件的制造过程，对零件进行判断分类成组。

(2) 生产流程分析法

该方法仅适用于成组工艺，它是通过分析全部被加工零件的工艺路线，识别出客观存在的零件工艺相似性。

(3) 分类编码法

该方法是利用零件分类编码系统对零件编码后，根据零件的代码，按照一定的准则划分零件族。

零件分类编码系统是用符号（数字、字母等）对产品零件的有段特征（如功能、几何形状、尺寸、精度、材料以及某些工艺特征等）进行描述和表示的一套特定的规则和依据。目前世界各国制定出的各种分类编码系统已达数十种。我国机械行业于1984年制定了"机械零件分类编码系统（简称JLBM.1系统）"，它是用于我国机械工业行业机械加工推行成组技术的一种指导性的零件分类编码系统。

4.6.3 成组工艺过程及生产组织形式

针对一组相似的所有零件的全部加工要素而设计的工艺过程称为成组工艺过程。它适用于工艺相似，并具有某些特定结构要素的一个零件组中的所有零件。它不仅适用于现有已分组的零件，也适用于包含在该范围内的未来的新零件。其设计方法主要有复合零件法和综合路线法两种。

(1) 复合零件法

复合零件又叫合成零件或综合零件，通常是指综合了一组零件中全部结构特征的真实零件或假想零件。它可以是零件组中的一个实际零件，也可以是靠人工合成的假想零件。当组内任何真实零件都不具备充分代表性时，则选取一个基本要素最多的零件为基础，再把同组其他零件所特有的基本要素叠加上去，就能得到假想的"复合零件"。

复合零件法是利用复合零件设计成组工艺过程的方法，也称为样件法。按复合零件设计的成组工艺过程，既能加工复合零件本身，也能加工同组的其他零件，只要做少量的变化，就能够加工零件组内的所有零件。这是因为复合零件拥有同组零件的全部待加工表面要素，而其他零件所拥有的待加工表面要素都不多于复合零件。因此，复合零件法是最简单、最有效的保证成组加工的零件分组方法。

复合零件法适用于设计形状比较简单的回转体零件的成组工艺过程，特别是在高效车床（自动和六角车床）上加工中、小回转体零件，对减少工装数量、合理配置刀具、减少调整时间等均能取得较好的效果。

(2) 综合路线法

对于一组结构复杂的回转件或非回转件，因复合零件绘制困难、阅读和应用不便，可采用综合路线法（或复合路线法、流程分析法）。综合路线法是从分析零件组的全部工艺路线入手，从中选择一个工序最多、工艺路线安排合理和具有代表性的工艺路线，以它为基础，逐个比较同组内其他零件的工艺路线，并把它们特有的工序按合理的顺序添加到有代表性的工艺路线上，使之成为工序齐全、安排合理、适用于同组零件加工的成组工艺过程。当没有现成零件的工艺路线，又不易绘制复合零件时，可以从零件组中结构复杂、加工表面多，精度要求高的零件图着手，对照同组其他零件图，进行综合分析归纳，凭经验直接编制成组工艺过程。图 4-14 所示为按综合路线法编制成组工艺过程的示意图。

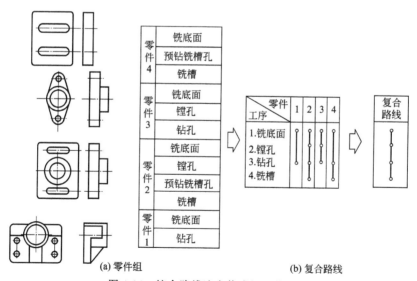

图 4-14 综合路线法变值成组工艺过程

4.6.4 成组加工的生产组织形式

由于成组技术的形成和发展，使具有相似加工要求的零件组可以通过相应的机床组来完成其全部或大部分加工内容，因此出现了成组加工的生产组织形式。根据零件相似程度和零件组生产纲领的不同，其生产组织形式有成组单机、成组生产单元和成组流水线。

(1) 成组单机

零件组中的零件工艺过程只有少数的工序相似时，可以将加工工序相同的零件组织在一台成组机床上加工，称为成组单机，其余工序仍由若干普通机床完成。成组单机是成组技术中生产组织最简单的形式。车间的机床布置仍然是机群，成组单机的组织形式特点是，不改变车间原有设备的布置，围绕一台机床组织一组或几组工艺相似零件的加工。它是在一台机床上实施成组技术，如果一组零件的全部工艺过程可以在一台机床上完成就成为单机封闭。这种形式简单易行，但它所取得的经济效果也最差。一般六角车床和单轴六角自动机床是典型的成组单机，加工中心就是实现单机封闭形式的理想机床。

(2) 成组生产单元

成组生产单元是把工艺上相似的零件组（可以是几组）封闭在完成其工艺过程所需要的一维设备上构成的生产系统。同组内的零件在单元内的加工顺序和数目可以不完全相同，以适应同组内不同零件的加工。这种形式的特点是，生产单元的设备室按成组工艺路线布置，生产单元内的零件可以按件而不必按批转移工序，可以节省零件的在制品和等待时间，缩短了在制品数量和工序间的工件运输路程，大大减少了时间，缩短了零件生产周期，降低了生产成本，提高了生产效率。成组生产单元是成组加工中的一种中级形式，适应范围广，是目前中小批量生产中应用成组技术的主要形式。图 4-15 为成组生产单元设备布局示意图。

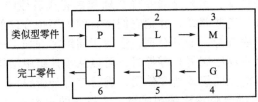

图 4-15 成组生产单元设备布局图

(3) 成组流水线

成组流水线是将产量较大且相似程度高的零件组，根据零件族（组）的工艺流程来布置机床组的生产线。它与普通流水生产线的主要区别是，在生产线流动的不是一种固定零件，而是一组（多种）相似的零件。零件组内的零件，可以在成组流水线的不同设备上做单向流动，以适应同组内不同零件的加工。这组零件的工艺相似程度很高，而且产量也较大。成组流水线适用于零件工艺相似性较强、批量较大的生产，是成组生产的高级组织形式，可以发挥成组技术的最大经济效果。其优点是非常接近大批量生产，有着更高的生产效率，具有重大的经济意义。

CHAPTER 5 第5章 工件的定位和机床夹具

经过多次机械加工,机械零件才能从毛坯成为成品。在机床上加工时,为了使工件在该工序所加工出来的表面达到图样上的尺寸和位置公差要求,在加工进行之前,必须使工件在机床上或夹具中占有正确的位置。通常把确定工件在机床上或夹具中占有正确位置的过程,称为工件的定位。当工件定位以后,为避免在加工中受到切削力、重力、惯性力等其他外力的作用而破定位,还应该用一定的结构或装置将工件牢牢固定住。工件定位后将其固定,使其在加工过程中保持定位位置不变的操作,称为夹紧。工件在机床上或夹具中定位、夹紧的过程称为装夹。

在成批大量生产中,工件装夹是通过机床夹具来实现的。夹具就是能迅速把工件定位并固定在准确位置或同时确定操作工具位置的一种辅助装置。而在金属切削机床上采用的夹具称为机床夹具。机床夹具是工艺系统的组成部分之一。机床夹具在汽车零件机械加工过程中应用十分广泛。

工件装夹是否正确、迅速、方便和可靠,将直接影响工件的加工质量、生产率、制造成本、操作工人劳动强度和操作安全。因此,根据具体的生产条件和工件的加工要求,正确而合理地选择工件的装夹方法,设计出合理、实用的机床夹具,是汽车制造-加工工艺要研究的重要课题之一。本章将围绕工件的装夹问题,介绍有关基准的概念、工件的装夹方法、工件定位的基本规律和机床夹具等方面的工艺理论和知识。

5.1 基准的概念

基准是用来确定生产对象上几何要素间几何关系所依据的那些点、线、面。根据其作用和应用场合不同,基准可分为两大类:设计基准和工艺基准。

5.1.1 设计基准

设计图样上采用的基准称为设计基准。如图5-1所示轴套零件,零件的轴心线是其外圆和空的设计基准;端面 A 是端面 B、C 的设计基准;轴孔 D 的轴心线是 $\phi25h6$ 外圆径向跳动的设计基准。而对于尺寸"35",端面 A 和 C 互为基准,即端面 A 是端面 C 的设计基准。由此可知,设计基准可

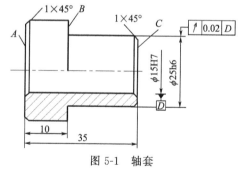

图 5-1 轴套

以是点、线、面,它既可以是实际存在的,也可以是假想的,并且有些设计基准可以是互为的。设计图样上标注的尺寸均称为设计尺寸。

5.1.2 工艺基准

零件在工艺过程中使用的基准称为工艺基准。按其用途不同,工艺基准常见的有工序基

准、定位基准、测量基准和装配基准等。

（1）工序基准

在工序图上用来确定本道工序被加工表面加工尺寸、形状、位置公差的基准，称为工序基准。工序卡上用以表示工件被加工表面加工要求及工件装夹情况的简图，称为工序图。工序基准是由工艺人员根据零件加工精度要求、所采用的夹具及加工方法等确定的，它反映在工艺文件上或者工序图上。工序基准可以是实际存在的，也可以是假想的点、线、面。工序尺寸从工序基准为起点，指向被加工表面，所以工序尺寸具有方向性。工序基准也是位置公差标注的起始点。多数情况下，工序基准与设计基准重合。

图 5-2 所示为车削工序图，零件的轴向尺寸和外圆、内孔的直径尺寸是依靠加工端面 F、1、2 和外圆 4、内孔 3。端面 1 和 2 的工序基准是端面 F，端面 F 的工序基准是端面 6，端面 1、2 通过加工尺寸及平行度公差与工序基准 F 相联系。外圆、内孔的轴线是其工序基准。联系被加工表面与工序基准间的加工尺寸，是本工序应直接保证的尺寸，称为工序尺寸。

（2）定位基准

一般情况下，定位基准应与设计基准重合。如图 5-2 所示，端面 6 是实际存在的定位基准，它确定了工件的轴向位置；外圆轴线是假想的定位基准，它确定了工件的径向位置；外圆 5 是径向定位的定位基面，从而实现径向（轴线）和轴向的定位。

（3）测量误差

测量时所采用的基准，称为测量基准，即用来确定被测量尺寸、形状和位置的基准。测量基准可以是实际存在的，也可以是假想的。实际存在的测量基准亦称为测量基面。对于假想的测量基准，一定要有一个实际存在的测量基面来体现。如图 5-1 所示零件以内孔与心轴配合测量外圆的径向跳动，则内孔轴线是外圆的测量基准；用卡尺测量尺寸"10"和"35"时，端面 A 是端面 B、C 的测量基准。如图 5-2 中，以端面 F 为基准，用深度卡尺测量端面 1、2 的尺寸，端面 F 就是端面 1、2 的测量基面。

（4）装配基准

装配时用来确定零件或部件在产品（总成）中的相对位置所采用的基准，称为装配基准。同样，装配基准既可以是实际存在的，也可以是假想的。实际存在的装配基准，也称为装配基面。如图 5-3 所示的汽车倒挡齿轮装配基准图中，与变速器壳体 1 接触的右端轮毂端面是倒挡齿轮 2 的装配基面，倒挡齿轮的内孔轴线是其径向的装配基准，而内孔表面为装配基面。

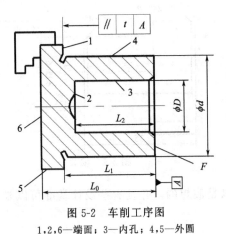

图 5-2 车削工序图
1, 2, 6—端面；3—内孔；4, 5—外圆

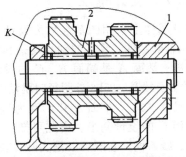

图 5-3 汽车倒挡齿轮的装配基准图
1—变速器壳体；2—倒挡齿轮

（5）对刀基准

在加工过程中调整刀具与机床夹具相对位置所采用的基准称为对刀基准，例如车床的主

轴轴线就是对刀基准。

上述各种基准应尽可能使之重合。基准重合是工程设计中应遵循的一个基本原则。在设计产品时,为了保证装配精度的要求,应尽量选用装配基准作为零件图样上的设计基准。在编制零件的加工工艺规程时,为了能直接保证零件的加工精度,应尽量选用设计基准作为工序基准。在加工及测量工件时,应尽量选用工序基准作为定位基准及测量基准,可以避免进行复杂的尺寸换算,以消除由于基准不重合引起的误差。如图 5-3 所示的汽车倒挡齿轮,在设计零件图样时,把装配基准的内孔作为设计基准;在轮齿齿面加工时,将内孔轴线作为工序基准和定位基准;在测量齿圈径向圆跳动时,也将内孔轴线作为测量基准。

5.2 工件的装夹方法和位置公差的保证

工件装夹时,为了保证工序尺寸和位置公差,应满足以下两项基本要求:加工之前,工件必须正确定位,即工件相对于机床和刀具应占有正确位置;加工过程中,为了保证作用于工件上的各种外力不破坏定位,工件必须合理地夹紧。工件的正确定位,就是加工时必须使工件的工序基准相对于刀具和机床保持正确位置。实现工件的正确装夹,有找正装夹法和专用机床夹具装夹法两种方法。

5.2.1 找正装夹法

按找正的方法分,工件的装夹方法有直接找正装夹法和划线找正装夹法两种。

(1) 直接找正装夹法

直接找正装夹法是工人利用百分表或划针盘上的划针等找正工具,以工件的实际表面作为定位的依据,经目测校正工件的正确位置后将工件夹紧的方法。

如图 5-4 所示,为在车床上用四爪单动卡盘精车型芯时,为了使表面的余量均匀,工人缓慢地转动夹持工件的卡盘,采用指示表(百分表)按工件外圆进行找正。

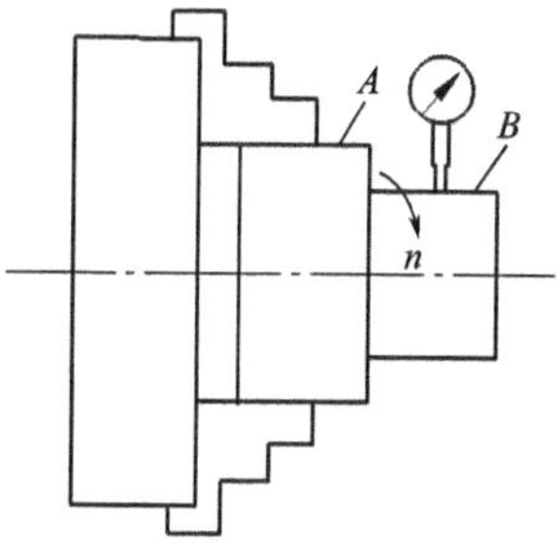

直接找正装夹法适用于单件小批生产,大多数模具零件的加工采用直接找正装夹法。此种装夹方法生产率低,找正的精度取决于找正工具和工人的技术水平。如果操作工人的技术水平高,且采用精密测量仪器,则可以获得较高的定位精度。

图 5-4 直接找正装夹法

(2) 划线找正装夹法

划线找正装夹法是以划线工人在工件上划出的待加工表面所在位置的线痕作为定位依据,定位时用划针找正其位置,然后将工件夹紧的装夹方法。

图 5-5 所示为在汽车变速器拨叉上加工螺纹孔的找正装夹。若需要加工的工件数量较少,可以采用划线找正装夹法。首先按要求找出螺纹孔中心位置,并在孔中心处划出十字线痕和底孔圆线痕。然后将待加工拨叉装在虎钳上,用划针找正拨叉的正确位置;最后夹牢,加工时,将钻头对准已划出孔中心线痕的位置进行钻孔和攻螺纹。

划线找正装夹方法一般只适用于单件小批生产中加工复杂而笨重的零件,或零件不宜直接使用通用机床夹具装夹的场合。此方法生产率低,定位精度也低,而且对工人的技术水平要求较高。

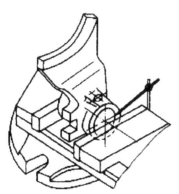

图 5-5 汽车变速器拨叉上加工螺纹孔的找正装夹

5.2.2 专用机床夹具装夹法

专用机床夹具是为某种零件在某一道工序上的装夹而专门设计和制造的机床夹具。利用专用机床夹具装夹工件，用工件定位基准或定位基面与夹具上确定工件位置的定位元件接触或配合来实现定位，用夹具的夹紧装置将工件夹牢，不需要其他的找正操作。

图 5-6(a) 所示的专用钻床夹具，是专门用于装夹图 5-6(b) 所示拨叉的专用机床夹具。该钻床夹具安放在钻床工作台上，钻头对准钻套 2，并用压板将钻床夹具固定在钻床工作台上。这样，加工时只需将工件装夹到钻床夹具上，就可方便地进行钻孔，并保证工序尺寸及位置公差要求。加工时，首先将拨叉工件内孔套入定位销 3（A_1）上，同时使工件的槽与定位销 8（A_2）配合，并将拨叉平面 F 与支承钉 5 接触，实现工件的正确定位。然后，转动星形手柄（螺母）7，通过钩形压板 6 将工件夹紧。在钻孔后，可以把钻模板 1 绕销轴翻转让出空间，丝锥就能下移加工，就能立即攻螺纹。

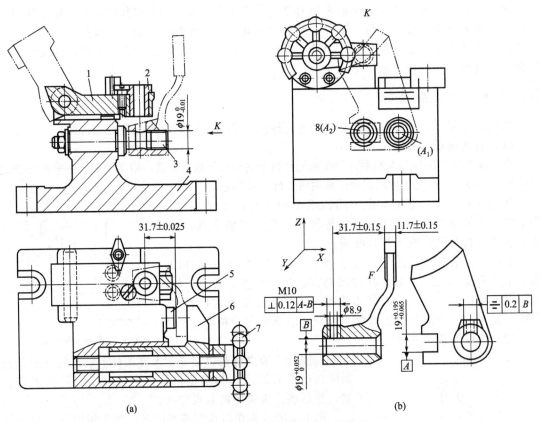

图 5-6 拨叉在专用钻床夹具上的装夹
1—钻模板；2—钻套；3—定位销（A_1）；4—夹具体；5—支承钉；
6—钩形压板；7—星形手柄（螺母）；8—定位销（A_2）

专用机床夹具定位准确，保证被加工表面的工序尺寸和位置公差要求，加工精度的稳定性好；可快速地将工件定位和夹紧，减少装卸工件的辅助时间，提高了生产率；减轻了工人的劳动强度；同时还可以扩大机床的工艺范围。但其设计与制造的周期较长，费用较高。因此，主要适用于产品相对稳定且产量较大的成批和大量生产。

5.2.3 工件位置公差的保证

工件的位置精度主要受机床精度以及工件装夹方法等的影响。如果采用找正装夹法，找正精度取决于找正方法、找正工具和工人的技术水平。直接找正装夹法的定位精度可达 0.02mm，划线找正装夹法的定位精度一般为 0.2~0.5mm。专用机床夹具装夹法的定位精度一方面取决于夹具的定位方案及夹具定位元件的制造精度，另一方面取决于工件在精基准加工阶段的加工精度。使用专用机床夹具装夹工件时，为保证工件位置公差，工件在机床夹具中必须正确定位。除此之外，还应满足以下条件。

① 机床夹具是通过夹具安装基准（钻床和铣床夹具的夹具体底面）装在机床工作台（如钻床和铣床夹具的夹具体底面）或机床主轴（如车床夹具的回转中心）上的，机床夹具定位元件相对于机床夹具安装基准应具有正确的位置关系。

② 机床夹具装到机床上时，应使机床夹具定位元件相对于机床保持正确位置，以实现机床夹具在机床上的正确定位，即机床夹具相对于机床保持正确位置，这个过程称为机床夹具的定位。例如，图 5-6(a) 所示的专用钻床夹具，通过钻套 2 与钻床主轴同心实现机床夹具的定位。铣床夹具可通过夹具体底面的定位键与铣床工作台 T 形槽的配合关系来实现。总之，机床夹具的定位可以通过机床夹具的某一特定元件实现。

③ 当机床夹具在机床上安装以后，还应使刀具切削刃相对于工件或夹具定位元件具有正确的位置关系，这一过程称为对刀。对刀过程是通过机床夹具上的对刀元件（如铣床夹具的对刀块）或导向元件（如钻床夹具上的钻套等）来实现的。

5.3 专用机床夹具的组成及其分类

5.3.1 专用机床夹具的组成

在汽车零件生产中使用的专用机床夹具种类繁多，虽然结构千变万化，但它们都是由下列元件和装置组成的。

(1) 定位元件

定位元件是夹具上用以确定工件正确位置的元件。用工件的定位基准或定位基面与机床夹具的定位元件相接触或配合来实现工件的定位。图 5-6(a) 所示专用钻床夹具中的定位元件有定位销 3、8 和支承钉 5，用它们确定拨叉相对于机床的正确位置。

(2) 夹紧装置

夹紧装置用于保持工件在夹具中的既定位置，并保证在加工过程中工件的正确位置不变。夹紧装置一般包括夹紧元件、传动装置及动力装置等。定位元件与夹紧装置都是与保证工件加工精度直接有关的重要部件。图 5-6(a) 所示钻床夹具中的星形手柄（螺母）7、钩形压板 6、螺杆、弹簧和紧定螺钉等组成螺旋压板夹紧机构。

(3) 对刀、导向元件

对刀、导向元件的作用是保证工件加工表面与刀具之间的正确位置。对刀元件用于确定刀具在加工前相对于机床夹具正确位置的元件。导向元件是用于确定刀具位置并引导刀具进行加工的元件，例如钻套、镗套、铣床夹具的对刀元件等。

(4) 连接元件

连接元件是指用于保证机床夹具在机床上定位和夹紧的元件。

(5) 其他元件及装置

根据工件加工要求，有些机床夹具还设置了其他的元件或装置。如进行多工位加工用的分度转位装置、靠模装置、上下料装置、工件顶出机构、电动扳手和工件抬起装置等。

(6) 夹具体

夹具体用于连接夹具各元件及装置使之成为一个整体的基础件。

通常定位元件、夹紧装置和夹具体是机床夹具的基本组成部分，其他部分则需根据机床夹具所属的机床类型、工件加工表面的特殊要求等设置。这些元件和装置与工件、机床、刀具一起，构成整个加工系统，即工艺系统。它们之间的关系可用图 5-7 表示。

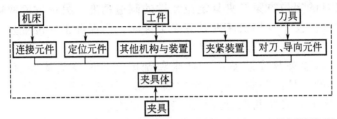

图 5-7 专用机床夹具的组成及其与工件、机床、刀具间的关系

5.3.2 专用机床夹具的分类

(1) 专用机床夹具

专用机床夹具是指为某种工件在某道工序上的装夹而专门设计和制造的机床夹具。专用机床夹具装夹工件，是用工件定位基准或定位基面与夹具定位元件接触或配合来实现定位的，用夹紧装置将工件夹紧。其特点是定位准确、装卸工作迅速、效率高、加工质量好、针对性极强，结构紧凑，操作方便，但是没有通用性，设计与制造周期较长，费用较高。主要用在产品相对稳定、批量较大的成批大量生产中。在实际生产中，技术人员所设计的机床夹具通常都是专用机床夹具。图 5-6(a) 所示为钻拨叉孔用的专用钻床夹具。

(2) 组合夹具

组合夹具是指按某一工件某道工序的加工要求，用预先制造好的一套系列化标准零件及组件拼装而成的专用机床夹具。组合夹具使用完后，可进行拆卸、清洗和储存，以便多次重复使用或重新组成新夹具。组合夹具是机床夹具标准化、系列化和通用化程度最高的一种机床夹具。它具有结构灵活多变、设计和组装周期短、夹具零组件能重复多次使用、可减少专用夹具的品种等优点。但需要储备大量标准的零件组，而且夹具的刚性较低。组合夹具可拼装钻床、镗床、车床、铣床等机床夹具，适用于新产品试制和单件、中小批多品种生产。

例如，图 5-8(b) 所示为某汽车滚轮支架钻孔的工序图，图 5-8(a) 所示为加工该工件用的钻斜孔的组合夹具。工件的定位是以底面和两个 $\phi 11\text{mm}$ 的孔在夹具支承板 5 和两个定

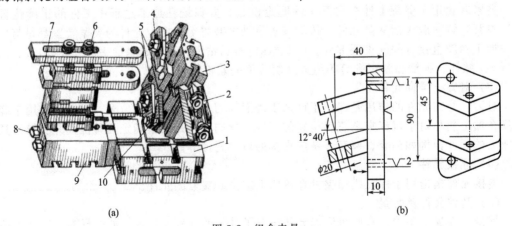

图 5-8 组合夹具

1,3—方形基础板；2—关节压板；4,10—压板；5,9—支承板；6,8—螺母；7—钻模板

位销（其中一个为菱形销）来定位的。定位后，用压板 4 和 10 夹紧工件。钻孔时钻头是通过装在钻模板 7 上的钻套来保证钻头正确位置的。

(3) 成组夹具

成组夹具是指在多品种、中小批生产中采用成组工艺加工时，为每个工件组设计制造的专用夹具。在机床夹具的结构上，把与工件相联系的定位、夹紧和导向元件及装置设计成可调的或可更换的，当加工工件组中的某一种工件转换为另一种工件时，只需对成组夹具中的个别元件或装置进行调整或更换即可使用。成组夹具可以避免组合夹具在生产和管理上的困难，同时成组夹具是专为一组零件而设计的，针对性强，结构较为紧凑，能弥补组合夹具结构刚性不足的缺点。成组夹具适用于多品种、中小批生产。

(4) 随行夹具

随行夹具是指用于组合机床自动线上的可随工件同行的一种移动式专用机床夹具。首先将工件装夹在随行夹具中，然后工件进入自动线进行加工，随行夹具连同工件一起沿着自动线依次从一个工位（机床）移动到下一个工位，并在每个机床工作台上或机床的固定夹具上定位、夹紧。当工件退出自动线时，才将工件从随行夹具中卸下。

5.4 工件在夹具中定位的基本规律

为了保证工件加工表面的技术要求，必须使工件相对刀具和机床处于正确的加工位置。在使用夹具的情况下，就要使机床、刀具、夹具和工件之间保持正确的加工位置。工件定位是靠夹具中的定位元件来确定其加工位置的，并通过导向元件和对刀装置来保证工件与刀具间的相对位置，从而满足工序规定的加工精度要求。

5.4.1 工件定位的六点定位规则

任何一个空间的自由刚体，若把它放在一个直角坐标系中，有六个方向活动的可能性，即沿三个坐标轴方向的移动（分别用符号 $\vec{X}$、$\vec{Y}$、$\vec{Z}$ 表示）和绕三个坐标轴方向的转动（分别用符号 $\hat{X}$、$\hat{Y}$、$\hat{Z}$ 表示）。自由刚体在空间的不同位置，就是六个方向活动的结果，即一个自由刚体在空间共有六个自由度。一般将工件近似地看成自由刚体，工件在没有采取定位措施时，其在空间坐标系中某个方向活动的可能性称为一个自由度，即一个工件在空间共有六个自由度。

要使工件在某个方向有确定的位置，就必须限制该方向的自由度。可通过在坐标平面上按一定规律适当布置支承点（实际上是一较小的支承面积）的方式来限制相应的自由度。在空间直角坐标系的三个平面上适当布置六个支承点，使六方体工件在空间占有唯一确定的位置。如图 5-9 所示，即在 XOY 平面上布置三个不在同一直线上的支承点 1、2

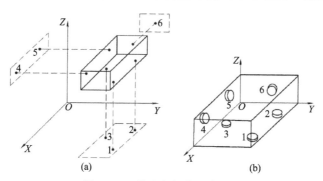

图 5-9 工件在空间的六点定位

1～6—支承点

和 3，相应限制工件的 $\vec{Z}$、$\hat{X}$、$\hat{Y}$ 三个自由度；在 YOZ 平面上布置两个支承点 4 和 5，限制 $\vec{X}$、$\hat{Z}$ 两个自由度；在 XOZ 平面上布置一个支承点 6，限制工件 $\vec{Y}$ 自由度。六个支承点实现限制工件在空间的六个自由度，使工件在空间占据了唯一确定位置。在工件的适当位置上布置六个支承点，相应限制工件的六个自由度，从而确定工件唯一确定位置的规则，称为六点定位规则。

■ 5.4.2 工件正确定位应限制的自由度

工件的正确定位，就是工序基准的正确定位，即根据加工要求，限制工件的某几个（或全部）自由度，以达到加工要求。在用静调整法加工一批工件的过程中，为保证工件的加工要求，刀具相对于机床和夹具的位置是调整好的，刀具的运动轨迹也是一定的。为了保证工件被加工表面相对于机床的刀具有正确的位置，用来确定被加工表面位置的工序基准就必须具有正确的位置。因此，为保证工件的加工要求，工件必须正确定位，即工件的工序基准相对于机床、刀具间保持正确位置。工序基准的正确定位，可以转化为在直角坐标系中用限制工件工序基准的自由度来分析和保证。工件正确定位，完全由其加工要求和工序基准的形式决定。下面结合实例，用分项（加工要）综合分析法分析加工要求应限制的自由度。

在图 5-10 所示的一个圆球体上铣平面 B，为了保证工序尺寸 H，在如图 5-10 所示的直角坐标系，坐标轴应与工件工序基准重合或相平行。然后对应限制的自由度进行分析，凡是对加工要求有影响的自由度必须加以限制，为了保证工序尺寸 H（工序基准为圆球下点 A），应限制的自由度为 $\vec{Z}$。在如图 5-11 所示直角坐标系中。为了保证工序尺寸 H（工序基准为圆柱体下母线 A），应限制的自由度为 $\vec{Z}$，$\hat{X}$；在图 5-12 所示圆柱体上扩孔，要保证扩孔尺寸 ϕD 及内孔对外圆的同轴度公差 ϕt 的加工要求。在如图 5-12 所示直角坐标系中。工序尺寸 ϕD，由定尺寸刀具（扩孔钻）直接保证，不需要限制自由度；同轴度（工序基准为外圆 ϕd 的轴线），应限制的自由度为 $\vec{X}$，$\vec{Y}$，$\hat{X}$，$\hat{Y}$。故该工序应限制 $\vec{X}$，$\vec{Y}$，$\hat{X}$，$\hat{Y}$ 四个自由度。

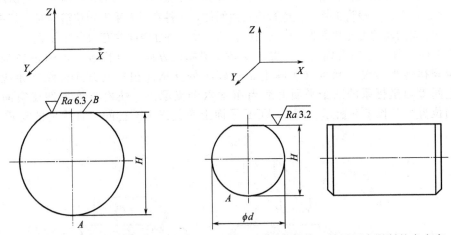

图 5-10 分析铣球平面应限制的自由度　　图 5-11 分析圆柱体上铣平面应限制的自由度

在图 5-13 所示的长方形铁块上铣一个凹槽，为了保证工序尺寸 A、B、C。在图 5-13 所示直角坐标系中，工序尺寸 B，由定尺寸刀具直接保证，故不需要限制自由度；工序尺寸 A（工序基准为侧平面），应限制的自由度为 $\vec{X}$，$\hat{Y}$，$\hat{Z}$；工序尺寸 C（工序基准为底平面），

应限制的自由度为 $\vec{Z}$, $\hat{X}$, $\hat{Y}$。故该工序应限制 $\vec{X}$, $\vec{Z}$, $\hat{X}$, $\hat{Y}$, $\hat{Z}$ 五个自由度。

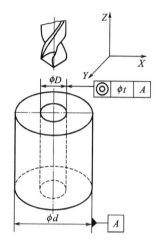

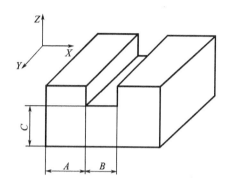

图 5-12 分析扩孔应限制的自由度　　　　图 5-13 分析铣槽应限制的自由度

在图 5-14 所示的圆柱体上铣一个凹槽，为了保证：槽宽度尺寸 b；槽深尺寸 H；槽对圆柱体轴线的对称度公差 t。在图 5-14 所示的直角坐标系中，槽宽度尺寸 b，由定尺寸刀具直接保证，不需要限制自由度；槽深尺寸 H（工序基准为下母线 C），应限制自由度 $\vec{Z}$, $\hat{X}$；槽的对称度（工序基准为圆柱体轴线），应限制自由度 $\vec{X}$, $\hat{Z}$。故该工序应限制 $\vec{X}$, $\vec{Z}$, $\hat{X}$, $\hat{Z}$ 四个自由度。

在图 5-6(b) 所示拨叉上钻螺纹孔底孔，为了保证：钻孔 $\phi 8.9$mm；螺纹孔位置尺寸 (31.7 ± 0.15)mm；孔 $\phi 8.9$mm 对孔 $\phi 19$mm 的对称度；孔 $\phi 8.9$mm 对孔 $\phi 19$mm 及槽 19mm 的对称中心平面 A-B 的垂直度。在图 5-6(b) 所示的直角坐标系中，钻底孔 $\phi 8.9$mm 由刀具直接保证，不需要限制自由度；工

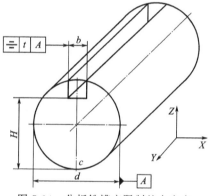

图 5-14 分析铣槽应限制的自由度

序尺寸 31.7mm（工序基准为 F 平面），应限制自由度 $\vec{X}$, $\hat{Y}$, $\hat{Z}$；保证垂直度（工序基准为 A-B 平面），应限制自由度 $\hat{X}$, $\hat{Y}$；保证对称度（工序基准为 $\phi 19$mm 孔的轴线），应限制的自由度为 $\vec{Y}$, $\vec{Z}$；故该工序应限制 $\vec{X}$, $\vec{Y}$, $\hat{X}$, $\hat{Y}$, $\hat{Z}$ 五个自由度。

由上述实例分析可见，用静调整法加工一批工件时，从保证加工要求的角度来看，工件的正确定位，并不一定六个自由度都要加以限制，只要对保证加工要求的自由度加以限制，由刀具直接保证的加工要求和不影响加工要求的自由度，都不必加以限制。保证加工要求（尺寸和公差）应限制的自由度，称为第一类自由度。由于第一类自由度对加工要求有直接影响，所以在工件定位时，必须限制，不能遗漏。对加工要求无影响的自由度称为第二类自由度。在工件实际定位时，第二类自由度可根据工件所承受的切削力、夹紧力等情况和刀具在工件加工表面上运行的工作行程范围，考虑是否应加以限制。表 5-1 列举了常见加工形式为保证加工要求应限制的自由度。

表 5-1 常见加工形式为保证加工要求应限制的自由度

序号	加工形式	第一类自由度	序号	加工形式	第一类自由度
1		$\vec{Z}$	7		$\vec{X},\vec{Y},\vec{Z}$ $\widehat{X},\widehat{Y}$ $\widehat{Z}$
2		$\vec{Z}$ $\widehat{Y}$	8		$\vec{X},\vec{Z}$ $\widehat{X},\widehat{Y}$ $\widehat{Z}$
3		$\vec{X},\vec{Y}$ $\widehat{X},\widehat{Y},\widehat{Z}$	9		$\vec{X},\vec{Y}$ $\widehat{X},\widehat{Y}$ $\widehat{Z}$
4		$\vec{Z}$, $\widehat{X},\widehat{Y},\widehat{Z}$	10		$\vec{X},\vec{Z}$ $\widehat{X},\widehat{Y}$ $\widehat{Z}$
5		$\vec{X},\vec{Z}$ $\widehat{X},\widehat{Y},\widehat{Z}$	11		$\vec{X},\vec{Y}$ $\widehat{X},\widehat{Y}$ $\widehat{Z}$
6		$\vec{Y},\vec{Z}$ $\widehat{X},\widehat{Y},\widehat{Z}$	12		$\vec{X},\vec{Y},\vec{Z}$ $\widehat{X},\widehat{Y}$ $\widehat{Z}$

5.4.3 机床夹具定位元件及其所限制的自由度

在实际生产中,工件正确定位时,对工件第一类自由度的限制,是通过工件定位基准(或基面)与机床夹具定位元件的配合或接触来实现的。

工件在机床夹具中定位时,根据工件的结构特点和工序加工要求选择定位基准(基面)定位基准(基面)有各种形式,如平面、内孔、外圆、圆锥面和形面等,应根据其形状不同,选择不同类型的定位元件。定位元件限制工件定位基准(基面)的自由度情况与定位元件的结构形式、采用的数量、布置的位置等有关,也与定位元件与工件定位基面的接触及配合的面积或长度的大小等有关。如果没有合适的标准定位元件可供选择,设计者可自行设计非标准定位元件。各定位元件确定之后,应分析定位元件组合定位时所限制的自由度是否满足要求。

由于机床夹具定位元件是确定工件正确位置的元件,它要经常与工件定位基准(基面)接触,所以定位元件必须满足以下要求。

① 一定的精度 定位元件的精度直接影响工件的加工精度。除定位元件本身应具有一定尺寸精度外,定位元件间的位置尺寸及位置公差,一般应取与工件相应尺寸及位置公差的 $1/5\sim1/2$。

② 良好的耐磨性 定位元件与定位基准(基面)直接接触,易引起磨损。为能较长期保持其精度,定位元件的定位表面必须具有良好的耐磨性。

③ 足够的刚性 为保证在受到切削力、夹紧力等力的作用下,不致发生较大的变形而影响工件的加工精度,定位元件必须具有足够的刚性。

④ 良好的工艺性 定位元件应便于制造、装配和维修。

为方便分析,本书中所建立的坐标系,若不特殊指明,均以左右方向为 X 轴方向;进出纸面方面为 Y 轴方向;上下方向为 Z 轴方向。并以主视图为准,主视图为 XOZ 平面。

(1) 工件以平面为定位基准时常用的定位元件

在机械加工中,工件以平面为定位基准进行定位是最常用的一种定位方式,如箱体、机座、指甲、板类零件等。使用元件的平面支承工件的定位基准,这类元件称为支承件。支承件有两类:一类是用来限制自由度的支承件,即起定位作用的支承件,称为基本支承;另一类是不起限制自由度作用的支承件,称为辅助支承。

① 支承钉 支承钉的结构如图 5-15 所示,图 5-15(a) 所示支承钉为用于精基准定位的平头支承钉;图 5-15b 所示支承钉为用于粗基准定位的球头支承钉;图 5-15(c) 所示支承钉为用于要求摩擦力较大的工件侧面定位的齿纹头支承钉。以上 3 种支承钉与夹具体的连接配合采用 H7/r6 或 H7/n6,又称固定式支承钉。由于支承钉在使用中不断磨损,导致定位精度下降,甚至导致夹具报废,故而可采用图 5-15(d) 所示的可换式支承钉。一个支承钉相当于一点支承,限制一个自由度;在一个平面内,两个支承钉限制两个自由度;不在同一条直线上的三个支承钉限制三个自由度。

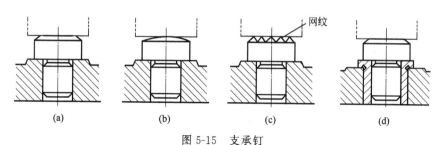

图 5-15 支承钉

② 支承板　支承板的结构如图 5-16 所示。图 5-17 中，A 型支承板为平面型支承板，适用于工件侧面和顶面的定位，其结构简单但埋头螺钉处理切屑比较困难；B 型支承板为带斜槽型支承板，适用于工件底面的定位，槽中可容纳切屑，清除切屑比较容易。当支承的定位基准平面较大时，常用几块支承板组合成一个大的支承平面，各支承板组装到夹具体上后，应在平面磨床上将其支承平面一起磨平，以保证等高。多个支承板组合成一个平面可以限制三个自由度，一般称为主要支承；一个支承板相当于两个支承点，限制两个自由度，一般称为导向支承。限制一个自由度的支承板称为止推支承。

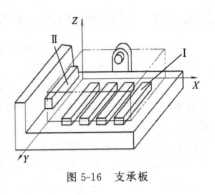

图 5-16　支承板

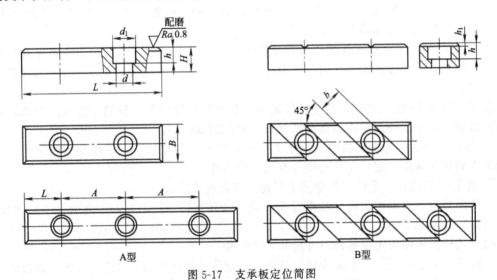

图 5-17　支承板定位简图

③ 可调支承　可调支承常用形式如图 5-18 所示。可调支承多用于支承工件的粗基准，其支承的高度可根据需要进行调节。一般每加工一批工件时，应根据粗基准位置变化情况，拧动螺钉、螺栓调节高度，并以螺母锁紧防止松动，以保证加工余量均匀或保证加工表面与非加工表面间的位置尺寸。支承调节到位后应用螺母将其锁紧。在同一批工件加工中，一般不再进行调节，其定位作用与支承钉相同。

④ 自位支承　自位支承常用的几种结构形式如图 5-19 所示。自位支承用以增加与工件

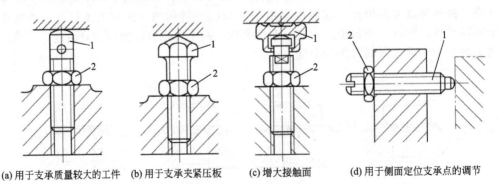

图 5-18　可调支承常用形式

1—调节螺栓；2—调节螺母

表面的支承点，以减小工件的变形或减小接触应力。由于自位支承是摆动的或浮动的结构，所以结构是以两点或三点与工件支承表面接触，其实质只起一个点的支承作用，限制一个自由度。接触点数增加可提高工件的支承刚性和定位的稳定性。自位支承主要用于粗基准定位和工件刚性较差的情况。

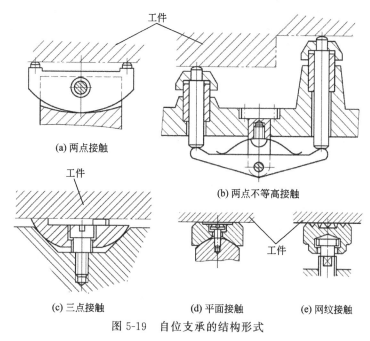

图 5-19　自位支承的结构形式

⑤ 辅助支承　辅助支承不是定位元件，不能限制工件的自由度，只是用以增加工件在加工中的支承刚性，避免工件因尺寸、形状或局部刚度不足，受力后变形而破坏定位。辅助支承必须在定位完成后进行调解、支承。

图 5-20 所示为工件以两个相互垂直的平面定位在支承上，并在上部夹紧，加工面 1 远离定位支承面和夹紧点。由于加工面 1 悬伸较大，刚性差，虽然工件已定位并夹紧（夹紧力 F_{c1}），但加工时工件容易发生变形和引起振动。因此，在悬伸部位设置辅助支承 2，并在辅助支承对面处施加夹紧力 F_{c2}，这样，缩短了力臂，提高了工件在加工中的刚性和稳定性。

图 5-21 所示为几种典型的辅助支承的结构形式。图 5-21(a) 所示的为可调辅助支承，结构简单，但调节支承钉转动会破坏工件的定位。图 5-21(b) 所示的直线移动式辅助支承结构，在螺旋网纹螺母 1 时，由于螺钉上的短销作用，支承钉 2 只做上下直线移动；图 5-21(c) 所示为弹

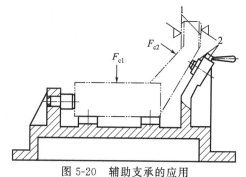

图 5-20　辅助支承的应用
1—加工面；2—辅助支承

性辅助支承，支承钉 4 受下端弹簧 3 的推力作用与工件底面接触，当工件定位并夹紧后，回转手柄 7，通过锁紧螺钉 6 和斜面顶销 5，将支承钉 4 的圆柱销锁紧。图 5-21(d) 为推式辅助支承，工作时通过推杆 8 的斜面，使支承滑柱 9 向上移动与工件底面接触，然后回转手柄 11 使与之相连接的螺杆左移，通过钢球 12 使上、下半圆键 10 胀紧在孔壁上而被锁紧。

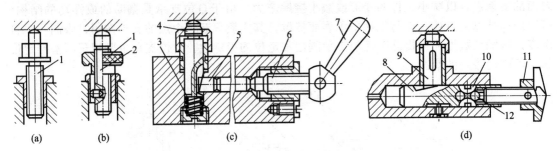

图 5-21 辅助支承的结构形式

1—螺母；2,4—支承钉；3—弹簧；5—斜面顶销；6—锁紧螺钉；
7,11—手柄；8—推杆；9—支承滑柱；10—半圆键；12—钢球

(2) 工件以内孔为定位基面时常用的定位元件

以内孔作为定位基面时，其定位基准是孔的中心线，而不是内孔表面，内孔表面只是作为接触面来体现定位基准中心线的。常用的定位元件有定位销和心轴两类。

① 定位销　常用的固定式定位销结构如图 5-22 所示。当工件的内孔直径尺寸较小时，可选用图 5-22(a) 所示的结构；内孔直径尺寸较大时可使用图 5-22(b) 所示结构的定位销；当工件同时以内孔及其端面组合定位时，则应用图 5-22(c) 所示的带有支承环的结构（非标准定位销）；图 5-22(d) 是固定式短圆锥形定位销结构。当工件以两个圆孔表面组合定位时，在两个定位销中应采用一个菱形销。圆柱定位销根据与工件内孔配合的长径比，分为长圆柱销和短圆柱销。一个短圆柱销限制两个自由度，一个菱形销限制一个自由度；一个长圆柱销（$L/D \geqslant 1$）可以限制四个自由度；一个短圆锥销可以限制三个自由度；一个长圆锥销可以限制五个自由度。图 5-22(d) 所示的短圆锥销限制了三个自由度。

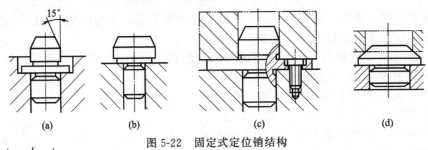

图 5-22 固定式定位销结构

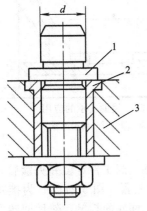

图 5-23 可换式定位销在
机床夹具上的局部装配图

1—定位销；2—定位衬套；3—夹具体

图 5-23 所示为可换式定位销在机床夹具上的局部装配图。定位销 1 与夹具体 3 之间装有定位衬套 2，并通过垫片、螺母紧固在夹具体 3 上。当定位销磨损后，可以比较方便地进行更换。可换式定位销适用于生产量大的场合。

浮动定位销的几种结构形式如图 5-24 所示。浮动定位销靠弹簧来实现浮动作用。图 5-24(a) 和图 5-24(b) 是锥形定位销的结构形式，仅起限制两个自由度的定心作用，其浮动环节消除了限制上下移动的自由度；图 5-24(c) 是浮动圆柱定位销的结构，它的浮动不是为了其消除某一自由度，而仅仅是为了工件能方便地装入定位销中。

拉式拔销机构的作用就是为便于装卸工件，对于较重的工件，这种优点就更为明显。拔销一般为短销，限制两个自

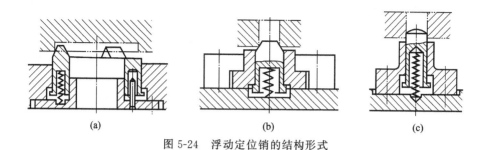

图 5-24 浮动定位销的结构形式

由度。拉式拔销结构的几种结构形式如图 5-25 所示。

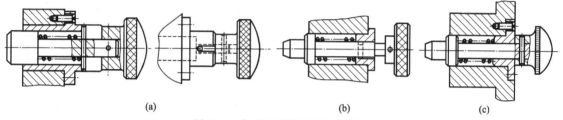

图 5-25 拉式拔销机构的结构形式

② 心轴　常用心轴有下列三种结构形式。

a. 锥形心轴。图 5-26(a) 所示锥形心轴的锥度一般为 1/1000～1/5000。定位时是依靠心轴的锥体定心和胀紧，可限制五个自由度。

b. 过盈配合的圆柱心轴。图 5-26(b) 所示心轴的定位部分 3 与工件定位基面内孔为过盈配合。为了使工件迅速而准确地套入，在心轴的前端设置导向部分 1。这种心轴的定心精度较高，利用过盈产生的摩擦力矩传递一定的转矩，常用于盘套类零件的精加工外圆和端面等。过盈配合的圆柱心轴限制工件的四个自由度。

c. 间隙配合心轴。图 5-26(c) 所示心轴的定位部分 3 与工件定位基面内孔为间隙配合，图示心轴左端轴肩作轴向定位，依靠心轴右端的螺母进行夹紧。间隙配合心轴装卸工件较为方便，但因存在配合间隙，定位精度较低。带轴肩的间隙配合心轴可限制五个自由度，其中心轴定位部分限制四个自由度，轴肩端面仅限制一个。

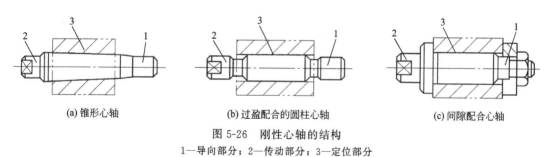

(a) 锥形心轴　　　　　　(b) 过盈配合的圆柱心轴　　　　　　(c) 间隙配合心轴

图 5-26　刚性心轴的结构
1—导向部分；2—传动部分；3—定位部分

(3) 工件以外圆为定位基面时常采用的定位元件

工件以外圆表面作为定位基面时，定位基准是其中心线，而不是外圆表面，外圆表面是作为定位接触面来体现定位基准中心线的。常用定位元件有 V 形块、半圆定位块、定位套及定位夹紧机构等。

① 固定式 V 形块　固定式 V 形块的几种结构形式如图 5-27 所示。其中图 5-27(a) 所示

为短V形块；图5-27(b)所示为两个短V形块的组合，用于作为定位基面的外圆柱面较长或两段外圆柱面分布较远时的情况；图5-27(c)所示为分体式结构的V形块组合，它们装在夹具体上，其底座用铸铁制造，其V形块工作面上镶有淬硬钢或硬质合金镶块，常用于工件定位基面外圆柱面长度和直径均较大的情况。上述V形块如用于粗基准或阶梯外圆柱面的定位时，V形块工作面的长度一般应减为2～5mm，可制造成图5-27(d)所示的结构，以提高定位的稳定性。一个短V形块限制两个自由度；两个短V形块的组合或一个长V形块均限制四个自由度。

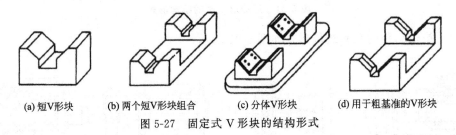

(a) 短V形块　(b) 两个短V形块组合　(c) 分体V形块　(d) 用于粗基准的V形块

图5-27　固定式V形块的结构形式

② 活动式V形块　活动式V形块有浮动式V形块和移动式V形块两种。图5-28所示为两种浮动式V形块结构，V形块是依靠其后边的弹簧实现浮动的。它浮动的作用是消除V形块原应限制的两个自由度中的一个，活动式短V形块限制一个自由度。

③ 定位套　定位套的结构形式如图5-29所示。图5-29(a)所示结构用于工件以端面为主要定位基准的场合，工件短圆柱面定位于夹具定位套内孔内，定位套孔限制两个自由度；图5-29(b)所示结构用于以工件外圆柱面为主要定位基面的场合，定位在长定位套内孔内，长定位套孔限制工件的四个自由度；图5-29(c)所示结构用于工件以圆柱端面外缘为定位基面的场合，定位于锥孔内，定位元件锥孔限制三个自由度。

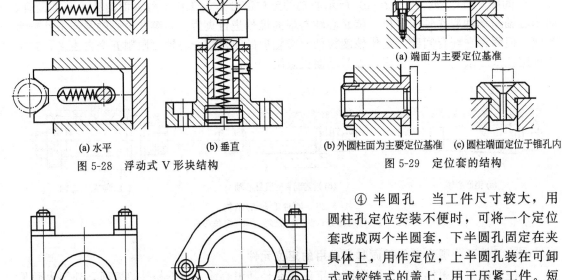

(a) 水平　(b) 垂直

图5-28　浮动式V形块结构

(a) 端面为主要定位基准　(b) 外圆柱面为主要定位基准　(c) 圆柱端面定位于锥孔内

图5-29　定位套的结构

图5-30　半圆孔定位装置

④ 半圆孔　当工件尺寸较大，用圆柱孔定位安装不便时，可将一个定位套改成两个半圆套，下半圆孔固定在夹具体上，用作定位，上半圆孔装在可卸式或铰链式的盖上，用于压紧工件。短半圆孔定位限制两个自由度；长半圆孔定位限制四个自由度。半圆孔定位装置如图5-30所示。

(4) 工件以组合表面定位的定位元件

在实际生产中，为满足工序加工要求，通常工件都采用两个或两个以上的面作为定位基准，即组合定位。常用的组合定位基准（基面）有前后顶尖孔、一孔一端面、一端面一外圆、两阶梯外圆及一端面、一长孔一外圆和一面两孔等。相应地采用定位元件的组合定位，如前后顶尖、定位销（或心轴）与支承钉（或小支承环）组合、V形块与支承钉（或小支承环）组合、长定位销与V形块组合、支承板与双销组合等。使用几个定位元件共同限制第一类自由度，保证工件的正确定位。在汽车箱体类零件中，如变速器壳体、气缸体、离合器壳体等零件盘类零件加工时，常以一平面及其上的两个工艺孔组合作为定位基准，简称一面两孔定位。在机床夹具上相应地用一个大支承板（一般由多个支承板组合）和两个短销作为定位元件组合，简称为一面两销定位。这种定位方式能使各工序的基准统一，减少基准转换误差，提高加工精度。

常见定位元件所能限制的自由度见表 5-2。

表 5-2　常见定位元件限制自由度情况

工件定位基准	夹具定位元件	定位方式简图	限制自由度
平面	小平面Ⅲ（一个支承钉）	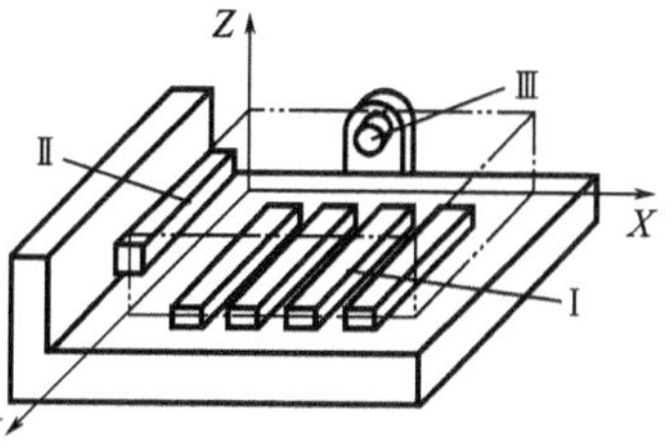	$\vec{Y}$
	支承板Ⅱ（两个支承钉）		$\vec{X}$, $\widehat{Z}$
	大平面Ⅰ（支承板组合 支承钉组合）		$\vec{Z}$, $\widehat{X}$, $\widehat{Y}$
	三点自位支承	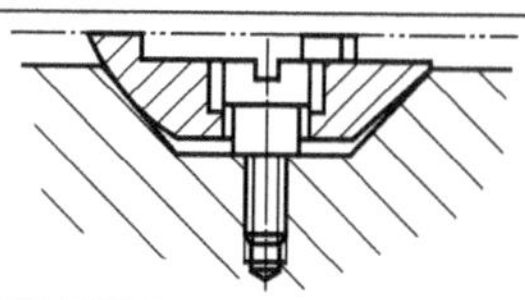	$\vec{Z}$
	两点自位支承	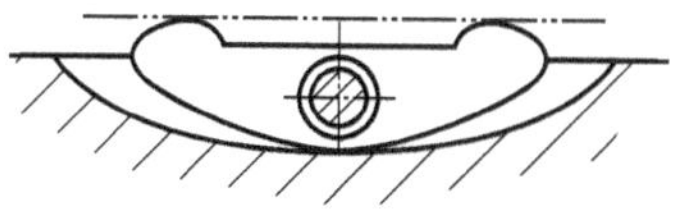	$\vec{Z}$
内孔	短心轴	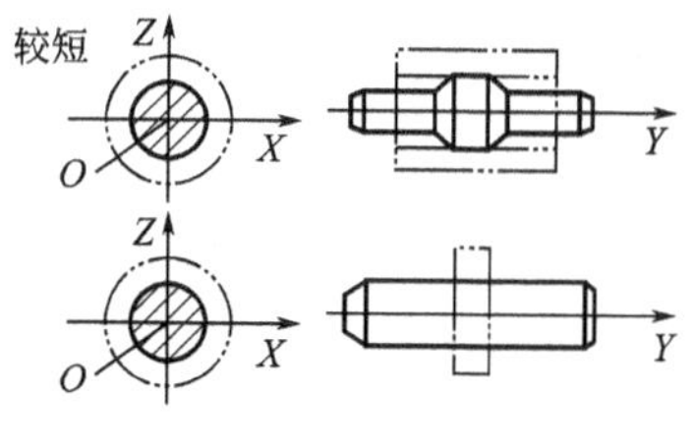	$\vec{X}$, $\vec{Z}$
	长心轴	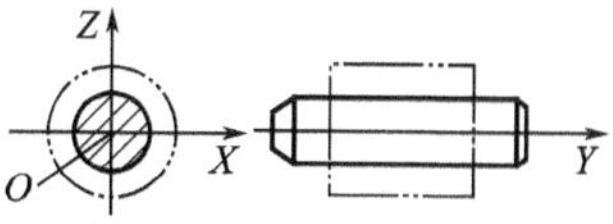	$\vec{X}$, $\vec{Z}$, $\widehat{X}$, $\widehat{Z}$
	短圆柱销	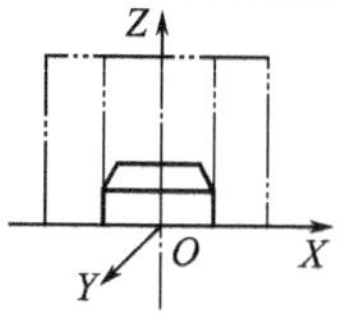	$\vec{X}$, $\vec{Y}$

续表

工件定位基准	夹具定位元件	定位方式简图	限制自由度
内孔	长圆柱销		$\vec{X},\vec{Y}$ $\hat{X},\hat{Y}$
	短削边销（短菱形销）		$\vec{X}$
	短锥销		$\vec{X},\vec{Y},\vec{Z}$
外圆柱面	支承板		$\vec{Z}$ $\hat{X}$
	短V形块		$\vec{X},\vec{Z}$
	长V形块		$\vec{X},\vec{Z}$
	两个短V形块		$\vec{X},\vec{Z}$ $\hat{X},\hat{Z}$
	浮动短V形块		$\vec{X}$

续表

工件定位基准	夹具定位元件	定位方式简图	限制自由度
外圆柱面	短定位套		$\vec{Y},\vec{Z}$
	长定位套		$\vec{Y},\vec{Z}$ $\widehat{Y},\widehat{Z}$
	短锥套		$\vec{X},\vec{Y},\vec{Z}$
圆锥孔	固定顶尖（前） 浮动顶尖（后）		$\vec{X},\vec{Y},\vec{Z}$ $\widehat{Y},\widehat{Z}$
	锥心轴		$\vec{X},\vec{Y},\vec{Z}$ $\widehat{Y},\widehat{Z}$

图 5-31(a) 所示为用前、后顶尖支承一长轴。前顶尖为固定顶尖，后顶尖为移动式顶尖。坐标轴建立在定位元件上，或平行于定位元件的方向上，其原点建立在限制自由度数最多的定位元件上（即前顶尖的位置上），如图 5-31(b) 所示。固定顶尖 1 限制三个自由度 $\vec{X}$，$\vec{Y}$，$\vec{Z}$；活动顶尖 2 限制两个自由度 $\widehat{Y}$，$\widehat{Z}$。前、后顶尖共限制 $\vec{X}$，$\vec{Y}$，$\vec{Z}$，$\widehat{Y}$，$\widehat{Z}$ 五个自由度。

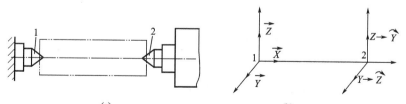

图 5-31　轴在前后顶尖上的定位
1—固定顶尖；2—活动顶尖

图 5-32(a) 所示为单缸曲轴定位在图示的定位元件上。建立的直角坐标系如图 5-32(b) 所示。两个短 V 形块 1、2 组合限制了四个自由度 $\vec{Y}$，$\vec{Z}$，$\widehat{Y}$，$\widehat{Z}$；浮动 V 形块 3 限制了一

个自由度 $\hat{X}$；支承钉 4 限制了一个自由度 $\vec{X}$。故组合定位元件共限制 $\vec{X},\vec{Y},\vec{Z},\hat{X},\hat{Y},\hat{Z}$ 六个自由度。

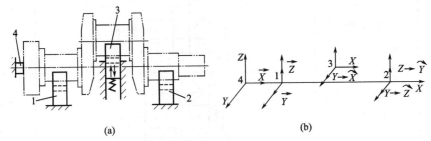

图 5-32 曲轴在定位元件上的定位
1,2—固定式短 V 形块；3—浮动 V 形块；4—支承钉

图 5-33 为杠杆零件定位在组合定位元件上，建立直角坐标系，固定 V 形块 1 限制了两个自由度 $\vec{X},\vec{Y}$；两个支承环 2 组成的支承平面限制三个自由度 $\vec{Z},\hat{X},\hat{Y}$；移动式短 V 形块限制一个自由度 $\hat{Z}$。该组合定位元件共限制 $\vec{X},\vec{Y},\vec{Z},\hat{X},\hat{Y},\hat{Z}$ 六个自由度。

图 5-6(b) 所示变速器拨叉钻孔工序中；零件定位在图 5-6(a) 所示的机床夹具定位元件上，建立如图 5-34 所示的空间直角坐标系，定位销 (A_1) 限制了 $\vec{Y},\vec{Z},\hat{Y},\hat{Z}$ 四个自由度；定位销 (A_2) 8 限制了 $\hat{X}$ 一个自由度；支承钉 5 限制了一个自由度 $\vec{X}$。故该组合元件共限制了 $\vec{X},\vec{Y},\vec{Z},\hat{X},\hat{Y},\hat{Z}$ 六个自由度。

如图 5-35(a) 所示变速箱体，已经加工

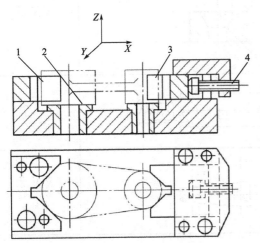

图 5-33 杠杆零件在组合定位元件上的定位
1—短 V 形块；2—支承环；3—移动式 V 形块；4—螺杆

完成了底面 P 及孔 ϕD。本工序加工平面要保证工序尺寸 B 及 A。采用图 5-35(b) 所示定位元件组合定位，是为了分析保证加工要求应限制的第一类自由度和组合定位元件实际能限制的自由度。首先分析第一类自由度所能限制的自由度：建立如图 5-35(a) 所示的空间直角坐标系，保证工序尺寸 B（工序基准为底平面 P）应该限制的自由度为 $\vec{Z},\hat{X},\hat{Y}$；保证工序尺寸 A（工序基准为 ϕD 孔轴线）应该限制的自由度为 $\vec{X},\hat{Z}$。故该工序应限制的第一类自由度为 $\vec{X},\vec{Z},\hat{X},\hat{Y},\hat{Z}$。

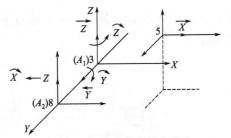

图 5-34 拨叉定位在组合定位元件上的直角坐标系

从上述分析可知，组合定位元件共限制了五个自由度，但是为保证工序尺寸 A 应限制的自由度 $\hat{Z}$ 未被限制，工序尺寸 A 就不能得到保证。实际定位时，第一类自由度未被限制

住的现象称为欠定位。为了解决欠定位所带来的欠缺，可以采用图 5-35(b) 所示的组合定位元件定位。图 5-35(b) 所示组合定位元件所限制的自由度：支承板 1 限制的自由度为 $\vec{Z}$，$\hat{X}$，$\hat{Y}$；两个支承钉 2 限制两个自由度 $\vec{Y}$，$\hat{Z}$；短定位销 3 限制两个自由度 $\vec{X}$，$\vec{Z}$。组合定位元件共限制 $\vec{X}$，$\vec{Y}$，$\vec{Z}$，$\hat{X}$，$\hat{Y}$，$\hat{Z}$ 六个自由度。

上述自由度 $\vec{Z}$ 出现了重复限制的情况。同一个自由度被不同定位元件重复限制，这种现象称为过定位，亦称为超定位或重复定位。出现过定位，经常会影响正确的定位。例如上例中，因工件尺寸 H_g 不可能制造得与夹具上的相应尺寸 H_x 绝对相等，如果定位基面孔 ϕD 与定位销 ϕd 最小配合间隙为 X，当 $H_g > H_x$，且 $H_x - H_g < X/2$ 时，则工件孔装不进短定位销中；当 $H_g < H_x$，且 $H_x - H_g > X/2$ 时，则工件底平面 P 会脱离支承板，使支承板失去定位作用。为了避免发生工件无法定位的情况，同时又能保证机床夹具定位的准确性，可将短定位销改成图 5-35(c) 所示的短菱形销 4，使短菱形销失去限制 $\vec{Z}$ 自由度的能力，以消除过定位。

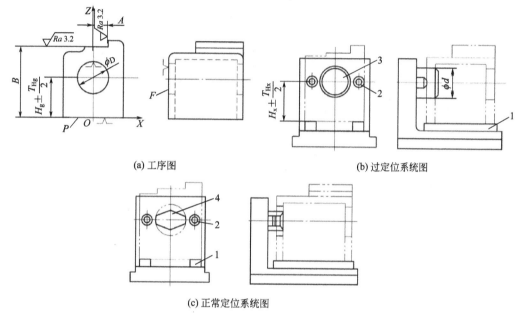

图 5-35 变速箱体的组合定位
1—支承板；2—支承钉；3—短定位销；4—短菱形销

由上述可知，组合定位时过定位将造成工件定位不稳定，或者使定位元件或工件发生干涉，使工件的位置反而不确定，从而影响加工精度。因此，在一般情况下，应该尽量避免出现过定位。但是，如果发生了过定位，在定位基准之间和定位元件之间的尺寸精度或位置精度很高的情况下，不发生定位不稳定或定位干涉，且对加工精度的影响不超过工件加工允许的范围时，还是允许的。

5.5 定位误差的分析与计算

5.5.1 定位误差的定义及产生的原因

对于一批工件来说，由于每个工件彼此在尺寸、形状和相互位置上均有差异，使得同一批工件在同一个夹具中进行定位时，工件的各个表面具有不同的位置精度。使用夹具装夹工件按调整法进行加工时，工件在定位过程中会遇到工件的定位基准与工序基准不重合，以及工件的定位基准（基面）与定位元件工作表面存在制造误差等情况，这些都会引起工件的工序基准偏离理想位置而产生加工误差。定位误差是指由于定位的不准确原因使工件工序基准偏离理想位置，引起工序尺寸变化的加工误差。定位误差的值为工件的工序基准沿工序尺寸方向或位置要求方向上发生的最大位移量。定位误差用符号Δ_d表示。下面以实例说明定位误差产生的原因和定位误差的值。

用静调整法在卧式铣床上法加工图5-36(a)所示盘形零件上的槽，要求保证工序尺寸$b_0^{+T_b}$及$A\pm T_A/2$。为这道工序设计的机床夹具以及定位系统如图5-36(b)所示。工件1以内孔定位（定位基准为内孔轴线），装夹在图5-36(b)所示的直径为$d_{-T_{dx}}^{0}$的心轴2上。在这道工序中，要保证的尺寸有b和A，工件工序尺寸b由铣刀3的宽度尺寸直接保证，与定位无关；工件工序尺寸A由工件相对于刀具正确定位保证，其尺寸精度与定位有直接关系。

从图5-36(a)的工序图可知，工序尺寸A的工序基准是外圆面d的下母线。而在次定位系统中，夹具的对刀基准是心轴轴线；工件用内孔装在夹具心轴上实现定位，工件的定位基准为孔的轴线。假设孔与心轴配合间隙为零，孔的轴线与中心线就重合了。刀具的位置是按心轴轴线来调整的（对刀基准是心轴轴线），并在加工一批工件过程中，不考虑其他因素（如刀具磨损、铣刀杆的变形等）时，其位置保持不变的。假如需要保证的工序尺寸是图5-37(a)所示的尺寸C而不是图5-36(a)中的A，这时不存在因定位不准而引起工序基准位置的变化，所以就不存在由定位引起的加工误差，即定位误差$\Delta_{d(C)}=0$。而现在要加工的工序尺寸是图5-36(a)中的A，尽管工件的定位基准（孔的轴线）和对刀基准（心轴轴线）在整个加工过程中保持位置不变，当工件外圆直径d_g有尺寸误差时，工序基准在工序尺寸方向上就会产生位置变化，其最大位移值为$T_{d_g}/2$。这就是由于工序基准与定位基准（对刀基准）不重合引起的基准不重合误差，基准不重合误差的值等于在工序尺寸方向上工序基准至定位基准间的尺寸公差值，以$\Delta_{j,b}$表示，即

$$\Delta_{d(A)}=\Delta_{j,b(A)}=\frac{T_{d_g}}{2}$$

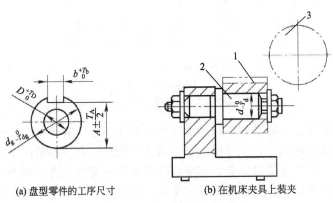

(a) 盘型零件的工序尺寸　　　　(b) 在机床夹具上装夹

图5-36　铣槽加工示意图

1—工件；2—心轴；3—铣刀

上述定位误差是在内孔与心轴的配合间隙为零的条件下分析的（这对分析结果没有影响）。实际上，内孔与心轴存在着最小配合间隙X和内孔与心轴本身存在制造误差T_{D_g}、T_{dx}。工件在重力作用影响下，孔和心轴的轴线必定不会时时重合，内孔与心轴上母线接触会使内孔轴线偏离理想位置而下移，即工件的定位基准离开了对刀基准。如图5-37(b)所示。此时，如果不考虑工件外圆d_g的制造误差，工序尺寸也会出现加工误差。这种由于工

件定位基面（内孔）和定位元件（心轴）的制造去查，而使定位基准在工序尺寸方向上产生位置变化而引起的加工误差称为基准位移误差。对于工序尺寸 A，基准位移误差的值等于在工序尺寸方向上定位基准的最大位移量，以 $\Delta_{j,y}$ 表示

$$\Delta_{d(A)} = \Delta_{j,y(A)} = \frac{T_{D_g} + T_{d_x} + X}{2}$$

式中　T_{D_g}——工件上孔的公差；
　　　T_{d_x}——定位元件心轴的公差；
　　　X——最小配合间隙。

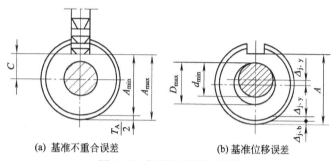

(a) 基准不重合误差　　　(b) 基准位移误差

图 5-37　铣槽定位误差分析

由上述分析可知，产生定位误差的原因有两个。

① 定位误差只产生在采用调整法加工一批工件的场合，如一批工件逐个按试切法加工，则不产生定位误差。定位误差的表现形式为工序基准在加工尺寸方向相对加工表面产生了位置变动，从而引起工序尺寸的变动。

② 定位基准误差 Δ_d 可以分为两部分。

a. 由于工件的工序基准与定位基准不重合，引起基准不重合误差 $\Delta_{j,b}$。

b. 工件定位基准（基面）和夹具定位元件本身存在制造误差以及最小配合间隙（心轴与内孔配合时），使定位基准偏离理想位置，产生基准位移误差 $\Delta_{j,y}$。

加工时，若上述两项原因同时存在，则定位误差 Δ_d 和 $\Delta_{j,b}$ 的代数和，即

$$\Delta_d = \Delta_{j,b} + \Delta_{j,y}$$

但并不是在任何情况下这两部分误差都存在，当定位基准与工序基准重合时，$\Delta_{j,b} = 0$；当工序无位移变化时，$\Delta_{j,y} = 0$。

由此可知，要提高定位精度，除了应使工件的工序基准与定位基准重合外，还应尽量提高工件的定位基准（基面）和夹具的定位元件的制造精度，并减小配合间隙（心轴与内孔配合时）。

5.5.2　定位误差的分析与计算

由前面的分析可知，只要出现定位误差，就会使工序基准在工序尺寸方向上发生位置偏移。因此，定位误差 Δ_d 的计算就是计算工件的工序基准在工序尺寸方向上的最大位移值。下面介绍几种典型定位方式定位误差的分析计算。

(1) 工件以平面定位时的定位误差

工件以平面定位时，夹具上相应的定位元件是支承钉和支承板。工件定位基面的平面度误差和夹具定位元件的平面度误差都会产生定位误差。若平面又是工序基准时，则基准是重合的，所以没有基准不重合误差，即 $\Delta_{j,b} = 0$；若平面不是工序基准，则基准是不重合的，所以一定存在基准不重合误差，即 $\Delta_{j,b} \neq 0$；而基准位置误差有以下两种情况。

① 定位平面是未加工的毛坯平面　这种情况一般适用于三点支承方式，定位元件是球头支承钉。由于毛坯面的制造误差，使得定位基准在在该工序（加工）尺寸方向的 ΔH 范围内变化，ΔH 为最大位移量。故

$$\Delta_{j,y} = \Delta H$$

② 定位平面是以加工过的平面　这种情况一般用多条支承板，也可以用支承钉。由于平面已被加工过，可以认为定位基准（工序基准）没有位移变化，故

$$\Delta_{j,y} = 0$$

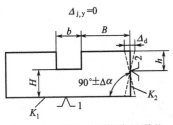

图 5-38　定位基准间位置误差引起基准位移误差

当工件以两个以上的组合平面定位时，由于情况比较复杂，要根据具体情况进行分析。其中基准位移误差是由定位基准（平面）之间的位置误差产生的。例如在图 5-38 所示的定位系统，要在一个长方铁上加工槽，加工要求保证工序尺寸 b、H 和 B，其中槽宽 b 是用铣刀宽度直接保证的，尺寸 H 及 B 依靠工件相对于铣刀的正确定位来保证。当以工件定位基准 K_1 及 K_2 定位时，由于定位基准与工序基准重合（K_1 和 K_2 是工序基准），基准不重合误差等于零。对于工序尺寸 H，它的工序基准和定位基准都是 K_1 平面，且 K_1 平面是已加工表面，故基准位移误差为零，即 $\Delta_{d(H)} = 0$。对于工序尺寸 B，它的工序基准和定位基准都是 K_2 平面。由于定位基准 K_1 及 K_2 之间存在垂直度误差（图中以 $90°\pm\Delta\alpha$ 表示），在调整好的机床上加工一批工件时，由于存在定位基准之间的位置误差，将引起工序基准 K_2 位置发生变化，所以工序尺寸 B 将产生加工误差——基准位移误差，定位误差 $\Delta_{d(B)}$ 为

$$\Delta_{d(B)} = \Delta_{j,y(B)} = 2h\tan\Delta\alpha$$

(2) 工件以内孔定位时的定位误差

工件以内孔定位时，机床夹具上的定位元件有心轴、定位销和锥销。工件以圆孔在不同的定位元件上定位时，所产生的定位误差是随定位系统和孔与心轴（销）的不同配合性质而变化的。当工件定位基面内孔与心轴以过盈配合时，定位副间无配合间隙，内孔与心轴的轴线重合，则不会产生基准位移误差。当工件定位内孔与心轴以间隙配合时，将产生基准位移误差。这里分析工件以圆孔在间隙配合心轴（或定位销）上定位的定位误差。根据心轴（或定位销）放置方位的不同，下面将分两种情况进行分析。

① 心轴（或定位销）水平放置　如图 5-39(a) 所示在工件上钻孔 ϕD，工序尺寸为 $A\pm T_A/2$。由工序图可知，因为工件定位基准与工序基准均为内孔轴线，基准是重合的，所以基准不重合误差为零。由于内孔及心轴均存在制造误差和最小配合间隙［如图 5-39(b) 所

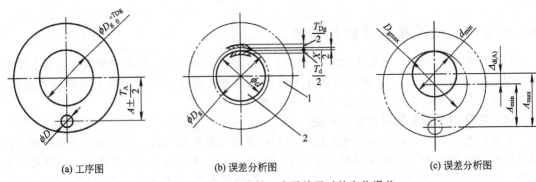

(a) 工序图　　　　　　　(b) 误差分析图　　　　　　　(c) 误差分析图

图 5-39　心轴（定位销）水平放置时的定位误差
1—工件；2—心轴

示],心轴的制造误差为T_{dx},工件孔制造误差为T_{Dg},最小配合间隙为X,所以当工件装在心轴(或定位销)上时,工件定位基准因其重力影响而下移,使圆孔上母线与心轴上母线接触,将引起定位基准(工序基准)发生偏移,这就是如图5-39(c)所示基准位移误差$(A_{max}-A_{min})$,定位孔与心轴的最大间隙为$T_{Dg}+T_{dx}+X$,因为心轴水平放置,工件在重力的作用下,总是单向移动的,故定位误差为

$$\Delta_{d(A)}=\Delta_{j,y(A)}=\frac{T_{Dg}+T_{dx}+X}{2}$$

② 心轴(定位销)垂直放置 仍以图5-39(a)为例,在立式钻床上钻孔ϕD,并保证工序尺寸$A\pm T_A/2$。由图5-40可看出,由基准位移误差$\Delta_{j,y}$引起的工序基准(定位基准)的变化范围,是以心轴轴线为圆心,最大配合间隙为直径的圆。因此,心轴垂直放置时的基准位移误差比水平放置时的值增大1倍,即

$$\Delta_{d(A)}=\Delta_{j,y(A)}=T_{Dg}+T_{dx}+X$$

如果工序基准不是内孔轴线而是工件外圆的上母线或下母线,其定位误差还应加上基准不重合误差。

(3) 工件以外圆定位时的定位误差

以工件外圆作为定位基面,常用的定位元件有各种定位套、支承板、支承钉等。采用各种定位套、支承板、支承钉定位时,定位误差的分析可参考前述的内孔

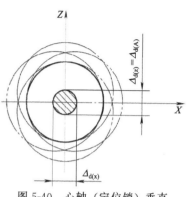

图 5-40 心轴(定位销)垂直放置时的定位误差

定位和平面定位的情况。下面将以外圆放在V形块上定位为例,说明定位误差的计算及产生的原因。

如图5-41所示,在外圆尺寸为$\phi d_{g-T_{dg}}^{0}$的圆柱体上铣槽,圆柱体放在V形块上面定位,V形块的夹角α,为保证槽宽尺寸b、槽底尺寸h和槽对中心平面的对称度。槽宽尺寸b由铣刀尺寸直接保证,与定位无关,定位误差等于零。槽对中心平面的对称度,因定位基准与工序基准重合,定位基面外圆尺寸的变化会引起定位基准位置变化,但不会引起工序基准水平位移,所以对称度的定位误差等于零。当槽深度尺寸(工序尺寸h)的标注方法不同(工序基准不同)时,所产生的定位误差有以下三种情况。

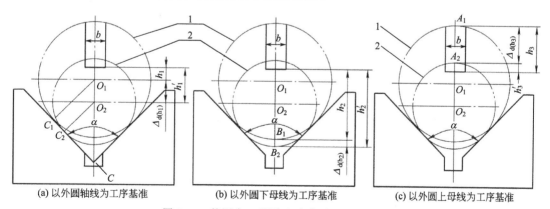

(a) 以外圆轴线为工序基准　　(b) 以外圆下母线为工序基准　　(c) 以外圆上母线为工序基准

图 5-41 外圆在V形块上定位时的定位误差
1—工件的最大尺寸；2—工件的最小尺寸

① 以外圆轴线O为工序基准 在图5-41(a)所示的外圆上铣槽,工件外圆直径为$\phi d_{g-T_{dg}}^{0}$,保证工序尺寸h_1。工序尺寸h_1的工序基准为外圆轴线O_1,工件的定位基准也为

工件的轴线 O_1，工序基准与定位基准重合（V 形块即是对中定位元件，也是定心定位元件），不存在基准不重合误差。但是由于一批工件的定位基面（外圆）存在制造误差，将引起工序基准（定位基准）O_1 在 V 形块对称平面上产生位移 $\overline{O_1 O_2}$，且 $\overline{O_1 O_2}$ 的方向与工序尺寸方向一致，故 $\overline{O_1 O_2}$ 的长度就是工序尺寸 h_1 的基准位移量，即是基准位移误差。定位误差可通过 $\triangle O_1 C_1 C$ 与 $\triangle O_2 C_2 C$ 的几何关系求出

$$\Delta_{d(h_1)} = \overline{O_1 O_2} = \overline{O_1 C} - \overline{O_2 C} = \frac{d_g}{2\sin\frac{\alpha}{2}} - \frac{d_g - T_{d_g}}{2\sin\frac{\alpha}{2}} = \frac{T_{d_g}}{2\sin\frac{\alpha}{2}} = \Delta_{j,y}$$

② 以外圆下母线 B 工序基准　铣槽时以图 5-41(b) 所示的外圆下母线 B_1 为工序基准，保证工序尺寸 h_2。此时，定位误差除存在基准位移误差外，还存在由于工序基准（B_1 点）与定位基准（O_1 点）不重合而产生的基准不重合误差。由图可知，定位误差为

$$\Delta_{d(h_2)} = \overline{B_1 B_2} = \overline{O_1 O_2} + \overline{O_2 B_2} - \overline{O_1 B_1} = \frac{T_{d_g}}{2\sin\frac{\alpha}{2}} + \frac{d_g - T_{d_g}}{2} - \frac{d_g}{2}$$

$$= \frac{T_{d_g}}{2}\left(\frac{1}{\sin\frac{\alpha}{2}} - 1\right) = \Delta_{j,y} - \Delta_{j,b}$$

③ 以外圆上母线 A 为工序基准　如图 5-41(c) 所示铣槽需保证工序尺寸 h_3。工序尺寸 h_3 以外圆上母线 A 为工序基准铣槽。定位误差由基准不重合误差和基准位移误差共同引起。定位误差为

$$\Delta_{d(h_3)} = \overline{A_1 A_2} = \overline{O_1 A_1} + \overline{O_1 O_2} - \overline{O_2 A_2} = \frac{d_g}{2} + \frac{T_{d_g}}{2\sin\frac{\alpha}{2}} - \frac{d_g - T_{d_g}}{2}$$

$$= \frac{T_{d_g}}{2}\left(\frac{1}{\sin\frac{\alpha}{2}} + 1\right) = \Delta_{j,y} + \Delta_{j,b}$$

由上述分析可知，外圆柱体在 V 形块上定位铣槽时，槽深尺寸的工序基准不同，其产生定位误差的原因不同，定位误差的值也不相等，$\Delta_{d(h_2)} < \Delta_{d(h_1)} < \Delta_{d(h_3)}$。从减少定位误差来考虑，标注尺寸 h_2 为最佳方案。定位误差大小与定位基面（外圆）的尺寸公差 T_{d_g} 和 V 形块夹角 α 有关。α 角越大，定位误差值越小，但 α 角太大其定位的稳定性也会降低。当 α 角增大到平角时，就变成了平面定位的情况。从而失去了对中定位作用。一般 α 角取 90°、120°和 150°。用 V 形块定位铣槽时槽的对称度的定位误差等于零，即 $\Delta_{d(t)} = \Delta_{j,y} + \Delta_{j,b} = 0$，所以 V 形块定位具有良好的对中性。

(4) 工件以组合表面定位时的定位误差

工件以组合表面定位形式较多，其定位误差的计算也较为复杂。但是只要画出工件工序基准的两个极限位置，通过集合关系也是不难计算的。下面以生产中最常用的一面两孔组合定位为例，说明其定位误差的计算方法。

在图 5-42(a) 所示的箱体零件中，加工两孔 M_1 和 M_2，两孔 M_1 和 M_2 的工序尺寸分别为 A、B 和 E、F，分别保证坐标尺寸 A、B 和 E、F。工件采用一面两销（工艺孔 I' 及 II'）作为定位基准。工艺孔 I' 与圆柱销 I 配合，直径尺寸分别为 $\phi D_1{}^{+T_D}_{\ 0}$ 和 $\phi d_1{}^{\ 0}_{-T_{d2}}$，最小配合间隙为 X_1；工艺孔 II' 与菱形销 II 配合，直径尺寸分别为 $\phi D_2{}^{+T_{D2}}_{\ 0}$ 和 $\phi d_2{}^{\ 0}_{-T_{d2}}$，最小配合间隙为 X_2，配合间隙 $X_2 > X_1$。两孔和两销的中心距分别为 $L \pm T_{L_g}/2$ 和 $L \pm T_{L_j}/2$。

从图 5-42(a) 中可知，孔 M_1 和孔 M_2 的工序基准有两个，分别为工艺孔 I' 的中心 O_1 和

孔Ⅰ′及孔Ⅱ′的中心连线$\overline{O_1O_2}$。工件的定位基准也分别为孔Ⅰ′的中心O_1和孔Ⅰ′及孔Ⅱ′的中心连线$\overline{O_1O_2}$（实际上还有一个平面）。因此孔M_1和孔M_2的工序基准与定位基准重合，基准不重合误差等于零。可以认定，工序尺寸A、B、E及F产生的定位误差，只能是由于基准位移误差引起的。计算定位误差时，只要找出定位基准产生位移的几何关系，计算在工序尺寸方向上定位基准产生的最大位移值，就可以求出定位误差值。

基准位移误差包括两类，即图5-42(a)中沿工序尺寸A和E的方向（称X轴方向或纵向方向）和定位基准$\overline{O_1O_2}$偏离理想位置的转动的基准位移［图5-42(b)中的$\Delta\alpha$及$\Delta\gamma$］。

① 纵向定位误差　一般加工箱体零件时，由于箱体质量较大，定位销

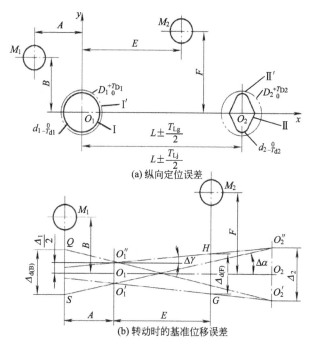

图5-42　一面两孔组合定位时的定位误差分析

多为垂直放置。因此，加工孔M_1和孔M_2时，沿两孔中心连线方向的纵向定位误差与垂直放置的单销定位情况相同。定位误差也是由于定位基面（孔）和定位元件（销）本身的制造误差及小配合间隙引起的，工序尺寸A及E的定位误差由工艺孔Ⅰ′和定位销Ⅰ间的最大配合间隙$X_{1\max}$决定。工序尺寸A及E的定位误差

$$\Delta_{d(A,E)} = \Delta_{j,y(A,E)} = X_{1\max} = T_{D_1} + T_{d_1} + X_1$$

式中　T_{D_1}——工艺孔Ⅰ′的公差；

T_{d_1}——定位销Ⅰ的公差；

X_1——工艺孔Ⅰ′与定位销Ⅰ的最小配合间隙。

因为一面两销定位时，圆柱销的配合间隙比菱形销的配合间隙要小，所以取$\Delta_{d(A,E)}$为纵向定位误差。

② 转动时的基准位移误差　实际定位时，由于两个工艺孔中心O_1及O_2有两种位置变化，即中心O_1在O_1'及O_1''，中心O_2在O_2'及O_2''间变动，所以两个工艺孔中心连线$\overline{O_1O_2}$也会有两种极限位置变动：一对位置由$\overline{O_1'O_2'}$变动到$\overline{O_1''O_2''}$，其转角的半角为$2\Delta\gamma$；和另一对位置由$\overline{O_1'O_2''}$变动到$\overline{O_1''O_2'}$，其转角的半角为$2\Delta\alpha$。计算定位误差时，首先要分析哪种极限变动会引起工序基准产生最大位移量，然后再根据几何关系计算定位误差的最大值。

计算孔M_1工序尺寸B的定位误差：从图5-42(b)可知，加工表面孔M_1处于两个工艺孔Ⅰ′及Ⅱ′之外，此时，工艺孔Ⅰ′与圆柱销Ⅰ在上母线接触，而工艺孔Ⅱ′与菱形销Ⅱ下母线接触，或者相反位置时引起的工序基准位移最大。此时定位基准（工序基准）$\overline{O_1O_2}$发生的偏转最大角度值为$\Delta\alpha$，通常将$\Delta\alpha$称为转角误差，亦称为角向误差或角度误差。沿工序尺寸方向上工序基准（定位基准）产生的最大位移值$\overline{QS}$值为最大。通过几何关系计算出转角误差。

工序尺寸B的定位误差通过几何关系计算出

$$\Delta_{d(B)} = \overline{SQ} = X_{1\max} + 2A\tan\Delta\alpha = T_{D_1} + T_{d_1} + X_1 + 2A\tan\Delta\alpha$$

计算孔 M_2 工序尺寸 F 的定位误差：从图 5-42(b) 可知，加工表面孔 M_2 处于两个工艺孔 Ⅰ′及Ⅱ′之间时，工艺孔 Ⅰ′及Ⅱ′的上母线分别与圆柱销Ⅰ和菱形销Ⅱ的上母线，或者它们的下母线接触时，此时两工艺孔中心连线（定位基准）$\overline{O_1O_2}$ 发生的偏转引起的基准位移误差最大值 $\overline{HG}$ 为最大。工序尺寸 F 的定位误差可通横向转角误差 $\Delta\gamma$ 求出。横向转角误差通过几何关系计算出

$$\tan\Delta\alpha = \frac{X_{1\max} + X_{2\max}}{2L} = \frac{T_{D_1} + T_{d_1} + X_1 + T_{D_2} + T_{d_2} + X_2}{2L}$$

$$\tan\Delta\gamma = \frac{X_{2\max} - X_{1\max}}{2L} = \frac{T_{D_2} + T_{d_2} + X_2 - (T_1 + T_1 + X_1)}{2L}$$

工序尺寸 F 的定位误差通过几何关系计算出

$$\Delta_{d(F)} = \overline{HG} = X_{1\max} + 2E\tan\Delta\alpha = T_{D_1} + T_1 + X_1 + 2E\tan\Delta\gamma$$

式中　T_{D_2}——工艺孔Ⅱ′的公差；

　　　T_{d_2}——菱形销Ⅱ的公差；

　　　X_2——工艺孔Ⅱ′与菱形销Ⅱ的最小配合间隙。

从上述分析可知，若想减小一面两销的定位误差，可采取下列措施。

a. 适当提高定位（工艺）孔和定位销的尺寸精度及减小配合间隙值。

b. 增大两定位（工艺）孔的中心距，以减小 $\Delta\alpha$ 及 $\Delta\gamma$ 值。为此，在产品零件设计时，应尽量将两定位（工艺）孔布置得远些。通常两定位（工艺）孔的配合性质选择 H7～H9，两孔中心距极限偏差取双向对称分布，公差值取决于工件加工要求和制造工艺水平，一般取 ±(0.03～0.05)mm，工件加工要求较低时可取 ±0.1mm。

通过上述以平面、内孔、外圆及其组合表面定位时产生定位误差的原因及其计算，对较为复杂的方式，可以通过下属方法求定位误差数值。

a. 画出工件定位时工序基准偏离理想位置的两个极限位置。

b. 从工序基准与其他有关尺寸的几何关系中，分析计算工序基准沿工序尺寸（或位置公差）方向上的最大位移值，即为工序尺寸的定位误差。

表 5-3 列举了常见定位系统的定位误差。

表 5-3　常见定位系统的定位误差

序号	工序简图	定位简图	工序尺寸或位置精度	定位误差
1			A B	$\Delta_{d(A)} = 0$ $\Delta_{d(B)} = T_H$
2			B	$\Delta_{d(B)} = 0$
3			工件外圆对内孔的同轴度	$\Delta_{d(\phi t)} = T_D + T_d + X$

续表

序号	工序简图	定位简图	工序尺寸或位置精度	定位误差
4	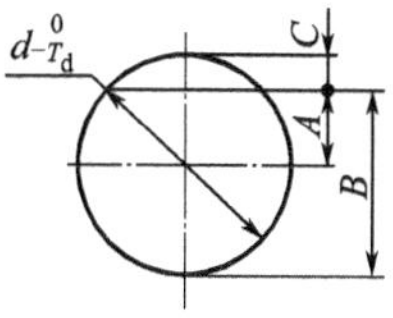	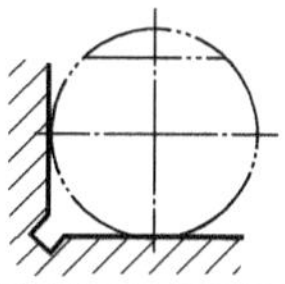	A B C	$\Delta_{d(A)} = \dfrac{T_d}{2}$ $\Delta_{d(B)} = 0$ $\Delta_{d(C)} = T_d$
5	$d - T_d^{\,0}$ 图示，标注 A、B、C	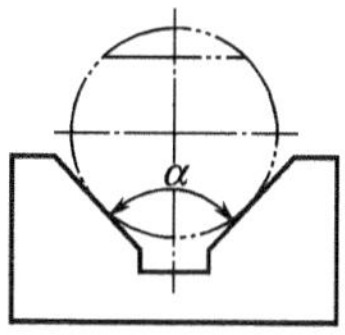 V形槽，角 α	A B C	$\Delta_{d(A)} = \dfrac{T_d}{2\sin\dfrac{\alpha}{2}}$ $\Delta_{d(B)} = \dfrac{T_d}{2}\left(\dfrac{1}{\sin\dfrac{\alpha}{2}} - 1\right)$ $\Delta_{d(C)} = \dfrac{T_d}{2}\left(\dfrac{1}{\sin\dfrac{\alpha}{2}} + 1\right)$
6		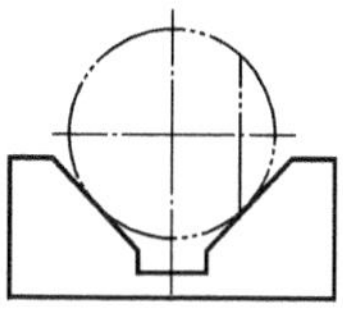	A B C	$\Delta_{d(A)} = 0$ $\Delta_{d(B)} = \dfrac{T_d}{2}$ $\Delta_{d(C)} = \dfrac{T_d}{2}$
7		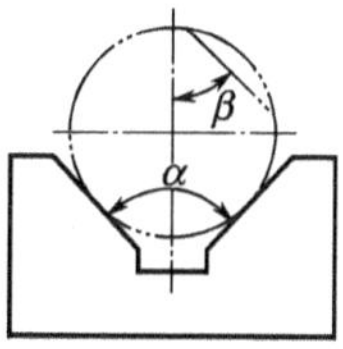 V形槽，角 α, β	A B C	$\Delta_{d(A)} = \dfrac{T_d \sin\beta}{2\sin\dfrac{\alpha}{2}}$ $\Delta_{d(B)} = \dfrac{T_d}{2}\left(\dfrac{\sin\beta}{\sin\dfrac{\alpha}{2}} - 1\right)$ $\Delta_{d(C)} = \dfrac{T_d}{2}\left(\dfrac{\sin\beta}{\sin\dfrac{\alpha}{2}} + 1\right)$
8	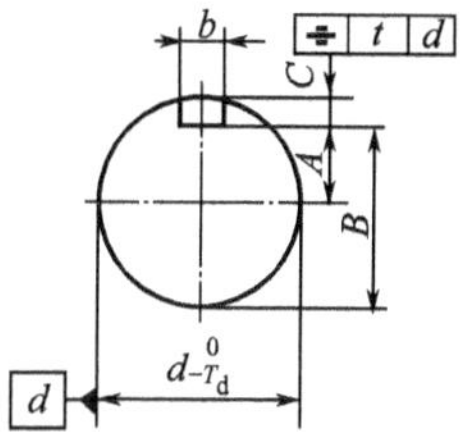 带键槽圆柱，b、A、B、C，$d - T_d^{\,0}$，$\boxed{\perp t\ d}$	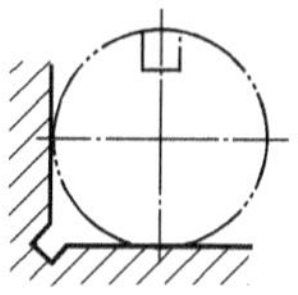	b A B C t	$\Delta_{d(b)} = 0$ $\Delta_{d(A)} = \dfrac{T_d}{2}$ $\Delta_{d(B)} = 0$ $\Delta_{d(C)} = \dfrac{T_d}{2}$ $\Delta_{d(t)} = \dfrac{T_d}{2}$
9	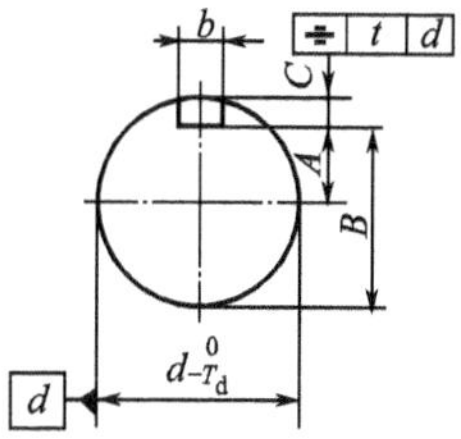 带键槽圆柱，b、A、B、C，$d - T_d^{\,0}$，$\boxed{\perp t\ d}$	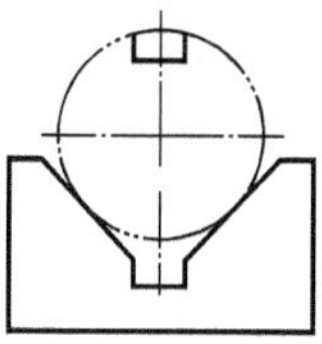	b A B C t	$\Delta_{d(b)} = 0$ $\Delta_{d(A)} = \dfrac{T_d}{2\sin\dfrac{\alpha}{2}}$ $\Delta_{d(B)} = \dfrac{T_d}{2}\left(\dfrac{1}{\sin\dfrac{\alpha}{2}} - 1\right)$ $\Delta_{d(C)} = \dfrac{T_d}{2}\left(\dfrac{1}{\sin\dfrac{\alpha}{2}} + 1\right)$ $\Delta_{d(t)} = 0$

续表

序号	工序简图	定位简图	工序尺寸或位置精度	定位误差
10			b A B C t	$\Delta_{d(b)}=0$ $\Delta_{d(A)}=0$ $\Delta_{d(B)}=\dfrac{T_d}{2}$ $\Delta_{d(C)}=\dfrac{T_d}{2}$ $\Delta_{d(t)}=\dfrac{T_d}{2\sin\dfrac{\alpha}{2}}$
11			b A B C t	$\Delta_{d(b)}=0$ $\Delta_{d(A)}=0$ $\Delta_{d(B)}=\dfrac{T_d}{2}$ $\Delta_{d(C)}=\dfrac{T_d}{2}$ $\Delta_{d(t)}=0$
12		三爪自定心卡盘	b A B C t	$\Delta_{d(b)}=0$ $\Delta_{d(A)}=0$ $\Delta_{d(B)}=\dfrac{T_d}{2}$ $\Delta_{d(C)}=\dfrac{T_d}{2}$ $\Delta_{d(t)}=0$
13			A A_1 B B_1	$\Delta_{d(A)}=2(L_1-h)\tan\Delta\alpha$ $\Delta_{d(A_1)}=0$ $\Delta_{d(B)}=T_L+2(L_1-h)\tan\Delta\alpha$ $\Delta_{d(B_1)}=T_{L1}$
14		最小配合间隙 $D-d=x$	A A_1 A_2 B B_1 $D_1 D_2$	$\Delta_{d(A)}=T_L$ $\Delta_{d(A_1)}=T_L+2T_{L1}$ $\Delta_{d(A_2)}=0$ $\Delta_{d(B)}=T_D+T_d+X$ $\Delta_{d(B_1)}=T_D+T_d+X+T_{L2}$ $\Delta_{d(D_1 D_2)}=0$

5.5.3 加工误差不等式

机械加工中，定位系统设计得不恰当会给工件的加工带来加工误差。而产生加工误差的因素很多，只要加工误差总和在工序尺寸公差范围内，工件被加工要求就是合格的。机械加工过程中，产生加工误差的原因主要有以下几个方面。

① 定位误差 Δ_d　工件在机床夹具中定位时由定位系统所产生的定位误差 Δ_d。

② 对刀误差$\Delta_{d,d}$ 调整刀具与对刀基准时产生的误差，包括操作时人为因素造成的读数误差、机床夹具的对刀和导向元件对定位元件间的误差，以及机床夹具定位元件对夹具安装基面间的位置误差引起的对刀误差$\Delta_{d,d}$。

③ 安装误差Δ_a 机床夹具安装在机床上由于安装不准确而引起的安装误差Δ_a。

④ 其他误差Δ_c 机械加工过程中其他原因，如机床、刀具本身的制造误差，加工过程中的弹性变形及热变形等引起的加工误差Δ_c。

为了保证工件的加工要求，上述四个方面产生的加工误差总和不应超出工件加工要求（工序尺寸和位置公差）的公差 T，即应满足下列不等式

$$\Delta_d + \Delta_{d,d} + \Delta_a + \Delta_c \leqslant T$$

机床夹具方案设计时，按着工件加工要求（工序尺寸或位置公差）的公差进行预分配，将工件加工要求之公差大体上分成三等分：定位误差Δ_d、$\Delta_{d,d}$和夹具安装误差Δ_a各占 1/3，其他误差Δ_c占 1/3。公差的预分配仅作为误差估算的初步方案。机床夹具设计时，应根据具体情况进行必要的调整。

5.6 工件的夹紧及夹紧装置

5.6.1 夹紧装置的组成和夹紧的基本要求

(1) 夹紧装置的组成

工件在机床夹具上正确定位后，还必须由机床夹具的夹紧装置将工件牢固夹紧，使工件在加工过程中保持其正确的位置。将工件压紧夹牢的装置称为夹紧装置。图 5-43 所示为典型的夹紧装置，一般夹紧装置由以下三部分组成。

① 力源装置 力源装置是指产生夹紧力的动力装置，所产生的力为原始力。如图 5-43 中的液压缸。夹紧力的动力来自气动、电磁、液压和电力等动力源的，称为机动（或动力）夹紧；夹紧力的力源来自人力的称为手动夹紧。

② 夹紧元件 夹紧元件是指直接用于夹紧工件的元件，是实现夹紧的最终执行元件。如图 5-43 中的压块 3。

③ 中间传力机构 将原动力以一定的大小和方向传递给夹紧元件的机构，称为中间传力机构，中间传力机

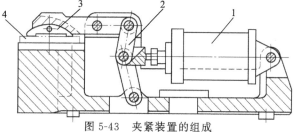

图 5-43 夹紧装置的组成
1—液压缸；2—杠杆；3—压块；4—工件

构有三个使用功能：使夹紧元件获得夹紧力，改变夹紧力的大小和改变夹紧力的方向。中间传力机构不仅能保证夹紧装置安全可靠，并具有一定的自锁能力。如图 5-43 中由杠杆组成的铰链传力机构。

有些机床夹具中，夹紧元件（如图 5-43 中的压块 3）往往就是中间传力机构的一部分，难以区分，因此常将夹紧元件和中间传力机构统称为夹紧机构。

(2) 夹紧的基本要求

在设计夹紧机构时，一般应满足以下要求。

a. 夹紧时应保证工件的定位，不能破坏工件在定位时所处的正确位置。

b. 夹紧力大小要适当，应保证工件在机械加工中位置稳定不变，不允许产生振动、变形和表面损伤。

c. 应根据生产类型设计相应的夹紧机构。夹紧机构的复杂程度、工作效率与生产类型

相适应，尽量做到结构简单，操作安全，省力和方便，便于制造和维修，讲究效率。

d. 为防止夹紧后自动脱开，夹紧机构应具有良好的自锁性能。

5.6.2 夹紧力的确定

(1) 夹紧力作用点的选择原则

夹紧时，夹紧元件与工件表面的接触位置即为夹紧力的作用点，它的选择对工件夹紧的稳定性和变形有很大影响。

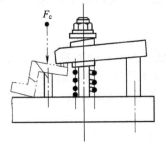

图 5-44 夹紧力的作用点的选择

① 夹紧力的作用点应正对定位元件或作用在定位元件所形成的支承面内，这样夹紧力才不会使工件倾斜或变形而破坏定位。

如图 5-44 所示，当夹紧力作用点位于定位元件支承面之外，将产生转动力矩，使工件发生倾斜或变形，从而破坏工件的定位。图 5-44(b) 所示夹紧力 F_{c1} 和 F_{c2} 作用点位于定位元件之上方的位置是正确的。

② 夹紧力的作用点应位于工件刚性较强的部位上，这对刚性较差的工件尤为重要。

如图 5-45 所示，图 5-45(a) 中，夹紧力作用在中间的单点，图 5-45(b) 中，夹紧力作用在的两侧点，前者的刚性较差，后者刚性较强，这样可避免工件发生变形，且夹紧也较为可靠。

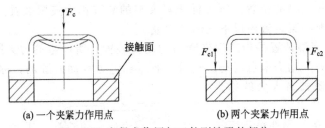

图 5-45 夹紧力作用与工件刚性强的部位

③ 为提高夹紧的可靠性，防止或减少工件加工时的振动，夹紧力的作用点应尽量靠近加工表面，以减小切削力对夹紧点的力矩。

如图 5-46 所示，因切削力矩 $FR'<FR$，同样的夹紧力作用于 O_1 比作用于 O_2 点，夹紧更加牢固可靠。

(2) 夹紧力作用方向的选择原则

① 夹紧力的方向应垂直于主要定位基面（限制自由度最多或定位精度要求高的定位基面），以保证加工精度。

图 5-47 所示为工件在支架上镗孔的简图。端面 A 是被加工孔的垂直度基准，夹紧力 F_{c1}、F_{c2} 垂直作用于主要定位基准 A，这样既可保证定位要求，又能使工件定位稳定可靠，工件夹紧和加工中的变形也小。夹紧力朝向基准 B 面，则因工件的 A 面和 B 面存在垂直度误差，就很难保证加工要求。反之，如果加工的孔与 B 面有一定的平行度要求，则夹紧力应垂直于 B 面。

② 夹紧力方向应与工件刚度最大的方向一致，以减小工件的夹紧变形。

图 5-48 所示为加工活塞时的两种夹紧方式。图 5-48(a) 所示结构中，夹紧力 F_c 作用在刚性较差的径向方向，活塞将产生过大的夹紧变形而无法保证加工精度。图 5-48(b) 所示结构中，沿活塞刚性较大的轴向夹紧，则夹紧变形较小，加工精度容易得到保证。

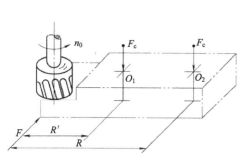

图 5-46 夹紧力作用点尽可能靠近加工面

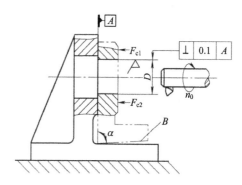

图 5-47 工件在支架上镗孔

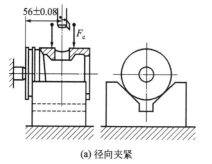

(a) 径向夹紧

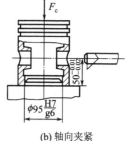

(b) 轴向夹紧

图 5-48 夹紧力与工件刚性关系

③ 夹紧力方向应尽量与切削力、重力等的方向一致，以减小夹紧力。

如图 5-49 所示，对比 5-49(a) 和 5-49(b) 两图，前者的夹紧力 F_{c1}、F_{c2} 与钻头进给力 F_t 和工件重力 G 都垂直于定位基面且三者方向一致，这时所需夹紧力最小；后者是从工件下面夹紧，所用的夹紧力 F_{c1}、F_{c2} 与钻头进给力 F_t 和工件重力 G 的方向相反，夹紧力比较大。加工时所需的夹紧力小，可以简化夹紧装置的结构和便于操作。

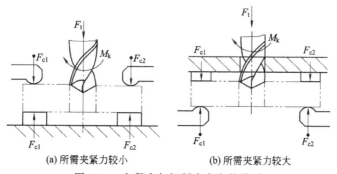

(a) 所需夹紧力较小　　(b) 所需夹紧力较大

图 5-49 夹紧力与切削力方向的关系

(3) 夹紧力大小的估算

设计专用机床夹具时，估算夹紧力是一件十分重要的工作。夹紧力过大可能会增大工件夹紧变形，还会增大夹紧装置的结构尺寸，造成成本增加；夹紧力过小工件夹不紧，切削加工中工件的定位遭到破坏，而且容易引发安全事故。夹紧力大小的确定，可以采用下述两种方法。

① 平衡计算法　此法是按照工件受力平衡条件,列出夹紧力的计算方程式,从中求出所需夹紧力。因为各种作用力在平衡力系中对工件所起的作用不完全相同,如加工中、小尺寸工件时切削力其主要作用；加工大型笨重工件时,还需考虑工件重力的作用；工件在高速运动时,离心力或惯性力对夹紧的影响不能忽视；切削力本身在加工过程中也是变化的。正因夹紧力大小计算的复杂性,一般只作简化计算：假设工艺系统是刚性的,切削过程稳定不变,将机床夹具和工件看成为一个整体,将作用在工件上的切削力、夹紧力、重力和惯性力等列出静力平衡方程式,求出理论夹紧力 F_c,再乘以安全系数 K（为保证夹紧力可靠）作为实际所需的夹紧力 F_c',即 $F_c'=KF_c$。考虑到切削力的变化和工艺系统变形等因素,考虑到切削力的变化、切削条件的变化、夹紧装置产生的夹紧力的稳定性等因素的影响,一般在粗加工时取 $K=2.5\sim3$；精加工时可取 $K=1.5\sim2$。

② 经验类比法　但在专用机床夹具的设计中,夹紧力的确定并非在所有情况下都需要理论计算。通常可根据经验或类比法估算确定所需的夹紧力。对于需要比较准确地确定夹紧力大小时,如气动、液压传动装置或容易变形的工件等,仍有必要对夹紧状态进行受力分析,估算夹紧力的大小。通常可通过工艺试验来实测切削力的大小,然后再进行夹紧力的计算。

5.6.3　常用的典型夹紧机构

各类夹紧装置中,不论采用何种动力源形式,一切外加的作用力都要转换成夹紧力,并通过夹紧机构来实现工件的夹紧。下面简要介绍几种常用的典型夹紧机构的结构、特点和应用等内容。

(1) 螺旋夹紧机构

螺旋夹紧机构是采用螺旋直接夹紧或与其他元件（如压板）组合实现夹紧工件的机构。由于螺旋夹紧机构结构简单,夹紧可靠,自锁性能好,且有较大的夹紧行程,所以在夹具中得到广泛应用。螺旋机构可以单独组成夹紧机构,也可以与其他结构联合组成夹紧机构。

① 单螺旋夹紧机构　图 5-50(a) 所示为一最简单的螺旋夹紧机构,可以将螺旋看成是绕在圆柱体表面上的斜面,将其展开就相当于一个斜楔。这种机构利用螺杆头部直接压紧工件,螺钉头部与工件表面直接接触,在夹紧时会使工件产生转动而破坏定位,且容易损伤与工件接触的表面。在图 5-50(b) 所示结构中,在螺杆 3 的头部装有活动压块 4 与工件夹紧表面接触。在拧动螺杆 3 时活动压块 4 不随螺杆转动,而只做轴向移动,可防止在夹紧时由摩擦力矩而带动工件转动,并避免了螺钉头部与工件接触面产生压痕。采用中间螺母 2 可提高

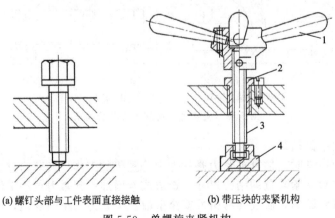

(a) 螺钉头部与工件表面直接接触　　(b) 带压块的夹紧机构

图 5-50　单螺旋夹紧机构

1—手柄；2—中间螺母；3—螺杆；4—活动压块

夹紧机构的使用寿命，且当中间螺母磨损时也可更换，从而迅速恢复螺旋夹紧的功能。

螺旋夹紧机构也是一扩力机构，夹紧力较大，一般可达 $i_c = 60 \sim 100$，夹紧行程也较大，在手动机床夹具中应用较多。它的缺点是动作慢，夹紧费时。在生产中，它常与其他机构联合使用，组成各种高效、可靠的夹紧机构。

② 螺旋压板夹紧机构　螺旋压板夹紧机构是一种应用最广的夹紧机构。图 5-51 所示的螺旋压板夹紧机构中，拧紧螺母 1 通过压板 4 压紧工件。由于被夹紧表面高度有较大尺寸差时，压板不能保持处于水平位置，在压板倾斜时为了避免螺栓承受弯曲力矩作用而遭到损坏，故在采用螺旋压板夹紧机构夹紧时，在夹紧螺母 1 和压板 4 之间要使用相互滑动的球面垫圈 2 及锥面垫圈 3。

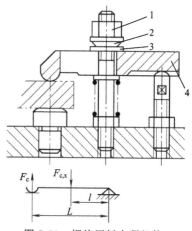

图 5-51　螺旋压板夹紧机构
1—螺母；2—球面垫圈；
3—锥面垫圈；4—压板

螺栓压板夹紧机构在操作时工人劳动强度大、操作时间长。在汽车零件机械加工中，经常将螺旋压板的中间传力机构与气缸或液压缸组合使用。

（2）斜楔夹紧机构

斜楔夹紧机构是利用斜楔的斜面楔入作用所产生的力来夹紧工件的机构。图 5-52 所示为气动滚子斜楔夹紧机构。夹紧工件时，由气缸推杆 5 推动斜楔 4 将装有滚轮 3 的滑柱向上推动，使滑柱上端的双头支承将左、右两个夹紧元件 2 顶起，从而来夹紧工件 1。

斜楔结构具有增力作用，斜楔的升角 α 越小，增力就越大。但斜楔的升角减小，斜楔的夹紧行程就要增加。斜楔的夹紧行程的增加倍数等于夹紧力的增力倍数，即夹紧行程增大多少倍，夹紧力就增加多少倍。斜楔夹紧工件时，只要斜楔的升角 $\alpha \leqslant \varphi_1 + \varphi_2$（其摩擦角）取得合适，就能实现夹紧机构的自锁。斜楔夹紧机构适用于成批大量生产中，夹紧较大型工件的场合。

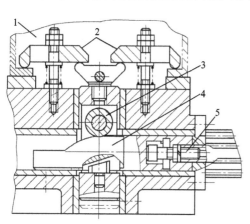

图 5-52　气动滚子斜楔夹紧机构
1—工件；2—夹紧元件；3—滚轮；
4—斜楔；5—气缸推杆

（3）定心夹紧机构

如图 5-53 所示，以轴线、对称中心为工序基准的工件，为了使定位基准与工序基准重合，采用定心夹紧机构（也称为自动定心机构）是最合理的选择。定心夹紧机构是在实现定心作用（定位基准与工序基准重合于机床夹具定位元件的对称轴线或对称中心平面）的同时，又将工件夹紧的机构。在这种机构中，定心夹紧机构中与工件定位基准（基面）相接触的元件，既是定位元件，又是夹紧元件。定位夹紧元件在这种机构中能等速趋近或退离工件，所以能将定位基面的误差沿径向或沿对称面对称分布，从而使工件的轴线、对称中心不产生位移，实现定心夹紧作用。定心夹紧机构分为机械式定心夹紧机构和弹性变形式定心夹紧机构。

① 机械式定心夹紧机构　机械式定心夹紧机构是利用斜楔、螺旋、偏心、齿轮和齿条

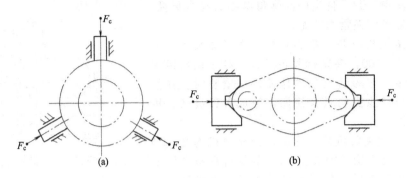

图 5-53　几何形状对称工作的定心与夹紧

等刚性传动件，使定位夹紧元件作等速位移来实现定心夹紧的。一般常见的三爪自定心卡盘、齿轮式偏心机构等都是机械式定心夹紧机构。

图 5-54 所示为螺旋双移动 V 形块式定心夹紧机构。其工作原理和夹紧过程为：工件装在两个可左右移动的 V 形块 2 及 3 之间，操纵具有左右旋的螺杆 1 控制 V 形块的移动。螺杆 1 的中部支承在叉形支架 4 上，叉形支架用螺钉紧固在夹具体上。借助调整螺钉 5 及 6 可调节叉形支架 4 的位置，以保证两个 V 形块的对中性。该定心夹紧机构的结构简单，工作行程较长，通用性好。但定心精度不高，适用于工作行程较长、定心精度要求不高工件的装夹。

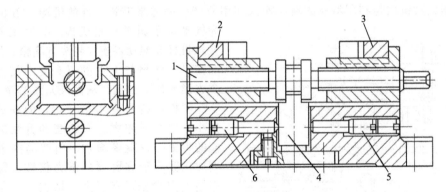

图 5-54　螺旋双移动 V 形块定心夹紧机构
1—螺杆；2,3—V 形块；4—叉形支架；5,6—调整螺钉

图 5-55 所示为齿轮偏心式定心夹紧机构。此机构装有三个与中心齿轮 4 相啮合的偏心卡爪 2，偏心卡爪分别装在齿轮轴 3 上。当圆盘形工件装入后，松开手柄 1，在拉力弹簧 5 的作用下，偏心卡爪 2 使齿轮轴 3 逆时针转动，三个偏心卡爪同时将工件定心并夹紧。若想松开工件，可顺时针转动手柄 1。齿轮式定心夹紧机构具有夹紧力随切削力矩增加而增大、结构简单、操纵方便、通用性好的优点。因其存在齿轮传动间隙和其他零件的制造误差等，其定心精度低，较广泛地应用在盘形零件的钻孔、扩孔等工序中。

② 弹性变形式定心夹紧机构　弹性变形式定心夹紧机构是利用薄壁弹性元件受力后产生的均匀变形，而使工件定位和夹紧的机构。这类定心夹紧结构和上一类相比定心精度高，但夹紧力有限，适用于精加工或半精加工场合。

图 5-56 所示为磨削圆柱齿轮内孔的一种弹性膜片定心卡盘。当气缸操纵推杆 6 向右推压在弹性膜片 1 中部时，弹性膜片 1 发生变形，此时卡爪 2 就略微径向张开而将滚柱 3 松开，此时可装卸被磨削的齿轮。圆周上有六个滚柱 3 的环 4 内套有被磨削齿轮的齿面，一同

装于卡盘的六个卡爪 2 内，工件齿圈端面靠在三个支承钉 5 上。当推杆 6 向左后退时，卡盘的弹性膜片弹性回复卡爪收拢，卡爪通过滚柱定心夹紧被磨削齿轮。这种弹性变形式定心夹紧机构的优点是操作简便、生产率高、定心精度高，可保证定心精度为 0.005～0.01mm；但它的缺点是夹紧力较小，因此多用于精加工，例如热处理后磨削圆柱齿轮内孔等。

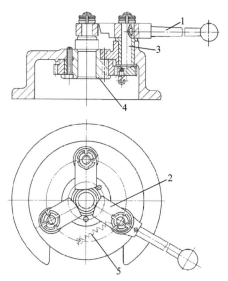
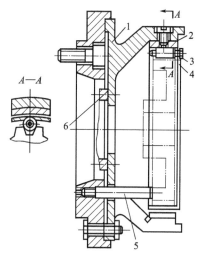

图 5-55　齿轮偏心式定心夹紧机构
1—手柄；2—偏心卡爪；3—齿轮轴；
4—中心齿轮；5—拉力弹簧

图 5-56　弹性膜片定心卡盘
1—弹性膜片；2—卡爪；3—滚柱；
4—环；5—支承钉；6—推杆

图 5-57 所示为定心夹紧连杆大头孔的液性塑料夹具。用于加工连杆小头衬套孔。夹具体 1 的主通道与属于弹性元件的薄壁套筒 2 内孔中部的环形槽相通，形成一个密封腔，腔内灌满液性塑料（网纹线表示）。液性塑料在常温下是一种半透明冻胶状物质，具有一定的弹性和流动性，不可压缩，物理性能稳定。手动拧紧加压螺钉 3，螺钉头部的柱塞对腔内的液性塑料施加压力，液性塑料能将所受的压力均匀地传递至套筒的薄壁上，迫使薄壁套筒 2 产生均匀的径向弹性变形，将工件内孔胀紧而定心夹紧。这个夹具在大批大量生产时，利用气缸操纵柱塞移动来实现对腔内的液性塑料施加压力而将工件定心夹紧。

液性塑料夹具定心夹紧可靠，定心精度高，一般可保证同轴度误差在 0.01～0.02mm 之内。由于薄壁套筒的变形量有限，夹持范围较小，故适用于精加工工序。

(4) 多位多件夹紧机构

若需要同时在几个点对工件进行夹紧或需要同时夹紧几个工件，则可采用多点多件联动夹紧机构。多位多件夹紧机构是通过操作一个手柄，可对一个工件的多个位置施加均匀夹紧，或同时夹紧多个工件的夹紧机构。

① 多件平行夹紧机构　图 5-58 所示为液性塑料多件夹紧机构，夹紧柱塞通过液性塑料的流动性补偿铜皮工件尺寸误差的变化，实现多件均匀地夹紧。这类夹具都是平行夹紧多个工件的，总的夹紧力较大。

② 多件顺序夹紧机构　如图 5-59 所示，该夹紧机构用于铣轴承盖两端面。夹紧时通过夹紧螺钉 2 将工件顺序地夹紧，夹紧力顺次地由一个工件传至另一个工件上。V 形定位压板 1 可绕销轴 3 转动，以保证各工件都被夹紧。若不计摩擦损失，每个工件的夹紧力等于螺钉产生的夹紧力。这种顺序多件夹紧，由于工件沿夹紧方向存在尺寸误差累积，因此适用于工件加工表面与夹紧方向相平行的场合。

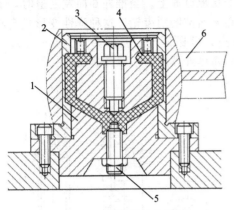
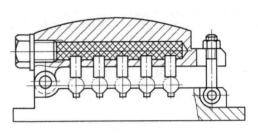

图 5-57 液性塑料夹具
1—夹具体；2—薄壁套筒；3—加压螺钉；4—液性塑料；5—定程螺钉；6—连杆

图 5-58 液性塑料模式

③ 多位夹紧结构　如图 5-60 所示的多位斜楔铰链式夹紧机构，可将一套夹紧机构的夹紧力施加在同一工件多出表面上。当操作气动手柄时，气缸活塞杆推动斜楔 2 向左移动（$A—A$ 旋转剖面图中）使铰链横杆 3 同时带动两个螺杆 5 向下移动，于是两个左、右压板 4 在工件（双点画线所示）的两个位置处同时将工件夹紧。这种机构借助于浮动夹紧实现多点夹紧，多用于多夹紧点相距较远的场合，如箱体零件的夹紧。图中铰链横杆 3 和螺杆 5 组成铰链机构——中间传力机构。

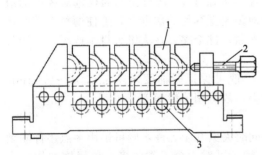
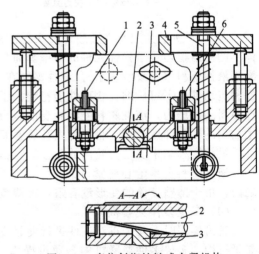

图 5-59 多件顺序夹紧机构
1—V 形定位压板；2—夹紧螺钉；3—销轴

图 5-60 多位斜楔铰链式夹紧机构
1—圆柱销；2—斜楔；3—铰链横杆；4—压板；5—螺杆；6—菱形销

(5) 夹具的动力装置

大批量生产中，多数机床夹具都采用自动夹紧装置，其动力源有气动、液动、气液联动等多种形式，相应的动力装置为气缸、液压缸、气-液增压器等，以代替手动夹紧。这样可以改善条件、减轻工人劳动强度和提高生产效率，其中用得较多的是气动和液压传动装置。下面仅简介气动夹紧的动力装置。

气动夹紧的供气系统如图 5-61 所示。气动夹紧的能源是压缩空气。压缩空气一般由企业的压缩空气站通过管路供应,因此每台机床不需自配空气压缩机等设备。此类夹紧装置的动力执行装置为各种形式的气缸或气室。压缩空气国通管路经气泵开关 1、空气过滤器 2、调压阀 3、压力计 5、油雾器 4 和换向阀 6 等附件进入气缸,推动气缸中的活塞工作。其中空气过滤器 2 的作用是滤去压缩空气中的污物和水分;调压阀 3 的功能是控制进入气缸的空气压力,并使其保持稳定的压力;油雾器的作用是当压缩空气通过油雾器时,使空气与雾化的润滑油混合,用以润滑气缸;换向阀 6 的作用是控制进、排气方向操纵气缸工作。气动夹具采用的压力值为 400~600kPa。

常用气缸有两类:活塞式气缸和薄膜式气室。下面仅介绍常用的活塞式气缸。气缸按工作状态有单向作用和双向作用气缸。应用广泛的是双向作用气缸。图 5-62 所示为一固定式双向作用活塞式气缸。气缸前盖 2 和后盖 3 用螺钉紧同在气缸体 1 上,压缩空气从前盖 2 和后盖 3 的进、排气孔进出,活塞 4 在压缩空气推动下做往复移动,活塞杆 6 与中间传力机构相连接或直接与夹紧元件相连接。活塞上装有密封环,可以防止气缸前后室漏气。

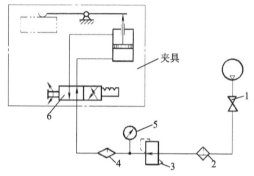

图 5-61 气动夹紧的供气系统
1—气泵开关;2—空气过滤器;3—调压阀;
4—油雾器;5—压力计;6—换向阀

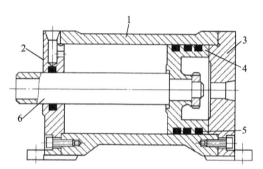

图 5-62 固定式双向作用活塞式气缸
1—气缸体;2—前盖;3—后盖;
4—活塞;5—密封圈;6—活塞杆

5.7 典型机床夹具

机械加工中使用的专用机床夹具种类繁多,且结构各不相同,为了对机床夹具的结构和特点有一个全面的认识,本书只介绍专用钻床夹具和专用铣床夹具。通过这两类机床夹具的介绍,了解机床夹具的组成、主要特点和应用。

5.7.1 钻床夹具

使用钻头、铰刀等孔加工刀具进行孔加工用的机床夹具称为钻床夹具,又称为钻模。它的主要特点是:在钻床夹具上,一般都安装距定位元件有一定位置和尺寸要求的钻套,通过钻套引导刀具进行加工。安装钻套的元件称为钻模板。其特点是具有引导钻头、铰刀等孔加工刀具的导向元件——钻套和安装钻套的钻模板。钻套和钻模板是钻床夹具的特殊元件。

5.7.1.1 钻床夹具的类型

根据工件被加工孔的分布情况和钻床夹具使用上的不同要求,钻床夹具有固定式、回转式、翻转式和滑柱式等类型。翻转式钻床夹具应用不多,不做介绍。滑柱式钻床夹具已经标准化,因此下面仅介绍固定式和回转式钻床夹具。

① 固定式钻床夹具 固定式钻模的结构特点是:钻模板与夹具体固定连接,加工过程中钻模的位置固定安装在钻床工作台上不动。这种钻模的定位精度相对较高,一般用于在立

式钻床加工单孔或摇臂钻床上加工平行孔系。

在机床上安装钻模时，一般应先将主轴上的钻头（精度要求高时用心轴）插入钻套中，以确定钻模的位置，然后将其紧固在机床工作台上，这样既可减少钻模的磨损，又可保证钻孔有较高的尺寸精度。

图 5-63 所示为加工拨叉轴向孔的固定式钻床夹具。工件以底端面和外圆柱面分别在圆支承板 1 和长 V 形块 2 上定位，限制五个自由度；旋转手柄 8，由转轴 7 上的螺旋槽推动 V 形压块 5 夹紧工件；钻头由安装在固定钻模板 3 上的钻套 4 导向。钻模板 3 用螺钉与夹具体固定连接。

② 回转式钻床夹具　回转式钻模就是工件和钻套可以相对转动，以便加工同一圆周上的平行孔系，或分布在同圆周上的径向孔系，属于多工位机床夹具。回转式钻模大多数是专用的钻床夹具和标准回转台联合组成。图 5-64 所示是立轴回转工作台与钻床夹具组合成的多工位钻床夹具。在这个夹具中，工件 3 装夹在以回转工作台 1 为基础件的标准回转分度机构上，利用标准回转分度机构相对于钻套的旋转，来完成工件圆周方向分布的各个孔。

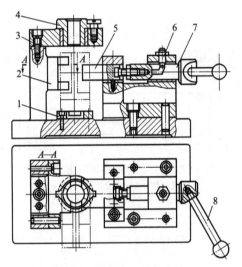

图 5-63　固定式钻床夹具
1—圆支承板；2—长 V 形块；3—钻模板；4—钻套；
5—V 形压块；6—止动螺钉；7—转轴；8—手柄

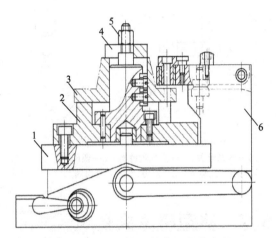

图 5-64　标准立式回转台与钻床夹具
组合成的回转式钻床夹具
1—回转工作台；2—钻床夹具；3—工件；
4—开口垫圈；5—夹具螺母；6—支架

图 5-65 所示为一套专用回转钻模。工件通过分度机构的分度在一次装夹中完成扇形工件上三个等分径向孔。工件以内孔、键槽和端面为定位基准，在夹具上分别定位在短定位销 6、键 7 和圆支承板 3 上，限制六个自由度。用夹紧螺母 5 和开口垫圈 4 夹紧工件。多工位分度装置由分度盘 9、等分锥套 2、分度插销 1 等组成。分度盘 9 的端面有三个分度锥孔，圆周上有三个径向均布的钻套。转轴后端的螺杆和把手 11 为分度盘的锁紧和松开机构。工件分度时，首先拧松把手 11，松开分度盘 9，然后手柄螺母 12 抽出分度插销 1，用手旋转分度盘 9 带动工件一起分度，当旋转分度盘至下一等分锥套 2 孔时，将分度插销插入，最后拧紧把手 11 将分度盘锁紧，之后就可加工下一个径向孔。钻头的导向由安装在固定式钻模板上的钻套 8 实现钻头的导向。

5.7.1.2　钻套

钻套是用来引导钻头、铰刀等孔加工刀具的导向元件。其作用是：确定孔加工刀具相对

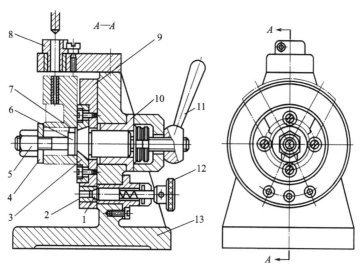

图 5-65 水平回转式钻床夹具

1—分度插销；2—等分锥套；3—圆支承板；4—开口垫圈；5—夹紧螺母；6—短定位销；
7—键；8—钻套；9—分度盘；10—衬套；11—把手；12—手柄螺母；13—夹具体

于夹具定位元件间的位置和引导孔加工刀具；提高刀具的刚性，防止其在加工中发生弯曲和偏斜。

(1) 钻套的基本类型

按钻套的使用情况和结构不同，可分为标准化钻套和特殊钻套。标准化钻套分为固定式、可换式和快换式三种，如图 5-66 和图 5-67 所示。

① 固定式钻套　固定式钻套结构较为简单，可获得较高的精度。固定式钻套多用于中、小批生产，使用过程中，不需要经常更换钻套。如图 5-66(a) 和图 5-66(b) 所示，固定式钻套直接以过盈配合压入钻模板孔内，图 5-66(a) 为无肩式结构，图 5-66(b) 为有肩式结构。这种结构的缺点是导向孔磨损后被压出，破坏了钻模板上的安装孔。

② 可换式钻套和快换式钻套　可换式钻套用在生产量较大，使用过程中需要更换磨损了的钻套的场合。可换式钻套装在衬套中，衬套按 H7/n6 的配合压入夹具体内，可换钻套外径与衬套内径一般采用 H7/g6 或 H7/h6 的配合，为防止在加工过程中钻头与钻套内径摩擦而使钻套发生转动，或退刀时钻套随刀具抬起，采用螺钉加以固定。可使用图 5-66(c) 所示可换式结构的钻套。钻套 1 以间隙配合装在衬套 2 的孔中，衬套 2 以过盈配合装在钻模板上，螺钉 3 则是为防止钻套 1 上下窜动而设置的。

当一次安装中，如需顺次进行钻、扩、铰孔或攻螺纹等多个工步时，需要使用不同内径的钻套来引导刀具时，为方便迅速更换钻套，可使用快换式钻套。使用时，不需卸下螺钉，只要将钻套朝逆时针方向转动一个角度，使得螺钉的头部刚好对准钻套上的缺口，然后往上一拔，就可以

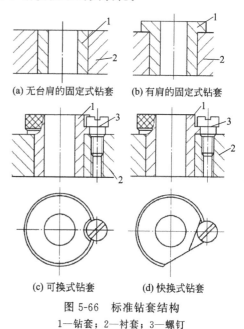

(a) 无台肩的固定式钻套　(b) 有肩的固定式钻套

(c) 可换式钻套　(d) 快换式钻套

图 5-66 标准钻套结构

1—钻套；2—衬套；3—螺钉

取下钻套。图 5-66(d) 所示的快换式钻套，更换钻套时，只需逆方向转动钻套至削边平面对准螺钉位置，不需要卸下螺钉就可快速向上提拉出钻套。

图 5-67 所示为几种特殊钻套结构。其中图 5-67(a) 为用于加工深坑底面空的加长钻套；图 5-67(b) 为用于加工区面上的孔；图 5-67(c) 用于加工孔间距很小的孔。

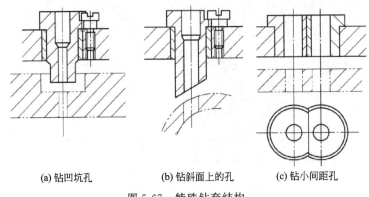

(a) 钻凹坑孔　　(b) 钻斜面上的孔　　(c) 钻小间距孔

图 5-67　特殊钻套结构

(2) 钻套有关的尺寸及其偏差

① 钻套的高度 H　钻套的高度与工件材料、钻孔直径、孔深、刀具刚度、工件表面形状等因素有关。如图 5-68 所示，若钻套的导向高度大，对刀具的导向作用好，但刀具与钻套间的摩擦会增大；反之，若钻套的导向高度小，虽然刀具与钻套间的摩擦会减小，但对刀具的导向性能变差。所以，钻套的高度 H 对孔加工刀具的导向作用以及刀具与钻套的摩擦影响很大。高度 H 与钻套内径 d 之间一般存在如下关系：$H=(1\sim2.5)d$。对于加工精度要求较高的孔，材料强度高，钻头刚性差，在工件斜面上钻孔或加工孔径较小时，比值应取较大值，反之取小值。

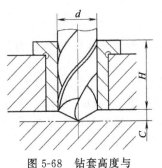

图 5-68　钻套高度与排屑间隙的尺寸

② 钻套与工件间的排屑间隙 C　钻套与工件间的间隙是排屑的空间，间隙不宜过大，否则影响刀具的导向精度，进而影响孔的加工精度；若间隙太小，切屑难以自由排出，会影响被加工孔的表面质量，甚至会因阻力矩的增大而折断钻头。一般可取为 $C=(1/3\sim1)d$ 加工铸铁等脆性材料，间隙 C 可取最小值；加工钢件时，间隙 C 应取最大值。其中大孔取小值，小孔取大值。

③ 钻套内径与刀具配合　钻套内径与刀具采取间隙配合的原则。钻套内径的尺寸及其偏差是根据刀具的种类和被加工孔的尺寸精度来确定的。钻套内径基本尺寸 d 应选择刀具最大极限尺寸，这样可以避免加工时刀具和钻套咬死。用于钻孔、扩孔的钻套内径可按 F7 制造；用于铰孔的钻套内径分两种情况：粗铰孔时取 G7，精铰孔时取 G6。

5.7.1.3　钻模板

安装钻套的零件就是钻模板。按其与夹具体的连接方式不同，可以分为固定式、铰链式、悬挂式、升降式和可拆卸式等结构形式。

① 固定式钻模板　钻模板和夹具体或支架固连在一起，两者之间没有相对运动，也即钻模板上的钻套相对于夹具体或支架是固定的，所以加工的位置精度较高。例如图 5-64 中，钻模板与夹具体间可用螺钉和圆柱销连接或铸造成一体。

② 铰链式钻模板　钻模板与夹具体为铰链连接。使用铰链式钻模板可以便于在钻孔后

进行攻螺纹和装卸工件。钻模板与夹具间用销轴连接。因铰链销轴与钻模板铰链孔间存在间隙，会影响加工的位置尺寸精度。加工时，钻模板需用菱形螺母或其他方法予以锁紧。

③ 悬挂式钻模板　若采用多轴传动头并进行平行孔系加工时，所用的钻模板需悬挂在多轴传动箱上，并随机床主轴往复移动，故称为悬挂式钻模板。图 5-69 所示为用于立式钻床上的多轴传动头及悬挂钻孔夹具。钻模板 3 装在两根导向柱 2 上，从而确定了钻模板相对于夹具体的位置。随着机床主轴下降，钻模板压在工件上，并借助弹簧 4 的压力压紧工件上平面，从而实现工件的夹紧。机床主轴继续下降，钻头进行钻孔。钻削完毕，钻头退出工件，钻模板也随机床主轴上升，回到原始位置。这样，装卸工件时可省去移开钻模板的时间。由于带有悬挂钻模板的钻床夹具可实现多

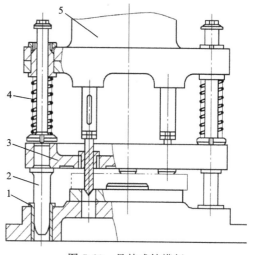

图 5-69　悬挂式钻模板
1—导向套；2—导向柱；3—钻模板；
4—弹簧；5—主轴箱

孔加工和利用钻模板夹紧工件，所以生产率较高，适合于大批生产中平行加工盘状等中等尺寸零件的多孔。因钻模板的定位采用活动连接，所以被加工孔与定位基准间尺寸误差较大，精度只能达到 ±(0.2～0.25)mm。

5.7.2　铣床夹具

5.7.2.1　铣床夹具的主要类型

铣床夹具是生产中应用较为广泛的一类机床夹具。铣床夹具多数是安装在机床工作台上的，并和工作台一起做进给运动。铣床夹具的结构在很大程度上取决于铣削的进给方式。常用的有直线进给的和圆周进给的铣床夹具。按夹具中同时装夹的工件数不同，还可分为单件和多件装夹的铣床夹具。下面仅介绍两套直线进给的专用铣床夹具。

(1) 单件加工的铣床夹具

图 5-70 所示为单件加工、直线进给的铣床夹具。这套铣床夹具用于铣削工件上的槽。工件以一面两孔作为定位基准，在夹具上相应的定位元件为支承板 7、圆柱销 1 和菱形销 3。两销斜对角布置减小了定位误差，定位元件共限制六个自由度。工件的夹紧通过螺旋压板夹紧机构来实现。夹具上设置一个对刀块 2 来进行对刀，以保证铣刀相对于夹具定位元件间的正确位置。依靠铣床夹具体底面上的两个定位键 6 来保证铣床夹具相对于铣床工作台间的正确位置。卸工件时，松开压紧螺母，螺旋压板在弹簧的作用下抬起，转离工件的夹紧表面。因为这套铣床夹具的夹紧靠两个分别操作的螺旋压板夹紧机构来完成，所以生产率较低，劳动强度较大，只适用于中批生产。

(2) 多件加工的铣床夹具

图 5-71 所示为直线进给、多件加工的铣床夹具，用于在小轴端面上铣槽。夹具底面上的两个定位键 8 实现夹具在铣床工作台上的正确位置。工件以小轴下端面和圆柱体作为定位基准，在夹具上相应地以支承钉 2 和 V 形块 7 定位，共限制五个自由度。每次装夹 6 个工件，利用夹具右端设置的薄膜气室 4 的动作，推动推杆 6 再顺序推动多个 V 形块 7 实现工件的顺序夹紧。铣刀的正确位置靠对刀块 1 来完成。由于采用多件顺序夹紧机构，辅助时间少，生产率较高，适用于大批大量生产。

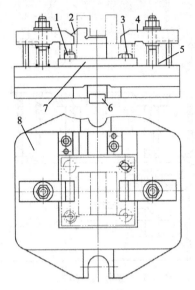
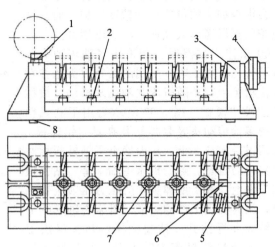

图 5-70 单件直线进给的铣床夹具
1—圆柱销；2—对刀块；3—菱形销；4—压板；
5—弹簧；6—定位键；7—支承板；8—夹具体；

图 5-71 多件加工的铣床夹具
1—对刀块；2—支承钉；3—夹具体；4—薄膜气室；
5—弹簧；6—推杆；7—V形块；8—定位键

5.7.2.2 定位键

铣床夹具常用装在夹具体底面上的定位键来保证铣床夹具对铣床工作台间相对位置。定位键就是保证铣床夹具对铣床工作台间相对位置的连接元件。图 5-72 所示为定位键的结构及使用实例，为了提高定位精度，定位键 2 安装在夹具体 1 底面的纵向槽中，在槽两端各布置一个定位键 2，并用螺钉 4 将其紧固在夹具体 1 上。将铣床夹具安装在铣床工作台上时，定位键的外露部分嵌入在铣床工作台的 T 形槽内，使铣床夹具相对于铣床工作台进给方向上占有正确位置。两定位键，在夹具允许范围内应尽量布置得远些，以提高夹具的安装精度。

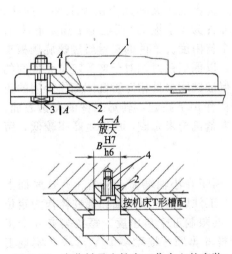
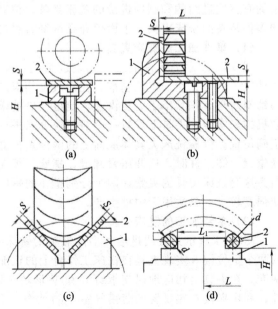

图 5-72 定位键及在铣床工作台上的安装
1—夹具体；2—定位键；3—T形螺钉；4—螺钉

图 5-73 对刀元件
1—对刀块；2—塞尺；S—与间隙值相等的塞尺厚度

5.7.2.3 对刀装置

对刀装置是铣床夹具上确定铣刀相对于夹具定位元件间正确位置的装置。对刀装置由对刀块和塞尺组成。塞尺的主要作用：首先检验调刀尺寸的精度，其次保证刀具和对刀块表面之间应留有一定的间隙，以免在加工过程中，造成对刀块的损坏。常用塞尺的尺寸 S 为 1mm、2mm、3mm、4mm、5mm，按精度 h8 制造。为防止铣刀切削刃损坏和对刀块的过快磨损，在采用对刀块对刀时，铣刀切削刃与对刀块工作表面应保持一定的间隙，而不是直接接触。在调整铣刀位置时，用塞尺塞入铣刀切削刃与对刀块工作表面的间隙内，凭与两者接触的松紧程度来判断铣刀的正确位置。

图 5-73 所示为加工不同表面使用的对刀元件。图 5-73(a) 为用于铣削平面的对刀装置；图 5-73(b) 为直角形对刀块，用于对立铣刀、槽铣刀等的对刀装置；图 5-73(c) 和 5-73(d) 为用于铣削成形表面的对刀装置。图中的 H 与 L 尺寸是对刀块工作表面与定位元件基准件要求的位置尺寸。当对刀要求高或夹具结构上不便设置对刀块时，也可使用试切法或样件来对刀。

5.8 夹具设计的方法和步骤

在进行夹具设计时，首先应该对被加工工件进行深入细致的分析，了解它们的尺寸、形状特征以及待加工表面的精度和表面粗糙度要求，这些是夹具设计的出发点。然后提出可行的定位和夹紧方案，并仔细地进行工件在夹具中加工的精度分析、夹具的经济性分析等，择优选用，由此确定夹具的总体方案。接着应该对夹具的具体结构进行构思，并绘制成装配图、零件图。

本节将以图 5-6(b) 所示汽车变速器拨叉钻孔、攻螺纹工序用的专用钻孔夹具为例，说明专用机床夹具的设计方法和过程。

5.8.1 夹具设计的要求

机床夹具设计必须满足下列基本要求。

(1) 保证设计任务书提出的工件加工的各项技术要求

设计夹具的最基本要求是保证工件加工的各项技术要求，因此，在夹具设计时，必须正确确定定位方案、夹紧方案，正确确定刀具的对刀、导向方式和合理制定夹具的技术要求等。

(2) 夹具的结构与其用途要和生产纲领相适应

零件的生产纲领，对于工艺过程及工艺装备都会产生十分重大的影响。例如，在大批量生产中，为保证较高的生产率，可以采用机动夹紧装置，如气动、液压等机动夹紧装置。中小批生产中，为达到良好的经济性和发挥专用机床夹具的功能，应尽可能使夹具结构简单，广泛使用单件加工和手动夹紧机构；在条件允许的情况下，也可考虑采用可调整机床夹具、成组夹具和组合夹具等。

(3) 尽量选用标准化夹具零部件

夹具设计时，为了提高夹具的标准化程度和设计质量，缩短夹具的设计和制造周期，降低夹具的制造成本，应尽量采用结构成熟的标准夹具元件、标准的夹紧机构和标准件等，减少非标准零件，以提高夹具的标准化程度。

(4) 夹具结构应具有足够的刚度、强度和良好的稳定性

夹具结构应具有较高的刚度和强度，这样才能保证工件加工精度要求和夹具本身的精度不受破坏，以及加工中夹具不发生振动等。夹具安装在机床工作台上应具有良好的稳定性，为此需注意夹具底面轮廓尺寸与夹具高度尺寸应适当成一定比例。

(5) 保证操作方便，工作安全，能减轻工人劳动强度

为了减轻工人的劳动强度，可以采用气动、液压等动力装置，并且还可以较好地控制夹紧力。为便于操作，夹紧机构的操作手柄一般应放在右侧或前面。操纵夹紧手柄或扳手在操作范围内应有足够的活动空间，这样便于夹紧工件。要防止夹紧机构的活动件与机床、刀具相碰撞，因此在设计时要认真查阅机床有关数据。同理，还要考虑清除切屑方便、安全，必要时应设置专门的排屑结构。

(6) 具有良好的结构工艺性

所设计的夹具应尽可能简单、合理，便于制造、装配、检测、调整和维修。对于夹具上精度要求高的位置尺寸和位置公差，应考虑能否在装配后以组合件的方式直接加工保证，或依靠装配时用调整的方法得到保证。

(7) 经济性要求

除考虑夹具本身结构简单、标准化程度高、成本低廉外，还应根据生产纲领对夹具方案进行必要的经济分析，以提高夹具在生产中的经济效益。

5.8.2 夹具的设计步骤

(1) 调查研究，收集资料

首先在已知生产纲领的前提下，研究工件的有关资料，包括零件图样、工序图、工艺规程和夹具设计任务书等技术文件，对工件进行工艺分析。了解工件的尺寸、形状、位置精度、工件的材料等全方位的要求，夹具所在工序的情况、零件的工序尺寸、工序基准、已加工表面、待加工表面、工序尺寸精度等。了解以及本工序使用的机床、刀具和量具等。其次根据设计任务收集有关资料，还收集一些同类夹具的设计图样，并了解企业的工装制造水平等。

(2) 确定夹具的结构方案

确定夹具结构方案时，主要完成以下工作内容。

① 确定工件的定位方案，设计定位装置。

② 确定工件的夹紧方案，设计夹紧装置。

③ 确定其他装置及元件的结构形式，如刀具的对刀、导向装置、分度装置等。对于夹具活动件，如夹紧装置、翻转式钻模板等，应根据它们的活动范围，用双点画线画出活动件的极限位置，注意防止元件间以及与机床、刀具相互发生干涉。

④ 确定夹具体的形式和夹具的整体结构及夹具在机床上的安装方式。

⑤ 确定夹具其他组成部分的结构形式。

(3) 绘制夹具的装配草图和装配图样

夹具总图绘制比例除特殊情况外，一般均应按国家标准1∶1绘制出工件的三面投影图，这样所设计的夹具具有良好的直观性。总图的主视图，应选择与操作者正对的位置。三视图应能完整清楚地表示出夹具工作原理和结构、各元件之间的相互位置关系和精度要求，以及夹具的外廓尺寸，以共使用和装配夹具时参考。

夹具装配图样可按如下顺序绘制。

① 把工件视为假想的透明体用双点画线画出工件轮廓、定位基准（基面）、夹紧面和加工表面。

② 画出定位元件、对刀元件和导向元件；设计机床夹具的目的，就是要实现工件和刀具的快速定位。定位元件实现了工件的快速定位，由对刀元件来实现刀具的迅速准确定位。对刀元件的结构是否合理、位置是否准确将影响加工表面的位置，造成加工尺寸误差，即产

生对刀误差。

③ 按夹紧状态画出夹紧元件和夹紧装置：应根据工件结构特点、采取的定位方案来确定夹紧方案，同时由确定夹紧力的原则，确定夹紧力的作用点及方向，必要时进行夹紧力的计算，继而选用或设计夹紧机。

④ 画出整个夹具结构。

⑤ 应标注出轮廓尺寸，必要的装配、检验尺寸及其偏差，主要元件之间的公差等技术要求，包括夹具的轮廓尺寸；夹具定位元件与工件定位基准间的配合尺寸及定位元件的位置公差。夹具与刀具的联系尺寸；夹具与机床连接的联系尺寸；夹具各组成元件的其他配合尺寸。

⑥ 对零件编号，编写夹具零件明细表和标题栏等。

(4) 绘制夹具零件图样

夹具中的标准件尺寸在标准中可直接查出，一般不需画零件图。根据夹具设计总图，测绘所有非标准零件的零件图，绘图时表达的结构应符合工艺性能要求，在零件图中应标出全部尺寸、表面粗糙度及必要的形状和位置公差、材料及热处理要求、其他的技术要求。

(5) 编写专用机床夹具设计说明书

第6章 汽车零部件加工精度及质量控制

汽车由成千上万个零件组成，零件的质量决定着汽车的质量。影响汽车产品质量的因素包括零件的材料、零件的制造、产品的装配和调试等，其中，汽车零件的制造质量影响产品的性能、寿命、可靠性等质量指标。制定工艺规程的前提条件是必须保证产品质量，所以掌握机械加工质量的基本理论是合理制定工艺规程的基本保证。

6.1 机械加工质量的概念

6.1.1 加工精度

零件的加工质量是保证机械产品质量的基础。零件的加工质量包括零件的机械加工精度和加工表面质量两大方面。

加工精度是指零件加工后的实际几何参数（尺寸、形状和表面见的相互位置）与理想几何参数相符合的程度，符合程度越高，加工精度就越高。理想几何参数，就尺寸而言，指的是平均尺寸；对表面几何形状而言，指的就是绝对的圆、圆柱、平面、锥面、直线等；对表面之间的相互位置而言，指的就是绝对的平行、垂直、同轴、对称和一定的角度。而且在实际加工中不可能把零件做得绝对准确，总会有一定的偏离。

加工误差是指加工后零件的实际几何参数（尺寸、形状和表面间的相互位置）对理想几何参数的偏离程度。加工误差的大小表示加工精度的高低，加工误差是加工精度的质量。每一种零件都有相对应的加工精度要求，也就是允许存在一定的加工误差，只要零件的加工误差在规定的范围之内，就认为零件是满足要求的合格产品。

零件的加工精度包含了三方面的内容：尺寸精度、形状精度和位置精度。这三者之间是有联系的。通常形状公差应限制在位置公差之内，而位置误差也应限制在尺寸公差之内。当尺寸精度要求高时，相应的位置精度、形状精度也要求高。但形状精度要求高时，相应的位置精度和尺寸精度有时不一定要求高，这要根据零件的功能要求来决定。

加工精度的具体内容如下。

① 尺寸精度 尺寸精度是指零件的直径、长度和表面间的距离等尺寸的实际值和理想值的接近程度。

② 形状精度 形状精度是指零件表面或线的实际位置和理想位置的接近程度，国家标准中规定用直线度、平面度、圆度、圆柱度、线轮廓度和面轮廓度作为评定形状精度的项目。

③ 位置精度 位置精度是指零件表面或线的实际位置和理想位置的接近程度，国家标准中规定用平行度、垂直度、同轴度、对称度、位置度、圆跳动和全跳动作为评定位置精度的项目。

一般情况下，零件的加工精度越高则加工成本相对越高，生产率则相对越低。因此设计人员应根据零件的使用要求,合理地规定零件的加工精度。工艺人员应根据设计要求、生产条件等采取适当的工艺方法,以保证加工误差不超过容许范围,并在此前提下尽量提高生产率和降低成本。

6.1.2 表面质量

经过机械加工后的零件表面,总是以"峰""谷"交替的形式偏离理想的表面,存在一定的微观几何形状偏差,表面层的物理力学性能也发生了变化。零件的表面质量是指机械加工后零件表面层的状况,包括加工表面的微观几何形状特征和表面层的物理力学性能变化特征两个方面。

如图 6-1 所示,加工表面的几何形状特征包括以下四个方面。

① 表面粗糙度 表面粗糙度是加工表面的微观几何形状误差,其波距和波高的比值一般小于 50。

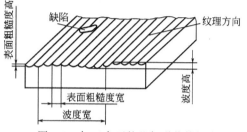

图 6-1 加工表面的几何形状特征

② 波度 波距和波高之比值等于 50~1000 的几何形状误差称为波度,它主要是由机械加工中的振动引起的。波距和波高的比值大于 1000 的几何形状误差为宏观几何误差。

③ 纹理方向 纹理方向是指切削刀痕的方向,它取决于所采用的加工方法。

④ 缺陷 缺陷是在产品表面个别位置随机出现的,包括砂眼、夹杂、气孔、裂痕等。机械加工过程中,在切削力和切削热的作用下,表面层的物理力学性能和化学性能将发生一定的变化,表面层的物理力学性能变化包括如下三个方面。

① 表面层因塑性变形引起的强化(冷作硬化)。

② 表面层中的残余应力。

③ 表面因切削热引起的金相组织变化。

6.2 产生加工误差的主要因素

机械加工中,零件的加工精度主要取决于工件和切削成形运动中的相互位置关系。而工件装夹在机床夹具中,机床夹具装在机床上,刀具和工件要受到机床和夹具的约束。因此,在机械加工时,机床、机床夹具、刀具和工件形成了一个完整加工系统即工艺系统。加工误差问题涉及整个工艺系统的误差问题。

工件装在夹具上可能产生定位误差;夹具装在机床上可能产生安装误差;因对刀(导向)元件的位置不准确,将产生对刀误差;因机床的精度、刀具的精度、工艺系统的弹性变形、热变形以及残余应力等原因,将引起其他加工误差。所有这些误差都会反映到加工零件上,所以机械加工后的零件,在尺寸、形状、位置等方面总存在一定的误差,而不可能绝对准确。根据零件的加工要求,将加工误差控制在一定范围内。

有关定位误差、安装误差和对刀误差已在第五章中讨论过,本节只讨论产生其他加工误差的主要因素。

6.2.1 原理误差

由于采用了近似的成形运动或近似的切削刃轮廓而产生的误差,称为原理误差或理论误差。滚切渐开线齿廓就是近似加工方法的实例,由于滚刀的齿数是有限的,所以滚切的渐开线不是理想的光滑渐开线,而是多条趋近于该曲线的折线。不仅滚切法是近似的加工方法,滚刀也是近似形状的刀具,也会引起加工误差。

在多数情况下,一些机床的成形运动传动链并不能准确地得到所需的平面,例如车螺纹时,如果螺距具有几位小数,在选择挂齿时,因为挂齿的齿数是固定的,所以往往只能得到近似的螺距。

应当指出当包括原理误差在内的加工误差总和不超过规定的工序误差时,可以采用近似的加工方法。近似方法往往比理论上精确的方法简单,有利于简化机床结构,降低刀具成本和提高生产率,是切实可行的加工方法。

6.2.2 机床的制造、安装误差及磨损

机床误差是造成加工误差的主要原始误差因素。机床误差主要包括机床主轴回旋误差、导轨导向误差、内联系传动链的传动误差以及主轴、导向间的位置关系误差几个方面。

主轴回转误差是指主轴实际回转轴线对其理想回转轴线的漂移。主轴回转误差会造成零件加工表面的形位误差及表面的皱纹度和表面粗糙度;导轨导向误差是指机床导轨副的运动件实际运动方向与理想方向的差值。对直线导轨而言,导轨导向误差包括导轨在水平面内和垂直面内的直线度误差,以及前后导轨的平行度误差。导轨导向误差会造成工件加工表面的尺寸、形状与位置误差。导轨副的不均匀磨损、机床安装不正确或地基不良,都会增加导向误差;传动链的传动误差是指内联系的传动链中首末两端传动元件之间相对运动的误差。它是螺纹、齿轮、蜗轮以及其他按展成原理加工时,影响加工精度的主要误差来源;机床主轴、导轨间的位置关系误差(如平行度、垂直度),将使加工表面产生形状与位置误差。下面举例进行说明。

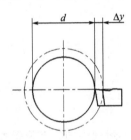

图 6-2 车床导轨在水平面内有直线度误差时

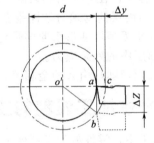

图 6-3 车床导轨在垂直面内有直线度误差时

6.2.2.1 机床导轨的直线度

机床导轨是机床移动部件运动的基准。机床导轨的直线度误差影响机床移动部件的运动精度,从而影响加工精度。如果车床导轨在水平面内有直线度误差 Δy,如图 6-2 所示,则会引起工件沿轴线方向任一截面的直径误差 $2\Delta y$。由于沿轴向的 Δy 值大小不等,还将引起工件的圆柱度误差。因此,如果车床导轨在水平面内有直线度误差,对工件精度的影响很大,必须控制。

如果车床导轨在垂直面内有直线度误差,如图 6-3 所示,则刀尖从 a 点移到 b 点,并引起工件半径上的加工误差 Δy。由直角三角形 $\triangle o'ab$ 知

$$\left(\frac{d}{2}+\Delta y\right)^2 = \left(\frac{d}{2}\right)^2 + \Delta z^2$$

则

$$d\Delta y + \Delta y^2 = \Delta z^2$$

略去 Δy^2,则

$$\Delta y = \frac{\Delta z^2}{d}$$

由于 Δz 很小，所以 Δz^2 更小，故这项加工误差很小。

因此，车床导轨在垂直面内有直线度误差，对工件直径的影响甚微，可以忽略不计。

6.2.2.2 机床导轨主轴轴线与导轨的平行度

在机床零件的制造、装配过程中都会存在一定的制造误差，在用户处，机床安装不当和使用中的磨损也会降低机床的精度，从而影响工件的加工精度。

如果主轴轴线和导轨在水平面内不平行时，工件被加工成锥体形。若平行度误差在长度 L 上为 a，则被加工表面的锥度为

$$k = 2a/L$$

如图 6-4 所示，如果机床导轨与主轴轴线在垂直面内不平行，则工件表面被加工成双曲面回转体形。图中 OX 为工件轴线，AC 为工件母线，即为刀尖运动轨迹，它与 XOY 平面的倾斜角为 β，则

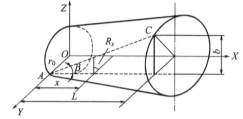

图 6-4 机床主轴轴线与导轨在垂直面内不平行

$$\tan\beta = \frac{b}{L}$$

式中 b——机床主轴轴线与导轨在垂直面内 L 长度上的平行度误差。

令 $x=0$ 处工件半径为 r_0，则任意位置 x 处的半径为

$$R_x = \sqrt{r_0^2 + x^2 \tan^2\beta}$$

或

$$R_x = \sqrt{r_0^2 + \left(\frac{x^2 b^2}{L^2}\right)}$$

如以 y 代替 R_x，则

$$\frac{y^2}{r_0^2} - \frac{x^2}{\left(\frac{Lr_0}{b}\right)^2} = 1$$

这就是双曲面方程式，则任意位置 x 处半径方向的加工误差为

$$\Delta R_x = \sqrt{r_0^2 + \left(\frac{x^2 b^2}{L^2}\right)} - r_0$$

6.2.2.3 机床主轴轴线旋转时轴线位置的变化

如果主轴旋转轴线的位置在加工过程中发生变化，影响工件的圆度。当车床主轴采用滑动轴承，由于切削载荷使主轴的轴颈始终紧压在轴承表面的一定部位上，则主轴轴颈的圆度会反映到工件上去。因此，采用滑动轴承的主轴轴颈的圆度误差一般都要求很严，普通精度的机床，此值为 $3 \sim 5 \mu m$。但轴承孔的圆度对加工精度没有影响。如果采用滚动轴承，则轴承的径向跳动必须保证严格的公差，为此可应用精密轴承和正确的安装方法。

在镗床上加工时，工件不旋转，机床主轴带着镗杆和镗刀一起旋转，由于切削力的方向时刻都在变化，因而主轴的轴颈始终以母线紧压着轴承表面的不同部位，这时滑动轴承的圆度将反应在工件上，而主轴轴颈的圆度对工件的精度则没有影响。

6.2.2.4 机床导轨的磨损

由于使用程度不同及受力不均，机床使用一段时间后导轨会发生磨损，机床的精度还要逐渐下降。对加工精度影响最大的是机床主轴的轴颈（采用滑动轴承时）和轴承的磨损，以

及床身导轨的磨损。而且沿全长上各段的磨损量和在同截面上各导轨的磨损量也不相等。导轨磨损会引起床鞍沿导轨移动时在水平面和垂直面内发生位移，产生加工误差。

6.2.2.5 控制机床误差的措施

① 导轨的误差来源于导轨的制造误差、不均匀磨损和变形、机床的安装误差等，为了减小导轨误差应合理设计导轨，以提高导轨的刚性、耐磨性。另外，要注意机床的正确安装，床身的水平调整，提高导轨的制造精度，加大导轨与工作台（溜板）的配合长度以均化导轨误差等。

② 机床中采用精密的主轴部件，如采用静压轴承（特别是静压球轴承，其径向和轴向跳动可达 $0.04\mu m$），或用短三瓦自位轴承。选用相应等级的滚动轴承，并相应提高轴颈、支撑孔、调节件的制造精度和配合质量等，都可以减小主轴回转误差。另外，主轴和装在主轴上的零件（如齿轮、带轮等）的动平衡，对减小主轴回转误差也有较大的作用。

③ 任何运动副、定位和导向元件的磨损，都会造成机床、夹具运动精度、导向精度、传动精度、几何位置精度以及定位精度的下降，使加工误差增大。还可能加剧机械振动的幅值使加工表面质量变坏。

防止机床磨损的措施有：施加足够的、合适的润滑剂；设置防止微粒进入界面的防护装置，并定期清除污物；采用气、液静压轴承和静压导轨；使用耐磨材料，如贴塑导轨、涂层导轨等；重载、高速运动副采用强制冷却措施等。

▶ 6.2.3 刀具的制造误差及磨损

刀具误差包括制造和磨损两方面。刀具对加工精度的影响，随刀具的种类不同而不同：采用定尺寸刀具（如钻头、铰刀、键槽铣刀、孔拉刀、丝锥、板牙、镗刀块及圆拉刀等）加工时，刀具的尺寸精度直接影响工件的尺寸精度；采用成形刀具（如成形车刀、成形铣刀、成形砂轮等）加工时，刀具的形状误差、安装误差将直接影响工件的形状精度；采用展成法刀具（如齿轮滚刀、花键滚刀、插齿刀等）展成加工时，刀具切削刃的几何形状及有关尺寸，也会直接影响加工精度；采用普通刀具（如车刀、铣刀、镗刀等），其制造精度对加工精度无直接影响，但刀具磨损后，也会影响工件的尺寸精度及形状精度。

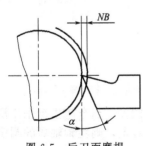

图 6-5 后刀面磨损

在精加工过程中，刀具磨损所引起的误差占加工误差总数的比例很大。要注意加工表面径向的切削刃磨损量，这种磨损通常称为尺寸磨损，即图 6-5 中的 NB。刀具在这个方向上的磨损不仅影响工件的尺寸精度，还影响工件的形状精度。如在车床上车长轴或镗深孔时，随着车刀逐渐磨损，可能在工件上出现锥度。用成形刀具加工时，刀具的磨损使工件的轮廓发生变化。在多刀机床上加工时，由于各刀具的磨损不可能一样，所以工件各部分的尺寸误差就不相同。

刀具磨损使刀刃变钝，还会使切削力逐渐增大，导致机床、工件和刀具弹性变形，工件尺寸因而产生额外变化。

减少刀具对加工误差影响的措施如下。
① 尺寸补偿或调整。
② 根据工件材料选用亲合力小、耐磨的刀具材料。
③ 选择相应的切削液，要求切削液有较强的浸润性、润滑性、冷却性、稳定性、对环境的无害性、防锈性。
④ 砂轮的自动修整与补偿。
⑤ 为提高刀具的耐用度适当减小切削用量。

6.2.4 工艺系统受力、受热变形引起的误差

6.2.4.1 工艺系统的受力变形

机床、夹具、工件和刀具构成的弹性系统简称工艺系统。切削加工时，由机床、刀具、夹具和工件组成的工艺系统，在切削力、夹紧力以及重力等的作用下，将产生相应的变形，使刀具和工件在静态下调整好的相互位置，以及切削成形运动所需要的正确几何关系发生变化，而造成加工误差。工艺系统的受力变形是影响加工精度的重要因素。

工艺系统受力变形产生误差的原因如下。
① 工艺系统在不同加工位置上静刚度差别较大。
② 毛坯余量不均或材料硬度不均引起切削力变化。
③ 传动力、惯性力、重力和夹紧力的影响。

工艺系统抵抗变形的能力，可用刚度 k 来描述，单位为 N/mm。工艺系统的刚度，是指切削加工时，在切削力的综合作用下，作用在工件加工表面上的法向分力 F_y 与刀具相对工件在该方向上位移 y 的比值，即

$$k = \frac{F_y}{y}$$

工艺系统刚度对加工精度的影响可以归结为两个方面：切削过程中，工艺系统的刚度会随切削力作用点位置的变化而变化，因此，使工艺系统受力变形亦随之变化，引起工件形状误差；如毛坯形状误差较大或材料硬度很不均匀，工件加工时切削力的大小就会有较大变化，工艺系统的变形也就会随切削力大小的变化而变化，因而引起工件加工误差。由于此时在工件上造成的加工误差的类型完全同于毛坯原有的形状位置误差类型，故称为"误差复映"。

(1) 机床的刚度及其对加工精度的影响

机床的刚度取决于各有关部件的刚度，各有关部件的刚度可通过实验测定，知道机床各部件刚度，就可计算出机床的刚度，下面以车床为例讨论机床刚度的计算。

图 6-6 所示在车床两顶尖间加工光轴的情况为例进行分析。在切削力 F_p 的作用下，主轴箱的位置从 A 移至 A'，尾座从 B 移动至 B'，刀架从 C 移动至 C'，主轴、尾座和刀架的变形量分别为 y_t、y_w、y_d。假定工件为刚体（即工件不变形，只考虑机床的变形），则工件轴线由 AB 移动至 $A'B'$，在离前顶尖 x 处的变形量为 y_x。机床的变形量 y_j 为

$$y_j = y_x + y_d \tag{6-1}$$

$$y_x = y_t + \frac{x}{L}(y_w - y_t) \tag{6-2}$$

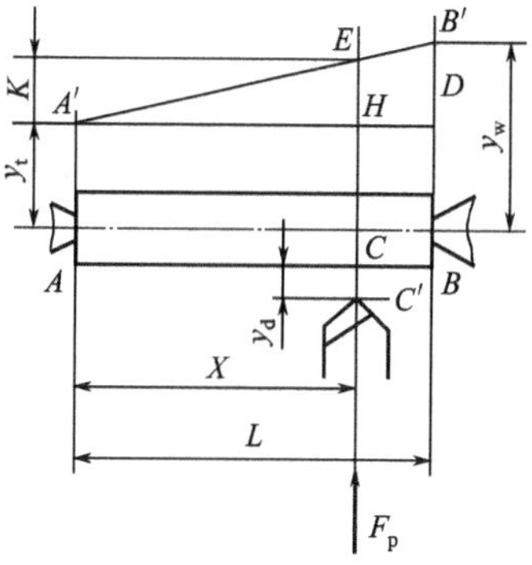

图 6-6 机床刚度的计算

设 F_A、F_B 分别为由切削力 F_p 在主轴和尾座处所引起的压力，则有

$$F_A L = F_p (L - x)$$
$$F_B L = F_p x$$

或

$$F_A = F_p \left(\frac{L - x}{L} \right)$$

$$F_B = F_p \left(\frac{x}{L} \right)$$

因为

$$y_t = \frac{F_A}{J_t}$$

$$y_w = \frac{F_B}{J_w}$$

故

$$y_t = \frac{F_p}{J_t}\left(\frac{L-x}{L}\right)$$

$$y_w = \frac{F_p}{J_w} \times \frac{x}{L}$$

代入式(6-2)并整理得

$$y_x = \frac{F_p}{J_t}\left(\frac{L-x}{L}\right)^2 + \frac{F_p}{J_w}\left(\frac{x}{L}\right)^2 + \frac{F_p}{J_d} \tag{6-3}$$

故任意点即离主轴为 x 处的机床刚度 J_j 为

$$J_j = \frac{F_p}{y_j} = \frac{1}{\frac{F_p}{J_t}\left(\frac{L-x}{L}\right)^2 + \frac{F_p}{J_w}\left(\frac{x}{L}\right)^2 + \frac{F_p}{J_d}} \tag{6-4}$$

由上式知，机床的刚度是车刀位置的函数，不是一个常数。因此，由于工艺系统弹性变形的影响，工件沿轴向的直径将不是一致的。一般取刀具位于工件中点处的刚度来代表机床的刚度，即以 $x=L/2$ 代入式(6-4)中，得到机床的刚度

$$J_j\left(\frac{L}{2}\right) = \frac{1}{\frac{1}{4}\left(\frac{1}{J_t} + \frac{1}{J_w}\right) + \frac{1}{J_d}} \tag{6-5}$$

在上式中令 $\frac{dJ_j}{dx} = 0$，可得刚度在 x_0 处的极值为

$$x_0 = \frac{L J_w}{J_t + J_w}$$

又因 $\frac{d^2 J_j}{dx^2} < 0$，所以 J_j 有最大值，即

$$J_{jmax} = \frac{1}{\frac{1}{J_t + J_w} + \frac{1}{J_d}} \tag{6-6}$$

(2) 工件的刚度及其对加工精度的影响

假设机床及刀具不产生变形时，工件的刚度可以近似地用材料力学中的公式计算。

(3) 刀具刚度及其对加工精度的影响

一般刀具，例如外圆车刀、面铣刀等，其本身在误差敏感方向的刚度很大，这类道具的受力变形对加工精度的影响很小。钻头的径向刚度很低，钻孔时钻头受力后引起轴线弯曲、偏斜，将导致被加工孔的尺寸、形状、相互位置产生误差。

工艺上提高刀具刚度的措施有：钻孔时采用钻套以提高钻头的刚度；镗孔时采用导向支承或专用镗模来提高镗刀杆的刚度等。

(4) 工艺系统的刚度对加工精度的影响

如果把工艺系统的各个环节的变形都换算到同一个点和同一个方向上，则整个系统的变形就等于

$$y_s = y_j + y_g + y_{dj} \tag{6-7}$$

式中　y_s——工艺系统变形；
　　　y_j——机床变形；
　　　y_g——工件变形；
　　　y_{dj}——刀具变形。

根据刚度定义，上式可写成

$$\frac{F_p}{J_s}=\frac{F_p}{J_j}+\frac{F_p}{J_g}+\frac{F_p}{J_{dj}}$$

$$\frac{1}{J_s}=\frac{1}{J_j}+\frac{1}{J_g}+\frac{1}{J_{dj}} \tag{6-8}$$

有时候为了计算方便，令刚度的倒数为柔度 ω，即

$$\omega=\frac{1000}{J}$$

式中　J——刚度，N/mm；
　　　ω——柔度，μm/N。

则

$$\omega_s=\omega_j+\omega_g+\omega_{dj} \tag{6-9}$$

在不同的情况下，工艺系统各环节的柔度是不同的。

根据前面的分析，对车床而言，由于车床刚度和工件刚度在工件全长上都是变值，故工艺系统的刚度在工件全长上也是一个变值。因此，加工后工件各个横截面上的直径尺寸各不相同，工艺系统的刚度在工件全长上差别越大，则零件的几何形状误差也越大。

(5) 误差复映规律

如果在车床上加工具有偏心（或其他形状误差）的毛坯，如图 6-7 所示，毛坯转一转时，背吃刀量从最小值 a_{p2} 增加到最大值 a_{p1}，然后再降至最小值 a_{p2}，切削力也相应地由最小增加至最大，又减至最小。这时，工艺系统各部件也相应地产生弹性压移，切削力大时，弹性压移也大，切削力小时，弹性压移销，所以偏心毛坯加工后所得到的表面仍然是偏心的，即毛坯误差被复映下来，只不过误差减小了，这称为误差复映规律。

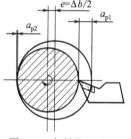

图 6-7　车削偏心毛坯

工件半径上的加工误差 Δ_w 可确定如下

$$\Delta_w=y_1-y_2=\frac{F_{p1}}{J_s}-\frac{F_{p2}}{J_s} \tag{6-10}$$

式中　y_1, y_2——背吃刀量为 a_{p1}、a_{p2} 时的工艺系统的弹性压移；
　　　F_{p1}, F_{p2}——背吃刀量 a_{p1}、a_{p2} 时工件法向切削分力。

根据切削原理，法向切削分力 F_p 与切向切削分力 F_c 有如下关系：

$$F_p=\lambda F_c$$

而

$$F_c=C_{F_c}a_p f^{0.75}$$

式中　λ——主要与刀具几何角度有关的系数，一般取 0.4；
　　　f——进给量；
　　　a_p——背吃刀量；
　　　C_{F_c}——与工件材料、刀具几何形状等相关的系数。

将 F_p 值代入式(6-9)中得

$$\Delta_w=\frac{\lambda F_{c1}}{J_s}-\frac{\lambda F_{c2}}{J_s}=\frac{\lambda}{J_s}(C_{F_c}f^{0.75}a_{p1}-C_{F_c}f^{0.75}a_{p2})$$

$$=\frac{\lambda}{J_s}C_{F_c}f^{0.75}(a_{p1}-a_{p2})=\frac{\lambda}{J_s}C_{F_c}f^{0.75}\Delta_b \tag{6-11}$$

式中 $\Delta_b=a_{p1}-a_{p2}$——毛坯的半径误差。

从上式可知，当毛坯的偏心 $2e=\Delta_b$（或其他形状误差）一定时，工艺系统刚度愈大，加工后工件的偏心（或其他形状误差）愈小，即加工后工件的精度愈高。

为了表示工件加工后精度提高的程度，引入误差复映系数，以 ε 表示为

$$\varepsilon=\frac{\Delta_w}{\Delta_b}=\frac{\lambda}{J_s}C_{F_c}f^{0.75} \tag{6-12}$$

ε 值愈小，加工后零件的精度愈高。

当该表面分几次工作行程进行加工时，第一次工作行程后的复映系数为 ε_1，第二次工作行程后的复映系数为 ε_2，第三次复映系数为 ε_3，则该表面总的复映系数为

$$\varepsilon=\varepsilon_1\varepsilon_2\varepsilon_3\cdots\varepsilon_n$$

由于每个复映系数均小于1，故总的复映系数 ε 将是一个很小的数值。这样，经过几次工作行程后，零件上的误差比毛坯误差小得多，有可能达到允许的公差范围，从而得到要求的精度。因此，精度要求高的表面，需通过粗、精和精整加工等几道工序完成加工。

(6) 控制工艺系统受力变形的主要措施

控制工艺系统受力变形的主要措施如下。

① 提高工艺系统的刚度，特别是薄弱环节的刚度。

② 采用辅助支承或跟刀架。

③ 改进刀具几何角度，合理选择切削用量以减小吃刀、扰刀。

④ 精度高的零件必须安排预加工工序。

⑤ 采用合理的装夹和加工方式，进行平衡处理。

a. 提高机床和夹具的刚度。在设计机床或夹具时，应尽量减少其组成零件数量，以减少总的接触变形量；在加工机床或夹具的组成零件时，应尽量提高有关组成零件连接表面形状精度，并减小其表面粗糙度值；对机床或夹具上的固定连接件，装配时采用预紧措施。

6.2.4.1 工艺系统受热变形

机械加工中，工艺系统受到切削热、摩擦热、环境温度和辐射热的影响将产生变形，使工件和刀具间的正确相对位置遭到破坏，造成加工误差。热变形对加工精度的影响比较大，特别是在精密加工、大型零件加工和自动化加工中，热变形所引起的加工误差通常会占到工件加工总误差的 40%～70%。

工艺系统的热变形的影响因素有以下几个。

① 机床热变形及其对加工精度的影响 机床受热而产生热变形的情况，视机床类型而异。机床在运转与加工过程中，由于内、外部热源的影响，温度会逐渐升高。由于机床各部分的热源和尺寸形状的不同，各部件的温升也不相同。由于不同温升，将使机床各部件的相互位置和相对运动发生变化，使机床的原有几何精度遭到破坏，从而造成工件的加工误差。

机床在运转一段时间之后，当传入各部件的热量与各部件散失的热量接近或相等时，其温度便不再继续上升而达到热平衡状态。由于机床各部件的尺寸差异较大，它们达到热平衡所需要的时间因而并不相同。热容量越大的部件所需要的热平衡时间越长。机床的床身、立柱、横梁等大型零件需要的时间一般要比主轴箱所需要的时间长。当整个机床达到热平衡状态之前，机床几何精度变化不定，它对加工精度的影响也变化不定。因此，精密加工常在机床达到热平衡状态之后进行。

车、铣、镗床类机床，其主要热源是主轴箱的发热。主轴箱内齿轮、轴承、离合器、带轮等的摩擦发热，会导致主轴在垂直面内和水平面内的位移和倾斜，也会使箱体和床身（或

立柱）发生变形或翘曲。坐标镗床为精密机床，要求有很高的定位精度，其主轴由于热变形产生的位移和倾斜将破坏机床的原有几何精度。立式铣床的热变形，将使铣削后的工件的平面与定位基面之间出现平行度或垂直度误差。磨床一般都是液压传动并有高速磨头，这类机床的热源主要是磨头轴承和液压系统的发热。轴承的发热将使磨头轴线产生热位移，当前后轴承的温升不同时，其轴线还会出现倾斜。液压系统的发热将使床身各处的温升不同，进而导致床身弯曲变形。

对大型机床如导轨磨床、外圆磨床、立式车床、龙门铣床等的长床身部件，除内部热源引起变形之外，机床床身的热变形将是影响加工精度的主要因素。由于床身长，床身上表面与底面间的温差将使床身产生弯曲变形，表面成中凸状。大型机床的立柱，受局部温差的影响较大，车间温度一般上高下低，机床立柱上下温差可达 4~8℃，由此而引起的热变形也是不可忽视的。

机床热变形与机床结构和外界条件有关，因此要减少机床热变形对加工的影响，要从结构设计和使用工艺两个方面考虑。

从结构设计方面可以采用的措施：热对称结构设计；使关键件的热变形在误差不敏感方向移动；合理安排支承位置，使热位移有效部分缩短；对发热大的热源采取足够的冷却措施；均衡关键件的温升。

从使用工艺方面可以采取的措施有：安装机床的区域保持恒定的环境温度，可以采用均布加热器、合理取暖、不靠近照射等措施；待机床达到或接近于热平衡状态后再进行加工，精密磨削中，经常采用这种方法。严格控制切削用量以减少工件的发热。如坐标镗床的切削深度和进给量分别不要超过 0.5~1mm 和 0.05~0.07mm/r，并将粗、精加工分开，待工件冷却后再进行精加工；把精密机床安装于恒温室内，以减少环境温度变化对加工精度的影响。例如，无恒温设备，精密加工应该在夜间进行，此时环境温度变化较小。

② 工件热变形及其对加工精度的影响　切削加工中，工件的热变形主要是由切削热引起的。工件受热变形，对一般加工影响不大，但对精密件、大件影响大。因为精密件精度高，大件变形大，且加工周期长。加工环境的温度变化会对其产生明显的影响。均匀的温度变化，将使工件的尺寸变化；不均匀的温度变化，将改变工件的形状。

工件的热变形与三种因素有关：传入工件的热量多少；工件的受热体积（尺寸）有关，薄壁零件，热变形较大，实心零件，热变形会相对小一些；工件受热均匀与否。工件的热变形可分为两种情况：一种是均匀受热或可以看成均匀受热，如室温变化、车磨外圆、车磨螺纹、镗孔等；另一种是不均匀受热，如磨平面、刨铣平面等。

一些形状简单、对称的零件（如轴、套筒等），加工时（如外圆车削、钻削、外圆磨削）可以认为切削热比较均匀地传入工件，传给工件的热量 Q 可按下式估算

$$Q = F_e v t K$$

式中　F_e——切向切削分力；

v——切削速度；

t——切削时间；

K——切削热传入工件的百分比。

工件因吸收热量而引起的温度升高为

$$\Delta t = \frac{Q}{c \rho V}$$

式中　c——工件材料的比热容；

ρ——工件材料的密度；

V——工件的体积。

由此引起的工件的热变形量为

$$\Delta L = \alpha_e L \Delta t$$

式中 α_e ——工件材料的线膨胀系数；

L ——工件在热变形方向的尺寸。

加工盘类、套类或较短轴类零件时，由于加工行程较短，可以近似认为沿工件轴向温升相等。因此，加工出的工件只产生径向尺寸误差而不产生形位误差。若工件精度要求不高，则可忽略热变形的影响。

加工细长轴类零件时，工件受热后，轴向也要伸长，一般工件轴向尺寸精度要求不高，所以影响不大。当工件采用两顶尖装夹，且后顶尖固定锁紧时，则加工中工件的轴向热伸长会使工件发生弯曲变形并可能引起切削状态失稳。因此加工细长轴时，经常会车一刀后调整一下后顶尖，再车下一刀，或后顶尖改用弹簧顶尖，以消除工件热应力和弯曲变形的影响。

对于轴向精度要求较高的精密丝杠，工件的热伸长会引起螺距误差。可见，热变形对工件加工精度影响极大。因此，在加工精密丝杠时，必须采取有效的冷却措施，以减少工件热变形量。

磨削薄壁类零件（如薄壁套、环）时，可视其为近似均匀变形，由于磨削时产生磨削热较多，且工件质量小，故在加工这类零件过程中温升较高，产生热变形较大。同时在零件夹压点处以及与外界接触面积较大部位，因散热条件好，该处温度较低，引起热变形小，就造成了工件热变形不均匀，引起加工余量不均匀，加工后工件将产生加工误差。图 6-8 所示为薄壁套筒零件在内外圆加工过程中产生热变形误差情况。

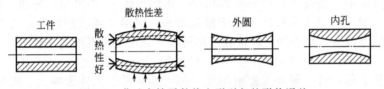

图 6-8 薄壁套筒零件热变形引起的形状误差

在磨削加工长圆柱类零件时，开始走刀时，工件温度较低，变形较小。随着切削的进行，工件温度逐渐升高，直径逐渐增大，导致工件表面被切削去的金属层厚度越来越厚，冷却后不仅产生径向尺寸误差，而且还会产生圆柱度误差（呈锥度）。

如图 6-9 所示，平面在刨削、铣削、磨削加工时，工件单面受热，上下面间形成温差 Δt，导致工件向上凸起，凸起部分被磨去，冷却后磨削表面下凹，使工件产生平面度误差。在工件受热时，工件凸起量随工件长度的增加而急剧增加，工件的厚度越薄，工件凸起量就越大。要减小变形误差，必须控制温差 Δt。

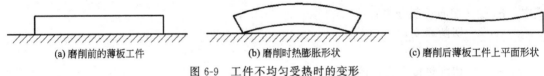

图 6-9 工件不均匀受热时的变形

减少工件热变形对加工精度影响的措施如下。
- 在切削区域施加充分冷却液，降低切削温度，减少切削时工件的热变形。
- 提高切削速度和进给量（如高速切削和磨削），使传入工件的热量减小。
- 工件在精加工前有充分时间间隔，使之充分冷却。
- 刀具和砂轮经常刃磨、修正，以减少切削热和摩擦热的产生。

• 使工件在夹紧状态下时还有伸缩的自由,如采用弹簧后顶尖、气动后顶尖等,以减小加工过程中工件的热变形。

③ 刀具热变形对加工精度的影响　刀具热变形的热源主要是切削热。切削热中传给刀具的比例虽然一般不大,但由于刀具尺寸小、热容量小而其温升有时并不小,对加工精度的影响有时是不能忽视的。

粗加工时,刀具热变形对加工精度的影响一般可以忽略不计;对于精度要求较高的零件,刀具热变形对其影响较大,将是加工表面产生尺寸误差或形状误差。以车削为例,车刀在切削热的作用下将产生温升,因而发生刀具热伸长,如在用高速钢车刀车削时,高速钢车刀的工作表面温度可达 700~800℃,刀具受热伸长量可达 0.03~0.05mm。

图 6-10 中的曲线 A 表示车刀在连续切削时的热伸长曲线。开始切削时,温升较快。刀具伸长量达到最大(图中 ξ_{max})。曲线 B 表示当切削停止后,车刀温度下降曲线。切削停止后,刀具温度立即下降,刚开始冷却较快,之后逐渐减缓。这种情况下的刀具热变形会造成长轴类工件产生圆柱度误差或大端面平面误差。在车削一批圆柱体时,由于切削和不切削、受热和冷却交错进行,因此车刀的热伸长曲线如图 6-10 曲线 C 所示,刀具能够较迅速地达到热平衡,刀具磨损可得到刀具受热伸长的部分补偿,这种情况下的刀具热变形对加工精度影响不明显。

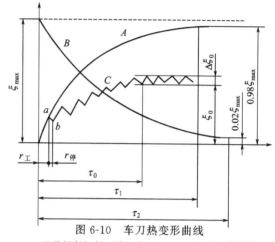

图 6-10　车刀热变形曲线

τ_0—刀具间断切削至热平衡时间;τ_1—刀具加热至热平衡时间;τ_2—刀具加热至热平衡时间

减少工艺系统热变形对加工精度影响的措施如下。

• 减少热源产生热量和隔离热源。减少切削热或磨削热,减少机床各运动副的摩擦热,分离热源。

• 加强散热能力。采用冷却、恒温等手段,使机床、刀具、工件变形减小。

• 控制温度变化,均衡温度场。当机床零部件温升均匀时,机床本身就呈现一种热稳定状态,从而使机床产生不影响加工精度的均匀热变形。

• 改进机床布局和结构设计。采用热对称结构,合理选择机床零部件的安装基准。

• 加速达到热平衡状态。当工艺系统达到热平衡状态时,热变形趋于稳定,加工精度易于保证。

• 控制环境温度。车间恒温、使用门帘、均匀布置等方法来控制环境温度。

• 热位移补偿。通过试验方法或实测获得机床处于热平衡状态下各部件的热变形规律,从而建立热变形位移数学模型,编制有效热补偿程序,由控制系统进行实时补偿。

6.2.5　工件内应力

残余应力重新分布引起的变形残余应力也称内应力,是指在没有外力作用下或去除外力后工件内存留的应力。具有残余应力的零件处于一种不稳定的状态。它内部的组织有强烈的倾向要恢复到一个稳定的没有应力的状态,即使在常温下,零件也会不断地缓慢地进行这种变化,直到残余应力完全松弛为止。在这一过程中,零件将会翘曲变形,原有的加工精度会逐渐丧失。

影响工件残余内应力的因素有：加工破坏了残余应力平衡条件，由于残余应力重新分布而引起工件形状变化；具有残余应力的零件在自然条件下，也会因残余应力松弛、重新平衡而丧失原有精度。

内应力产生的主要原因如下。

6.2.5.1 热加工过程中产生的内应力

在铸造、锻造、焊接和热处理等加工中，由于工件不均匀的热胀冷缩以及金相组织转变时的体积变化等原因，或者工件各处温度不同、冷却速度不同等，都会使工件产生较大的内应力。工件结构越复杂，壁厚相差越大，内应力就越大。具有内应力的毛坯的变形在短时间内还显示不出来，内应力暂时处于相对平衡的状态。但当切去一层金属后，就打破了这种平衡，残余内应力重新分布，工件就明显地出现了变形，直至达到新的平衡为止。例如，普通合金钢淬火后，有时会产生残余奥氏体，它是一个不稳定的组织，影响尺寸稳定性，这就是相变产生的内应力，淬火后进行冰冷处理可消除残余奥氏体。一般淬火时表层多产生压应力，有时压应力很大，超过材料强度极限时将使零件表面产生裂纹。

如图 6-11(a) 所示的铸件在 A、C 部分存在压应力，在 B 部分存在拉应力。这是因为浇铸后，A、C 部分冷却较 B 部分快所致。如果 C 部分开一个缺口，应力重新分布，则工件会产生如图 6-11(b) 所示的弯曲变形。

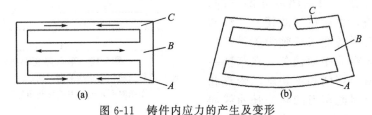

图 6-11 铸件内应力的产生及变形

6.2.5.2 冷校直产生的内应力

细长轴如丝杠经车削后其内应力会重新分布，使轴产生弯曲变形。为了纠正这种变形，常采用冷校直的方法。如图 6-12(a) 中实线所示的是零件未校直的状态，为了校直工件，施加外力 F，在外力 F 的作用下，使工件产生反向的弯曲，并使工件产生一定的塑性变形。当工件外层应力超过屈服极限时，其内层应力还未超过弹性极限，故其应力分布如图 6-12(b) 所示。去除外力 F 后，由于下部外层已产生拉伸的塑性变形，上部外层已产生压缩的塑性变形，故里层的弹性恢复受到阻碍，结果上部外层产生残余拉应力，上部里层产生残余压应力，下部外层产生残余压应力，下部里层产生残余拉应力，如图 6-11(c) 所示。

图 6-12 冷校直引起的内应力

冷校直能够消除工件的弯曲变形，但使工件内部组织处于不稳定状态。当继续切削加工时，外层金属被切除后使原有的应力平衡被打破，加工后的工件在其内应力重新平衡的过程中会产生新的弯曲变形。生产中高精度的细长轴类零件不允许采用冷校直，可采用热校直方法消除弯曲变形。

6.2.5.3 切削加工中产生的内应力

工件表面在切削力和切削热作用下，也会出现不同程度的塑性变形和金相组织的变化而引起局部体积的变化，从而产生内应力。一般情况下，表层受压应力，里层产生平衡的拉应力，但当受到切削热的作用时，可能会出现相反的情况。存在内应力的零件，即使在常温下，其内应力也会缓慢而不断地变化，直到内应力消失为止。在内应力的变化过程中，零件的形状将逐渐改变，使原有的加工精度逐渐消失。因此，对于精度要求较高的零件，粗加工后，需要做消除应力处理。

减少或消除内应力的措施如下。

(1) 合理设计零件结构，以减少毛坯残余内应力

在零件的结构设计中，应尽量简化结构，考虑壁厚均匀、焊缝分布均匀，减少尺寸和壁厚差，增大零件的刚度，以减小在铸、锻毛坯制造中产生的内应力。

(2) 采取时效处理

自然时效处理，主要是在毛坯制造之后，或粗加工后、精加工之前，让工件停留一段时间，利用温度的自然变化，经过多次热胀冷缩，使工件内部组织产生微观变化，从而达到减少或消除内应力的目的。这种过程对大型精密件（如床身、箱体等）需要很长的时间，往往影响产品的制造周期，所以除特别精密的工件外，一般较少使用。

人工时效处理，这是目前使用最广的一种方法，分高温时效和低温时效。人工时效需要较大的投资，设备较大，能源消耗多，因此该方法常用于中小型零件。

高温时效一般适用于毛坯件或在工件粗加工后进行。低温时效一般适用于工件半精加工后进行。

振动时效是消除内应力、减少变形以及保持工件尺寸稳定的一种新方法。工件受到激振器的敲击，或工件在滚筒中回转互相撞击，使工件在一定的振动强度下，引起工件金属内部晶格蠕变、转变，使金属的机构状态稳定，从而减少和消除内应力。这种方法节省能源、简便、效率高，近年来发展很快，但有噪声污染。可用于铸件、锻件、焊接件以及有色金属件等。

(3) 合理安排工艺过程

机械加工时，应注意粗、精加工分开在不同的工序进行，使粗加工后有一定的间隔时间让内应力重新分布，以减少对精加工的影响。切削时应注意减小切削力，如减小余量、减小背吃刀量，或进行多次走刀，以避免工件变形。在加工大型工件时，粗、精加工往往在一道工序中来完成，这时应在粗加工后松开工件，让工件有自由变形的可能，然后再用较小的夹紧力夹紧工件后进行精加工。锻件、铸件、焊接件在进入机械加工之前，应安排退火、回火等热处理工序；对箱体、床身等重要零件在粗加工之后需适当安排时效工序。

(4) 用热校直代替冷校直

6.2.6　其他误差

6.2.6.1　测量误差

测量误差是工件的测量尺寸与实际尺寸的差值。它是与量具、量仪的测量原理、制造精度、测量条件（温度、湿度、清洁度、振动、测量力等）以及测量技术水平等有关的误差。加工一般精度的零件时，测量误差可占工序尺寸公差的 $1/10\sim1/5$；加工精密零件时，测量误差可占工序尺寸公差的 $1/3$ 左右。

产生测量误差的原因主要有以下几个。

(1) 测量器具本身误差的影响

测量器具误差主要是由示值误差、示值稳定性、回程误差和灵敏度等方面综合起来的极限误差。量具、量仪本身的制造误差及磨损，测量过程中环境温度的影响，测量者的测量读数误差，测量者施力不当引起量具量仪的变形等。

(2) 测量环境的影响

温度、湿度、气压、振动、电磁场等环境因素的变化会引起测量误差，其中以温度的影响最大，测量的标准温度为20℃。精密测量要在恒温室内进行，以消除温度变化引起的误差。

(3) 人为误差的影响

如零件测量值的读数误差，测量过程中因用力不当引起的量具、量仪变形等，都会引起测量误差。

为了提高测量精度，选择量具时应从工件的精度要求出发，使所选量具的极限测量误差在工件公差的 1/10～1/3 的范围内，且在测量过程中，应尽量减小量具和被测量工件的温度差。精密测量应在相应等级的恒温条件下进行。

6.2.6.2 调整误差

在机械加工过程中，有许多调整工作要做，例如，调整夹具在机床上的位置，调整刀具相对于工件的位置等。由于调整不可能绝对准确，由此产生的误差，称为调整误差。调整误差是指工艺系统在加工时未调整到正确位置而产生的误差。在单件、小批生产中，普遍采用试切法调整；在大批大量生产中，则常用静调整法调整刀具的位置。例如，采用调整法加工时，刀具相对于工件未调整到正确位置，必然会产生加工误差，降低零件的加工精度。为了减小调整误差，对于中小型工件可制造一个标准件，或采用对刀样板来调整刀具和工件的相对位置；对于铣床夹具，为了方便、准确地调整铣刀和工件的相对位置，常常设计专门的对刀块来调整刀具的位置；在精密加工中常常采用对刀显微镜、光测、电测等仪器来调整刀具和工件的相对位置。

调整误差的大小与调整中所用工具（标准件、对刀样板等）的精度、调整过程中测量工件所产生的误差、机床调整机构的精度和灵敏度等因素有关。

改善调整误差的措施有以下几个。

① 提高定程机构的刚度及操纵机构的灵敏度，减小定程机构的制造、安装误差。

② 提高样件、样板制造、安装精度，增加试切工件数。

③ 及时更换刀具或重新调整机床，如使定位基准与工序基准或设计基准重合，提高定位基面及定位元件制造精度；减小夹紧变形；减少热源的发热和隔离热源；均衡温度场；采用热对称结构；合理确定调整尺寸；机床热平衡后调整加工；控制环境温度。

▶ 6.2.7 加工误差的分析方法

在实际生产中，影响加工精度的误差因素往往是错综复杂的，既有前述多种误差因素的叠加影响，又有许多目前尚未查明的误差因素的综合影响。对加工误差的分析在与确定系统误差的数值和随机误差的范围，从而找出造成加工误差的主要原因，以便采取相应的措施，提高零件的加工精度。

6.2.7.1 加工误差的分类

各种加工误差按其在一批工件中出现规律的不同可分为以下几种。

(1) 系统误差

在顺序加工一批工件中，其加工误差的大小和方向都保持不变，或者按一定规律变化，统称为系统误差。前者称常值系统误差，后者称变值系统误差。

(2) 随机误差

在顺序加工一批工件中，其加工误差的大小和方向的变化是属于随机性的，称为随机误差。

6.2.7.2 加工误差的分析计算法

适用于分析计算各系统误差对加工精度的影响。分析计算时可按如下步骤进行。

① 查明对某项加工误差有影响的各原始误差。
② 通过分析计算或测试、实验，建立加工误差与每一原始误差间的数学关系式。
③ 测量或计算出各原始误差的数值，代入数学关系式，计算出各单项加工误差。
④ 将各单项加工误差代数相加即得总加工误差。

6.2.7.3 加工误差的统计分析法

该法仅适用于采用调整法加工的成批、大量生产。在机械加工中，经常采用的统计分析法主要有分布图分析法和点图（$\overline{x}$-R 图）分析法两种。

(1) 分布图分析法

① 分布图的绘制步骤

a. 采集数据。成批加工某种零件，随机抽取数量为 n 的零件进行测量。抽取的这批零件称为样本，n 称为样本容量，通常取 $n=50\sim200$ 件。

b. 确定分组数 k、组距 d、各组组界和组中值。分组数 k 应根据样本容量 n 来选取，见表 6-1。

表 6-1 分组数 k 的选取

n	25～40	40～60	60～100	100	100～160	160～250
k	6	7	8	10	11	12

组距为

$$d = \frac{R}{k-1}$$

式中，R 为样本尺寸的最大值 $x_{\max}$ 与最小值 $x_{\min}$ 之差，称为极差，即 $R = x_{\max} - x_{\min}$。

各组组界为

$$x_{\min} = (j-1)d \pm \frac{d}{2} (j=1,2,3,\cdots,k)$$

各组组中值为

$$x_{\min} = (j-1)d$$

c. 以工件尺寸（组中值）为横坐标，以频数（同一尺寸组中零件的数量）m 为纵坐标（频数）绘制分布图。

d. 在分布图上标出该工序的公差带位置。

e. 计算样本的算术平均值 $\overline{x}$ 和标准差 s

$$\overline{x} = \frac{1}{n}\sum_{i=1}^{n} x_i$$

$$s = \sqrt{\frac{1}{n}\sum_{i=1}^{n}(x_i - \overline{x})^2}$$

式中，x_i 为各工件尺寸。

② 分布图分析法的应用

a. 判别加工误差性质。如果分布图曲线形状与正态分布曲线基本相符，说明加工过程中没有变值系统误差（或影响很小），此时可进一步根据样本算术平均值 $\overline{x}$ 是否与公差带中心重合来判断是否存在常值系统误差（不重合则表明存在常值系统误差），如分布图曲线形状与正态分布曲线有较大出入，则可根据分布图曲线形状初步判断变值系统误差的性质。

b. 计算工序能力系数 C_p（$C_\mathrm{p} = \dfrac{T}{6s}$，$T$ 为零件公差）。如 $C_\mathrm{p} > 1$，说明该工序的工序能力

足够，但加工中是否会出废品，还要看工艺系统调整是否正确；如$C_p<1$，那么不论怎样调整，不合格品总是不可避免，此时应采取精化机床、提高毛坯制造精度或改用更精密的加工方法等措施来减少随机误差。

分布图分析法可看出各种随机因素对加工精度的综合影响；可把常值系统误差与随机误差区别开来，确知它的大小和方向。分布图分析法的不足在于：没有考虑一批工件加工的先后顺序，故不能反映误差变化的趋势，难以区别变值系统误差与随机误差的影响；必须等到一批工件加工完毕后才能绘制分布图，因此不能在加工过程中及时提供控制精度的信息。

(2) 点图（$\bar{x}$-R 图）分析法

① $\bar{x}$-R 图的绘制步骤

a. 在一批工件的加工过程中，每隔一定时间抽取容量 $n=2\sim10$ 件的一个小样本，并计算出小样本的算术平均值 $\bar{x}_i$ 和极差 R_i。经过若干时间后就可得到 k 个小样本（常取 $k=25$）。

b. 以小样本的组序号为横坐标，小样本的算术平均值 $\bar{x}$ 和极差 R 为纵坐标，分别作出 $\bar{x}$ 点图和 R 点图。

c. 在 $\bar{x}$ 点图和 R 点图上作出中线和上、下控制线

$\bar{x}$ 点图：中线　　$\bar{\bar{x}} = \dfrac{1}{k}\sum\limits_{i=1}^{k}\bar{x}_i$

　　　　上控制线　$\bar{x}_s = \bar{\bar{x}} + A_2\bar{R}$

　　　　下控制线　$\bar{x}_x = \bar{\bar{x}} - A_2\bar{R}$

R 点图：中线　　$\bar{R} = \dfrac{1}{k}\sum\limits_{i=1}^{k}R_i$

　　　　上控制线　$R_s = D_1\bar{R}$

　　　　下控制线　$R_x = D_2\bar{R}$

式中，A_2、D_1、D_2 为常数，见表 6-2。

表 6-2　A_2、D_1、D_2 的值

N/件	A_2	D_1	D_2
4	0.73	2.28	0
5	0.58	2.11	0
6	0.48	2.00	0

② $\bar{x}$-R 图的应用　$\bar{x}$ 在一定程度上代表了瞬时的分散中心，故 $\bar{x}$ 点图主要反映系统误差及其变化趋势；R 在一定程度上代表了瞬时的尺寸分散范围，故 R 点图可反映出随机误差及其变化趋势。两种点图必须结合起来应用，根据图中点的分布情况可判别工艺过程是否稳定（波动是否属于正常），判别的标志见表 6-3。

表 6-3　正常波动与异常波动的标志

正常波动	异常波动
(1)没有点子超出控制线 (2)大部分点子在中线上下波动,小部分在控制线附近 (3)点子分布没有明显的规律性	(1)有点子超出控制线 (2)点子密集在中线上下附近 (3)点子密集在控制线附近 (4)连续 7 个点以上出现在中线一侧 (5)连续 11 点中有 10 点出现在中线一侧 (6)连续 14 点中有 12 点以上出现在中线一侧 (7)连续 17 点中有 14 点以上出现在中线一侧 (8)连续 20 点中有 16 点以上出现在中线一侧 (9)点子有上升或下降倾向 (10)点子呈周期性波动

6.3 表面质量的形成及影响因素

6.3.1 表面粗糙度

用金属刀具对零件表面进行加工时,影响加工表面粗糙度的因素有以下几个方面。

6.3.1.1 切削加工的表面粗糙度

(1) 切削的残留痕迹

刀具相对于工件作进给运动时,在加工表面留下了切削层残留面积,从而产生了表面粗糙度。理论残留面积高度是由刀具相对于工件表面的运动轨迹所形成,它是影响表面粗糙度的基本因素。其高度可根据刀具的主偏角κ_r、副偏角κ_r'、刀尖圆弧半径r_e和进给量f的几何关系计算出来。实际表面粗糙度最大值大于残留面积高度

残留面积的形状是刀具几何形状的复映。若车削加工主要是以切削刃的直线部分形成表面粗糙度(刀尖圆弧半径$r_e=0$),如图6-13(a)所示,则可以通过几何关系导出切削残留面积的最大高度为

$$H = \frac{f}{\cot \kappa_r + \cot \kappa_r'}$$

式中 κ_r,κ_r'——刀具的主偏角和副偏角;
　　　f——刀具的进给量。

如图6-13(b)所示,当刀尖圆弧$r_e \neq 0$,且残留面积完全由刀尖圆弧部分构成时,切削残留面积的最大高度为

$$H = \frac{f^2}{8 r_e}$$

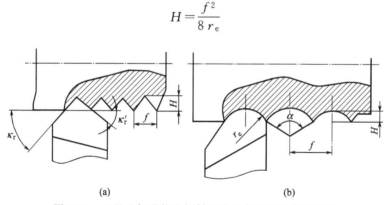

图 6-13　刀具几何形状和切削运动对表面粗糙度的影响

由上述分析可知,采用小的进给量,减小主偏角κ_r、副偏角κ_r'和增大刀尖圆弧半径r_e均可以减小残留面积的高度H,即减小了零件的表面粗糙度值。

(2) 积削瘤的影响

在中、低切削塑形金属材料时,由于高温、高压和摩擦阻力的原因,与前刀面接触的切屑底层流动缓慢,成为滞流层。在一定条件下,滞流层停滞不前,脱离切屑黏附在前刀面上形成积削瘤。当积屑瘤代替刀刃进行切削时,会引起过切,并因积屑瘤的形状不规则,从而在工件表面上刻划出沟纹;当积屑瘤分裂时,可能有一部分留在工件表面上形成鳞片状毛刺,同时引起振动,使加工表面恶化。在精加工时必须避免或减小积屑瘤。

在较低及中等速度下,用高速钢、硬质合金或陶瓷刀片切削塑性材料(低、中碳钢,铬钢,不锈钢,铝合金及紫铜等)时,在已加工表面常出现鳞片状毛刺,使表面粗糙度数值增大。

(3) 工艺系统振动的影响

机械加工时工艺系统的振动，是指刀具相对工件产生周期性的位移，在加工表面上形成波纹状的振痕。当振动频率较高时，加工表面粗糙度值增大；在频率较低时，会产生波度。而且，振动还会使刀具很快磨损或崩刃，机床连接特性将遭到破坏，也限制了切削用量的进一步提高，影响生产率。当振动严重时，切削过程就不能继续进行。机械加工时的振动有两种，即强迫振动和自激振动。

① 强迫振动　由外界具有一定频率的周期性变化的激振力所引起的振动称为强迫振动。当激振力频率接近或等于工艺系统本身的固有频率时，就会引起共振，对工艺系统危害严重。

强迫振动的主要特征是：强迫振动的频率与外界周期性干扰力的频率相同，或是它的整数倍；除由切削过程本身不均匀性所引起的强迫振动外，干扰力一般与切削过程无关，干扰力消除，强迫振动停止；强迫振动的振幅与干扰力的振幅、工艺系统的刚度及阻尼大小有关；在干扰力频率不变的情况下，干扰力幅值越大、工艺系统的刚度及阻尼越小，则强迫振动振幅越大；干扰力的频率与工艺系统某一固有频率的比值等于或接近于 1 时，系统将产生共振，振幅达到最大值。

强迫振动的振源有：机床上回转零件，如电动机、砂轮、带轮、卡盘、刀盘、工件等不平衡所引起的周期性变化的离心力；切削过程本身的不均匀性，如铣削、拉削加工，车削带键槽的工件表面等所引起的周期性变化的切削力；机床传动元件缺陷如制造不精确或安装不良的齿轮、V 带厚度不均匀、平带的接头、轴承滚动体尺寸及形状误差、液压泵工作时的工作液压力脉动等所引起的周期性变化的传动力；往复运动部件运动方向改变时产生的惯性冲击。

② 自激振动（颤振）　机械加工过程中，在没有周期性外力（相对于切削过程而言）作用下，由系统内部激发反馈产生的周期性振动。

自激振动的主要特征是：自激振动的频率等于或接近于系统的固有有频率；自激振动能否产生及其振幅的大小，决定于每一振动周期内系统所获得的能量与系统阻尼消耗能量的对比情况；由于维持自激振动的干扰力是由振动（切削）过程本身激发的，故振动（切削）一旦中止，干扰力及能量补充过程立即消失。

减轻或消除自激振动的措施：提高工艺系统的刚度；正确选择刀具的几何参数和切削用量；采用特殊的消振装置等。

(4) 工艺因素对表面粗糙度的影响

① 刀具方面　增大刀尖圆弧半径 r_e，减小主偏角 κ_r 及副偏角 κ_r'；使用长度比进给量稍大一些的修光刃（$\kappa_r'=0°$）；提高刀具刃磨质量，减少刀具前、后刀面的粗糙度值（抛光至表面粗糙度 Ra 在 $1.25\mu m$ 以下）；采用较大的前角 r_o 加工塑性大的材料；限制副刀刃上的磨损量；选用与工件亲合力小的刀具材料，如用陶瓷或碳化钛基硬质合金切削碳素工具钢，用金刚石或矿物陶瓷刀加工有色金属等；对刀具进行氧氮化处理（如对加工 20CrMo 与 45 钢齿轮的高速钢插齿刀）；选用细颗粒的硬质合金作刀具等进行切削加工时都能获得较小的表面粗糙度值。

② 工件方面　应有适宜的金相组织（低碳钢、低合金钢中应有铁素体加低碳马氏体、索氏体或片状珠光体，高碳钢、高合金钢中应有粒状珠光体）；加工中碳钢及中碳合金钢时，若采用较高切削速度，应为粒状珠光体，若用较低切削速度，应为片状珠光体组织。合金元素中碳化物的分布要细而匀；易切钢中应含有硫、铅等元素；对工件进行调质处理，提高硬度，降低塑性；减小铸铁中石墨的颗粒尺寸等都能降低切削加工表面粗糙度值。

③ 切削条件方面　以较高的切削速度切削塑性材料（用 YT15 切削 35 钢，临界切削速

度 $n>100r/min$);减小进给量;采用高效切削液(极压切削液,10%~12%极压乳化液和离子型切削液);提高机床的运动精度,增强工艺系统刚度;采用超声振动切削加工等也能获得较低的切削加工表面粗糙度值。

6.3.1.2 磨削加工的表面粗糙度

与切削加工时表面粗糙度的形成过程一样,磨削表面粗糙度形成原因既有几何因素(残留面积),也有塑性变形、软化、微熔等物理因素,以及工艺系统振动的影响。

降低磨削表面粗糙度的主要措施如下。

(1) 砂轮特性方面

采用细粒度砂轮(砂轮粒度号一般不超过80#,常用的是46#~60#);根据工件材料、磨料等选择适宜的砂轮硬度(通常选用中软砂轮);刚玉或氧化铝类砂轮适于磨削各种钢制零件,碳化硅类砂轮适于磨削硬质合金、铸铁、黄铜、铝等,人造金刚石砂轮适于加工光学玻璃、陶瓷,立方氮化硼砂轮可用于磨削高硬度、高强度钢;组织紧密的砂轮适用于精磨、成形磨削,中等组织的砂轮适用于一般磨削,疏松组织的砂轮适用于粗磨、平面磨、内圆磨,以及热敏感性较强的材料、软金属和薄壁工件的磨削;增大砂轮宽度,采用直径较大砂轮等。

(2) 磨削条件方面

降低工件速度,提高砂轮转速;采用较小的纵向进给量、磨削深度(背吃刀量),最后进行无进给光磨;砂轮修整要细,静、动平衡精度要高;正确选用切削液的种类、浓度比、压力、流量和清洁度;提高机床主轴的回转精度、工作台运动的平稳性以及整个工艺系统的刚度。

6.3.2 工件表面层的力学性能和化学性能

在切削加工中,工件由于受到切削力和切削热的作用,使表面层金属的物理力学性能产生变化,最主要的变化是表面层金属显微硬度的变化、金相组织的变化和残余应力的产生。磨削加工时所产生的塑性变形和切削热比刀刃切削时更为严重。

6.3.2.1 加工表面层的冷作硬化

(1) 加工硬化产生的原因

机械加工后,工件已加工表面表层金属的硬度常常高于基体材料的硬度,这一现象称为加工硬化。切削和磨削过程中,由于切削力的作用,工件表层金属产生了很大的塑性变形,使金属的晶格扭曲,晶粒拉长、破碎,并阻碍金属的进一步变形,使材料强化,硬度提高;同时,切削(磨削)温度将使材料弱化,更高的温度将引起相变。已加工表面的硬度变化就是这种强化、弱化和相变作用的综合结果。当塑性变形引起的强化起主导作用时,已加工表面就硬化;当切削温度引起的弱化起主导作用时,已加工表面就软化;当相变在磨削淬火钢时,如果发生退火,则表面硬度降低,但在充分冷却的条件下,却可能引起二次淬火而使表面硬度提高。

加工硬化通常以硬化层深度 h_d 及硬化程度 N 表示。h_d 是已加工表面至未硬化处的垂直距离,单位为 μm;N 是已加工表面显微硬度的增加值对原始显微硬度 H_0 比值的百分数,即

$$N=\frac{H-H_0}{H_0}\times 100\%$$

式中 H——已加工表面的显微硬度,GPa。

一般硬化层深度 h_d 可达几十到几百微米,而硬化程度 N 可达120%~200%。

适度的表层硬化可使零件表面的耐磨性提高，而且可以阻碍表面疲劳裂纹的产生和扩展。但硬度过大，则金相组织出现过大变形，影响耐磨性能，甚至出现较大的脆性裂纹而降低疲劳强度。

（2）影响加工硬化的因素

① 刀具方面　刀具的前角越大，切削层金属的塑性变形越小，故硬化层深度 h_d 越小。切削刃钝圆半径 r_n 越大，已加工表面在形成过程中受挤压的程度越大，故加工硬化也越大（见图 6-14）。随着刀具后刀面磨损量的增加，后刀面与已加工表面的摩擦随之增大，从而加工硬化层深度亦增大。

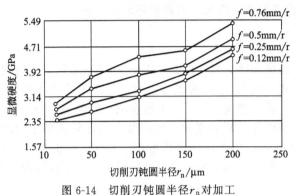

图 6-14　切削刃钝圆半径 r_n 对加工硬化的影响（工件：45 钢）

② 工件方面　工件材料的塑性越大，强化指数越大，熔点越高，则硬化越严重。对于碳素结构钢，含碳量越少，则塑性越大，硬化越严重。有色金属由于熔点较低，容易弱化，故加工硬化比钢小得多。

③ 切削条件方面　切削速度对冷硬程度的影响是力因素和热因素综合作用的结果，通常表现出加工硬化先是随着切削速度的增加而减小，到较高的切削速度后，又随着切削速度的增加而增加（见图 6-15）。增加进给量，将使切削力及塑性变形区范围增大，因此硬化程度随之增加（见图 6-14），而切削深度改变时，对硬化层深度的影响则不显著。采用有效的冷却润滑措施也可以使加工硬化层深度减小。

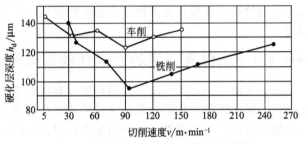

图 6-15　切削速度对硬化层深度的影响
（刀具：硬质合金；工件：45 钢；切削用量：车削时 $a_p=0.5$mm，$f=0.14$mm/r；铣削时 $a_p=3$mm，$a_f=0.04$mm/z）

6.3.2.2　表层金属的残余应力

(1) 残余应力产生的原因

切削或磨削过程中加工表面层相对基体材料发生形状、体积或金相组织变化时，工件表面层与基体材料的交界处产生相互平衡的应力，称为表面层残余应力。各种机械加工方法所得到的零件表面层，都存在或大或小、或拉或压的残余应力。切削加工时，被加工表面层产生残余应力的原因如下。

① 机械应力引起的塑性变形　切削过程中，刀刃前方的工件材料受到前刀面的挤压，使即将成为已加工表面层的金属沿切削方向产生压缩塑性变形，该压缩塑性变形由于受到里层未变形金属的牵制，故形成残余拉应力。另外，刀具的后刀面与已加工表面产生很大的挤压与摩擦，使表层金属产生拉伸塑性变形，刀具离开后，在里层金属的作用下，表层金属产生残余压应力。

② 热应力引起塑性变形　切削（磨削）时的强烈塑性变形与摩擦，使已加工表面层有很高的温度，而里层温度却很低。温度高的表层，体积膨胀，将受到里层金属的阻碍，从而使表层金属产生热应力。当热应力超过材料的屈服极限时，将使表层金属产生压缩塑性变形。切削后表层金属温度冷却至室温时，体积收缩，又受到里层金属的牵制，因而使表层金属产生残余拉应力，里层产生残余压应力。

③ 相变引起的体积变化　切削（磨削）时，若表层温度大于相变温度，则表层金属组

织可能发生相变。如果金相组织的变化引起表层金属的比体积增大，则表层金属将产生残余压应力；若金相组织的变化引起表层金属的比体积减小，则表层金属产生残余拉应力。

已加工表面层内呈现的残余应力，是上述诸因素综合作用的结果，其大小和符号则由起主导作用的因素所决定。切削碳钢时，通常在已加工表面层形成残余拉应力，其值可达 0.78～1.08GPa，而残余应力层的深度可达 0.40～0.50mm。

(2) 影响残余应力的因素

影响残余应力的因素较为复杂，总的说来，凡能减小塑性变形和降低切削温度的因素都能使已加工表面的残余应力减小。

① 刀具方面 当前角由正值逐渐变为负值时，表层的残余拉应力逐渐减小，但残余应力层的深度增大（见图 6-16）。在一定的切削用量下，采用绝对值较大的负前角，可使已加工表面层得到残余压应力（见图 6-17）。刀具后刀面的磨损量增加时，已加工表面的残余拉应力及残余应力层深度都将随之增加（见图 6-18）。

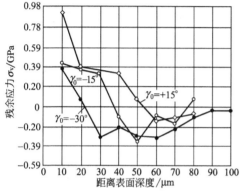

图 6-16 前角对残余应力的影响
（刀具：硬质合金工件：45 钢；切削用量：$v=150\text{m/min}$，$a_p=0.5\text{mm}$，$f=0.14\text{mm/r}$）

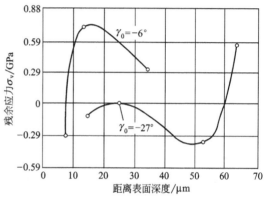

图 6-17 端铣时前角对残余应力的影响图
（刀具：硬质合金；工件：45 钢；切削用量：$v=320\text{m/min}$，$a_p=2.5\text{mm}$，$f=0.08\text{mm/z}$）

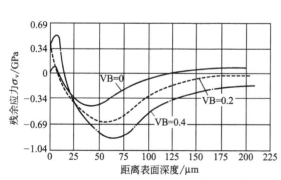

图 6-18 刀具后刀面磨损量 VB 对残余应力的影响
（刀具：单齿硬质合金端铣刀，轴向前角 0°，径向前角-15°，$a_0=8°$，$\kappa_\gamma=45°$，$\kappa'_\gamma=5°$
工件：合金钢；切削条件：$v=55\text{m/min}$，$a_p=1\text{mm}$，$f=0.13\text{mm/z}$，不加切削液）

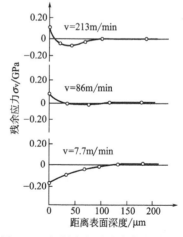

图 6-19 切削速度对残余应力的影响
［刀具：可转位硬质合金刀具，$\gamma_0=-5°$，$\alpha_0=\alpha'_0=5°$，$\lambda_n=-5°$，$\kappa_\gamma=75°$，$\kappa'_\gamma=15°$，$\gamma_\varepsilon=0.8\text{mm}$。
工件：45 钢（退火）；切削条件：$a_p=0.3\text{mm}$，$f=0.05\text{mm/r}$，不加切削液］

② 工件方面　塑性较大的材料，切削加工后，通常产生残余拉应力，而且塑性越大，残余拉应力越大。切削灰铸铁等脆性材料时，加工表面层将产生残余压应力。

③ 切削条件方面　已加工表面上的残余拉应力随切削速度的提高而增大，但残余应力层的深度减小（见图6-19）。切削速度增加时，切削温度随之增加，当切削温度超过金属的相变温度时，则情况就有所不同，此时残余应力的大小及符号取决于表层金相组织的变化。

进给量增加时，工件已加工表面上的残余拉应力及残余应力层深度都将随之增加。加工退火钢时，切削深度对残余应力的影响不太显著，而加工淬火后回火的45钢时，随着切削深度的增加，表面的残余拉应力将随之略有减小。

6.3.2.3　磨削烧伤与裂纹

磨削烧伤是指由于磨削时的瞬时高温使工件表层局部组织发生变化，并在工件表面的某些部分出现氧化变色的现象。磨削烧伤会降低材料的耐磨性、耐蚀性和疲劳强度，烧伤严重时还会出现裂纹。

淬火钢零件的磨削烧伤主要有下述两种形式。

① 回火烧伤　指当磨削区温度显著地超过钢的回火温度但仍低于相变温度时，工件表层出现回火屈氏体或回火索氏体软化组织的情况。

② 淬火烧伤　当磨削区温度超过相变温度时，工件表层局部区域就会变成奥氏体，随后受到冷却液及工件自身导热的急速冷却作用而在表面极薄层内出现二次淬火马氏体，次表层出现硬度大为降低的回火索氏体，这就是二次淬火烧伤。

磨削裂纹是指在磨削渗碳钢、工具钢、淬火高碳钢、硬质合金等工件时，容易在表层出现细微的裂纹。磨削裂纹一般很浅（0.03~0.05mm），严重时可达0.25~0.5mm，其延伸方向大体与磨削速度方向垂直或呈网状分布。

磨削裂纹的产生与磨前各加工过程所产生的缺陷，如材料表层中存在网状碳化物、非金属夹杂、组织疏松、成分偏析、晶界上的淬火变形等有关；裂纹通常与烧伤相伴而生。当工件表层的残余拉应力超过材料的抗拉强度时，就会产生磨削裂纹。

消减磨削烧伤与磨削裂纹的工艺途径如下。

① 正确选用砂轮　例如可采用颗粒较粗、较软、组织较疏松的砂轮；砂轮磨损后应及时修整。

② 改善磨削时的冷却条件　如采用内冷却方法；设法使冷却液渗透到磨削区中。

③ 合理选择磨削用量　例如提高工件的转速、采用较小的径向进给量。

6.4　加工质量对机器零件使用性能的影响

机器零件的使用性能如耐磨性、抗疲劳性和耐蚀性等除与材料性能和热处理有关外，很大程度上决定于加工后的表面质量。

6.4.1　表面质量对零件耐磨性的影响

零件的耐磨性主要与摩擦副的材料、润滑条件和表面处理有关，但在这些条件已经确定的情况下，零件的表面质量就起决定作用。

零件的磨损过程，通常分为三个阶段，摩擦副开始工作时，磨损比较明显，称为初期磨损阶段（一般也称为跑合阶段）。跑合后的摩擦副磨损就很不明显了，进入正常磨损阶段。最后，磨损又突然加剧，导致零件不能继续工作，称为急剧磨损阶段。

由于零件表面存在微观不平度，当两个零件表面相互接触时，实际上有效接触面积只是名义接触面积的一小部分，表面越粗糙，有效接触面积就越小、在两个零件做相对运动时，开始阶段由于接触面小、压强大，在接触点的凸峰处会产生弹性变形、塑性变形及剪切等现象，这样凸峰很快就会被磨掉。被磨掉的金属微粒落在相配合的摩擦表面之间，会加速磨损过程。即使在有润滑存在的情况下，也会因为接触点处压强过大，破坏油膜，形成干摩擦，加剧磨损。因此，零件表面在初期磨损阶段的磨损速度很快，起始磨损量较大。随着磨损的继续，有效接触面积不断增大，压强也逐渐减小，磨损将以较慢的速度进行，进入正常磨损阶段。在这之后，由于有效接触面积越来越大，零件间的金属分子亲合力增加，表面的机械咬合作用增大，使零件表面又产生急剧磨损而进入快速磨损阶段，此时零件将不能使用。

表面粗糙度对零件表面磨损的影响很大。一般说来在一定摩擦条件（摩擦因数、摩擦速度及压力、润滑性质等）下，表面粗糙度值越小，其耐磨性越好。但是表面粗糙度值太小，因接触面容易发生分子粘接，不易形成润滑油膜，磨损反而增加。因此，就磨损而言，存在一个最优表面粗糙度值。载荷加大时，起始磨损量增大，最优表面粗糙度数值也随之加大。图6-20表示发动机活塞销最合适的表面粗糙度值，这时的磨损最小。

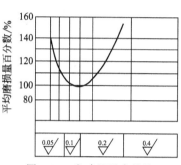

图6-20 发动机活塞销最合适的表面粗糙度值

表面加工纹理的形状及刀纹方向对耐磨性也有一定影响，其原因在于加工纹理形状及刀纹方向将影响有效接触面积与润滑液的存留。它随摩擦形式、摩擦条件和表面粗糙度的不同而不同。一般来说，圆弧状、凹坑状表面加工纹理的耐磨性好；尖峰状的表面加工纹理由于摩擦副接触面压强大，耐磨性较差。在运动副中，两相对运动零件表面的加工纹理方向均与运动方向平行时，耐磨性较好；两者的加工纹理方向均与运动方向垂直时，耐磨性最差；其余情况居于上述两种状态之间。但在重载工况下，由于压强、分子亲合力及润滑液储存等因素的变化，耐磨性规律可能会有所差异。发动机曲轴轴颈是在充分润滑条件下工作的，轴颈和轴瓦的加工纹理都应该平行于摩擦运动的方向，因此，为了提高耐磨性，必须使摩擦副表面具有符合摩擦条件的加工纹理方向。故对于机器零件的主要表面，除规定表面粗糙度参数值外，还应规定最后工序的加工方法及加工纹理方向。

加工表面的冷作硬化一般都能使耐磨性有所提高。其主要原因是：冷作硬化使表面层金属的显微硬度提高，塑性降低，减少了摩擦副接触部分的弹塑性变形及咬合现象，故可减少磨损。但并不是说冷作硬化的程度越高耐磨性越好，冷作硬化程度太高时，会降低金属组织的稳定性，使金属表面变脆。在摩擦过程中，有较小的颗粒脱落就会使磨损增大。

6.4.2 表面质量对零件耐疲劳性的影响

表面粗糙度对承受交变载荷零件的疲劳强度影响很大。在交变载荷作用下，零件表面粗糙度和裂纹等容易引起应力集中而产生和扩展疲劳裂纹造成疲劳破坏。应力集中主要发生在表面粗糙度的凹谷部位，谷底越深，谷尖半径越小，应力集中越严重。表面粗糙度值越小，表面缺陷越少，工件耐疲劳性越好；反之，加工表面越粗糙，表面的纹痕越深，纹底半径越小，其抵抗疲劳破坏的能力越差。故承受循环载荷的零件表面粗糙度值越大时，就容易发生疲劳破坏。减小表面粗糙度值将有助于提高疲劳强度。

表面粗糙度对耐疲劳性的影响还与材料对应力集中的敏感程度和材料的强度极限有关。钢材对应力集中最为敏感，钢材的强度极限越高。对应力集中的敏感程度就越大，而铸铁和有色金属对应力集中的敏感性较弱。

表面层金属的冷作硬化能够阻止疲劳裂纹的生长，可提高零件的耐疲劳强度。在实际加工中，加工表面在发生冷作硬化的同时，必然伴随产生残余应力。残余应力有拉应力和压应力之分，拉伸残余应力将使耐疲劳强度下降，而压缩残余应力则可使耐疲劳强度提高。强化过的表面层还可以显著地消除外部缺陷和表面微观不平度的有害影响。但冷硬层过大时，金属变脆，又容易产生裂纹，因此要把冷硬层控制在合理的范围内。

零件表面层残余应力的性质和大小，会直接影响疲劳强度。表面层内有压缩残余应力时，将提高零件的疲劳强度；表面层内有拉伸残余应力时，将降低零件的疲劳强度。这是因为零件的疲劳强度破坏常常是由于反复的拉伸应力作用的结果，如果预先在零件的表面层中施加压缩应力，就可以抵消在循环交变载荷下所产生的拉伸应力的作用。

为了提高零件的疲劳强度，可人为地在零件表面层造成压缩残余应力。这些方法有：喷丸加工或滚挤压加工；表面渗碳和淬火；淬火。

6.4.3　表面质量对零件耐蚀性的影响

零件在潮湿的空气或有腐蚀性的介质中工作时，常会发生化学腐蚀或电化学腐蚀。化学腐蚀是由于在粗糙表面的凹谷处容易集聚腐蚀性介质而发生化学反应。电化学腐蚀是由于两个不同金属材料的零件表面相接触时，在表面凸峰间产生电化学作用而被腐蚀掉。

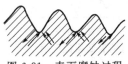

图 6-21　表面腐蚀过程

腐蚀性介质凝聚在金属表面，会对金属表层产生腐蚀作用。例如，燃料在发动机中燃烧后的废气中含有酸性物质，它凝结在气缸壁上，使气缸壁发生腐蚀，加速了气缸的磨损。如图 6-21 所示，机械加工后表面产生凹谷或是显微裂纹，腐蚀性物质就会集聚在凹谷和裂纹处，并按箭头方向产生侵蚀作用，逐渐渗透到金属内部，使金属断裂而剥落下来，然后形成新的凹凸表面。以后腐蚀作用再由新的凹谷向内扩展，如此重复下去。零件表面粗糙度值越大，腐蚀性物就越容易积于凹坑中，且容易渗入裂纹，因此耐蚀性能越差。表面层加工硬化或表面层存在压应力会有助于表面显微裂纹的封闭，因而可提高零件耐蚀性。

应力腐蚀是拉伸应力作用的结果，当零件表面层有残余压应力时，能够阻止表面裂纹的进一步扩大，有利于提高零件表面耐蚀的能力。如表面存在裂纹，则增加了应力腐蚀的敏感性。表面冷硬或金相组织变化，往往都会引起表面残余应力，如果相变或冷作硬化减缓裂纹扩展，形成表面残余压应力，可提高耐蚀性。反之，则加剧腐蚀作用。

有些零件按其在机器中的作用，并不要求小的表面粗糙度值，但是由于工作环境的原因，要求它有较高的耐蚀能力，此时，零件的表面必须经过抛光、光整加工。

6.4.4　表面质量对零件配合质量的影响

对于机器中相配合的零件，无论是间隙配合、过渡配合还是过盈配合，若加工表面的粗糙度值过大，则必然影响到它们的实际配合性质。

表面质量对零件配合质量的影响很大。对于间隙配合的表面，如果太粗糙，初期磨损量就很大，配合间隙迅速加大，从而改变配合性质。对于过盈配合表面，表面粗糙度越大，两表面相配合时，表面凸峰易被压平，会使有效过盈量减少，从而降低了过盈配合的连接强度。在过盈配合中，如果表面强化现象严重，则强化层的金属在配合压力下很可能与内部金属脱离，从而破坏配合性质。对于过渡配合表面，则兼有上述两种配合的影响。表面的残余应力影响零件配合的稳定性。因此配合质量要求高时，表面的粗糙度值要小。

第7章 汽车零部件装配工艺

7.1 装配工艺概述

汽车零部件装配是整个汽车制造过程中的最后一个阶段,在制造过程中占有非常重要的地位,汽车产品的质量最终由装配工作保证,因此,装配的质量对于汽车的使用性能和使用寿命影响很大。

虽然零件的加工精度是保证装配精度的基础,但是装配精度还是与装配工艺和技术相关。如果装配不当,即使所有加工的零件都合格也难以获得符合质量要求的产品。例如,轴和滑动轴承分别都达到了很高的加工精度,但是如果装配间隙调整不当,轴的回转精度就不能满足质量要求。有时为了降低制造成本,而适当降低零件的加工精度,以减少加工费用,通过合理的装配工艺来保证产品的精度要求。

对装配工艺的基本要求是:装配质量符合规定的技术要求、生产周期短、劳动生产率高、成本低、装配劳动量小、装配操作方便。

7.1.1 装配的概念

机械产品一般都是由许多零件和部件组成的。根据规定的装配精度要求,将零件结合成组件和部件,并进一步将零件、组件和部件结合成机器的过程称为装配。

零件是组成机械产品的基本单元。零件一般都预先装配成合件、组件和部件后才安装到机器上,直接进入机器的零件并不多。按照规定的技术要求将若干个零件永久连接(铆或焊)而成或连接后再经加工而成为合件,也称为套件,如装配式齿轮、发动机连杆小头孔压入衬套后再经精镗孔。组件是指一个或几个合件与零件的组合,没有显著完整的作用,如主轴箱中轴与其上的齿轮、套、垫片、键和轴承的组合件即为组件。部件是若干组件、合件及零件的组合体,并具有一定完整的功用,如柴油机上的喷油泵、喷油器、增压器、调速器等。而将零件、合件、组件和部件的组合过程称为总装,其成品为机器或产品。汽车则是由上述各种具有完整、独立功能的装配单元结合而成的整体。

7.1.2 装配精度

为了保证汽车总成或部件的使用性能,产品设计人员在产品设计时,都规定了许多装配精度。装配精度就是指机械产品或装配部件在装配后不同零件表面间形成的几何参数(尺寸、位置公差)及工作性能与理想值的接近程度。装配的精度要求,不仅对产品质量有影响,还对制造成本有影响。因此,它也是确定零件精度要求和制订装配工艺的基本依据。装配精度主要可以分为下面两大类。

(1) 几何方面的精度要求

几何方面的精度要求包括间隙、配合性质、相互位置精度和相对运动精度、接触质量等等。间隙和配合性质可以统一为尺寸精度要求,指相关零、部件之间的尺寸距离精度。装配中的相互位置精度包括相关零、部件之间的平行度、垂直度、同轴度及各种跳动等等。相对运动精度指产品中有相对运动的零、部件之间在相对运动方向和相对速度方向的精度。接触精度是指接触表面之间的实际接触面积的大小和分布情况。

(2) 物理方面的精度要求

物理方面的精度要求内容很多，如转速、重量、紧固力、静平衡、动平衡、密封性、摩擦性、振动、噪声、温升等，依具体机器的品种类型和用途，所要求的内容各不相同。

一般地说，产品的装配精度要求高，则零件的加工精度要求也高。但是，如果根据生产实际情况，制订出合理的装配工艺，也可以由加工精度较低的零件装配出装配精度较高的产品。总之，装配精度的保证，必须从产品的结构、零件的加工质量和装配方法以及检验等方面来综合加以考虑。

汽车或机械产品由零件组成，所以汽车或机械产品的装配精度与相关零部件的加工精度直接相关。零件的加工精度是保证装配精度的基础，在一般情况下，零件的精度越高，装配精度也越高。

汽车制造，不仅要保证每个零件的加工精度，还要使零件能正确地进行装配，达到规定的装配精度。汽车的装配精度包括：零件或部件间的尺寸精度，如间隙或过盈量；位置精度，如平行度、垂直度和同轴度等；相对运动精度，即在相对运动中保证有关零件或部件相对位置的准确度及各个配合表面的接触精度等。具体内容主要体现在以下方面。

① 轴与孔的配合间隙或过盈量。
② 总成或零件、部件间的位置公差。
③ 相邻旋转零件与固定零件的轴向间隙。
④ 往复运动件的行程范围，如内燃机活塞连杆机构中，活塞运动到上止点时活塞顶到气缸套顶平面间的余隙等。
⑤ 某些零件在机构中需要轴向定位而规定一定的轴向间隙。
⑥ 滚动轴承端面与轴承盖间的轴向间隙或过盈量。
⑦ 汽车传动装置中使用了多种滚动轴承，它们在安装时须预先卿鱼石定的轴向预加载荷。
⑧ 联轴器所连接的两轴轴线同轴度。
⑨ 滑动轴承中轴类零件的轴肩（或端面）与止推轴承间的轴向间隙。
⑩ 产品设计时规定的性能参数，例如发动机的压缩比等。
⑪ 机械变速器中滑动齿轮在啮合状态时，齿轮没有进入啮合宽度；齿轮分离状态时，轮齿分离的间隙值。
⑫ 锥齿轮传动副中，为保证齿侧间隙和接触区要求，所规定的锥齿轮副锥顶的位移值。
⑬ 为保证齿轮副或蜗轮副能正常啮合，齿轮副或蜗杆副的啮合中心距。
⑭ 为保证活动件运动自如，活动件相对于固定件间应留有一定的间隙值。

7.1.3 装配工作的基本内容

装配工作应该有一系列的装配工序以理想的作业顺序来完成。常见的基本装配作业有以下内容。

(1) 清洗

进入装配的零件必须先进行清洗，除去在制造、储存、运输过程中所黏附的切屑、油脂、灰尘等。部件或总成在运转磨合后也要清洗。清洗对于保证和提高装配质量、延长产品的使用寿命有着重要意义。特别是对轴承、密封件、精密零件、润滑系统等机器的关键部件尤为重要。保证清洗的质量主要靠合理选用清洗液、清洗方法及工艺参数。零件在清洗后，应具有一定的防锈能力。

(2) 连接

装卸过程中有大量的连接工作。连接方式一般可以分为可拆卸连接和不可拆卸连接两种。可拆卸连接在拆卸相互连接的零部、件时不损坏任何零件,拆卸后还可以重新连接。常见的可拆卸连接有螺纹连接、键连接及销钉连接,其中以螺纹连接应用最为广泛。

螺纹连接的质量除了受有关零件的加工质量影响外,与装配工艺有很大关系。如拧紧的次序不对,施力不均,零件将产生变形,降低装配精度,造成漏油、漏气、漏水等。运动部件上的螺纹连接,若拧紧力达不到规定数值,将会松动,影响装配质量,严重时会造成事故。因而应根据被连接零、部件的形状和螺栓的分布、受力情况,合理确定各螺栓的紧固力,多个螺栓间的紧固顺序和紧固力的均衡等要求。在汽车结构中,广泛采用螺纹连接,对螺纹连接的要求如下。

① 螺栓杆部不产生弯曲变形,螺栓头部、螺母底面与被连接件接触良好。

② 被连接件应均匀受压,互相紧密贴合,连接牢固。

③ 根据被连接件形状、螺栓的分布情况,按一定顺序逐次(一般为 2～3 次)拧紧螺母。

不可拆卸连接在被连接零、部件的使用过程中是不拆卸的,如要拆卸则往往会损坏某些零件。常见的不可拆卸连接有焊接、铆接和过盈连接等,其中过盈连接多用于轴、孔配合。对于过盈连接件,在装配前应保持配合表面的清洁。实现过盈连接常用压入配合、热胀配合和冷缩配合等方法。

① 压入法是适用于过盈量不大和要求不高的情况。压入法是在常温情况下将工件以一定压力压入装配,会把配合表面微观不平度挤平,影响过盈量。

② 重要的、精密的机械以及过盈量较大的连接处常用热胀(或冷缩)法,即采用加热孔件或冷却轴件的办法,缩小过盈量或达到间隙进行装配。

发动机装配时,过盈连接处很多,如活塞销与销孔的配合、气门座与气缸盖座孔的配合、飞轮齿圈和飞轮的配合、正时齿轮与曲轴的配合等。特别是气门座与座孔的配合,由于气门座位于气缸盖的热三角区,为了将热量迅速地传导出去,这就要求气门座和座孔间有良好的配合。因其过盈量较大,气门座又属薄壁件,若在常温下以压入法装配,不仅很难保证配合质量,而且常使气门座发生变形,严重时甚至损坏零件。对于这种薄壁零件的过盈配合,大多采用深冷技术或者采用冷却轴件和加热孔件配合运用,在有间隙的状态下进行装配,保证在常温下有良好的配合质量。

(3) 平衡

旋转体的平衡是装配过程中的一项重要工作。特别是对于转速高、运转平稳性要求高的机器,对其零、部件的平衡要求更为严格。有些机器需要在产品总装后在工作转速下进行整机平衡。

平衡方法可以分为静平衡和动平衡两种方法。静平衡可以消除静力不平衡;动平衡法不仅能消除静力不平衡,还可以消除力偶不平衡。

① 对于盘状旋转体零件,如带轮、飞轮等,一般只进行静平衡。

② 对于长度大的零件,如曲轴、传动轴等,必须进行动平衡。

质量平衡的方式有以下 3 种。

① 旋转体内的不平衡质量可用加工去除法进行平衡,如钻、铣、磨、锉、刮等。

② 旋转体内的不平衡质量也可用加配质量法进行平衡,如螺纹连接、铆接、补焊、胶接、喷涂等方法。

③ 旋转体内的不平衡质量还可以在预制的平衡槽内改变平衡块的位置和数量。

在发动机装配中,曲轴的动平衡尤为重要,由于曲轴自身的结构相对于旋转中心不对称,而且曲轴材料本身质量不均匀和加工尺寸精度等的影响,使曲轴在高速旋转时产生不平衡的惯性力,影响发动机的平稳运转,产生振动和噪声,增加磨损,从而影响到发动机的工作性能和缩短发动机的寿命。曲轴的平衡已普遍自动化,一般曲轴平衡自动化包括自动上下料、自动测量不平衡量及自动修正等。为提高发动机工作平稳性和性能,应对发动机整机装配后做一次平衡,因为发动机内各回转零件虽然进行了平衡,但各零件装配后,由于装配误差、不平衡量的综合误差,仍可能产生较大的旋转惯性力从而引起发动机的振动。但目前发动机整机动平衡尚未普遍采用。

(4) 校正、调整和配作

校正指相关零、部件之间相互位置的找正、找平作业,一般用在大型机械的基体件的装配和总装配中。调整指相关零、部件之间相互位置的调节作业。调整可以配合校正作业保证零、部件的相对位置精度,还可以调节运动副内的间隙,保证运动精度。配作指配钻、配铰、配刮和配磨等作业,装配过程中附加的一些钳工和机械加工工作。配刮是关于零、部件表面的钳工作业,多用于运动副配合表面的精加工。配钻和配铰多用于固定连接。只有在经过认真地校正、调整,确保有关零、部件的准确几何关系之后,才能进行配作。

(5) 验收试验

在组件、部件及总装过程中,在重要工序的前后往往需要进行中间检验。总装完毕后,应根据要求的技术标准和规定,对产品进行全面的检验和试验。汽车发动机的检验内容一般包括重要的配合间隙、零件之间的位置精度和结合状况检验等。

除上述内容外,油漆、包装也属于装配作业范畴,零、部件的转移往往是装配中必不可少的辅助工作,应考虑安排。

▶ 7.1.4 装配工作的生产类型和组织形式

与机械加工相似,装配的生产类型也可以按装配工作的生产批量划分为大批大量生产、成批生产和单件小批生产等类型。装配工作的工艺特点,如组织形式、保证配合精度的方法、工艺装备、手工操作等方面都受生产类型支配。

各类生产类型装配工作的工艺特点见表7-1。

表7-1 各种生产类型装配工作的工艺特点

装配工艺类型	大批大量生产	成批生产	单件小批生产
装配基本特征	产品固定,生产活动长期重复,有严格的生产节拍	产品分批交替投产,生产活动在一定时期内重复	产品经常变换,生产活动的重复性难以预计
生产组织方式	多用按产品专用的自动装配线及流水线装配,还可以采用自动装配机装配	批量较小时多用固定流水装配,批量较大时用流水装配线,多品种平行投产时用变节奏流水装配	多用固定装配或固定式流水装配
装配工艺方法	优先选择完全互换法,组成环较多时可以用不完全互换法,封闭环精度很高、组成环数少时可以用分组选配法	主要采用互换法,但可以灵活运用调整法、修配法、合并加工法等其他方法	以修配法和调整法为主,互换法比例较小
工艺过程、文件	仔细划分工艺过程,严格规定工时定额和生产节拍,编制详尽的装配工艺过程卡片、工序卡片、调整卡片	尽量使生产均衡,工艺过程的划分与具体的生产批量有关,编制详尽的装配工艺过程卡片及关键工序的工序、调试卡片	工艺可以灵活掌握,工序可以适当调度,一般不制定详细的工艺文件

续表

装配工艺类型	大批大量生产	成批生产	单件小批生产
工艺装备	多用专用、高效的装配设备及工具,现代装配工作中已大量使用机器人和机器手	通用设备较多。也采用一定数量的专用工、夹、量具	一般用通用设备和通用工、夹、量具
工人操作要求	修配、调整等手工操作比重很小,对装配操作工人的技术要求不高	手工操作比重较大,对装配操作工人的技术水平要求较高	手工操作比重大,要求操作工人技术水平高,有多方面的工艺知识和能力
发展趋势	用自动化流水线、机器人装配	采用成组工艺,用柔性自动装配线	采用成组工艺,用机械化、自动化的修磨、测试工具及固定式流水线装配

装配的组织形式主要取决于生产类型、装配劳动量和产品的结构特点等。装配工作的组织形式一般分为两种,即固定式装配和移动式装配。

固定式装配是将产品或部件的全部装配工作安排在一个固定的工作场地进行,装配过程中产品的位置不变,所需要的零、部件都汇集到工作场地附近。在单件小批生产中,特别是那些因为尺寸和重量较大,不便移动的重型机械,或因机体刚度较差,移动时会影响装配精度的产品,都采用固定式装配。

移动式装配是将产品或部件置于装配线上,通过连续的或间歇的移动使其顺次经过各装配工作地以完成全部工作。采用移动式装配时,装配过程划分较细,每个工作场地重复地完成固定的工序,广泛采用专用的设备和工具,生产率高。移动式装配多用于大批量生产,对于批量很大的定型产品还可以采用自动装配线进行装配。

7.2 装配工艺规程

7.2.1 概述

规定产品的装配工艺过程和装配方法的工艺文件,称为装配工艺规程。广义上讲,产品及其部件的装配图、尺寸链分析图、各种装配工装的设计、应用图、检验方法图及其说明、零件装配时的补充加工技术要求、产品及部件的运转试验规范及所用设备图以及装配周期图表等,均属于装配工艺规程范围内的文件。狭义上讲,装配工艺规程文件主要指装配单元系统图、装配工艺系统图、装配工艺过程卡片和装配工序卡片。

装配工艺规程是装配工作的指导性技术文件,又是制订装配生产计划、组织并进行装配生产的主要依据,也是设计装配工艺设备和装配车间的主要依据。装配工艺规程了使装配工艺过程规范化,对保证装配质量、提高装配生产效率、缩短装配周期、减轻工人的劳动强度、缩小装配占地面积和降低成本等都有重要的影响。

7.2.2 制订装配工艺规程的基本原则

制订装配工艺规程的基本原则是保证产品的装配质量要求,装配劳动量尽量小,钳工装配工作尽量少,装配周期尽量短,保证对装配的生产率要求,占用的生产面积尽量小。上述原则亦是衡量装配工艺规程是否经济合理的标准。

在装配工艺规程制订中,必须采取各种技术措施和组织措施,即合理地确定以下所述的装配工艺规程各项内容,以实现上述各项基本原则。

7.2.3 装配工艺规程的内容及制订的方法和步骤

装配工艺规程的主要内容包括：确定装配方法；划分装配单元；拟订装配顺序；划分装配工序；确定装配时间定额；规定装配技术要求；确定装配质量检查方法和检验工具；确定装配过程所用设备、工具及零、部件的传送方式；提出装配所需的专用工具和非标准设备的设计任务书。

制订装配工艺规程的方法和步骤如下。

(1) 分析关于装配工作的原始资料

通过对产品装配图和技术要求的研究，分析装配技术要求、尺寸链、结构工艺性和验收标准，深入了解产品及各部件的具体结构，各部件之间的相互关系、结合方式及要求。如果发现原始资料在完整性、技术要求、结构工艺性及尺寸链等方面有缺点或问题，应及时提出。这一阶段的重点是分析产品的装配结构工艺性。

(2) 确定生产组织形式

装配组织形式主要取决于产品的生产纲领和结构特点。确定装配组织形式后，也就相应确定了工作地布置、运输方式等内容，对总装和部装、工序划分、工序的集中与分散、所有的工装设备等都有很大影响。常用装配组织形式的工艺特点、适用对象见表7-2。

表7-2 常用装配组织形式的工艺特点

组织形式	工艺特点	适用对象
固定式装配	产品或部件的装配工作安排在一个固定的工作地上进行，所需要的零部件汇集在工作地附近。当批量很小时可以由同一组工人完成全部装配工作，对工人技术要求高，装配周期较长。批量较大时，可以由几组工人在不同工作地同时进行部装和总装，采用高效的夹具等装备，在总装场地形成装配对象固定而操作者流动的流水作业	小批、成批生产或大型产品生产，如机床或重型机械
人工移动式装配	装配对象用人工依次移动，操作者只完成一定的工作。工作场地和设备按装配工序的顺序布置。生产率较高，操作者的技术要求稍低，设备费用不高。对生产节拍有明确要求。但也有一定的灵活性	小批、成批及批量较大但装配工作较精细的轻型产品，如滚动导轨副的滑板部件
机械传送式装配	装配对象用机械化传送线依次移动，主要由人工和高效的工具、装备进行装配。生产率高，操作者的技术要求较低，调整者技术要求较高，设备费用较高。节奏性强，但灵活性较差。对工艺相似的多品种产品宜采用具有柔性的传送方式	成批或大批生产，如汽车发动机
刚性半自动及自动装配	装配对象用机械化传送线依次移动，装配作业主要由自动机完成。半自动装配用人工上、下料，部分装配作业由人工进行；全自动装配包括自动上、下料。生产率高，质量稳定，设备费用及调整要求高，节奏性强。但灵活性差	大批大量生产，如滚动轴承、冰箱压缩机、汽车变速箱
柔性半自动及自动装配	以装配中心、装配机器人及可编程乃至可重组的传送线为装配系统的主要组成。大量应用高新技术。设备费用及管理、控制要求高。能保证较强的生产节拍和较高的灵活性	批量生产的各种中小型机电产品

装配组织形式可以根据具体生产情况混合使用。如长规格的直线滚动导轨副，其滑板部件采用移动式装配，而导轨轴的作业采用固定式装配，最终组成导轨副产品。

(3) 划分产品装配单元，确定装配顺序

从装配工艺的角度出发，将产品分解为可以独立装配的各级部件及组件。应尽可能减少进入总装配的单个零件以缩短装配周期。

将产品划分为可进行独立装配的单元是制订装配工艺过程中一个最重要的一个步骤,这对于大批大量生产结构复杂的机器装配尤为重要。只有划分好装配单元,才能合理地安排装配顺序和划分装配顺序,以便组织装配工作的平行、流水作业。

划分装配单元后,要确定各部件、组件的装配顺序。首先选择装配基准件。基准件通常是装配单元的基体或主干零、部件,一般应具有相对较大的体积、质量和足够的支承面,以满足陆续装入零、部件时的作业要求和稳定性要求。例如,发动机缸体是发动机缸体组件的装配基准;汽车车架分总成是非承载式车身汽车的装配基准。基准件补充加工量应最少,尽可能不再有后续加工工序。另外,基准件的选择应有利于装配过程的检测,有利于工序间的传递运输和翻身、转位等作业。

基准件在装配单元中首先进入装配,然后根据装配单元的具体结构,按照先下后上、先内后外、先难后易、先精密后一般、先重大后轻小的规律确定其他零、部件的装配顺序。

确定装配顺序后,即可绘制装配单元系统图。

(4) 划分装配工序

划分装配工序的一般原则如下。

① 前面工序不应妨碍后面工序的进行。因此,预处理工序要先行,如清洗、倒角、去毛刺和飞边、防腐除锈处理、油漆、涂装、干燥等安排在前;先里后外;先下后上;先难后易。

② 后面工序不能损坏前面工序的装配质量。因此,冲击性装配、压力装配、加热装配、变温装配、补充加工工序等应尽量安排早期进行,以保证整台机器的装配质量。

③ 减少装配过程中的运输、翻身、转位等工作量。因此,为了减少待装件在车间内的迂回和设备的重复设置,相对基准件处于同一方位的装配作业,使用同样装配工装、设备或对装配环境有同样特殊要求的作业应尽可能连续安排。

④ 减少污染、减少安全防护工作量及其设备。对于易燃、易爆、易碎、有毒物质或零、部件的安装,应尽可能集中在专门装配工作地点进行,并安排在后期进行。

⑤ 导线、导管(导气管、导液管)等管、线的安装根据情况安排在合适工序中,以防止零、部件的反复拆装。

⑥ 及时安排检验工序,特别是在对产品质量影响较大的工序后,要经检验合格后才允许进行后面的装配工序,以保证装配精度和装配效率。

装配顺序确定后,就可将装配工艺过程划分为若干个工序。划分装配工序主要工作如下。

① 确定工序集中与分散的程度。

② 划分装配工序,确定各工序的作业内容。

③ 确定各工序所需的设备和工具,若需要专用设备和工艺装备,要拟定专用装备的设计任务书。

④ 制订各工序操作规范,如清洗工序的清洗液、清洗温度及时间,过盈配合的压入力,变温装配的加热温度,紧固螺栓、螺母的旋紧力矩和旋紧顺序,装配环境要求等。

⑤ 制订各工序装配质量要求、检测项目和方法。

⑥ 确定各工序工时定额,并协调各工序内容。在大批大量生产时,要平衡各工序的生产节拍,均衡生产,实现流水装配。

(5) 填写装配工艺规程文件

单件小批生产时,通常不需要制订装配工艺卡片,只用装配图和装配工艺系统图指导装配。

成批生产时,通常制订装配工艺过程卡片和产品总装配工艺卡片,不用装配工序卡片,它是根据绘制的装配工艺系统图将部件和产品的装配过程按工序的次序记录在单独的卡片上，每一个工序应简要地说明其工作内容（包括工步说明）、所需设备和工夹具名称及编号、工人技术等级和时间定额等。关键工序也要制订装配工序卡片。

大批量生产中，不仅要制订装配工艺过程卡片，而且要填写装配工序卡片。装配工序卡片能直接指导工人进行装配。如果有条件，在成批生产中最好也制订装配工序卡片。

（6）制订产品的检测和试验规范

产品装配完毕后，要按设计要求制订检测和试验规范，内容一般为：检测和试验的项目及质量指标，方法、条件及环境要求，所需工装的选择与设计，程序及操作规程；质量问题的分析方法和处理措施。

许多机电产品的检测和试验规范有相应的国家标准和国标标准，要参照有关标准，制订严格的企业检验和试验规范。

7.2.4 汽车总装配工艺过程简要介绍

汽车总装配是将各种汽车零、部件按规定的技术要求，选择合理的装配方法进行组合、调试，最终形成性能合格的汽车的过程。汽车总装配的工艺过程大致可分为装配、调整、检测、路试、装箱、重修、入库环节。

汽车总装配的一般技术要求为：装配的完整性、装配的完好性、装配的紧固性、装配的牢靠性、装配的润滑性、装配的密封性、装配的统一性。

（1）总装配线的构成

① 强制流水线装配　采用先将车架反向放在装配线上，装上前桥、后桥及传动轴等总成，然后翻转车架再装配其他总成及零部件的方案。

② 悬链式输送系统　主要总成均由输送链运输至装配地点或相应的工位，如前桥输送链、后桥输送链、发动机输送链、驾驶室输送链、车轮输送链等。

③ 在线检测系统　总装配车间设置有汽车在线检测系统，整车通过在线检查，基本能完成要求的路试项目，达到较好的检测效果。

（2）主要装配设备与工艺装备

总装配输送链是由高出地面的桥式链和与地面水平的板式链等组成。总装配输送链由调速电动机驱动，并由减速器根据需要调节其速度。主要工艺装备有底盘翻转器和润滑油加油器等。

（3）汽车总装配工艺过程举例

某装载质量为 5000kg 的载货汽车总装配工艺过程如下。

吊车架→装后钢板弹簧软垫总成→装后桥→装储气筒支架→装储气筒→装供气三通管→装制动系统的三通管及支架→装制动阀→装挂车制动阀→装前制动管路空气管、装后制动管路空气管→装挂车制动管路空气管→装蓄电池框架→装消声器前后支架→装传动轴及中间传动轴支承→装汽车油箱托架→装脚踏板托架→装蓄电池搭铁线→装前桥→装润滑脂嘴→翻转底盘→装驾驶室左右前悬置支架→装转向机和滑动叉万向节总成→装减振器→装转向纵拉杆→底盘补漆→装左、右后灯托架→将发动机送到总装配带上→装发动机→装中间传动轴与手制动盘→装消声器进气管及消声器→装离合器踏板轴支架→装铭牌→往后桥、转向机、变速器及发动机内加入润滑油→用油枪注入润滑脂→装制动阀至前围与管接头的空气管→装后电线束总成→装速度表软轴→装分离开关支架→装分离开关及连接头总成→装电扇护风罩总成→装散热器和百叶窗→装扭杆支架→装前照灯及车头及车架间搭铁总成→将车头送到分装线上→装前照灯罩→装喇叭→装车头悬置支座总成扭力杆机构→装车头总成于车架上→装前保险杠和前后拖钩→装备胎升降器→装离合器操纵机构及制动操纵机构→装雾灯→装空气压缩机到储气筒的空气管→装蓄电池于框架中→装启动机到蓄电池的电线总成→装分电器至火花塞及点火线圈的高压线→装下连接轴总成→装倒车灯总成→装倒车蜂鸣器→检验制动系统并消除漏气→装车轮→紧固散热器悬置、连接制动灯开关电线及气压警报开关电线→装转向柱与上转向轴总成→装转向盘、转向开关→装转向传动轴和万向节总成→将驾驶室送到装配带上→装驾驶室→装气压调节器空气管、制动阀至前围管接头胶管→装左右后灯、牌照灯总成→装汽油箱、汽油油量表感应器并接通电线→装汽油滤清器及汽油管→装散热器拉杆→装左右脚踏板轴→装后橡胶挡泥板→装空气滤清器连接管→装制动踏板和离合器踏板→装加速踏板→连接手油门与手风门操纵线→连接百叶窗拉线→连接电线→轮胎螺母转矩检测→连接速度表软轴→装驾驶员和乘员坐垫、靠背总成→气制动系统充气→连接蓄电池搭铁、装蓄电池防护罩→加防冻液、燃油→装暖风装置及导水管。

7.3 尺寸链基本概念

7.3.1 尺寸链的定义

在机器设计、装配及零件加工过程中,一组互相联系且按一定顺序排列的封闭尺寸组合,称为尺寸链。

如图 7-1(a) 所示的汽车变速器倒挡装置图,图中所示轴向间隙 A_0,取决于壳体内壁间轴向尺寸 A_1、止推垫片厚度尺寸 A_2、A_4 和倒挡中间齿轮轮毂间宽度 A_3,尺寸 A_0、A_1、A_2、A_3 和 A_4 按一定尺寸顺序形成了一个封闭尺寸组,即为尺寸链,如图 7-1(b) 所示。

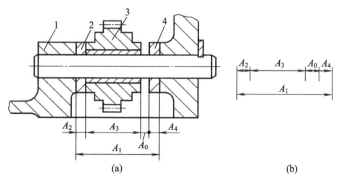

图 7-1 汽车变速器倒挡装置尺寸链
1—变速器壳体;2,4—止推垫片;3—倒挡中间齿轮

如图 7-2(a) 所示的为内燃机活塞图,尺寸 A_1、A_2 为活塞轴向设计尺寸,未标注的尺寸 A_0 的值由尺寸 A_1 和 A_2 决定,尺寸 A_1、A_2 和 A_0 构成了封闭尺寸组,如图 7-2(b) 所示。这个由零件相关尺寸构成的封闭尺寸组,称为尺寸链。尺寸 A_1' 和 A_3' 是零件制造中的工序尺寸,A_0' 是由 A_1' 和 A_3' 直接保证后而间接获得的尺寸,A_1'、A_3'、A_0' 组成一个尺寸链,如图 7-2(c) 所示。

图 7-3(a) 所示为汽车变速器壳体图,图中 C 为变速器壳体前端面,Ⅰ 和 Ⅱ 分别为一轴、中间轴轴承座孔轴线。如果制造过程中,分别保证前端面 C 与平面 B 间的垂直度 $α_1$ 以及平面 B 与一轴轴承座孔轴线 Ⅰ 间的平行度 $α_2$,则前端面 C 与一轴轴承座孔轴线 Ⅰ 间的垂直度 $α_0$ 被间接获得,$α_1$,$α_2$ 和 $α_0$ 在加工中形成了由位置公差构成的尺寸链,如图 7-3(c) 所示。

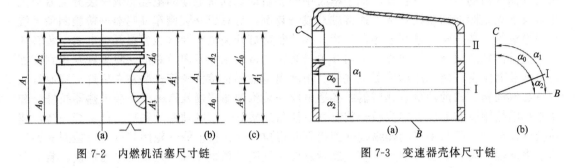

图 7-2　内燃机活塞尺寸链　　　　图 7-3　变速器壳体尺寸链

上述三例构成的尺寸链中，图 7-1 所示为装配单元上构成的装配尺寸链，图 7-2 左侧所示尺寸链为零件尺寸链，图 7-2(b) 和图 7-2(c) 和图 7-3(b) 所示的尺寸链为零件制造中构成的工艺尺寸链。由以上实例可以看出，尺寸链具有以下几个特征。

① 尺寸链具有封闭性，即尺寸链中的各尺寸按一定顺序排列最后形成一个封闭的图形。
② 尺寸链具有关联性，尺寸链中任何一个尺寸的变化都会引起其他尺寸的变化。
③ 尺寸链至少由三个或三个以上的尺寸组成。

图 7-1 和图 7-3(b) 所示为尺寸链图。主要是为了分析与计算尺寸链时方便，并不画出具体结构，不必严格按照比例绘制尺寸链图形，但必须保持尺寸间实际结构和相互关系。只是按照具体结构的组成顺序，用一个尺寸或一个角度量来表示实际结构的尺寸或角度量。

7.3.2　尺寸链的组成

尺寸链中的每一个尺寸或位置公差，称为环。环可分为封闭环与组成环。

(1) 封闭环

封闭环是装配和加工过程中间接获得的环，如图 7-1(b)～图 7-2(c) 和图 7-3(b) 中的 A_0 和 α_0。一个尺寸链中只有一个封闭环。尺寸链中封闭环是由组成环尺寸所决定的，因此，它的存在依赖于组成环而间接形成，在零件加工或机械产品装配过程中，最后自然形成（间接获得）这一尺寸。一个尺寸链中只有一个封闭环。封闭环的特点是：其他环的误差必然累积在这个环上，因此封闭环误差是所有各组成环误差的综合。

(2) 组成环

尺寸链中，除封闭环以外的其他环都称为组成环，每一个组成环的变动必然引起封闭环的变动，它是在加工或装配中直接获得的尺寸。根据组成环对封闭环影响的不同，又把组成环分为增环与减环。

① 增环　尺寸链中，某组成环的变动将引起封闭环的同向变动，则称该环为增环。同向变动是指组成环增大，封闭环也增大；组成环减小，封闭环也减小。如图 7-1、图 7-2(a) 中的 A_1，图 7-2(c) 中的 A_1' 环。

② 减环　尺寸链中，某一组成环的变动将引起封闭环的反向变动，这一组成环称为减环。反向变动是指组成环增大，将引起封闭环减小。如图中的 7-1(b) 中的 A_2、A_3 和 A_4，图 7-2(b) 中的 A_2 和图 7-2(c) 中的 A_3'。

③ 增环与减环的判定　分析与计算尺寸链时，首先判断尺寸链中各组成环是增环或是减环。确定增环或减环也可用如下的方法：按尺寸链图中尺寸的连接顺序来判别。在图 7-4 所示的尺寸链图中，从任意环为起点绕尺寸链回路连接顺序画出单向箭头（图中

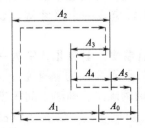

图 7-4　增、减环的回路判别

虚线所示），凡是与封闭环箭头方向相反的环均为增环，与封闭环箭头方向同向的环均为减环。在图 7-4 中，A_0 为封闭环，A_1、A_3 与 A_0 方向相同为减环，A_2、A_4 和 A_5 与 A_0 方向相反为增环。

7.3.3 尺寸链的分类

尺寸链有各种不同的分类方法，因为尺寸链的构成随各种机械产品的结构或零件结构不同而有所差异。下面按不同分类方法命名为不同的尺寸链。

(1) 按构成尺寸链各环的几何特征分类

① 长度尺寸链 全部环为长度尺寸的尺寸链；或者组成环既有长度尺寸又有角度量而封闭环为长度尺寸的尺寸链。将前者称为纯长度。

② 角度尺寸链 角度尺寸链是指全部环的几何量为角度量的尺寸链；或者组成环既有角度量又有长度尺寸而封闭环为角度量的尺寸链。图 7-3(b) 所示尺寸链是由位置公差所形成的角度尺寸链，平行度可视为 0°或 180°角度，垂直度视为 90°角度。图 7-5 所示尺寸链为具有公共角顶的由纯角度几何量形成的角度尺寸链。

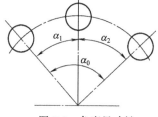

图 7-5 角度尺寸链

(2) 按尺寸链的作用分类

① 装配尺寸链 装配尺寸链是全部组成环为不同零件的设计尺寸所形成的尺寸链。装配尺寸链的特点为：封闭环是不同零件表面间的尺寸，该尺寸在装配后间接（或自然）得到。图 7-1(b) 所示为装配单元上构成的装配尺寸链，封闭环 A_0 是变速器壳体与止推垫片间的轴向间隙，是装配后间接（或自然）形成的尺寸；组成环 A_1、A_2、A_3、A_4 分别为不同零件的设计尺寸。

② 零件设计尺寸链 零件设计尺寸链是指全部组成环为同一零件设计尺寸所形成的尺寸链。在零件尺寸链中，标注的尺寸为组成环，未标注的尺寸为封闭环。图 7-2(b) 所示内燃机活塞左侧所画出的尺寸链，零件图样上标注的 A_1 和 A_2 是设计给定的，为尺寸链组成环，而尺寸 A_0 是由 A_1 和 A_2 间接确定的，为封闭环。

③ 工艺尺寸链 工艺尺寸链是指全部组成环为同一零件的工艺尺寸所形成的尺寸链。在工艺尺寸链中，直接保证的工艺尺寸为组成环，间接保证的工艺尺寸为封闭环。例如，图 7-2(c) 所示的内燃机活塞右侧所画的尺寸链和图 7-3(b) 所示的变速器壳体加工时所形成的角度尺寸链，都是工艺尺寸链。

(3) 按构成尺寸链各环的空间位置分类

① 直线尺寸链 直线尺寸链是指全部组成环平行于封闭环的尺寸链。亦称为线性尺寸链，是尺寸链的基本形式。图 7-1(b)、图 7-2(b)、图 7-2(c) 和图 7-4 所示尺寸链均为直线尺寸链。

② 平面尺寸链 平面尺寸链是指全部组成环位于一个或几个平行平面内，但某些组成环不平行封闭环的尺寸链。图 7-6(a) 所示为由上、下两箱体组成的组件图，B 与 C 代表相啮合齿轮的两个轴承座孔中心，B 与 C 间的中心距为 A_0，B 孔与 C 孔中心坐标尺寸分别为 A_1、A_2 与 A_3、A_4，它们与 A_0 构成平面尺寸链 [见图 7-6(b)]。

平面尺寸链可转换成直线尺寸链。如图 7-6(b) 所示，用投影的方法将各组成环投影到与封闭环平行的直线上，转换成直线尺寸链，即由 A'_1、A'_2、A'_3、A'_4 及 A'_0 及 A_0 构成的直线尺寸链。在汽车箱体类零件中经常遇到平面尺寸链。

③ 空间尺寸链 空间尺寸链是指组成环位于几个不平行平面内的尺寸链。可通过投影的方法，将空间尺寸链先转换成平面尺寸链，然后再将平面尺寸链转化为直线尺寸链求解。

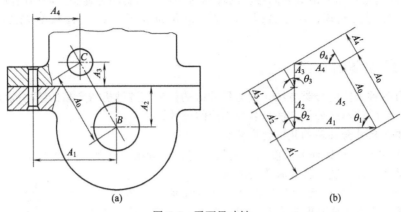

图 7-6 平面尺寸链

(4) 按尺寸链间相互关系分类

① 独立尺寸链 独立尺寸链是指组成环与封闭环只属于同一尺寸链,不属于其他任何尺寸链。

② 并联尺寸链 并联尺寸链是由若干个独立尺寸链通过一个(或几个)共存于两个(或以上)独立尺寸链的环相互联系起来的,这种联系形式称为并联尺寸链。若干尺寸链构成并联尺寸链时,其中一个或几个环共属于两个或两个以上的尺寸链,这些环称为公共环。组成环与封闭环都有可能成为公共环。并联尺寸链的特点:组成并联尺寸链的各独立尺寸链间通过公共环相互联系、相互影响。如图 7-7 所示,由三个尺寸链并联,A 尺寸链中的组成环 A_4 又是 B 尺寸链的组成环 B_1,即通过公共环 $A_4 = B_1$,将两个尺寸链并联;B 尺寸链中的封闭环 B_0,又是 C 尺寸链的组成环 C_2,即这两个尺寸链通过公共环 $B_0 = C_2$ 相联系。

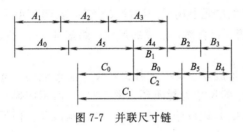

图 7-7 并联尺寸链

在研究并联尺寸链时,可将一个较复杂的尺寸链转换成两个或数个较简单的尺寸链,也可以将几个简单的尺寸链转换成一个较复杂的尺寸链。例如以图 7-7 为例,B、C 尺寸链转换成一个较复杂尺寸链时,尺寸链变为 B_1、B_2、B_3、B_4、B_5、C_1、C_0。

③ 串联尺寸链 每一个后续尺寸链是从前面一个尺寸链的基面开始的,即每两个相邻尺寸链有一个共同基面。

7.4 尺寸链计算的基本公式

尺寸链的计算方法有公差校核计算、公差设计计算、中间计算。

① 公差校核计算 是已知组成环,求封闭环。根据各组成环基本尺寸及公差(或偏差)也称为尺寸链的正计算。这种计算主要用在审核图样,用来校核封闭环的公差和极限偏差,验证设计的正确性和装配方法选择的合理性。其计算的解是唯一的。

② 公差设计计算 已知封闭环,求组成环。根据设计要求的封闭环基本尺寸及公差(偏差),反过来计算各组成环基本尺寸及公差(偏差),也称为尺寸链的反计算。这种计算一般用于汽车或机械产品设计或工艺设计、零件加工和装配工艺计算中。

③ 中间计算 已知封闭环及部分组成环,求其余组成环。根据封闭环和其他组成环的基本尺寸及公差(偏差)来计算尺寸链中某一组成环的基本尺寸及公差(偏差),其实质属于反

计算的一种，称为尺寸链的中间计算。这种计算在工艺设计上应用较多，如基准的换算、工序尺寸的确定等。

汽车等机械产品的零件尺寸，一般采用基本尺寸及其上、下偏差来表达。在尺寸链计算中，封闭环与组成环之间的基本尺寸、公差和极限偏差的关系，必须按照不同的公式进行计算。在不同的计算类型问题中，所给的已知条件不一样，求解的结果要求也不一样，因此，需要按不同的公式进行计算。

7.4.1 直线尺寸链的计算

尺寸链的计算方法有两种：极值法和概率法。其中概率法用于生产批量大的自动化及半自动化的生产或者尺寸链环数较多的场合。下面将以直线尺寸链计算为例，因直线尺寸链与有公共顶角的角度尺寸链计算的计算方法相同，所以也适用于具有公共顶角的角度尺寸链。平面尺寸链可以利用投影的方法转换成直线尺寸链，再利用投影的方法转换成直线尺寸链，然后再利用直线尺寸链的计算方法和计算公式进行计算。

(1) 封闭环基本尺寸计算

封闭环与组成环基本尺寸之间的关系，可以用尺寸链方程式进行计算。图7-8(a) 所示为尺寸链计算简图，含有 $n-1$ 个组成环的直线尺寸链，封闭环的基本尺寸等于所有增环的基本尺寸之和减去所有减环的基本尺寸之和，则封闭环基本尺寸 A_0 可按下式计算

$$A_0 = \sum_{z=1}^{k} A_z - \sum_{j=k+1}^{n-1} A_j \tag{7-1}$$

式中 A_0——封闭环基本尺寸；

A_z——增环 A_1，$A_2 \cdots A_k$ 的基本尺寸；

A_j——减环 A_{k+1}，$A_{k+2} \cdots A_{n-1}$ 基本尺寸；

k——增环环数；

n——尺寸链环数。

图7-8(b) 所示为具有公共顶角的角度尺寸链，封闭环基本尺寸 α_0 为

$$\alpha_0 = \sum_{z=1}^{k} \alpha_z - \sum_{j=k+1}^{n-1} \alpha_j \tag{7-2}$$

式中 α_0——封闭环角度量；

α_z——增环角度量；

α_j——减环角度量。

(2) 极值法

极值法是指按组成环的尺寸同为极限尺寸条件下，对封闭环极限尺寸、公差进行计算的方法。

① 封闭环极限尺寸　封闭环最大极限尺寸等于所有增环最大尺寸之和减去所有减环最小尺寸之和

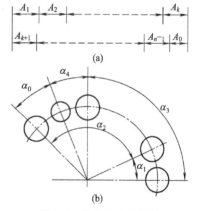

图7-8　典型的尺寸链图

$$A_{0\max} = \sum_{z=1}^{k} A_{z\max} - \sum_{j=k+1}^{n-1} A_{j\min} \tag{7-3}$$

式中 $A_{0\max}$——封闭环最大尺寸；

$A_{z\max}$——增环最大尺寸；

$A_{j\min}$——减环最小尺寸。

封闭环最小尺寸等于所有增环最小尺寸之和减去所有减环最大尺寸之和，即

$$A_{0\min} = \sum_{z=1}^{k} A_{z\min} - \sum_{j=k+1}^{n-1} A_{j\max} \tag{7-4}$$

式中 $A_{0\min}$ ——封闭环最小尺寸；

$A_{z\min}$ ——增环最小尺寸；

$A_{j\max}$ ——减环的最大尺寸。

② 封闭环极限偏差 上偏差等于所有增环上偏差之和减去所有减环下偏差之和由式(7-3)减去式(7-1) 得到

$$ES_{A0} = A_{A\max} - A_0 = \sum_{z=1}^{k} ES_{Az} - \sum_{j=k+1}^{n-1} EI_{Aj} \tag{7-5}$$

下偏差等于所有增环下偏差之和减去所有减环上偏差之和。由式(7-4)减去式(7-1)得到

$$EI_{A0} = A_{A\min} - A_0 = \sum_{z=1}^{k} EI_{Az} - \sum_{j=k+1}^{n-1} ES_{Aj} \tag{7-6}$$

式中 ES_{A0}, EI_{A0} ——封闭环的上、下偏差；

ES_{Az}, EI_{Az} ——增环的上、下偏差；

EI_{Aj}, ES_{Aj} ——减环的上、下偏差。

③ 封闭环公差等于所有各组成环公差之和由式(7-3) 减去式(7-4) 得，或者式(7-5) 减去式(7-6) 得到

$$T_{A0} = A_{0\max} - A_{0\min} = \sum_{z=1}^{k} T_{Az} + \sum_{j=k+1}^{n-1} T_{Aj} = \sum_{i=1}^{n-1} T_{Ai} \tag{7-7}$$

或

$$T_{A0} = ES_{A0} - EI_{A0} = \sum_{z=1}^{k} T_{Az} + \sum_{j=k+1}^{n-1} T_{Aj} = \sum_{i=1}^{n-1} T_{Ai}$$

式中 T_{A0} ——封闭环公差；

T_{Az} ——增环公差；

T_{Aj} ——减环公差；

T_{Ai} ——各组成环公差。

上述计算表明，封闭环的公差等于各组成环公差之和。

④ 封闭环实际误差 即在零件制造加工过程中，当各环的实际误差不等于各环公差时，此时封闭环的实际误差等于所有组成环的实际误差值之和

$$\Delta_{A0} = \sum_{i=1}^{n-1} \Delta_{Ai} \tag{7-8}$$

式中 Δ_{A0} ——封闭环误差；

Δ_{Ai} ——组成环误差。

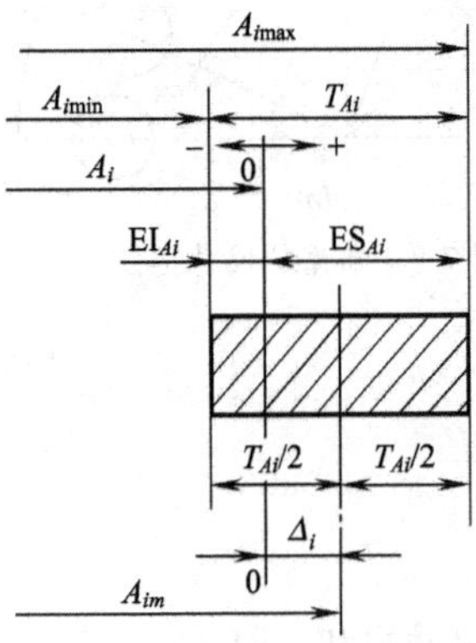

⑤ 封闭环中间尺寸和中间偏差 可以用中间偏差来计算尺寸链封闭环上、下偏差。如图 7-9 所示，上、下偏差平均值对应于零线的坐标值 Δ_i 称为中间偏差，也称为公差带中心坐标，具有正负号。最大极限尺寸和最小极限尺寸的平均值称为中间尺寸，即中间偏差处对应的尺寸，即

$$A_{im} = \frac{A_{i\max} + A_{i\min}}{2} \tag{7-9}$$

式中 A_{im} ——组成环的中间尺寸；

$A_{i\max}, A_{i\min}$ ——组成环的最大、最小尺寸。

图 7-9 尺寸与极限偏差关系

封闭环的中间尺寸等于所有增环中间尺寸之和减去所有减环

中间尺寸之和，即

$$A_{0m} = \sum_{z=1}^{k} A_{zm} - \sum_{j=k+1}^{n-1} A_{jm} \tag{7-10}$$

式中 A_{0m}——封闭环中间尺寸；

A_{zm}——增环中间尺寸；

A_{jm}——减环中间尺寸。

上、下偏差的平均值称为中间偏差，也称为公差带中心坐标。组成环的中间偏差为

$$\Delta_i = \frac{ES_{Ai} + EI_{Ai}}{2} \tag{7-11}$$

封闭环的中间偏差等于所有各增环中间偏差之和减去所有各减环中间偏差之和

$$\Delta_0 = \sum_{z=1}^{k} \Delta_z - \sum_{j=k+1}^{n-1} \Delta_j \tag{7-12}$$

式中 Δ_0——封闭环中间偏差；

Δ_z, Δ_j——增减环的中间偏差。

⑥ 中间偏差、公差及极限偏差间　通过封闭环的中间偏差，也可以计算出封闭环的上、下偏差。组成环的上、下偏差为

$$ES_{Ai} = \Delta_i + \frac{T_{Ai}}{2} \tag{7-13}$$

$$EI_{Ai} = \Delta_i - \frac{T_{Ai}}{2} \tag{7-14}$$

封闭环的上、下偏差为

$$ES_{A0} = \Delta_0 + \frac{T_{A0}}{2} \tag{7-15}$$

$$EI_{A0} = \Delta_0 - \frac{T_{A0}}{2} \tag{7-16}$$

极值法的特点是计算简单，可靠性高，即使组成环均按极值尺寸或极限偏差进行加工，也能可靠保证封闭环的极限尺寸或极限偏差，不必考虑其他因素的影响。但是极值法也有存在缺点，在组成环较多且封闭环精度要求较高的情况下，其组成环的精度要求很高，不论是装配尺寸链还是工艺尺寸链，其零件的加工难度大、成本高。故极值法一般用于组成环平均公差较大的尺寸链，即封闭环精度高但组成环环数少；封闭环精度低但组成环环数较多，或是具有调整环或修配环的装配尺寸链的计算中。

(3) 统计法

在大批量生产一批工件时，在正常生产条件下，被加工零件的工序尺寸将按一定规律分布（例如正态分布），工序尺寸获得极限尺寸的可能性是很小的。因此，在大批大量生产时，在组成环环数较多的条件下，应用极值法计算尺寸链显然是不合理的。此时应该应用统计法计算尺寸链。

统计法是应用概率论原理进行尺寸链计算的方法。根据概率理论，组成环尺寸同时达到极限尺寸的概率应等于各组成环出现极限尺寸概率的乘积。因此采用概率原理来对尺寸链进行计算，更合理、更科学，人们把这种计算尺寸链的方法称为统计法。

应用统计法计算尺寸链，封闭环与组成环基本尺寸的关系仍然应用式(7-1) 进行计算。在大批量生产中，一个尺寸链中的各组成环尺寸的获得，相互间并无联系，因此，可将它们看成是相互独立的随机变量，各组成环尺寸的误差，是由这些随机变量合成的。经过大量实测数据后，从概率统计的观念出发来看，任何一环有两个明显的特征数：表示尺寸分布的集中位置的

平均尺寸（算术平均值）和表示实际尺寸分布相对于算术平均值的离散程度的均方根偏差（标准差）。由概率论原理可知，独立随机变量之和的均方差σ_0，与这些随机变量相应的σ_i值之间关系为

$$\sigma_0 = \sqrt{\sum_{i=1}^{n-1} \sigma_i^2}$$

此式是用概率法解尺寸链时，封闭环误差与组成环误差间的基本关系式。

① 封闭环误差的计算　由概率原理知：当各组成环的误差分布都遵循正态分布规律时，则其封闭环也将符合正态分布规律。正态分布情况下，组成环A_i误差分散范围与均方根偏差间的关系若为$\Delta_{A_i} = \pm 3\sigma_i$，则取公差带宽$T_{Ai} = 6\sigma_i$，封闭环的公差$T_{A0}$等于组成环公差平方和的平方根，即

$$T_{A0} = \sqrt{\sum_{i=1}^{n-1} T_{Ai}^2} \qquad (7\text{-}17)$$

上式表明，当各组成环公差均为正态分布时，封闭环公差等于各组成环公差平方和的平方根。当组成尺寸分布不为正态分布时，根据概率论理论可知，只要组成环数目足够大，如组成环数$(n-1) \geqslant 6$，且各组成环尺寸分布范围相差不大时，封闭环尺寸分布仍接近于正态分布。封闭环公差计算时，引入相对分布系数k_i。

当正态分布时：$T_{Ai} = 6\sigma_i$；$\sigma_i = \dfrac{T_{Ai}}{6}$

非正态分布时：$\sigma_i = k_i \dfrac{T_{Ai}}{6}$

故

$$T_{A0} = \sqrt{\sum_{i=1}^{n-1} k_i^2 T_{Ai}^2} \qquad (7\text{-}18)$$

相对分布系数是以正态分布曲线作为比较基准（正态分布$k_i = 1$）来说明非正态分布曲线相对正态分布曲线的差别程度。

用极值法求解尺寸链时，$T_{A0} = \sum\limits_{i=1}^{n-1} T_{Ai}$ 包括了封闭环变动尺寸一切可能出现的值，而用概率法时，$T_{A0} = \sqrt{\sum\limits_{i=1}^{n-1} k_i^2 T_{Ai}^2}$ 是正态分布情况下，取尺寸范围为6σ，即尺寸出现在该范围的概率为99.73%，故取6σ作为封闭环尺寸变动范围是合理的。因此概率法所求得的封闭环公差会比极值解法所求的结果要小，而且组成环数目越大，由概率法求得的T_{A0}缩小的也越大，由此可以推断，在同样的封闭环公差的条件下，用概率法比用极值法求解得到的组成环公差会大一些。

② 封闭环中间尺寸和上、下偏差　中间尺寸是指公差带中心位置的尺寸，平均尺寸是指尺寸分布中心位置处的尺寸。当尺寸分布曲线对称时，各环的尺寸分布中心与公差带中心位置相同，各环的尺寸分布中心与公差带中心位置相同，故各环中间尺寸与平均尺寸相等。各环的中间尺寸为

$$A_{im} = A_i + \Delta_i \qquad (7\text{-}19)$$

封闭环中间尺寸为

$$\overline{A_i} = A_{0m} = A_0 + \Delta_0 = \sum_{z=1}^{k}(A_z + \Delta_z) - \sum_{j=k+1}^{n-1}(A_j + \Delta_j) \qquad (7\text{-}20)$$

整理后得

$$\Delta_0 = \sum_{z=1}^{k} \Delta_z - \sum_{j=k+1}^{n-1} \Delta_j$$

封闭环的上、下偏差按下式计算

$$\mathrm{ES}_{A0} = \Delta_0 + \frac{T_{A0}}{2}$$

$$\mathrm{EI}_{A0} = \Delta_0 - \frac{T_{A0}}{2}$$

当组成环尺寸为不对称分布时,平均偏差$\overline{x_1}$与中间偏差Δ_i产生偏离,其偏移量为$e_i\frac{T_{Ai}}{2}$。e_i为相对不对称系数。相对应的平均尺寸$\overline{A_1}$与中间尺寸A_{im}也将偏移。当组成环环数$(n-1)\geqslant 6$时,封闭环仍接近于正态分布,即对称分布。此时封闭环的中间偏差为

$$\Delta_0 = \sum_{z=1}^{k}\left(\Delta_z + e_z \frac{T_{Az}}{2}\right) - \sum_{j=k+1}^{n-1}\left(\Delta_j + e_j \frac{T_{Aj}}{2}\right) \quad (7\text{-}21)$$

则封闭环的上、下偏差为

$$\mathrm{ES}_{A0} = \Delta_0 + \frac{T_{A0}}{2}$$

$$\mathrm{EI}_{A0} = \Delta_0 - \frac{T_{A0}}{2}$$

式中,e_z、e_j为增、减环的相对不对称系数。相对不对称系数表示尺寸分布的不对称程度。当尺寸分布曲线对称时,$e_i=0$,当不对称时,$e_i \neq 0$,中间尺寸为$A_i+\Delta_i$,平均尺寸为$A_i+\Delta_i+e_i\frac{T_{Ai}}{2}$。

③ 概率法的近似计算 在采用概率法计算时,若尺寸分布为非正态曲线,必须首先确定相对分布系数k_i与相对不对称系数e_i。在通常缺乏资料或不能预先确定零件的加工条件时,只能假定一些k_i和e_i值来近似计算。其计算方法是:首先假设备组成环的误差分布曲线为对称的,且公差带等于分布范围,此外,由于不能确定各组成环的分布规律,可以综合地考虑取一平均相对分布系数k,其取值范围为$1.2\sim 1.7$,通常取$k=1.5$,将式(7-17)简化为

$$T_{A0} = k\sqrt{\sum_{i=1}^{n-1}T_{Ai}^2} \quad (7\text{-}22)$$

概率近似估算法的应用范围是有条件的,即要求组成环的数目较多,而在组成环数目不多时,则要求各环的误差值不能相差太大。在组成环数为$n-1\geqslant 3$时,要求各环误差不能相差太大,而环数愈多,概率近似估算法的实用性愈高。

在汽车零件生产中,由于都属于大批大量生产,并且零件加工中影响尺寸分布的随机因素较为稳定,可以认为零件尺寸分布为正态分布,可取$k_i=1$,$e_i=0$。这给统计法计算带来很大的方便。统计法计算尺寸链适合于在大批大量生产中解算多环$(n\geqslant 7)$尺寸链时应用。

7.4.2 平面尺寸链的计算

平面尺寸链与空间尺寸链的计算方法相似。平面尺寸链的各环按角度关系排列在一个或几个平行平面内,实质上是线性尺寸链和角度尺寸链的组合,它是直线尺寸链的扩展,直线尺寸链是平面尺寸链的特例。平面尺寸链的结算方法有投影法和图解法。投影法是将平面尺寸链通过投影转换成为直线尺寸链来结算。

平面尺寸链封闭环是组成环的非线性函数,转换为直线尺寸链时,通过投影得到组成环尺寸,含一维性尺寸和角度量,并且转换后的直线尺寸链与单独的直线尺寸链或角度尺寸链是不相同的,除在计算时引入传递系数外,必须同时考虑线性尺寸公差和角度公差对封闭环的影响。

(1) 封闭环基本尺寸

平面尺寸链的尺寸链方程式是表明封闭环与组成环间尺寸关系的方程式。封闭环基本尺寸为

$$A_0 = \sum_{z=1}^{k} \xi_z A_z + \sum_{j=k+1}^{n-1} \xi_j A_j = \sum_{i=1}^{n-1} \xi_i A_i \tag{7-23}$$

式中，ξ_z、ξ_j 是增、减环传递系数。传递系数表示转换后的组成环对封闭环的影响程度和方向，用 ξ 表示，其为正值时，表明该环为增环，反之为减环。

(2) 封闭环公差

① 极值法

$$T_{A0} = \sum_{i=1}^{n-1} |\xi_i| T_{Ai} \tag{7-24}$$

② 概率法

正态分布

$$T_{A0} = \sqrt{\sum_{i=1}^{n-1} \xi_i^2 T_{Ai}^2} \tag{7-25}$$

非正态分布引入相对分布系数 k_i

$$T_{A0} = \sqrt{\sum_{i=1}^{n-1} \xi_i^2 k_i^2 T_{Ai}^2} \tag{7-26}$$

7.5 装配尺寸链的建立

在汽车总成或部件的设计阶段，为了保证汽车具有良好的动力性能和较长的使用寿命，汽车需要一定的装配精度。装配尺寸链就是为了保证装配精度而在实践中建立起来的理论。根据装配精度和汽车总成或部件的结构，建立相应的装配尺寸链，并决定采取相应的保证装配精度的方法，正确地计算装配尺寸链，以期合理地标注零件设计尺寸及极限偏差等。在进行装配工艺准备中，工艺人员也需要根据装配精度要求和相关零件的设计尺寸及其极限偏差等资料，对装配尺寸链进行计算，核算相应零件设计尺寸及其极限偏差规定的正确性。

7.5.1 装配尺寸链的基本概念

装配尺寸链是产品或部件在装配过程中，由对某项精度指标有关的零、部件尺寸或相互位置关系组成的尺寸链。装配尺寸链的基本特征仍然是尺寸关系或相互位置关系的封闭性，遵循尺寸链的基本规律。

在机械装配中的角度尺寸链，一般是由平行度和垂直度等角度位置尺寸组成的尺寸链，涉及的是相互位置精度问题。这种尺寸链的一个重要特点是组成环的基本尺寸可以为零。

应用装配尺寸链确定保证装配精度的工艺方法时，第一步是建立装配尺寸链，先正确确定封闭环，再根据封闭环查明组成环，对复杂的装配尺寸关系，常需要对组成环进行简化处理；第二步是确定达到装配精度的工艺方法，也称为解装配尺寸链的方法；第三步是确定经济的，至少是工艺上可以实现的零件加工公差。第二步和第三步往往需要交替进行，可以合称为装配尺寸链的解算。

7.5.2 装配尺寸链的建立

正确建立装配尺寸链，是保证装配精度及装配尺寸链计算的基础。对于产品或部件，必须根据其性能要求，正确地建立装配尺寸链，才能使产品达到性能要求。装配尺寸链的建立

有以下几个方面。

① 熟悉产品或部件、总成装配图。明确装配精度的含义，它是装配尺寸链的封闭环，是装配后间接得到的尺寸（或位置公差）。

② 首先确定需要间接保证装配精度的尺寸，即尺寸链的封闭环，它是装配后间接得到的尺寸（或位置公差）。

③ 确定组成环。装配尺寸链的封闭环是间接得到的产品或部件的装配精度要求，组成环是那些对装配精度有直接影响的零件的尺寸或角度和位置公差。查找组成环的一般方法是：取封闭环两端的两个零件为端点，沿着装配精度要求的位置、方向，以相邻零件装配基准之间的联系为线索，分别由近及远地去查找装配关系中影响装配精度的有关零件，直至找到同一个基准零件或同一个基准表面。查找到的所有有关零件的尺寸就是装配尺寸链的全部组成环。当封闭环精度较高，而采用独立原则时，则尺寸公差与形位公差是分别控制的，形位公差应作为组成环进入尺寸链。

④ 画出尺寸链图，进行增、减环判定。

⑤ 满足尺寸链最短路线原则。

⑥ 列出尺寸链方程。

每一个部件或总成中有许多装配精度要求，建立装配尺寸链时，必须依据装配精度，逐一建立装配尺寸链，形成装配尺寸链系统，由于有多个装配尺寸链存在，因此，同一零件尺寸可能会同时在几个装配尺寸链中出现，这就是并联尺寸链。

下面以汽车总成实例说明装配尺寸链建立的规律及过程。

图 7-10(a) 所示为汽车主减速器主动锥齿轮轴承座总成装配图。主动锥齿轮 2 装在前、后圆锥滚子轴承 3 和 5 上。产品设计要求：利用紧固螺母 8，推动凸缘 7 和垫片 6，使圆锥滚子轴承 5 内圈向右移动，使圆锥滚子轴承 3 和 5 产生预紧位移量。

用左端轴承的内、外圈右端面间的尺寸 A_0 表示左、右两个圆锥滚子轴承的预紧位移量。建立以 A_0 为封闭环的装配尺寸链时，应从封闭环两端的零件为起点，沿封闭环尺寸方向，分别依次向两个方向查找相邻零件的装配基准。如果先从封闭环左端开始查找，则查找的第

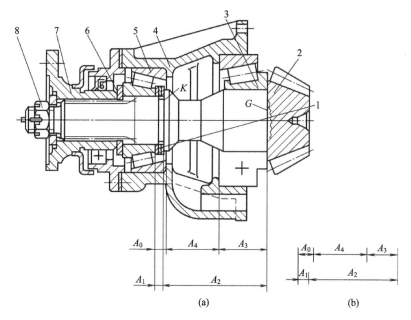

图 7-10　主减速器主动锥齿轮轴承座

1—调整垫片；2—主动锥齿轮；3，5—圆锥滚子轴承；4—轴承座；6—垫片；7—凸缘；8—紧固螺母

一个零件是调整垫片1（多个薄垫片当成一个零件），它与主动锥齿轮2的轴肩端面 K 接触的平面是其装配基准，垫片的厚度尺寸 A_1 是直接影响装配精度的组成环。依次查找的第二个零件是主动锥齿轮2，它与圆锥滚子轴承3内圈接触的轴肩面 G 是其轴向装配基准，主动锥齿轮2的尺寸 A_2 是直接影响装配精度的组成环。再依次查找到圆锥滚子轴承3，由于圆锥滚子轴承是轴承制造企业以一套组件供应给汽车制造企业的，因而可以把轴承组件作为一个零件看待，查找它的装配基准。圆锥滚子轴承3的轴向装配基准为外圈左端面，轴承全宽度尺寸 A_3 是直接影响装配精度的组成环。下一零件是轴承座4。由于轴承座4是基础件，故从封闭环左端开始的查找暂告一段落。然后再从封闭环右端开始查找。封闭环右端为圆锥滚子轴承5外圈的右端面，这个端面的右侧零件也是基础件——轴承座4的表面。至此，从封闭环两端为起点的查找，都查找到同一个基础件的两个表面，最后用一个尺寸 A_4 将基础件两端表面联系起来。这个封闭的尺寸图形就是以 A_0 为封闭环的装配尺寸链，其尺寸链图如图7-10(b) 所示，其中 A_1、A_2 为增环，A_3、A_4 为减环。经上述查找所建立的装配尺寸链遵循了尺寸链最短原则，影响装配精度的零件，只有一个尺寸参加装配尺寸链。列出尺寸链方程式为

$$A_0 = A_1 + A_2 - (A_3 + A_4)$$

此装配精度 A_0 所建立的装配尺寸链的条件是：前、后轴承在传动轴向力的作用下，前、后轴承外圈紧靠在前、后盖2和10的止口面上（如前盖止口面 G 上）。但是，前、后轴承外圈存在轴向窜动量（如前轴承外圈轴向窜动量 E_0），内、外圈间存在有窜动量，内圈相对于第一轴也存在轴向窜动量（轴用弹性挡圈与前轴承内圈间的间隙），受这三个轴向窜动量的影响，都会使装配精度 A_0 值减小。因此，上述所建立的以 A_0 为封闭环的装配尺寸链，是一个封闭环 A_0 为最大值的装配尺寸链。依据三个轴向窜动量的影响，还可以建立一个封闭环 A_0 为最小值的装配尺寸链，即第二条装配尺寸链，本书不再延伸赘述。

图7-11(a) 所示为汽车变速器第一轴及第二轴的组件装配图，图中有多个装配精度要求，即装配尺寸链的封闭环。下面仅讨论三项装配精度要求：①第二轴8上的五速齿轮15

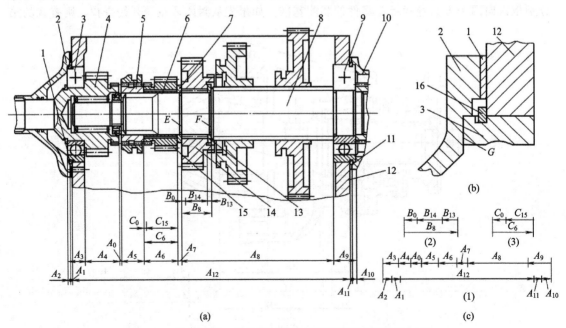

图7-11 变速器第一轴及第二轴的组件装配图及装配尺寸链
1—前纸垫；2—前盖；3—前轴承；4—第一轴；5—四、五速固定齿轮；6—衬套；7—五速齿轮止推环；8—第二轴；9—后轴承；10—后盖；11—后纸垫；12—变速器壳体；13—三速齿轮止推环；14—三速齿轮；15—五速齿轮；16—锁环

能在轴上自由转动，其端面间隙为 C_0；②第二轴 8 上的三速齿轮 14 能在轴上自由转动，其端面间隙为 B_0；③第一轴 4 的右端面和第二轴上四、五速固定齿座 5 的左端面间要求有一定的轴向间隙 A_0（当前、后轴承的外圈端面紧靠在前、后盖止口端面上时）。按上述三项要求，分别建立装配尺寸链。

先分析前两个装配精度要求 C_0 和 B_0。它们分别是五速齿轮 15 和三速齿轮 14 装在第二轴 8 上以后间接形成的，C_0 是一个三环装配尺寸链的封闭环。尺寸链图如图 7-11(c) 中的 (3) 所示，尺寸链方程式为

$$C_0 = C_6 - C_{15}$$

式中　C_6——衬套 6 的宽度；

　　　C_{15}——五速齿轮 15 的宽度。

B_0 是一个四环装配尺寸链的封闭环。尺寸链如图 7-11(c) 中 (2) 所示，尺寸链方程式为

$$B_0 = B_8 - B_{13} - B_{14}$$

式中　B_8——第二轴 8 上 E、F 两端面间的距离；

　　　B_{13}——三速齿轮止推环 13 的宽度；

　　　B_{14}——三速齿轮 14 的轮毂宽度。

前两个装配尺寸链比较简单，很容易从装配图上确定。第三个装配尺寸链比较复杂。A_0 是在第一轴组件和第二轴组件装入变速器壳体后最后形成的，所以 A_0 是一个封闭环。装配精度 A_0 是为保证第一轴 4 连接齿右端面与固定齿座 5 左端面不产生碰撞而规定的。当第一轴和第二轴受到传动的轴向力作用而使前、后轴承外圈端面分别紧靠在前、后盖 (2、10) 止口平面 G 上 [图 7-11(b) 所示只显示出前轴承外圈端面紧靠在前盖止口平面 G 上]。

查找以 A_0 为封闭环的装配尺寸链时，首先以 A_0 两端的两个零件为起点，然后沿封闭环尺寸方向从任意一边开始，查找影响 A_0 的组成环。现从 A_0 的左边开始。第一个零件是第一轴 4。第一轴轴向装配基准是与前轴承 3 内圈接触的轴肩端面，第一轴连接齿右端面至装配基准轴肩端面间尺寸 A_4 为组成环，A_4 对 A_0 有影响。依次查找下一零件——前轴承 3 的装配基准是其外圈左端面（与前盖止口平面 G 接触），前轴承宽度尺寸 A_3 为组成环，A_3 也影响 A_0。依次查找下一零件——前盖 2，其装配基准为与前纸垫 1 接触的端面，轴承左端面与前盖止口平面接触，前盖 2 上尺寸 A_2 为组成环（由于与前盖装配基准接触的纸垫在前盖的右侧，所以应该调头向右查找），A_2 也影响 A_0。再下一零件是前纸垫 1，它的装配基准为其右侧（与变速器壳体前端面接触），前纸垫厚度尺寸 A_1 为组成环，A_1 也影响 A_0。至此，查找到尺寸 A_4、A_3、A_2 和 A_1 都是组成环。由于查找到基准零件——变速器壳体 12 的左端面，故可暂不再继续查找。然后从 A_0 的右端查找，其查找方法同前，向右第一个零件是四、五速固定齿座 5，其装配基准为与衬套 6 接触的固定齿座右端面，A_5 为组成环，尺寸 A_5 对 A_0 有影响。依次继续向右为衬套 6 的宽度 A_6、五速齿轮止推环 7 的宽度尺寸 A_7、第二轴 8 两台阶间的长度尺寸 A_8、后轴承 9 的宽度尺寸 A_9、后盖 10 上的尺寸 A_{10} 以及后纸垫 11 的厚度 A_{11} 都对 A_0 有影响，故尺寸 A_5、A_6、A_7、A_8、A_9、A_{10} 和 A_{11} 都是影响装配精度 A_0 的组成环。此时也遇到基准零件——变速器壳体 12 的右端面，用壳体两端面尺寸 A_{12} 把尺寸链连成封闭的图形，这就是以间隙 A_0 为封闭环的装配尺寸链，如图 7-11(c) 中的 (1) 所示。其中 A_1、A_2、A_{10}、A_{11} 和 A_{12} 为增环；A_3、A_4、A_5、A_6、A_7、A_8 和 A_9 为减环。装配尺寸链的方程式为

$$A_0 = A_1 + A_2 + A_{10} + A_{11} + A_{12} - (A_3 + A_4 + A_5 + A_6 + A_7 + A_8 + A_9)$$

上述几个尺寸链均未考虑形位公差对轴向间隙的影响。实际上，采用独立原则时，形位公差也影响轴向间隙，因而也是组成环，如零件端面的平行度和垂直度等形位公差就会影响

轴向间隙的大小。在装配精度要求较低的尺寸链中，如采用包容原则时，形位公差控制在尺寸公差范围内，因此，它们不作为尺寸链的组成环，而只考虑尺寸公差。

此外，还要逐一建立总成部件中多个装配精度为封闭环的装配尺寸链，并且找出它们之间的联系。在建立装配尺寸链时还应注意以下几点：满足尺寸链最短原则；对外购的标准组件和部件，一般以一个零件对待，以标准组件或部件尺寸参加装配尺寸链；在建立装配尺寸链时，对于以合件进行加工的，也应以一个零件对待，用合件尺寸参加装配尺寸链；按独立原则标注的形位公差，应以一个组成环参加装配尺寸链。

7.6 保证装配精度的方法

零件都有规定的公差，即允许有一定的加工误差，装配时零件误差的累积就会影响装配精度。如果这种累积误差不超出装配精度指标所规定的允许范围，则装配工作只是简单的连接过程，很容易保证装配精度。但事实上，零件的加工精度不但受到现实制造技术的限制，而且还受到经济性的制约，因此，用尽可能提高加工精度以降低累积误差来保证装配精度，有时是行不通的，所以还必须依赖装配工艺技术。

汽车制造中常用的保证装配精度的装配方法有 4 种，即互换装配法、选择装配法、调整装配法和修配装配法。其中互换装配法又分为完全互换装配法和大数互换装配法。各种装配工艺配合方法的特点和应用见表 7-3。

表 7-3 装配工艺配合方法的特点和应用

工艺配合方法	工艺内容和特点	适用范围	注意事项
完全互换装配法	组成环公差之和小于或等于封闭环公差；装配操作简单，生产率高，能保证严格的生产节拍	大批量，高精度少环尺寸链或较低精度的多环尺寸链，如汽车、拖拉机中的一些部件的装配	组成环公差可能过于严格，使零件加工产生困难
大数互换装配法	组成环公差之平方和的平方根小于或等于封闭环公差；具有完全互换法的主要优点，但可能有少量的超差产品	大批量，高精度多尺寸链，如汽车、拖拉机中的另外一些部件的装配	注意检查，采取适当的措施消除超差产品
选择装配法	组成环公差按分组数放大相同的倍数；降低了零件加工难度；增加了零件的测量、分组及相应的管理工作	大批大量，精度很高且组成环数很少的尺寸链，如滚动轴承、内燃机活塞与活塞销的装配	加强分组的管理，一般分为2～4组，可以用于质量等非几何参数的分组
调整法	零件按经济加工精度加工，通过改变某个组成环的位置或更换相应零件保证装配精度	因批量或结构而不宜采用互换法的高精度多环尺寸链，如调整各种机械结构中的间隙	注意可动调整的防松措施和固定调整的结构刚性
修配法	零件按经济加工精度加工，通过改变某个组成环的尺寸保证装配精度	批量不大，且因组成环的尺寸都较大而不宜采用互换法和调整法的高精度多环尺寸链，如修配尾座底板以保证前、后顶尖的等高度	尽量采用精密加工方法代替手工修配作业

7.6.1 互换装配法

互换装配法在装配时，各装配零件不经选择、调整或修理即可达到装配精度的方法。互换装配法的实质就是用控制零件加工误差来保证装配精度的一种方法。

采用互换装配法，有关零件的公差按下述两种原则来确定。

① 各有关零件公差之和应小于或等于装配公差，用公式表示为

$$T_0 \geqslant \sum_{i=1}^{n} T_i = T_1 + T_2 + \cdots + T_n \tag{7-27}$$

式中　T_0——装配公差；
　　　T_i——各有关零件的制造公差；
　　　n——组成尺寸链各有关零件数。

显然，在这种装配中，零件是可以完全互换的，因此又称为完全互换法。完全互换法就是把部件中的每个零件按图样公差要求加工后，不需要经过任何选择、修正和调整，装配起来就能达到规定的装配精度要求的装配方法。完全互换装配法的优点是可保证零、部件的互换性，便于组织专业化生产，备件供应方便；装配工作简单、经济，生产率高；便于组织流水装配及自动化装配；对装配工人的技术水平要求不高，易于扩大再生产。由于有这些优点，完全互换法成为保证装配精度的先进装配方法，被广泛用于各种生产类型的汽车装配中。其缺点是：当封闭环的精度要求高而组成环的数目又多时，采用完全互换法所确定的各组成环的公差将会很小，难以制造，也不经济。

② 各有关零件公差值平方和的平方根小于或等于装配公差，用公式表示为

$$T_0 \geqslant \sqrt{\sum_{i=1}^{n} T_n^2} = \sqrt{T_1^2 + T_2^2 + \cdots + T_n^2} \tag{7-28}$$

显然，按式(7-28)计算时，与式(7-27)相比零件的公差可以放大一些，从而使加工变得容易而经济，同时仍能保证装配精度。但式(7-28)的应用是有条件的，这种方法保证装配精度是以一定的合格率（亦称置信水平）为依据的。由于其原理的根据是概率理论，所以只适用于大批大量生产类型。当符合一定条件时，能够达到完全互换法的效果，否则，会使一部分装配产品达不到装配精度要求，此时称为不完全互换法。

不完全互换装配法是将零件尺寸公差都放大到经济加工精度要求的公差大小，装配时零件不需挑选或修配，就能使绝大多数装配产品达到装配精度要求。不完全互换装配法解算装配尺寸需用概率法。故也称为统计互换装配法或大数互换装配法。

在公差设计计算时，由于组成环公差相等的原则来分配所以公式(7-27)为不定方程，其解不是唯一确定的。工程上确定组成环公差常用的是相等公差法。相等公差法，是按照各组成环公差相等的原则来分配封闭环公差的方法，即假设各组成环公差相等，求出组成环平均公差$T_{av,L}$，按极值法求得

$$T_{av,L} = \frac{T_{A0}}{n-1} \tag{7-29}$$

式中　n——总环数（包括封闭环）；
　　　T_{A0}——封闭环公差。

由于相等公差法没有考虑各组成环的尺寸大小和获得尺寸精度的难易程度，因此各组成环公差规定相等的值是不合理的。通常根据上述公式计算出$T_{av,L}$后，将其公差作适当调整。公差修正时应考虑以下因素。

a. 轴承等标准件的尺寸公差应按标准规定。

b. 组成环尺寸大的，加工难度大的，取较大的公差，反之取较小的公差，并应取标准公差值。

c. 调整后 $n-2$ 个组成环的公差值应尽可能符合国家标准《公差与配合》中的公差值。

d. 由于 $n-2$ 个组成环的公差采用标准公差值后，另一组成环公差就有可能不是标准公差值，这个组成环的公差值与其他各组成环公差协调，使组成环公差之和等于或小于封闭环要求的公差。

协调环公差

$$T_{Ar} = T_{A0} - \sum_{i=1}^{n-2} T_{Ai} \qquad (7\text{-}30)$$

协调环选择原则是：不使用定尺寸刀具获得的尺寸；易于使用通用量具测量的尺寸；它不是诸多尺寸链的公共环。

组成环的极限偏差可按下述原则确定：标准件的极限偏差按标准的规定确定；除协调环及标准件以外的组成环的极限偏差，按"偏差注向体内"原则标注，即外尺寸（被包容尺寸）按 h、内尺寸（包容尺寸）按 H、孔中心距按对称偏差确定极限偏差。

协调环极限偏差的确定按式(7-5)、式(7-6)或式(7-13)、式(7-14)来计算确定。

图 7-11(c) 中的 (2) 是汽车变速器第二轴上的三速齿轮组件装配尺寸链。为保证空套在第二轴上的三速齿轮旋转灵活，规定轴向装配间隙为 (0.1～0.5)mm（$B_0 = 0^{+0.5}_{+0.1}$mm）。已知第二轴上的 E 和 F 两端面距离 $B_8 = 39$mm，止推环宽度 $B_{13} = 4$mm，三速齿轮轮毂宽度 $B_{14} = 35$mm。试确定各组成环公差和极限偏差。

解

① 计算个封闭环尺寸。按式(7-1) 得

$$B_0 = B_8 - (B_{13} + B_{14}) = 39 - (4 + 35) = 0$$

② 求各组成环平均公差。按下式计算各组成环平均公差为

$$T_{av,L} = \frac{T_{B0}}{n-1} = \frac{0.4}{3} = 0.133(\text{mm})$$

③ 调整各组成环公差。选择 B_8 为协调环，调整 B_{13}、B_{14} 的公差为

$$T_{B13} = 0.075\text{mm}(\text{IT}11)$$
$$T_{B14} = 0.16\text{mm}(\text{IT}11)$$

按式(7-4) 计算协调环 B_8 的公差为

$$T_{B8} = T_{B0} - (T_{B13} + T_{B14}) = 0.4 - (0.075 + 0.16) = 0.165(\text{mm})$$

④ 确定各组成环极限偏差，偏差按"入体原则"标注，组成环 B_{13}、B_{14} 的极限偏差分为

$$B_{13} = 4^{\ 0}_{-0.075}\text{mm}; B_{14} = 35^{\ 0}_{-0.16}\text{mm}$$

按式(7-5)、式(7-6) 计算协调环 B_8 的极限偏差为

$$\text{ES}_{A0} = \sum_{z=1}^{k} \text{ES}_{Az} - \sum_{j=k+1}^{n-1} \text{EI}_{Aj} = \text{ES}_{B8} + (\text{EI}_{B13} + \text{EI}_{B14})$$
$$= 0.5 + (-0.075 - 0.16) = 0.265(\text{mm})$$

$$\text{EI}_{A0} = \sum_{z=1}^{k} \text{EI}_{Az} - \sum_{j=k+1}^{n-1} \text{ES}_{Aj} = \text{EI}_{B8} + (\text{ES}_{B13} + \text{ES}_{B14})$$
$$= 0.1 + (0 + 0) = 0.1(\text{mm})$$

所以 $B_8 = 39^{+0.265}_{+0.100}$mm。

7.6.2 选择装配法

选择装配法是在成批或大量生产中，将产品配合副经过选择进行装配以达到装配精度的方法。在成批或大量生产条件下，若组成零件不多而装配精度很高时，如果采用完全互换法，将会使零件的公差值过小，不仅会造成加工困难，甚至会超过加工的现实可能性。在这种情况下，就不能只依靠零件的加工精度来保证装配精度。这时可以采用选择装配法，将配合副中各零件的公差放大，然后通过选择合适的零件进行装配，以保证规定的装配精度。

选择装配法按其形式不同可分为三种：直接选配法、分组装配法和复合选配法。

(1) 直接选配法

直接选配法即在装配时，由装配工人直接从待装配的零件中选择合适的零件进行装配，以满足装配精度的方法。例如，装配发动机活塞时，为了避免在发动机工作时，活塞环在环槽中卡死，装配工人凭经验直接挑选合适的活塞环进行装配，完全是凭经验判定活塞环和环槽的间隙来保证装配精度。

这种装配方法的优点是简单，但装配质量在很大程度上取决于装配工人的技术水平，而且工时也不稳定，不适宜用于节拍要求严格的流水装配线。

(2) 分组装配法

分组装配法是在成批或大量生产中，将产品各配合副的零件按实测尺寸分组，装配时按组进行互换装配以达到装配精度的方法。

对于装配精度要求很高的情况，各组成零件的加工精度也很高，使得加工很不经济或很困难，甚至无法满足要求。例如，发动机活塞销和销孔的配合，技术要求规定，在冷态装配时应有 $0\sim0.0050$mm 的过盈量。若用完全互换法装配，则活塞销和销孔的公差分别为 0.0025mm，将给机械加工造成极大困难，也不经济。在实际生产中采用分组装配法，即把活塞销和销孔的公差放大到 0.015mm，然后对这零件进行测量分组，按分组顺序，对应组的零件进行装配，保证装配精度的要求。

分组互换法的特点如下。

① 一般用在组成环数目为 2 个（或 3 个）的配合件（如轴和孔）而封闭环精度要求很高的情况下。在发动机制造中常用于活塞销与活塞销孔、活塞销与连杆小头孔、气缸孔与活塞裙部等的配合。

② 为了保证分组后各级的配合精度和配合性质与原要求相同，配合件的公差要相等，公差增大时要向公差带同方向增大，增大倍数就是分组的数目。

③ 配合件的分组数不宜太多，以能够达到经济加工精度为原则。否则，零件的测量、分组、保管、运输、装配等就会复杂化，容易造成混乱。

④ 由于装配精度取决于分组公差，零件的表面粗糙度和形位公差均需与分组公差相适应，不要因此降低其技术要求。

⑤ 为了保证分组后在装配过程中零件能顺利地进行配套，两零件的尺寸分布规律应为正态分布，这样才不会产生各组中两零件数量不等的情况。

分组装配法的优点是降低了零件加工精度的要求，仍能获得很高的装配精度；同组内的零件可以互换，具有完全互换法的优点。它的缺点是增加了零件的测量、分组工作，增加了零件存储量，并使零件的储存、运输工作复杂化。

分组装配法只适用于大批大量生产中的组成环数少（一般组成环数为 2）而装配精度要求高的场合。这种装配方法生产组织复杂，应用并不广泛。柴油机中的精密偶合件都采用分组装配法；大量生产滚动轴承的工厂也采用此种装配法。

采用分组装配法时应注意如下事项。

① 配合件的公差应相等，公差增大应同一方向，增大的倍数就是分组组数。

② 配合件的表面粗糙度、形位公差必须保持原设计要求，不应随着配合件公差的放大而降低要求。

③ 保证零件分组装配中都能配套。若产生某一组零件过多或过少而无法配套时，必须采取措施，避免造成积压或浪费。

④ 所分组数不宜过多，以免管理复杂。

(3) 复合选配法

复合选配法是上述两种方法的复合，即先把零件测量分组，装配时再在对应组零件中直

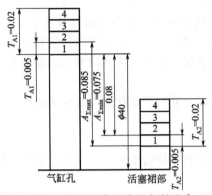

图 7-12 气缸孔与活塞裙部的配合采用分组互换法示意图

接选择装配。它吸取了前述两种选择装配法的优点，既能较快地选择合适的零件进行装配，又能达到理想的装配质量。发动机汽缸孔与活塞的装配大都采用这种装配方法。

图 7-12 为某汽油机的气缸孔径和活塞裙部外径的配合，要求配合间隙为 $A_{\Sigma min}=0.075$mm，$A_{\Sigma max}=0.085$mm（$T_\Sigma=0.01$mm）。按极值解法确定的两个组成环尺寸公差为：汽缸直径：$A_1=\phi 40^{+0.005}_{0}$ mm（$T_{A_1}=0.005$mm）；活塞裙部直径：$A_2=\phi 40^{-0.075}_{-0.08}$ mm（$T_{A_2}=0.005$mm）。

由于对零件的公差要求很严，不仅制造不经济，而且生产率也低。因此，采用分组互换法，将两个配合件的上述公差放大 4 倍，取 $T'_{A_1}=T'_{A_2}=0.02$mm，气缸直径尺寸公差为 $\phi 40^{+0.02}_{0}$mm，活塞裙部直径尺寸公差为 $\phi 40^{-0.06}_{-0.08}$mm。按上述公差制造的零件，为保证装配精度和便于装配，零件加工后要进行测量分组，按气缸直径和活塞裙部直径的实际尺寸各分成 4 组（$T'_{A_1}=T'_{A_2}=4\,T_{A_1}=4\,T_{A_2}=4\times 0.05=0.02$mm），并将各组零件涂上不同的颜色作为标记，同组（同种颜色）的零件装配在一起，大气缸孔配大活塞，小汽缸孔配小活塞，见表 7-4。

表 7-4 气缸直径和活塞裙部直径按分组互换法分组及标记 mm

组别	标记颜色	气缸直径	活塞裙部直径	配合间隙	
				最小尺寸	最大尺寸
第 1 组	红	$\phi 40^{+0.005}_{0}$	$\phi 40^{-0.075}_{-0.08}$	0.075	0.085
第 2 组	黑	$\phi 40^{+0.01}_{+0.005}$	$\phi 40^{-0.07}_{-0.075}$		
第 3 组	绿	$\phi 40^{+0.015}_{+0.01}$	$\phi 40^{-0.065}_{-0.07}$		
第 4 组	白	$\phi 40^{+0.02}_{+0.015}$	$\phi 40^{+0.06}_{-0.065}$		

这样，同一组的气缸和活塞相配，可以完全互换，能保证配合间隙 $A_{\Sigma min}=0.075$mm 和 $A_{\Sigma max}=0.085$mm 的要求。

还可以看出，为了保证每一组的配合间隙都处于 0.075～0.085mm 范围内，两个组成环的公差应取等值，即 $T_{A_1}=T_{A_2}$（或 $T'_{A_1}=T'_{A_2}$）。否则，随着级别的变化，虽然配合精度保持不变，但是配合性质将逐渐发生变化。

某汽车发动机中活塞销和活塞销孔的配合。活塞销和销孔的基本尺寸为 $\phi 28$mm，装配技术要求中规定，在冷态装配时要求有 0～0.005mm 的过盈配合，试确定活塞销和活塞销孔的公差。

解：若采用互换装配法装配，则活塞销和销孔所分配的公差为

$$T_{Ai}=\frac{T_{A\Sigma}}{n-1}=\frac{0.005}{2}=0.0025\text{(mm)}$$

这样小的公差值，不仅不方便制造，而且很不经济，因而在生产中多采用分组装配法。

① 确定组成环公差 根据活塞销和销孔所选用加工方法的加工经济精度确定为公差 $T_{A销}=T_{A孔}=0.015$mm，则公差放大倍数（即分组组数）为 6。

② 画分组公差带分布图 为了清楚地表示配合件的分组尺寸，绘制出公差带分布图，如图 7-13 所示。绘制时，首先确定基准件，通常取活塞销为基准件，其制造尺寸为

$\phi 28^{+0.0075}_{-0.0075}$ mm，将其分成 6 组，为保证最小过盈量为 0，最大过盈量为 0.005mm，则得活塞销孔的尺寸为 $\phi 28^{+0.005}_{-0.010}$ mm。

图 7-13 分组差带分布图

③ **分组表及标记** 按上述公差制造的零件，为保证装配精度和便于装配，零件加工后要进行测量分组，并将各组零件涂上不同的颜色作为标记，同组（同种颜色）的零件装在一起，见表 7-5。

表 7-5 活塞销及活塞销孔尺寸分组及标记 mm

组别	标记颜色	活塞销 $\phi 28^{+0.0075}_{-0.0075}$	活塞销孔 $\phi 28^{+0.005}_{-0.010}$	配合间隙 最小尺寸	配合间隙 最大尺寸
1	粉红	$\phi 28^{+0.0075}_{+0.0050}$	$\phi 28^{+0.0050}_{+0.0025}$	0	0.005
2	绿	$\phi 28^{+0.0050}_{+0.0025}$	$\phi 28^{+0.0025}_{0}$		
3	蓝	$\phi 28^{+0.0025}_{0}$	$\phi 28^{0}_{-0.0025}$		
4	红	$\phi 28^{0}_{-0.0025}$	$\phi 28^{-0.0025}_{-0.0050}$		
5	白	$\phi 28^{-0.0025}_{-0.0050}$	$\phi 28^{-0.0050}_{-0.0075}$		
6	黑	$\phi 28^{-0.0050}_{-0.0075}$	$\phi 28^{-0.0075}_{-0.010}$		

7.6.3 调整装配法

对于封闭环精度要求较高的多环装配尺寸链，若用完全互换装配法，组成环的公差就很小，加工困难；若用分组互换法，由于环数多，零件分组的工作相当复杂。在此情况下，可以采用调整装配法。调整装配法是用改变可调整零件的相对位置或选用合适的调整件达到装配精度的方法。调整装配法的实质也是扩大组成环的公差，使各组成环按经济加工精度制造。选一调整件，装配时调整它的位置，或选一合适尺寸的调整件来保证装配精度要求的方法。

根据调整件的不同，调整装配法又分为可动调整装配法和固定调整装配法。对于组成件数比较多而装配精度要求又高的场合，宜采用调整装配法。

调整装配法的优点是能获得很高的装配精度，在采用可动调整时，可达到理想的精度，而且可以随时调整由于磨损、热变形或弹性变形等原因所引起的误差；零件可按加工经济精度确定公差。调整装配法的缺点是应用可动调整装配法时，往往要增大机构体积，当机构复杂时，计算繁琐，不易准确；应用固定调整装配法时，调整件需要准备几种不同的规格，且增加了零件的数量，且增加了制造费用；调整工作繁杂又费工费时，装配精度在一定程度上依赖工人的技术水平。

(1) 可动调整装配法

可动调整装配法是用改变预先选定的可调整零件（一般为螺钉、螺母等）在产品中的相

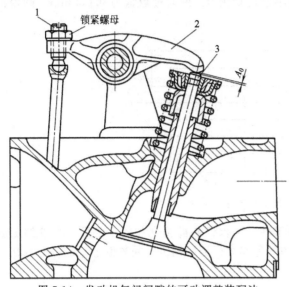

图 7-14　发动机气门间隙的可动调整装配法
1—调整螺钉；2—摇臂；3—气门；A_0-间隙

对位置来达到装配精度的要求。采用可动调整装配法，在调整过程中不需要拆卸零件，所以比较方便，减少了装配工作量。图 7-14 所示为发动机气门间隙的调整方法，为了保持挺柱未抬起时进排气门与摇臂之间保持适当的间隙，在与推杆接触的摇臂端部装有气门间隙的调整螺钉，以进行调整。

(2) 固定调整装配法

固定调整装配法需预先设置几挡定尺寸调整件，装配时根据需要选择相应的调整件装入，以达到所要求的装配精度。通常使用的调整件有垫片、套筒等简单零件。例如，在发动机中用来调整轴承间隙、调整水泵叶轮侧面的间隙、调整喷油泵供油提前角所用的垫片。汽车主减速器中主动锥齿轮轴承预紧度的调整，就是通过选用不同厚度的调整垫片来保证装配要求的。

在设计可动调整件时，其最大调整量必须考虑到最大的补偿数值，同时还要考虑产品在使用过程中由于零件磨损、温度变化等而使组成环尺寸发生变化。

调整法的特点如下。

① 加大了组成环的公差，使零件制造容易。

② 采用可动调整零件，使封闭环达到任何一个精度等级。

③ 在使用过程中，可以用可动调整件或更换固定调整件的方法来恢复部件的原有精度。

④ 装配工作简单，不需要修配。所需装配工时比较固定，便于组织流水生产。

⑤ 必须有作为调整件的零件，往往增加了零件数，因而使结构复杂化，以至于有时难以实现，故在使用上受到限制。

调整装配法虽然多用了一个调整件，因而增加了部分调整工作量和一些机械加工量，但就整个汽车生产来说是微不足道的，所以在汽车装配中被广泛采用。

采用固定调整装配法时，其公差设计计算可按下述步骤进行。

组成环的公差和极限偏差的确定方法如下。

① 标准件的公差和极限偏差按标准规定。

② 在组成环中确定一个补偿环（一般为垫片，称为固定调整垫片），补偿环在并联尺寸链中应为非公共环，初定尺寸用 A_F 表示，其公差 T_{AF} 一般规定为 IT8～IT9 级。

③ 除标准件和调整件外的其他组成环公差，一般取 IT11 或低于 IT11 级。极限偏差按偏差注向体内原则确定。

采用固定调整装配法时，由于方法组成环公差，装配后的实际封闭环的公差必然超出设计要求的公差，其超差量需要补偿环补偿来达到封闭环的设计要求。补偿原理如图 7-15(b) 所示。补偿量 F 等于超差量，可用下式计算

$$F = \sum_{i=1}^{n-1} T_{Ai} - T_{A0} \tag{7-31}$$

式中 $\sum_{i=1}^{n-1} T_{Ai}$ ——实际封闭环的极值公差（含补偿环）；

T_{A0} ——封闭环公差的要求值。

图 7-15(a) 所示的 n 环装配尺寸链，在未放入补偿环之前，存在一个间隙尺寸 X，称为空隙尺寸，若补偿环 A_F 为满环时，空隙尺寸 X 为

$$X = A_0 + A_F = \sum_{z=1}^{k} A_z - \sum_{j=k+1}^{n-2} A_j$$

空隙尺寸的最大、最小值 $X_{\max} \sim X_{\min}$ 分别为

$$X_{\max} = \sum_{z=1}^{k} A_{z\max} - \sum_{j=k+1}^{n-2} A_{j\min}$$

$$X_{\min} = \sum_{z=1}^{k} A_{z\min} - \sum_{j=k+1}^{n-2} A_{j\max}$$

空隙尺寸的变化范围 $X_{\min} \sim X_{\max}$ 是补偿环的总补偿范围，如图 7-15(b) 所示。

各组成环制造公差被放大后，装配时不同组成环尺寸组合时，都可以选用一个相应厚度的调整垫片来满足装配精度要求。这说

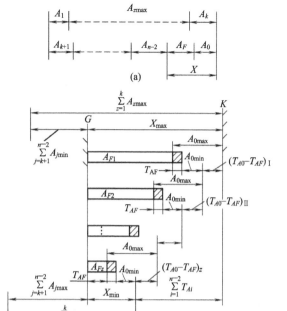

图 7-15 补偿环为减环时补偿原理
及调整件分组尺寸的计算图解

明了可以用低精度的零件尺寸，用选择合适尺寸的调整件的方法来满足较高的装配精度要求，这就是固定调整法的补偿原理。每一尺寸的调整垫片能补偿组成环误差的能力，称为补偿能力 S。若忽略补偿环的制造公差 T_{AF}，则补偿环的补偿能力 S 就等于封闭环公差要求 T_{A0}。若考虑补偿环的公差 T_{AF}，则补偿环的补偿能力为

$$S = T_{A0} - T_{AF}$$

当第一组补偿环无法满足补偿要求时，就需用相邻一组的补偿环来补偿。所以，相邻组别补偿环基本尺寸之差应等于补偿能力 S，以保证补偿作用的连续进行，故分组数 Z 表示为

$$Z \geqslant \frac{\sum_{i=1}^{n-2} T_{Ai}}{T_{A0} - T_{AF}} = \frac{F}{S} + 1$$

计算所得分组数 Z 后，要圆整至邻近的较大整数。

调整垫片分组尺寸 A_{Fi} 的计算，由图 7-15(b) 列出计算式

$$\sum_{z=1}^{k} A_{z\max} - \sum_{j=k+1}^{n-2} A_{j\min} - A_{F1} + T_{AF} - A_{0\max} = 0$$

整理后得出

$$A_{F1} = \sum_{z=1}^{k} A_{z\max} - \sum_{j=k+1}^{n-2} A_{j\min} + T_{AF} - A_{0\max}$$

$$A_{F2} = A_{F1} - (T_{A0} - T_{AF})$$

$$A_{F3} = A_{F1} - 2(T_{A0} - T_{AF})$$

……

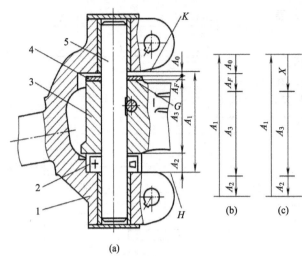

图 7-16 转向节叉架与前轴拳部装配图及装配尺寸链
1—转向节；2—止推轴承；3—前轴；4—调整垫片；5—主销

$$A_{Fz} = A_{F1} - (Z-1)(T_{A0} - T_{AF})$$

上式为减环补偿环调整垫片尺寸计算的通式。

图 7-16 所示为载货卡车转向节叉架与前轴拳部装配图及装配尺寸链，采用固定调整装配法保证装配精度。产品设计要求：转向节 1 叉架上耳下平面 K 与调整垫片 4 间的间隙要求为 $0.05 \sim 0.25$mm。装配尺寸链如图 7-16(b) 所示，转向节 1 叉架上耳下平面 K 与下耳轴承窝端面 H 间尺寸 $A_1 = 112$mm；止推轴承 2 高度 $A_2 = 18$mm；前轴 3 拳部高度 $A_3 = 92$mm；调整垫片 4 尺寸初定 $A_F = 2$mm，制造公差 $T_{AF} = 0.025$mm（IT9 级）。要求：①确定组成环公差及其极限偏差；②计算调整垫片分组数 Z 及分组尺寸 A_{Fz}。

① 确定组成环公差及偏差　止推轴承为标准件，其尺寸公差即极限偏差采用标准规定值，$A_2 = 18_{-0.20}^{\ 0}$mm，故 $T_{A2} = 0.20$mm；组成环 A_1 及 A_3 的制造公差均放大到经济公差大小；对于固定调整法，一般将制造公差放大到 IT11 或低于 IT11 级。取 $T_{A1} = 0.35$mm（IT12 级），$T_{A3} = 0.22$mm（IT11 级）。按偏差注向体内原则，确定 $A_1 = 112_{\ 0}^{+0.35}$mm（H11），$A_3 = 92_{-0.22}^{\ 0}$mm（h11）。

② 计算补偿量 F 和补偿能力 S

$$F = \sum_{i=1}^{n-1} T_{Ai} - T_{A0} = (0.35 + 0.20 + 0.22 + 0.025) - 0.2 = 0.595 \text{(mm)}$$

$$S = T_{A0} - T_{AF} = 0.2 - 0.025 = 0.175 \text{(mm)}$$

计算调整垫片分组数 Z

$$Z \geq \frac{\sum_{i=1}^{n-2} T_{Ai}}{T_{A0} - T_{AF}} = \frac{0.35 + 0.20 + 0.22}{0.2 - 0.025} = 4.4$$

取 $Z = 5$ 组。

③ 计算调整垫片分组尺寸 A_{Fi}。调整垫片分组基本尺寸及极限偏差为

$$A_{F1} = A_{1\max} - (A_{2\min} + A_{3\min}) + T_{AF} - A_{0\max} = 2.545_{-0.025}^{\ 0} \text{(mm)}$$

$$A_{F2} = A_{F1} - (T_{A0} - T_{AF}) = 2.37_{-0.025}^{\ 0} \text{(mm)}$$

$$A_{F3} = 2.195_{-0.025}^{\ 0} \text{mm}$$

$$A_{F4} = 2.02_{-0.05}^{\ 0} \text{mm}$$

$$A_{F5} = 1.845_{-0.025}^{\ 0} \text{mm}$$

7.6.4　修配装配法

单件、小批生产由于产品数量小，可用修配法来保证装配精度。修配法就是将各组成环按经济加工精度制造（公差不可过分放大），装配时根据实际测量的结果来修配在尺寸链中预先选定的容易修配的某个组成尺寸，以保证装配精度要求。进行修配的零件称为修配件，该环称为修配环。

修配装配法一般适用于产品产量小的场合，如单件小批生产或产品的试制。当组成件数不多但装配精度要求很高，或组成件数多而装配精度要求也很高时，各组成件按该生产条件下的加工经济精度制造，装配时修去指定零件上预留修配量或就地配制，从而保证装配精度。

汽车生产中，也有采用修配装配法的。如将主减速器中的主、从动圆锥齿轮进行直接选配后送去研磨，打上记号，然后成对送去装配，选配后的研磨，实质就是修配装配法的应用。又如柴油机中的精密耦合件也是用分组选配再研磨，来保证装配精度，其选配后的研磨实质上也是修配装配法的应用。总的说来，因为汽车多是大批大量生产，所以修配装配法的应用不如前述三种装配方法多。

除了完全互换法外的其他配合方法都是用增加装配工作的难度来换取减少加工工作的难度。选择保证装备精度的工艺配合方法需要全面地考虑加工与装配两方面的要求，即需要将加工工艺与装配工艺作为整体来衡量工艺方案的优劣。

一般说来，在选择保证装配精度的工艺配合方法时，应优先考虑完全互换装配法；组成环较多时可以考虑不完全互换装配法；批量很大、精度很高、组成环很少时可以考虑选择装配法；只有在这些配合方法难以保证装配精度或很不经济时才考虑其他装配工艺配合方法。在调整装配法和修配装配法中，优先考虑调整法，在有关零件的尺寸都较大、价值较高时采用修配法。

7.7 工艺尺寸链的计算

在汽车及机械产品制造过程中，大多数零件的尺寸与形状的获得，都要通过机械加工，在此过程中，只有最终加工与按设计尺寸及形状直接加工的情况下，工序尺寸才与设计尺寸一致，除此之外，工序尺寸与设计尺寸是不同的，为了间接保证设计尺寸，或者为了给后续工序留有加工余量，工序尺寸就不同于设计尺寸。确定工序尺寸及公差，需要应用尺寸链原理进行尺寸换算，即需解算工艺尺寸链。

解算工艺尺寸链与解算装配尺寸链的方法和步骤基本相同，首先确定封闭环；其次建立工艺尺寸链；最后利用尺寸链计算公式解算工艺尺寸链。工艺尺寸链要根据零件加工工艺过程来建立，间接保证的尺寸为封闭环。工艺尺寸链的封闭环有两种基本形式：一种是以工序尺寸为组成环，间接保证某一尺寸，封闭环就是要保证的尺寸；二是以工序尺寸为组成环，确定加工余量，封闭环就是余量。当依靠火花磨削加工，余量是组成环，工序尺寸是封闭环。在任何一个零件的加工过程中，都会同时存在这两种类型的工艺尺寸链，并且往往会形成由某些工序尺寸或加工余量作为公共环的并联尺寸链。

7.7.1 工序基准、测量基准与设计基准重合时工序尺寸的确定

定位基准、工序基准、测量基准及设计基准重合，是工序尺寸确定最简单的情况。此时，工序尺寸的计算是以最终工序开始，反算到第一道工序。工序尺寸是组成环，加工余量是封闭环。在这种情况下，工件在加工过程中不存在基准转换，同一表面经多次加工而达到设计要求，工序尺寸仅与工序余量有关。外圆、内孔直径尺寸的加工以及某些轴和盘类等零件端面的加工等，多属于这种情况。

图 7-17(a) 所示为活塞加工时的供需尺寸图表，其中尺寸 A_{01}、A_{02} 是零件图样上标注的设计尺寸。A_{01} 为活塞顶面到地面的距离；A_{02} 为顶面到销孔轴线间的尺寸。为了保证设计尺寸 A_{01}、A_{02}，其加工方案为先以活塞地面为工序基准，粗车顶面→精车顶面。然后再以顶面为工序基准精镗销孔。

图 7-17(b) 和图 7-17(c) 所示的图表是根据加工顺序将各工序尺寸及各表面形成过程

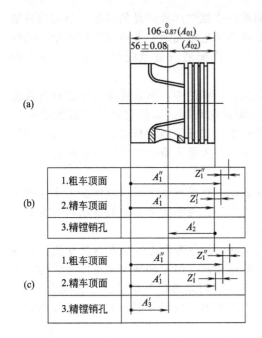

图 7-17 活塞加工时的工序尺寸图表

表示出来的。图 7-17(b) 为用图表表示的各工序尺寸及各表面的形成。在图表中工序尺寸的一端用圆点表示工序基准，另一端用箭头指向被加工表面。由图中可以看出，在精车加工活塞顶面过程中，由于工序基准与设计基准重合，其工序的工序尺寸为

精车顶面　$A_1' = A_{01} = 106_{-0.87}^{0}$ mm（与设计尺寸相同）。

粗车活塞顶面时，若已知精车加工余量 $z_1' = 0.6$ mm，粗车经济精度公差等级为 IT10（0.14mm），粗车顶面的工序尺寸为

$A_1'' = A_1' + z_1' = 106.6_{-0.14}^{0}$ mm（设计尺寸加上精车余量，精度为粗车精度）

式中　A_1'——精车工序尺寸；
　　　A_1''——粗车工序尺寸；
　　　Z_1'——精车余量。

工序尺寸 A_1'、A_1'' 及 z_1' 构成了以加工余量 z_1' 为封闭环的工艺尺寸链，必要时可根据此尺寸链校核精车加工余量是否合适。

通常情况下，外圆、内孔、盘及套类零件加工，其工艺基准与设计基准基本上是重合的。只要基准重合，可通过下述步骤确定工序尺寸。

① 确定各加工工序的加工余量。

② 从终加工工序开始，即从设计尺寸开始，到第一道加工工序，逐次加上每道加工工序余量，可分别得到各工序基本尺寸。

③ 除终加工工序以外，其他各加工工序按各自所用加工方法的加工经济精度确定工序尺寸公差（终加工的公差按设计要求确定）。

7.7.2　工序基准、测量基准与设计基准不重合时工序尺寸的确定

在零件加工过程中，由于工艺上的要求，例如，工艺定位、调整、加工和测量的方便，可能使所选择的工艺基准或测量基准与设计基准不重合，此时加工过程中往往不能直接保证设计尺寸，而只能间接保证。故在进行加工工艺设计时，必须经过尺寸链的换算来获得相关的工序尺寸。下面通过实例来说明工艺尺寸的换算。

(1) 定位基准与设计基准不重合

在工艺加工过程中，由于所选择的定位基准与设计基准不重合，故不能由加工直接获得零件的设计尺寸，而是间接的由几个工序尺寸保证。为了保证设计尺寸的精度要求，此时用尺寸链原理计算有关的工序尺寸。

图 7-17(a) 所示为活塞加工简图，在精镗活塞销孔工序中，销孔尺寸 A_{02} 直接影响发动机的压缩比，当选择定位基准为活塞底面，其设计基准为活塞顶面，故工序基准和设计基准不重合。此时，为了保证尺寸 A_{02}，按选定的工序基准将工序尺寸调整为 A_3'。图 7-17(c) 所示为工序尺寸图，由图中知，尺寸 A_{02} 由工序尺寸 A_1' 和 A_3' 间接保证的；工序尺寸 A_1' 和 A_3' 是工艺尺寸链的组成环，工艺尺寸链的封闭环为设计尺寸 A_{02}。图 7-18 所示为加工活塞销孔的工艺尺寸链。

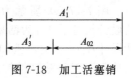

图 7-18　加工活塞销孔的工艺尺寸链

计算工序尺寸A_3',由式(7-1) 得
$$A_3' = A_1' - A_{02} = 106 - 56 = 50 \text{(mm)}$$

计算工序尺寸A_1'的公差,当工序尺寸A_1'取设计尺寸时,即$A_1' = A_{01} = 106_{-0.87}^{0}$ mm;$A_{02} = (56 \pm 0.08)$ mm。此时,$T_{A_1'} = 0.87$ mm,$T_{A_{02}} = 0.16$ mm,尺寸A_{02}为封闭环,由于$T_{A_{02}} \geqslant T_{A_1'} + T_{A_3'}$,但此时,$T_{A_1'} > T_{A_{02}}$,即封闭环的公差已经小于组成环$A_1'$的公差,即使$T_{A_3'}$的公差为0也不能保证封闭环$A_{02}$的公差。因此,工序尺寸$A_1'$的公差$T_{A_1'}$必须缩减,假如取$T_{A_1'} = 0.1$ mm(精车经济精度等级为IT9,其值为0.087mm),则工序尺寸A_3'的公差$T_{A_3'} = 0.06$ mm,调整工序尺寸公差后的工序尺寸为$A_1' = 106_{-0.10}^{0}$ mm,其加工精度明显提高,加工难度增大。

计算A_3'的上、下偏差:由式(7-5) 和式(7-6) 得
$$\text{ES}_{A_{02}} = \text{ES}_{A_1'} - \text{EI}_{A_3'}$$
$$\text{EI}_{A_3'} = \text{ES}_{A_1'} - \text{ES}_{A_{02}} = 0 - 0.08 = -0.08 \text{(mm)}$$
$$\text{EI}_{A_{02}} = \text{EI}_{A_1'} - \text{ES}_{A_3'}$$
$$\text{ES}_{A_3'} = \text{EI}_{A_1'} - \text{EI}_{A_{02}} = -0.10 - (-0.08) = -0.02 \text{(mm)}$$

故经换算后的工序尺寸为$A_3' = 50_{-0.08}^{-0.02}$ mm。

(2) 测量基准与设计基准不重合

在零件加工过程中,有时会出现一些表面加工之后,按设计尺寸不便直接测量的情况,为了间接保证设计尺寸的要求,就要另选一个合适的表面作为测量基准进行加工。此时,就必须进行工序尺寸的计算。

图7-19(a) 所示为轴承衬套零件,图中尺寸$50_{-0.17}^{0}$ mm 和尺寸$10_{-0.36}^{0}$ mm 的设计基准为端面A,在加工过程中,端面A和端面C已加工完毕,并达到设计尺寸,本工序加工端面B及孔,由于在加工过程中,设计尺寸$10_{-0.36}^{0}$ mm 不便于直接测量,为了间接保证设计尺寸$10_{-0.36}^{0}$ mm,以B面为基准,用游标深度尺直接测量大孔的深度。由于设计基准是A面,B面为

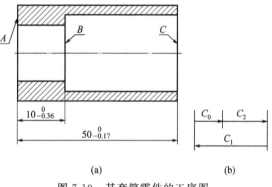

图7-19 某套筒零件的工序图

测量基准,故基准不重合。此时要对工序尺寸A_2利用尺寸链原理进行换算。为了对大孔深度进行计算,建立图7-19(b) 所示的工艺尺寸链。其中间接保证的设计尺寸$A_0 = 10_{-0.36}^{0}$ mm 为封闭环;尺寸A_1、A_2为组成环,其中A_1为增环,A_2为减环。故已知$A_1 = 50_{-0.17}^{0}$ mm,$A_0 = 10_{-0.36}^{0}$ mm,求A_2。

计算A_2的基本的尺寸,由式(7-1) 知
$$A_2 = A_1 - A_0 = 50 - 10 = 40 \text{(mm)}$$

计算工序尺寸A_2的上、下偏差,由于:$T_{A_0} = 0.36$ mm,$T_{A_1} = 0.17$ mm,故$T_{A_0} > T_{A_1}$。则由式(7-5) 和式(7-6) 得
$$\text{ES}_{A_0} = \text{ES}_{A_1} - \text{EI}_{A_2}$$
$$\text{EI}_{A_2} = \text{ES}_{A_1} - \text{ES}_{A_0} = 0 - 0 = 0$$
$$\text{EI}_{A_0} = \text{EI}_{A_1} - \text{ES}_{A_2}$$
$$\text{ES}_{A_2} = \text{EI}_{A_1} - \text{EI}_{A_0} = -0.17 - (-0.36) = 0.19 \text{(mm)}$$

故经换算后的工序尺寸为$A_2 = 40_{0}^{+0.19}$ mm。

本例中,若$T_{A_0} \leqslant T_{A_1}$,就不能按上述步骤进行计算。这是因为由式(7-7) 知,封闭环

的公差等于各组成环公差之和。如果封闭环公差小于或等于尺寸链中某一组成环的公差,那么其余组成环公差之和就小于或等于0。在机械加工中,零件公差等于0或负公差是不可能的。故必须根据工艺可能性缩小各组成环的制造公差,重新决定各组成环的公差,提高加工精度。无论用何种方法确定组成环的公差,都应该遵循各组成环公差之和小于或等于封闭环公差的原则。

通过上述可以看出,为了间接保证封闭环的精度,在尺寸链换算时,必须要提高组成环的尺寸精度。当封闭环的公差较大时,只需要提高本工序尺寸的加工精度;当封闭环的公差等于或者小于某一个组成环的公差时,此时,不仅要提高本工序的工序尺寸的加工精度,而且还要提高前工序(或工步)的工序尺寸的加工精度。加工精度提高后,制造成本会增加,同时制造难度加大。故为了消除基准不重合误差,在工艺上应尽量选择设计基准作为定位基准或测量基准。

为了间接保证原设计尺寸的要求时,在按换算后的工序尺寸进行加工时,容易产生"假废品问题",即经过工序尺寸换算,从工序尺寸上看是废品,但产品仍然是合格的。例如,在上例中,按图 7-19(b) 所示的尺寸链,计算得到工序尺寸 $A_2 = 40^{+0.19}_{0}$ mm,进行加工时,测量一批零件中,某一零件的实际尺寸为 39.9mm。如果从工序尺寸上看,此件应为废品。但将该件的 A_2 实际尺寸再测量一下,若 $A_1 = 49.85$ mm,封闭环尺寸 $A_0 = (49.85 - 39.9)$ mm $= 9.95$ mm,仍然符合设计尺寸 $A_0 = 10^{0}_{-0.36}$ mm 的要求。故对待可能是"假废品"的零件需要进行复检。

■ 7.7.3 以待加工表面为工序基准时工序尺寸的确定

在一些零件加工中,有些工序的工序基准是后续工序的加工表面。当后续工序加工该表面时,不仅要保证该工序对待加工表面加工后的工序尺寸或位置公差的要求,而且还要保证以此待加工表面作为工序基准加工的有关表面的设计要求。此时需要进行工序尺寸的换算。

图 7-20(a) 所示的为一带键槽的齿轮孔,孔淬火后需磨削,最终的键槽深度尺寸为 $A_0 = 43.6^{+0.34}_{0}$ mm,由于最终的键槽深度尺寸不能直接获得,故插键槽的深度只能作为加工中的工序尺寸。因此,必须计算出插键槽的工序尺寸及其公差。为保证内孔及键槽的尺寸,其加工工艺过程为镗内孔→插键槽→热处理→磨内孔。镗内孔的工序尺寸为 $A_1 = \phi 39.6^{+0.10}_{0}$ mm,磨内孔的工序尺寸为 $A_2 = \phi 40^{+0.05}_{0}$ mm。试确定工序尺寸 A 及其公差。本例中为了简化运算,不考虑热处理后内孔的变形误差。

在图 7-20(b) 所示的四环尺寸链中,设计尺寸 $A_0 = 43.6^{+0.34}_{0}$ mm 为尺寸链的封闭环,是间接保证的,尺寸 A 和磨内孔工序的内孔半径 $\frac{A_2}{2} = 20^{+0.025}_{0}$ mm 为增环,镗内孔工序的内孔半径尺寸 $\frac{A_1}{2} = 19.8^{+0.05}_{0}$ mm,为减环。

计算尺寸 A 的基本尺寸:由式(7-1) 知

$$A = A_0 - \frac{A_2}{2} + \frac{A_1}{2} = 43.6 - 20 + 19.8 = 43.4 \text{ (mm)}$$

计算尺寸 A 的上、下偏差:由式(7-5) 和式(7-6) 得

$$ES_{A_0} = ES_A + ES_{A_2/2} - EI_{A_1/2}$$
$$ES_A = ES_{A_0} - ES_{A_2/2} + EI_{A_1/2} = 0.34 - 0.025 + 0 = 0.315 \text{(mm)}$$
$$EI_{A_0} = EI_A + EI_{A_2/2} - ES_{A_1/2}$$
$$EI_A = EI_{A_0} - EI_{A_2/2} + ES_{A_1/2} = 0 - 0 + 0.05 = 0.05 \text{(mm)}$$

故经换算后的工序尺寸为 $A_2 = 43.4^{+0.315}_{+0.050}$ mm $= 43.45^{+0.265}_{0}$ mm

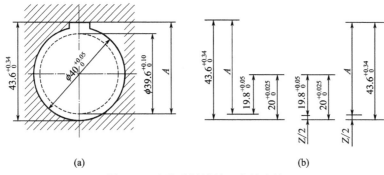

图 7-20 内孔及键槽的工艺尺寸链

由于工序尺寸 A 是从还需加工的设计基准内孔标注出的,所以与设计尺寸 $A_0 = 43.6^{+0.34}_{0}$ mm 间有一个半径磨削余量 $Z/2$ 的差别,利用这个余量,将图 7-20(b) 所示的尺寸链分解为图 7-20(c) 所示的两个并联的三环尺寸链。其中 $Z/2$ 为公共环。

在 $\dfrac{A_2}{2} = 20^{+0.025}_{0}$ mm、$\dfrac{A_1}{2} = 19.8^{+0.05}_{0}$ mm 和 $Z/2$ 组成的尺寸链中,半径余量 $Z/2$ 是封闭环,是间接形成的,$\dfrac{A_2}{2}$ 和 $\dfrac{A_1}{2}$ 是组成环,其中 $\dfrac{A_2}{2}$ 是增环,$\dfrac{A_1}{2}$ 是减环。计算此尺寸链可得

$$Z/2 = 0.2^{+0.025}_{-0.050}\text{ mm}$$

在 $Z/2$、A 和 A_0 组成的尺寸链中,由于 $Z/2$ 已经计算确定了,而设计尺寸 A_0 取决于工序尺寸 A 和余量 $Z/2$,因此 A_0 是封闭环,$Z/2$ 和 A 为组成环,其中 $Z/2$ 为减环,A 为增环。由此尺寸链可得

$$A = 43.45^{+0.265}_{0}\text{ mm}$$

两个计算结果完全相同,其中工序尺寸 A 的公差比设计尺寸 $A_0 = 43.6^{+0.34}_{0}$ mm 的公差恰好少了一个余量公差的数值。这正是从尚待加工的设计基准标注工序尺寸时工序尺寸公差的特点。

7.7.4 一次加工同时保证多个设计尺寸时工序尺寸的确定

零件图样上,有多个设计尺寸是从零件主要设计基准为共同基准,即它们具有同一个设计基准,往往在终加工这个设计基准时,才能同时保证这几个设计尺寸的设计要求。它们可能都是间接保证的,或者其中有一个是直接获得,而其余则是间接保证的。这取决于工艺方案的制订。

图 7-21(a) 所示的为轴套零件,其加工工艺过程:车削大端端面与大外圆→车削小端端面与小外圆→镗内孔及内端面→热处理→磨小端面。由于在最终磨削时要同时保证设计尺寸 $40^{0}_{-0.1}$ mm 与 $25^{+0.5}_{0}$ mm,因此必须控制工序尺寸 A_1 及 A_2 的基本尺寸及偏差。下面从工艺尺寸链的角度来分析。

由工艺分析知,工序尺寸 A_1 及 A_2 在前三道工序中已直接获得,在热处理后磨削小端端面时,要同时保证尺寸 $40^{0}_{-0.1}$ mm 与 $25^{+0.5}_{0}$ mm,在编制工序卡时,精度较高的设计尺寸 $40^{0}_{-0.1}$ mm 直接加工保证,设计尺寸 $25^{+0.5}_{0}$ mm 间接来保证。

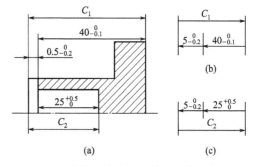

图 7-21 轴套零件加工工序及工艺尺寸链图

在图7-21(b)中所示的尺寸链图中,由于设计尺寸$40_{-0.1}^{0}$mm直接保证,故加工余量$0.5_{-0.2}^{0}$mm为封闭环,A_1和$40_{-0.1}^{0}$mm为组成环,其中$40_{-0.1}^{0}$mm为减环,A_1是增环。

计算工序尺寸A_1的基本尺寸,由式(7-1)知

$$A_1 = 40 + 0.5 = 40.5 \text{(mm)}$$

计算工序尺寸A_1的上、下偏差:由式(7-5)和式(7-6)知

$$ES_{A_1} = 0 - 0.1 = -0.1 \text{ (mm)}$$

$$EI_{A_1} = 0 - 0.2 = -0.2 \text{ (mm)}$$

故经换算后的工序尺寸为$A_1 = 40.5_{-0.2}^{-0.1}$mm。

在如图7-21(c)所示的尺寸链中,设计尺寸$25_{0}^{+0.5}$mm为封闭环,是间接保证尺寸。加工余量$0.5_{-0.2}^{0}$mm和工艺尺寸A_2为组成环,其中A_2为增环,加工余量$0.5_{-0.2}^{0}$mm为减环。

计算工序尺寸A_2的基本尺寸:由式(7-1)得

$$A_2 = 25 + 0.5 = 25.5 \text{(mm)}$$

计算工序尺寸A_2的上、下偏差:由式(7-5)和式(7-6)得

$$ES_{A_2} = 0.5 - 0.2 = 0.3 \text{(mm)}$$

$$EI_{A_2} = 0 + 0 = 0$$

故经换算后的工序尺寸为$A_2 = 25.5_{0}^{+0.3}$mm。

▶ 7.7.5 对称度、同轴度为设计要求的有关工序尺寸的确定

工件加工通常要满足三方面的要求:几何要素、几何形状、几何要素间的相互关系。在工艺设计时,必须要考虑这些方面的工艺问题。对于有同轴度及对称度要求的工件,工序尺寸的确定应遵守独立原则或相关要求原则。独立原则是指工件加工中,尺寸公差和形位公差不相关而独立应用。当被加工零件采用独立公差原则时,此时,形位公差以独立的尺寸环进入尺寸链中。其特点是基本尺寸为零,公差为形位公差。对称度和同轴度公差相对于基准要素对称分布,全值公差带为T_{A_i},该环为封闭环,基本尺寸为零,极限偏差为$\pm T_{A_i}/2$,即用$0 \pm T_{A_i}/2$来表示。在尺寸链图中,对称度和同轴度用以基准要素为起始端的尺寸线段表示,可以画在基准要素的任意一侧。

以图7-22(a)所示的汽车传动轴总成的十字轴上磨削端面为例,分析以对称度为要求的工序尺寸的确定。

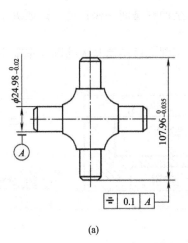

(a)

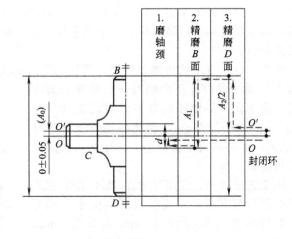

(b)

图7-22 磨削十字轴端面的工序尺寸图表

已知十字轴各轴颈已经加工完成，轴的两端已经过半精加工，磨削轴颈的工艺尺寸为 d，以轴颈下母线 C 为工序基准，精磨端面 B，工序尺寸为 A_1，然后以端面 B 为工序基准，精磨端面 D，工序尺寸为 A_2。要求保证工序尺寸 $A_2 = 107.96_{-0.035}^{0}$ mm，对 O'-O' 中心线对称度公差要求为 0.1 mm。已知 $d = \phi 24.98_{-0.02}^{0}$ mm，求工序尺寸 A_1。

根据上述工艺过程绘制如图 7-22(b) 所示的工序尺寸图。A_1 为所要求的工序尺寸，A_2 为最终工序尺寸。轴颈 d 轴线 O-O 与端面 B 和端面 D 的对称中心平面 O'-O' 对称，在图表上表示出由工序尺寸 A_2 的二分之一处形成的对称中心平面 O'-O'，在工序尺寸 A_2 上用另一箭头指向对称中心平面 O'-O'。

在图 7-23 所示的工艺尺寸链中。在尺寸链中，A_0 画在理想的基准要素 O'-O' 的任意一侧都可以。对称度 $A_0 = (0 \pm 0.05)$ mm 在加工过程中不能直接保证，是间接保证的封闭环；d 是轴颈的最终尺寸，$d/2 = 12.49_{-0.01}^{0}$ mm 和 $A_2/2 = 53.98_{-0.0175}^{0}$ mm 以及 A_1 为组成环，其中 A_1 为增环，$d/2$ 和 $A_2/2$ 为减环。尺寸链图中，只有尺寸 A_1 是未知的，工序尺寸 A_1 要根据尺寸链进行计算。

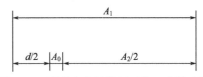

图 7-23　磨削十字轴端面时的工艺尺寸链

计算工序尺寸 A_1 的基本尺寸：由式(7-1) 得到

$$A_1 = \frac{A_2}{2} + \frac{d}{2} + A_0 = 53.98 + 12.49 + 0 = 66.47 \text{(mm)}$$

计算工序尺寸 A_1 的上、下偏差：由式(7-5) 和式(7-6) 得

$$\text{ES}_{A_0} = \text{ES}_{A_1} - \text{EI}_{d/2} - \text{EI}_{A_2/2}$$
$$\text{ES}_{A_1} = \text{ES}_{A_0} + \text{EI}_{d/2} + \text{EI}_{A_2/2}$$
$$= 0.05 + (-0.0175) + (-0.01) = 0.0225 \text{(mm)}$$
$$\text{EI}_{A_0} = \text{EI}_{A_1} - \text{ES}_{d/2} - \text{ES}_{A_2/2}$$
$$\text{EI}_{A_1} = \text{EI}_{A_0} + \text{ES}_{d/2} + \text{ES}_{A_2/2}$$
$$= -0.05 + 0 + 0 = -0.05 \text{(mm)}$$

故经换算后的工序尺寸为

$$A_1 = 66.47_{-0.0500}^{+0.0225} \approx 66.47_{-0.050}^{+0.022} \text{(mm)}$$

7.7.6　孔系坐标尺寸的计算

箱体类零件上的轴承座孔之间的中心距尺寸精度要求较高，根据齿轮传动精度的要求，往往在零件设计图样上，直接标注孔间中心距尺寸及其极限偏差，再标注一个角度量或一个坐标尺寸。在零件制造时，为了间接保证孔间中心距尺寸及公差，需要直接根据坐标尺寸（工序尺寸）进行孔系加工。故在工艺上要求将孔间中心距尺寸换算成坐标尺寸。这种孔系坐标尺寸的计算属于解算平面尺寸链的问题。

图 7-24(a) 为箱体零件工序简图，两坐标尺寸 L_x 和 L_y 之间的夹角为 $90°$，已知其中两孔 Ⅰ 和 Ⅱ 间的中心距尺寸为 $L_0 = (100 \pm 0.1)$ mm，两孔中心线与地面的夹角为 $30°$，为保证孔距尺寸，计算镗孔工序图上坐标尺寸 L_x 和 L_y 的尺寸公差。

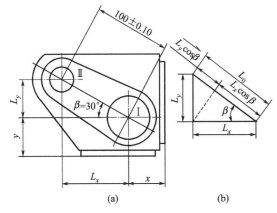

图 7-24　孔系坐标尺寸的计算

(1) 工艺尺寸链的建立

孔系坐标尺寸链通常属于平面工艺尺寸链，其中 L_0 为封闭环，L_x 和 L_y 为组成环。将坐标尺寸 L_x 和 L_y 向 L_0 尺寸线投射，可将平面尺寸链转化为以孔间中心距尺寸 L_0 为封闭环的直线尺寸链。组成如图 7-24(b) 所示的尺寸链，进行计算。

(2) 坐标尺寸 L_x 和 L_y 基本尺寸的确定

在直线尺寸链中，$L_x\cos\beta$ 和 $L_y\sin\beta$ 为增环，传递系数 ξ 均为 $+1$，则

$$L_0 = L_x\cos\beta + L_y\sin\beta$$
$$L_x = L_0\cos\beta = 100\cos30° = 86.6(\text{mm})$$
$$L_y = L_0\sin\beta = 100\sin30° = 50(\text{mm})$$

(3) 坐标尺寸 L_x 和 L_y 的极限偏差的计算

封闭环公差 T_0 与组成环公差 T_x、T_y 的关系为

$$T_0 = T_x\cos\beta + T_y\sin\beta$$

采用等公差分配 $T_x = T_y = T_M$，则

$$T_0 = T_{\text{av,L}}(\cos30° + \sin30°)$$

$$T_{\text{av,L}} = \frac{T_0}{\cos30° + \sin30°} = \frac{0.10-(-0.10)}{0.866+0.5} = 0.146(\text{mm})$$

将空间中心距尺寸的极限偏差按对称分布标注：$\text{ES}_{\text{av}} = +0.073\text{mm}$，$\text{EI}_{\text{av}} = -0.073\text{mm}$，验算

$$\text{ES}_0 = \text{ES}_{\text{av}}(\cos30° + \sin30°) = (+0.073\text{mm})\times(0.866+0.5) = +0.10(\text{mm})$$
$$\text{EI}_0 = \text{EI}_{\text{av}} = (\cos30° + \sin30°) = (-0.073\text{mm})\times(0.866+0.5) = -0.10(\text{mm})$$

符合图样规定 $L_0 = (100\pm0.1)\text{mm}$ 要求，故镗孔工序图可标注尺寸为 $L_x = (86.6\pm0.073)\text{mm}$，$L_y = (50\pm0.073)\text{mm}$。

本例中坐标尺寸 L_x 和 L_y 的值相差不大（在同一尺寸段内），或者孔系采用数控机床加工时，可以采用相等公差法确定坐标尺寸的公差大小。若坐标尺寸值相差较大（不在同一尺寸段内），且采用组合镗床或坐标镗床等机床加工时，应采用等公差等级法确定各坐标尺寸的公差，这样可使加工难易程度相当。

下 篇

第 8 章 齿轮制造工艺
CHAPTER 8

汽车中的齿轮，主要用于传递动力，也有用于传递运动的，如发动机配气机构的正时齿轮等，其齿轮多为渐开线形。由于汽车齿轮的使用条件比较恶劣，生产规模较大，种类繁多，因而汽车齿轮的制造有其自身的特点。随着汽车工业的发展，齿轮的制造工艺也在不断地改进，使齿轮的制造精度和生产率不断提高，成本和工时得以降低。

8.1 齿轮的结构特点及结构工艺性分析

8.1.1 齿轮的结构特点

汽车中的齿轮主要是传力齿轮。按照齿轮结构的工艺特点，齿轮可以分为五类，如图 8-1 所示。

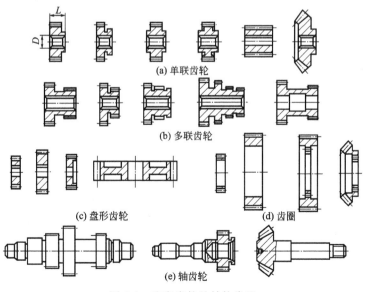

图 8-1 汽车齿轮的结构类型

① 单联齿轮 [见图 8-1(a)], 孔的长径比 $L/D>1$。
② 多联齿轮 [见图 8-1(b)], 孔的长径比 $L/D>1$。
这两种齿轮又称为筒形齿轮, 其内孔一般为光孔、键槽孔或者是花键孔。
③ 盘形齿轮 [见图 8-1(c)], 具有轮毂, 孔的长径比 $L/D<1$。
④ 齿圈 [见图 8-1(d)], 没有轮毂, 孔的长径比 $L/D<1$。
这两种齿轮的内孔一般为光孔或者是键槽孔。
⑤ 轴齿轮 [见图 8-1(e)], 这种齿轮上具有一个或一个以上的齿圈。

8.1.2 齿轮的结构工艺性分析

设计齿轮时, 既要满足使用要求, 又要满足制造工艺要求, 这就是结构工艺性。齿轮的结构与齿面的加工方法关系很大。若想要采用传统的加工方法, 则齿轮结构设计需要注意以下几个问题。

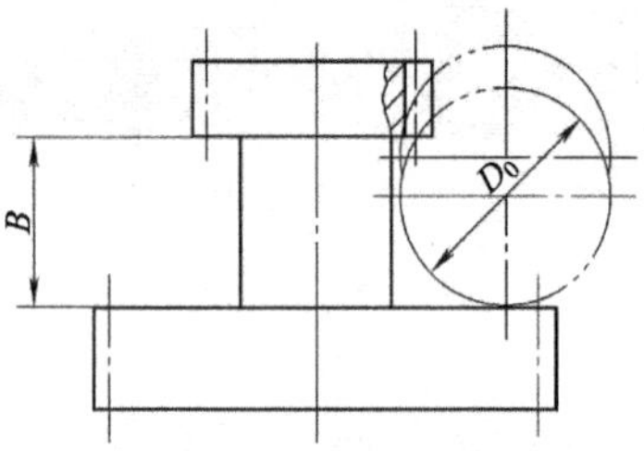

① 对于双联齿轮, 若采用插齿加工, 则在加工小齿轮的齿面时, 应保证两齿轮间有足够的退刀空间, 以免插齿刀碰到大齿轮的端面。退刀槽的尺寸可查阅相关标准。若采用滚刀加工小齿轮, 为避免滚刀撞到大齿轮的端面, 则应保证大、小齿轮间的距离 B 足够大, 如图 8-2 所示。B 的大小与滚刀直径 D_0、滚刀切削部分长度以及滚刀安装角度等因素有关。

图 8-2 用滚刀加工双联齿轮的小齿轮时, 两齿轮之间应有足够距离

② 对于盘形齿轮, 其端面的形状由齿轮的宽度决定。当齿轮宽度较大时, 为减轻齿轮自重并降低机械加工的加工量, 一般将端面设计成凹槽形状, 如图 8-3(a) 所示; 当齿宽较小或者齿轮强度不够时, 采用如图 8-3(b) 所示形状。

③ 用滚齿机上加工盘形齿轮时, 为了提高生产率, 常常几个齿轮一起加工, 如图 8-4 所示。这时, 可将齿轮设计成图 8-4(a) 所示的结构, 这样不仅可以提高滚齿的生产效率, 还可以提高工件在机床上的安装刚度。图 8-4(b) 所示结构的齿轮安装刚度较低。

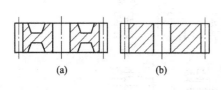

图 8-3 盘形齿轮的端面形式

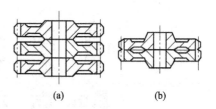

图 8-4 盘形齿轮多件加工

④ 汽车主传动器轴齿轮 (即主动锥齿轮) 的结构有悬臂式和骑马式两种。悬臂式轴锥齿轮的两个轴颈位于轮齿的同一侧, 如图 8-5 所示。骑马式轴锥齿轮的两轴颈位于两侧。设计骑马式轴锥齿轮时, 应注意铣齿时的铣刀盘不应与小头一侧的轴颈发生干涉。图 8-6 所示为骑马式轴锥齿轮工艺性不好的情况, 图中表示铣刀将切去轴颈。

由于齿轮加工工艺经常出现重大改革, 采用新工艺时, 要及时改变齿轮的结构设计, 以符合结构工艺性要求。

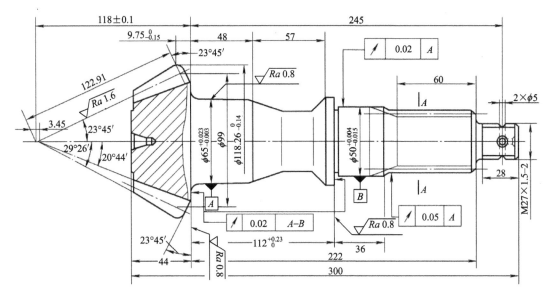

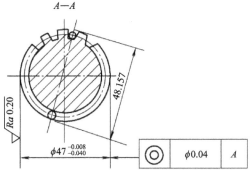

图 8-5 汽车主动锥齿轮零件图

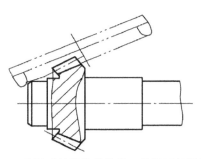

图 8-6 骑马式轴锥齿轮结构工艺性不好的情况

8.2 齿轮的机械加工工艺

8.2.1 齿轮的主要技术要求

为了保证齿轮正常工作和加工要求,齿轮主要表面的尺寸精度、位置精度和表面粗糙度均须达到一定的标准(参考 GB/T 10095.1—2001 和 GB/T 10095.2—2001 等)。归纳起来,汽车上的传力齿轮主要技术要求如下。

① 齿轮精度和表面粗糙度要求

a. 轿车、微型客货车变速器齿轮精度为6~8级，表面粗糙度 Ra 为 $1.6\mu m$；

b. 重型和中型货车及越野车变速器、分动器、取力器齿轮精度为7~9级，表面粗糙度 Ra 为 $3.2\mu m$。

② 齿轮孔或轴齿轮的轴颈尺寸公差和表面粗糙度要求

a. 齿轮孔或轴齿轮的轴颈是加工、测量和装配时的基面，它们对齿轮的加工精度有很大影响，所以要有较高的加工精度和较小的表面粗糙度值。对于6级精度的齿轮，它的内孔尺寸公差为IT6，轴颈尺寸公差为IT5；对于7级精度的齿轮，内孔尺寸公差为IT7，轴颈尺寸公差为IT6。

b. 对基准孔或轴颈的尺寸公差和形状公差应遵守包容要求。表面粗糙度 Ra 为 $0.40\sim0.80\mu m$。

③ 端面圆跳动

a. 带孔齿轮加工时，一般以齿坯轮毂端面为切齿时的定位基准，端面对内孔的跳动量对齿轮的加工精度有很大影响。因此，端面圆跳动量需要有较小的公差值。端面圆跳动量的公差视不同的齿轮精度和分度圆直径而异，对于6~7级精度的汽车齿轮规定为 $0.011\sim0.022mm$。

b. 基准端面的表面粗糙度 Ra 为 $0.40\sim0.80\mu m$；非定位和非工作端面表面粗糙度 Ra 为 $6.3\sim12.5\mu m$。

④ 齿轮齿顶圆公差　当齿轮齿顶圆作为加工、测量的基准时，其尺寸公差要求较高，一般为IT8。此外，还应规定齿顶圆对孔或轴颈轴线的径向圆跳动公差。当它不作为加工、测量的基准时，其尺寸公差一般为IT11，但不超过 $0.1m_n$（m_n 为法向模数）。

⑤ 齿轮的热处理要求　对常用的低碳合金钢材料的汽车齿轮，其热处理要求主要是渗碳淬火的有效硬化层厚度、硬度和金相组织。渗碳层厚度一般取决于齿轮材料、齿轮模数和工艺规范等。如20CrMnTi材料的轻型车齿轮（模数 $m_n>3\sim5mm$ 的中等模数），渗碳层厚度一般为 $0.8\sim1.3mm$，齿面淬火硬度为58~63HRC，心部硬度为32~48HRC。对中碳钢或中碳合金钢齿轮经表面淬火后，齿面硬度不低于53HRC。

8.2.2　齿轮的材料和毛坯

齿轮的材料由其工作条件和破坏形式决定，一般来说，对低速重载的传力齿轮，齿面受压产生塑性变形和磨损，且轮齿容易折断，应选用机械强度、硬度等综合性能较好的材料；线速度高的传力齿轮，齿面容易产生疲劳点蚀，齿面硬度要求高；有冲击载荷的传力齿轮，应选用韧性好的材料。

汽车齿轮的材料对其机械加工性能和使用寿命都有直接的影响。汽车行驶状况是随路况随机变化的，齿轮的工作状况复杂，而且汽车用齿轮一般转速较高，如中型载重汽车螺旋锥齿轮的线速度可达18m/s，这就要求齿轮轮齿表面具有较高的硬度以提高耐磨性，心部具有良好的韧性以承受冲击载荷，汽车用齿轮还需要承受交变载荷因此要求轮齿具有较高的疲劳强度。汽车传力齿轮常用的材料多为低碳合金钢，少量使用低合金中碳钢，如20CrMnTi、20Cr、20CrMn、20CrMo、20MnVB、20CrNiMo、20CrNi2、40Cr、40MnB等，非传力齿轮可用不淬火碳钢、铸铁、夹布胶木、尼龙、工程塑料等材料制造。

齿轮的毛坯形式主要有棒料、锻件、铸件。棒料用于小尺寸、结构简单而且要求低的钢质齿轮。汽车上的传力齿轮的毛坯一般多为模锻件。当孔径大于25mm、长度不大于孔径的2倍时，内孔一般直接锻出（在卧式锻造机上，还可以锻出孔的长径比大于5的深孔）。

图 8-7 所示为汽车第一速及倒车齿轮的毛坯锻件图。模锻后的毛坯，材料内部的纤维对称于轴线分布，如图 8-8 所示，有助于提高材料的强度。

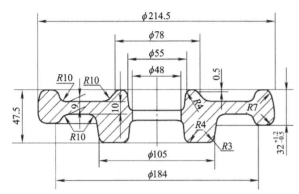 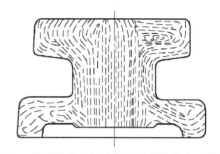

图 8-7　汽车第一速及倒车齿轮毛坯锻件图　　图 8-8　模锻齿轮毛坯内部材料纤维分布（基面）

在齿轮加工时，锻件毛坯还必须经过正火或等温退火处理，以消除锻件的内应力和提高材料的切削加工性，使毛坯的金相组织和晶粒大小均匀，以减少被加工齿轮在渗碳和淬火时的变形。

为了减少机械加工量，对于小尺寸、形状复杂的齿轮可用精密铸造、压力铸造、精密锻造、粉末冶金锻造、压轧成形（热轧、冷轧）等工艺制造出具有轮齿的齿坯。对于精度要求低的齿轮，齿轮精密锻造成形后齿面不需机械加工，只是内孔和端面留有适当的加工余量。该方法不仅提高了生产率、降低了生产成本，也节约了材料；粉末冶金锻造齿轮属于少、无切屑加工工艺。采用粉末冶金锻造生产行星齿轮的毛坯，只要模具有足够的尺寸精度（不低于 IT11 级），除了钻油孔、精磨内孔和球形端面之外，轮齿齿面不需要加工就能满足齿轮精度和表面粗糙度的要求，粉末冶金锻造齿轮能大大缩短机械加工工时、节省原材料、降低成本；齿轮冷成形工艺不仅用来制造齿轮的毛坯，且可代替齿坯的预加工，甚至代替齿面的预加工和精加工。

8.2.3　齿轮机械加工的定位基准

在加工带孔齿轮齿面时，通常采用齿坯内孔（光孔或花键孔）及端面定位，以这些表面作为定位基准符合基准重合原则。同时，在加工过程中许多工序（如齿坯齿面加工），都是采用内孔和端面定位，以齿坯内孔和端面为定位基准符合基准统一原则。但具体以哪一个作为主要定位基准，要根据定位的稳定性来决定。

当齿轮孔的长径比 $L/D>1$ ［即图 8-1 中的(a)、(b) 两类齿轮］时，应以孔作为主要定位基面。加工时，将齿轮装在心轴上，由心轴限制四个自由度、端面限制一个自由度，如图 8-9 所示。在这种情况下，孔和心轴间的间隙是引起加工误差的主要原因。因此，对作为定位基面的孔的尺寸公差要求严格，一般按 H7 加工。为了消除孔和心轴间的间隙影响，在精车齿坯时，常使用过盈心轴或小锥度心轴（锥度为 1/4000～1/6000）；在预加工齿面时，采用能自动定心的可胀心轴或分组的小间隙心轴。

当齿轮孔的长径比 $L/D<1$ ［如图 8-1 中(c)、(d) 两类齿轮］时，一般以齿轮的端面作为主要定位基准限制三个自由度，并用内孔定位限制两个自由度，如图 8-10(a) 所示。为保证作为定位基面的孔和端面的垂直度，在加工这两个表面时，应采用齿轮外圆和另一端面定位［见图 8-10(b)］，并在一次装夹中将其加工出来。在数控车床上加工齿坯时，也可以采用外圆及端面作为定位基准（基面），用三爪自定心卡盘定位夹紧，对齿轮外圆、端面、

内孔及沟槽等表面进行加工，然后采用内孔及端面定位加工齿面。

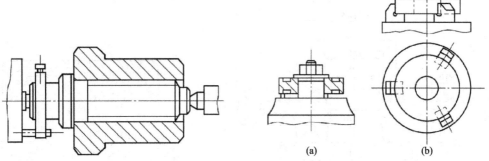

图 8-9　长径比 $L/D>1$ 时齿轮的定位　　图 8-10　齿轮孔长径比 $L/D<1$ 的盘形齿轮定位

对于轴齿轮［见图 8-1(e)］，当加工轴的外圆表面、外螺纹、圆柱齿轮轮齿和花键时，常选择轴两端的中心孔定位，以提高工件的定心精度。采用中心孔定位时，将工件安装在机床的前、后（或上、下）两顶尖之间并夹紧固定即可。如果采用两端中心孔定位不方便或安装刚度不足时，也可采用磨过的两端轴颈定位。这种定位方式采用弹性夹头对轴齿轮的两段轴颈进行定位，由于受到夹头精度的限制，其定心精度比中心孔定位要低，但这种方法的夹紧力较大，安装刚度高。

以汽车主动锥齿轮（见图 8-5）的加工为例，在加工轴锥齿轮的齿面时，常用两轴颈定位，装在精密的弹性夹头中进行加工。在钻轴上径向孔、铣键槽等工序时，则常用两个 V 形块对齿轮轴颈进行定位。

为了提高加工效率，在加工齿面时可将多件工件一起装夹进行加工，如图 8-4 所示。这时，由于受到下面零件端面精度的影响，上面的零件的加工精度要差些（特别是齿向精度）。

8.2.4　齿轮主要加工表面的工序安排

齿轮的机械加工主要划分为齿坯加工、轮齿齿面加工和精加工三个阶段。

齿坯加工主要是为轮齿齿面加工准备好定位基准（如齿轮的内孔和端面、轴齿轮的中心孔、轴颈外圆和端面等），这些基准必须具有一定的精度要求。此外，还要加工外圆和一些次要的表面，如沟槽、倒角、螺纹以及其他非定位用端面等。因此，确定齿坯的加工方案，主要是确定内孔、外圆、端面等表面的加工方法及其加工顺序。

对于以内孔作为主要定位基准的单联齿轮和多联齿轮，一般先粗、精加工到 IT7 级精度（有时还要加工外端面），然后以内孔定位加工外圆、端面、沟槽和齿面等。

对于盘形齿轮或齿圈，加工时先以毛坯的一端和外圆作粗定位基准，在车床上加工另一个端面、内孔及外圆沟槽等。然后调头加工内孔、基准端面、外圆及其他表面。使内孔精度达到 H7 级，并保证端面与内孔轴线的垂直度。

轴齿轮，一般先铣两端，然后钻两端的中心孔，并用中心孔定位，车削外圆表面、端面等。汽车用轴齿轮大批量生产时，一般在多刀半自动车床或液压仿形车床上粗、精车轴的外圆表面，然后进行其他工序的加工（如拉花键、攻螺纹、铣键槽、钻小孔等），最后对轴颈进行精加工。

在加工轴齿轮的齿面时，如需用轴颈外圆及支承端面进行定位，则要预先将轴颈外圆磨削到 h6 级精度。对于后桥主减速器锥齿轮轴，还需同时磨削轴颈支承端面，以保证轴颈与支承端面间的位置公差的要求。

因此，确定齿面加工工艺方案时，要综合考虑齿轮的结构特点、精度等级、生产批量及热处理方法等。

在加工精度为 6 级和 7 级的汽车传力硬齿面圆柱齿轮齿面时，通常采用滚（插）齿→齿端加工→表面淬火→校正基准→磨齿（蜗杆砂轮磨齿）的工艺方案；加工 7 级和 8 级精度的低速齿轮或双联齿轮中的小齿轮齿面时，一般采用滚磨工艺，其工艺路线为：滚齿→倒角→剃齿→热处理（渗碳、淬火）→磨削（粗、精磨）→磨齿。

在加工多联齿轮中的小齿轮时，如果齿轮之间的距离不够，则可用插齿代替滚齿。如果双联齿轮中的小齿轮是作为接合齿用的，插齿后可不再进行其他加工。

倒角工序一般安排在剃齿前，以便在剃齿的同时去掉毛刺。但若毛刺较大，需注意安排去毛刺工序，以免损坏剃齿刀。

钢制齿轮的淬火处理，是为了使齿面具有较高的硬度，并使心部保持一定的韧性。为了避免局部淬火时齿轮变形过大，一般采用中、高频感应加热。在淬火后还需对齿轮进行回火处理，以消除内应力。

由于热处理工序后齿轮的形状和尺寸都有一定变化，轮齿的相对位置也有新的误差，所以齿轮热处理后还需对定位基面和装配基准（如内孔、基准端面、轴齿轮的中心孔、轴颈等）进行修整。

热处理（渗碳、淬火）后，齿面精度一般下降一级左右，孔也会发生变形，其直径可缩小 0.01～0.05mm。为确保齿形精加工质量，必须对基准孔予以修整，修整方法主要包括磨孔和推孔两种。推孔多用于成批或大批量生产未淬硬的外径定心的花键孔及圆柱孔齿轮，推孔的生产效率高，并可用加长推刀前导引部分来保证推孔的精度。对于以小孔定心的花键孔或已淬硬的齿轮，为保证精度多采用磨孔。磨孔时应以齿面定位，以符合互为基准原则。

若其他表面也需修整，则可在中心孔修整后，再用内圆磨床精磨轴颈外圆、支承端面、花键轴的外圆（大径）、小径和侧面等。

弧齿锥齿轮齿面的最后加工，采用主、从动锥齿轮在研齿机上成对地进行对研，对研后打上记号，以便装配时成对装配。目前，很多生产厂家一开始使用数控磨齿机（CNC）来完成弧齿锥齿轮齿面的精加工。

在大批大量生产条件下加工图 8-5 所示汽车主减速器主动锥齿轮的主要工艺过程如表 8-1 所示。

表 8-1　大批大量生产汽车主减速器主动锥齿轮的主要工艺过程

工序号	工序内容	所用设备
1	铣两端面、钻两端中心孔	铣端面钻中心孔机床
2	车轴颈外圆、背锥及端面	液压仿形车床或数控车床
3	车锥面及端面	液压仿形车床或数控车床
4	铣渐开线花键	花键铣床
5	精磨轴颈外圆及端面	端面外圆磨床
6	加工螺纹	套螺纹机
7(J)	检验	
8	粗切轮齿齿面	弧齿锥齿轮铣齿机
9	精切轮齿凸齿面	弧齿锥齿轮铣齿机
10	精切轮齿凹齿面	弧齿锥齿轮铣齿机
11(J)	检验	锥齿轮滚动检验机
12	热处理及修整	
13	精磨轴颈及端面	端面外圆磨床
14(J)	终检	

8.3 齿轮主要表面的机械加工

8.3.1 齿坯加工

齿轮齿坯加工时，按不同的齿轮类型，有不同的加工方法。

对于盘形齿轮齿坯，不同的生产类型加工方法亦不同。单件小批生产时是在普通车床上逐一地将内孔、端面和外圆车出来，也可以在六角车床上加工；大量生产形状较复杂的齿坯，可选用双轴、多轴立式或卧式半自动车床，其中立式车床装卸工件较方便，适合加工工件重的场合，在卧式车床上加工的工件重量应轻些。随着数控机床的大规模使用，这种带孔圆柱齿轮的齿坯加工，可在单轴、双轴或多轴数控机床上进行。双轴或多轴数控车床效率高，一般几个工作轴就相当于几台单轴半自动车床，每一轴都可实现多刀切削。

对于轴齿轮而言，由于轴齿轮的齿坯是个阶梯轴，因此其加工方法也近似于阶梯轴。

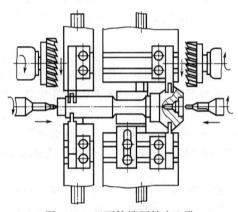

图 8-11 双面铣端面钻中心孔

第一步：加工两端定位基准中心孔

为防止锻件端面不平影响加工，在钻中心孔前先加工轴的两端面。加工轴的端面和中心孔的方法，根据生产类型和工厂的具体条件而有所差别。小批或成批生产可先车或铣端面，然后再钻两端中心孔。大批生产时，可用双面铣端面钻中心孔机床进行加工，如图 8-11 所示为加工示意图。这种机床两面各有铣端面和钻中心孔的动力头。工件在夹具上定位并夹紧后，装有夹具的工作台带着工件横向进给，先同时铣削两个端面；铣完端面后工作台停止。此时工件轴线对准两中心钻的轴线，两边的动力头同时钻出两端的中心孔。

第二步：加工轴齿轮外圆表面

轴齿轮坯的外圆表面的加工可以在普通车床、多刀半自动车床、液压仿形半自动车床或数控车床上进行。

对于单件小批量的齿轮生产，可在普通车床上用硬质合金刀加工，这种加工方法生产率低，工人劳动强度大。为了提高效率，可在普通车床上安装液压仿形刀架，进行仿形车削。

大批量生产多采用多刀半自动车床和液压仿形车床。根据轴齿轮外圆的技术要求，对于那些精度要求和表面粗糙要求较低的外圆，在车削完成后可不再进行后续加工；而那些对精度和表面粗糙度要求较高的外圆（如轴颈），则在车削后还要进行磨削。

8.3.2 齿面加工

齿面加工是齿轮加工的重要工序，可用精密铸造、精密锻造、粉末冶金、热轧、冷挤和切削加工等方法。其中切削加工是当前制造齿面的主要方法。

渐开线齿面的切削加工，从原理上讲有仿形法和展成法两大类。仿形法也称成形法，其特点是所用刀具的切削刃形状与被切齿轮槽形状相同，有仿形铣齿、仿形插齿和仿形拉齿等。用展成法切削齿轮渐开线齿面，是利用齿轮啮合原理进行工作的。

下面以圆柱齿轮齿面加工为例叙述齿面的几种展成加工方法。

① 滚齿　柱齿轮的切齿方法以滚齿最为普遍。滚齿是应用一对螺旋圆柱齿轮的啮合原理进行加工的。所用的刀具称为齿轮滚刀，简称滚刀。滚刀和被加工齿轮之间的展成运动好

比是齿条和齿轮的啮合运动。要使一对斜齿轮正确啮合，它们的轮齿必须能与同一假想齿条正确啮合，如图 8-12 所示。这就要求这两个齿轮具有相等的齿距和齿形角，即滚刀的法向模数 m_n 和法向齿形角 α_n 与被切齿轮的相应参数必须相等，且为标准值。

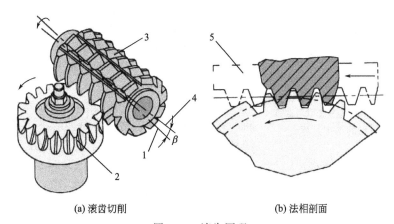

(a) 滚齿切削　　　　　　(b) 法相剖面

图 8-12　滚齿原理

1—滚刀轴线；2—工件（被加工齿轮）；3—滚刀；4—水平线；5—假想齿条

滚刀分四个精度等级：AA 级、A 级、B 级和 C 级。AA 级精度滚刀用于加工 7 级精度的齿轮，A 级精度滚刀用于加工 8 级精度的齿轮，B 级精度滚刀用于加工 9 级精度的齿轮，C 级精度滚刀用于加工 10 级精度的齿轮。

滚齿的过程可以看成是滚刀 3 绕滚刀轴线 1 转动，使刀齿的轴向移动，它相当于假想齿条 5 与工件 2 的啮合移动，因此，整个滚切的过程也相当于被加工齿轮的分度圆沿齿条分度线做无滑动的纯滚动。滚刀刀齿的切削刃轨迹的包络线（见图 8-13）形成了齿坯的渐开线齿形。由于在形成齿槽的过程中，参与切削的刀齿是有限的，因而形成的渐开线齿形并不是一条光滑的曲线，在滚齿过程中各个刀齿的磨损也是不均匀的。

图 8-13　滚齿的包络过程

滚齿加工过程中主要有以下三种运动。

a. 切削运动。即齿轮滚刀的旋转运动，是切削齿坯所必需的，也称为主运动。

b. 分齿运动。随着滚刀的旋转，齿坯也必须相应地转动，齿坯的转动称为分齿运动（亦称分度运动）。

c. 垂直进给运动。为了在整个齿宽方向上切出渐开线齿面，工件每转一圈滚刀需在垂直方向上移动一段距离，因此滚刀应做垂直进给运动。

滚切斜齿圆柱齿轮时也必须有以上三种运动，但是由于斜齿轮轮齿在齿宽上是螺线形，这就要求滚刀在做垂直进给运动的同时，工件还要有相应的附加转动，这样才能保证切出的齿是斜齿。

② 插齿　某些齿轮（如内齿轮、中等模数人字形齿轮、齿圈相距很近的塔齿轮等），用其他方法无法加工，只能采用插齿法加工。

插齿也属于展成法加工的范畴。展成相当于一对齿轮做啮合运动，因此，插齿刀与工件之间也必须保持啮合关系。在插齿法中，插齿刀和工件就相当于一对轴线相互平行的圆柱齿轮相啮合，如图 8-14 所示。

插齿刀就像一个磨有前、后角切削刃的齿轮。在进行插齿时，插齿刀和工件分别绕其轴

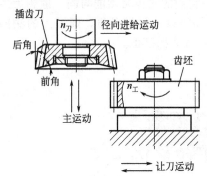

图 8-14 插齿的加工过程

线旋转并啮合做展成运动（也称分齿运动）。同时，插齿刀还需做上下往复的切削运动（主运动），其中向下的是切削运动，向上的是空行程。为了避免擦伤已加工的齿面并减少插齿刀的磨损，在插齿时还需进行让刀运动，这一过程由机床工作台完成。当插齿刀向上进行空行程时，机床工作台将带着工件沿齿向远离刀具，以让开插齿刀，而在插齿刀工作行程开始时，工作台又会恢复原位。

为了切出全齿深，插齿刀还应有径向移近工件的运动，称为径向进给运动。径向进给量，是用插齿刀每次往复行程径向位移量来表示的。当切至调整好的深度时，径向进给运动自行停止。

为了切出整个齿圈，插齿刀必须转动，这个转动称为圆周进给运动。圆周进给量是指插齿刀每往复行程在分度圆上所转过的弧长。

齿轮由于工艺、结构等因素的影响，生产时有的只能用滚齿法加工（如蜗轮），也有的只能用插齿法，如人字齿轮、内齿轮。但绝大部分的圆柱齿轮既可以采用滚齿加工，也可以采用插齿加工，需根据实际情况确定最佳的加工方法，以提高加工效率。

③ 剃齿　剃齿是齿轮精加工的方法之一，在汽车制造业中被普遍用于对未淬火的齿轮进行精加工。剃齿法不但能保证切出的齿轮达到精度要求，而且生产率高、成本低、机床占用生产面积小、便于调整。

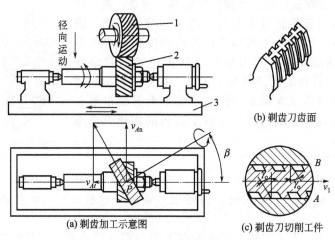

图 8-15　剃齿原理
1—剃齿刀；2—工件齿轮；3—工作台

剃齿加工是根据一对螺旋角不等的斜齿轮啮合的原理，将剃齿刀与被切齿轮的轴线在空间交叉一个角度 β [见图 8-15(a)]，做无间隙啮合的自由对滚，从而完成对被加工齿轮的加工。剃齿刀实质上是一个精度很高的斜齿轮，为了形成切削刃，在齿面上沿渐开线方向开有许多小槽，如图 8-15(b) 所示。因此，用圆盘剃齿刀剃齿的过程，相当于一对空间轴线相互交叉的斜齿轮的啮合传动。

在剃齿时，剃齿刀 1 以一定速度转动，并带动工件齿轮 2 旋转，进行无侧隙双面啮合的自由展成运动。在啮合过程中，由于刀具和工件的轴线之间存在交叉角 β，所以两者会发生沿齿向方向的滑移。这时，剃齿刀齿面上的刀刃便将工件齿轮齿面上的加工余量切除。

由于剃齿过程中工件和刀具是双面啮合，因此剃齿刀的两侧面都能进行切削加工，但切削时刀具两侧面的切削角度一个为钝角一个为锐角［见图8-15(c)］，两者的切削能力差异较大（锐角一侧切削能力强，钝角一侧切削能力弱），所以加工出来的轮齿质量也相差较大。为了使齿轮两侧获得相同的切削条件，剃齿刀必须正、反交替旋转。

剃齿时，剃齿刀与工件齿轮之间是点接触，每转过一个齿后，在齿面上只会产生一条接触线的痕迹。为加工出完整的轮齿齿面，工作台必须做往复运动，如图8-15(a)所示。工作台每往复一次，剃齿刀径向进给一次，以切除全部加工余量。

综上所述，在剃齿加工过程中，主要有三种运动：一是剃齿刀带动工件做高速正、反转运动；二是工件沿其轴向做往复运动；三是工件每往复一次剃齿刀做径向进给运动。

剃齿一般用来加工经滚齿或插齿加工过的齿轮，经过剃齿可修正齿轮的齿形误差、齿向误差并降低齿面的粗糙度。经剃齿后齿轮的表面粗糙度 Ra 可达 $0.80\sim0.40\mu m$。剃齿时不存在强制性的啮合运动，因此剃齿不能修正齿轮的公法线长度误差。

④ 齿面的滚压　齿面滚压加工是一种先进的无屑加工技术，它和剃齿一样，都是齿轮淬火前的精加工工艺。目前，有用齿面滚压逐渐代替剃齿的趋势。

齿面滚压的原理是在一定压力 F 作用下，使滚轮2与工件齿轮1进行自由对滚，如图8-16所示。

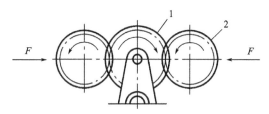

图8-16　双滚轮齿面滚压加工示意图
1—工件齿轮；2—滚轮

齿面滚压可以看成是一对圆柱齿轮进行无间隙啮合的过程。其中，滚轮相当于一个高精度的修形渐开线圆柱齿轮，有时还有一定的变位量。在滚压时，滚轮与工件齿轮各自绕其轴线旋转，二者轴线相互平行。由于滚轮宽度比齿轮宽度大，所以在滚压过程中，滚轮与齿轮不需要轴线相对移动，只需在滚压过程中逐渐减小滚轮与齿轮之间的中心距，使其径向移动，直到达到要求的尺寸即可。

滚轮一般由高强度和高耐磨性的材料（如铬锰钢或高速钢）制成。在滚压过程中需要用硫化油润滑，以防止滚轮与工件齿轮相互黏结，提高滚轮的耐用性。

齿面滚压时，会产生很大的滚压力，导致机床和齿轮支撑轴等变形。为了提高加工精度，应增加机床和支承件支撑的刚度，同时采取有效措施减小滚压力。例如，单滚轮滚齿时，可以在滚轮的轮齿上开减压槽来减小滚压力；也可以通过调整滚轮和工件齿轮的齿数比例，提高工件齿面上的滚压次数，以减小单齿滚压面积，从而降低滚压力。

⑤ 珩齿　齿轮经过淬硬后，为进一步提高精度和表面质量，可对齿轮进行珩齿。珩齿一般在滚齿或插齿后进行，它可适用于齿面淬硬或非淬硬的直齿、斜齿、内齿、外齿圆柱齿轮。

与其他加工方法相比，珩齿有以下特点。

a. 珩齿的加工精度可达6～7级，且比磨齿加工生产率高。

b. 珩齿加工的齿面表面粗糙度 Ra 可达 $1.25\sim0.32\mu m$，并可消除由毛刺和磕碰痕迹等引起的齿轮噪声。

c. 珩齿后的齿面压应力增大，提高了耐疲劳强度。同时，珩齿时齿面不易产生烧伤和裂纹，从而延长了齿轮使用寿命。

d. 珩磨轮的精度是提高珩齿精度的关键，而高精度珩磨轮的制造与修磨比较困难。

珩齿与剃齿相同，也是利用齿轮啮合原理进行加工，是展成法加工的一种。珩齿的加工过程相当于一对交错轴斜齿轮进行无传动链联系的自由啮合滚动，将其中一个斜齿轮换成珩磨轮，则另一个斜齿轮就是被加工的齿轮。珩轮的外形和齿轮一样，其中央部分多采用钢料制造，齿面形上均匀密布着由塑料和磨料混合制成的磨粒。珩磨轮具有一定的弹性，可以承受一定的冲击载荷。

珩齿时，珩磨轮和工件齿轮以一定的转速旋转，由于在齿面啮合点处存在相对滑动，因此，黏固在珩磨轮齿面上的磨粒便会在外加珩削压力下切入金属层，磨下极薄的一层金属。当达到所要求的齿形和精度时，加工完成。

根据所用珩磨轮的形状可以将珩磨分为齿轮状珩磨轮珩齿和蜗杆状珩磨轮珩齿［见图 8-17(c)］，根据珩磨轮和工件齿轮之间的啮合情况又可以将齿轮状珩磨轮珩齿分为外啮合珩齿［见图 8-17(a)］和内啮合珩齿［见图 8-17(b)］两种。珩齿的本质是低速磨削、研磨和抛光的综合，珩轮的磨粒可以看成连续的切削刃。因此，珩齿的过程接近于连续挤压的过程，珩磨后齿面上的切削纹络很细，表面粗糙度比剃齿低，无冷硬现象。

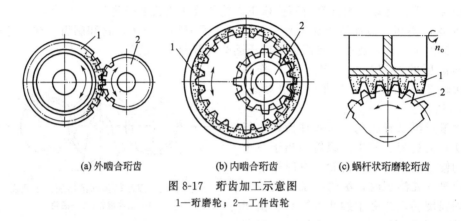

(a) 外啮合珩齿　　(b) 内啮合珩齿　　(c) 蜗杆状珩磨轮珩齿

图 8-17　珩齿加工示意图

1—珩磨轮；2—工件齿轮

珩齿加工不能强行切下齿轮误差部分的全部金属，只可部分修正齿轮的齿向误差和齿形误差。珩轮本身的误差，不会全部反映到齿轮上。因此，珩齿的质量与珩前齿轮的质量关系很大。珩齿加工对加工前齿轮的各项精度要求见表 8-2。

表 8-2　珩齿加工对加工前齿轮的各项精度要求

误差名称	基节偏差	齿形误差	齿距累积误差	公法线长度变动	齿圈径向圆跳动
精度要求（相对于珩齿后）	可低一级	可低一级	可低半级或同级	同级	可低半级或同级

珩齿加工具有齿面粗糙度低、效率高、成本低、设备简单、操作方便等一系列优点，是一种很好的齿轮精加工方法。

⑥ 磨齿加工　在齿轮各种精加工方法中，以磨齿加工的精度最高，磨齿齿面粗糙度 Ra 可达 $0.16\sim0.63\mu m$。很多要求比较高的齿轮如高精度齿轮、检验用的标准齿轮、齿轮刀具等，都必须经过磨齿加工。磨齿不仅能纠正齿轮预加工产生的各项误差，还能加工淬硬齿轮。但磨齿的生产率较低，加工成本较高。随着立方氮化硼（CBN）成形砂轮和新型蜗杆砂轮磨齿机等的出现，磨齿效率成倍提高，加工成本不断下降，因而磨齿加工在大量生产齿轮中逐渐得到广泛应用。

磨齿分为成形法和展成法两种。成形法磨齿是采用成形砂轮磨出齿轮的渐开线齿形。用成形法磨齿时，砂轮需修整成曲线，使之与被磨齿轮的齿槽形状相吻合。这种加工方法生产率较高，并且可磨削各种特殊形状（如直边花键、三角形花键、非渐开线形齿轮等）的齿形,但砂轮修整较复杂,并且砂轮磨损不均匀,易产生齿形误差,加工精度稳定性差,因此实际生产中用得较少。

展成法是利用齿轮和齿条相互啮合的原理进行磨齿的。图 8-18 所示为碟形双砂轮磨齿原理。碟形双砂轮磨齿是采用一对碟形砂轮的工作棱边进行磨齿加工的,砂轮相当于假想齿条上的齿。在磨齿时,将被磨齿轮装在机床工作台的主轴上,两砂轮工作边位于两个齿槽中的两个齿面上,通过钢带和滚圆盘带动工件做纯滚动,使被磨齿轮的齿面按展成原理进行滚动磨削。采用这种磨削方式,在整个磨削过程中,两砂轮始终同时和齿面接触,无空行程,因此大大提高了磨削的效率。

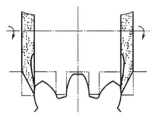

图 8-18 碟形双砂轮磨齿原理图

常用的齿面加工方法归纳见表 8-3。

表 8-3 常用的齿面加工方法归纳

加工方法	加工原理	加工精度	表面粗糙度 Ra/μm	生产效率	使用设备	应用范围
铣齿	成形法	IT9	6.3～3.2	低	普通铣床	低精度圆柱齿轮、锥齿轮、蜗轮
拉齿	成形法	IT7	1.6～0.4	高	拉床	应用较少
插齿	展成法	IT8～IT7	3.2～1.6	较高	插齿机	内齿轮、扇形齿轮、人字齿轮、带凸台齿轮、间距较小的多联齿轮
滚齿	展成法	IT8～IT7	3.2～1.6	较高	滚齿机	直齿圆柱齿轮、斜齿圆柱齿轮、蜗轮
剃齿	展成法	IT7～IT6	0.8～0.4	高	剃齿机	精加工未淬火的圆柱齿轮
磨齿	成形法或展成法	IT6～IT3	0.8～0.2	较低	磨齿机	精加工已淬火的圆柱齿轮
珩齿	展成法	改善不大	0.8～0.4	很高	珩齿机	光整加工已淬火的圆柱齿轮
研齿	展成法	改善不大	1.6～0.2	很高	研齿机	光整加工已淬火的圆柱齿轮

8.3.3 齿端倒角加工

在加工完齿轮齿面之后,有时还需要进行齿端倒角。轮齿齿端倒角的形式有两种:一种是去掉弧齿锥齿轮或斜齿圆柱齿轮轮齿的锐角;另一种是加工变速器中与同步器接合套连接的连接齿齿端圆角。

弧齿锥齿轮和斜齿圆柱齿轮轮齿锐角部分的强度很低,齿轮经过淬火后很脆,工作中锐角容易折断,故必须预先把锐角去除。图 8-19 所示为用齿轮倒角机对斜齿圆柱齿轮轮齿倒锐角。该机床在两个刀具主轴上各装一个刀头,同时切削齿轮两个端面上的斜齿锐角。工件连续旋转,刀轴按一定传动比连续切削,去除所有的轮齿锐角。

汽车变速器换挡时,为了使滑动接合齿轮容易啮合,需要对换挡齿轮齿端倒圆角。图 8-20(a) 所示为常见的齿轮圆角形状。图 8-20(b) 为齿轮倒圆角加工示意图,如图所示,在倒圆角时,指状铣刀快速旋转并上下往复运动,同时工件均匀旋转。两者之间通过机床传动装置保持一定的传动比关系，使刀具相对工件的运动轨迹为与工件齿数相协调的波浪形，如图 8-20(c) 所示，以便铣刀在齿端铣出圆角。

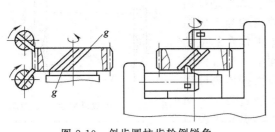

图 8-19　斜齿圆柱齿轮倒锐角

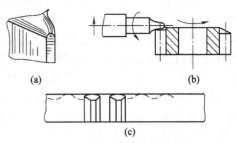

图 8-20　汽车换挡齿轮倒圆角

8.3.4　修磨基准孔和端面

热处理后，作为齿轮定位基面的内孔和端面的尺寸和形状都会产生一定的变化，轮齿的相对位置也会出现误差。为了保证轮齿齿面精加工以及装配的基准精度，热处理后要对工件的基准孔和端面进行修磨。修磨内孔和端面是保证产品达到质量要求的关键工序。

修磨孔一般是在内圆磨床上进行的。为了减小端面对孔轴线的圆跳动，内孔与齿轮其中一个端面应在一次装夹中磨出，内孔和端面的磨削分两工序进行。然后用磨过的端面作为定位基准磨削另外一端面，以保证两端面的平行度。

为了使齿轮齿面对内孔的位置公差（齿圈的径向圆跳动）满足加工要求，在对内孔和端面进行修磨时，通常以齿面定位进行加工。其中，圆柱齿轮在进行内孔修磨时采用滚柱对齿面进行定位，而锥齿轮修磨内孔采用钢球对齿面进行定位，以便与定位端面相互贴合，防止零件甩出。在齿轮的节圆处通过点接触定位，防止齿面磕碰伤和毛刺影响定位精度。

盘类齿轮修磨内孔以及其中一个端面通常采用齿面节圆定位，而另一个端面则直接在平面磨床或凹端面磨床上磨削。

为提高磨削轴类齿轮外圆和轴肩时的加工效率，在大量流水生产中，一般采用多砂轮磨削，可在一台外圆磨床上，同时磨削多个台阶轴颈。通过使用自动补偿装置可在一台磨床上同时磨削多达四个台阶轴颈和一个端面。

8.3.5　齿轮的检验

在齿轮的加工过程中，一般要进行齿坯加工后的检验、热处理后的检验和最终检验。前两次是针对各项加工项目进行的中间检验，最终检验是对加工完成的齿轮做全面的检验。

齿轮的检验还可分为齿坯检验和切齿后的齿轮轮齿检验。

齿坯的加工质量，在很大程度上影响齿轮的加工质量，尤其是定位基准，必须检查它们的精度和表面粗糙度，不合格的齿坯不能进入下一道工序。通过检验齿坯加工质量，及时剔除不合格产品，是保证齿轮加工质量的有效措施。成批生产时，一般要全部检查，大量生产时，齿坯质量稳定时可做部分抽检。齿坯的检验项目主要有齿轮定位基准孔径或轴颈直径的尺寸精度、基准面的径向圆跳动、基准面的端面圆跳动等。

齿轮的轮齿检验可根据齿轮副的使用要求和生产规模，按 GB/T 10095.1—2001 及 GB/T 10095.2—2001 中的规定，在三个公差组中的公差和极限偏差项目中选取其中的一个项目或一组项目来检验。例如可检验齿形误差、齿向误差、齿圈径向圆跳动和公法线长度。比较普遍采用的检验方法是单项检验，常用的检验器具有万能齿轮测量机、螺旋线检查仪、齿圈径向圆跳动检查仪、齿轮噪声检查仪等。上述单项检验的缺点是效率低。在大批大量生产中，广泛采用综合检验仪进行检测，其检查原理如图 8-21 所示。被测齿轮 1 安装在固定轴 2 上，测量齿轮 3 安装在滑座 6 的滑动轴 4 上，通过弹簧 5 使齿轮 1、3 做双面啮合。此时两齿轮中心距称为双面啮合中心距 n。若被测齿轮存在误差（主要是径向误差），则啮合中心距 n 会出现变动，变动量可由指示表 7 读出或由记录器记录。这种测量方式可以综合反映齿圈径向圆跳动误差、基节偏差以及齿形误差。

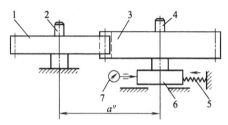

图 8-21　双面啮合综合检查仪工作原理图
1—被测齿轮；2—固定轴；3—测量齿轮；4—滑动轴；
5—弹簧；6—滑座；7—指示表

第9章 连杆制造工艺

9.1 连杆的结构特点及结构工艺性分析

9.1.1 连杆的结构

连杆是活塞式发动机的主要零件之一，它连接着活塞和曲轴，一方面它将作用于活塞上的其他膨胀产生的力传递给曲轴，驱动曲轴运动，另一方面，它又受曲轴驱动，带动活塞压缩气缸中的气体。

连杆主要由大头、小头和杆身三部分组成。连杆大头又称为曲柄头，安装轴瓦后与曲轴连杆轴颈装配在一起；小头又称活塞头，通过活塞销与活塞连接。其中大头为分开式结构，一半为连杆盖，另一半与杆身连为一体，通过连杆螺栓连接起来。虽然连杆的结构会因发动机的结构不同存在差异，但基本上都由活塞孔端（小头）、曲轴销孔端（大头）及杆身三部分组成，如图9-1所示。

正常工作下，连杆主要承受的载荷包括活塞销传来的气体压力以及活塞、连杆本身产生的惯性力。气体的压力在连杆内产生很大的压应力和纵向弯曲应力，活塞和连杆本身重量所引起的惯性力，在连杆横断面上产生拉应力和横向弯曲应力。这

图9-1 连杆
1—连杆小头；2—连杆杆身；
3—连杆螺栓；4—连杆盖

些力形成作用于连杆的周期性冲击动载荷，所以连杆需要有较好的抗疲劳性，连杆的疲劳强度要求较高。为延长连杆的使用寿命，必须要设法减少连杆所受的惯性力，比较常见的方式是在保证足够的刚度和强度的前提下，尽量减轻连杆的自重。

连杆常常因弯曲变形而引起活塞歪斜，使大小头中心线失去平行，造成活塞、气缸以及轴瓦磨损增加，连杆变形过大时，还会造成连杆螺栓弯曲，甚至造成连杆螺栓断裂。这就要求连杆具有足够的刚度，以免弯曲变形过大。

为了减少活塞销和连杆小头孔的磨损及磨损后便于修理，通常会在连杆小头孔中压入青铜衬套，并在小头和青铜衬套上开切口和小孔，以便曲轴溅起的润滑油能流到活塞销的表面上，达到润滑效果。大头孔内装有轴瓦，以减小连杆大头孔和曲轴连杆轴颈之间的摩擦，为安装方便，大头常被均匀切成两半，然后用连杆螺栓连接。

连杆杆身的截面多为工字形，以使连杆具有较轻的自重同时又可以有足够的强度和刚度。图9-2所示为汽车连杆总成。

根据接合面与杆身轴线所成的角度不同，可以将连杆分为直剖式和斜剖式两种。直剖式连杆又平切口连杆，它的连杆体和连杆盖之间的接合面是一个垂直于杆身轴线的平面，如图9-2和图9-3(a)所示。这种连杆多用于汽油发动机中。斜剖式连杆，又称为斜切口连杆，这种连杆的大头接合面与连杆杆身轴线成45°或30°的斜面，如图9-3(b)～(d)所示。斜剖式连杆多用于大头的外部尺寸过大、拆装困难的柴油发动机中。

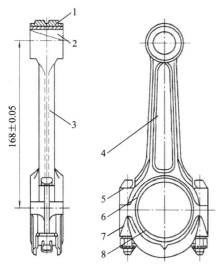
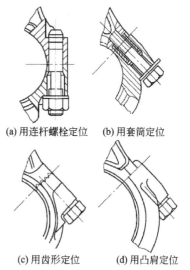

图 9-2 汽车发动机连杆总成
1—连杆小头;2—铜套;3—杆身;4—连杆体;
5—连杆螺栓;6—连杆轴承衬瓦;
7—连杆盖;8—连杆大头

图 9-3 连杆盖和连杆体连接的定位方式

9.1.2 连杆的结构工艺性

连杆的结构形式直接影响其机械加工工艺的可靠性与经济性。影响连杆结构工艺性的因素,除零件对结构工艺性的一般分析外,主要有连杆盖和连杆体的连接定位方式、连杆大、小头厚度、连杆杆身润滑油孔这三方面。

① 连杆盖和连杆体的连接定位方式 传统的连杆盖和连杆体的连接定位方式主要有连杆螺栓、套筒、齿形和凸肩四种,如图 9-3 所示。其中,连杆螺栓定位 [见图 9-3(a)] 主要用于平切口连杆,套筒定位 [见图 9-3(b)]、齿形定位 [见图 9-3(c)] 和凸肩定位 [见图 9-3(d)] 多用于斜切口连杆。

螺栓连接对螺栓和螺栓孔的尺寸公差都有较高的要求;套筒定位,对连杆体、连杆盖与套筒相配合孔的尺寸公差和孔中心距公差要求较高;齿形或凸肩定位,接合稳定性较好,制造工艺比较简单。连杆螺栓孔为自由尺寸,接合面上的齿形或凸肩可采用拉削方法加工,适于大批大量生产,可采用铣削方法加工。

② 连杆大、小头的厚度 连杆大、小头端面对称分布在杆身对称平面的两侧,加工时,一般以这两个端面作为定位基准。若大、小头厚度不等,两端面就不在一个平面上,用这样的不等高端面作为定位基准,必定会产生定位误差。因此,考虑到加工时的定位、加工中的运输等要求,连杆大、小头一般采用相等的厚度。对于小头比较薄的连杆,为了方便加工,先按等厚度加工,最后再将连杆小头加工至所需厚度尺寸。

③ 连杆杆身润滑油孔 活塞销与连杆小头衬套之间需要进行润滑,当连杆采用压力润滑时,需要在连杆杆身上钻油孔,润滑油从连杆大头孔内沿杆身油孔通向小头衬套孔。这些油孔一般为直径 4~8mm 的深孔。由于深孔加工困难,为改善连杆的工艺性,可以用阶梯孔代替小直径通孔,也可以改变润滑方式,以避免加工深孔。例如,可以用重力润滑替换原来的压力润滑。当发动机工作时,飞溅在活塞内腔顶部上的润滑油,在重力作用下落到连杆小头油孔或开口槽内,再经衬套上的小孔或槽流到活塞销的摩擦表面。这种润滑方式只需在连杆小头铣一开口槽或钻一小孔即可,有效避免了深孔加工,改善了连杆的结构工艺性。

另外,为了加工方便,在设计连杆结构时,有时还需要在连杆合适位置留出工艺凸台、中心孔等,作为机械加工的辅助基准。

9.2 连杆的材料、毛坯及主要技术要求

9.2.1 连杆的材料

为使发动机的结构紧凑,连杆的材料一般采用优质结构钢(如45钢、45Cr、35CrMo等)或非调质钢(如35MnVS)、55钢、球墨铸铁等。前者需经调质处理,以改善切削性能和提高抗冲击能力;后者不需要进行调制处理,即可使连杆具有较高的质量和可靠性。因此,采用非调质钢(如35MnVS)、55钢、球墨铸铁等可以大大简化工艺流程和工艺装备,降低综合制造成本,提高生产效率。

近年来,许多新工艺和新材料都被应用到了连杆的生产制造中。尤其是粉末冶金锻造工艺在连杆生产制造中的应用,大大降低了连杆的机械加工余量,提高了原材料的利用率。

新采用的连杆材料大致可以分为两类:一类是微合金非调质结构钢,如38MnV、40MnV、S43CVS、S53CV-FS、SPLITASC038等,这类材料制造的连杆具有很高的疲劳寿命,可以用于输出功率高、爆发压力高的发动机中,目前在CUMMINS、BENZ、DEUTZ、MAN、日产、日野等公司生产的连杆中都有使用;另一类是高碳非调质结构钢,如德国的高碳微合金非调质钢C70和C70S6,法国的高碳微合金非调质钢C70E3、SPLITASC070等,这种钢是随着连杆裂解加工技术的发展而逐渐得到应用的。

9.2.2 连杆的毛坯

连杆工作时,要承受较大的周期性冲击动载荷,这对毛坯提出了很高的要求。为了保证连杆的力学性能,要求连杆毛坯在金属宏观组织方面,其纤维方向应沿着连杆中心线并与连杆外形相符,不允许有旋涡和中断现象,不允许有分层、气泡、裂纹和夹渣现象;在微观的显微组织方面,应有均匀的索氏体细晶粒结构,且铁素体只允许呈细小夹杂状存在。

另外,连杆还要求不加工表面光洁,不允许有裂纹、折叠、折痕、结疤、氧化皮等缺陷,杆身部位还不允许有切边拉伤;必要时还要求对其进行特殊的表面强化处理,并用磁力探伤检查毛坯内部的裂纹和其他缺陷。

钢质连杆的毛坯一般采用锻造生产。连杆的毛坯形式有两种:一种是采用体、盖分开锻造的方式生产出的分开锻件,另一种是体、盖一体锻造而成的整体式锻件。

分开锻造的连杆,金属纤维是连续的,具有较高的强度。整体锻造的连杆在后续加工过程中需要将杆体和盖切开,不仅增加了切断连杆的工序,而且切断了连杆盖的金属纤维,削弱了连杆强度。但由于整体式连杆原材料损耗少、锻造工时少、锻造工艺简单、接合面机械加工量小,反而在生产中应用十分广泛,已成为一种主要的连杆毛坯形式。尤其是裂解技术被采用后,整体式连杆毛坯得到了更广泛的应用。

在生产中,要根据不同生产类型,采用不同的生产方法。单件小批生产时,建议采用自由锻造或用简单的胎模锻造。大批大量生产时,可以采用模锻或辊锻工艺制造。模锻生产率高,但需要较大的锻造设备,因此,实际生产中辊锻工艺应用较多。辊锻连杆的工艺过程为:辊锻制坯→热模锻(预锻、终锻)→切边、冲孔→热校正。

用辊锻工艺生产的连杆毛坯,在表面质量、内部金属组织、纤维方向及机械强度等方面,都达到了模锻水平,而且辊锻设备简单、劳动条件好、生产率较高,便于实现机械化及自动化。

随着粉末冶金技术的发展,20世纪80年代以后,大批大量生产中逐渐开始使用粉末冶金锻造法加工连杆毛坯,使连杆的力学性能、尺寸精度、质量偏差等都有了很大的提升。

连杆毛坯制得后,还需进行热处理。现在主要的热处理工艺有优质结构钢的调质处理工

艺，优质结构钢的锻后预热淬、回火处理工艺以及非调质结构钢（中碳或高碳）的控制锻造和锻后冷却工艺等几种。经调质处理的连杆体和连杆盖的硬度要求见表9-1。

表 9-1　经调质处理的连杆体和连杆盖的硬度要求

材料	硬度（HBS）
45 钢	217～293
40Cr	223～280
35CrMo	250～320

注：同一连杆体或连杆盖上的硬度差不应大于35HBS。

9.2.3　连杆的技术要求

连杆的加工部位集中在大、小头部分，其中主要加工面为大、小头孔，大、小头端面，大头接合面及连杆螺栓孔等。目前，我国已有相关标准对连杆各主要表面的技术条件加以规范，现摘录如下（参见 JB/T 6721—93《内燃机连杆技术条件》）。

① 连杆各主要加工表面粗糙度　连杆各主要加工表面粗糙度 Ra 要求见表9-2。

表 9-2　连杆各主要加工表面粗糙度要求

项目	表面粗糙度 $Ra/\mu m$
连杆大头孔	≤0.8
连杆小头孔（加衬套）	≤1.25
连杆小头孔（不加衬套）	≤0.63
连杆大头两端面	≤1.6
连杆大头分开面	≤1.6
连杆螺栓孔支承端面	≤3.2

② 连杆各主要加工部位尺寸公差要求　连杆各主要加工部位尺寸公差要求见表9-3。

表 9-3　连杆各主要加工部位尺寸公差要求

项目	公差等级
连杆大头孔	不低于 IT6
连杆小头孔	不低于 IT7
连杆大小头孔中心距	不低于 IT8

③ 连杆小头孔轴线对连杆大头孔轴线的平行度要求
a. 在大、小头孔轴线所决定的平面的垂直方向上的平行度为 6 级。
b. 在大、小头孔轴线所决定的平面的平行方向上的平行度为 7 级。
④ 连杆各加工部位的形位公差要求　连杆各加工部位的形位公差要求见表9-4。

表 9-4　连杆各加工部位的形位公差要求

项目	公差等级
连杆大头孔的圆柱度	不低于 6 级
连杆小头孔的圆柱度	不低于 7 级
连杆大头两端对连杆大头孔轴线的垂直度	不低于 8 级
连杆体及连杆盖上螺栓孔支承面对大头分开面的平行度	不低于 8 级
连杆螺栓孔轴线对连杆大头分开面的垂直度	不低于 9 级

⑤ 连杆的质量以及整台发动机上的同一组连杆的质量差，连杆大、小头的质量分配应符合产品图样规定。

表 9-5 所示为某连杆的主要技术要求。

表 9-5 某连杆的主要技术要求

主要项目		技术要求
连杆小头底孔	尺寸/mm	IT7
	圆柱度/mm	0.01
	表面粗糙度 $Ra/\mu m$	1.6
连杆小头衬套孔	尺寸/mm	IT5～IT6
	圆柱度/mm	0.008
	表面粗糙度 $Ra/\mu m$	0.8
连杆大头低孔	尺寸/mm	IT5～IT6
	圆柱度/mm	不超过尺寸公差
	表面粗糙度 $Ra/\mu m$	0.8
连杆大、小头孔中心距/mm		±(0.03～0.05)
连杆大小头孔轴线的平行度/mm		0.02/100～0.06/100
连杆两端面	对大头轴线垂直度/mm	0.06/10～0.1/10
	厚度公差/mm	0.05～0.08
	表面粗糙度 $Ra/\mu m$	0.8
	平面度/mm	0.05
连杆质量公差/g		±3～±8

9.3 连杆的机械加工工艺

连杆的形状结构复杂，大、小头由细长的杆身连接，这使得连杆在加工时刚度差，容易变形，不易定位和装夹。另外，连杆作为发动机的精密部件之一，对尺寸、形状和位置公差要求严格，表面粗糙度值小，这些都给连杆的机械加工增加了很多难处。在连杆的机械加工时需要注意以下问题。

① 连杆零件刚性较差，进度要求高，为避免在加工过程中产生过大变形，影响加工精度，应尽量减小毛坯的加工余量，合理选择定位与装夹方式，采用精度较高的机床和夹具。

② 连杆对重量有特殊的要求，在加工工艺中需有特殊的称重、去重等工艺。

③ 连杆对毛坯件的要求较高，不能有内部缺陷和裂纹，机械加工工艺中必须要进行探伤和去毛刺，探伤应贯穿于整个加工过程的始末，去毛刺是为了便于装配和维持必要的配合精度。

④ 连杆大、小头的端面不在一个平面上，两端面之间存在一定的落差。而在加工连杆时，大、小头端面又是很重要的定位基准，因此，为了避免因落差而产生的定位误差，可以在工艺中先把大、小头做成一样的厚度，然后在加工的最后阶段车出这个落差。

⑤ 连杆小头孔和大头孔外圆作为基面时，这些表面的加工应安排在其他表面的加工之前进行。在小头孔作为定位基面前的加工工序是钻孔、扩孔、拉孔，这些工序对于拉后的孔与端面的垂直度不容易保证，有时会影响到后续工序的加工精度。

9.3.1 连杆机械加工的定位基准

定位基准的合理选择对保证连杆的精度和技术要求有重要作用。加工中应选取可靠的定位基准，使定位稳定、可靠，利用合理定位来减少加工中产生的变形。连杆机械加工的定位基准可以分为粗基准和精基准两类。

① 粗基准的选择　连杆的端面与杆身轴线对称地分布。为了获得精基准，连杆的机械加工从大、小头端面开始，所以连杆的粗基准一般为大、小头侧面和杆身，分开锻造的连杆，连杆盖端面的加工是以连杆盖侧面和接合面为粗基准。

在毛坯制造中会在杆身的一侧留下凸起作为定位标记，以便区别两端面。加工大、小头两端面时，先选取没有标记一侧的端面为粗基准，加工有标记一侧的端面，然后以加工过的端面为精基准（以后的大部分工序上均以此端面作为基准），加工没有凸起标记一侧的端面。这样可以保证两端面的厚度和两端面平行，并使作为精基准的端面有较好的表面质量。在钻小头孔时，为了保持小头孔的壁厚均匀，一般选小头孔不加工的外圆作为粗基准。

② 精基准的选择　为避免因基准面不同而产生的定位误差，在整个加工过程中应尽量保持基准统一。为此大部分工序中都选用没有标记一侧的端面及经过钻削和拉削加工的小头孔作定位基准。在大、小头孔精加工时，往往是大、小头孔互为基准。

有些连杆，加工时还需要设置辅助基准，这些辅助基准通常为连杆大头经过拉削后的侧面，或者是设计在大头侧面或小头侧面的工艺凸台。一般情况下，工艺凸台多在端面和小头孔半精加工或精加工后，以端面、小头孔和大头外表面为基准进行加工。图 9-4 所示为不同工艺凸台的连杆结构。其中，图 9-4(a) 为工艺凸台设在小头侧面的连杆，用端面、大头孔和小头工艺凸台作为定位基准加工小头孔；图 9-4(b) 为工艺凸台设在大头侧面的连杆，用端面、小头孔和大头工艺凸台作为定位基准加工接合面；图 9-4(c) 为工艺凸台设在大、小头侧面和小头顶面的连杆，用端面和大小头工艺凸台作为定位基准加工大头孔或小头孔，也可以同时加工大、小头孔。

有的连杆在大、小头侧面有三个或四个中心孔作为辅助基准，如图 9-5 所示。其中，图 9-5(a) 表示将毛坯安装在三个顶尖上，其中两个顶尖是固定的，另一个是可移动的。这种定位方法可起到夹紧元件的作用，稳定性好且基准（中心孔）不会变化，但对中心孔的精度要求较高。图 9-5(b) 所示的是将毛坯安装在四个顶尖上，其中两个顶尖是固定的，两个是可移动的。采用三个或四个中心孔的定位方法，不仅可以使加工过程中基准不变，而且还可以实现大、小头孔同时加工。

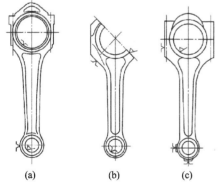

图 9-4　不同工艺凸台的连杆结构

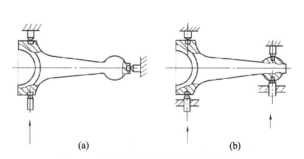

图 9-5　以中心孔作辅助基准的连杆

9.3.2 连杆主要加工表面的工序安排

连杆的机械加工主要包括主要表面加工、次要表面加工以及辅助基准面的加工。其中主要表面有大头孔、小头孔、端面、连杆盖与连杆体的接合面以及连杆螺栓孔；次要表面有油孔、锁口槽等；辅助基准面有工艺凸台或中心孔等。连杆的非机械加工技术要求有探伤、称重以及去重。此外，还有检验、清洗、去毛刺等工序。有时，为了减小变形、消除内应力，以提高加工精度，还增加一些辅助工序，如金刚镗大头孔之前，松开连接连杆盖与连杆体的螺栓，消除变形对大头孔精度的影响。

为了保证主要表面的加工精度和表面粗糙度，连杆的机械加工工序分粗加工、精加工和光整加工三阶段进行。根据连杆的结构特点及机械加工的要求，各表面的加工顺序大致可归纳如下。

① 加工大、小头端面。
② 加工基准孔（小头孔）和工艺凸台。
③ 粗、半精加工主要表面（包括大、小头孔、接合面及螺栓孔等）。
④ 把连杆盖和连杆体合装在一起。
⑤ 精加工连杆总成，包括钻、铰连杆总成螺栓孔，扩连杆总成大头孔，精磨大、小头端面等。
⑥ 校正连杆总质量。
⑦ 对大、小头孔进行精加工、精整和光整加工。包括精镗和珩磨大头孔，将衬套压入小头孔并挤压和金刚镗衬套孔等。

在粗铣大、小头端面时，由于连杆的刚性比较差，尤其在第一道工序中，工序的各个表面都是毛坯表面，定位和夹紧的条件较差，而加工余量和切削力又比较大，很容易使连杆产生过大变形，所以要选择合理的装夹方式。在夹紧后，应尽量使夹紧力的主方向与连杆端面相平行，这样在夹紧力作用的方向上，大、小头端部的刚性大，变形方向平行于加工方向，可以减小夹紧变形对端面平行度的影响。

大头孔的加工顺序一般为粗镗→半精镗→金刚镗→珩磨。小头孔在压入青铜衬套后，还要经过挤压和金刚镗衬套孔等加工步骤。

在装配连杆盖和连杆体时，有时会用到工艺螺栓，工艺螺栓只在连杆加工时使用。工艺螺栓比产品中使用的连杆螺栓精度要求高，并对定位外圆表面的磨损公差有要求，超过允许范围应立即进行修复。合装连杆盖与连杆体时，必须旋紧工艺螺栓。合装后，精镗大头孔时，应先精磨连杆大头端面（对于等厚度的连杆，精磨大、小头端面），以提供可靠的基准面。

锁口槽可以在精镗大头孔之前或之后进行加工。在精镗大头孔之后加工，有利于保证锁口槽尺寸精度和位置精度，也有利于提高精镗大头孔刀具的使用寿命和大头孔表面粗糙度，但是需要增加拆开连杆盖与连杆体和重新装配的工序。

连杆的加工工艺过程与采用的设备、生产纲领以及技术要求和资金状况有很大关系。表 9-6 所示为某企业成批生产整体锻造连杆的机械加工工艺过程。

表 9-6 成批生产整体锻造连杆的机械加工工艺过程

工序号	工序内容	使用设备	工序号	工序内容	使用设备
1	粗、精铣大小头端面	立式铣床	4	铣定位凸台	立式铣床
2	钻、扩小头孔	立式钻床	5	切下连杆盖	卧式铣床
3	半精镗小头孔	专用镗床	6	锪连杆盖螺栓头贴合面	立式钻床

续表

工序号	工序内容	使用设备	工序号	工序内容	使用设备
7	精铣结合面	立式铣床	18	拆开和装配连杆盖	钳工台
8	粗镗大头孔	专用镗床	19	精镗大头孔	专用镗床
9	磨接合面	平面磨床	20	精镗小头孔	专用镗床
10	钻、扩、铰螺栓孔	立式钻床	21	小头孔中压入衬套	油压机
11	锪连杆螺栓头接合面	立式钻床	22	精镗小头衬套孔	专用镗床
12	钻阶梯油孔	立式钻床	23	拆开连杆盖	钳工台
13	去毛刺、清洗	钳工台	24	铣锁口槽	卧式铣床
13(J)	中间检验		25	清洗、去毛刺	钳工台
14	装配连杆盖和连杆体、打字头	钳工台	26	装配连杆盖和连杆体	钳工台
15	磨连杆大头两端面	平面磨床	27	称重、去重	钳工台
16	半精镗大头孔	专用镗床	27(J)	最终检验	
17	车连杆大头侧面	卧式车床			

9.4 连杆的主要表面的机械加工

9.4.1 大、小头端面的加工

连杆大、小头端面是连杆整个加工过程中的主要定位基准面，也是自动生产线上自动输送的基面，所以要首先加工出来。另外，连杆端面的加工质量直接关系到大、小头孔的位置精度，对整个连杆的加工质量都有着重要的影响。所以在大、小头孔精加工前，要先把端面精加工完成。

通常，为保证连杆体和连杆盖的端面在同一平面上，在连杆体和盖合装以前，可以根据毛坯的尺寸精度和加工余量，采用铣削或磨削加工，在合装以后则可采用粗、精磨加工。成批生产时，毛坯精度较低、加工余量较大，一般采用铣削加工，大批大量生产时，连杆毛坯精度高，加工余量较小，多采用端面磨削方法直接磨削连杆大、小头端面。

采用铣削加工时，可以在立式组合铣床或立式圆工作台平面铣床上进行加工，使用硬质合金可转位面铣刀。立式圆工作台平面铣床，可在连续转动的圆形工作台上安装多套铣床夹具，实现连续铣削，并且可同时进行装夹工件和铣削加工，生产率高。但不足的是这种铣床在铣削时，铣刀的切削是间断的，易发生振动，影响加工质量。

铣削大、小头端面一般有两种方案。

(1) 两端面互为基准，分两个工位进行

这种方案中，第一工位是以没有凸起标记的一侧大、小头端面为粗基准，加工另一侧端面，可粗铣和精铣各一次。第二工位是翻转工件，以第一工位中加工过的端面为定位基准，对另一侧的大、小头端面进行粗、精铣。这种方案对没有凸起标记一侧的端面精度要求较高。

(2) 同时铣削大、小头四个端面

这种方法以大、小头外形及杆身腰部的端面定位，用夹具来保证两端面对称于连杆的纵向中心线，如图 9-6 所示。这种方法生产效率高，而且以非加工面杆身作粗基准，很容易保证两端面对连杆纵向中心线的对称性，但是其夹具复杂，必须使用专用四轴机床进行加工。

如果连杆毛坯的两端面经过精压，尺寸精度较高，加工余量小，可直接进行拉削或磨削。拉削加工一般在立式拉床上进行，刀具为两组平行的平面拉刀。磨削端面，可使用单轴平面磨床、双端面磨床或立式多砂轮平面磨床，双端面磨床和多砂轮磨床生产率高，是最常用的连杆大、小头端面磨削机床。

使用卧式对置双砂轮平面磨床磨削连杆大、小头端面时，通常在磨削端面前，会先加工出中心孔，以保证大、小头端面对称于杆身对称中心平面。加工中心孔时，以连杆杆身定位。图9-7所示为卧式对置双砂轮平面磨床同时磨削连杆大、小头两端面的示意图。如图9-7所示，在该磨床的圆形工作台上，相邻布置着多个磨削夹具。磨削时，将已加工好中心孔的连杆，安装在转盘的磨床夹具上，当工件接近砂轮时会自动夹紧，并在接近卸件位置时自动松开。被加工的连杆在一次装夹中，由两边对置的砂轮同时磨削连杆大、小头两端面，而且磨削端面与装卸工件的时间重合，因此这种磨机床生产率非常高，加工过的两端面间的平行度精度也可以保证。

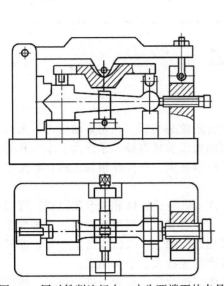

图9-6 同时铣削连杆大、小头两端面的夹具

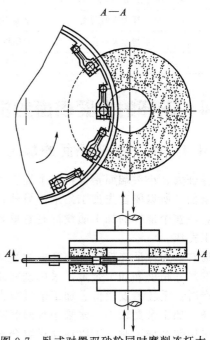

图9-7 卧式对置双砂轮同时磨削连杆大、小头两端面的示意图

立轴多砂轮圆形工作台平面磨床具有双砂轮、三砂轮或五砂轮布置形式。在它圆形工作台上安装有多套磨床夹具（见图9-8），每套磨床夹具上有两个装夹位置。在磨削连杆两端面时，两个端面互为基准，分两个工步进行。第一工步是以无凸点标记一侧的端面作为定位基准，磨削有标记一侧的端面；第二工步先将连杆翻面，以第一工步中已磨削过的端面为定位基准，磨削无标记一侧的端面。图9-8为立式五轴圆形工作台平面磨床磨削连杆大、小头端面示意图，其中砂轮1、2、3磨削连杆大头端面，砂轮4及5磨削小头端面。

磨削时，工件通过两次安装，并随工作台旋转两圈，经一次翻转，完成两个工步，即完成大、小头两端面的磨削。这种磨床，圆形工作台上有多套磨床夹具，可以使加工与装卸同时进行，而且多个砂轮，可以对一个加工面进行多次顺序磨削，因此生产效率很高。在第二工步中，以磨削过的端面进行定位，定位基准质量较高，后续工序均用这一侧端面定位，遵循基准统一原则，保证了后续工序的加工精度。但是，使用立轴多砂轮平面磨床加工，连杆要经过一翻面，两次定位安装，才能完成两端面的磨削，不便纳入自动线。立轴多砂轮圆形工作台平面磨床还可以磨削等厚和不等厚大、小头端面。

为了提高磨削精度，在磨削过程中能自动控制磨削尺寸，在用于连杆磨削的立轴多砂轮平面磨床的磨头上大都装有自动补偿装置，当砂轮磨损使工件尺寸接近公差上限时，磨头自动向下进给以补偿砂轮的磨损。

若连杆体和盖是分别加工的，两者厚度不一定一样，接合面与大头端面也不一定垂直，合装后可能会导致大、小头端面不在一个平面上，因此连杆合装后，端面要进行精磨，以便精镗后的大、小头孔达到精度要求。

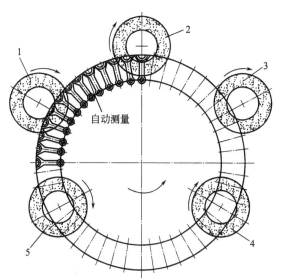

图 9-8　立式五轴圆形工作台平面磨床
磨削连杆大、小头端面示意图
1～5—砂轮

9.4.2　连杆辅助基准和其他平面的加工

连杆辅助基准主要是指连杆的工艺凸台和侧面。其他平面指的是连杆盖与连杆体的接合面和连杆盖、连杆体上与螺栓头、螺母的支承面等。虽然这些表面的加工面积不大，但其加工部位分散、数量多，因此在加工中主要考虑提高生产效率。这些表面常采用铣削或拉削加工，接合面的精加工一般采用高效磨削。

拉削加工中，常用到的机床主要有立式双滑枕拉床和卧式连续拉床两种。立式双滑枕外拉床有两个工位，每一滑枕都可装相同或不同的平面组合拉刀进行加工。为提高生产率，保证各加工表面的精度，常将几个表面组合起来同时进行拉削。根据连杆结构的不同，有不同的组合加工方式。图 9-9 所示为分开锻造的毛坯，对连杆体侧面、半圆孔、接合面和螺栓头支承面的两种组合拉削方式，这两种方式都以小头孔、大小头端面和大头外形表面为定位基准，由两个工步完成。采用这种机床进行加工，可以同时进行加工和装夹，极大地提高了生产效率，但是操作这种机床，劳动强度大，劳动条件差。

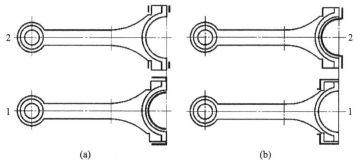

图 9-9　同时拉削连杆体各表面的组合方式

卧式连续拉床，又称坦克拉，如图 9-10 所示，夹具 6 连接在链条 8 上，刀具盖板 7 内装有组合式拉刀。加工时，连杆装在夹具上，电动机 9 带动主传动链轮 11 旋转，链条将带着的夹具向右运动，首先通过工件校正装置 3，校正连杆的位置，然后经过毛坯检验毛坯检验装置 4，如果连杆安装的位置不正确或余量过大，连杆外表面就会碰到毛坯检验装置 4，作用于微动开关，使机床运动停止，以防止损坏拉刀和拉床；夹具通过毛坯检验装置 4 后，夹紧用撞块 5 使连杆得到夹紧，夹具和工件继续右行，通过拉刀刀齿，完成拉削。拉削完毕，夹具碰到松开用撞块 10，将连杆松开，在拉削区右端，夹具随链条翻转，连杆从夹具中脱落，进入下料机构 12。

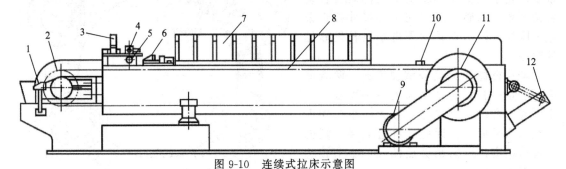

图 9-10 连续式拉床示意图
1—电气按钮站；2—张紧链轮；3—工件校正装置；4—毛坯检验装置；
5—夹紧用撞块；6—夹具；7—刀具盖板；8—链条；
9—电动机；10—松开用撞块；11—主传动链轮；12—下料机构

用连续式拉床加工，可以一边装夹一边拉削，实现多工件顺序拉削，没有刀具的空行程损失，所以生产率很高，通常每小时可以加工 200～300 件。还可以多面同时拉削，加工精度稳定，尺寸误差可在 0.05mm 以内，此外，还具有工件变形小、刀具寿命较长的优点。但是，连续式拉床的机床易磨损，传动链条易松动，机床的可靠性不高，占地面积大，并且需要人工装料，工人的劳动强度大，加工成本高。为了减轻工人的劳动强度，提高生产率和实现多机管理，可以采用自动装料机构和拉前余量自动检查装置，并将多台机床组成自动生产线进行生产。

高效磨削一般采用带圆形回转工作台的多砂轮立式磨床，在上面已经有所介绍，在此不再赘述。高效磨削主要用于连杆体与盖接合面的精加工，以满足体与盖的连接要求。

9.4.3 螺栓孔及锁口槽的加工

连杆螺栓孔可以分定位部分和紧固部分，定位部分为光孔，精度一般为 IT6～IT8 级，对表面粗糙度、位置精度要求比较高；紧固部分为螺孔或螺栓通过孔，加工要求较低。

连杆螺塞孔的加工一般安排在精磨连杆体和连杆盖的接合面之后进行，整体锻造的连杆要先切开然后再进行精磨。连杆螺栓孔的加工工艺路线一般为：钻→扩→锪→铰或钻→扩→锪→铰→拉，常见的加工方案有两种：一种是先将连杆体和盖合装起来，然后整体加工；另一种是先将体和盖分别进行钻、扩、锪，然后合装起来进行铰孔，这两种方案都可以保证体和盖螺栓孔轴线的一致性。加工时在每一组连杆盖和体上分别打印相同编号，成对进行加工。

锁口槽是连杆轴瓦的定位槽。通常多将连杆锁扣槽和螺栓孔一起在多工位回转自动机床或直线式多工位流水线上进行加工，也有将锁口槽和连杆小油孔一起在一台组合机床上进行加工的，在实际生产中可以根据具体情况加以选择，以获得更高生产效率。

采用普通的钻、扩、铰等工艺加工螺栓孔的方法比较简单，成本也比较低，但是对刀具和导向系统要求较高，加工精度和孔的间距难以保证，当产品对精度要求很高时，很难满足加工要求。这时可以采用硬质合金枪钻、铰工艺，用枪钻分级钻孔，再用枪铰精铰。用硬质合金枪可以加工出直线性好、精度高和表面粗糙度低的螺栓定位孔，而且可以减少加工工序，减少加工设备，提高刀具的耐用度，保证螺栓孔的加工质量。加工材料韧性大、硬度高、材质不均匀的连杆时,硬质合金枪的优势尤为明显。

9.4.4 连杆大、小头孔的加工

连杆大、小头孔是连杆加工中对精度和表面粗糙度要求最高的,是连杆机械加工的重要工序。连杆大、小头孔的加工可分为三个阶段:粗加工、半精加工和精整加工,其中粗加工在连杆体、盖装配之前进行,半精加工和精整加工在连杆体、盖装配后进行。

小头孔是后续工序的定位基准,对精度要求比较高,一般在连杆的端面加工后,就要对小头孔进行粗加工和半精加工,使孔的精度达到 H7 级,以满足后续加工定位基准的需要。有的毛坯在锻造时就已经冲出了小头孔,粗加工时只需要对其进行扩孔即可。加工时为保证孔的壁厚均匀,以小头的非加工外圆定位。有的连杆毛坯上没有冲出小头孔,在粗加工阶段要先钻孔、扩孔,然后进行铰孔或拉孔。生产量较大时,多用转台式多工位组合机床对小头孔进行钻孔、扩孔、铰孔或镗孔以及孔口倒角。生产量较小时,一般采用立式钻床进行钻、扩、铰小头孔。

大头孔的粗加工,根据毛坯的类型不同,有不同的加工方法。分开锻造的连杆毛坯,一般用拉床,分别对连杆体和盖进行拉削。对于整体式连杆毛坯,大头孔的粗加工可在连杆体和盖切断前或切断后进行。若在切断前进行加工,要通过偏心扩孔或偏心镗孔加工出椭圆孔;若在切断后加工,通常是将连杆体和盖合装在一起加工,生产量较大时,可用多轴镗头和多工位夹具加工或使用多工位机床进行加工,也可用连续式拉床,将大头侧面、半圆孔和接合面等一起进行组合拉削,以提高生产效率。

连杆大头孔半精加工、精加工都在连杆体和盖组装后进行,而小头孔因为在组装前已进行了半精加工,所以组装后直接进行精加工。这一阶段主要是在金刚镗床上进行精镗,也有连杆利用双轴精密镗床对大、小头孔进行精加工。总之,镗孔是连杆大、小头孔精加工的主要方法,对修正轴线偏斜、保证孔与其他表面的位置精度有重要的意义。

连杆的大、小头孔可以同时进行精加工,也可以分别进行。同时加工时,一般采用专用的卧式双轴金刚镗床或精密镗床,以连杆大、小头端面、小头孔和大头侧面定位,对大、小头孔进行加工。这种加工依靠机床和镗床夹具来保证大、小头孔中心距的精度和生产率,对机床和夹具的调整要求较高。

分别加工时,加工质量只取决于镗床夹具的制造精度和定位的准确性,与同时加工相比,该方法机床和夹具的调整较容易,采用单孔加工,切削力小,工艺系统的振动较小,但是工件要多次定位,误差较大。

图 9-11 所示为精镗连杆大头孔夹具。采用该夹具加工时,只以大头端面定位,而小头一端则用假销 1 定位。在小头定位好后,用辅助支承将连杆侧面托住,并拧紧螺钉 4 固定住连杆另一侧,然后用压板 2 将大头端面压紧,小头一端不再夹紧。这种定位方式可使主要夹紧力垂直作用于大头端面上,并由定位元件承受,避免了可能产生的变形,可有效保证所加工孔的圆度。

连杆大头孔在经过精镗后,一般还要进行精整加工,以提高孔的尺寸精度和表面粗糙度。大头孔的精整加工主要采用珩磨工艺,珩磨只能提高孔的尺寸精度和表面粗糙度,位置精度由精加工时的镗床保证。珩磨后,孔可以达到 1 级精度,表面粗糙度 Ra 可以达到 $0.05\mu m$,圆度误差在 $0.003\sim0.005mm$ 之间。大批大量生产,一般用专用珩

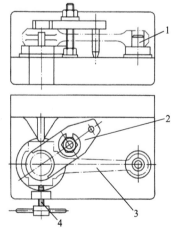

图 9-11 精镗连杆大头孔夹具
1—假销;2—压板;3—连杆;4—螺钉

磨机床进行珩磨；单件小批生产，可以用改装过的立式钻床或车床珩磨。

近年来，加工中心和由加工中心组成的柔性生产线在连杆大、小头孔加工方面的应用越来越广泛。采用静压镗头的精镗连杆大、小头孔专用机床，装有自动测量和自动补偿装置，加工精度可达 6 级，圆柱度可达 $0.003\sim0.004$mm，表面粗糙度 Ra 能够达到 $0.8\sim1.6\mu m$，连杆大、小头孔的加工正逐步由加工中心完成。采用加工中心进行生产可以适应多品种的加工，满足柔性生产的需要，可以大大提高连杆的加工精度和生产效率。

9.4.5 连杆接合面裂解加工工艺

连杆接合面裂解技术，又称连杆胀断技术，是 20 世纪 90 年代出现的一种全新的先进连杆加工技术，是连杆加工工艺的一次重大变革。

连杆接合面裂解技术适用的毛坯由最初的粉末锻造连杆，发展到中、高碳钢及非调质钢锻造连杆，使用的厂家覆盖了美国三大汽车公司、德国 Benz、MAN、BMW 等企业，产品种类涵盖了轿车发动机及大排量高速柴油机连杆。目前，该项技术已在我国上海大众、一汽大众、上海通用发动机连杆加工中得到应用。连杆接合面裂解技术有着逐步取代传统加工工艺的趋势。

连杆接合面裂解加工的原理如图 9-12 所示，即利用材料断裂理论，先人为地在大头孔内用拉刀或激光加工出应力集中槽（即裂解槽）作为初始断裂源［见图 9-12(a)］，然后将楔形压头和胀块压入连杆大头孔［见图 9-12(b)］，使初始裂痕由内向外扩展，直至大头孔沿裂痕断开，连杆体和盖分离［见图 9-12(c)］。然后再利用断裂面谷、峰交错的特征，将分离后的连杆体和连杆盖精确复位，使断裂面完全啮合，完成拧紧螺栓工序以及其他后续加工工序。

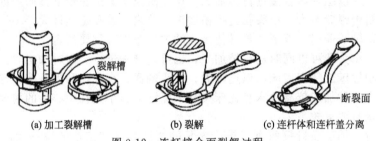

(a) 加工裂解槽　　(b) 裂解　　(c) 连杆体和连杆盖分离

图 9-12　连杆接合面裂解过程

连杆裂解工艺流程为：粗磨连杆两端面→粗镗、半精镗连杆大、小头→钻螺栓孔、油孔并攻螺纹→切槽→清洗→裂解连杆大头孔→装配螺栓→压衬套、拉小头孔→精磨连杆两端面→铣两侧梯形→精镗大、小头孔→称重、去重并进行动平衡→清洗→检验。

采用裂解工艺将连杆断开后，剖分面不需再做任何加工，后续加工工序少，可减少机加工工序 40%～60%。断面虽然比较粗糙，但连杆体、盖在装配时断口吻合良好，可获得良好定位，而不必采用传统的连杆螺栓、齿形等定位方式，连杆毛坯大头孔也可由原来的椭圆形改为圆形，使连杆大头孔的粗加工更为简单，而且加工工序少、生产成本低，省去了很多精加工设备，节材节能，产品质量高。裂解工艺的使用大幅度提高了整体发动机的生产技术水平。图 9-13 所示为裂解工艺加工过程与传统工艺加工过程的对比。

但是，连杆接合面裂解加工对连杆的材料要求较高，要求其塑性变形小、强度较好、脆性适中，而且容易受应力集中槽形状、裂解应力和裂解温度等因素的影响。目前用于裂解连杆的材料主要有粉末烧结材料、高碳微合金非调质钢、球墨铸铁及可锻铸铁等。为了减少裂解过程中的裂解力及裂解时大头孔的变形，在不影响断裂面啮合准确性的情况下，应尽量减小大头孔中心截面处的断裂截面积。

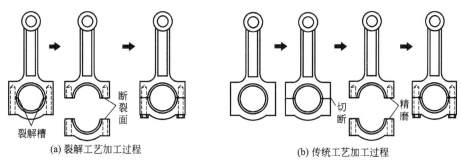

图 9-13 裂解工艺加工过程与传统工艺加工过程的对比

9.5 连杆的称重、去重以及检验

9.5.1 连杆的称重与去重

发动机工作时，连杆会受到惯性力作用，为使发动机工作平稳，各缸连杆的惯性力应大致相同，这就要求连杆的大、小头质量以及装配后的总质量大致相等。发动机连杆的大、小头质量允许的误差范围是±4g，总质量的误差范围为±8g。所以，在连杆的加工中，必须要有称重、去重的工序，逐个对连杆进行称重、分级，去掉多余的质量。

连杆的称重、去重工序，一般都安排在整个加工工序的后部，大都安排在大、小头孔最后精加工之前进行。为了减少废品率，及时淘汰质量超差过大的连杆，有些工厂还会检查锻坯的总重及大、小头质量，将毛坯件的质量差控制下来。

连杆的称重及去重工序，一般在专用称重、去重机床上进行，这种机床除传递和-装卸需要人工外，其余动作可以自动完成。也可以采用全自动连杆称重、去重自动线，它包括上料、称重、去重、去毛刺、校重、分类、下料等工位，各工位间可以自动输送，便于纳入连杆综合生产线。

9.5.2 连杆的检验

连杆的检验主要分为连杆盖、连杆体和连杆总成的检验。

对连杆盖主要是采用卡尺、卡规、板塞规等工具进行加工表面的抽检；对连杆体，除了要用卡尺、卡规、板塞规检验各加工表面外，还要用气动量规检验小头孔的孔径尺寸，用专用检具检验孔轴线与端面的垂直度以及接合面到小头孔的中心距、接合面对端面的垂直度等。

连杆总成的检验项目比较多，需要对各主要表面的尺寸精度和位置精度进行综合检验。主要包括：用专用检具检验螺栓及螺母座对螺栓孔定位部位的垂直度；用气动量仪或塞规检验螺栓孔定位部位直径尺寸；用卡规检验大头厚度；用专用检具检验大头两端面的平行度以及用气动量仪测量小头底孔直径、大、小头孔直径和中心距等尺寸。

图 9-14 所示为一种常规检验连杆大、小头孔轴心线平行度的方法。检验时，在连杆总成的大、小头孔内插入检验心轴，然后如图 9-14(a) 所示放在两高精度的等高 V 形块上，检验 X 方向上的孔轴线平行度，然后将连杆如图 9-14(b) 所示放置，检验 Y 方向上的轴线平行度。

根据检验工序的安排，又可以分为毛坯检验、中间检验和最终检验。

连杆的毛坯检验一般安排在锻坯未加工前，通过对工件的外观缺陷、探伤、毛坯尺寸等检查，淘汰不合格的毛坯件，并根据检测结果对工件进行分组，设置不同的加工量。一般自

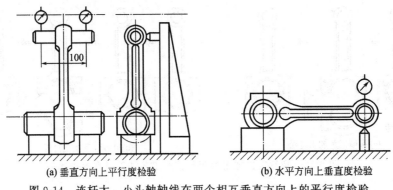

(a) 垂直方向上平行度检验　　　(b) 水平方向上垂直度检验

图 9-14　连杆大、小头轴轴线在两个相互垂直方向上的平行度检验

动生产线上都设有检测工位，通常采用主动测量、自动补偿装置，实现在加工中对尺寸的自动控制，使工件的尺寸保持在公差带中心。

连杆毛坯制造后，必须逐一进行荧光探伤检查，以确保锻件无内部裂纹和其他缺陷。荧光探伤检查要先将锻件磁化并喷淋荧光探伤液，然后用紫外线照射。锻件如有缺陷，如裂纹、折叠等，便可显现出来。少数有轻微缺陷的锻件一经发现，可挑出来修磨以消除缺陷，修磨后要再次探伤检查。探伤完成后需退磁，剩磁量小于规定值后，才能进行后续工序的加工。在连杆经过粗镗大、小头毛坯孔后，一般还要安排一道探伤工序，这时通常是采用比例抽调法进行检验。

中间检验工序主要安排在粗加工结束后、精加工开始前以及重要工序之前或在主要加工面完成之后进行，主要目的在于在精加工之前及时发现毛坯或粗加工质量问题，能及时进行返修，减少浪费。

连杆的最终检验，通常是在连杆加工终了时进行。通过对连杆关键部位的尺寸和形位公差进行全面的综合检验，剔除不合格的产品，并对零件的加工质量进行分类，以保证产品的出厂质量和可靠度。在大量生产的条件下，连杆在加工完成时，通常采用连杆综合自动检测机进行检验。连杆综合自动检测机可以对连杆关键部位的尺寸和形状、位置精度等多项检测项目进行检测。检测精度、生产率以及自动化程度都很高，是工厂进行自动化生产最常采用的检测方法之一。

第10章 曲轴制造工艺

曲轴是活塞式发动机的核心部件之一，它与连杆、活塞等一起组成一个曲柄连杆机构。通过曲轴与连杆的配合，将活塞的直线往复运动转变成自身的圆周运动，从而连续地向外输出动力。曲轴还驱动配气机构以及其他辅助装置（如风扇、水泵、发电机等）以确保发动机的正常工作。因此，曲轴质量的好坏将直接影响发动机的整体性能。

10.1 曲轴的结构特点及主要技术要求

10.1.1 曲轴的主要组成部分及功用

曲轴的结构有整体式和组合式两种，大多数汽车发动机的曲轴都是整体式结构。

曲轴是一种十分复杂的轴类部件，由曲轴前端、曲拐和曲轴后端三部分组成，如图10-1所示。

曲轴前端是曲轴上的一个重要部分，通常在曲轴前端装有正时齿轮（或正时带轮）、扭转减振器、启动爪以及附加带轮等零部件，如图10-2所示。正时带轮是发动机配气系统的重要组成部分，是保证发动机进、排气时间准确的装置。扭转减振器是衰减曲轴扭转振动的装置。

(a) 解放CA6102型发动机曲轴

(b) 北京BJ492型发动机曲轴

图10-1 曲轴结构
1—曲轴前端；2—主轴颈；3—连杆轴颈；
4—曲柄臂；5—平衡重；6—曲轴后端

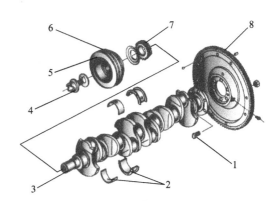

图10-2 曲轴组件安装图
1—飞轮螺栓；2—主轴瓦；3—曲轴；4—启动爪；
5—扭转减振器；6—带轮；7—正时齿轮；8—飞轮

在发动机工作时，由于活塞连杆的往复运动以及连杆轴颈的旋转运动，会使曲轴承受较大的扭转应力，产生强迫扭转振动。当强迫扭转振动的频率与曲轴的固有频率达到某一关系时，将使曲轴产生共振。共振时，曲轴要承受极大的交变扭转应力，产生异乎寻常的扭转变形，而使发动机功率出现巨大损失，甚至会使曲轴扭断。因此，必须要在曲轴上安装扭转减振器以衰减曲轴的扭转振动。

为防止发动机里的机油沿曲轴轴颈外漏,一般还会在正时齿轮前端安装一个甩油盘,正时齿轮盖内孔周围还嵌有自紧式油封。当机油溅落在随曲轴旋转的甩油盘上时,在离心力的作用下,被甩到正时齿轮盖的内壁上,油封挡住机油,使机油沿内壁面流回油壳中。附加带轮是用来带动液压泵和制冷压缩机,驱动液压转向机构和空调机工作的。

曲拐是曲轴的主体部分,由若干个连杆轴颈、曲柄臂、主轴颈等构成。

主轴颈是用来支承曲轴使曲轴绕其中心线旋转的,是曲轴上的重要工作部位之一。主轴颈的结构与连杆轴颈类似,不同的是主轴颈的表面有提供润滑油的油槽,而连杆轴颈没有。主轴颈通过主轴承盖用螺栓与上曲轴箱的主轴承座紧固在一起。为了使各段主轴颈磨损相对均匀,通常会将受力较大的中部和两端的主轴颈制造得宽一些。

主轴颈的段数不仅取决于发动机的缸数,还与曲轴的支承方式有关。曲轴的支承方式可以分为全支承(见图10-3)和非全支承两种(见图10-4)。全支承曲轴在每段连杆轴颈的两侧都有主轴颈,曲轴的主轴颈数比连杆轴颈多一个。这种曲轴的强度和刚度都比较好,主轴颈的负荷小,磨损也比较小,但曲轴总长比较长。柴油机和大多数的汽油机都是采用这种支承的曲轴。非全支承曲轴的主轴颈数比连杆轴颈数目少或相等,虽然这种支承的主轴承载荷较大,但缩短了曲轴的总长度,使发动机的总体长度有所减小,因此这种曲轴在一些承受载荷较小、对发动机体积有所限制的汽油发动机中应用较多。

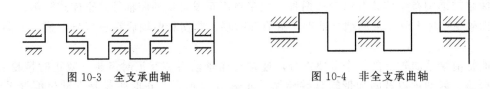

图 10-3　全支承曲轴　　　　　　　图 10-4　非全支承曲轴

连杆轴颈是和连杆大头装配在一起的,是曲轴上另一个重要的工作部位。为了减轻曲拐旋转部分的重量,减小离心力,通常连杆轴颈被制成中空的,这些中空的部分还起着油道和油腔的作用。通常连杆轴颈内的油腔是不钻通的,油腔的外端用螺塞封闭,并用开口销锁住。油腔通过弯管与连杆大头连通,当曲轴旋转时,在曲轴油管机油中的较重杂质被甩向油腔壁,而洁净的机油则经弯管流向连杆轴颈表面进行润滑,以减轻轴颈的磨损。不同发动机上的连杆轴颈段数也不一样,直列式发动机每一个连杆对应一段连杆轴颈,连杆轴颈段数与气缸数相等,如图10-5所示。而V形发动机因为是两个连杆共同装在一个连杆轴颈上,如图10-6所示,所以连杆轴颈段数是气缸数的一半。

图 10-5　直列式发动机

图 10-6　V形发动机

曲轴臂是主轴颈和连杆轴颈的连接部分,其断面为椭圆形。有的发动机曲轴在曲轴臂的反方向上加有平衡重(见图10-1),用来平衡曲轴不平衡的离心力和离心力矩,有时还可平衡掉一部分往复惯性力。平衡重可以和曲轴制成一体,也可单独制造后再用螺栓固装在曲轴臂上。加装平衡重会增加曲轴的重量,使曲轴的制造工艺变复杂,因此,曲轴是否加装平衡重,应根据具体情况综合评估之后再决定。

曲轴后端是曲轴的另一重要组成部分。在曲轴后端制有甩油凸缘、回油螺纹以及飞轮接合盘等,如图 10-2 所示。甩油凸缘与回油螺纹是用来防止机油从曲轴后端泄漏的。当机油从主轴颈间隙流向曲轴后端时,大部分会被甩油凸缘甩入主轴承座孔后边缘的凹槽内,然后经回油孔流向底壳。少量机油会流至回油螺纹区,经回油螺纹流回到甩油凸缘,然后被甩回底壳。

为了提高封油效果,有些发动机会在缸体上安装橡胶油封以密封回油螺纹后的轴颈。有的还在最后一道主轴承盖与缸体接合面处嵌上软木条或石棉绳等填料。飞轮接合盘是用来安装飞轮并输出动力的装置。飞轮是一个质量较大的铸铁圆盘,起着储存能量、带动整个曲柄连杆机构越过上止点、保证发动机均匀平稳输出转矩的作用。飞轮还可以帮助发动机克服启动时的压缩阻力,维持发动机在短期超载时继续运转。飞轮接合盘通过螺栓与飞轮连接,连接螺母为槽式自锁螺母。

10.1.2 曲轴的结构特点

不同的发动机,使用的曲轴零件的结构也有所差异,但它们之间也有一些共同的特点。以六缸发动机上的曲轴为例,如图 10-7 所示,这种曲轴属于全支承曲轴,共有 7 个主轴颈和 6 个连杆轴颈。曲轴零件的结构具有以下特点。

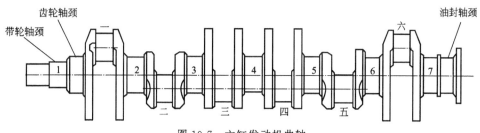

图 10-7 六缸发动机曲轴
1～7—主轴颈;一～六—连杆轴颈

(1) 整体形状较为复杂

通常,一根曲轴有很多段主轴颈和连杆轴颈,这些轴颈之间通过曲柄臂连接,不在同一轴线上,这就使得曲轴的横断面在沿轴线方向产生急剧变化。而且曲轴的这种偏心结构还会使曲轴在加工中难以平衡,给加工带来困难,因此生产中应配备能迅速找正连杆轴颈的偏心夹具和平衡块。

曲轴的形状和曲拐的布置有很大关系。曲拐的布置与发动机的气缸数、气缸排列方式以及发动机的点火顺序有很大影响。

对于单缸发动机来说,曲轴的形状以及曲拐的布置都相对简单。多缸发动机因为气缸数、气缸的排列方式以及发动机的点火顺序有很多种,因此曲轴的形状也比较多。在安排多缸发动机的点火顺序时,应注意使连续做功的两缸相距尽可能远,以减轻主轴承的载荷,避免相邻两缸出现进气重叠现象。为了使发动机工作时的各缸做功间隔应力均匀,发动机在完成一个工作循环的曲轴转角内,每个气缸都应按一定顺序点火做功一次。各缸点火的间隔时间是以曲轴转角来表示的,称为点火间隔角。点火间隔角的计算方法为发动机一个工作循环内曲轴所转过的角度除以发动机的缸数。常用的几种多缸发动机曲拐布置和点火顺序如下。

① 四冲程四缸发动机曲拐布置和点火顺序　四冲程发动机完成一个工作循环曲轴转两圈，即曲轴转过720°，在曲轴转720°内发动机的每个气缸应该点火做功一次，且点火间隔角是均匀的。因此四缸四冲程发动机的点火间隔为720°÷4＝180°。曲拐布置如图10-8所示，四个曲拐布置在同一平面内，点火顺序有两种方法：一种是1→2→4→3；另一种是1→3→4→2。

② 直列四冲程六缸发动机曲拐布置和点火顺序　直列四冲程六缸发动机的点火间隔角为720°÷6＝120°，曲拐的具体布置如图10-9所示，六个曲拐分别布置在三个相互成120°夹角的平面内。点火顺序有两种方案：第一种的点火顺序是1→5→3→6→2→4，这种方案较普遍；另一种点火顺序是1→4→2→6→3→5。

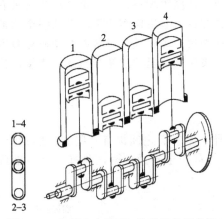

图10-8　直列四冲程四缸发动机曲拐布置

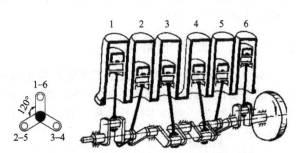

图10-9　直列四冲程六缸发动机曲拐布置

③ V形四冲程八缸发动机的曲拐布置和点火顺序　V形四冲程八缸发动机的点火间隔角为720°÷8＝90°。V形发动机的左右两列气缸中相互对应的一对连杆共用同一段曲拐，所以V形八缸发动机只有四个曲拐。其曲拐布置可以与四缸机相同，即四个曲拐布置在同一平面内；也可以布置在两个相互垂直的平面内，使发动机的平衡性更好。图10-10所示为红旗轿车8V100型发动机曲拐布置图，其点火顺序是1→8→4→3→6→5→7→2。

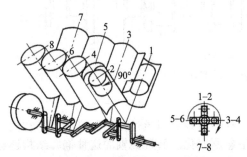

图10-10　红旗轿车8V100型发动机曲拐布置

(2) 刚度差

曲轴零件的长径比大，可以达到10以上，又有较多的偏心连杆轴颈段，所以曲轴的刚度很差。例如图10-7中的六缸发动机曲轴的长径比L/D就高达11，并且有7个偏心的连杆轴颈。在加工中，为防止曲轴零件产生较大变形而影响加工精度，通常需要选用刚度较高的机床、刀具及夹具等，并用托轮来增强工件的刚性，以缩短曲轴的支承距离、减小加工中产生的变形和振动。为了减小在加工连杆轴颈时产生的扭转变形，通常采用具有中间传动的机床来进行加工。

另外，在加工中应合理安排加工工位的顺序、加工方式以及装夹定位方式，尽量使切削力的作用互相抵消，减小加工变形，以保证加工精度，还要合理增设校直工序，及时修正曲轴形状，提高加工精度。

10.1.3 曲轴的技术要求

曲轴是发动机中的主要旋转件。发动机工作时，活塞每秒钟往复100~200个行程，曲轴的转速可达到6000r/min。在发动机的每个工作行程都会产生巨大的燃气压力，这些压力将以每秒100~200次的频率通过活塞、连杆突然作用到曲轴上。而且曲轴还要受到周期性变化的惯性力及力矩的作用。这些呈周期性变化的巨大载荷，会使曲轴发生扭转振动和弯曲振动，进而产生很大的附加应力，造成曲轴失效。特别是在曲柄臂和轴颈的过渡圆角部分及油孔附近，会产生严重的应力集中，曲轴长时间处于这种工作环境下，很容易在应力集中处产生疲劳破坏。弯曲和扭转疲劳断裂是曲轴的主要破坏形式，其中弯曲疲劳断裂最为常见。同时，曲轴的连杆轴颈、主轴颈及其轴承副在高比压下的高速相对旋转，也容易造成磨损发热和烧损。

为了保证曲轴能够满足工作要求，约束曲轴的制造过程，对曲轴规定了严格的技术要求。曲轴的主要技术要求如下。

① 尺寸精度要求

a. 主轴颈和连杆轴颈的直径尺寸精度通常为IT6~IT7级。

b. 主轴颈的宽度极限偏差为+0.1~+0.36mm，连杆轴颈的宽度极限偏差为+0.05~+0.15mm。

c. 曲轴半径极限偏差为±0.05mm。

d. 曲轴的轴向尺寸极限偏差为±(0.05~0.50)mm。

② 形状精度要求

a. 曲轴主轴颈、连杆轴颈的圆柱度公差为0.005~0.01mm。

b. 曲轴后端的平面度公差为0.1mm。

③ 位置精度要求

a. 连杆轴颈的轴线对主轴颈轴线的平行度在每100mm长度上不大于0.02mm。

b. 轴颈母线间的平行度不大于0.015mm。

c. 连杆轴颈的相位角偏差不大于±30′。

d. 当曲轴长度小于1.5m，并以曲轴前后端的主轴颈为加工基准时，曲轴中间的主轴颈的径向圆跳动不大于0.015mm。

e. 曲轴后端的法兰面径向圆跳动不大于0.06mm。

f. 曲轴止推面对主轴颈轴线的垂直度一般为0.012~0.017mm。

g. 曲轴轴颈跳动量要求如表10-1所示。

表10-1 曲轴轴颈跳动量要求   mm

序号	项目	跳动量限值	
		曲轴长度≤1.5m	曲轴长度＞1.5m
1	中间主轴颈	0.04	0.05
2	装带轮轴颈	0.04	0.05
3	装正时齿轮轴颈	0.03	0.04
4	正时齿轮轴颈靠第一主轴颈端面	0.05	0.05
5	止推凸台端面	100 : 0.025	100 : 0.025
6	装飞轮法兰盘轴颈	0.03	0.05
7	装非整体油封轴颈	0.04	0.05
8	装整体油封轴颈	0.03	0.04
9	装飞轮法兰盘端面	100 : 0.02	100 : 0.02

④ 表面粗糙度要求　曲轴主要表面的粗糙度要求如表 10-2 所示。

表 10-2　曲轴主要表面的粗糙度要求

序号	项目	表面粗糙度 $Ra/\mu m$
1	主轴颈和连杆轴颈	≤0.32
2	油封轴颈	≤0.63
3	止推凸台端面	≤0.63
4	轴颈圆角	≤0.63
5	主轴颈和连杆轴颈润滑油孔口	≤1.25
6	其他轴颈	≤1.25

⑤ 其他技术要求

a. 曲轴必须根据发动机的用途、轴颈数以及每分钟的转数确定动平衡精度，以减小曲轴工作时产生的附加应力。

b. 曲轴的主轴颈、连杆轴颈等重要工作表面都要进行表面强化（如喷丸、滚压圆角等），以提高曲轴的疲劳寿命。

c. 曲轴零件要经过调质、轴颈表面淬火、氮化等热处理工艺。根据发动机结构和曲轴材料的不同，其热处理后的硬度一般为 46～62HRC。

d. 为保证曲轴轴瓦的使用寿命，曲轴加工完毕后必须清洗外表面和油道孔，一般油道孔的清洁度标准为 2.5～50mg。

e. 曲轴零件对裂纹要求很高，不允许有横向裂纹存在，可以有小的轴向裂纹存在，但曲轴各部位所允许存在的裂纹也不相同。裂痕长度应保证在 3.2～22.2mm 之内。

f. 许多汽车制造厂还对精加工时曲轴的旋转方向有明确规定。一般要求在精磨主轴颈和连杆轴颈及精加工止推面时，曲轴的旋转方向应与其在发动机中工作时的旋转方向相反；抛光主轴颈和连杆轴颈以及挤压或抛光止推面时，曲轴的旋转方向应与其在发动机中工作时的旋转方向相同。

g. 曲轴工作时会受到正时齿轮斜齿传动、上下坡、加速、制动以及离合等产生的轴向力作用而前后窜动。如果轴向窜动量过大，将影响各机件的正常工作，如果过小则会因热膨胀而影响曲轴工作。所以曲轴对轴向间隙有一定的要求，此间隙一般为 0.05～0.25mm。

10.2　曲轴的加工工艺分析

10.2.1　曲轴的材料

曲轴是发动机的核心件之一，很多情况下它的使用寿命几乎就代表了整个发动机的寿命，一台曲轴损坏了的发动机是没有太大的维修价值的。汽车发动机曲轴一般采用球墨铸铁或锻钢材料制成，材料的相关要求可参照汽车行业标准《汽车发动机曲轴技术条件》QC/T 481—2005。

按照该标准要求，用于制造曲轴的球墨铸铁其材料力学性能不低于牌号 QT700-2（抗拉强度 700MPa、断后伸长率 2%）的，而锻钢则可以采用 45、40Cr、40MnB、35CrMo 等牌号的或力学性能更高的钢材。在汽车发动机中用的较多的曲轴材料有 QT700-2、QT800-2、QT900-2 等牌号的球墨铸铁以及 45、35CrMo、40Cr、40MnB、42CrMo 等牌号的锻钢。

表 10-3 所示为汽车曲轴中的常用材料以及处理工艺。

表 10-3　汽车曲轴中的常用材料及处理工艺

用途	材料	基本热处理		表面热处理		
		工艺	硬度（HBS）	工艺	硬化层深/mm	硬度（HBS）
轿车	45	正火	170～288	感应淬火	2～4.5	55～63
	50Mn	调质	217～277	氮、碳共渗；570℃，油冷	>0.5	>500HV
	QT700	正火				
客车	QT700	正火				
	45	正火	163～169	感应淬火，自回火	3～4.5	55～63
	45	调质	216～219	感应淬火，回火	>3	>55
货车	45	正火		碳、氮共渗	0.9～1.2	>300HV
	QT900	正火回火	280～321			
	35CrMo	调质	216～269	感应淬火	3～5	53～58
	42CrMo	调质		感应淬火		

近年来，随着人们对发动机的要求不断提高，陆续有新的材料被开发用于发动机曲轴的制造，例如等温淬火球墨铸铁（ADI）、非调质钢等。

统计数据表明，疲劳断裂是曲轴的主要破坏形式。等温淬火球墨铸铁（ADI）以其优良的性能、较高的整体强度和弯曲疲劳强度被认为是制造发动机曲轴的理想材料，经圆角滚压强化后的 ADI 曲轴可完全满足增压发动机的要求。同时等温淬火球墨铸铁（ADI）曲轴较锻钢可减轻 10% 左右的自重，大大降低制造成本。目前等温淬火球墨铸铁（ADI）已在曲轴生产中大量使用，其具有替代锻钢的潜力。表 10-4 所示为美国 ADI 牌号（ASTM 897M-ADI）及其部分力学性能。

表 10-4　美国 ADI 牌号（ASTM 897M-ADI）及力学性能

等级	σ_b/MPa	$\sigma_{0.2}$/MPa	δ/%	A_k/J	硬度（HB）
850	850	550	10	100	269～321
1050	1050	700	7	80	302～363
1200	1200	850	4	60	341～444
1400	1400	1100	1	35	388～477
1600	1600	1300			444～555

非调质钢是在中碳锰钢的基础上加入钒、钛、铌等微合金化元素，使其在加热过程中溶于奥氏体中，并在冷却过程中析出而得到的强化钢。这类钢在热轧状态、锻造状态或正火状态的力学性能接近一般调质状态的力学性能水平。因此，在应用时可省略调质处理工序，既缩短生产周期，又节省能源。

非调质钢具有性能优良、高效节能、绿色环保、低成本等突出优点，被誉为"绿色钢材"深受世界各国的青睐，现今已成为锻钢曲轴材料的主要发展方向。我国亦在汽车行业标准 QC/T 481—2005 中正式将非调质钢作为汽车曲轴的推荐优先使用材料纳入标准。

10.2.2　曲轴毛坯制造工艺

汽车发动机曲轴主要有铸造和锻造两种制造方法，其中锻造毛坯的材料多为钢材，如优质碳素钢、低合金钢、合金钢等，铸造毛坯的材料主要是球墨铸铁，也有选用可锻铸铁、合金铸铁、铸钢等材料的。

铸造法生产曲轴毛坯是工艺最简单的方法，主要用于小批量生产一些要求较低的曲轴。用铸造成形工艺生产曲轴毛坯不需要大型压力加工设备和昂贵的模具，具有生产周期短、切削余量较小、金属利用率高、生产成本低的优点。铸造可以比较容易地得到复杂的结构，因此铸造曲轴可以使用较合理的结构形状（如椭圆形曲柄臂、桶形空心轴颈等），以使零件应力分布均匀。整体铸造曲轴的切削加工性能好，并有良好的减振性及耐磨性。但是这种方法生产出来的曲轴质量和性能都较差，铸造缺陷（如气孔、缩松、成分偏析、晶粒粗大等）会严重影响其抗疲劳能力，所以在要求较高的曲轴中使用较少。

汽车发动机曲轴一般都是大批量生产，要求较高。为了保证发动机的可靠性，大多汽车发动机曲轴都采用锻造毛坯。曲轴锻造主要包括如下几种工艺。

① 模锻成形　目前，模锻是小型曲轴毛坯制造中最常见的一种方式，也是大批量生产曲轴的主要方式。模锻成形工艺使用大吨位锻压设备配合大型专用模具通过锻压来获得曲轴毛坯。对于模锻而言，曲轴属于形状复杂的锻件，单靠一个模膛无法完成锻造，因此在实际生产中通常在一副锻模中开几个模膛，使毛坯在多个模膛中逐步变形，最终得到曲轴毛坯。采用模锻工艺加工的曲轴毛坯，在设计时要考虑工艺条件，设计合理的分模面、出料斜度、圆角等问题。在曲轴模锻过程中，为了使锻件能比较容易地充满模膛并顺利地从模膛中取出，有时会根据需要在一些地方加敷料。敷料加得越多，就越浪费材料，切削余量也越大。

另外，模锻法生产曲轴毛坯时需要使用大吨位锻压设备和大型专用模具，成本高，生产周期长，设备吨位大，因此不便于快速组织生产，产品比较单一，设备适应性较小，当生产批量较小时，经济效益很差。但是在大批量生产时，模锻的生产效率以及材料利用率都要远远高于自由锻造，其综合经济效益也比自由锻造高很多。而且模锻曲轴毛坯精度高，质量好，明显呈现出金属纤维组织特性，使曲轴的性能和可靠性都明显提高。这也是目前汽车行业偏好于使用模锻工艺进行大批量曲轴毛坯生产的原因。

② 自由锻造成形　自由锻造可以不受曲轴的形状和尺寸的限制而制造出所需毛坯，具有生产设备简单、通用性高、成本低以及操作简单的优点。曲轴的自由锻造成形工艺又可以分为块锻法和弯锻法。块锻法是将无法锻出的曲轴曲拐处加敷料填平，然后通过机械加工得到曲轴毛坯。这种方法加工余量很大，材料的利用率低，浪费现象严重，而且块段法在加工曲轴曲拐部位时的切削加工会切断曲轴的纤维流线，降低曲轴的抗弯曲和抗疲劳能力。弯锻法采用胎模锻出曲轴曲拐，相比于块锻法加工余量少，材料利用率较高，抗弯曲和抗疲劳能力也较好。

自由锻造主要靠人工操作来控制锻件的形状和尺寸，对工人的技术水平要求较高，生产的毛坯精度低，加工余量大，生产劳动强度高，生产效率低下，仅适宜于单件小批量的曲轴生产，现在我国仍有部分厂家使用这一方法生产曲轴毛坯。

③ 全纤维锻造成形　全纤维镦锻工艺是20世纪后期发展起来的一种新的曲轴毛坯生产技术，主要用于加工中速柴油机曲轴。全纤维锻造主要分为三个步骤：先将金属材料锻造成棒料，然后机械加工成台阶轴，最后在墩锻专用模具内锻造成形，模具每次只对一个曲拐进行热变形。全纤维墩锻法生产的曲轴金属流线完整，曲轴质量好，精度高，抗疲劳性能优异，和其他加工方法相比，全纤维锻造的曲轴可靠性是最好的。目前全纤维锻造已经广泛应用于汽车曲轴的生产中。

值得一提的是，虽然现在锻造曲轴的质量以及应用范围都要高于铸造曲轴，但是由于锻造对设备要求较高、生产投入大，所以长期以来人们一直在进行"以铸代锻"的研究。相信随着新技术新材料的发展，铸造曲轴将会在工业生产中担负更多的任务。

▶ 10.2.3　曲轴的加工工序安排与定位基准的选择

曲轴的主要加工部位包括主轴颈和连杆轴颈，次要加工部位包括油孔、法兰、曲柄、螺孔、键槽等。这些部位的机械加工工艺主要为车、铣、磨、钻、滚压等，除此之外曲轴的加工过程中还要有轴颈淬火、探伤、动平衡等工艺以及必要的校直、检验、清洗等工序。

按照曲轴的机械加工工艺过程可将其分为：定位基准的加工、主轴颈和连杆轴颈的粗加工、润滑油道等次要表面的加工、主轴颈和连杆轴颈的热处理、主轴颈和连杆轴颈的精加工、键槽和轴承孔等的加工、动平衡、主轴颈和连杆轴颈的光整加工几个阶段。

定位基准直接关系后续加工的加工精度，必须放在其他工序之前进行。不同结构和不同毛坯的曲轴，其定位基准的选择和使用会有一定的差异。对于普通汽车发动机曲轴而言，其定位基准总体上可以分为轴向基准、角向基准以及径向基准。

曲轴的轴向基准一般选取曲轴一端的端面或轴颈的止推面，在曲轴的整个加工过程中轴向基准要根据加工部位的不同进行相应变换。如果曲轴毛坯的精度高且曲柄不用加工，轴向基准也可以选择用中间主轴颈段两边的曲柄；曲轴的角向基准一般是曲柄上的角向定位面或定位凸台，而曲轴的径向基准一般选用的是曲轴两端的主轴颈以及曲轴两端面上的中心孔。

由于曲轴各主要加工表面多是旋转体表面和端平面，因此曲轴加工中最常用到的两种定位基准就是曲轴两端面的中心孔和曲轴两端的主轴颈。

曲轴主轴颈定位可以使定位基准与装配基准相统一，通常作为钻中心孔、去除动不平衡量、测量曲轴全尺寸等的基准；中心孔定位则可以实现设计基准和工艺基准的统一，便于加工，通常作为加工轴颈、滚压校直等工艺的基准。

中心孔作为曲轴加工和测量的重要基准，其加工质量对工件的加工精度与机床顶尖的寿命有很大影响。例如，中心孔深浅不一将影响批量生产的零件在机床上定位的轴向位置，使加工余量分布不均；两端中心孔不同轴将造成顶尖与中心孔接触不良，导致较大的圆度及位置误差；中心孔不圆将直接反映给磨削后的工件外圆，加大工件的圆度误差。

曲轴的中心孔又可以分为几何中心孔和质量中心孔。

几何中心孔是曲轴支承轴颈的几何中心，可直接利用曲轴的支承轴颈定位，在普通铣端面打中心孔机床上加工出来。质量中心孔则是利用浮动支承对曲轴进行动平衡，找到其质量轴线后加工出来的，需要用到专用的质量中心钻床。通常情况下，由于形状误差和质量分布不均等问题的存在，曲轴的几何中心轴线和质量轴线是不重合的。因此利用几何中心孔定位加工车削或磨削曲轴时，工件旋转会产生一定离心力，影响加工质量，降低定位元件的使用寿命，加工出的零件动平衡较大，需要反复去重，效率较低。而采用质量中心孔定位加工的曲轴通常能够获得较小的不平衡量，缩短曲轴平衡测量和去重工序需要的时间，缩短生产周期。另外，质量中心孔定位有利于后续工序实现高速加工，减小加工振动，提高曲轴生产效率。但由于零件最终的动平衡还要受其他因素影响，再加上专用质量中心孔钻床价格比较高，投资成本较大，故在应用上反而不如几何中心孔广泛。图 10-11 所示为曲轴的质量轴线和几何轴线示意图。

曲轴主要加工部位的技术要求高，为了保证曲轴主轴颈和连杆轴颈的技术要求，在实际

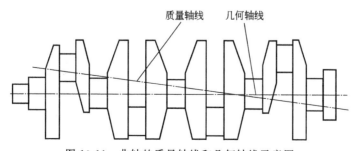

图 10-11　曲轴的质量轴线和几何轴线示意图

生产中的加工顺序为：粗车→精车→粗磨→精磨→超精加工。

若曲轴较长，在加工时还需要将中间主轴颈作为辅助定位基准，以提高加工时曲轴的刚度。所以通常先对曲轴中部的主轴颈进行粗加工、半精加工以及精加工，然后再加工其他主轴颈；而连杆轴颈的粗加工和精加工，都是用曲轴两端的主轴颈进行定位，因此连杆轴颈的粗、精加工一般都安排在主轴颈加工之后进行。

钢制曲轴在加工后内应力会重新分布，造成轴颈变形，使轴颈产生径向跳动，影响曲轴的加工精度。为了最小化曲轴径向圆跳动对加工精度的影响，在曲轴前端主轴颈精磨之后，紧接着就要进行齿轮轴颈、带轮轴颈的精磨加工；在末端主轴颈的精磨工序之后，应紧接着安排油封轴颈的精磨。同时，为了防止因曲轴刚度降低而使上述轴颈在磨削后产生较大的径向跳动，其他主轴颈段的精磨要放在这些轴颈精磨之后进行。

曲轴加工时容易弯曲变形。为保证余量均匀、减少变形的影响，曲轴加工工艺中必须有校直工艺，但校直对曲轴的疲劳强度有不利的影响，因此要尽量减少曲轴的校直次数。一般只在曲轴的关键工序上安排校直，如中间主轴颈加工前、淬火后、动平衡去重后等。

曲轴上对表面粗糙度要求较高的各轴颈，还要进行超精加工，超精加工一般放在最后进行，以免加工好的轴颈表面被破坏。

在曲轴生产中，不同曲轴的加工过程也会有所不同。各工序安排要根据曲轴的生产类型、加工方法、毛坯质量、具体技术要求以及曲轴结构等实际情况进行适当调整。此外，有些工序的顺序变动，对曲轴的加工过程和加工质量影响不大，这些工序在安排上也有可能造成曲轴工艺过程的不同。

表 10-5 所示为某企业大量生产六缸汽油机曲轴的工艺过程。

表 10-5 某企业大量生产六缸汽油机曲轴的工艺过程

工序	工序内容	设备
1	铣端面，钻中心孔	铣钻组合机床
2	粗车第四主轴颈	曲轴主轴颈车床
3	校直第四主轴颈摆差	油压机
4	粗磨第四主轴颈	双砂轮架外圆磨床
5	车削第四主轴颈以外的所有主轴颈	曲轴主轴颈车床
6	校直主轴颈摆差	油压机
7	粗磨第一主轴颈与齿轮轴颈	双砂轮架外圆磨床
8	精车第二、三、五、六、七主轴颈、油封轴颈和法兰	曲轴车床
9	粗磨第七主轴颈	双砂轮架外圆磨床
10	粗磨第二、三、五、六主轴颈	双砂轮架外圆磨床
11	在第一和第十二曲柄上铣定位面	曲轴定位面铣床
12	车六个连杆轴颈	曲轴连杆轴颈车床
13	清洗	清洗机
14	在连杆轴颈上锪球窝	球形孔钻床
15	在第一、第六连杆轴颈上钻油孔	深孔组合钻床
16	在第二、第五连杆轴颈上钻油孔	深孔组合钻床
17	在第三、第四连杆轴颈上钻油孔	深孔组合钻床
18	在主轴颈上油孔口处倒角	交流两相电钻
19	去毛刺	风动砂轮机

续表

工序	工序内容	设备
20	高频淬火部分轴颈表面	曲轴高频淬火机
21	高频淬火剩余轴颈表面	曲轴高频淬火机
22	校直曲轴	油压机
23	精磨第四主轴颈	双砂轮架外圆磨床
24	精磨第七主轴颈	双砂轮架外圆磨床
25	车回油螺纹	曲轴回油螺纹车床
26	精磨第一主轴颈和齿轮轴颈	双砂轮架外圆磨床
27	精磨带轮轴颈	双砂轮架外圆磨床
28	精磨油封轴颈和法兰外圆	双砂轮架外圆磨床
29	精磨第二、三、五、六主轴颈	双砂轮架外圆磨床
30	粗磨六个连杆轴颈	曲轴磨床
31	精磨六个连杆轴颈	曲轴磨床
32	在带轮轴颈上铣键槽	键槽铣床
33	加工两端孔	两端孔组合机床
34	检查曲轴不平衡量	曲轴动平衡自动线
35	在连杆轴颈上钻去重孔	特种去重钻床
36	去毛刺	风动砂轮机
37	校直曲轴	油压机
38	加工轴承孔	曲轴轴承专用车床
39	精车法兰端面	端面车床
40	去毛刺	风动砂轮机
41	粗抛光主轴颈与连杆轴颈	曲轴油石抛光机
42	精抛光主轴颈与连杆轴颈	曲轴砂带抛光机
43	清洗	清洗机
44	最后检查	

10.2.4 曲轴的表面强化工艺

曲轴的表面强化处理是指在已确定曲轴材料和结构前提下，利用物理、化学和机械手段，提高曲轴各项力学性能的工艺方法。曲轴强化处理是提高曲轴性能、弥补材料缺陷的重要途径，也是曲轴生产过程中的重要一环。

曲轴的表面强化工艺主要有喷丸、圆角滚压、淬火、激光淬火、表面高频淬火、氮化、渗碳等。这些方法各有特点，在强化应用上各有侧重。因此，为了获得更好的强化效果，一般会综合运用多种强化工艺对曲轴进行强化，例如，淬火后圆角滚压强化、渗氮后圆角滚压强化、渗氮后感应淬火强化等。

在这些工艺中，圆角滚压强化工艺是运用最为广泛的，特别是对于那些以球墨铸铁为材料的曲轴。这是因为球墨铸铁的压缩屈服极限大于拉伸屈服极限，在滚压过程中，能够形成较大的残余压应力而不被压溃，强化效果非常明显。而钢的压缩屈服极限等于拉伸屈服极限，滚压后疲劳强度提高的比例较小。据统计，国内外绝大多数的球墨铸铁曲轴在生产过程中都会用到圆角滚压工艺。在当今曲轴"以铸代锻"的趋势下,圆角滚压工艺也显得越加重要。

圆角滚压强化是利用滚轮对圆角表面进行滚压,在曲轴的主轴颈和连杆轴颈过渡圆角处形成一条滚压塑性变形带,这条变形带硬度高、表面粗糙度小,可以大大减小圆角的应力集中,而且残留在硬化带中的压应力一定程度上可以抵消工作中的拉应力,从而使得曲轴的疲劳强度和使用寿命都大幅提高。

曲轴圆角滚压强化工艺过程主要包括圆角滚压、弯曲变形量测量以及滚压校直三部分。圆角滚压即利用滚压滚轮分别对曲轴主轴颈和连杆轴颈处圆角进行滚压。弯曲变形测量则是检测曲轴弯曲度的大小和相位方向,给出校直方案(即给出在某几个主轴颈或连杆轴颈上的再施压方案)。滚压校直是利用圆角滚压机根据前面给出的再施压方案,滚压相应的主轴颈或连杆轴颈,使曲轴达到工艺要求。

根据滚压工序安排和圆角形式的不同,曲轴圆角滚压大致可分为以下三种类型。

① 切线滚压　安排在精磨主轴颈和连杆轴颈时进行,先用砂轮磨出与滚轮半径大小相同的圆角然后进行滚压,如图 10-12 所示。切线滚压多用于强化成品的曲轴,对主轴颈径向跳动要求高。在切线滚压后曲轴圆角部位附近易出现挤压脊,影响曲轴轴颈质量。

② 半精加工后滚压　即在曲轴精磨成形之前安排滚压强化。这种方法由于滚压后还要进行精磨加工,因此对滚压变形的控制要求较松。在滚压中出现的挤压脊也可以在后续精磨中加工掉,不必考虑挤压脊的问题。但后续精磨加工会减少滚压变形带,削弱强化效果,因此应用较少。

③ 沉割滚压　即在滚压前先切割圆角,然后进行滚压(见图 10-13),最后进行精磨。这种方法既可以避免挤压脊的对曲轴轴颈质量的影响,也可以防止滚压槽被精磨掉而减小强化效果。沉割后轴颈圆角的半径减小,有利于滚压残余压的应力集中,可以产生更大的残余压应力,有效地补偿了因沉割而引起的结构强度下降的问题,因此这种滚压方法运用较广。

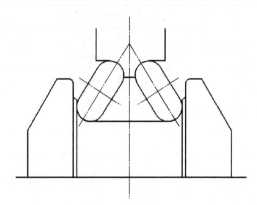

图 10-12　切线滚压示意图

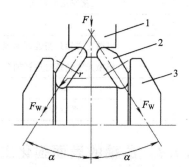

图 10-13　圆角沉割滚压示意图
1—滚轮托架;2—滚轮;3—曲轴

圆角滚压是一种冷加工工艺,相比于其他强化方法,这种强化方法没有加热环节,能源消耗低,工艺简单,成本低,强化效果好,加工效率高,对材料要求低,适用范围广。经滚压强化过的曲轴,表面质量有明显改善,裂纹、针孔、气孔等轻微铸造缺陷得以消除,被强化表面的表面粗糙度降低,硬度提高。铸造曲轴经过圆角滚压后,曲轴的疲劳强度和承载能力可提高 1 倍以上。

10.3　大批量曲轴的机械加工工艺

曲轴主轴颈和连杆轴颈的表面是曲轴的主要加工部位,也是占用曲轴加工工时最多的部位。轴颈外圆的加工工艺一直以来都是人们研究的重点。

多年来，曲轴轴颈外圆的粗加工和半精加工的加工方法经历了从传统的车削加工到铣削加工再到现在比较先进的车拉加工这一重大转变。

在20世纪70年代以前，曲轴轴颈外圆基本上都是在多刀车床上加工的。这种加工方式采用径向进给强力切削，变形大、精度低、柔性差、加工余量大，在车削后还要进行回火处理以消除残余应力。而且，车削曲轴连杆轴颈时，必须以连杆轴颈外圆轴线为旋转中心，易产生离心惯性力，不适合高速切削，加工质量差，生产效率低。

20世纪80年代，曲轴轴颈粗加工开始使用铣削工艺，使得曲轴的加工质量有所改善。曲轴铣削加工又有外铣和内铣之分，外铣时铣刀刀片安装在刀盘外圆上，用刀盘外圆加工，内铣时刀片则安装在刀盘内孔。外铣加工对刀具要求高，设备投资大，生产成本高，因此很快就被内铣工艺替代。但内铣工艺也存在对刀困难、切削速度低、非切削时间长、工序循环周期长、设备投资大的问题。

车拉工艺是在20世纪80年代后期出现的。这种加工工艺精度高，加工质量好，加工后曲轴可省去粗磨工序而直接进行精磨，大大提高了生产效率，因此自问世以来，已被很多汽车发动机生产厂家所采用。

20世纪90年代中期，国外又研发出CNC高速曲轴外铣机床，使曲轴粗加工工艺进一步发展，与曲轴内铣相比，CNC高速外铣工艺提高了切削速度，缩短了切削时间和工序循环时间。而且高速外铣还有切削力小、工件温升较低、刀具寿命高、换刀次数少、加工精度高、柔性好的优点。因此，行业内一致认为CNC高速曲轴外铣将是曲轴粗加工的发展方向。

目前，国内曲轴加工工艺新旧不齐，有的企业仍在使用一些低效落后的生产线，而有的企业则从国外引进了先进的加工设备和工艺。国内旧式曲轴生产线多由普通机床和专用机床组成，生产效率和自动化程度相对较低。较先进的曲轴加工工艺主要是内铣工艺和车拉工艺。内铣工艺多用于加工中型或重型发动机的曲轴，车拉工艺常用于加工轿车的发动机曲轴。

下面简要介绍一下这几种曲轴轴颈外圆的加工工艺。

10.3.1 曲轴轴颈车削加工

(1) 主轴颈车削

大批量曲轴生产时，车削主轴颈在多刀半自动车床上进行，所用刀具为成形车刀。由于多刀车削的车削条件差，生产时常采用两次车削工艺，以提高加工质量和精度。使用两次车削工艺加工在第二次精车时，着重保证轴颈的宽度和轴颈的相对位置。

用专用曲轴车床车削主轴颈时，机床可采用两端传动［见图10-14(a)］或中间驱动［见图10-14(b)］，刀具按图10-15布置。在加工过程中，曲轴的转速应逐渐增加，而车刀的

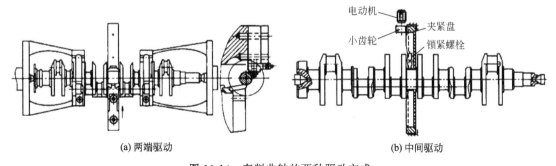

图 10-14 车削曲轴的两种驱动方式

每转进给量应逐渐减小。这是因为若曲轴转速 n 不变，随着车刀的径向进给，曲轴直径 D 逐渐减小，由切削速度公式 $v=\pi Dn/60$ 可知，切削速度将逐渐下降。而且受模锻斜度（锻造毛坯）和拔模斜度（铸造毛坯）的影响，侧向的切削余量和切削力将逐渐增大。通过改变曲轴的转速和车刀进给量使整个加工过程保持恒速切削，可以更好地发挥设备的效率，提高加工质量。

(2) 连杆轴颈车削

大批量生产时，车削连杆轴颈可在两端传动的普通车床或专用车床上进行。使用普通车床加工时，需要使用专用夹具进行装夹，并使曲轴主轴颈的轴线相对于机床主轴回转轴线偏移一个曲柄半径的距离，以保证连杆轴颈轴线与机床主轴的回转轴线重合。这种方法多是使用单刀架顺次车削法加工同一轴线上的连杆轴颈，生产效率较低。

若采用专用车床进行加工，则可以根据工件待加工连杆轴颈数设置刀架，同时对多段连杆轴颈进行车削。在专用车床上，有两根标准的靠模曲轴用于安装刀架。加工时，待加工曲轴绕其主轴颈转动，靠模曲轴也同步旋转，带动刀架对连杆轴颈进行加工，如图 10-16 所示。这种方法生产率高，适用于大批量生产，但由于加工时切削力较大，一般将曲轴的主轴颈支承在机床的中心架上，对机床中心架刚度要求高。对专用车床中心架要及时维修，以保证机床的加工精度和质量。

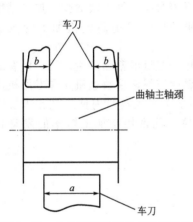

图 10-15 主轴颈车削刀具布置示意图

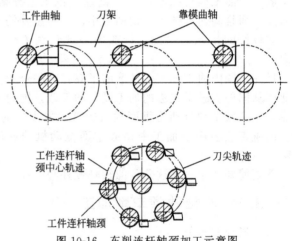

图 10-16 车削连杆轴颈加工示意图

10.3.2 曲轴轴颈铣削加工

曲轴铣削是在专用曲轴铣床上进行的。通常一台设备可加工曲轴的主轴颈、连杆轴颈、台肩、曲臂平面、曲臂外圆及外圆倒角等多个部位。

曲轴主轴颈铣削用的刀具是大直径盘铣刀或立铣刀。加工时，用铣床左右两端的卡盘分别夹持曲轴两端，铣刀径向切入进行铣削，曲轴低速回转一周，即完成主轴颈铣削。若曲轴较长，刚度不够，则一般先将中间的主轴颈加工好，安装中心架，以提高曲轴的刚度。图 10-17 所示为曲轴颈铣削常用刀具。

连杆轴颈外铣加工用曲轴两端主轴颈和止推面定位。加工时，曲轴低速绕其主轴颈轴线旋转，铣刀高速旋转并跟踪连杆轴颈进行铣削，曲轴旋转一周即可完成连杆加工，如图 10-18(a) 所示。

内铣连杆轴颈，根据工件的运动情况可以分为工件旋转和工件不旋转两种。当工件旋转时，定位夹紧与外铣相同。加工时，高速旋转的内铣刀先径向进给到连杆轴颈规定的尺寸后，曲轴低速绕主轴颈轴线旋转，铣刀跟踪连杆轴颈切向进给，对曲轴形成包络，切削点在曲轴颈上旋转一周，即完成一个连杆轴颈的加工，如图 10-18(b) 所示。

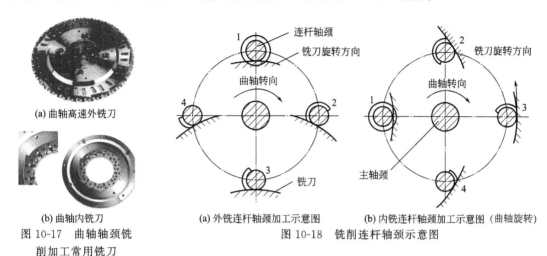

图 10-17　曲轴轴颈铣削加工常用铣刀

图 10-18　铣削连杆轴颈示意图

工件不旋转时，全部加工过程都由刀盘的综合运动完成，内铣铣刀不仅要绕自身轴线旋转，还绕连杆轴颈公转一周。

曲轴的铣削加工对刀盘和铣刀刀片的精度要求很高，如果刀具精度达不到要求，则会大大降低加工质量和刀具的使用寿命。另外，曲轴铣削的时候还要注意冷却，以防止铣削过程中产生大量的热，使曲轴温度升高，产生变形而影响加工质量。

目前在曲轴加工领域，用得较多的铣削工艺是内铣。常见的曲轴内铣机床主要有：德国 Heller 公司的曲轴内铣机床、日本小松公司 GPM 型曲轴内铣机床、德国 BOEHRINGER 公司的曲轴内铣机床以及沈阳第一机床厂的 S1-305C 型曲轴内铣机床，这四种机床，都是利用内铣刀盘包络的方法加工曲轴轴颈的，但它们又各有自己的特点。相比之下，德国 Heller 的 RFK 曲轴内铣床和日本小松的 GPM 曲轴内铣床的铣刀盘包络轨迹更为精确，加工精度最高；德国 BOEHRINGER 的曲轴内铣床，控制系统简单，机械部件性能稳定，操作和保养比较方便；沈阳第一机床厂 S1-305C 机床，其程序编制相对简便，而且价格低廉，该厂亦可提供较为全面、专业的技术服务。

10.3.3　曲轴车拉加工

车拉工艺是一种将车削和拉削结合起来的新型加工工艺。曲轴车拉工艺的应用现已比较常见。这种方法通过工件的旋转运动和刀具的进给运动，共同实现对工件的拉削。它可以在一次装夹中完成曲轴轴颈、圆角、辐板侧面等部位的加工。拉削曲轴的加工质量好，精度高，拉削后的曲轴可以不经过精车、粗磨工序，直接进行精磨。

在曲轴车拉工艺的发展过程中，最初开发出来的是直线型刀具车拉机床。这种机床的刀具与平面拉刀相似。加工时，车拉刀具沿曲轴轴颈切线方向做直线运动，曲轴做定轴转动，进给量由刀具升程（相邻两个车拉刀具之间的高度差）来确定，如图 10-19(a) 所示。但是这类机床拉刀尺寸长，机床体积大，操作和调整都很不方便。

后来，国外机床制造公司又相继开发出旋转型车拉机床。这种机床加工时，工件和刀具都做旋转运动。根据刀齿的切入进给方式，旋转型车拉机床又分为螺旋线型刀具车拉机床和圆柱形刀具车拉机床两种，其加工原理分别如图 10-19(b) 和 (c) 所示。螺旋线型刀具车拉通过不同的刀齿高度形成阶梯式齿升，加工时，工件与刀具轴线之间的距离保持不变 [见图

10-19(b)]，刀具旋转即可完成切入进给。圆柱形刀具车拉则依靠机床控制刀具的进给来实现切入和让刀。

在曲轴车拉中，工件的总切削余量被依次进入的多个刀齿切除，每个刀齿在开始时，切入厚度均为零；随着刀齿的切入，切削厚度先逐渐增加至最大值，然后又逐渐减小，直至切出所需表面。在这个过程中，每个刀齿所受的冲击力都很小，切入、切出柔和，加工平稳。而且在一次切削中，每个刀齿仅切削一段时间，刀齿热负荷小，有利于延长刀具使用寿命，也减小了切削后工件的残余应力，从而提高了加工表面精切后的精度和质量。

(a) 直线型车拉原理　　(b) 螺旋线型刀具车拉原理　　(c) 圆柱形刀具车拉原理

图 10-19　曲轴车拉加工原理示意图

随着 CNC 机床制造技术的发展，近些年又出现了集曲轴车拉和曲轴 CNC 切入车削两者优点为一体的 CNC 曲轴车-车拉加工机床。这种机床所用刀盘的刀齿数少，通常一个刀盘可安排多组刀片，按照预先编制的程序，对曲轴进行加工。曲轴车-车拉机床的出现，大大提高了机床的适应性和灵活性。

利用曲轴车拉机床进行加工，可在一次加工中完成曲轴轴颈的粗切和精切。车拉所用的粗、精加工刀具是分别布置的，生产中要根据工件的结构特点和毛坯材料合理配置各刀具的刀刃几何形状、容屑空间、刀具材料、切削用量等参数。灵活多变的刀齿配置方式也是车拉工艺适应性较好的原因之一。

另外，在车拉加工时，可以用专用刀片将曲轴多个加工部位（如轴颈、轴肩、沉割槽等）同时加工出来，不需要另外的机床，减少了加工辅助时间和加工设备，有效提高了生产效率，降低了生产投入。而且车拉机床只需更换加工程序，对夹具、刀具略作调整，就可很快适应不同型号和不同批量的曲轴生产，灵活性很强，适应生产柔性化的需求，因此曲轴车拉工艺已被各大生产企业广泛采用。

10.3.4　CNC 高速曲轴外铣加工

CNC 高速曲轴外铣工艺（即数控高速曲轴外铣工艺），是随着 CNC 高速曲轴外铣机床的问世而出现的一种很有发展潜力的新型曲轴加工工艺。相比于传统外铣工艺，CNC 高速曲轴外铣工艺主要有以下特点。

(1) 工序的集中程度高

用 CNC 高速曲轴外铣机床进行加工时，工件只需一次装夹就可以完成多个工序的加工内容，而不必受加工方法的限制。因此在一台 CNC 高速曲轴外铣机床上能顺序地完成曲轴全部或大部分的加工工序，工序集中程度很高，节省了分散加工时各工序之间的加工辅助时间，大大降低了生产周期，提高了生产效率。而且曲轴的加工工位比较多，高速外铣只需装夹一次，避免了多次装夹所导致的定位误差，对提高零件的加工精度十分有利。

(2) 智能化程度高

CNC 高速曲轴外铣机床大量应用数控技术，在加工过程中可以对加工状态进行检测，自动调整相关参数，调节系统的运行状态，实现自动控制和优化，使得加工精度和工件表面粗糙度都得以改善。而且 CNC 高速曲轴外铣机床通过程序控制加工状态，便于将加工经验和加工规律通过数据库的方式引入加工中，降低了对操作人员技术水平的要求。有些机床和专用系统相配合，利用先进的自动编程技术，可以实现加工程序的自动编写，大大提高了加工效率。

(3) 切削速度高

CNC 高速曲轴外铣机床采用内装式主轴电动机，使主轴驱动不必通过变速箱，而是直接把电动机与主轴连接成一体，从而使主轴转速大大提高（切削速度可高达 350m/min），而且这种机床利用计算机系统对加工数据进行处理，能快速计算出伺服系统的移动量，并快速做出响应，使机床伺服系统能够在高速加工的同时有很高的加工精度。在高速铣削时，粗加工工序中采用大进给、大切深的方式加工，可快速去除材料，保证切削效率。而在精加工工序中，则采用稳定的加、减速控制，使机床高速平稳运转，有效地保证了被加工表面的质量。另外较高的切削速度，也大大提高了机床的生产率，缩短了产品的制造周期。

(4) 加工精度高

和传统机床相比，CNC 高速曲轴外铣机床采用微小程序段连续进给，使 CNC 控制单位精细化，系统分辨率高，对机床伺服机构的控制更精确；通过自动检测技术和伺服机构反馈控制，使得控制误差大幅减小。而且这种机床通过补偿技术，可以补偿机床运动系统的误差和刀具的加工误差，进一步提高了机床的加工精度。

(5) 柔性高

和数控曲轴车拉机床一样，数控高速曲轴外铣机床也可以快速适应加工对象的变化。在加工不同结构的曲轴时，只需更换数控程序，对夹具作一定调整即可。

曲轴轴颈粗加工的各加工方法的特点见表 10-6。

表 10-6 曲轴轴颈粗加工各加工方法对比

对比项目	加工方法			
	多刀车	内铣	车拉	车-车拉
加工效率	较高	最高	高	高
设备投资	低	最高	较高	较高
辅助时间	最短	较短	较长	短
加工精度	较低	较低	较高	较高
柔性	较好	较好	较差	好
加工特点	径向力大，易变形	径向力小，适合大余量加工	径向力较小，适合较小余量加工	径向力较小，适合较大余量加工
加工内容	曲柄臂外圆及侧面、轴肩、轴颈、圆角、轴向沉割槽	轴肩、圆角、轴颈、曲柄臂侧面	轴肩、轴颈、圆角	轴肩、轴颈、圆角、曲柄臂侧面、各种沉割槽

10.3.5 曲轴磨削工艺

曲轴主轴颈和连杆轴颈的精磨是曲轴精加工工序，对保证曲轴的质量极其重要。

传统的曲轴轴颈磨削是在普通曲轴磨床上进行的，磨削时，用中心架将待磨削轴颈支承好，如图 10-20 所示，以防止曲轴变形影响磨削精度；砂轮切向进给，依靠工人手动控制，达到规定尺寸后停止进给。这种工艺对工人的技术水平要求很高，而且磨削精度低，砂轮耗损大，磨削质量很不稳定。

随着数控技术的发展，曲轴轴颈磨削技术也得以改善，目前曲轴轴颈的磨削多在数控磨床上进行。在数控磨床上，广泛采用砂轮自动动平衡、自动测量、自动调整和自动补偿技术对砂轮进行控制；利用中心架自动跟踪技术，根据轴颈的尺寸调整曲轴的支承，减少曲轴变形，使得磨削的精度和表面质量都得到很大改善。数控磨床利用恒线速率磨削技术还可有效避免曲轴的磨削烧伤，控制磨削变形。通过数控磨床磨削，可使曲轴轴颈的圆度误差和圆柱度误差控制在 0.005mm 以下。

磨削曲轴主轴颈时，若要求将轴颈两侧面、轴颈外圆以及圆角一起磨出，则一般采用单砂轮磨削；若曲轴对主轴颈侧面和圆角要求不高，不要求对其进行磨削，则采用多砂轮磨削。多砂轮磨削是在一台磨床上安装多片砂轮，同时加工零件几个表面的磨削方法。图 10-21 所示为大量生产时采用多砂轮磨削曲轴主轴颈的加工示意图，如图所示，磨削时多片砂轮排列成相应的间隔，各砂轮同时横向切入工件，在一次装夹中即可完成多轴颈的磨削。多砂轮磨削的效率较高，生产成本较低，还可以减小曲轴轴颈的同轴度误差，所以在多砂轮磨削可以满足要求时，应尽量使用多砂轮磨削。多砂轮磨削使用的同一组砂轮应保证批号一致，并且可以自动修整，以保证磨削后轴颈尺寸的一致性。

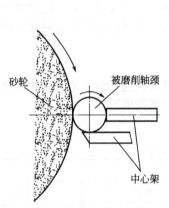

图 10-20 传统曲轴轴颈磨削工艺

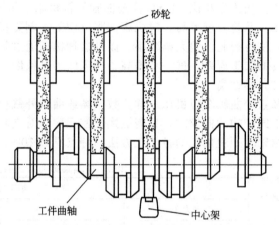

图 10-21 多砂轮磨削曲轴主轴颈加工示意图

曲轴连杆轴颈磨削时，要将轴颈两侧面和圆角一起磨出，通常采用单砂轮磨床顺次磨削全部连杆轴颈，也可以利用单砂轮磨床组成生产线，每台磨床磨削一个连杆轴颈或者每台磨床磨削一组同相位的轴颈。

曲轴另一个有磨削要求的重要加工部位是曲轴的止推面。曲轴止推面是两个圆环面，位于曲轴中间主轴颈的两侧或其他主轴颈侧面。止推面的技术要求较高，一般规定止推面要平整且垂直于主轴颈，表面不允许有烧伤。两止推面之间的距离公差一般为 0.05~0.08mm。

曲轴止推面一般是和曲轴主轴颈一块加工的，有精磨和抛光要求。传统的止推面磨削工艺采用的是成形砂轮切入磨削。由于止推面的宽度比较大（一般为 10~15mm），为保证磨削精度，砂轮的损耗非常大，产生的热量多，再加上止推面的结构使得磨削时冷却液难以进入磨削面，很容易发生烧伤。因此，很多厂家采用斜头架砂轮磨削法和端面滚压法来加工曲轴止推面。

在磨削曲轴时，要特别注意避免烧伤曲轴表面。曲轴表面是否烧伤可以通过磁粉探伤检验出来，若存在烧伤则可以在烧伤的表面看到龟裂网纹。

10.3.6 曲轴光整加工工艺

曲轴的主轴颈、连杆轴颈及止推面都有超精加工和抛光要求。

曲轴的超精加工，一般都是在曲轴超精加工机床上进行的。这种机床可以同时对所有的轴颈进行超精加工。超精加工在不破坏原有形状精度的情况下，可以降低表面粗糙度值，但不能提高轴颈的尺寸精度、形状精度和位置精度，因此工件的精度主要由精加工决定。最常见的超精加工方法是超精研磨工艺。

曲轴抛光一般是砂带抛光。曲轴砂带抛光采用的是粒度为 240～300 的砂布带或砂纸带，冷却液为煤油。利用曲轴砂带抛光机对曲轴进行抛光时，曲轴除了旋转外还做往复运动。抛光架的数目与被加工轴颈的数目相同，因此可一次对所有轴颈进行抛光。

抛光的加工费用较超精研磨低，生产效率比超精研磨高。但抛光处理的表面粗糙度不如超精研磨的好。另外，超精研磨的平磨块只能用来加工正圆柱形的轴颈表面，而抛光机则可以加工曲轴的各个部位。大量生产中，一般会先进行超精研磨，再进行抛光，以获得较好的表面质量和较高的生产率。图 10-22 所示为光整加工前后的曲轴零件。

(a) 光整加工前的曲轴

(b) 光整加工后的曲轴

图 10-22　曲轴光整加工前后对比

10.3.7　曲轴的动平衡处理工艺

曲轴是高速回转件，工作时其各个部分都会受到离心力的作用。为减小轴承的负载，希望曲轴在工作时各个部分产生的离心力相互抵消，即离心力相互平衡。但由于曲轴的质量分布很难均匀，曲轴总是会存在不平衡现象。

曲轴的不平衡现象不仅会导致曲轴的支承轴承负载增加，还会引起有害的振动，降低发动机的整体性能。曲轴的平衡包括静平衡和动平衡两类。曲轴静平衡是指曲轴旋转时，其离心力合力等于零，曲轴的质心位于曲轴的旋转轴线上。但由于曲轴的质量不在同一平面上，旋转时还会产生惯性力和力矩。为保证曲轴能够平稳运转，还必须要求曲轴旋转时的惯性力合力以及合力矩都为零，即进行动平衡处理。

曲轴的动平衡工艺包括不平衡量的测量和不平衡量的修正两部分。不平衡量的测量一般采用曲轴动平衡机，它可以自动测量曲轴不平衡量的大小及相位。不平衡量的修正主要是根据测量结果，对相应部位进行去重，以使质量系统达到平衡状态。常用的去重工艺有钻削、铣削以及激光氧化等方法。

第 11 章 箱体零件制造工艺

箱体是一种非常常用的基础零件和骨架,它主要作为机械设备和总成的安装基体连接和支承其他零件,使这些零件保持合理的相对位置,并提供各种辅助系统和部件,以保证机构能正常工作。箱体零件的加工质量直接影响到零件间的相互关系,对整机能否达到设计要求满足使用性能非常重要。

11.1 箱体零件的结构特点及技术要求

11.1.1 箱体零件的结构特点及结构工艺性

汽车上的常见的箱体零件,主要包括两大类。一类是带有法兰的回转体型壳体零件,如水泵壳体、差速器壳体、后桥壳体等;另一类是平面型箱体零件,如发动机缸体、变速器壳体等。

图 11-1 所示为汽车上几种主要的箱体零件示意图。从图中可以看到,虽然这些箱体零件的结构形状各不相同,但都有以下共同的特点。

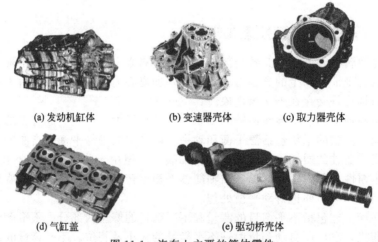

(a) 发动机缸体　　(b) 变速器壳体　　(c) 取力器壳体

(d) 气缸盖　　(e) 驱动桥壳体

图 11-1 汽车上主要的箱体零件

① 结构复杂　箱体零件是装配的基础件,在设计箱体结构时,需要设计很多用来装配的定位面、定位孔及固定用的螺钉孔等。另外,箱体零件还需要有足够的刚度来支承零部件。为了满足刚度要求又不至于使零件过于笨重,汽车上的箱体零件都有比较复杂的截面形状,在有些地方还会设计一些加强肋。箱体上要安装的零件或部件愈多,箱体的形状也就愈复杂。有些箱体零件需要储存润滑油,需要有一定形状的空腔、观察孔、放油孔等。为了便于吊装搬运,还必须在箱体零件上制出吊钩、凸耳等结构。

② 尺寸较大　箱体内需要安装和容纳各种零部件,需要有足够的装配空间。

③ 壁薄且不均匀，容易变形　汽车用的箱体零件尺寸大，结构复杂，又不能过于笨重，所以大都设计成腔形薄壁结构。但铸造、焊接、切削等加工过程往往存在较大的内应力，很容易引起箱体零件的变形。而且在搬运过程中，若方法不当也容易使箱体零件产生变形。

④ 箱体上有许多精度要求较高的孔系和平面　箱体零件上的孔大都是轴承的支承孔，发动机气缸缸体上还有气缸孔和挺杆孔等，平面大都是装配的基准面，因此箱体零件对这些孔系和平面的尺寸精度、表面粗糙度以及形状和位置精度等方面都有较高的要求。

箱体零件的孔系与平面的结构是影响箱体零件结构工艺性的主要因素。

箱体零件孔的主要形式有通孔[见图11-2(a)～(f)]、阶梯孔[见图11-2(g)]和盲孔[见图11-2(h)]三种，其中以通孔最为常见。

通孔又分为短圆柱孔、深孔、交叉孔、剖分孔、有环槽的通孔等。

图11-2(a)所示为短圆柱孔，这种孔的长径比L/D一般在1～1.5之间，便于加工，工艺性最好。

图11-2(b)所示为深孔，这种孔的长径比$L/D>5$，加工难度大，工艺性差。

图11-2(f)所示为具有环槽的通孔，这种孔的环槽部分需要使用径向进刀镗杆进行加工，加工工艺性也较差。

图11-2(c)为交叉孔，图11-2(d)为轴线与端面不垂直的孔，图11-2(e)为剖分孔，这三种孔的工艺性也不好。

阶梯孔[见图11-2(g)]，这种孔的工艺性与孔径比L/D有关，孔径比相差越小，工艺性越好，若孔径比相差很大，最小的孔径比又很小，则工艺性很差。

盲孔[见图11-2(h)]是这几种孔中工艺性最差的一种，其在汽车箱体零件中比较少见。

此外，在箱体零件上还有许多螺纹孔，为了减少加工刀具的数量、提高零件标准化程度，在设计汽车箱体零件时，应尽可能减少螺纹孔的规格。

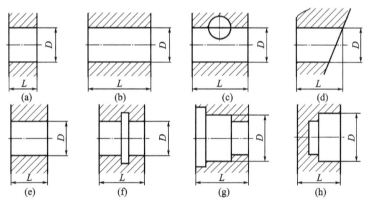

图11-2　箱体零件上孔的主要形式

箱体零件上有一些孔是同轴线分布的，这些孔的分布方式将对零件的加工产生很大影响。常见的孔的排列方式有四种，如图11-3所示。其中，图11-3(a)所示为各孔按孔径大小在一个方向上递减排列，这种排列方式可以通过刀具的组合，将各孔同时镗出，但要求相邻孔之间的毛坯直径能使镗刀自由通过，否则将不便于加工。这种结构适用于单件小批生产的箱体零件加工。图11-3(b)所示为各孔按孔径大小从两边向中间递减排列，图11-3(c)为相同孔径的孔同轴线排列。这两种排列方式可以用镗刀分别从两边进行加工，大大缩短了镗杆长度，提高了加工刚性，具有很高的生产效率，适用于大批量生产。图11-3(d)所示为孔径大小不规则排列的情况，这种排列方式加工困难，工艺性较差，在设计时应尽量避免。

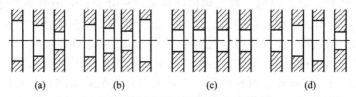

图 11-3 同轴线上孔径大小的分布

对于那些不同轴的孔，在单件小批量生产中，各孔是逐个加工的，孔轴线之间的距离可以不受限制。但在组合机床成批大量生产中，由于要同时加工出多个孔（通常是采用装有多把组合刀具的多轴镗床，在一次工作行程中同时加工同一面上的多个孔），孔的中心距就必须受到限制。根据布置主轴轴承的需要，孔的中心距不应太小，例如，在箱体上同时钻两个直径在 10mm 以下的孔，两孔之间的最小中心距应不小于 24mm。

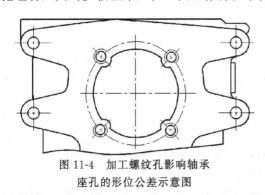

图 11-4 加工螺纹孔影响轴承座孔的形位公差示意图

有时相邻的两孔可以在两个工位上分两道工序进行加工，但为了保证孔的形位公差，对孔的中心距也有一定的要求。如图 11-4 所示，在变速器箱体上有一个要求较高的轴承座孔，轴承座孔周围又分布有一些连接用的螺纹孔。这种情况下，若螺纹孔和轴承座孔的中心距太小（即螺纹孔与轴承座孔的边缘距离很小），则攻螺纹产生的变形将会对轴承座孔的形位公差产生很大影响。

另外，在设计孔的时候，应该尽量使孔布置在平面上，使孔的轴线与平面垂直，否则在加工时，刀具会因受力不均而偏斜，影响孔的精度。在设计箱体零件的结构时，应使零件有足够的、稳定的刚性定位基准，以保证零件的加工精度，便于自动化生产。基准面的尺寸要合理，形状应尽可能简单，以降低加工难度，便于装配和检验。对于平面型箱体零件，应合理分布孔的位置，尽量减少工件的装夹次数和机床数量，并尽量保证固定用孔的规格一致，以减少换刀次数。

11.1.2 箱体零件的技术要求

箱体零件作为装配基础件，它的技术要求主要集中在有装配要求的孔系和平面上，包括：主要孔的孔径精度要求，孔与孔的位置精度要求，孔与平面的位置精度要求，主要平面的精度要求以及表面粗糙度要求等。

① 主要孔的孔径精度要求，即主要孔孔径的尺寸公差要求和形状公差要求。孔径的尺寸误差和形状误差较大会影响轴承与孔的配合。孔径过大，配合过松，会使主轴回转轴线不稳定，降低了支承刚度，易产生振动和噪声；孔径过小，会使配合过紧，轴承将因外圈变形而不能正常运转，寿命缩短。装轴承的孔不圆，会使轴承外圈变形而引起主轴径向跳动。因此，箱体零件对孔的精度要求较高。

② 孔与孔的位置精度，包括孔与孔之间的中心距精度、平行度、同轴度、垂直度等。孔与孔之间的中心距误差过大，会影响装配后两零件间的相对位置；孔系之间的平行度误差过大会影响齿轮的啮合质量；同一轴线上各孔的同轴度误差和孔端面对轴线垂直度误差过大，会导致轴和轴承装配到箱体上以后出现歪斜，从而造成主轴径向跳动和轴向窜动，加剧了轴承磨损，通常同一轴线上各孔的同轴度公差约为最小孔尺寸公差的一半。

③ 孔和平面的位置精度主要是指主要孔和箱体安装基面的平行度或垂直度要求，它们决定了主轴和床身导轨的相互位置关系。孔与平面的平行精度是在总装前通过刮研来达到的。为了减少刮研工作量，需要规定主轴轴线对安装基面的平行度公差。孔与基准平面的垂直度误差过大会影响装配后零件的相互位置关系，影响机器的正常工作，因此也需要规定其误差范围。

④ 主要平面的精度是指基准平面以及有装配要求的其他平面的尺寸公差和形状公差。基准面的平面度公差会影响主要孔的加工精度和装配接触刚度。因此，规定基准平面（如底面和导向面）必须平直。顶面的平面度公差要求是为了保证箱盖的密封性，防止工作时润滑油泄漏。有时会将顶面用作定位基面进行孔加工，这时其平面度公差要求还要提高。

⑤ 表面粗糙度要求规定了孔的表面粗糙度和主要平面的表面粗糙度。重要孔和主要平面的表面粗糙度会影响接触面的配合性质和接触刚度。如汽车变速箱要求主轴孔的 Ra 值为 $0.4\sim0.8\mu m$，其他各纵向孔的 Ra 值为 $1.6\mu m$，孔的内端面 Ra 值为 $3.2\mu m$，装配基准面和定位基准面的 Ra 值为 $0.63\sim2.5\mu m$，其他平面的 Ra 值为 $2.5\sim10\mu m$。

另外，箱体零件还对毛坯的硬度、起模斜度、圆角半径、毛坯缺陷等有所要求。有些箱体零件，为保证其特殊的性能和使用寿命，还有一些特殊技术要求，如发动机缸孔内表面对表面网纹及清洁度等有要求，就是为了保证发动机的润滑性能和运转寿命。

汽车上的箱体零件种类繁多，不同的箱体零件，根据其作用和工作要求，各项技术要求的指标也不同。以汽车发动机的缸体为例，它的许多平面均作为其他零件的装配基准，这些零件之间的相对位置基本上是由缸体来保证的。缸体上的很多螺栓孔、油孔、出砂孔、气孔以及各种安装孔都能直接影响发动机的装配质量和使用性能，所以缸体的技术要求相当严格。目前，我国生产的汽车发动机缸体的技术要求如下。

① 主轴承孔的尺寸精度一般为 IT5～IT7，表面粗糙度 Ra 为 $1.6\sim0.8\mu m$，圆柱度为 $0.007\sim0.02mm$，各孔对两端的同轴度公差为 $\phi0.025\sim0.04mm$。

② 气缸孔尺寸精度为 IT5～IT7，表面粗糙度 Ra 为 $1.6\sim0.8\mu m$，有止口时其深度公差为 $0.03\sim0.05mm$，其各缸孔轴线对主轴承孔轴线的垂直度为 $\phi0.05mm$。

③ 各凸轮轴轴承孔的尺寸精度为 IT6～IT7，表面粗糙度 Ra 为 $3.2\sim0.8\mu m$，各孔的同轴度公差为 $\phi0.03\sim0.04mm$。

④ 各凸轮轴轴承孔对各主轴承孔的平行度公差为 $\phi0.05\sim0.1mm$。

⑤ 挺杆尺寸精度为 IT6～IT7，表面粗糙度 Ra 为 $1.6\sim0.4\mu m$，且对凸轮轴轴线的垂直度为 $\phi0.04\sim0.06mm$。

⑥ 各主要孔的位置公差为 $0.06\sim0.15mm$。

⑦ 顶面（缸盖的安装基面）及底面的平面度为 $0.05\sim0.10mm$，顶面的表面粗糙度 Ra 为 $1.6\sim0.8\mu m$，且对主轴承中心线的尺寸公差为 $0.1\sim0.15mm$。

⑧ 后端面（离合器壳安装面）粗糙度 Ra 为 $3.2\sim1.6\mu m$，且与主轴承孔轴线垂直度为 $\phi0.05\sim0.08mm$。

⑨ 主轴承座接合面粗糙度 Ra 为 $3.2\sim1.6\mu m$，锁口的宽度公差为 $0.025\sim0.05mm$。

⑩ 缸体毛坯要求各主要表面不允许有裂纹、疏松、气孔、砂眼等铸造缺陷。

11.2 箱体零件机械加工工艺

11.2.1 箱体零件的材料和毛坯

汽车用箱体零件结构复杂，工作条件恶劣，易受路况影响。因此，要求箱体毛坯的材料具有足够的强度和刚度、优良的耐磨性和抗振性以及良好的成形性能。目前，汽车用箱体零件的材料主要有普通铸铁、合金铸铁以及铝合金等，如 HT150、HT200、YL104、YL105。表 11-1 所示为常见的几种汽车发动机缸体所用的材料。

表 11-1　常见汽车发动机缸体所用材料

型号	6100 系列	6102 系列	491 系列	6105 系列
材料	HT200	HT250	HT250	HT250
用途	缸体	缸体	缸体	缸体

　　大功率柴油发动机缸体也有采用铸钢的。普通铸铁具有足够的韧性和良好的耐磨性、易成形、易加工并且价格较低，因此应用比较广。合金铸铁是在普通铸铁原有的基础上，严格控制硫和磷的含量，增加碳、硅、锰、铬、镍、铜等元素的比例而形成的。相比于普通铸铁，合金铸铁有着更加优良的铸造性能、更好的耐磨性和抗拉强度，适合作为转速高、功率大的发动机材料。

　　一些轿车上的箱体零件，为了减轻重量，也采用铝合金或镁合金铸造。用铝合金制造的发动机缸体，不但重量轻、油耗少，而且导热性、抗磁性、耐蚀性和机械加工性均比铸铁好。但铝缸体需镶嵌铸铁缸套或在缸孔工作表面上加以镀层，成本较高，其使用受到一定程度的限制。

　　箱体零件的毛坯主要通过铸造而成，具体的铸造方法根据生产类型和毛坯的尺寸而定。铸造箱体毛坯的主要方法有砂型铸造（多触点高压有箱造型）、金属型铸造、压力铸造等。单件小批生产多采用木模手工造型铸造，铸造的毛坯精度较低，加工余量较大。大批大量生产的箱体毛坯，广泛采用金属模机器造型铸造，可在自动生产线上进行，生产出的毛坯精度高，加工余量小。铝合金和镁合金箱体零件毛坯，则多采用压力铸造，铸件尺寸精度高，表面光洁，生产率高，加工余量小，铸件质量稳定。

　　铸造毛坯件的质量对箱体零件的后续机械加工有很大的影响。例如，铸件加工余量过大，会降低原材料的利用率，浪费机加工时，增加机床的负荷，影响机床和刀具的寿命；飞边过大还会导致刀具耐用度的降低。

　　箱体零件对毛坯有较高的要求，各生产厂家也都有关于铸造毛坯的质量和外观的标准。箱体毛坯要求非加工面不能有裂纹、缩孔、缩松及冷隔、夹渣、粘砂、外来夹杂物及其他降低缸体强度和影响产品外观的铸造缺陷，特别是缸孔与缸套配合面、主轴承螺孔内表面、顶面、主轴承装轴瓦等表面不允许有任何缺陷。我国大多数汽车制造工厂还要求在铸造车间对有些箱体零件（如发动机缸体）进行初次水套水压试验（1～3min），不得有渗漏现象。

　　由于箱体零件的结构复杂，壁厚也不均匀，在铸造时会产生较大的残余应力。为了消除残余应力，提高后续机械加工质量，改善切削性能，保证加工精度，毛坯在机械加工之前还要进行去除内应力热处理。热处理是箱体零件加工过程中的一个十分重要的工序，需要合理安排。箱体零件的热处理和毛坯的种类有关，一般有以下几种情况。

　　① 普通精度的箱体零件，一般在铸造之后安排一次人工时效处理。

　　② 对于一些高精度或形状特别复杂的箱体零件，在粗加工之后还要再安排一次人工时效处理，以消除粗加工中产生的残余应力。

　　③ 精度要求不高的箱体零件毛坯，有时不安排时效处理，而是利用粗、精加工工序间的停放和运输时间进行自然时效。

　　人工时效处理的工艺规范为：加热到 500～550℃，保温 4～6h，冷却速度小于或等于 30℃/h，出炉温度小于或等于 200℃。除了加热保温法以外，也可采用振动时效处理来达到消除残余应力的目的。

11.2.2 箱体零件机械加工的定位基准

箱体零件种类比较多，不同的箱体零件定位基准的选择也有所不同，但总体上都分为粗基准和精基准两个部分，这里仅以汽车发动机缸体为例进行介绍。

汽车发动机缸体（见图11-5）是箱体中结构比较复杂的一种，它的加工部位多，精度要求高，因此在选择基准时要特别注意。图11-6所示为缸体零件的主要加工表面示意图。

图11-5 发动机缸体

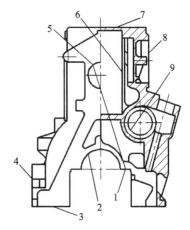

图11-6 缸体零件的主要加工表面
1—主轴承座对口面；2—主轴承座孔；3—底平面；
4—固定机油精滤器平面；5—出砂孔；6—气缸孔；
7—顶面；8—推杆室窗口面；9—凸轮轴孔

缸体粗基准的选择应尽量使各主要加工表面（如主轴承孔、凸轮轴孔、气缸孔、前后端面和顶、底面等）的加工余量均匀，并保证装入缸体的运动件（如曲轴、连杆等）与缸体不加工的内壁间有足够的间隙。发动机缸体通常选取两端的主轴承座孔和气缸内孔作为加工时的粗基准。如果毛坯的铸造精度较高，能保证缸体侧面对气缸孔轴线的尺寸精度，也可选用侧面上的几个工艺凸台作为粗基准，以便定位和夹紧。

缸体的铸造毛坯存在一定的铸造误差，表面粗糙不平，粗基准自身精度也不高，如直接用粗基准定位加工其他平面，容易产生振动而使工件的加工精度降低，也会因切削力和夹紧力较大，而使工件变形。因此，通常会在缸体毛坯上设置几个面积很小、相距较远的工艺凸台作为过渡基准，工艺凸台必须达到一定精度。图11-7所示为缸体毛坯上的过渡基准。

为保证各轴承座孔的加工余量均匀，并使装入箱体内的全部零件与不加工的箱体内壁有足够的间隙，加工箱体零件时，粗基准与精基准之间必须有一定的尺寸联系。精基准要尽可能满足基准重合以及基准统一原则，以减小定位误差和避免加工过程中各工序的误差累积，从而保证箱体的加工精度。

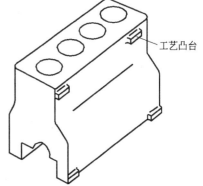

图11-7 缸体毛坯上的过渡基准

在选择精基准时，为保证加工精度和安装方便，一般多选用缸体的底平面及底平面上的两个工艺孔定位，即通常所说的"一面两孔"定位。这种方式不仅可以使工件装夹稳固，而且底平面还是缸体上许多表面及孔的设计基准，选用其作为加工基准从一定程度上保证了基准重合，从而使大多数工序使用这个基准定位，保证全线加工的基准统一，使全线的夹具结构基本一致，简化夹具的设计和制造。另外，在镗削主轴承孔和凸轮轴孔时，用底面定位便于在夹具上设置镗杆中间支承等导向装置，以加强镗杆的刚性，确保镗孔精度。但这种定位方式难以保证顶面至主轴承座孔轴线的距离公差，也不便于观察切削过程。

缸体加工有近百道工序，在加工中，定位和输送都使用底平面和两工艺孔，因此基准的磨损很严重。在工艺安排中，应在适当位置安排工艺孔的修整工序（铰孔）。也可以将工件固定在专用的随行夹具上，如图11-8所示，然后将气缸体和随行夹具一起装夹到各机床夹具上，以随行夹具底平面及底平面上的两个销孔进行定位，以减小定位面的磨损。

有些箱体零件也可以采用三个相互垂直的平面作定位基准，如图11-9所示，以避免在工序较多的情况下造成工艺孔损坏，进而影响加工精度。

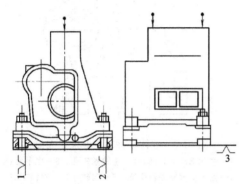

图11-8 气缸体装在随行夹具上的定位方法

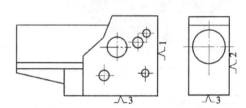

图11-9 用三个平面作精基准加工箱体零件示意图

11.2.3 箱体零件主要加工表面的机械加工工序安排

虽然箱体零件的种类比较多，但它们的主要加工表面都是平面和孔系，因此箱体零件的加工工艺安排遵循共同的原则。

① 先面后孔原则　对于箱体来说，零件的平面要作为加工时的定位基准，有些平面还是装配基准和设计基准，因此，先加工平面不仅可以得到精度较高的基准平面，方便其他表面的加工，还可以使设计和装配基准与定位基准重合，减少积累误差，提高加工精度。而且先进行平面加工，可以避免加工孔的时候因加工面不平而出现钻头的偏斜和崩刃。

② 粗、精加工分开原则　零件的粗加工阶段主要是去除各个加工表面的加工余量以及对精基准进行加工，比较看重生产率。精加工阶段是很关键的一步，这一阶段的加工决定着零件的尺寸精度、形状精度、位置精度及表面粗糙度是否能够满足设计要求。箱体零件上大多数的加工部位，经过这精加工阶段都可完成，有少部分加工部位（如缸体的主轴承座孔）因为对精度和表面粗糙度要求较高，还需要进行精细加工。加工阶段的划分，对箱体零件的加工质量有很大影响，不同的零件要选择适当的划分方案。

有些箱体零件毛坯精度高、刚性好，机械加工产生的变形很小，可以先对平面进行粗、精加工，然后再对孔系进行粗、精加工。这种划分方法可以减少工序的数目和装夹次数，具有生产率高、经济性好的优点，适用于成批大量生产或单件小批生产。对于那些刚性差、残余应力大、铸造精度较低的箱体毛坯，因为粗加工会产生较大的变形，粗加工孔时会影响精加工后平面的质量，降低零件的精度。这时一般先对平面进行粗加工，再对孔系进行粗加工，然后精加工平面，最后再精加工孔系。这种方法虽然不便于生产管理，加工余量大，生产率较低，但可以保证加工精度，及时剔除不合格的毛坯。

③ 工序集中原则　工序集中原则是指将箱体零件上有位置公差要求的表面（如平面与平面之间、孔与孔之间、孔与平面之间）加工工序适当集中，尽量将相关表面在一个工位或一台机床上加工出来，以保证各表面间的精度要求。成批大量生产中，箱体零件一般采用由多面、多轴组合机床或其他高生产率专用机床组成的流水生产线对零件的若干相关表面同时进行加工。例如，采用加工中心加工箱体零件时，工件可以在一次装夹中，利用更换刀具或主轴箱的方法，同时完成多个孔的镗、钻、扩、铰等工序的加工。

在箱体零件的加工工序安排中，还应该注意合理安排探伤、检验等工序，以便及时将有缺陷、不合格的工件剔除出去，阻止不合格工件进入后续加工环节，以提高加工效率。还要根据工件的结构、材料等安排热处理，改变工件的力学性能，及时消除残余应力，提高加工质量。

11.2.4　箱体零件机械加工的加工方案

目前大批量的箱体零件生产主要有三种模式，即专机刚性生产线模式、专机与加工中心组成的刚柔生产线模式以及加工中心柔性生产线模式。这三种模式代表了汽车加工工艺技术发展的三个不同时期，其中柔性生产线是最先进的生产工艺。由于我国工业发展的特殊性，现在这三种生产模式在我国汽车产业中都有应用。

专机刚性生产线（传统自动线）是早期的生产工艺，其由多台组合/专用机床组成，生产过程缺少柔性，生产适应性较差，每个工位所能完成的加工内容过于单一，工序分散严重。对于箱体零件这种工序繁多的零件，往往需要很多机床，组成的生产线过长，而且一条生产线所能生产的产品种类很少。在这种生产线中，任何一个工位出了故障，都有可能导致全线停产，生产效率很低，占地面积很大，产品更新换代困难。但由于专用机床相比于其他模式具有设备投资少、生产成本低、精度差异小的优势，适合特定零件的大批量生产，在我国大、中型柴油发动机生产企业中多有应用。

专机与加工中心组成的刚柔自动生产线是介于专机刚性生产线与柔性加工中心生产线之间的一种加工模式，这种加工模式兼具刚性生产线和柔性生产线的优点，具有一定的柔性，能够适合大批量生产和变型产品，生产投资适中，生产效率高，一度成为我国轿车箱体零件生产的主要加工模式。

加工中心柔性生产线由加工中心组成。在加工中心上，可以通过改变加工程序和更换机床夹具完成多种箱体零件的加工，具有很大的柔性。加工中心刀库中可以安装数十把乃至上百把不同的刀具，能完成箱体零件上的各种表面及孔系的加工，有时一台加工中心就相当于一条生产线，可共线进行多车型多品种汽车箱体零件的生产。这种生产模式工序相对集中，生产线所需工位少，不会因某一工位故障而停产，扩能扩产十分方便，而且加工中心的技术先进，切削速度高，生产效率和设备利用效率都很高，在产量较低时能成倍减少设备数量，能迅速适应产品设计变化和市场的需要，可分多期投入，投资风险小，因而在汽车生产企业中广受欢迎，被认为是一次汽车生产制造技术的革命。但加工中心单轴加工效率较差，攻螺纹的效率较低，生产投资大，追求高柔性的同时限制了效率，故更加适用于中、小批量箱体零件的生产。目前很多厂家都在对柔性生产线进行改进，已衍生出多种柔性生产模式。

表 11-2 所示为年产 10000 台发动机缸体的柔性生产线工艺设备明细。

为了适应产品的更新换代，自 2000 年后我国新建的发动机生产车间基本上都采用了柔性生产线或刚柔生产线。图 11-10 所示为我国某汽车发动机缸体生产厂家的柔性生产线主要工艺设备和生产工艺布图。

表 11-2　汽车发动机缸体柔性生产线工艺设备明细（年产 10000 台）

序号	项目	制造厂家	需求总量
1	立式加工中心	北京机电院	2
2	立式加工中心	大连机床厂	3
3	卧式加工中心	青海第一机床厂	2
4	缸体珩磨机	宁夏大河数控机床公司	1
5	清洗机	大连智云机床辅机公司	1
6	最终清洗机	大连智云机床辅机公司	1
7	试漏机	大连智云机床辅机公司	1
8	气动量仪	中原气动量仪	一套
9	气动夹具	自制	若干
10	刀、量具	株洲钻石刀具公司	若干
11	自动传输线	无锡华夏有限公司	一套

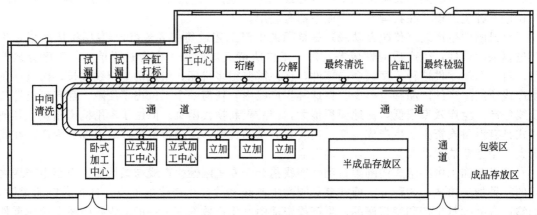

图 11-10　柔性生产线主要工艺设备和工艺布置

这三种生产模式从生产组织到工序内容存在本质的不同，其加工工艺的设计原则和加工工艺过程也都存在很大的差异。例如，专机刚性生产模式中，发动机缸体加工工艺的设计原则是大面的加工优先、易发现缺陷及深孔的加工工序靠前以及先面后孔、粗精分开，而加工中心柔性生产线则要求工序最大限度地集中，粗精一起同步进行，工序安排要求刀具调用次数最少、走刀路径最短。因此在选用生产模式时，需要企业根据自身的实际情况，合理选用加工方案，设计最佳的加工工艺路线。表 11-3 所示为我国某企业生产汽车发动机缸体的工艺过程。

表 11-3　我国某企业生产汽车发动机缸体的工艺路线

序号	工序内容	定位基准	设备类型	备注
1	加工底平面和2个定位销孔	毛坯基准	龙门铣床	定位基准精度要求高，可粗铣后再精铣
2	加工缸体各凸台面	底平面和2个定位销孔	加工中心	可采用高速加工中心加工
3	粗加工缸孔；加工启动机安装面和机油标尺孔	底平面和2个定位销孔	两工位四主轴镗床	

续表

序号	工序内容	定位基准	设备类型	备注
4	缸体半精加工	底平面和2个定位销孔	加工中心及多轴箱单机设备	此工序由10台加工中心和2台多轴箱单机完成,通过搬送托盘输送
5	清洗、干燥缸体	底平面和2个定位销孔	自动清洗机	
6	测试水道、油孔、曲轴箱是否泄漏	底平面和2个定位销孔	试漏机	采用差压检测仪,重复检测精度保证在10%以内
7	对小泄漏工件进行渗补	上下前后四面限位	含浸设备	确保一次含浸合格率在99.9%以上
8	曲轴瓦盖拧紧	底平面和2个定位销孔	瓦盖拧紧机	
9	曲轴孔精加工	底平面和2个定位销孔	专机自动线	需完成曲轴孔的粗镗、半精镗和精镗加工;自动测量、刻印各挡曲轴孔等级,并将测量结果反馈给刀具进行补偿
10	精加工缸体前、后端面以及顶面	曲轴孔及止推面	数控铣床	
11	安装工艺缸盖	底平面和2个定位销孔	自动拧紧机	
12	精加工缸孔	底平面和2个定位销孔	专机精加工自动线	完成缸孔的半精镗、精镗以及珩磨
13	工艺缸盖拆卸、清洗	底平面和2个定位销孔	自动拧紧机	
14	最终清洗	底平面和2个定位销孔	自动清洗机	

11.3 箱体平面的加工方法

平面是箱体零件加工中很重要的一部分,箱体零件上的平面尤其是作为基准的平面的加工质量直接关系到整个箱体零件的精度和质量。箱体零件平面的加工精度主要是指平面本身的平面度、表面粗糙度以及其他表面与该平面之间的尺寸精度和位置精度。箱体零件平面的加工方法主要有车、刨、铣、拉、磨等。

① 刨削 箱体平面的刨削加工,一般在龙门刨床上进行。这种加工方法适应性强,机床调整方便,刀具结构简单,便于制造和磨刃,生产成本比较低。但由于这种方法生产效率低下,已逐渐被其他加工方法所替代,目前仅单件小批生产中还有少量应用。

② 铣削 铣削加工是目前汽车上箱体零件平面加工中应用最为广泛的一种加工方法,适合于大批量的箱体零件的加工,具有生产效率高、加工质量好的优点。箱体平面的铣削加工多在立式圆形工作台铣床或组合铣床上用端铣刀进行。立式圆工作台铣床(见图11-11)有两根主轴,可分别安装粗、精加工用的端铣刀,圆工作台上有多个工位,可同时安装多个工件。在加工过程

图 11-11 立式圆工作台铣床

中,工作台连续转动,完成各工位上的工件加工。这种铣床可以边加工边装卸,有效地节省了辅助工时,工效很高。

组合铣床是由铣削动力头、滑台及床身等组合而成(见图 11-12),可安装多把刀具同时铣削多个平面,如图 11-13 所示。组合机床刚性好,铣削功率大,适应性很好。加工时装有工件的夹具安装在滑台上,通过滑台平稳进给,可靠性很高。用组合机床构建的自动生产线,便于组织专业化生产,可以按照产品的加工工艺和生产率的要求,进行各种形式的布置,具有设计、制造周期短、适应范围广、生产效率高、布局灵活的优点,已经成为汽车企业加工箱体零件的主要选择。

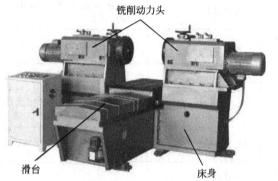

图 11-12 卧式双面铣床　　　　　　图 11-13 多刀铣削箱体示意图

平面铣削所用刀具多为密齿端铣刀。这些密齿端铣刀具有很高的耐用度和使用寿命。有些密齿端铣刀刃磨一次可以加工 5000 件工件,使用寿命可以达到 1000min。用密齿端铣刀配以大功率、高刚性动力头可使加工的表面粗糙度 Ra 达到 $1.6 \sim 0.8 \mu m$。表 11-4 列出了用密齿端铣刀加工 HT200 铸件缸体时的部分参数。图 11-14 所示为端铣平面加工示意图。

表 11-4　密齿端铣刀切削参数

项目	粗铣	精铣
切削速度/m·min^{-1}	80~120	80~120
进给量/mm·min^{-1}	600~1000	800~1500
切削深度/mm	3~6	0.3~0.45

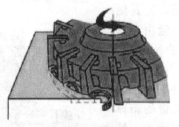 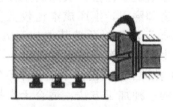

(a) 立式铣床端铣平面　　　(b) 卧式铣床端铣垂直平面

图 11-14 端铣箱体平面

③ 拉削　箱体零件的平面拉削始于 20 世纪 60 年代。这种加工方式生产效率高、加工

精度好,但由于拉削箱体零件的刀具结构复杂且价格昂贵,因此仅在大批量生产中有所应用。平面拉削主要用于加工箱体零件上的贯通性大平面(如发动机的底平面和顶平面、侧面等,如图 11-15 所示),也可以加工组合平面。拉削所用刀具一般采用高速钢或硬质合金制造,刀齿的耐用度很高。拉刀可在一次行程中去除工件的全部加工余量,一步完成平面的粗、精加工。拉削的加工速度可达到 25~30m/min,表面粗糙度 Ra 可达到 $1.6\mu m$,尺寸公差可达到 $\pm 0.2mm$,平面度可达 $0.1mm$。

拉削加工不适用于毛坯材料较软、结构刚性差的箱体零件,如铝合金或镁合金缸体等。这是因为在拉削时会产生较大的切削力和夹紧力,容易引起工件变形和损坏。图 11-16 示为几种常见的箱体平面拉削方式和拉刀,其中图 11-16(a) 为分层拉削,图 11-16(b)~(d) 为分块拉削。

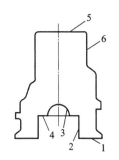

图 11-15　拉削汽缸体平面示意图
1~6—平面

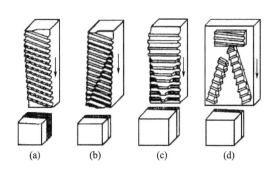

图 11-16　箱体平面的拉削方式及拉刀

④ 磨削　磨削加工主要用于对技术要求较高的箱体平面进行精加工。对于大多数汽车箱体零件来说,对平面的精度要求较低,一般经过拉削和铣削就可以满足要求,而且传统平面磨削工艺的效率较低,因此传统平面磨削在汽车箱体零件的平面加工应用较少。随着技术的发展,新型磨削工艺已经具有较高的生产效率,并逐渐在汽车箱体零件加工中得以应用,强力磨削便是其中应用比较多的一种。

强力磨削是指通过加大进给量或磨削深度,以提高金属去除率的磨削方法。这种方法可以直接从毛坯磨削出成品,一次完成平面的粗、精加工,达到部分代替铣削和刨削等工序的效果,大大节省了加工辅助时间,使加工效率提高了 4~5 倍,已基本赶上铣削的加工效率。而且这种方法不受工件材料硬度、韧性以及工件表面条件(如锈、硬点、断续表面等)的限制,具有很高的加工精度。

箱体零件的平面强力磨削主要使用主轴圆台平面磨床。这种磨床具有加工效率高、工具磨耗小、加工精度高、加工精度稳定的优点,一般用来加工精度要求较高的发动机缸体、缸盖等零件。图 11-17 所示为同时磨削多个箱体平面的加工示意图。

汽车上的箱体零件种类多,结构复杂,需要加工平面的形状、技术要求、表面特性等也各有不同。在生产中,要根据零件的结构形状、尺寸大小、材料、零件刚性、生产类型以及企业自身的生产条件来选择合适的加工方法。

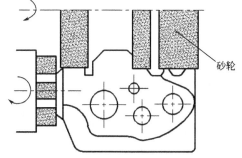

图 11-17　多平面磨削箱体零件示意图

表 11-5 所示为几种常用的箱体平面加工方法的比较。

表 11-5　各种常用箱体平面加工方法比较

序号	加工方案	公差等级	表面粗糙度 $Ra/\mu m$	适用范围
1	粗车	IT11~IT13	12.5~50	回转体零件的端面
2	粗车→半精车	IT8~IT10	3.2~6.3	
3	粗车→半精车→精车	IT7~IT8	0.8~1.6	
4	粗车→半精车→磨削	IT6~IT8	0.2~0.8	
5	粗铣(粗刨)	IT11~IT13	6.3~25	不淬硬平面(端铣表面粗糙度要求较低的平面)
6	粗铣(粗刨)→精铣(精刨)	IT8~IT10	1.6~6.3	
7	粗铣(粗刨)→精铣(精刨)→刮研	IT6~IT7	0.1~0.8	精度要求较高的不淬火钢、铸铁、有色金属等材料
8	粗铣(粗刨)→精铣(精刨)→宽刀细刨	IT6	0.2~0.8	
9	粗铣(粗刨)→精铣(精刨)→磨削	IT6	0.2~0.8	
10	粗铣(粗刨)→精铣(精刨)→粗磨→精磨	IT5~IT6	0.2~0.4	
11	粗铣→精铣→磨削→研磨	IT4~IT5	0.1~0.2	
12	拉削	IT6~IT9	0.4~3.2	用于大批量生产的除淬火钢以外的各种金属

11.4　箱体孔隙的加工方法

孔系是箱体零件上的另一种主要加工部位。箱体零件上的孔系不仅其自身的公差要求高，而且各个孔之间的位置公差要求也很高。可以说孔系是箱体零件加工过程中最为关键的工序。

箱体零件上的孔隙可以分为平行孔系、同轴孔系和交叉孔系，如图 11-18 所示。

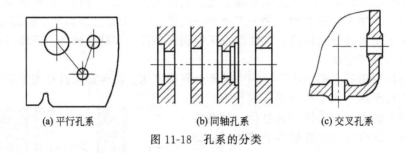

(a) 平行孔系　　　　(b) 同轴孔系　　　　(c) 交叉孔系

图 11-18　孔系的分类

平行孔系中的各孔轴线是相互平行的，它们可以在同一平面上，也可以在相互平行的阶梯平面上。这种孔的分布对各孔间孔距的精度以及孔轴线的平行度要求较高。

同轴孔系是指孔的中心在同一轴线上的一系列孔，分为等直径同轴孔系和变直径同轴孔系两种类型。同轴孔系的精度要求主要包括各孔轴线的同轴度以及轴线与基准平面的位置精度。

交叉孔系中的各孔轴线相互交叉成一定角度（多为 90°），这种孔系需要保证各孔轴线间的位置精度和空间距离，加工起来比较麻烦。

箱体零件上孔的加工方法主要有钻孔、扩孔、镗孔、磨孔、珩磨等。加工时要根据毛坯材料、零件的结构、孔径尺寸、孔的精度要求、生产类型等来安排具体的加工工艺路线。

汽车箱体零件上的孔，按其功能和精度的要求，可以分为主要孔和次要孔。次要孔（如螺纹底孔、油孔等）的精度要求较低，一般在普通立式钻床、摇臂钻床或多轴组合钻床上加工。主要孔（如减速器壳体上的轴承座孔、发动机缸体主轴承孔等）的精度要求较高，公差等级一般为IT7~IT9。平面型箱体零件上的主要孔可以在卧式镗床、组合镗床或加工中心上进行加工。

根据孔的不同分布方式，箱体零件上孔又有不同的加工方法。

11.4.1 平行孔系的加工

平行孔系的加工方法主要有找正法、坐标法和镗模法三种。

(1) 找正法

找正法是依靠工人直接在通用机床上对孔进行找正的加工方法，这种方法加工率较低。找正法可分为划线找正法、心轴量块找正法和样板找正法三种。

① 划线找正法是利用划线在箱体零件上找正孔的位置的加工方法。这种方法在加工时先加工出一个孔，然后用试切的方式找正其他孔，其加工精度较低。

② 心轴量块找正法先将测量心轴安装在镗床主轴上，并通过测量孔到定位基准的尺寸来加工出第一个孔［见图11-19(a)］，然后在第一个孔中插入心轴，使之与主轴上的心轴相互配合［见图11-19(b)］，依次加工出其他孔。这种方法可以有效保证孔与孔之间的位置精度。

③ 样板找正法是利用样板来找正孔的位置的方法。这种方法需要提前根据箱体零件上平行孔系孔的分布加工出对应的样板，并在镗孔时将样板固定在工件或工作台上，按样板孔找正主轴的位置进行加工，如图11-20所示。

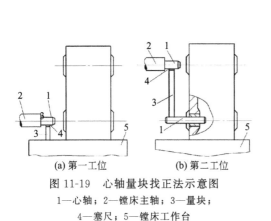

图11-19 心轴量块找正法示意图
1—心轴；2—镗床主轴；3—量块；
4—塞尺；5—镗床工作台

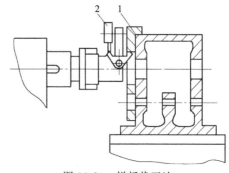

图11-20 样板找正法
1—样板；2—百分表

样板找正法的加工精度取决于样板上孔的位置精度。样板找正法只要样板精度有保证，孔的加工进度就可以得到保证。样板上孔的精度要高于工件要求的精度，孔径也要比需要加工的孔大。

样板找正法具有找正方便、成本低廉的优点，是小批量生产中用得最广的加工方法。有些大型箱体零件上的平行孔系通常也采用这一方法加工。

(2) 坐标法

坐标法加工平面孔系是先在机床上设定一个加工坐标系，并把零件上有相互位置关系的孔的位置换算成坐标系中的坐标值，通过坐标的精确调整来定位机床主轴，从而完成孔系的加工。采用坐标法加工的孔系，孔与孔之间的相互位置精度依靠机床的移动精度来保证，在机床的精度允许范围内，坐标法加工的位置精度非常高。

例如，镗孔时，若采用普通镗床并用游标刻度尺控制位移坐标，其定位精度为±0.1mm，若用光学控制装置，则其定位精度可达±0.02mm。若采用装有精密坐标测量系统的坐标镗床进行加工，其定位精度可达 0.004～0.015mm。

影响坐标法加工精度的因素除了机床本身精度外，还包括基准孔的选择和镗孔顺序等。选择基准孔时应尽量选择那些自身精度高、表面质量好的孔。孔距要求高的孔在加工顺序上应该紧紧相连，以免因误差累积影响孔距精度。在加工时应避免使工作台产生往复移动，以消除回程误差产生的影响。

目前，数控机床和加工中心都内置有坐标系统，在加工孔系时，可直接用其坐标来定位，因此也属于坐标法加工的范畴。

（3）镗模法

镗模法是在大批量生产中使用比较广泛的孔系加工方法。镗模法是在专用机床、组合机床或通用机床上，依靠镗模导向装置引导刀具来加工孔系的。该方法不仅加工质量稳定，孔系间的位置精度可靠，还可利用镗模同时完成孔的粗加工和精加工，加工效率很高。

镗模法加工的位置误差主要取决于镗模的精度，但其尺寸精度还要受到镗套和镗杆的配合精度的影响，难以保证。当孔对精度要求较高时，可采用刚性主轴金刚镗床加工。

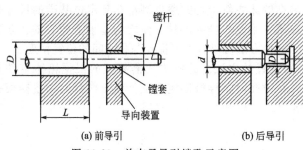

(a) 前导引　　　　　(b) 后导引

图 11-21　单支承导引镗孔示意图

镗模法可按导引方式分为单支承导引和双支承导引两种。

单支承导引镗孔如图 11-21 所示，此时镗杆和机床主轴为刚性连接，镗孔精度受主轴回转的影响较大。图 11-21(a) 所示为前导引镗孔，该方法用于加工孔径 $D>60$mm、$L/D<1$ 的通孔；图 11-21(b) 所示为后导引镗孔，该方法用于镗 $D<60$mm 的通孔或盲孔。

双支承导引镗孔如图 11-22 所示。加工时，将工件装夹在镗模内，镗杆通过活动连接头

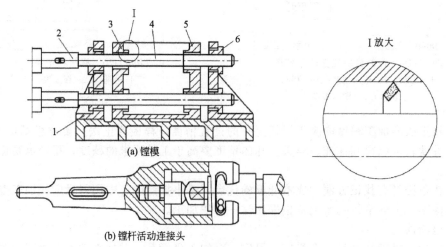

图 11-22　双支承导引镗孔示意图

1—镗模；2—活动连接头；3—镗刀；4—镗杆；5—工件；6—镗杆导套

与主轴连接,并由镗模导套支承,如图 11-22(a) 所示。这种加工方式镗杆的刚性较好,主轴回转对孔的精度影响较小。

在大批量生产中,箱体零件的平行孔系一般在专用镗床或组合机床上加工,这类机床具有多根刚性悬臂镗杆,可以不用导向直接镗孔,孔系的加工精度由机床保证。

11.4.2 同轴孔系的加工

箱体零件大批量生产时,同轴孔系的加工可采用镗模法,也可以用刚性主轴镗床从两边同时加工。小批量的箱体零件上的同轴孔系,若各孔之间相距不是太远,则可以先加工出一个孔,然后用这个孔作为支承导向,引导镗杆对同一轴线上的其他孔进行加工,如图 11-23 所示;若孔与孔之间的距离较大,则可以先从零件的一端进行镗孔,然后将工件调转,再从另一端镗入完成整个同轴孔系的加工。对于大型箱体零件可以利用镗床的后立柱上的导向套引导镗杆进行加工。

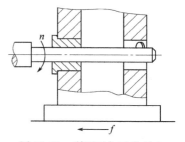

图 11-23 利用已加工孔导向

11.4.3 交叉孔系的加工

交叉孔系的主要技术要求是相关孔之间的垂直度。单件小批的箱体零件的生产在普通镗床上进行,垂直度靠工作台上的挡块装置保证,精度较低,也可以用找正法加工,但比较麻烦。

大批量箱体零件的生产中,交叉孔系的加工方法有单工位多工序法、自动线随行夹具法、组合机床加工法以及加工中心加工法。

① 单工位多工序法多用于流水线生产中,通过多道工序、多次装夹完成交叉孔系的加工。这种方法的加工精度由夹具和机床保证,要经过多次定位装夹,精度较低,生产效率不高。

② 自动线随行夹具法加工箱体上的交叉孔系,也是在多工序中完成的,但这种方法中箱体零件先装夹到随行夹具上,然后连同夹具一起完成全部孔系的加工,装夹次数少,加工精度较高,生产效率也有所提升,是小型箱体零件的批量生产中运用较广的一种方法。

③ 组合机床加工法是现在很多汽车生产厂家运用较多的方法。这种方法加工灵活性高,可同时加工多个交叉孔,生产效率高,具有很大的优越性。

④ 加工中心是近年来发展很快的一种交叉孔系加工方法。该加工方法具有很高的柔性,可以加工各种角度的交叉孔。在加工中心上加工箱体上的孔时,首先要把孔的位置尺寸转换成两个相垂直的坐标尺寸,然后编制数控程序,通过程序控制刀具与工件的相对位移,在所需的坐标位置定位,进行孔加工。加工中心的加工精度高,零件的尺寸精度和位置精度都可以很好地保证。而且采用加工中心加工箱体时,工件只需一次装夹就可以完成孔系中各孔的粗、半精、精加工以及平面铣削,钻、扩、铰孔,攻螺纹等工序,减少了多次装夹引起的误差,进一步提高了孔的位置精度。

箱体零件加工完一定工序后,要对主要技术要求进行全部检测,抽检次要技术要求。孔系的位置误差是检测的重点项目之一。在成批大量生产中,广泛采用专用检测夹具检测孔系的位置误差。检测装置的计量器具一般为百分表或千分表。

第12章 汽车车身制造工艺

车身是汽车整车的四个组成部分之一。汽车车身把发动机总成、底盘总成和电气设备连接在一起,共同构成一辆汽车。汽车车身是人们在使用汽车过程中接触最多的部分,也是目前汽车工业研究最为活跃的领域。

汽车车身在结构上可以分为:车身壳体(俗称白车身)、车门、车窗、车身内外装饰件、座椅、车身附件等。货车和专用汽车的汽车车身还包括车厢和其他装备。

车身壳体是其他车身部件的安装基础,由横纵梁、支柱等主要承力元件以及与其相连的钣金件组成。按照受力情况可将车身壳体分为非承载式和承载式两种,如图12-1所示。

(a) 非承载式车身

(b) 承载式车身

图 12-1　白车身的两种结构

图12-1(a)所示为非承载式车身,这种车身常见于货车、客车和越野车上,与车身配套的有刚性车架(又称底盘大梁架),负载主要由车架承担。在非承载式车身中,发动机、部分传动系统、车身等总成部件都是用悬架装置固定在车架上,车架则通过前后悬架装置与车轮连接。这种车身底盘强度高,抗振效果好,承载能力强,但不足的是车身笨重,重心高。

图12-1(b)所示为承载式车身,这种车身的整个结构是一体的,没有贯穿车身的刚性车架,但对车头、侧围、车尾、底板等部位进行了加强。采用这种车身的汽车发动机、前后悬架、传动系统等总成部件均装配在车身上的特定位置,车身除了其固有的乘载功能外,还要直接承受各种负载的作用。相比于非承载式车身,承载式车身不论在安全性还是稳定性方面都有很大的提高,它具有重量轻、高度低、噪声小、装配容易等优点,是目前各种轿车和客车采用比较多的一种车身结构。

在一辆汽车中,车身的制造成本占整车的一半左右,车身的制造工艺水平很大程度上决定了这款车的品质好坏。车身作为汽车的重要组成部分,除要安全舒适外,还要满足人们对外观的审美要求。一个好的车身,不仅安全舒适,更能带给人美的享受。汽车车身多由钢板冲压、装焊成形,经过涂装、内外装饰等工序后才成为我们看到的豪华精致的车身总成。因此,在汽车车身的制造工艺,大致可以分为冲压工艺、装焊工艺和涂装工艺。

12.1 汽车车身冲压材料

汽车车身的主体是由冲压件焊接而成,所用的冲压零件多达数百个。冲压零件的加工质量直接关系到车身的质量,而冲压用材料的性能是冲压工艺中一个非常重要的因素,它直接影响着冲压件的质量、寿命和成本。

12.1.1 汽车车身冲压材料的要求

车身冲压零件所用的材料,不仅要满足车身的使用要求,还应满足冲压工艺的工艺要求和后续加工(如切削加工、电镀、焊接等)的要求。

在使用要求上,车身冲压件主要有两类:一类零件的形状复杂但受力不大(如普通车身覆盖件),需要材料具有良好的冲压性能和表面质量;另一类零件的形状相对简单但受力较大(如汽车车身梁柱),这需要冲压板料既有良好的冲压性能又有一定的强度和刚性。

冲压工艺对材料的基本要求主要体现在材料的冲压成形性能、表面质量和厚度公差上。

(1) 冲压成形性能要求

材料的冲压成形性能是指材料对各种冲压成形方法的适应能力。冲压性能好的板料,变形程度大,冲压件质量好,加工方便,而且在冲压过程中模具的损耗小,废品率低。板料冲压性能主要由材料的力学性能和化学成分决定。

材料的力学性能主要包括材料的强度、刚度、塑性和各向异性。

① 强度对冲压性能的影响用屈强比 σ_a/σ_b(屈服点 σ_a 与抗拉强度 σ_b 的比值)来反映。通常屈强比越小,σ_a 与 σ_b 之间的差值就越大,材料允许的塑性变形区间也越大,冲压时就越不容易发生拉裂,材料的冲压成形性能越好。

② 刚度的影响主要是材料的屈弹比 σ_a/E(屈服点 σ_a 与弹性模量 E 的比值)和硬化指数 n。屈弹比越小,材料的抗失稳能力越强,冲压成型后回弹量越小,冲压件的质量也越好。n 值的大小,反映了材料塑性变形时的硬化程度。n 值大的材料,硬化程度也大。当材料被拉伸时,材料局部会产生硬化而使该处抗变形能力增强,阻止集中变形的进一步发展,使变形趋向均匀化,有利于提高材料的极限变形程度。但是材料硬化后,限制了毛坯的进一步变形,进一步冲压加工也就比较困难。生产中,一般在需要拉深加工的地方,希望材料 n 值较大,需要时可以通过退火消除硬化的影响。

③ 塑性的影响在于材料的均匀伸长率 δ_j。均匀伸长率表示板料产生稳定变形的能力。冲压成形大多都在板料的均匀变形范围内进行,故 δ_j 的大小对冲压性能有直接影响。δ_j 越大,则材料允许的塑性变形程度也越大,材料的冲压性能也就越好。

④ 材料的各向异性用板厚方向性系数 r 和平面方向性系数 Δr 表示。板厚方向系数 r 是指板料试样拉伸时,宽度方向与厚度方向的应变之比,即

$$r = \frac{\varepsilon_b}{\varepsilon_t} = \frac{\ln \dfrac{b}{b_0}}{\ln \dfrac{t}{t_0}}$$

式中,b_0、b、t_0、t 分别为变形前后试件的宽度与厚度,一般取伸长率为 20% 时试样测量的结果。r 值的大小反映了在相同受力条件下板料平面方向和厚度方向的变形性能差异,r 值越大,说明板平面方向上越容易变形,而厚度方向上越难变形。r 值大的材料适合拉深加工。板平面方向性系 $\Delta r = (r_0 + r_{90} - 2r_{45})/2$,式中 r_0、r_{90}、r_{45} 分别为板料的纵向(轧制方向)、横向及 45°方向上的板厚方向性系数。Δr 值越大,则方向性越明显,对冲压成形性能的影响也越大。生产中应尽量设法降低板料的 Δr 值。

⑤ 材料的化学成分与冲压性能也有密切关系。一般来说,钢中的碳、硅、磷、硫的含量增加,会使材料的塑性降低,脆性增加,导致冲压性能变差,其中含碳量对材料的塑性影响最大。含碳量不超过 0.05%~0.15% 的低碳钢板具有良好的塑性,车身覆盖件多采用这

种塑性较好的低碳优质钢板。

用于做汽车车身零件的冲压板料必须具有良好的冲压成形性能，不同的冲压工艺对材料性能各有偏向。冲裁加工对冲裁件的断面质量和尺寸精度要求比较高，其材料需具有良好的塑性和较低的硬度；弯曲加工一般只需将板材弯曲成需要的形状，希望材料易弯曲、不弯裂、回弹小，因此材料应该具有良好的塑性、较低的屈服强度和较高的弹性模量；拉深加工注重材料的拉深性能，要求材料组织均匀、晶粒大小适当、塑性好、屈强比σ_a/σ_b小、板平面向性系数Δr小、板厚方向系数r大、硬化指数n大。

(2) 表面质量要求

对于板料的表面质量，要求车身零件的冲压板料表面光洁，不能有气泡、缩孔、划伤、麻点、裂纹、结疤、分层等缺陷，不能翘曲不平，不能有锈迹和氧化皮。汽车钢板表面质量标准见表12-1。

表12-1　汽车用钢板表面质量标准

级别	代号	要求
较高级	FB(O3)	表面可以有少量不影响成形性能及涂、镀附着力的缺陷，如锌粒、压印、划伤、凹坑、黑点、氧化色等
高级	FC(O4)	一面无肉眼可见的明显缺陷，另一面至少应达到FB标准
超高级	FD(O5)	一面不得有任何缺陷，另一面至少达到FC标准

(3) 板厚公差要求

板厚公差的大小是钢板轧制精度的主要指标。冲压板料的厚度公差应符合国家标准，不能有太大的厚度波动。一定的冲压模具凸、凹模间隙适应于一定的毛坯厚度，厚度超差则影响产品质量。板料过薄则回弹难以控制，并易出现"压不实"现象；板料过厚会拉伤制件表面，缩短模具寿命，甚至损坏模具或设备。

12.1.2　常用汽车车身冲压材料

目前，汽车车身冲压材料主要是钢板，按其生产工艺可以大致分为冷轧钢板和热轧钢板两类。冷轧钢板中深冲IF钢系列、加磷高强钢、烘烤硬化钢（BH钢）、低合金高强钢、镀锌钢板应用最为广泛，被大量用于制造客车、轿车车身以及货车驾驶室的相关零部件。

IF钢（无间隙原子钢）是在超低碳钢中，加入足够量的元素钛（Ti）和铌（Nb），使钢中的碳、氮原子完全被固定成碳氮化合物而形成的，在IF钢中没有间隙固溶原子存在。含Nb的高强度IF钢可镀性和抗粉化性好，硬化指数n和厚向异性系数r高，具有优异的深冲性能。深冲IF钢系列，强度高、深冲性能好、无时效性，被广泛用于生产汽车中的复杂冲压件和外覆盖板，如轿车侧围板、轿车油底壳、门板、行李厢盖板等，是客用汽车冷轧钢板的主要钢种。在轿车上，由深冲IF钢制成的零件占到冷轧钢板总量的一半左右。深冲IF钢系列的品种有：一般IF钢板、电镀锌IF钢板、热镀锌IF钢板、镀铝IF钢板、不锈IF钢板、高强度IF钢板等。IF钢系列冷轧板的典型牌号有DC04、DC05、DC06等。

加磷高强钢是在低碳钢或IF钢中加入适量的P，固溶强化后形成的。这种钢成形性能好、强度高、耐蚀，而且焊接性能优异，一半用于加工中高档轿车的覆盖件、结构件等，占轿车用冷轧钢板总量的10%～40%，典型牌号有B170P、B210P、B250P、B220P2等。

烘烤硬化钢（BH钢）是在汽车轻量化的大趋势下发展起来的。BH钢板在冲压成形前屈服强度较低，冲压拉深成形后，再通过高温时效（气体烘烤，温度100～160℃）处理，使钢板的屈服强度得到提高。这种钢板在不降低材料的冲压成形性能的同时提高了材料的屈服强度，具有良好的成形性与抗凹陷性。BH钢板的应用可以在不降低车身强度和刚性的条件下，采用较薄的钢板，减轻车身的自重。主要用于中高档汽车外覆盖件和一些变形量较大的结构件，如轿车发动机盖、顶盖等，典型牌号有 BH340。

低合金高强钢是在低碳钢中添加少量的铌、钛等合金元素，使碳、氮元素以化合物形式析出而得到的。这种钢屈强比高、低温缺口韧性好，具有优良的焊接性能，而且其强度好，可以提高结构件的安全性，主要用于高强度焊接结构耐磨和要求承受冲击的部位，如车门铰链加强板、车门防撞梁等，典型牌号有 B340LA。

表 12-2 为国内一些常见车企所用的普通冷轧钢板。

表 12-2 国内一些常见车企所用的普通冷轧钢板

车企	钢种	钢的牌号
一汽大众 上海大众	深冲钢系列	DC04/DC06
	加磷高强钢系列	B170P/B210P
	BH 钢系列	BH340
	低合金高强钢系列	B340LA
上海通用	深冲钢系列	GMW2M-ST-SCR3
	加磷高强钢系列	GMW3032M-ST-S180P
	BH 钢系列	GMW3032M-ST-S-CR180B2
	低合金高强钢系列	GMW3032M-ST-CR340LA
广州本田 一汽本田	深冲钢系列	SPCO/SPCEN
	加磷高强钢系列	SPFC390
	BH 钢系列	SPFC340H
	低合金高强钢系列	JSC440R
北京现代 东风瑞达起亚	深冲钢系列	SPCE
	加磷高强钢系列	CHSP35R
	BH 钢系列	CHSP35EB
	低合金高强钢系列	CHSP45C
长安 奇瑞 江淮 吉利	深冲钢系列	DC04/DC06
	加磷高强钢系列	B170P/B210P
	BH 钢系列	BH340
	低合金高强钢系列	B340LA

钢铁材料极易腐蚀，汽车在使用过程中，常常要接触到含有各种酸或碱的空气、湿气、水、油等物质，汽车防腐是汽车车身不可避免的课题。为提高汽车车身的耐蚀性，镀锌钢板被大量使用。

汽车用镀锌钢板可分为电镀锌板和热镀锌板，见表 12-3。

表 12-3 汽车用镀锌钢板种类及特点

工艺	钢种	特点
电镀锌	普通电镀锌板	力学性能主要由基板决定，有良好的冲压性能和焊接性能，表面镀层细腻、致密、均匀、耐蚀性好，但锌层较薄，在一定程度上会影响其耐蚀性
	锌-铁合金钢板	
	锌-镍合金钢板	
镀锌	非合金化热镀锌	镀层较厚且均匀，耐蚀性能优良；冲压性能好，可用于超深冲；焊接性能较差；涂装性能优异
	合金化热镀锌	存在合金层；与非合金化热镀锌钢板相比，涂装性能和焊接性能有所改善，冲压性能有所降低

镀锌钢板的性能由基体、中间层及镀层的显微组织共同决定，其中基体的化学成分和晶粒尺寸等影响最大。宝钢生产的部分镀锌钢板所用基体及牌号见表12-4。

表12-4　宝钢生产的部分镀锌钢板基体及牌号

品种	基体	牌号	标准
电镀锌	低碳及超低碳钢	BLCE+Z、BLDE+Z、BUSDE+Z、BUFDE+Z、BSUFDE+Z	Q/BQB 430—2003
	加磷高强度钢	B170P1E+Z、B210P1E+Z、B250P1E+Z、B220P2E+Z	
	烘烤硬化高强度钢	B140H1E+Z、B180H1E+Z、B180H2E+Z	
	双相高强度钢	B340/590DPE+Z、B400/780DPE+Z	
	低合金高强度钢	B340LAE+Z、B410LAE+Z	
热镀锌	低碳钢和/或超低碳钢	DC51D+Z(ZF)、DC52D+Z(ZF)	Q/BQB 420—2003
	超低碳钢	DC53D+Z(ZF)、DC54D+Z(ZF)、DD54D+Z、DC56D+ZF	
	碳素钢或低合金钢	S220GD+Z(ZF)、S250GD+Z(ZF)、FS280GD+Z	
	加磷高强度钢	H220PD+Z(ZF)、H260PD+Z(ZF)	
	低合金高强度钢	H340LAD+ZF、H380LAD+Z	
	超低碳高强度钢	H180YD+Z(ZF)、H220YD+Z(ZF)	
	烘烤硬化高强度钢	H180BD+Z(ZF)、H220BD+Z(ZF)	

热轧钢板和冷轧钢板在成分上差异不大，但因制造工艺的不同，两者性能差异明显。与冷轧钢板相比，其轧制工艺简单，力学性能、表面状况、尺寸精度、平整度较差。热轧钢板主要用在货用汽车（尤其是轻型载货汽车）上，在客用汽车上面应用较少。

车用热轧钢板主要分为软钢板和构造用钢板两大类。热轧软钢板一般用于制造下车身零件与内护板，而热轧构造用钢板一般用来制造车身强度要求较高的零部件，如车架、车身横纵梁、底盘零件、桥壳以及货车的车厢板等。目前国内钢企在车用热轧钢板领域已经发展得比较好了，其中宝钢的部分产品性能已达到国际先进水平。表12-5所示为宝钢集团车用钢板热轧系列的牌号及用途。

表12-5　宝钢集团车用钢板热轧系列的牌号及用途

产品名称	宝钢企业标准		对应国际标准		用途
	标准号	牌号	标准号	牌号	
热轧低碳钢	Q/BQB302	SPHC SPHD SPHE	JISG3131	SPHC SPHD SPHE	用于制造冷成形加工的零件
		StW22 StW23 StW24	DIN1614 (EN10111)	STW22(DD11) STW23(DD12) STW24(DD13)	
焊接结构用钢	Q/BQB303	SM400A SM490A SM490YA SM490YB SM520B SM520C	JISG3106	SM400A SM490A SM490YA SM490YB SM520B SM520C	用于车辆要求焊接性能优良的结构件

续表

产品名称	宝钢企业标准		对应国际标准		用途
	标准号	牌号	标准号	牌号	
汽车结构用钢	Q/BQB310 BZJ311 BZJ312 BZJ313 BZJ314	QStE420TM QStE460TM QStE500TM	SEW092 EN10149-2	QStE420TM(S420MC) QStE460TM(S460MC) QStE500TM(S500MC)	冷变形用热轧粒钢,用于要求良好冷成形性能并有较高或高强度要求的汽车大梁等结构件
		SAPH310 SAPH370 SAPH400 SAPH440	JISG3113	SAPH310 SAPH370 SAPH400 SAPH440	用于要求成形性加工性能的汽车构架、车轮等汽车结构件

12.1.3 新型汽车车身冲压材料

进入 21 世纪以来,能源危机日趋严重,环保呼声日益高涨。随着汽车的普及,汽车的节能减排显得尤为重要。为了使汽车满足高效能、低能耗、低排放的要求,汽车轻量化成为行业主流。采用轻质新型材料,是很多厂家减轻汽车自重的重要途径。现在已经有很多轻质材料应用于汽车制造工业,这些材料可分为两大类:一类是低密度材料,以铝合金为代表;另一类是高强度材料,以各种高强度钢为代表。

铝合金在车身上的应用始于 20 世纪 90 年代,目前已广泛应用于各种车身零件和结构件,如行李厢盖、发动机罩、前翼子板、保险杠、车厢底板结构件、散热器框架等,有的车企还开发出全铝车身。

和钢材相比,铝合金材料具有密度低、耐蚀的优点,其弹性模量低,冲压成形性能优异,可以加工出各种形状的构件。汽车车身板的铝合金主要有 2000 系、5000 系和 6000 系合金。

2000 系合金是热处理可强化的铝合金,其强化相为 CuMgAl2 和 CuAl2,属于 Al2Cu2Mg 系。该系列合金板材通常具有较高的强度、很好的烘烤强化效应、焊接性能,但耐蚀性比其他系的铝合金板稍差,主要用作汽车覆盖件的内板。

5000 系合金是热处理不可强化的铝合金,这一系列的铝合金以 Mg 作为主要的合金元素固溶于铝基体中,产生固溶强化,具有良好的冲压成形性能,其强度高、表面热处理性好、耐蚀、焊接性能优异。通常用于汽车内壳板、空气清洁罩、挡泥板、承载地板等部位。

6000 系合金是热处理可强化的铝合金,主要合金元素为 Mg 和 Si。6000 系合金除了具有较高的强度、高成形性和高耐蚀性以外,还可以在涂漆后的烘烤工序中提高强度和抗凹性,因此被广泛用于汽车外板。6000 系合金车身用板材主要以 T4 态(固溶后自然时效)为主,屈强小,加工硬化指数 n 值高。目前奥迪 A8 的车身外覆盖件即为 6016 铝合金板冲制而成。

部分车身用铝合金板材成形性能见表 12-6。

表 12-6 部分车身用铝合金板材成形性能

合金	总伸长率/%	均匀伸长率/%	n 值	r 值	杯突值 m
2002-T4	26.0	20.0	0.25	0.63	9.6
2117-T4	25.0	20.0	0.25	0.59	9.6
2036-T4	24.0	20.0	0.23	0.75	9.1
5182-O	26.0	19.0	0.33	0.80	9.9
5182-SSF	24.0	19.0	0.31	0.67	9.7
6009-T4	25.0	20.0	0.23	0.70	9.7
6010-T4	24.0	19.0	0.22	0.70	9.1
深冲钢	42.2	20.2	0.23	1.39	11.9

有研究表明：若车身用钢的钢板的强度提高 40～50MPa，车身外板制件的板厚可至少减轻 10%，而车身内部制件的板厚可减小 20% 左右。因此大量使用高强度钢板也是达成汽车轻量化的有效途径。

高强度钢板是在普通碳素钢的基础上加入少量合金元素制成的。这种钢板的生产成本与普通碳素钢板相近，但由于合金元素的强化作用使其抗拉强度比普通钢板高得多。根据材料的强化机理可把高强度钢板分为普通高强度钢板和先进高强度钢板，前面提到的 IF 钢系列、加磷（P）高强钢、烘烤硬化钢（BH 钢）等都属于第一种。

先进高强度钢主要包括双相钢（DP）、相变诱发塑性钢（TRIP）、贝氏体钢（BP）、复相钢（CP）和马氏体钢（MP）。各种钢材的固有特性不同，其用途也不同。

双相钢（DP），又称为铁素体-马氏体复合组织钢。这种钢的均匀伸长率好、屈强比低，具有良好的成形性能，而且它的抗拉强度很高，抗撞击能力强。所以一般用于对强度、成形性要求高，容易遭到碰撞的地方，如保险杠、边梁、车身侧围、横纵梁、底盘加强件、油箱支架及车体的结构件、加强件和防撞件等；TRIP 钢钢质纯净，强度高、塑性好、综合性能优异，一般用于对强度要求高、有抗撞吸能要求、需要高度胀形的车身零部件；贝氏体钢（BP）的翻边性能好，适合冲压成汽车支承类部件；复相钢（CP）扩孔性能好，吸能能力强，特别适合用于车门防撞杆、保险杠等安全要求高的零件；马氏体钢（MP）的强度级别最高，可以用来取代管状零件，以降低成本，也可以用于制造对成形要求不高的防撞类零件。

表 12-7 为各主要类别的车用高强度钢的特性比较。

表 12-7 各主要类别的车用高强度钢的特性比较

特性	烘烤硬化钢（BH）	高强度无间隙固溶钢（HSSIF）	各向同性钢（IS）	低合金高强度钢（HSLA）	双相钢（DP）	相变诱发塑性钢（TRIP）
组织特性	F	F	F	F	F+M	F+M+γ
屈强比	低	低	低	高	较低	一般
烘烤硬化性	好	无	差	一般	较好	较好
吸能性	—	—	—	一般	好	较好
加工硬化	—	—	—	一般	起始高	高
屈服延伸	有	无	有	有	无	有
成形性能	好	好	好	一般	好	较好
抗疲劳性能	—	—	—	一般	好	较好
焊接性能	好	好	较好	好	好	较DP差
弯曲性能	好	好	好	较好	好	好
时效	有	无	有	有	无	有
回弹	小	一般	一般	较大	一般	大
各向同性	一般	一般	好			

注：F—铁素体，γ—奥氏体，M—马氏体。

12.2 汽车车身覆盖件冲压工艺

12.2.1 汽车车身覆盖件的特点及分类

汽车车身覆盖件是构成汽车车身及货车驾驶室的主要部分之一，起到覆盖汽车底盘、装饰外观并承受部分车身载荷的作用。车身覆盖件包括外覆盖件和内覆盖件两部分，前者主要在汽车外表面，可以被人们直接看到，如车门外板、后围外盖板、侧围外板、顶盖、翼子板、发动机罩等；后者分布在车身内部，如车门内板、前围内盖板、后围内盖板、侧围内板、地板、仪表板等。图 12-2 所示为轿车车身主要零部件拆解示意图。

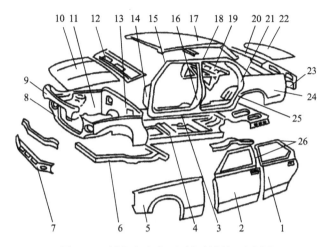

图 12-2　轿车车身主要零部件拆解示意图

1—后门；2—前门；3—门槛；4—地板总成；5—前翼子板；6—前框架；7—前裙板；8—水箱固定架；9—发动机罩前支承板；10—发动机罩；11—前挡泥板；12—前围板上盖板；13—前围板；14—前围侧板；15—前立柱（"A"柱）；16—中立柱（"B"柱）；17—顶板；18—上边梁；19—后窗台板；20—后围上板；21—后立柱（"C"柱）；22—行李厢盖；23—后围板；24—后翼子板；25—车轮挡泥；26—门框板

车覆盖件通常由冷轧薄钢板直接冲压而成。与一般冲压件相比较，汽车车身覆盖件具有形状复杂、尺寸大、表面质量高、制件厚度薄的特点。由于车身覆盖件的结构多为空间曲面且形状不规则，加工起来十分困难，难以在一道工序中直接得到，必须经过多道冲压工序才能完成。这些工序主要包括下料、拉深、修边、翻边、冲孔等，其中拉深工序最为关键。

根据冲压件的形状复杂程度和拉深深度可以将其分为三类，即浅拉深件、一般拉深件和复杂拉深件，如表 12-8 所示。

表 12-8　车身覆盖件的分类

类别	拉伸深度/mm	典型零件	零件简图
浅拉深件	小于 30	车门外板	
一般拉深件	小于 100，大于 90	前翼子板	
复杂拉深件	100 以上	车身侧围	

12.2.2 常用的冲压工序

汽车车身覆盖件的加工需要经过多种冲压工序。按照板料的加工情况可以将这些工序分为分离工序和成形工序两大类。分离工序在冲压过程中需要将零件沿一定的轮廓线从板料上分离出来，并保证其断面的质量要求；而成形工序则不需要分离板料与工件，仅需板料按零件要求产生一定的塑性变形即可。常用的分离工序见表12-9。成形工序见表12-10。

表12-9 常用分离工序

工序名称	图例	工序内容
落料	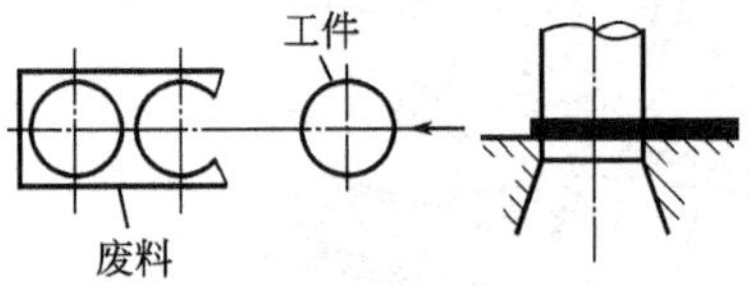	用落料模沿封闭轮廓线冲切，冲下部分为零件
冲孔	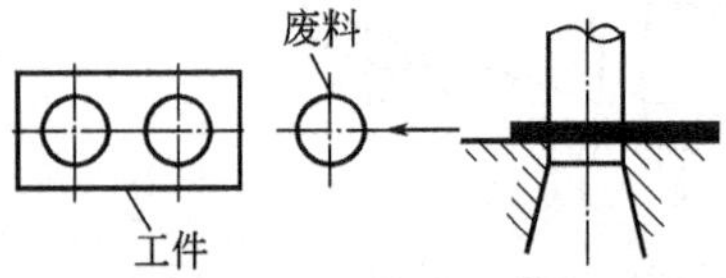	用冲孔模沿封闭轮廓线冲切，冲下部分为废料
剪切	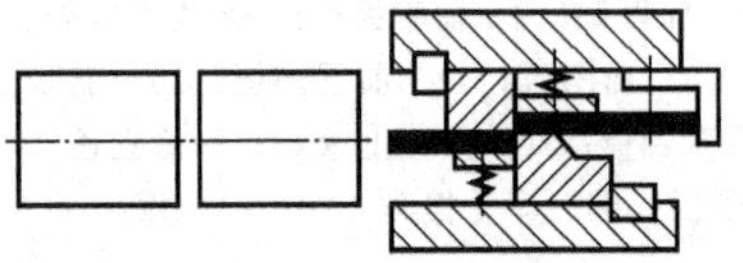	用刀具或模具剪裁板料，剪切线不封闭
切口	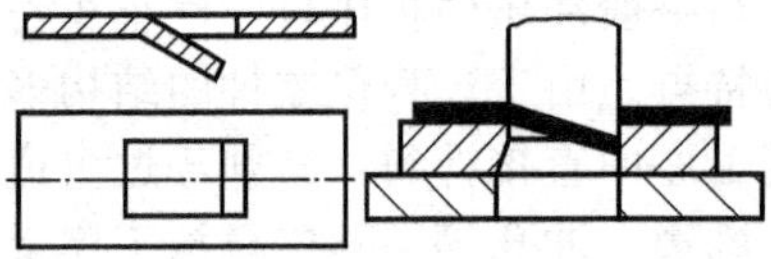	在板坯上将材料部分切开，并将切口部分材料弯曲
修边	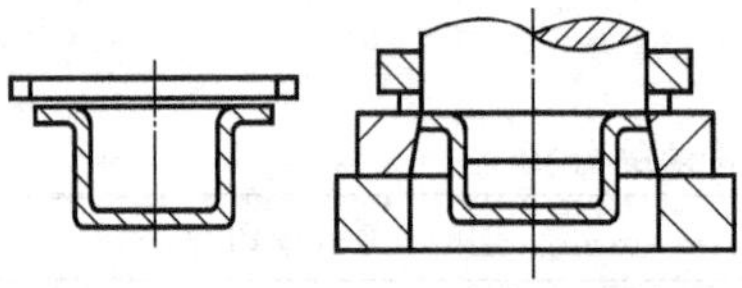	将拉深后的半成品轮廓边缘的多余材料去除
剖切	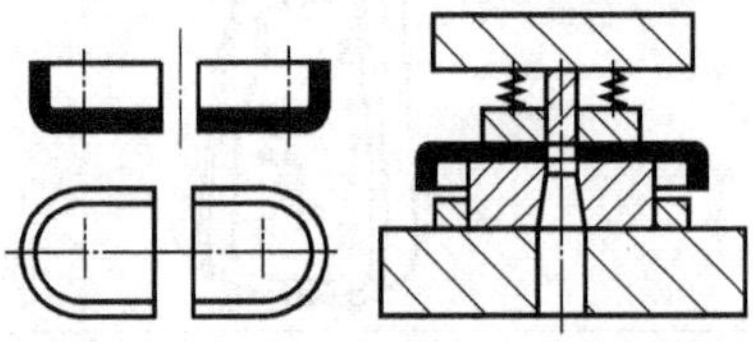	将拉深或成形后的半成品切开，多用于双冲压

表12-10 常见成形工序

工序名称	图例	工序内容
弯曲	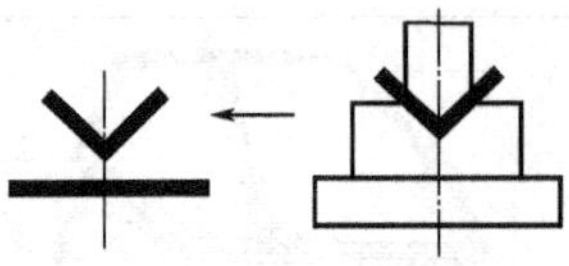	把板料沿直线弯曲成所需形状

续表

工序名称	图例	工序内容
拉深	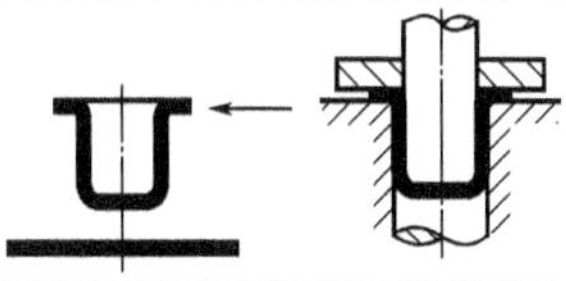	将板料压制成空心零件,壁厚基本不变
内孔翻边	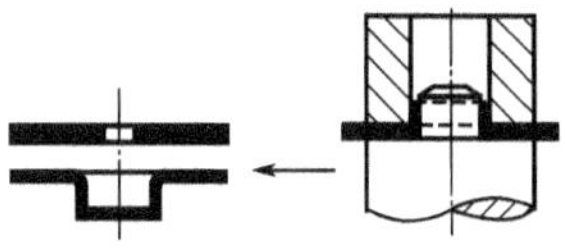	将毛坯件内孔边缘翻起成竖立状
外缘翻边	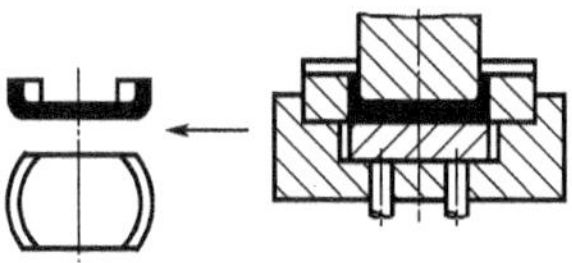	将毛坯件外缘翻起成竖立状
胀形	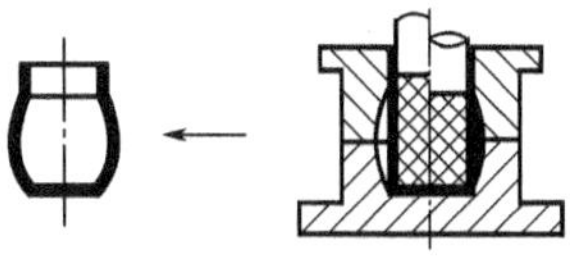	将空心件沿径向扩张成凸肚状
整形	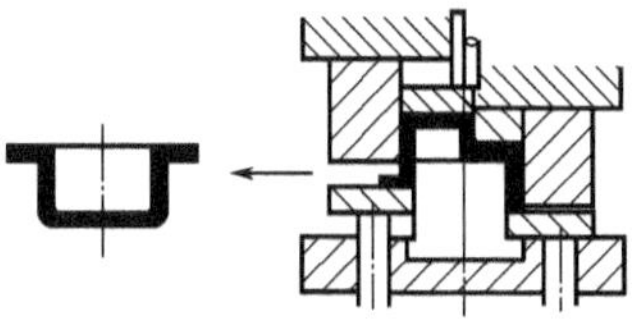	将形状不规则的制件校正成规则制件

在车身覆盖件的冲压加工中,为了避免回弹、起皱、拉裂、表面缺陷和平直度低等质量问题,提高冲压成形质量,一般采用多种基本工序交叉混合加工,有时也可以将一些工序合并,如拉延切角、修边冲孔、修边翻边、翻边冲孔等。表 12-11 所示为部分车身覆盖件的常用工序。

表 12-11 部分车身覆盖件的常用工序

序号	零件	常用工序
1	顶盖	拉延+切边冲孔+整形翻边修边+翻边整形
2	翼子板	拉延+切边侧切边+修边翻边整形+侧翻边侧整形+侧整形侧冲孔
3	侧围外板	拉延+切边冲孔+切边侧切边+整形翻边+侧整形侧冲孔侧翻边
4	后侧围内板	拉延+切边冲孔+切边冲孔侧冲孔+冲孔侧冲孔侧修边+翻边整形
5	前车门外板	拉延+切边冲孔+翻边整形+侧整形
6	前车门内板	拉延+切边冲孔+切边冲孔侧冲孔+翻边整形
7	行李厢内板	拉延+切边冲孔+修边冲孔侧冲孔+整形翻孔
8	行李厢外板	拉延+切边冲孔+切边冲孔侧冲孔+翻边翻边+侧冲孔侧翻边
9	后车门外板	拉延+切边冲孔+翻边整形+侧整形
10	后车门内板	拉延+切边冲孔+切边冲孔侧冲孔+翻边整形

在生产中要根据覆盖件的机构特点以及质量要求,合理安排加工工序。冲压工序顺序安排时应该注意以下几点。

① 冲孔时，若孔所处的位置要受到其他冲压工序的影响，一般放在相关工序完成之后进行；若不受其他工序影响，则应该在平板毛坯上先行冲出，避免在成形后进行冲孔加工。

② 若孔与孔、孔与边缘之间间距很小，在模具强度足够时最好同时冲出；若不能同时冲出，为减小畸变的影响，应先冲大孔和一般精度孔，后冲小孔和高精度孔。

③ 需要多角弯曲加工的零件，要根据弯曲时材料的变形和移动两方面来安排弯曲的先后，通常是先弯外部弯角后弯内部弯角。

④ 对于拉深工序，一般应先内后外进行形体加工，以便于材料的变形和流动，降低畸变对已加工形体的影响。

⑤ 整形、校平工序一般在零件基本成形后进行。

12.2.3 车身覆盖件的冲压工艺

车身覆盖件的种类繁多，各类车身零件的形状特征和加工重点各不相同，其所采用的冲压工艺也有所差别，但是大多数汽车车身零件在冲压加工时，都要经过冲压前的准备、冲裁、弯曲和拉深这几个阶段，部分覆盖件还需要进行一些其他工序的补充加工。

(1) 冲压前的准备

车身覆盖件种类繁多，进行加工时要根据零件的特点设计合理的加工过程，并做好相应的加工准备。

在加工前首先要仔细阅读相关的零件资料，以明确产品的具体要求、现有的条件等，为设计合理而可行的冲压工艺做好必要的准备。这些资料包括：零件的三维图、公差要求、类似零件的成形性、作业性资料及曾出现的各种质量问题和解决方案、零件所用板材的性能参数、所用模具的设计标准和规格、加工设备参数等。

其次，要对待加工零件的零件图和拉深三维图进行分析，了解该零件所应具有的功能、强度、表面质量等技术要求以及相关零件之间应具有的精度，明确零件的结构特征，结合其功能、使用要求、装配形式等确定冲压工序和加工应注意事项。

最后，进行毛坯准备。这一阶段的工作包括板料的除锈、排样和剪切下料等。除锈工序是为了提高板料的表面质量，一般仅用于表面有除锈要求的情况，除锈方法主要有物理除锈和化学除锈两种。排样是为下料做准备，在排样时要在保证零件能顺利加工出来并满足质量要求的情况下，尽量减少废料，提高材料的利用效率，并且能使下料剪切可以连续进行。剪切下料就是按排样图将钢板剪切成各种形式的冲压件毛坯，为冲压加工做好坯料准备。

(2) 冲裁

冲裁是利用冲裁模具使板料分离的一种冲压工序。它包括前面提到的切断、落料、冲孔、切口、剖切、修边等工序。

冲裁加工时，随着凸模的下压，板料会先发生弹性变形，并在凸模和凹模的接触处形成圆角；随着凸模的继续下压，板料明显凹入凹模，其内部的应力达到屈服极限开始发生塑性变形，这时凹模刃口的材料受剪切、拉伸和弯曲作用开始出现裂纹；接着凸模继续向下，裂纹开始增多并长大，当凸模裂纹和凹模裂纹汇合后板料发生断裂分离。冲裁中板料的变形过程如图12-3所示。

冲裁加工的工件，其断面会出现与材料变形阶段相对应的特征带，即圆角带、光亮带和断裂带，如图12-4所示。圆角带对应于弹性变形阶段，在这一阶段，冲模刃口处的材料在拉应力的作用下产生变形，使边缘材料流动而出现圆角。光亮带对应于塑性变形阶段，在这一阶段，板料逐渐被压入凹模，刃口开始切入板料，断面在凹模和凸模的挤压作用下变得光亮。断裂带形成于断裂阶段，因板料裂纹增大并断裂而形成。

冲裁件断面上的各个特征带的比例并不是固定的，它受材料材质以及凹、凸模间的间隙

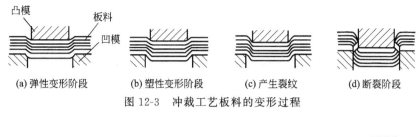

图 12-3　冲裁工艺板料的变形过程

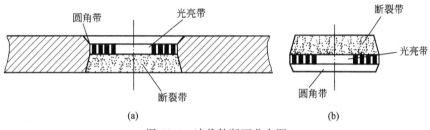

图 12-4　冲裁件断面分布图

影响较大。

一般来说，材质较软的材料冲裁出的工件，断面光亮带所占比例较大、材质硬脆的材料冲裁出的断面，断裂带所占比例较大。为提高冲裁质量，一般希望冲裁件选用塑性较好的板料。对于硬脆性材料和厚板，可以进行加热来改善材料性质。

当凹凸模之间的间隙适中时，冲裁出的制件断面比较平直，光洁性好、毛刺少，各特征带的比例也适中；间隙较大的时候，制件回弹较严重，冲裁质量差，制件尺寸偏小，断裂带比例偏大；间隙较小时，制件断面受挤压作用严重，制件回弹会造成尺寸偏大，光亮带的比例偏大。凹、凸模的间隙可以通过查阅相关手册来确定。

(3) 弯曲

弯曲工序是冲压加工的一种基本加工工序，它的主要作用是将毛坯弯曲成一定曲率或者一定角度。车身覆盖件中很多零件都要经过弯曲工序的处理。

根据零件的批量和特征要求，弯曲工艺可以采用多种弯曲方法，比较典型的一种弯曲方式是利用 V 形模对工件进行校正弯曲。图 12-5 所示为校正弯曲加工示意图，其中图 12-5(a) 所示为自由弯曲阶段，图 12-5(b) 表示凸模下压，板料逐渐变形，直到板料与凹模形成三点接触 [见图 12-5(c)]，弯曲完成。图 12-5(d) 所示为校正制件形状，使板料完全贴合凹模，获得所需要的形状。

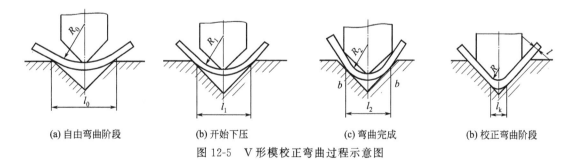

图 12-5　V 形模校正弯曲过程示意图

在进行弯曲加工时，板料的弯曲变形主要发生在弯角部位，远离弯角处的板料基本上不发生变形。在弯角处板料的变形为不均匀变形，如图 12-6 所示。从图中可以看到，靠近凹

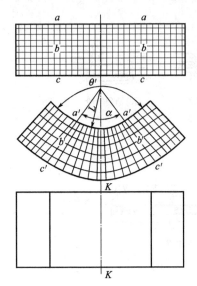

图 12-6　弯曲加工板料的变形情况

模一侧的金属纤维（a-a）受到拉应力而伸长，而靠近凸模一侧的金属纤维（c-c）则受压缩短。在伸长区和缩短区之间有一层金属纤维（b-b）变形前后的长度不变，称为中性层。

在弯曲加工中最常见的问题是弯裂和回弹。弯裂是因为材料在变形过程中，伸长区的金属纤维变形超过了材料允许的拉伸量而断裂所导致的。避免弯裂的方法主要有两种：一是选用塑性好、表面质量高（无裂纹、划痕、毛刺等缺陷）的板材进行加工；二是在设计零件时，尽量使零件的弯曲半径 r 大于所用板料的最小弯曲半径 $r_{\min}$，若零件的弯曲半径 $r < r_{\min}$ 时，应采用两次弯曲来达到设计要求。

回弹是指在外载卸除后，已变形的板料因弹性变形消失而出现的一种变形量减小，弯曲精度降低的现象，如图 12-7 所示。由于零件在弯制过程中总是存在着弹性变形和塑性变形，因此弯曲回弹现象无法避免。为保证零件的精度，通常采用工艺补偿的方式来减小回弹误差。

（4）拉深

汽车覆盖件的复杂结构都是通过拉深来实现的，因此它在汽车覆盖件的冲压工艺中有着重要作用。

在拉深工序中，材料成形的实质是通过拉深模的作用，使毛坯径向受拉、切向受压，造成毛坯凸缘部分的材料不断向凹模内塑性流动，从而获得所需要的零件。因此拉深用的模具没有锋利的刃口，圆角半径较大且凹、凸模的间隙比板料的厚度要大。以圆筒形零件为例，图 12-8 所示为圆筒形零件拉深成形的加工过程，其中图 12-8(a) 表示将平板毛坯置于工作台上；图 12-8(b) 表示为凸模下压，坯料上直径为 d 的材料被压入凹模；图 12-8(c) 表示凸模继续下行，坯料的凸缘被逐渐拉入凹模腔内，形成零件的筒壁；图 12-8(d) 所示为拉伸前后材料的流动及变形情况。

相比于其他零件，车身覆盖件的拉深加工有着鲜明的特点。

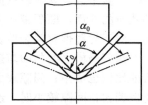

图 12-7　弯曲件回弹示意图

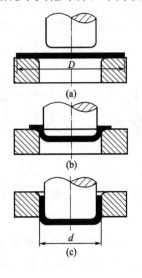

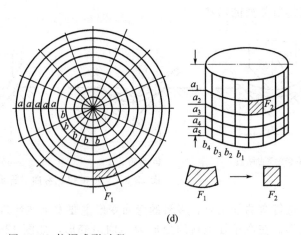

图 12-8　拉深成形过程

① 车身覆盖件的形状结构一般比较复杂，拉深深度不一，而且压料面积较小，在拉深加工时，容易出现起皱和拉裂问题，需要加拉深筋（拉深肋）来改善拉深条件。

② 大多数车身覆盖件都不能仅靠单纯的拉深制得，需要多种工艺（如拉深、胀形、弯曲等）的复合加工才能完成。

③ 车身覆盖件应尽可能一次拉深出零件上所有的空间曲面以及曲面上的棱线、筋条和凸台，否则很难保证曲面形状的一致性及表面曲线的光顺性。

④ 在车身覆盖件的拉深过程中需要在板料上涂抹特制的润滑剂，以减少拉深过程中板料与凹模、压料圈的摩擦，避免表面出现破裂和拉毛的现象。

在拉深工艺中，合理的拉深方向是保证加工顺利进行的前提条件。选择合理的拉深方向是拉深工艺的重要步骤。一般来说，选择拉深方向需要遵循以下原则。

① 保证凸模可以顺利压入凹模。复杂覆盖件的拉伸模具形状也很复杂，有时还需要采用正、反拉深复合模具，因此在选择拉深方向时必须要考虑模具是否可以顺利进入，如图 12-9(a) 所示即为拉深方向不合理，冲压凸模无法顺利进入的情形，图 12-9(b) 所示的冲压方向则比较合理。需要正、反拉深时必须保证正、反拉深都可以顺利进行。图 12-10 所示为正、反拉深示意图。

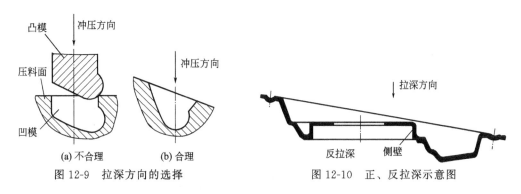

图 12-9 拉深方向的选择　　　　图 12-10 正、反拉深示意图

② 保证拉深开始时凸模与毛坯之间有较好的接触状态。良好的接触状态首先应该使凸模与毛坯的接触面大且毛坯中心与模具中心重合。拉深加工时若凸模与毛坯的基础面积过小，易因应力集中而破裂；而如果模具中心和毛坯中心不重合，在拉深时容易发生窜动而影响零件的表面质量。其次，凸模与毛坯应有较多的分散接触点，并且在拉深时这些接触点可以同时接触，否则将会因窜动影响拉深质量。若无法得到较好的接触状态，可以通过工艺补充来改善。

③ 保证压料面各部位进料阻力均匀。压料面即位于凹模圆角半径以外的那部分坯料，在拉深成形过程中，将逐步被拉入凹模腔形成零件壁。若压料面上出现进料阻力不均，在拉深时毛坯容易因受力不平衡而产生窜动，影响零件的加工质量，严重的可能会出现破裂和皱纹。保证进料阻力均匀的主要方法是保证拉深深度的均匀。

拉深加工时，若工艺上存在不合理之处很容易出现缺陷而影响零件的质量，表 12-12 所示为常见的拉深缺陷及解决办法。

表 12-12 常见的拉深缺陷及解决办法

缺陷	可能原因	解决办法
拉深高度不够	毛坯尺寸太小	放大毛坯尺寸
	拉深间隙过大	修整凸、凹模，使间隙合理
	凸模圆角半径太小	加大凸模圆角半径

续表

缺陷	可能原因	解决办法
拉深件壁厚和高度不均	凸模与凹模不同心	重装模具,使间隙均匀一致
	定位或挡料位置不正	重新调整定位板、挡料销位置
	凸模不垂直	修整凸模后重装
	压料力不均	调整托杆长度或弹簧位置
	凹模的几何形状不正	重新修整凹模
拉深件起皱	压边力太小或不均	增加压边力或调整压边力的均匀度
	拉深间隙太大	减小拉深间隙
	凹模圆角半径太大	减小凹模圆角半径
	板料太薄或塑性过大	更换材料
拉深件破裂或有裂纹	压料力太大	调整压料力
	毛坯尺寸太大或形状不当	调整毛坯形状和尺寸
	拉深间隙太小	加大拉深间隙
	凹、凸模圆角半径太小	加大模具圆角半径
	凹、凸模圆角不光洁	修光模具圆角
	冲压工艺不当	增加工序或调换工序
	凸、凹模不同心、不垂直	重装凸、凹模
	板料质量不好	更换材料或增加退火工序,改善润滑条件
拉深件表面拉毛	拉深间隙太小或不均	修整拉深间隙
	凹模圆角不光洁	修光凹模圆角
	模具或板料不清洁	清理模具及板料
	凹模硬度太低,板料有黏附现象	提高凹模硬度或粗糙度,进行镀铬及氮化处理
	润滑油质量太差	更换润滑油

(5) 工艺补充

工艺补充是一种弥补汽车覆盖件在冲压成形过程中存在的工艺缺陷的手段,它通过增补毛坯材料的方式,促使毛坯的各处材料变形均匀、一致,来达到改善毛坯成形性能的目的。工艺补充对拉深以及后面的修边、整形、翻边等工序都有着重要的意义。

汽车覆盖件冲压工艺中常见的工艺补充主要包括以下几种。

① 压料面 压料面是指处于压边圈下面的毛坯凸缘部分,压料面形状是保证拉深过程中材料不破裂和顺利成形的首要条件。

压料面也是工艺补充的一部分。工件的压料面分为两种:压料面是覆盖件本体的一部分,这类压料面形状覆盖件的形状确定;压料面是完全由工艺补充部分组成,这一类压料面在后续工序中需要切除。在设计压料面的形状时,应保证冲压过程中压料面不产生褶皱,同时还能使拉深正常进行而不出现破裂和皱纹。

② 工艺冲孔或切口 工艺冲孔或切口是一种防止覆盖件因反拉深或局部胀形而出现破裂的工艺补充方式。当毛坯无法从变形区外获得足够的补充材料时,可以在拉深过程中加工出工艺冲孔或切口,通过改变变形区内材料的应力分布,使变形区内的材料产生一定的塑性变形,补充到易破损区。工艺切口一般不用使材料与工件分离,切口废料在修边工序中切除。加工工艺冲孔或切口的时间、数量、位置、大小和形状,要根据制件的结构、尺寸及反

拉深的深度、形状等决定。图 12-11 所示为车门内板窗口处反拉深的工艺切口。

③ 拉深筋和拉深槛　车身覆盖件的复杂形状使得毛坯在拉深时各个部分的变形差异很大，导致覆盖件易因各部分材料的流入阻力不均而出现褶皱或破损。拉深筋和拉深槛就是为了控制材料各方向流入凹模的阻力，防止拉深时材料流动不均的一种工艺补充。拉深筋和拉深槛都可以增大材料的流入阻力。拉深筋的剖面形状为半圆弧状，一般安装在压料圈上；而拉深槛的剖面形状为梯形，多安装于凹模入口处。图 12-12 所示为拉深筋和拉深槛示意图。

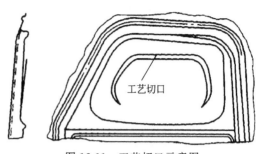

图 12-11　工艺切口示意图

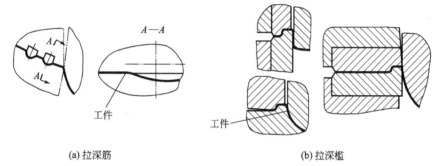

(a) 拉深筋　　　　　　　(b) 拉深槛

图 12-12　拉深筋和拉深槛示意图

在覆盖件成形后，一部分工艺补充的材料会转化成零件材料，而残留的工艺补充材料要被切除。过多的工艺补充将增加材料的消耗，造成材料浪费，所以在满足拉深条件的情况下，应尽量减少工艺补充。

12.3　汽车车身装焊工艺

冲压工序加工出来的车身零件是分散的，要想得到一个完整的车身，就必须把这些形状各异的零件接合到一起。而以车身覆盖件为主的车身零件大多都是用焊接性能良好的钢材冲压而成，所以最常用的接合方法就是焊接。利用焊接技术将冲压好的车身零件接合到一起的方法与过程就是车身装焊工艺。

12.3.1　车身装焊的过程

汽车车身所用零件多达数百个之多，为便于生产，通常将车身按照总成、分总成、组合件、零件一步一步细分下去。而装焊的过程，则是将这一划分过程逆过来，从零件、组合件到分总成，最后到总成，一步一步将这些形状各异的零件装焊成完整的车身。车身的这种分块装焊法将复杂的车身总成化为若干相对简单的分总成和组合件，不仅可以改善车身结构的焊接工艺，提高车身的装配质量，而且还有效简化和优化了车身的制造工艺，大大提高了生产效率。但是过多的分块将增加焊接的任务量，加大装焊所用的模具和夹具数量，降低装焊精度，因此工艺分块的数量不能太多。

以轿车白车身为例，白车身主要由底板、前围、后围、左右侧围、顶盖、车门等分总成装焊而成，各分总成又由若干组合件或零件构成，如图 12-2 所示。

轿车白车身的装焊过程如图 12-13 所示。在进行白车身装焊时，首先要将底板分总成装焊完成，然后以底板分总成为基准进行焊接。对于有骨架车身来说，一般是先装焊前、后围和左、右侧围及顶盖等骨架分总成，然后将这些分总成焊合成车身骨架总成，最后再骨架上蒙皮即可。

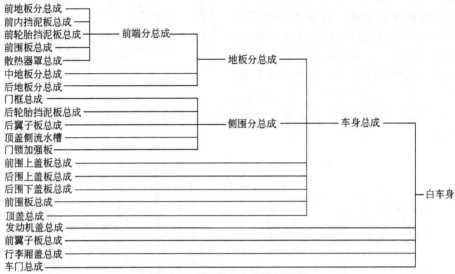

图 12-13　轿车白车身装焊程序

12.3.2　汽车车身常用焊接方法

焊接是一种以加热方式接合材料的制造工艺，其原理是通过快速加热的方法，使待接合的零件产生局部熔化，然后冷却凝固在一起，必要的时候还需要添加熔填物加以辅助。在整个汽车车身装焊过程中，焊接工艺的应用十分广泛，其大致可以分为三类。

① 熔化焊接　即对构件局部加热，使其熔化成液体，然后冷却结晶成一体的焊接方法。这种方法需要一个能量集中、温度足够高的热源。常见的熔化焊接法有：气焊、铝热焊、电弧焊、电阻焊、缝焊、电渣焊、电子束焊、激光焊等。

② 压力焊接　即通过摩擦、扩散、加压等物理作用，使连接表面上的原子相互接近，从而使焊件连接在一起实现接合的方法。常见的有：冷压焊、摩擦焊、超声波焊、爆炸焊、锻焊、扩散焊、电阻对焊、闪光对焊等。另外，通常所指的电阻焊也可称为压力焊。

③ 钎焊　即将钎料熔化后在连接接口上流散浸润，然后冷却结晶形成接合面的方法。

各种焊接方法在车身装焊中的应用如表 12-13 所示。

表 12-13　车身装焊中常用焊接方法及应用实例

分类	焊接方法		应用实例
电阻焊	点焊	单点焊 悬挂式点焊机	车身总成、车身侧围分总成等
		单点焊 固定式点焊机	小型板类零件
		多点焊 压床式多点焊机	车身底板总成
		多点焊 C形多点焊机	车门、发动机盖总成
	缝焊	悬挂式缝焊机	车身顶盖侧流水槽
		固定式缝焊机	油箱总成
	凸焊		螺母、小支架

续表

分类	焊接方法	应用实例
电弧焊	CO_2气体保护焊	车身总成
	氩弧焊	车身顶盖后两侧接缝
	焊条电弧焊	厚料零部件
气焊	氧-乙炔焊	车身总成补焊
钎焊	锡钎焊	水箱
特种焊	微弧等离子焊	车身顶盖后角板
	激光焊接	车身底板

电阻焊是汽车装焊工艺中应用最多的焊接方法，大约占到整个车身焊接工作量的 70% 以上，甚至有的车身完全采用电阻焊焊接完成。

电阻焊又称为接触焊，其机理是利用金属本身的电阻在通电时产生的电阻热使金属局部熔化，断电后金属冷却结晶形成接头。由于电阻焊在整个焊接过程中都需要外部持续施加一定的压力，因此也属于压力焊的一种。电阻焊原理如图 12-14 所示。

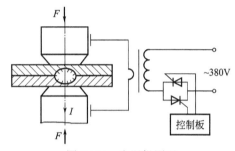

图 12-14　电阻焊原理

电阻焊具有加热时间短、热量集中性好、焊接变形小的优点，适用于焊接薄板类零件。而且电阻焊不需要进行校正和热处理，也不需要焊丝、焊条、保护气体、焊剂等焊接材料，操作简单，生产效率高，因此在汽车车身制造中应用十分广泛。

根据接头形式可以将电阻焊分为搭接焊和对接焊两种，汽车车身焊接主要采用的是搭接焊。搭接焊又可分为点焊、缝焊和凸焊三种类型。

(1) 点焊

点焊在车身制造中应用最为广泛。在点焊时，只需在焊件的接触面上焊出有限的几个焊点即可完成焊接，焊点数可以根据焊接工艺和车身刚度的需要来确定，一般载货汽车车身约有 2000 多个焊点，而轿车车身则多达 4000 个。

根据一次形成的焊点数，可将点焊分为单点焊和多点焊，而按焊接时的供电方向，又将其分为单面点焊和双面点焊，如图 12-15 所示。单面点焊主要用于电极难以从两侧接近工件

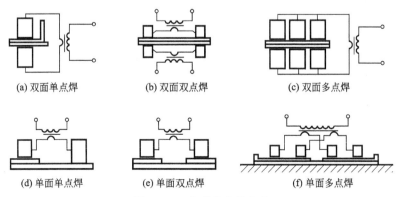

(a) 双面单点焊　　(b) 双面双点焊　　(c) 双面多点焊

(d) 单面单点焊　　(e) 单面双点焊　　(f) 单面多点焊

图 12-15　典型的点焊方法

或工件一侧要求压痕较浅的场合，如汽车车身外表面或装饰面板的点焊。这种点焊方式的一侧是电极，另一侧是接触面积较大的导电板，因此可以减轻或消除一面的压痕。双面点焊是最常见的点焊方式，也是车身焊接中运用最多的焊接方式。双面点焊在焊件两侧都设置电极，焊接时双面供电，焊接的焊件两侧均有明显的压痕。

① 点焊的过程　点焊的焊接过程可以分为四个阶段，即预压阶段、焊接阶段、锻压阶段和休止阶段，如图12-16所示。

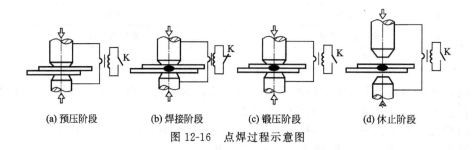

(a) 预压阶段　　(b) 焊接阶段　　(c) 锻压阶段　　(d) 休止阶段

图 12-16　点焊过程示意图

预压阶段是指从电极开始加压到接通焊接电流之前的阶段。在这一阶段，通过电极加压使焊件紧密接触，为焊接创造良好的焊接条件。

焊接阶段即通电加热阶段。在这一阶段，电流通过电极作用于焊件，使焊件迅速发热并产生熔核，随着电流的持续，焊接区的温度场向外扩展，熔核不断长大，直至其形状和尺寸达到要求为止。

锻压阶段又称为冷却结晶阶段。在得到符合要求的熔核后，切断焊接电流，熔核开始在电极的压力下冷却结晶，形成致密而牢固的焊点。锻压时间的长短取决于金属种类和焊件厚度，焊件越厚，锻压时间越长。

休止阶段是点焊过程的最后一个阶段。在这一阶段内，电极升起，取下焊件，并为进行下一个焊点的焊接做好准备。

焊接过程中各阶段的电极压力 F 和焊接电流 I 变化如图12-17所示。

② 点焊的质量要求及影响因素　在点焊工艺中，焊件之间的连接结构是分布在焊件接触面上的一系列焊点，因此，焊接质量的好坏主要取决于焊点的质量以及焊点的间距和密度。

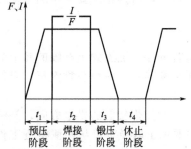

图 12-17　焊接电流和电极压力变化

焊点的质量要求主要体现在：外观上要求焊件表面的压坑线平滑且过渡均匀，无明显凸肩和表面鼓起，无环状或径向裂纹，不得有熔化或黏附的铜合金；内部要求焊点形状规则、均匀，无超标的裂纹和缩孔，焊点核心周围无严重过热组织，焊点尺寸应满足结构强度的要求。影响焊点质量的因素主要是焊点的尺寸和点焊的规范参数。

焊点尺寸包括焊点直径 d、焊透率 A 和表面压痕深度 c 等。其中焊点直径 d 是影响焊点强度的主要因素，它与焊点强度近似成正比关系。d 的大小可根据焊件厚度和对应接头强度的要求选取。

焊透率 A 表示焊点高度，A 可按焊件的材料、板厚和结构特点来选取，取值范围为 $20\%\sim80\%$，试验结果证明，当熔核的直径符合要求时，$A\geqslant 20\%$ 便可保证焊点强度。A 值一般取 40%，如果过大，说明熔核接近焊件的表面，易使表层金属过热，出现晶粒粗大、压痕过大、飞溅等问题，在熔核内部还容易产生缩孔、裂纹等缺陷，造成焊点质量变差，接头承载能力下降；如果过小，则会导致焊接强度降低。

压痕深度 c 也是影响焊点质量的一个重要因素，其不仅关系到焊点强度，而且还会影响焊点的表面外观质量。c 值一般不应超过板厚的 15%～20%。

焊接时，焊点的尺寸可以按照表 12-14 所示的经验公式进行适当取值。

表 12-14 焊点尺寸经验公式

序号	公式	简图	备注
1	$d = 2\delta + 3$		d 为熔核直径，mm
2	$A = h/\delta \times 100\%$		A 为焊透率，%
3	$c \leqslant 0.2\delta$		c 为压痕深度，mm
			e 为焊点间距，mm
4	$e > 8\delta$		s 为边距，mm
			δ 为焊件厚度，mm
5	$s > 6\beta$		h 为熔核高度，mm

点焊的规范参数主要有焊接时间 t_w、焊接电流 I_w、焊接压力 F_w 和电极工作端面几何形状与尺寸等。

在选择点焊的工艺参数时必须先确定电极的端面形状和尺寸。电极的端面尺寸越大，焊接时焊件与电极的接触面也就越大，电流密度越低，散热能力越强。过大的电极端面尺寸会导致焊透率 A 值减小，焊点强度下降。电极端面尺寸的选取可以参照经验推荐值和试焊的情况来定，一般为焊点直径的 0.9～1.4 倍。

焊接时间 t_w 和焊接电流 I_w 决定着焊件的加热和熔化。当焊接电流 I_w 增大、焊接时间 t_w 减小时，焊接产生的热影响区就会减小，有利于降低电能损耗和焊接变形，提高焊接效率，但耗电功率和控制难度也会加大；相反，若减小焊接电流、增大焊接时间，则会使焊接热影响区扩大，从而加大焊接变形和电能损耗。另外，通电时间对焊点强度也有较大的影响。

焊接压力 F_w 即电极压力，它的大小关系到焊件间的接触状态。当电极压力增大时，焊件与电极间接触状态得到改善，焊件间的接触电阻和电流密度减小。这时，焊接产生的电阻热减少，散热性加强，使得焊接总热量减少，焊点的熔核尺寸减小，焊透率 A 降低，导致接头的强度下降，甚至无法形成焊点。当电极压力 F_w 减小时，虽然焊接产生的总热量会得到提高，但焊件间的接触状态差，易受外界影响，使焊接质量不稳定，易出现疏松、裂纹等焊接缺陷。在焊接时，在维持足够的电流密度的情况下，适当加大电极压力，可减小焊件装配间隙和焊件刚性的影响，有利于焊点强度的稳定。

需要说明的是，在实际焊接过程中，以上各规范参数并非孤立地影响焊点质量，往往一个参数的变动会引起另一个参数的变动，合理选用规范参数，可提高焊接效率和焊接质量。表 12-15 所示为美国电阻焊机制造协会（RWMA）推荐的低碳钢薄板点焊的焊接工艺参数。

表 12-15 低碳钢薄板点焊的焊接工艺参数推荐（RWMA）

板厚 /mm	电极尺寸		最佳条件（A 类）			中等条件（B 类）			普通条件（C 类）		
	最大 d/mm	最小 D/mm	电极压力 /kN	焊接时间 /ms	焊接电流 /kA	电极压力 /kN	焊接时间 /ms	焊接电流 /kA	电极压力 /kN	焊接时间 /ms	焊接电流 /kA
0.4	3.2	10	1.15	80	5.2	0.75	160	4.5	0.40	340	3.5
0.5	4.8	10	1.35	100	6.0	0.90	180	5.0	0.45	400	4.0

续表

板厚/mm	电极尺寸 最大 d/mm	电极尺寸 最小 D/mm	最佳条件(A类) 电极压力/kN	最佳条件(A类) 焊接时间/ms	最佳条件(A类) 焊接电流/kA	中等条件(B类) 电极压力/kN	中等条件(B类) 焊接时间/ms	中等条件(B类) 焊接电流/kA	普通条件(C类) 电极压力/kN	普通条件(C类) 焊接时间/ms	普通条件(C类) 焊接电流/kA
0.6	4.8	10	1.50	120	6.6	1.00	220	5.5	0.50	440	4.3
0.8	4.8	10	1.90	140	7.8	1.25	260	6.5	0.60	500	5.0
1.0	6.4	13	2.25	160	8.8	1.50	340	7.2	0.75	600	5.6
1.2	6.4	13	2.70	200	9.8	1.75	380	7.7	0.85	660	6.1
1.6	6.4	13	3.60	260	11.5	2.40	500	9.1	1.15	860	7.0
1.8	8.0	16	4.10	300	12.5	2.75	560	9.7	1.30	960	7.5
2.0	8.0	16	4.70	340	13.3	3.00	600	10.3	1.50	1060	8.0
2.3	8.0	16	5.80	400	15.0	3.70	740	11.3	1.80	1280	8.6
3.2	9.5	16	8.20	540	17.4	5.00	1000	12.9	2.60	1760	10.0

焊点间的间距 e 和密度是焊接质量的另一个重要影响因素,其直接影响着焊件接头的强度。焊点越密集,间距 e 越小,接头的强度越高。焊点间距 e 用焊点中心距来表示(见表 12-14),焊点的密度则用单位长度上的焊点数表示。焊点间距 e 决定了焊点的数目,间距 e 的取值主要考虑点焊分流的影响以及车身的强度要求。点焊分流是指在点焊时不经过焊接区,未参与焊点形成的那一部分电流。分流的存在降低了焊接区的电流密度,容易产生焊不透、熔核形状畸变等缺陷,而且点焊分流还会降低焊点质量的稳定性。增大焊点间距,会使电流流经已焊好焊点的电阻增加,从而减少点焊分流,因此在选取焊点间距 e 的时候应在保证一定连接强度的条件下,使焊点间距尽量大一些,以减小电焊分流,提高焊接质量。另外,有些特殊部位的焊件,在选取 e 值时还要考虑其功能性,例如,处于车身吸能区的焊件,其焊点间距 e 不应过大,否则达不到吸能的目的。表 12-16 为车身常用材料的最小点距推荐值。

表 12-16 最小点距推荐值   mm

最薄板件厚度	点距 结构钢	点距 不锈钢及高温合金	点距 轻合金
0.5	10	8	15
0.8	12	10	15
1.0	12	10	15
1.2	14	12	15
1.5	14	12	20
2.0	16	14	25
2.5	18	16	25
3.0	20	18	30
3.5	22	20	35
4.0	24	22	35

③ 点焊的质量缺陷及预防 汽车车身的装焊质量直接关系到车辆安全性、可靠性和使用寿命,因此必须加以重视,并采取相应的预防措施。预防点焊缺陷主要从以下几个方面入手。

a. 焊件表面清理。焊件表面的氧化膜及污物会增加焊接时的接触电阻,影响焊接电流,使焊点强度不稳定。锈皮内的水分在焊接时还会离解出氢溶入熔核,并在熔核结晶时析出产生氢气,使焊点内的缩孔扩大。而且,焊件表面的氧化物和污物还会加快电极消耗,缩短电极寿命。为此,必须对焊件表面的点焊区域进行焊前清理。

b. 板件装配。在车身覆盖件的装配过程中,容易因板件的曲率不一致导致板件间隙过大或移位,减小电极有效压力,导致飞溅,并使板件在焊后出现翘曲变形。过大的板间间隙还降低了焊接质量的稳定性,导致熔核尺寸和接头强度出现波动。为保证焊接质量,装配时板间间隙不应大于 0.5~0.8mm,对于不易压紧的焊件,装配间隙应适当减小。板件的曲率不一致,主要是冲压误差导致的,因此,在冲压时应保证冲压精度,并采用具有较高刚度和位置精度的夹具进行装焊。

c. 焊点顺序。焊点的顺序对点焊分流有重要影响。当焊点两侧都有已焊好的焊点时,其分流电流要比单侧有已焊好的焊点时大得多,因此在选择合理的间距 e 以后,还应该合理选择焊点顺序,以进一步降低点焊分流的影响。

d. 不同厚度板和多层板的焊接。在车身点焊中,有时需要将不同厚度的板件焊接到一起,如图 12-18 所示。这种情况下会因板厚的不同造成电流场的分布不对称,使熔核偏向厚件而无法形成有效的焊点,这时焊接规范应由薄焊件来决定,然后再按厚板或平均厚度进行修正,并将电流稍微增大,以提高薄板发热量。如果厚度差别过大(大于 3:1),这时若焊点仍在两焊件厚度和一半的位置上形成,则会出现焊点未能把焊件连接起来的情况,如图 12-18(a) 所示。这时可将与厚板接触的电极直径加大,增加厚板的散热,使熔核向薄板方向偏移,从而使两个焊件可靠地连接起来,如图 12-18(b) 所示。也可在薄板上冲工艺凸点,使薄板的散热降低,电流密度增加,以使熔核偏向薄板。

在车身点焊中,有时还需要将三层板焊接在一起,如图 12-19 所示。其中图 12-19(a) 为厚件在中间、薄板在两边的情况,这时焊接规范参数由薄板决定,并适当增大焊接电流值;图 12-19(b) 所示为薄板在中间、厚板在两边的情况,焊接规范参数由厚板决定,同时适当减小焊接电流,并缩短焊接时间。

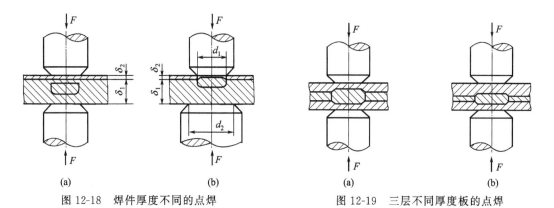

图 12-18 焊件厚度不同的点焊　　　　图 12-19 三层不同厚度板的点焊

在点焊工艺中,常见的缺陷及其可能原因归纳见表 12-17。

表 12-17 点焊中常见的缺陷及可能原因

质量问题	可能原因	改进措施
未焊透或熔核过小	焊接电流过小,通电时间短、电极压力过大	调整规范参数
	电极接触面积过大	修整电极或重选电极尺寸
	表面不清洁	清洁表面

续表

质量问题	可能原因	改进措施
焊点痕过深或表面过热	电极接触面积过小	休整电极或重选电极尺寸
	电流过大,通电时间过长,电极压力不足	调整规范参数
	电极冷却条件差	改用导热性能良好的电极
内部出现裂纹和缩孔	焊接时间过长,电极压力不足	调整规范参数
	大量喷溅	清理表面,增大电极压力
内部出现气孔	表面有异物	清理表面
表面局部烧穿、溢出、喷溅	电极太过尖锐	修整电极
	电极或工件表面有异物	清理表面
	电极压力不足或电极与工件接触状态不良	提高电极压力
焊点脱开	焊件刚性大且装配不良	调整板间隙和规范参数
接头过分翘曲	装配不良,定位点焊间距过大	精心装配,增加定位焊点数量
	规范参数选取不当,冷却不良	调整规范参数
	焊接顺序不合理	调整焊接顺序

(2) 缝焊

缝焊的焊接原理和点焊一样,区别在于缝焊采用了旋转的滚盘电极,而点焊一般采用柱状电极。缝焊焊接时,将焊件置于两滚盘焊极之间,滚盘转动并带动焊件移动,使焊点位置改变而形成一条连续的焊缝,如图12-20所示。因此缝焊的焊缝可以看成是由许多个焊点相互重叠而成的。焊接过程中,缝焊的滚盘电极不仅要对焊接区材料进行加热,还承担着加压的任务。

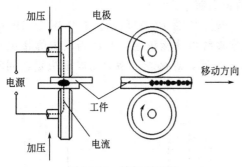

图12-20 缝焊原理图

与点焊一样,缝焊也存在加压、加热融化冷却结晶三个阶段,但由于缝焊的点距极小,因此缝焊时的分流现象很严重,因此,其焊接电流要比点焊的大15%~40%。

按照滚盘电极的转动和馈电方式可以将缝焊分为连续缝焊、断续缝焊和步进缝焊三种。连续缝焊在焊接时,在电极转动过程中持续供电,焊接电流不断通过焊件,电极和焊件难以有效冷却,容易导致焊件表面过热,而且电极损耗严重,所以在生产中应用较少;断续缝焊在焊接时,电极连续滚动,焊接电流断续供给,电极和焊件可以在供电间隙内得以冷却,因此其焊接热扩散区小,焊件焊接变形小,焊接质量高,电极寿命长,在生产中应用较广;步进缝焊在焊接时电极断续转动,只在电极不动时供给焊接电流,因此焊接中焊件和电极的散热以及压固条件都很好,而且电极寿命和焊接质量都可以保证,是一种高质量的焊接方法。

由于缝焊的焊缝密封性较好,主要用于焊接气密性要求较高的地方,如汽车油箱、顶盖流水槽等。

(3) 凸焊

凸焊可以看成是点焊的一种变形。它在焊接时需要预先在板件上加工出一个或多个凸点,焊接中通过凸点与另一焊件接触,如图12-21所示,通电加热后凸点被压溃。这种方式利用凸点将电流和压力局限在工件的特定位置上,使焊件焊接区单位面积上的有效压力和电流密度都得到提高。与点焊相比，凸焊具有以下特点。

① 焊接电流和熔核尺寸都比较小　由于凸焊焊接区的电流密度很高，其熔核尺寸一般较小，而且较高的电流密度也提高了电流的利用效率，所以即使采用较小的焊接电流，凸焊时依然可以形成可靠的熔核；而点焊在板厚一定时要形成小于某一尺寸的熔核比较困难。

② 生产效率高，焊接强度好　由于凸焊降低了焊接分流的影响，所以其可同时对多个焊点进行焊接，大大提高了生产效率。凸焊凸点位置和尺寸一般比较

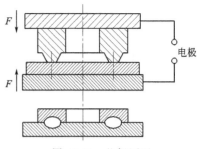

图 12-21　凸焊原理

精确，一致性较好，形成的焊点强度也比较均匀，其整体焊接强度要比点焊好，而且分流小，各焊点间不受点距限制，可在狭小的区域内布置多个焊点。在相同的焊接强度下，凸焊的焊点比点焊要小。

③ 表面压痕小，电极损耗低　凸焊采用大平面电极，且凸点设置在一个工件上，可以有效减小焊件表面上的压痕。而且电极尺寸较大，降低了电极上的电流密度，改善了电极的散热，大大降低了电极的损耗。

④ 焊接质量受表面氧化层和污物影响小　凸焊在焊接时依靠凸点接触，接触面较小，可以很容易压破焊件表面的氧化膜和污物，使其对焊接的影响大大降低，但为提高焊接质量的稳定性，依然希望焊件表面洁净。

⑤ 工序复杂，对焊机要求较高　凸焊在焊接前需要预制凸点，增加了工序的复杂性，而且为提高生产效率往往一次要焊多个焊点，这就对焊机的电极压力、机械精度以及功率要求较高。

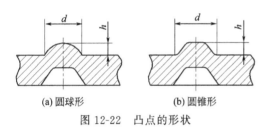

图 12-22　凸点的形状

凸焊的凸点对焊接有重要影响。凸点的形状分为圆球形和圆锥形两种，如图 12-22 所示。为防止凸点在焊接过程中被过早压溃，凸点需具有一定的刚度，因此通常将凸点设置在厚度较厚且表面质量要求不高的焊件上。对于不同金属在焊接时，凸点一般设在电导率较高的焊件上，以保证电极的热平衡。多点凸焊一般采用圆球形凸点，圆锥形凸点一般用在凸点刚度不足、需要提高凸点刚度的地方。

凸点的形状和尺寸要根据焊件强度要求以及凸点所处的位置来确定。在多点凸焊中，为防止因凸点高度不一致而出现各点电流不平衡的问题，要求各凸点的高度误差不超过 ± 0.12mm。表 12-18 为推荐的凸点尺寸。

表 12-18　凸焊凸点尺寸推荐　　　　　　　　　　　　　　　mm

凸点所在板厚	平板厚	凸点尺寸		凸点所在板厚	平板厚	凸点尺寸	
		直径 d	高度 h			直径 d	高度 h
0.5	0.5	1.8	0.5	3.2	1	3.5	0.9
	2	2.3	0.6		5	4.5	1.1
1	1	1.8	0.5	4	2	6	1.2
	3.2	2.8	0.8		6	7	1.5
2	1	2.8	0.7	6	3	7	1.5
	4	4	1		6	9	2

12.3.3 车身装焊夹具及生产线

在车身装焊过程中,经常要使用一些工具来对工件进行装夹和定位,这些工具统称为装焊夹具。为了保证装焊质量、提高生产效率、降低劳动强度,装焊夹具必须满足以下要求。

① 保证焊件在完成焊接后可以获得合格形状和尺寸,各零部件间的相互位置和装配关系满足要求。

② 具有一定的强度和刚度,足以承受焊件的自重以及焊接所产生的各种力,阻止焊件发生形变。

③ 应使装焊过程得到简化,工件装卸方便,操作简单,使各焊接部位处于最有利的施焊位置,方便装焊过程顺利进行。

④ 定位、夹紧、松开等操作都很方便省力。

⑤ 容易制造和维修。夹具的零部件应尽量标准化、通用化,并易于加工制作;易磨损的零件要便于更换。

⑥ 夹具制造成本低,投资少,使用过程中耗能少,管理、维护费用低,调整方便。

另外,夹具的设计还应该根据生产批量的大小、产品的结构特点以及企业的生产条件来综合考虑。

按照车身的装焊过程,可以将车身装焊夹具分为合件装焊夹具、分总成装焊夹具和车身总成装焊夹具三类。合件、分总成夹具主要用于装焊车身合件和分总成的过程中,这类夹具的结构一般都比较简单。车身总成装焊夹具主要用来将焊接好的合件、分总成等装焊成为车身总体的过程中,这类夹具尺寸大,结构复杂,精度要求较高。车身总成装焊夹具包括一次性装配定位夹具和多次装配定位夹具两种。

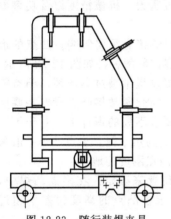

图 12-23 随行装焊夹具

一次性装配定位的总装夹具装焊时只进行一次定位和加紧,车身总成的主要装配焊接工作在一台总装夹具上完成。这类夹具的装焊质量和精度有保证,而且可以根据需要设置不同的夹具台数和夹具的固定方式。单台夹具一般采用固定式,多台夹具可配置在生产线上,随生产线移动(又称为随行夹具)。图 12-23 所示为东风汽车公司 EQ1090 驾驶室总装配线上采用的随行夹具。它的任务是完成底板、前围、后围、门上梁和顶盖的装焊。

多次装配定位总装夹具的装焊过程需要经过两台以上的不同夹具才能完成。由于每一台夹具上都需要进行一次定位夹紧,为减小定位误差,必须使不同夹具的定位面保持一致。这类夹具的优点是制造简单,夹具数量少,缺点在于装夹次数较多,容易产生装配误差,装焊质量不稳定。

CA1091 驾驶室总装夹具就是一种多次装配定位的总装夹具,如图 12-24 所示。该夹具只完成驾驶室的前围和后围、地板及门上梁的装焊,不完成顶盖装焊,因此装焊完成后得到的是没有顶盖的驾驶室总成。其整套夹具安装在一个上面刻有坐标网线的铸铁底座上;门框支承架 1 用铝合金铸造,其上装有定位块和夹紧机构。门框夹具采用箱体和定位块 2 进行定位。左、右门框夹具 4 可由气缸驱动在双圆柱导轨上沿 X 轴平稳运动。底板夹具 5 可沿 X 轴升降,便于调整底板的位置。底板上设有两个圆柱销可对底板悬置孔进行定位。后围通过夹具 6 和 8 进行定位夹紧。定位块 7 用于安装调整样架。

在大批量的车身生产中,车身装焊一般在多工位流水装焊线上完成。在流水线上,每个工位都有一套装焊夹具,工件利用机械运输链传送。有的生产线上还利用焊接机器人来提高

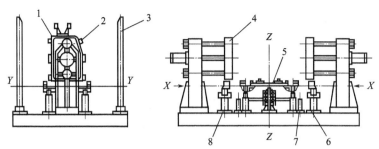

图 12-24　CA1091 驾驶室总装夹具

1—门框支承架；2—定位块；3—龙门支架；4—左、右门框夹具；
5—底板夹具；6—后围夹具；7—定位块；8—夹具

生产效率和装焊质量。车身装焊生产线主要有以下几种类型。

(1) 贯通式装焊生产线

贯通式装焊生产线在国内车身制造企业中应用十分广泛，多用于车身底板、车门、行李厢、发动机罩等形状不太复杂、结构比较完整、零件数量少的车身分总成的装焊。这种生产线的装夹、焊接设备都分别固定于各工位上，工作时仅工件向前移动，驱动简单，占地面积较少，便于分总成的机械化上下料。但其只适合于固定式夹具，不宜采用随行夹具。图 12-25 所示为长春一汽的 CA-10B 驾驶室的贯通式装焊线。

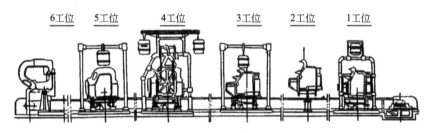

图 12-25　CA-10B 驾驶室装配线

该生产线由固定装配台、悬挂式点焊机及间隙式双轮链式传动机构组成。全线共有六个工位，其中有四个装焊台，一个电弧焊转台和一个翻转电弧焊台，配有 16 台悬挂式点焊机和两台直流弧焊机。

(2) 环形装焊生产线

环形装焊生产线又可以分成椭圆形地面环形线、矩形地面环形线、地下环形线和"门框式"环形线四种。这类生产线适用于刚性较差、零件数量多、精度要求高的零部件或总成（如轿车车身总成、左右侧围分总成等）的装焊。为了保证装焊质量，环形装焊生产线一般都采用随行夹具来辅助装焊。在装焊过程中，当一个工位的装焊完成后，工件连同随行夹具一起送到下一工位继续装焊，全部装焊好之后，工件吊离夹具，空夹具返回原处继续使用。

图 12-26 所示为椭圆形地面装焊生产线。这种生产线的随行夹具可以连续循环使用，整条线的传送系统比较简单，缺点是占地面积较大。

图 12-27 所示为 EQ-1090 驾驶室的地下

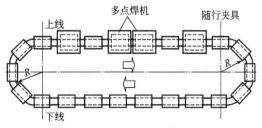

图 12-26　椭圆形地面环形线

环形装焊线。这种线和贯通式装配线在地面上的部分基本相似，区别在于地下环形线采用随行夹具。地下环形线的随行夹具在最后一个工位通过升降机构下降到地下，然后从地下返到第一个工位进行下一个零部件的装焊。这种装焊线具有占地面积小的优点，但是其夹具和升降机构都比较复杂，建筑工程量大。

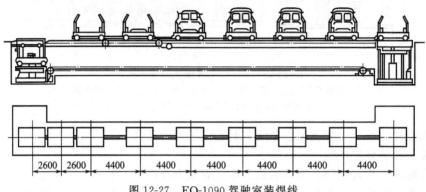

图 12-27　EQ-1090 驾驶室装焊线

图 12-28 所示为"门框式"环形生产线。这种装焊线生产效率高、建设成本低、柔性好、厂房面积也比较合理，是一种比较先进的生产线。图中 A 为随行夹具；C、D 为左右侧围板总成"门框"线；E、F 是装焊夹具；H、G 表示装焊工位；J 为随行夹具带底板及前端总成装入车身；Q 表示车身总成下线；M 表示左右侧围"门框"夹具连同左右侧围总成上线与车身随行夹具合装；N 表示空的左右侧围板"门框"夹具与车身环形线脱离。

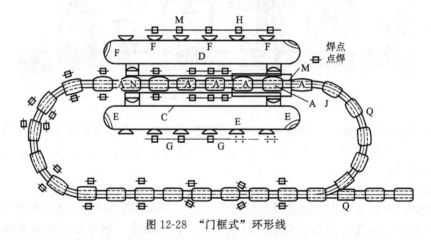

图 12-28　"门框式"环形线

12.4　汽车车身涂装工艺

涂装是汽车车身制造的一个重要步骤。涂装就是将涂料均匀涂覆在车身表面并干燥成膜的过程。优异的涂装不仅可以使车身光鲜亮丽、美观精致，还可以保护车身，起到防锈、防腐蚀的作用。

12.4.1　车身涂装用涂料

车用涂料是一种专用涂料，而车身用涂料是其中用量最大的一种。与其他涂料相比，车用涂料具有以下特点。

① 耐候性和耐蚀性好 由于汽车经常要在各种气候条件和路况下使用，所以车身涂料必须要适应各种气候条件，要能够经受冷热交替、风吹日晒等恶劣气候的考验，要求车身涂装在恶劣气候条件下不开裂、不起泡、不粉化、不脱落、无锈蚀，并且保持一定的光泽和色性。

② 装饰效果好 车身涂装需要满足人们对美学的要求，所以涂料必须具有良好的装饰效果，这就需要涂料的色泽柔和华丽、色彩丰富多样。为了达到装饰的目的，涂膜还必须具有一定的持久性，其涂装效果要经久不变。

③ 施工性和配套性能良好 车身涂料必须要能适应汽车的高速流水线式的生产方式，要适用于自动喷漆、大槽浸漆、淋漆、静电喷漆或电泳涂漆等高效涂布方法，并且干燥迅速。而且，车身涂装通常需要进行多层涂装，所以要求涂料具有良好的配套性能，其各涂层间的附着力要好，无渗色、开裂等缺陷。

④ 耐污性能良好，可重复擦洗 汽车在使用过程中经常要接触到汽油、柴油、机油、沥青等各种污渍，这就要求车身涂料在接触这些污渍时，不产生软化、变色、失光、留斑等问题，还要求涂层耐毛刷、清洗剂等的清洗。

⑤ 有一定的力学性能 涂膜在使用过程中要能承受汽车的振动、冲击等产生的应力和应变。

⑥ 经济实惠，易修复 由于车用涂料用量较大，所以涂料必须具有一定的经济性，在损坏之后容易修复，并且无公害，易于处理，以免污染环境。

车身用涂料的种类很多，按照涂层的顺序大致可以分为底漆、中涂、底色漆、面漆和罩光清漆等几类。

① 底漆 底漆是涂布在汽车车身表面上的第一道涂料，也是整个车身涂层的基础。底漆的好坏对整个涂层的质量有重要影响。汽车车身常用底漆见表 12-19。

表 12-19 汽车车身常用底漆

型号	名称	组成	性能	应用范围
F06-9	铁红纯酚醛底漆	纯酚醛树脂、干性植物油及铁红、体质颜料	优良的防锈底漆，附着力强，防锈性能好	中级轿车及货车驾驶室
F06-10	铁红纯酚醛电泳底漆	纯酚醛电泳漆料、防锈颜料、蒸馏水	附着力与防锈性好，漆膜平整，与面漆结合性好	车身覆盖件
C06-1	铁红醇酸底漆	干性植物油改性醇酸树脂、氧化铁红、铅铬黄、体质颜料、催干剂二甲苯	附着力和防锈性能好，耐湿耐热性差，与多种面漆配套性好	中级轿车及驾驶室
H06-3	铁红、锌黄环氧脂底漆	环氧树脂、三聚氰胺甲醛树脂、防锈颜料、溶剂（二甲苯、丁醇）	附着力很强，耐水、耐化学腐蚀性好	高级轿车和驾驶室覆盖件
H06-5	铁红环氧脂电泳底漆	环氧树脂、亚麻油酸顺丁烯二酸酐、丁醇、胺类、蒸馏水	附着力、耐水、防潮、防锈性能近似于环氧底漆	驾驶室覆盖件
H06-19	铁红锌黄环氧脂底漆	环氧树脂、植物油、氨基树脂（少量）、体质颜料、铁红锌黄、溶剂（二甲苯、丁醇）	漆膜坚硬耐久，附着力好，可与磷化底漆配套使用	驾驶室覆盖件

② 中涂 中涂又称为二道浆或中间层涂料。这类涂料介于底漆层和面漆层之间，主要用于改善被涂工件的表面质量和底漆涂层的平整度，填平底漆涂层表面存在的划痕、针孔、麻点等微小缺陷，为面漆层创造良好的基底，增加底漆层和面漆层的结合力，为整个涂层的质量提供保障。中涂层多用于对涂层装饰效果要求较高的车身，若车身对涂层的装饰性及表面平整度要求不高，则可以省去中涂层。表 12-20 所列为几种汽车车身常用的中涂涂料。

表 12-20　汽车车身常用的中涂涂料

型号	名称	使用方法	性能	应用范围
C06-10	醇酸二道底漆	用二甲苯调稀后喷涂,与醇酸底漆、醇酸磁漆、醇酸腻子、氨基烘漆等配套使用,喷涂后可常温干燥	漆膜细腻、易打磨,经打磨后的漆膜平整光滑	多用其喷涂在有底漆和腻子的表面上;或只有底漆的金属上,填平微孔和纹道
H06-9	环氧脂烘干二道底漆	用二甲苯调稀后喷涂	填密性良好,可填密腻子孔隙、细痕等,易打磨	作为汽车车身封闭底漆,用在有底漆和打磨平滑的腻子上
C06-5	过氯乙烯二道底漆	适宜喷涂,用 X-3 过氯乙烯漆稀释剂和 F-2 过氯乙烯防潮剂调整黏度,可与过氯乙烯底漆、腻子、磁漆、清漆等配套使用	可填平微孔和纹道,能增加面漆的附着力和丰满度,打磨性较好,可防潮、防发白	用来作为头道底漆和腻子层上的封闭性底漆

③ 底色漆　底色漆是用于中涂层和罩光清漆层之间的涂层涂料,它的作用是遮盖车身并对车身进行着色和装饰。车身用底色漆主要包括实色底色漆和金属闪光底色漆两大类,其中金属闪光底色漆的用量最大。这种漆内含有效应颜料,在阳光照射下会产生鲜艳的金属光泽和闪光,因此使用金属闪光底色漆的车身在阳光下会显得更加梦幻精致。当前,国内使用的闪光底色漆以溶剂型为主,而在西方发达国家更为环保的水性底色漆已大量使用。这两种底色漆的典型配方见表 12-21。

表 12-21　溶剂型底色漆和水性底色漆典型配方

项目	水性底色漆	溶剂型底色漆
基料	15%～20%丙烯酸-聚氨酯-氨基树脂,用胺进行水稀释	11%～13%聚酯-氨基树脂混合物
溶剂	10%～15%水、乙二醇、醇	70%～90%酯、脂肪烃
颜料	1%～20%铝粉、珠光粉、着色颜料	1%～10%铝粉、珠光粉、着色颜料
增稠剂	<1%pH 控制增稠剂	1%～5%没有真的增稠剂,但有控制效果的颜料
助剂	<1%润湿剂、消泡剂、快干剂	<1%润湿剂

另外,现在也很流行将金属闪光底色漆和清漆配套作为面漆使用,这种面漆兼具清漆和闪光漆的优点。

④ 面漆　面漆是汽车车身涂层最后(最外)一层的涂料。车身涂层的装饰作用和保护作用很大程度上要靠面漆来实现。面漆的好坏很大程度上决定了整个车身涂层的质量和寿命。因此面漆对涂料的耐候性、装饰性以及力学性能的要求都更为严格,对涂料的细度、颜色、涂膜外观、光泽等方面的要求也更为突出。

面漆的种类很多,表 12-22 所示为车身涂装中常用的面漆及其特性。

表 12-22　车身涂装常用的面漆及其特性

型号	名称	组成	性能	注意事项	应用
B01-10	丙烯酸清烘漆	甲基丙烯酸酯、丙烯酸酯、甲基丙烯酸、β-烃乙酯、三聚氰胺甲醛树脂、增韧剂、溶剂(苯、酮类)	漆膜的光泽、硬度、丰满度以及防湿热、防盐雾、防霉变性能较好,保光、保色性能极好	供 B05-4 面漆罩光用	多用于轿车车身

续表

型号	名称	组成	性能	注意事项	应用
B05-4	各色丙烯酸烘漆	除含有颜料外,其余成分与B01-10相同	属于热固性漆,漆膜烘干后丰满有光泽,硬度良好,保光、保色性极好,防湿热、防盐雾、防霉变性能较好	用掺入50%～70% B01-10 的 B05-4 烘漆喷涂罩光作为最后工序	用于对光泽和三防性能要求较高的轿车车身
A01-10	氨基清烘漆	氨基树脂、三羧甲基丙烷醇酸、丁醇二甲苯	漆膜坚硬、光泽平滑,具有较好的耐潮和耐候性	作为 A05-15 面漆罩光用	用于轿车外表面罩光
A05-15	各色氨基烘漆	氨基树脂、三羧甲基丙烷、脱水蓖麻油、醇酸树脂、有机溶剂	漆膜丰满、有光泽、硬度高,耐候性好,附着力强	与电泳底漆、环氧树脂底漆配套使用	用于中级轿车车身
C04-49	各色醇酸磁漆	植物油改性醇酸树脂、颜料、氨基树脂(少量)、催干剂、二甲苯	耐候性、耐水、耐油性较好,附着力强	氨基树脂起防皱作用,烘干时间30min,温度120～130℃	用于货车驾驶室表面
Q04-31	硝基磁漆	低黏度硝化棉、有机硅改性、椰子油醇酸树脂、氨基树脂、增韧剂、溶剂	漆膜光亮平滑,机械强度较好,耐温变,户外持久性好	面漆总厚度在100μm内,经1h温度100～110℃烘烤可提高耐温变性	中高级轿车车身

随着人们对环保性的要求越来越高,车身用涂料正朝向"绿色、无公害"方向发展,目前已有多种新型涂料被开发出来,并投入使用,例如水性涂料、粉末涂料、溶剂置换型涂料、非水分散体涂料等。

12.4.2 涂装前的表面处理

在车身的制造过程中,零件表面不可避免地会黏附到油污、铁锈、焊渣、灰尘等异物。这些异物的存在不仅会大大降低涂层的黏附力,影响涂装质量,还使得涂层易脱落,降低涂层的保护作用和使用寿命。因此,在进行车身涂装前,必须对待涂装表面进行处理,将这些异物彻底清除。

零件的表面处理主要包括脱脂、除锈和磷化三个部分。其中除锈一般安排在板料冲压之前进行,所用的方法主要为酸洗。

(1) 脱脂

脱脂又称为除油,主要清除的是车身制件表面的油脂类污物。车身脱脂一般采用物理化学脱脂法,最常用的主要有以下几种。

① 碱液脱脂法 碱液脱脂法是利用不同油污在遇到碱性清洗液时分别产生皂化作用、乳化作用和分散作用来完成脱脂的方法。这种方法因为操作简单、成本低廉,所以应用十分广泛。

碱性清洗液的组成一般包括氢氧化钠、碳酸钠、磷酸盐以及硅酸盐等无机碱性物质和表面活性剂。在碱液脱脂过程中,动、植物油脂与水共热会水解成高级脂肪酸,并与碱发生反应生成可溶于水的脂肪酸钠(即皂化作用),从而从金属表面脱离;而矿物油遇到碳酸钠、硅酸钠等碱性乳化剂时,会脱离金属表面以微小颗粒的形式分散在水溶液中成为乳浊液(即乳化作用),从而达到脱脂目的;分散作用是利用碱性清洗剂中的磷酸钠,使固体油污脱离工件表面,以微小颗粒分散于溶液中来达到脱脂目的,其主要用于清除固体油污。

在汽车车身制造过程中,一些大型覆盖件在冲压成形后装焊之前一般会安排一次碱液脱脂,以洗去大量的拉深油,在装焊完成后、涂装前,再进行一次碱液脱脂。而一些中小型零件，一般只在涂装前进行一次碱液脱脂就可以了。

利用碱液脱脂法脱脂后还需经 1~2 次洗涤，并进行烘干，以除去金属表面残留的液体。

② 乳化剂脱脂法　乳化剂脱脂法是利用有机溶剂和表面活性剂组成的混合物清洗工件，使工件表面的油污乳化，从而达到脱脂目的。这种方法具有脱脂时间短、除污效果好的特点，而且利用乳化剂可以将油污和固体污垢一起去除，整个过程安全、无毒、无害，不需要使用特殊装置。另外，乳化剂脱脂法还可用于一些不适用碱液脱脂的轻金属工件，脱脂后的工件具有不沾水的特性，因此在汽车车身制造中应用也十分广泛。

但是这种碱液和表面活性剂会对磷化产生不利影响，因此在脱脂完成后需用流水充分清洗，然后再用热水冲洗，以确保工件表面无残留。

③ 溶剂脱脂法　溶剂脱脂法是利用油脂的相似相容性进行脱脂的方法。这种方法利用有机溶剂将附着在工件表面的油污除去。工业生产中用来脱脂的有机溶剂主要有三氯乙烯、甲基氯仿、四氯乙烯等。

由于有机溶剂容易挥发且具有一定的毒性，一般仅用来清除碱液脱脂难以除去的油污或其他有机污物，而很少用于大型车身覆盖件的脱脂。

(2) 磷化

金属表面的磷化处理是表面处理的另一重要组成部分。磷化处理是指用磷酸或磷酸盐溶液对金属制件表面进行处理，使之生成一层不溶于水的磷酸盐薄膜的过程。

磷化处理对车身涂装非常重要，其生成的磷化膜不仅可以阻止金属表面的腐蚀扩展，提高涂层的耐蚀性，还有助于增强涂层和金属之间的附着力，延长涂层的使用寿命。对于一些涂装面积较大的车身零件来说，漆前磷化是必不可少的一道工序。

金属磷化处理根据其处理方式可以分为浸渍式磷化、喷淋式磷化和电化学磷化三种。目前在车身制造中应用较广的是喷淋式快速磷化法。该方法的优点是车身外表面磷化效果好，设备投资较少，不足之处是对车身内腔的处理不够理想。

图 12-29 所示为汽车车身全喷淋式漆前处理工艺流程示意图。该生产线包括脱脂、磷化和钝化三道主要工序，采用全喷淋式磷化处理。在生产线设备下设有工作液循环槽和加料附槽，车身喷淋在罩壳中进行，磷化液采用外加热法加热。

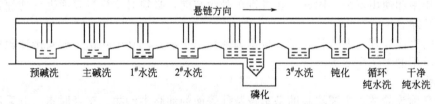

图 12-29　全喷淋式漆前处理工艺流程示意图

通常车身在磷化处理之后还需要进行钝化处理。钝化就是用铬酸盐溶液对车身表面进行处理，使金属表面形成一层具有防腐能力的铬化层。钝化处理的目的是增强车身零件的耐蚀能力，封闭磷化层，填补磷化层的空隙，使磷化层孔隙中的暴露金属钝化。

12.4.3　车身涂装工艺体系及常用涂装方法

(1) 涂装工艺体系

汽车的类别很多，不同汽车车身的外观要求和使用条件也各不相同。目前车身的涂装工艺主要有三个基本体系。

① 涂三层烘三次体系　这一体系的车身涂层共有三层，即底漆涂层、中间涂层、面漆涂层，每一涂层分别烘干。该体系主要用于轿车、客车等对涂层要求较高的车身涂装，涂层

的总厚度一般为 70～100μm。

② 涂三层烘两次体系　该体系也有三层涂层，但其在底漆层涂装完后不烘干，而是等中间涂层完成后再一起进行烘干。这一体系一般用于对涂层外观要求不是太高的旅行车、大客车车身以及货车驾驶室的涂装，涂层总厚度为 70～100μm。

③ 涂两层烘两次体系　这一体系只有底漆涂层和面漆涂层，没有中间涂层，两层涂层涂完后各进行一次烘干，一般用于中、重型货车驾驶室的涂装，涂层总厚度在 55～750μm 之间。

大量流水生产车身各体系的工艺流程如表 12-23 所示。

表 12-23　大量流水生产车身各体系的工艺流程

工艺		涂三层烘三次		涂三层烘两次	涂两层烘两次		
		1	2	3	4	5	6
去油清洗		碱性脱脂	碱性脱脂	碱性脱脂	碱性脱脂	碱性脱脂	碱性脱脂
磷化		锌盐磷化	锌盐磷化	锌盐磷化	锌盐磷化	铁盐磷化	未磷化
干燥	温度/℃	120	120	120	120	120	120
	时间/min	10	10	10	10	10	10
涂底漆	类型	溶剂型环氧脂底漆	电泳底漆	电泳底漆	电泳底漆	溶剂型环氧脂底漆	电泳底漆
	方法	喷涂	电泳涂漆	电泳涂漆	电泳涂漆	喷涂	电泳涂漆
	膜厚/μm	15～25	15～25	15～25	20～30	20～30	20～30
烘干	温度/℃	150	150	晾干	160	150	160
	时间/min	30	30		30	30	30
打磨		干或湿打磨	干或湿打磨		干或湿打磨	干或湿打磨	干或湿打磨
干燥							
涂中涂	类型	溶剂型三聚氰胺醇酸树脂漆	溶剂型三聚氰胺醇酸树脂漆	与电泳底漆配套的水性涂料			
	方法	静电自动喷涂	静电自动喷涂	静电自动喷涂			
	膜厚/μm	20～30	20～30	20～30			
烘干	温度/℃	150	150	100℃,10min；预烘后150℃,30min			
	时间/min	30	30				
打磨		湿打磨	湿打磨	湿打磨			
干燥							
涂面漆	类型	溶剂型三聚氰胺醇酸树脂系面漆（金属闪光色用丙烯酸树脂系）	溶剂型三聚氰胺醇酸树脂系面漆（金属闪光色用丙烯酸树脂系）	溶剂型三聚氰胺醇酸树脂系面漆（金属闪光色用丙烯酸树脂系）	溶剂型三聚氰胺醇酸树脂系面漆（金属闪光色用丙烯酸树脂系）	溶剂型三聚氰胺醇酸树脂系面漆	溶剂型三聚氰胺醇酸树脂系面漆
	方法	喷涂	喷涂	喷涂	喷涂	喷涂	喷涂
	膜厚/μm	35～45	35～45	35～45	35～45	35～45	35～45

续表

工艺		涂三层烘三次		涂三层烘两次	涂两层烘两次		
		1	2	3	4	5	6
烘干	温度/℃	130~140	130~140	130~140	130~140	130~140	130~140
	时间/min	30	30	30	30	30	30
涂层总厚度/μm		70~100	70~100	70~100	55~75	55~75	55~75

(2) 常用涂装方法

车身凸膜的质量除了与涂料本身有关外，还和涂装方法有很大关系。常用的汽车车身涂装方法有刷涂、浸涂、喷涂、静电喷涂、电泳涂装和粉末涂装等。这些涂装方法各有特点，在选用时要根据具体情况综合考虑。下面对常用的涂装方法进行简要介绍。

① 刷涂　刷涂是一种传统的手工涂装方法。这种方法用毛刷蘸漆后对工件进行刷涂，具有操作简单、投资小、方便灵活的优点。除了快干涂料和分散性差的涂料外，刷涂法可以使用所有的涂料，而且不受工件的形状尺寸限制，具有很强的适应性。但是手工刷涂增加了对工人技术水平的要求，劳动强度较大，工作效率低，涂装的质量难以保证，因此现在仅用于小批量生产和车身局部维修中。

② 浸涂　浸涂是一种利用浸渍来完成涂装的施工方法，其具体操作是将工件完全浸没到盛有涂料的槽中，待所有涂装部位都沾上涂料后取出，经过滴漆、流平、干燥等处理后在工件表面形成涂膜。浸涂法技术单一，设备简单，易于实现机械化和自动化生产，具有较高的生产效率。但浸涂对涂料要求较高，要求油漆达到一定的黏度，不适用于挥发性或易出现组分分离的涂料涂装，而且浸涂的涂层质量较差，漆膜容易出现上薄下厚和流挂问题。目前，浸涂法主要用于对涂层外观要求较低的防蚀性涂层的涂装。

利用浸涂法涂装时，要注意保持工件垂直入槽和出槽，入槽时动作要缓慢匀速，以免带入空气，影响涂层质量；出槽时动作不能太快，以使多余的涂料可以流回槽内。工件出槽后，在进行滴漆、流平、干燥等操作时，不应变换工件位置和放置方式，以免破坏漆膜的均匀性，出现流痕。

③ 喷涂　喷涂法是目前应用最广泛的涂装方法。通常所说的喷涂一般指空气喷涂，即以压缩的空气气流为动力，利用负压将涂料喷出并分散成均匀而微细的雾滴，涂布于工件表面形成涂膜的喷涂方法。

空气喷涂的优点在于其设备简单，操作灵活，不仅可以手工喷涂，还可进行机械化喷涂。这种方法几乎可用于各种形状和尺寸的工件涂装而不受工件形状的限制，即使工件上存在孔隙、凹陷、弯角等施工困难部位，依然可以喷涂到，且涂膜厚度均匀、光滑平整。空气喷涂法可以使用多种涂料进行大面积涂装，生产效率要比刷涂高5~10倍。其不足之处在于喷涂的涂料渗透性和附着性较差，涂膜较薄，容易出现起粒、橘皮、起泡、垂流等缺陷。由于喷涂时大量的油漆散布于空气中，导致涂料的利用率较低，对环境污染比较严重，易引发火灾，甚至爆炸，还会对工人的健康造成损害，故需要良好的通风条件。

④ 静电喷涂　静电喷涂法是一种较先进的定向喷涂方法，其原理是利用高压电场，使喷枪喷出的漆雾带电并在电场力的作用下吸附在工件表面，形成漆膜。静电喷涂所用设备主要有喷枪、喷杯和静电喷涂高压电源等。

图12-30所示为静电喷涂示意图。在进行静电喷涂时，喷枪一侧接电源负极，工件接电源正极并接地，当电压达到一定程度，会在喷枪端部附近区域形成空气电离区。涂料被喷枪喷嘴雾化后喷出，在枪口带负电并经过空气电离区的强化，最终产生足够的电场力，被定向

涂布在工件表面，经过烘干之后便形成牢固的涂膜。

与空气喷涂相比，静电喷涂减少了漆雾的分散损失，大大提高了涂料的利用率，改善了工人的作业环境，而且静电喷涂容易实现自动化和连续化生产，生产效率高，涂膜厚度均匀、附着力好，外观质量也好于空气喷涂。但静电喷涂的涂装质量受电压影响较大，电压越高，涂装质量越好，这就要求生产设备具有很好的绝缘性，以适应高压条件，保证安全生产，因而增加了设备的复杂性。另外，静电涂装对工件的形状尺寸也有要求，当工件外形发生变化时，容易造成电场变化，导致电场分布不均，影响涂层的均匀性。

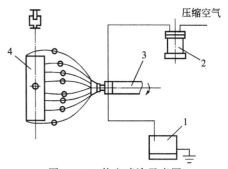

图 12-30 静电喷涂示意图
1—高压发生器；2—输漆罐；3—喷枪；4—工件

⑤ 电泳涂装　电泳涂装又称渡漆，是一种利用胶体的电泳效应来进行涂装的先进的涂装方法。电泳涂装是一个很复杂的电化学反应过程，在电泳涂装时，将工件和对应的电极同时放入由水溶性树脂制成的电泳漆液中，然后接通电源，在电场力的作用下，涂料中的酸根负离子向阳极移动，树脂离子及其包裹着的颜料粒子因带正电荷而向阴极移动，并沉积在工件表面形成漆膜。图 12-31 所示为车身电泳涂装示意图。

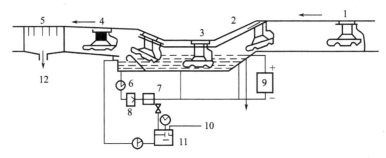

图 12-31 车身电泳涂装示意图
1—电极安装；2—接触极杆；3—电泳涂装；4—滴漏；5—水洗；6—溢流槽；
7—热交换器；8—过滤器；9—电源；10—涂料补充；11—溶解槽；12—排水

电泳涂装的种类很多，按电源可分为直流电泳涂装和交流电泳涂装，按涂料的沉积可分为阳极电泳涂装和阴极电泳涂装，按其工艺方法又可以分为定压电泳涂装和定流电泳涂装。目前用得较多的是直流定压阳极电泳涂装法，但这种方法会使工件产生电偶腐蚀，容易破坏工件表面的磷化膜，因此有些厂家逐渐使用阴极电泳涂装来代替阳极电泳涂装。

与其他涂装方法相比，电泳涂装具有以下特点。

a. 采用水溶性涂料，以水为溶剂，节省了大量的有机溶剂，而且没有漆雾产生，涂料损失小，降低了对作业环境的污染，提高了涂料的利用率。电泳涂装的涂料利用率可达 90% 以上，远远高于其他涂装方法。

b. 涂层质量好，涂膜均匀平整，附着力强，对于一般涂装方法难以涂装的工件内腔、凹缘、焊缝等部位电泳涂装均可以获得较好的涂膜。电泳涂装的漆膜在烘干之后硬度、附着力、外观质量、耐蚀性以及抗冲击性能都要明显优于其他涂装工艺。

c. 生产效率高，易实现机械化自动化连续生产，大大提高了劳动效率。汽车车身电泳涂装生产线一般分为连续生产的通过式和间歇生产的固定式两种。连续式生产线主要用于大批量涂装生产，间歇式主要用于中等批量的涂装生产。

d. 设备复杂，投资费用高，生产能耗较大，而且只能使用水溶性涂料，在涂装过程中不能改变涂装颜色，只适合于颜色固定的涂装生产。

⑥ 粉末涂装　粉末涂装是一种以固体树脂粉末作为成膜原料的新型涂装工艺。其原理是利用静电喷塑机在静电作用下将干燥的粉末状涂料喷涂到工件表面上，形成一层均匀的粉末涂层，然后经过高温烘烤、流平、固化等工序处理，最终形成漆膜涂层。粉末涂装所用涂料由特制树脂、颜料、固化剂以及其他助剂按一定比例混合，并经过热挤塑、粉化过筛后制成，在常温下具有性质稳定、储藏方便等优点。

粉末涂装工艺产生的涂膜色泽亮丽、厚度均匀、表面光滑，具有十分优异的装饰性，其在机械强度、附着力、耐蚀性、耐老化、耐候性以及耐酸碱性方面都要明显优于喷漆工艺。而且粉末喷涂一次可涂覆的涂层厚度可达 $100\mu m$ 以上，可以省掉底涂工序，只需涂一层烘一次即可达到溶剂型涂料多层涂装的效果，有助于简化涂装工序，提高生产效率。粉末涂料也避免溶剂型涂料的逸散，使得施工的污染性大大降低。在涂料固化前，如果发现问题还可以进行二次重喷，这是其他涂装工艺难以做到的。由于粉末喷涂使用固态涂料，在涂覆过程中散落的涂料便于回收继续使用，最大程度上避免了涂料的浪费，因此具有很高的涂料利用率（一般可达95％以上）。但采用这种涂装工艺工件需要经过高温烘烤，对设备要求较高，其调色也不如溶剂型涂料方便。

(3) 涂膜干燥

溶剂型涂料在涂层完成后，都要进行干燥处理，以使涂层转化成坚固稳定的涂膜。不同性质的涂料，其涂膜干燥的方式也不一样。车身涂装所用的干燥方式可分为自然干燥和人工干燥两种。

自然干燥就是将涂装好的车身置于灰尘少、通风条件好的空场地内，等待一段时间待其漆膜形成即可，这种方式不需特殊设备，成本低廉，但易受气候影响，干燥时间较长，一般只用于小批量生产中。

为了缩短涂装的施工周期，提高涂层质量，在大批量汽车车身涂装作业中，一般采用人工干燥法进行干燥。人工干燥主要有两种方式，即对流式热风干燥和热辐射式干燥。对流式热风干燥是人为地加热空气，利用空气对流来达到干燥目的。这种方式是从漆膜表层逐渐向内进行的，当漆膜表层干燥成膜后会阻碍内部涂料中的溶剂挥发，影响干燥效果，严重的还会出现鼓包、针孔等缺陷。热辐射式热风干燥方法则是将热能转化电磁振动的辐射能来进行干燥的。由于电磁波可以穿透漆膜直接作用于工件上，使工件发热，所以这种干燥方法中的漆膜是从内部开始干燥的，避免了对流传热中存在的问题，干燥效果好，热能利用率高。

第13章 活塞制造工艺

13.1 活塞的结构特点及结构工艺性

活塞是汽车发动机的重要零件,它通过活塞销与连杆小头相连,顶部是发动机燃烧室的重要组成部分。活塞的作用是在发动机工作时,承受燃气压力,并通过活塞销、连杆传递给曲轴,驱动曲轴高速转动。图 13-1 所示为活塞零件。

13.1.1 活塞的结构特点

活塞属于薄壁套筒类零件,根据不同发动机的工作条件和要求,活塞的构造也各有不同,通常可以将活塞分为活塞头部、活塞顶部和活塞裙部三个部分,如图 13-2 所示。

图 13-1 活塞

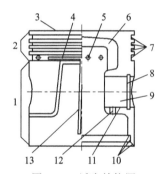

图 13-2 活塞结构图
1—裙部;2—头部;3—顶部;4—隔热槽;
5—油孔;6—加强肋;7—环槽;8—锁环槽;9—活塞销孔;10—止口;11—销座;12—销座油孔;13—纵向槽

活塞顶部是燃烧室的组成部分,其形状完全取决于发动机燃烧室的要求,图 13-3 所示为常见的活塞顶部形状。大多数汽油机活塞采用平顶或近似平顶设计,如图 13-3(a) 所示,这种顶部形状可以减少活塞与高温气体的接触面积,使活塞受力均匀。平顶活塞还有助于简化活塞的制造工艺,使发动机燃烧室结构紧凑。有些发动机(例如直喷式柴油机和新型缸内喷注汽油机)为了增强进气扰动、加速混合气的形成以及减小爆燃程度、提高燃料的燃烧效率,常需要将活塞顶部制成具有复杂形状和一定深度的凹坑,如图 13-3(c) 所示;而二行程汽油机常采用成形顶活塞,如图 13-3(d) 所示。

活塞头部是指活塞顶至最下面一道活塞环槽之间的部分,其作用是承受燃气的压力,并将热量通过活塞环传给气缸壁。在活塞头部切有若干环槽 7,用以安置活塞环,其中离顶部近的为气环槽,离顶部远的为油环槽。一般汽油机活塞安置两道气环和一道油环,而柴油机活塞安置两道油环,一道气环。在油环槽中开有隔热槽 4,其作用是减少热量从活塞头部向裙部传递,从而减小活塞裙部的热变形。有的活塞在隔热槽 4 的两端还设有"减应力孔",

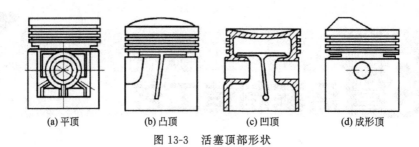

(a) 平顶　　(b) 凸顶　　(c) 凹顶　　(d) 成形顶

图 13-3　活塞顶部形状

以减少隔热槽两端尖角处的应力集中。油环槽上还设有油孔 5，目的是使飞溅到气缸壁上的多余润滑油回流到曲轴箱，防止窜油。

活塞裙部是指活塞环槽以下部位（见图 13-2），其主要作用是引导活塞在气缸中作往复运动并承受侧压力。

在活塞裙部 1 的上端有两个往里凸起的销座 11，其中贯穿活塞的孔 9 称为活塞销孔，用以安装活塞销。为了使活塞销磨损均匀，要求活塞销可以在活塞销孔 9 中浮动。为了避免活塞销轴向窜动刮伤气缸壁，在活塞销孔 9 的外端设有用来安装锁环的锁环槽 8。在活塞销孔 9 的侧壁还设有销座油孔 12，其作用是在发动机工作时，使溅起的润滑油进入活塞销孔，减少活塞销与销孔的磨损。

图 13-2 中 10 为止口，它是由一小段内孔、倒角和端面组成的结构。止口是专为机械加工时定位而设置的辅助精基准面，它在活塞工作过程中不起任何作用。

13.1.2　活塞的结构工艺性

正常工作时，活塞做高速直线往复运动。其不仅要承受燃气燃烧所产生的爆发性压力和来自连杆、气缸壁的反作用力，还要受到惯性力的作用，这些载荷都随着发动机的运转呈周期性变化。其中车用汽油发动机燃气燃烧产生的压力一般为 3～5MPa，柴油机为 6～9MPa。由于活塞面积较小，这些燃气压力在活塞上产生的作用力十分可观。

活塞顶部直接受到高温燃气的作用，瞬时温度可达 2500K 以上，由于散热条件差，活塞顶部的工作温度较高（600～700K），而且在活塞高度方向上的温度分布不均，温度变化梯度大。

另外，活塞还具有密封、冷却和导向作用，以防止发动机出现漏气、敲缸、拉缸问题，保证发动机正常、稳定、高效率地工作。

总的来说，活塞的工作环境具有高温、高压、高速、载荷复杂、润滑条件差的特点。活塞在这种恶劣的条件下工作，不仅会产生较大的附加载荷和热应力，导致变形，加剧磨损，还会受到燃气的化学腐蚀作用。为了使活塞能够满足工作要求并且具有一定的寿命和可靠性，活塞应该符合以下要求。

① 高温高压下具有足够的强度和刚度。

② 较轻的质量，以减小惯性力。

③ 优良的导热性，热膨胀小。

④ 较高的耐磨性、耐蚀性和热稳定性。

⑤ 能保证气缸内部空间的密封性。

在设计活塞结构时，通常会对活塞进行如下工艺性处理。

① 活塞工作时，由于活塞顶部受热最为严重且顶部金属较多，所以活塞上部的热膨胀量大于下部。为了保证工作状态下的活塞与气缸壁之间的间隙均匀，应把活塞制成上小下大的阶梯状或截锥形。为了改善导向作用，以避免出现拉缸现象，活塞裙部的轴截面常制成上

小下大的锥形或桶形。图 13-4 所示为几种常用的活塞轴截面形状。

② 由于工作时，活塞裙部在活塞销孔轴线方向上的热变形量和受力变形量要大于其在销孔轴线垂直方向上的变形量。为了使活塞裙部工作时呈正圆形，以保证活塞与气缸壁之间的间隙均匀，应将活塞裙部制成椭圆形，并使椭圆的长轴垂直于活塞销孔的轴线。一般每 100mm 缸径活塞椭圆的长短轴之差为 0.3～0.5mm，如图 13-5 所示。

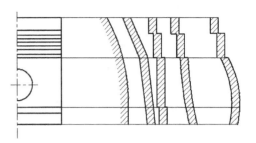

图 13-4 常用的活塞轴截面形状示意图

③ 为避免活塞受热变形后出现卡死或拉缸现象，可以在活塞销孔附近铸出或加工出略低于活塞外表面的凹陷，以增加该处与气缸壁之间的间隙。

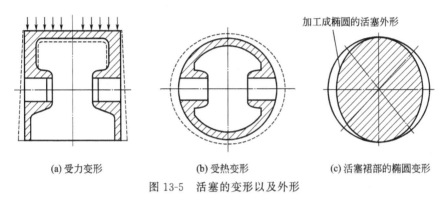

(a) 受力变形　　(b) 受热变形　　(c) 活塞裙部的椭圆变形

图 13-5 活塞的变形以及外形

④ 由于活塞在高度方向上存在较大的温降梯度，其热膨胀量也随之减小。因此可将活塞设计成裙部椭圆度递减的变椭圆活塞。

⑤ 活塞环槽之间的部分称为环岸。为了防止活塞环岸部分与气缸壁咬合，可在环岸部分加工出细小的环槽，以提高活塞在过热或落入碳渣时的退让性。

⑥ 为了避免活塞裙部和曲轴平衡块相撞，可将在活塞裙部下端面上的金属沿活塞销方向适当减少。

⑦ 为了加速活塞磨合，可以在活塞外表面镀上一层薄锡。

⑧ 为增加活塞裙部的抗咬合性，提高活塞的工作性能，可适当增加活塞裙部表面的粗糙度值，以利于润滑油的存储和活塞磨合。

⑨ 对于铝制活塞，为防止发动机启动时因活塞与气缸壁的间隙过大而出现敲缸现象，可以在活塞裙部开设纵向槽 13（见图 13-2），使其与隔热槽 4 连通成 T 形。

⑩ 为阻碍铝合金活塞的热膨胀，可以在活塞中镶入线膨胀系数小的材料，如钢片。

⑪ 为了使活塞顶部热量能更流畅地传递至活塞的整个环区和销座部位，从而减少第一道环及环槽的受热，提高活塞关键部位的可靠性，活塞顶内壁一般设计成热流型。有的活塞为提高强度和刚度，还设计有加强肋 6。

13.2 活塞的材料、毛坯及主要技术要求

13.2.1 活塞的材料

目前，用来制造活塞的材料主要有铸铁和铝基合金两类。

(1) 铸铁

灰铸铁是最早用来制造活塞的材料。铸铁活塞具有耐磨、耐蚀、耐热的优良特性，铸铁活塞的热强度好，膨胀系数小，在受热状态下依然可以保持较高可靠性，而且用铸铁制造活塞成本低，工艺性好，因此，曾经被广泛用于活塞的生产制造。

但是由于铸铁的密度较高，导热性能差，在如今发动机日益高速化的趋势下，铸铁活塞已经不能继续满足发动机的性能要求。目前，铸铁活塞正逐渐退出中、高速内燃机的行列，仅在一些低速重载的柴油机上有少量应用。

(2) 铝基合金

铝基合金是为适应内燃机高速化而开发出来的活塞材料。目前，在中、高速内燃机上，铝合金活塞已基本取代了铸铁活塞。

与铸铁相比，铝合金具有以下优点。

① 密度小　铝基合金的相对密度为 2.65～2.87，仅为灰铸铁的 1/3。因此，铝合金活塞在相同速度下的惯性力要远远小于铸铁活塞，可以满足高速发动机的要求。

② 导热性好　铝合金的导热性要比铸铁高 3～4 倍，因此可以将活塞顶部的热量及时传走，有利于降低活塞的工作温度，提高发动机的充气效率，改善活塞环的工作条件。一般铝合金活塞的工作温度要比铸铁活塞的低 100℃。

③ 容易加工　铝合金的加工性能优异，容易加工成形，且易于得到精度较高的毛坯，因此铝合金活塞的生产率较高，刀具损耗较低。

但是铝合金的成本比铸铁高，强度和耐磨性也不如铸铁，而且在温度升高时，铝合金的硬度和强度下降快，线膨胀系数较大。为解决这一问题，有些厂家在铝合金活塞的头部或裙部嵌入钢片、钢护圈或铁护圈制成双金属活塞，来提高活塞的强度、刚度和耐磨性，使活塞的隔热性得到改善，以减少活塞裙部的热膨胀量。

常用来制造活塞的铝合金主要有以下几类。

① 共晶铝硅合金　这种铝合金材料是目前在活塞中应用最为广泛的铝合金材料，其含硅量在 12% 左右。这种铝合金线膨胀系数小，密度低，硬度高，锻造、铸造都可。典型牌号如 ZL8、ZL9、66-1 等。

② 亚共晶铝合金　这种铝合金含硅量在 9% 左右，其线膨胀系数比共晶铝硅合金要大一些，但由于它的铸造性能很好，可以满足大批量生产的工艺要求，因此也广泛用于制造活塞毛坯。

③ 过共晶铝合金　这种铝合金的线膨胀系数非常小，耐磨性极好，但铸造性和切削性能较差，目前在二冲程柴油机活塞上有所应用。其含硅量为 16%～26%。

13.2.2　活塞的毛坯

铸铁活塞的毛坯多用砂模浇铸，小批量生产一般是靠手工造型，大量生产一般用金属模机器造型。这种生产活塞毛坯的方法在进行合箱、浇铸等工序时，容易出现错箱、偏芯等问题，而且铸造出来的毛坯壁厚不均匀、表面粗糙、加工余量大，大大降低了材料的利用率。

铝合金活塞的毛坯可以通过铸造、锻造和液态模锻的方法制得。

(1) 铸造

铝合金活塞毛坯的铸造主要采用金属硬模浇铸。相比于砂模浇铸，采用金属型铸造出来的铸件毛坯不仅形状准确，尺寸精度高，表面质量好，壁厚均匀，加工余量小，材料利用率高，还避免了粘砂等铸造缺陷。但铝合金收缩率大、凝固时间长、容易吸收气体而产生热裂、气孔、针孔及缩松等缺陷。

为了进一步提高毛坯的铸造质量，实际生产中大多采用低压铸造的方法来获得活塞毛坯。低压铸造是一种利用低压空气，将熔融的合金液沿反重力方向注入铸型内，而形成铸件的铸造方法。由于这种方法中的合金液是反重力方向压注的，因此可以进入并充满型腔的各个角落，有利于减少铸件的铸造缺陷，提高毛坯的铸造质量。低压铸造在型腔内的合金液凝固成形后，便解除了加压室内的压力，浇冒口内未凝结的合金液受重力作用将沿着升液管流回坩埚，从而减少了浇冒口处的材料浪费，大大提高了材料的利用效率。

铸造活塞毛坯在机械加工前需要先切去浇冒口。

(2) 锻造

锻造活塞毛坯一般采用锻铝合金，如 LD8、LD11 等。采用锻造生产的活塞毛坯组织细密，金属纤维连贯，力学性能较好。但由于锻造工艺复杂，制造成本高，因此一般仅用来生产高速强载的柴油机活塞。

(3) 液态模锻

液态模锻又称为高压挤压锻造，是一种兼具铸造特点和锻造特点的新型活塞毛坯制造方法。这种方法先通过铸造得到坯锭，然后再经过液态挤压形成毛坯。与一般铸件相比，液态模锻得到的毛坯力学性能好，组织细密，无缩孔、缩松等铸造缺陷，没有浇冒口，不需安排切除浇冒口的工序。与锻造相比，液态模锻所需的压力低（约为锻造的 1/8~1/5）。但是液态模锻需要专用的模具和吨位较大的锻压机，而且无法锻出活塞销孔，需安排钻孔工序。另外，液态模锻得到的活塞加工性能较差，刀具损耗大。

硅铝合金活塞在机械加工之前需安排热处理工序。其热处理规范为：加热至 500~550℃，保温 3~5h 后进行水淬，然后加热至 200℃，保温 8~16h 进行人工时效。时效的目的是加速 α 固溶体中坚硬的硅和 Mg_2Si 在晶界析出，以提高铝合金的强度、硬度和耐磨性，并减小金相组织的变化对尺寸精度造成的影响。

13.2.3 活塞的主要技术要求

活塞的主要技术要求已在国家标准中有所规定。以铝合金活塞为例，其技术要求主要包括活塞各表面的尺寸精度、形状精度、位置精度、表面粗糙度等。

(1) 活塞裙部外圆

活塞裙部在活塞工作时起着导向作用，需要与气缸孔精密配合，因此其尺寸精度要求较高。活塞裙部外圆长轴方向上的直径公差等级一般取 IT6，高速内燃机的活塞要求更高，一般为 IT5。为了降低加工难度，活塞裙部和气缸孔通常采用分组装配法装配，以达到规定的配合精度。分组装配法具体操作为：在机械加工时将活塞裙部外圆和气缸孔的直径尺寸公差同时放大 3~4 倍，并根据其各自的公差大小将其分别分成 3~4 组，装配时各组零件对应装配。

活塞裙部外圆的表面粗糙度值 Ra 要小于 $1.25\mu m$。为了降低活塞的磨损和功率损耗，要求活塞裙部在机械加工后，表面保留深 0.008~0.016mm、间距 0.30mm 的刀痕，以便存储润滑油。

(2) 活塞销孔

为使活塞销磨损均匀又不至于松动，活塞销与销孔间的配合精度要求很高，为此，活塞销孔需要具有较高的精度。一般活塞销孔的直径公差等级控制在 IT6 以上，对于直径小于 50mm 的活塞销孔，其圆度公差为 0.0015mm，圆柱度公差为 0.003mm。为了满足精密配合的要求并降低加工难度，活塞销孔与活塞销在加工时，也需将其公差值放大合理范围，并采用分组装配法进行装配。

活塞销孔的表面粗糙度 Ra 值应小于等于 $0.32\mu m$。

活塞销孔中心线与顶面的距离会对发动机的压缩比和效率产生影响，因此它们之间的尺寸有精度要求。其尺寸公差等级一般为 IT8。

活塞销孔中心线对裙部轴线的垂直度会对活塞销及连杆的受力情况产生影响，其垂直度公差应不大于 6 级。

两活塞销孔中心线的同轴度公差按相关公差的零公差给出，即销孔为最大实体尺寸时，两销孔的同轴度公差为零。

(3) 活塞环槽

活塞环槽应能使活塞环自由地缩胀，以保证气缸的密封性。为此活塞环槽应满足一定的精度要求。

活塞环槽槽宽的尺寸公差等级一般为 IT6～IT8；环槽底径和环岸外径的尺寸公差等级取 IT8～IT9。

环槽两侧面对裙部中心线的垂直度公差应不大于 9 级；环槽两侧面对裙部中心线的端面圆跳动公差等级应不大于 8 级。

环槽两侧面的表面粗糙度 $Ra \leqslant 0.63 \mu m$。

另外，为保证发动机运转的平稳性，还对活塞的质量有要求，一般同一台发动机所用的活塞，相互之间的质量差不得大于 8g。活塞应按质量进行分组装配。

13.3 活塞的加工工艺

13.3.1 活塞加工工艺性分析

活塞（尤其是铝合金活塞）的刚性差，线膨胀系数大，精度要求高，加工时很容易因变形而影响加工质量，因此必须对其加工工艺性进行分析，并采取相应的措施加以应对。

① 为防止加工时活塞产生过度变形而影响加工精度，应避免在活塞裙部径向方向夹紧。通常夹紧力的方向应平行于活塞的轴心线，但在活塞顶部第一环岸处，可以沿径向施加夹紧力。

② 在安排加工工艺过程时，应当选择合理的加工方法和切削量，以避免因切削力过大而导致活塞变形。例如，加工活塞销孔时可以采用单刃粗镗-半精镗-精镗工艺来代替多刃扩孔和铰孔。必要的时候还可以适当增加走刀次数以减小切削深度，从而减小切削力。

③ 由于铝合金活塞线膨胀系数大，在加工过程易受温度变化的影响而导致精度降低，增加加工难度，因此，在加工时应控制切屑量并采取合理的冷却措施来控制活塞温度。

④ 铝合金活塞质地较软，很容易因碰撞而产生伤痕，影响表面质量，因此在加工过程中，必须单个存放并采用木料分隔。

⑤ 活塞的加工面较多，各加工面的尺寸精度以及面与面的位置精度要求都比较高。因此，应合理选择定位基准，以减小因定位基准变换而引起的加工误差。在选用加工设备时，尽量采用多刀车床，以减少装夹次数。

⑥ 活塞上各表面的形状、尺寸及加工要求不同，所采用的加工方法也不同。例如，活塞裙部外圆的加工方法为：粗车→半精车→粗磨→精磨或者粗车→半精车→精细车（或精细套车）；活塞销孔的加工方法为：扩孔→粗镗→精镗→滚挤（或精细镗）。

⑦ 为保证活塞各表面获得较高的加工精度并减少定位误差，在活塞的加工过程中，常常采用止口或中心孔作为辅助基准进行加工。

13.3.2 活塞加工定位基准的选择

(1) 粗基准的选择

活塞粗基准的选择与其毛坯的质量有很大关系。

对于铸铁活塞，由于其毛坯精度较低，内孔与外圆的同轴度误差大，为保证加工后的活塞裙部壁厚均匀，减小加工余量，应先以活塞内表面作为粗基准加工外圆柱面和顶面，然后再以加工过的外圆柱面和顶面为基准，加工止口。

而对于铝合金活塞，由于其毛坯的精度一般比较高，直接用外圆表面作为粗基准即可满足壁厚要求，故多以活塞的外圆表面为粗基准。

(2) 精基准的选择

活塞的刚度差，技术要求高，加工工艺路线长，若精基准选择不合理，则很难达到所要求的加工精度。

在加工活塞时，为减小定位误差，提高加工精度，应保证加工定位基准与其设计基准相统一。因此，可以选用活塞的外圆柱面和顶面为精基准。但目前大多数企业生产活塞时，仍然采用止口-中心孔定位的方式。这是因为采用止口定位有以下好处。

① 采用止口作为定位基准，可以使活塞各主要表面和次要表面的加工都采用同一基准，符合"基准统一"原则，从而保证各加工表面之间的位置精度。

② 采用止口定位在加工时可以沿活塞轴向加紧，避免了径向施加夹紧力，减小了活塞的变形，避免了因变形而导致的加工误差。

③ 采用止口定位可以提高夹具的适用性。在活塞生产中，有时需要将活塞加工成不同的尺寸，采用止口定位，只需保证止口的尺寸相同即可使用同一组夹具，而且在生产不同活塞时，只需更换止口的定位元件即可，有效地提高了夹具的适用性。

但是，止口定位也有其不足之处。

① 由于活塞止口只是一个辅助基准，并非设计基准，因此用止口定位会因基准不重合而产生误差。

② 采用止口定位需要增加活塞的加工工序。采用止口定位的活塞，在加工时需要设置专门的工序加工止口。而且为了提高活塞的加工精度和刚度，还需要在活塞顶部设置工艺凸台，并钻出中心孔。在活塞加工完毕后，要将工艺凸台切除。这些都和活塞的性能无关，属于多余工序。

在小批量生产中，由于使用的是通用设备，工序较为分散，采用止口定位的缺点比较突出。但是在大批量生产中，多采用的是专用设备，工序集中性好，可以在一次装夹中加工出活塞的多个表面，止口定位的缺点就可以忽略了。因此，止口定位在生产中应用还是比较广泛的。

在加工活塞的主要表面时，应尽量采用设计基准作为定位基准，以避免因基准不重合而产生的定位误差。例如，顶面是活塞销孔沿活塞轴线方向位置尺寸的设计基准，在精镗活塞销孔时，应以顶面为轴向定位基准；活塞环岸轴线对裙部外圆轴线有较高的同轴度要求，在精车曲轴裙部外圆时，应以环岸为径向定位基准进行加工。

另外，在加工活塞销孔时，还需要对活塞进行角相定位，限制活塞绕其轴线转动。常用的角相定位基准有两种，一种是以活塞销座内端面为角相定位基面，这种方式不仅可以保证销孔的轴线与销座内端面的垂直度，还便于设置夹具的定位元件，有助于简化夹具的结构；另一种是以活塞销孔为角相定位基准，这种方法遵循了"自为基准"的原则，有利于保证销孔的加工质量，使销孔的加工余量分布均匀。图 13-6 所示为采用活塞销孔作为角相定位基准进行扩销孔的工序简图。

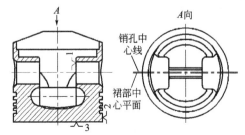

图 13-6　扩活塞销孔工序简图

13.3.3 活塞的加工工序安排

活塞的加工过程可以分为两个阶段,即粗加工阶段和精加工阶段。在粗加工阶段主要完成各主要表面(裙部外圆、环槽、销孔以及顶面)的粗加工和一些次要表面(如油孔、横槽,直槽等)的加工,在精加工阶段主要完成各主要表面的半精加工、精加工和光整加工。活塞裙部椭圆和锁环槽的加工也在精加工阶段完成。

在安排活塞的加工工序时,应遵循以下原则。

① 先基准后其他 在安排工艺过程时,要将作为定位基准的部位安排在前面,以便为后续加工提供精确可靠的基准。一般情况下,活塞加工的第一工序就是加工止口,这一工序可以在专用活塞车床或普通车床上完成。一些没有位置要求的次要表面,可以在加工止口前先行加工。

在活塞各表面粗加工之后,若精加工仍然以止口定位,则应在精加工前安排工序精车止口。如果还需要钻中心孔,则在精车止口时将打中心孔和精车止口安排在一次装夹下完成,以保证它们之间的同轴度。

若活塞外表面(包括顶面,裙部、环岸外圆柱面、环槽等)的粗、精加工是在多工位机床上一次安装中完成的,则止口仅需加工一次,但其尺寸公差等级应达到 IT7。

② 先粗后精 为避免粗加工和半精加工时,破坏已经加工好的表面,在安排主要表面加工顺序时,应该先安排粗加工、半精加工,最后再安排精加工和光整加工。同一个表面的粗加工、半精加工、精加工和光整加工工序,应尽量用其他工序(如次要表面加工、辅助工序、其他主要表面加工)隔开,以减少该表面因应力重新分布而产生的变形。

③ 工序适当集中 在安排工序时,应尽量遵循"工序集中"原则,以减少设备的数量和装夹次数,保证各表面间的相互位置关系。目前,活塞的加工一般在专用车床或多轴自动车床上进行,采用多轴自动车床加工时,各外圆表面的粗加工和精加工均可在一次装夹下完成,工序集中性非常好。

在活塞的加工工艺过程中,还包括检验工序和辅助工序。

活塞的检验工序可以分为加工过程中的检验工序和加工完成后的最终检验两部分。加工工程中检验的目的是及时剔除不合格产品,避免对不合格产品的继续加工。最终检验的目的是检验产品是否合格,并根据检查得到的数据,对活塞进行分组,为装配做准备。

辅助工序包括去毛刺、清洗、吹净、打印等。去毛刺工序一般安排在最终检验之前,以去除机械加工过程中残留的毛刺。清洗、吹净、打印工序是将加工完毕的活塞清洗干净,然后用压缩空气吹干,并在顶部指定位置打上箭头,以便装配。

13.3.4 活塞的加工工艺过程

某厂生产车用汽油发动机铝合金活塞的主要加工工艺过程如表 13-1 所示。

表 13-1 某厂生产车用汽油发动机铝合金活塞的主要加工工艺过程

工序编号	工序内容	所用设备
1	钻活塞销孔	钻销孔组合机
2	车止口	活塞加工机床
3	钻减应力孔	钻孔组合机
4	铣削座凹坑	凹坑专用铣床
5	铣回油槽	回油槽专用铣床

续表

工序编号	工序内容	所用设备
6	半自动车削： ①装卸工件 ②粗车前半部外圆及顶面 ③粗车后半部外圆，半精车环岸，粗车油环槽并倒角 ④精车顶部端面 ⑤半精车裙部外圆，顶面倒角，精车各环岸 ⑥精车各环槽，环岸倒角	活塞六轴半自动车床
7	中间检验	检验台、检验夹具
8	扩销孔及外端倒角	扩销孔组合机
9	钻销座油孔	台式钻床
10	半精镗销孔	金刚镗床
11	精车裙部外圆	套车车床
12	精镗销孔	静压镗床
13	中间检验	检验台，检验夹具
14	销孔内端面倒角	内侧倒角机
15	车锁环槽	活塞加工车床
16	去毛刺	钳工台
17	滚挤销孔	立式钻床
18	清洗、吹净、打印	悬挂式清洗机
19	终检、分组、打标记	检验台、电子天平、检验夹具、水柱测量仪

13.4 活塞主要表面的加工

13.4.1 活塞裙部的精加工

如前所述，活塞裙部截面形状为椭圆形。早期的汽车发动机活塞形状简单，活塞裙部的形状多为椭圆锥状，裙部的椭圆度在活塞高度方向上不发生变化，加工起来相对比较简单。随着人们对发动机的性能要求不断提高，活塞的形状也越来越复杂。现在汽车发动机所用的活塞大多都是变椭圆活塞，这种活塞的裙部被设计成椭圆度下小上大、直径下大上小的结构，其椭圆度和直径的变化相互独立。

变椭圆活塞的裙部直径变化可以用其母线来表示。单椭圆活塞的裙部母线为直线，变椭圆活塞的裙部母线一般为折线或抛物线（参见图13-4）。

裙部的椭圆度一般用椭圆曲线方程来表示。由于活塞裙部的椭圆度很小，椭圆的长短轴相差不大，为方便计算，通常用椭圆的近似公式来表示其曲线，即

$$\Delta R = (a-b)\sin^2\alpha = \frac{1}{2}(a-b)(1-\cos 2\alpha)$$

式中　a——椭圆长半径；

　　　b——椭圆短半径；

　　　α——椭圆向径与长轴之间的夹角。

对于这种裙部形状比较复杂的活塞，常规的加工方法已很难加工出来。目前，活塞裙部椭圆的加工以车削为主，可以分为两种：一种是附加运动法，即在工件绕其轴线旋转的同

时，使其轴线相对车刀做径向往复运动；另一种是偏转角度法，即使刀具的回转轴线相对于工件的轴线偏转一定的角度，加工时，刀具沿自身轴线回转，并沿工件轴线进给。下面将分别介绍这两种加工方法。

（1）附加运动法——靠模仿形加工

靠模仿形加工，可以分为硬靠模法和数控加工法两种。

① 硬靠模法　利用硬靠模法加工活塞的原理是：将事先制好的靠模与工件同时安装在机床主轴上，加工时机床触头对靠模表面施加一定的压力，并沿靠模表面移动，通过机床的仿形机构，使刀具做同步仿形运动，从而在工件上加工出与靠模相同的形面。硬靠模法的加工稳定性好，加工范围广，可用于大批量的活塞成产。

根据加工时所用靠模的形状，又可以将硬靠模法分为平面靠模法和立体靠模法。

平面靠模的工作曲线为平面曲线。平面靠模的车刀驱动方式有机械式、电动式和液压式几种。以液压式平面靠模仿形车床为例，其加工原理如图 13-7 所示。该车床的刀架由具有双缸结构的液压缸驱动，加工时，靠模带动触头运动，使液压通流面积发生变化，在液压缸上、下腔形成压差，驱动刀具跟随触头运动，并对工件进行加工。

平面靠模法的刀具对靠模曲线变化的响应频率很低，一般只有几十赫兹，因此其加工效率不高。为提高平面靠模法的加工效率，国内外的生产厂家大多采用立体靠模法进行活塞的生产。

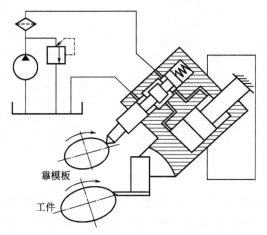

图 13-7　液压式平面靠模仿形车床加工原理

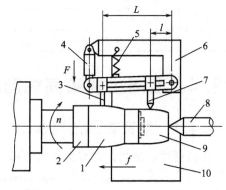

图 13-8　立体靠模仿形车削法

1—立体靠模；2—车床主轴；3—仿形头；4—气缸；5—拉簧；6—仿形刀架；7—车刀；8—顶尖；9—活塞；10—床鞍

立体靠模法的靠模外轮廓为空间形面，根据加工中车刀驱动源的不同，立体靠模仿形法又分为机械仿形法和数字仿形法两种。

机械仿形法的刀具驱动装置为机械式结构，其加工原理如图 13-8 所示。在靠模外圆上的一端装有仿形头 3，仿形头与装有车刀 7 的仿形刀架 6 相连。车削时，活塞 9 与变椭圆立体靠模 1 同轴线安装、同步旋转，气缸 4 将仿形头压在靠模外圆上进行仿形，车刀 7 同步完成径向进给动作，由床鞍 10 带动仿形刀架进行仿形切削。由于该机床的主轴驱动系统和刀具径向进给机构的运动链之间是相互关联的，所以刀具与机床主轴之间有很好的协同性，随着主轴的转动，仿形刀架将靠模的形状轮廓精确地复制到工件上，从而得到所需的活塞形面。

数字仿形法用仿形仪来持续监测硬靠模轮廓,再将轮廓信息变为数字信号,数字信号经由数字处理电路处理后,将轮廓加工控制信号进行 D/A 转换并发送给伺服驱动系统,由驱动系统控制车刀加工出与硬靠模外轮廓一致的活塞零件。

立体靠模法可以通过更换硬靠模,提高加工活塞零件的种类,在一定程度上满足了多品种、小批量生产的要求。但是立体靠模法所用的硬靠模制造困难、加工成本高、加工周期长,且靠模与触头的点接触稳定性差,靠模与触头容易磨损而导致线型失真,所以其工件的加工精度不是太高。

② 数控加工法　数控加工法又称为软靠模加工法,是一种将活塞裙部外形面的相关数据编制成数控程序,进而控制机床的微进给机构驱动刀具工作的先进加工方法。这种方法利用数控机床加工弧形零件时的直线逼近法,直接加工出活塞的异形形面。

数控加工法大致分为以下四个步骤。

a. 将活塞零件的表面轮廓用空间坐标系中的坐标点表示出来。

b. 确定刀具和主轴配合车削所有坐标点的合理路线。

c. 将车削的合理路线编制成专用计算机能识别的程序,并将程序输入计算机中。

d. 专用计算机按照程序驱动主轴和刀具的控制器加工出活塞零件的外轮廓。

与硬靠模法相比,数控加工法是通过活塞轮廓加工程序来控制机床运动的,因此,不同种类的活塞零件加工只需要改变加工程序就可以实现,因此数控加工技术的柔性化程度很高。数控加工法采用自动化的控制模式,可以大幅度提高生产效率和加工精度,是现在活塞加工机床发展的主流趋势。但是,数控加工法对设备要求高,程序编制复杂,生产投资较大,一些中小型企业很难负担。

(2) 偏转角度法——套车加工

套车加工的加工椭圆的原理如图 13-9 所示。利用套车法加工时,车刀绕机床主轴回转,并纵向进给。由于车刀的回转轴线与活塞裙部轴线之间存在一个夹角 α,当车刀绕回转时,刀尖所走的轨迹在活塞裙部相应截面上的投影即为一标准椭圆。

套车法的加工原理十分简单,对于变椭圆活塞,只需在纵向进给时,根据加工部位的椭圆度改变夹角 α 的大小即可得到精确的椭圆型面。

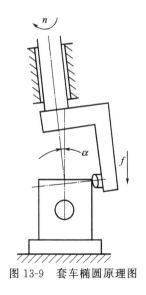

图 13-9　套车椭圆原理图

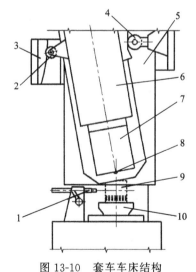

图 13-10　套车车床结构

1—削边插销；2—靠模滚轮；3—变椭圆靠模；4—施力滚轮；
5—滑台；6—套车头；7—套车盘；8—摆动支点；
9—工件；10—自定心夹具

套车法加工变椭圆活塞一般在套车车床上进行，其机床结构如图 13-10 所示。在加工时，工件 9 以顶面和头部外圆为精基准面装夹在自定心夹具 10 中。削边插销 1 插入活塞销孔实现角向定位。套车车刀装在套车盘 7 中，由套车头 6 的主轴带动做回转运动。滑台 5 沿着床身导轨向下运动实现纵向进给。在机床纵向进给的过程中，套车头 6 在施力滚轮 4 的作用下通过靠模滚轮 2 与变椭圆靠模 3 紧密接触，并实现角度 α 的变化控制。对于不同形面轮廓的活塞，只需更换变椭圆靠模 3 即可。

13.4.2 活塞环槽的加工

活塞环槽的加工一般在专用活塞六轴半自动车床上进行。为了保证环槽的位置精度，一般是将环槽的加工和顶面、环岸、裙部外圆的粗加工与半精加工等集中在一道工序中进行（见表 13-1 工序 6）。由于精车环槽及环岸倒角是同一个工步进行的，所以车床刀架的下刀架装切槽刀，上刀架装整体成形倒角刀。加工时，工件以止口内孔和内端面定位，机床卡爪卡在活塞销座上的凹坑处，将工件夹紧，车床的前刀架车活塞外圆，后刀架横向走刀加工活塞环槽。通常，油环槽的宽度和深度较大，分为粗车和精车两个工步，气环槽宽度与深度较小，可直接进行精车。精车环槽及环岸倒角的加工工步如图 13-11 所示。

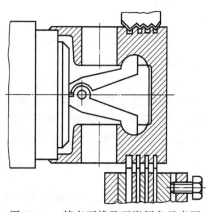

图 13-11 精车环槽及环岸倒角示意图

车削环槽时，槽宽的精度由切槽刀保证。环槽的公差等级一般为 IT8，为了达到这一精度，切槽刀的宽度公差等级应该保证在 IT5 以上。切槽刀之间用隔片隔开，槽间距由隔片厚度保证。为了确保切槽刀相互平行，隔片与切槽刀的两侧侧面都需在平面磨床上磨平。

环槽两侧面有表面粗糙度要求，因此切槽刀两侧的后刀面表面粗糙度 Ra 应不大于 $0.2\mu m$。切槽刀的后刀面上有一条宽度为 $0.2\sim 0.4mm$ 的棱带，可以起到压光作用，以减小活塞环槽侧面的表面粗糙度。

由于油环槽和气环槽的深度存在差异，在正式加工前，可通过试车来调整各刀的伸出量。此外，在加工时还应该选择合理的切削参数以及充分的冷却润滑，以保证工件的加工质量。精切环槽时，应采用较高的切削速度、较小的进给量与切削深度，并使用特殊乳化液进行充分的冷却与润滑。

13.4.3 活塞销孔的加工

活塞销孔的加工是活塞加工的又一主要工序。对于铸造毛坯，由于在铸造时预先铸有销孔，一般采用扩孔→粗镗→精镗→滚挤（或精细镗）的加工方案；对于液态模锻毛坯，由于销孔不能锻出，在扩孔之前要先进行钻销孔工序。

活塞销孔的精镗一般在高精度的静压镗床上进行，其加工原理如图 13-12 所示。加工时，工件以止口和端面定位装夹在机床上，将机床尾座上的扁销插入待加工的销孔中，防止活塞绕轴转动；拧紧压紧螺杆将活塞压紧。在镗刀杆上顺次装有两把聚晶金刚石镗刀，机床横向进给，在一次进给过程中依次加工两段销孔。在安装刀具时，前一把装粗镗刀，后一把装精镗刀，两者之间要有适当的距离，以保证两把镗刀不同时参与切削并且镗杆的长度不至于过长。

静压镗床具有切削速度高、切屑截面小、加工刚度大的特点。其镗头采用静压轴承支

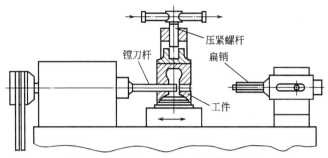

图 13-12 用端面和止口定位精镗销孔

承，具有很高的回转精度，可有效保证活塞销孔的尺寸、形状以及位置精度。活塞销孔经过精镗后，其尺寸公差等级可达 IT5，表面粗糙度 Ra 可达 $0.4\mu m$。由于活塞销孔的表面粗糙度 Ra 要求达到小于等于 $0.1\mu m$ 的水平，高速精镗后仍不能要求，所以还需要进行光整加工以降低活塞销孔的表面粗糙度。

目前，活塞销孔的光整加工的加工方法主要有滚压和精细镗两种。

(1) 滚压

滚压又称为滚挤，其原理是利用特制滚压工具对工件表面施加一定的压力，使工件表层凸起的金属产生塑性流动，填入低凹波谷中，从而降低工件表面的粗糙度。活塞销孔滚压常用的滚压头分为连续式和脉冲式两种，图 13-13 所示为连续式滚压头。

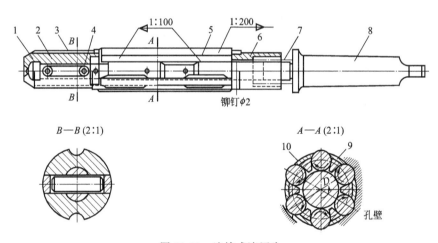

图 13-13 连续式滚压头

1—套筒；2—导向限位槽堵盖；3—导向销；4—螺钉；5—滚针；
6—复位套筒；7—复位弹簧；8—心轴；9—隔离体；10—隔离管

连续式滚压头有六个圆锥形的滚针，其圆锥度为 1:200。滚针用隔离套和隔离体隔离，并均布于滚压头上。滚压头的心轴与滚针的接触面也是圆锥面，其锥度为 1:100。为使装配后的滚针母线在同一个与心轴同轴的圆柱面上，滚针的锥度方向应与心轴的锥度方向相反。滚压头通过锥柄安装在立式钻床的主轴锥孔中，工件装夹在升降夹具上。

加工时，滚压头随机床主轴一起旋转，由升降夹具带动工件上升提供轴向进给。活塞销孔经滚压头的套筒导向，套在滚针的工作表面上。此时，滚针在复位弹簧的作用下，处于滚压头锥面直径最小的位置。然后夹具停止，机床的气动顶尖推动套筒，使滚针沿着心轴锥面向直径较大位置移动，滚针向外胀开，产生巨大的径向挤压力。随着滚压头的旋转，滚针开始滚压销孔表面。

当滚压完毕后,机床顶尖下降,在复位弹簧的作用,复位套筒推动滚针向心轴锥面直径较小处移动,滚针内缩。然后夹具下降到初始位置,卸下工件。

在上述连续滚压加工中,滚压头的滚压是不间断的,因此滚压的效率比较高。滚压质量可以通过改变气动顶尖的气压来控制,操作简单。但是这种方法所用的夹具不仅要安装工件,还要控制加工的进给量,因此设计起来十分复杂,加工难度也大。另外,其滚压头的心轴和滚针都有锥度要求,加工起来也比较困难。

由于滚压法仅改善工件表面的粗糙度,对销孔的尺寸精度和形位公差都无法修正,因此销孔在滚压前需具有较高的精度。

(2) 精细镗

精细镗是另一种常用的活塞销孔光整加工的加工方法。活塞销孔精细镗所采用的刀具为镜面镗刀,其加工原理与精镗类似。与滚压加工相比,镜面镗削不仅可以提高活塞销孔的表面质量,降低加工表面的粗糙度值,而且还可以提高销孔的尺寸精度,减小销孔的形位公差。因此,采用镜面镗削的活塞,对销孔精加工的要求要比滚压法的低。

CHAPTER 14
第 14 章 半轴制造工艺

14.1 半轴的结构特点及结构工艺性

半轴（见图 14-1）是汽车传动系统的重要组成零件，它位于汽车变速箱减速器和驱动轮之间，其主要作用是承受从减速器传来的转矩，并将其传递给驱动轮从而驱动汽车运动。

14.1.1 半轴的支承及受力

在工作时，半轴除了要受到减速器的扭转作用，有时还需承受弯矩等其他载荷的作用，其受力情况由支承形式决定。汽车上常见的半轴支承形式主要有全浮式和半浮式两种（也有说分为三种，即全浮式、半浮式和 3/4 浮式的）。

图 14-1 半轴

(1) 全浮式支承

全浮式支承是一种非常常见的半轴支承方式，在各种载货汽车和工程车辆上都有广泛应用。图 14-2 所示为采用全浮式支承的东风汽车半轴外端装配图。图中半轴套管 1 与驱动桥壳 10 压配在一起，共同组成驱动桥壳总成。5 为半轴，其外端锻有凸缘；凸缘通过轮毂螺栓 6 与轮毂相连；轮毂 8 由两个相距较远的圆锥滚子轴承 7 和 9 支承在半轴套管 1 上。为防止半轴出现轴向窜动，轴承 7 和 9 在安装时应能分别承受向内和向外的轴向力。调整螺母 2 用于调整轴承的预紧度；锁紧垫圈 3 和锁紧螺母 4 用于锁紧轴承的位置。

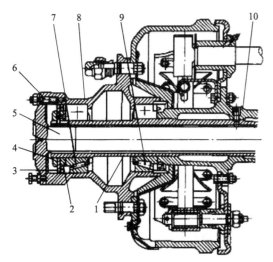

图 14-2 东风 EQ1090E 型汽车全浮式支承
1—半轴套管；2—调整螺母；3—锁紧垫圈；4—锁紧螺母；5—半轴；6—轮毂螺栓；7,9—圆锥滚子轴承；8—轮毂；10—驱动桥壳

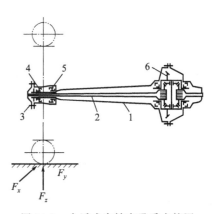

图 14-3 全浮式半轴支承受力简图
1—桥壳；2—半轴；3—半轴凸缘；4—轮毂；5—轴承；6—主减速器从动齿轮

在全浮式支承中，由于轮毂是直接由轴承支承在半轴套管上的，而套管又是和驱动桥壳连为一体的，因此当汽车载荷作用于轮毂时，路面对驱动轮的反作用力以及由它们形成的弯矩，便由轮毂和轴承直接传给了桥壳，而不会作用于半轴上。同样，在主减速器一侧，从动齿轮上的力以及弯矩也都全部由减速器壳承受，与半轴无关。因此，在全浮式支承中，半轴只用承受转矩作用，不承受任何弯矩和反力。图14-3所示为全浮式半轴支承受力简图，图中 F_x、F_y、F_z 分别为地面对驱动轮的切向反力、侧向反力和垂直反力。

采用全浮式支承的半轴与轮毂之间依靠螺栓连接，在拆装时只需将轮毂螺栓拧下即可将半轴从套管中抽出，拆装十分方便。而且在抽出半轴后，车轮和桥壳仍然可以支承汽车，方便汽车维护。但是全浮式支承的汽车驱动桥外端结构十分复杂，所用轮毂比较笨重，制造成本也较高。

（2）半浮式支承

半浮式支承的半轴内端和全浮式一样，都是通过花键与半轴齿轮相连，由减速器壳体承受力和弯矩，但半浮式支承的半轴外端和全浮式相差较大。图14-4所示为某轿车半浮半轴支承驱动桥结构图。如图所示，半轴1的外端为锥面结构，锥面末端有螺纹。轮毂5安装在半轴锥面上，用键4连接并用锁紧螺母3紧固。半轴由圆锥滚子轴承2直接支承在桥壳凸缘6内。此时，由于轮毂直接安装在半轴上，因此地面对车轮的反作用力都必须经过半轴才能传给驱动桥壳。所以采用半浮式支承的半轴内端不受弯矩，而外端则需要承受全部的反作用力和弯矩。图14-5所示为半浮式半轴支承受力简图。

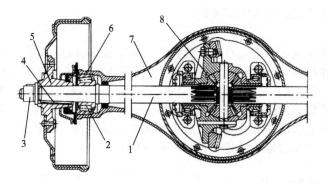 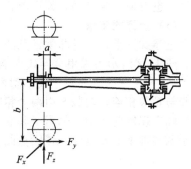

图14-4 半浮式半轴支承
1—半轴；2—圆锥滚子轴承；3—锁紧螺母；4—键；
5—轮毂；6—桥壳凸缘；7—驱动桥壳；8—止推块

图14-5 半浮式半轴支承受力简图

半浮式半轴支承只有一个圆锥滚子轴承，在安装时要使轴承能够承受向外的轴向力，以防止半轴和轮毂被拉出，而向内方向上的窜动通常用止推块来限制。

与全浮式支承相比，半浮式支承的半轴具有结构简单、加工难度小、加工成本低的优点，但是采用半浮式支承的半轴受力情况复杂，承受载荷较大，而且拆装比较麻烦，因此半浮式支承形式多用于承载较小的轿车上。

14.1.2 半轴的结构及结构工艺性

汽车半轴在工作时需要承受较大的转矩，因此半轴多制成实心，但有些轿车用半轴，为获得较好的动平衡性能，也采用空心轴结构。不同结构的驱动桥使用的半轴也不一样。在整体式驱动桥中，半轴是刚性整轴，而在转向驱动桥和断开式驱动桥中，半轴则是分段的，各段半轴之间用万向节连接。这里主要介绍整体式半轴。

整体式半轴在结构上可以分为内端、杆部和外端三部分，如图14-6所示。半轴的内端

图 14-6 半轴结构示意图
1—花键；2—杆部；3—法兰凸缘

为花键，安装时内端花键与减速器的半轴齿轮连接；外端用于安装轮毂，其结构形式较多，比较常见的有凸缘法兰盘结构、花键结构、锥形结构等。图 14-7 所示为几种常见的汽车半轴。

(a) 南汽跃进轻型卡车半轴　　(b) 军用依维柯汽车半轴　　(c) AC16桥半轴

图 14-7 常见的汽车半轴结构形式

在汽车运行时，半轴要受到很大的扭矩作用，而且扭矩的大小会随着汽车负载以及路况的不同而发生变化。对于半浮式支承来说，半轴还要承受很大的反作用力和弯矩，而全浮式支承的半轴，也会由于半轴套管受载变形而承受弯矩。这些载荷作用于半轴，很容易导致半轴失效。半轴的主要失效形式有以下三种：一是花键磨损；二是花键和半轴杆部因过度扭转变形而失效；三是疲劳断裂；其中疲劳断裂是半轴最主要的失效形式。半轴的疲劳断裂通常发生在花键和杆部接合处、杆部和外端凸缘接合处等应力集中比较严重的部位。

为了提高半轴的使用寿命，保证车辆行驶的安全性，在设计半轴结构时应特别注意其结构的工艺性。

① 为了避免半轴花键槽对半轴强度的影响，应使半轴的杆部直径小于或等于花键的底径，并适当减小花键深度。

② 为防止半轴出现扭转疲劳破坏，在结构设计时应尽量增大各处过渡部分的圆角半径，减小应力集中。

③ 若半轴的杆部直径较大且外端凸缘也较大时，半轴外端可采用花键结构。

④ 设计全浮式半轴时，应使半轴杆部的强度储备低于驱动桥其他传力零件的强度储备，从而使半轴起到"熔丝"作用，以保护其他传力件。

⑤ 设计半浮式半轴时，由于车轮直接安装在半轴上，因此应使半轴的强度高于其他传力件，以保证车辆的行驶安全。

14.2　半轴的选材及主要技术要求

14.2.1　半轴的选材

半轴对材料的综合性能要求较高。根据汽车半轴的受力情况和失效形式，用于制造半轴的材料须具备以下性能。

① 具有足够的强度、刚度和一定的韧性。

② 具有较高的疲劳极限和良好的抗应力集中性能。

③ 经热处理后，应该具有较高的硬度和耐磨性能，并且经淬火后不开裂。

④ 具有一定的淬透性，以获得深度适当的淬硬层。

目前，常用来制造半轴的材料是中碳钢或中、低碳合金钢。其中，中、小型汽车半轴一一般使用 40Cr、40MnB 制造，而大型载重汽车半轴则大多使用淬透性好的合金钢（例如 40Cr、40CrMn、40CrMo、40CrNiMo、47MnTi、40CrMnMo、40CrMnTi、40CrNi 等）制造。汽车半轴常用材料及要求见表 14-1。

表 14-1 汽车半轴常用材料及要求

汽车类型	半轴材料	预备热处理	整体调质		感应淬火	
			杆部 HRC	法兰 HB	层深/mm	硬度 HRC
轿车	40Cr		25～40	≥249	2.5～5	45～58
	40MnB		41～47	≥247		
	42CrMo	正火	28～32		5～7	54～58
普通货车	40Cr	正火			3～6	49～62
	40MnB	正火			4～7	52～58
重型车	40CrMnMo	退火	37～44	≥247		
	40Cr	正火			7～10	50～55
	40CrNi	退火			8～10	53～60
	47MnTi	退火			6.5～7	54～57

部分国产汽车所用半轴的选材、技术条件以及热处理工艺见表 14-2。

表 14-2 部分国产汽车所用半轴的选材、技术条件以及热处理工艺

车型	载重/t	半轴选材	技术条件	热处理工艺
上海 SH130	2	40Cr	锻件；调质 388～440HB	淬火(850±10)℃，油冷 回火 320～360℃
跃进 NJ130	2	40Cr	锻件；调质 341～415HB，凸缘部分，≥229HB	淬火 840～860℃，油冷 回火(450±10)℃，水冷
解放 CA10B	4	40Cr/40MnB	调质；37～44HRC	毛坯正火(860±10)℃，空冷；调质(860±10)℃，油浸，法兰水淬 回火(480±10)℃，空冷
黄河 NJ150	8	40CrMnMo	调质；37～44HRC	淬火(840±10)℃，柴油冷却 回火(480±10)℃，空冷
上海 SH380	32	40CrNi	调质；40～46HRC，从"$\phi60$"轴肩到凸缘渐降，25～33HRC	淬火(840±10)℃，油冷 回火(430±10)℃，水冷

14.2.2 半轴的主要技术要求

汽车半轴的主要技术要求在标准 QC/T 294—1999 中已经给出，现摘录如下。

① 热处理要求　半轴热处理工艺，推荐采用预调质处理后表面中频淬火处理工艺。在保证半轴性能指标要求条件下，也允许采用其他热处理工艺，如正火处理后表面中频淬火工艺。

　　a. 预调质处理后心部硬度为 24～30HRC。

　　b. 中频淬火处理后杆部表面硬度不低于 52HRC；花键处允许降低 3 个硬度单位。

　　c. 杆部硬化层深度范围为杆部直径的 10%～20%，硬化层深度变化不大于杆部直径的 5%。

　　d. 杆部圆角应淬硬。

e. 法兰盘硬度不低于 24HRC。

② 感应淬火后半轴的金相组织要求

a. 预调质处理后表面中频淬火处理，硬化层为回火马氏体，心部为回火索氏体。

b. 正火处理后表面中频淬火处理，硬化层为回火马氏体，心部为珠光体加铁素体。

③ 表面粗糙度要求

半轴相关表面的粗糙度应满足以下要求。

a. 法兰凸缘安装面 Ra 不大于 3.2。

b. 非加工杆部及杆根部圆角为毛坯表面，经过加工的杆部 Ra 不大于 $6.3\mu m$（喷丸处理允许增大到 $12.5\mu m$）；杆根部圆角 Ra 不大于 $3.2\mu m$。

c. 花键外圆定心表面 Ra 不大于 $0.8\mu m$。

d. 花键齿侧定心表面 Ra 不大于 $3.2\mu m$。

e. 与轴承配合表面 Ra 不大于 $0.8\mu m$。

④ 形位公差要求 当以半轴轴线为基准时，有关部位的形状和位置公差应符合以下规定。

a. 法兰凸缘安装面的端面全跳动公差等级不低于 9 级。

b. 与轴承配合的轴颈表面径向圆跳动公差等级不低于 7 级。

c. 与轴封配合的轴颈表面径向圆跳动公差等级不低于 9 级。

d. 花键定心表面的径向圆跳动公差等级不低于 10 级。

e. 杆部表面的径向圆跳动公差等级不低于 12 级。

f. 法兰螺栓孔的位置度公差不大于 $\phi 0.2mm$。

⑤ 其他要求

a. 半轴磁力探伤后应退磁。

b. 花键应用综合量规检验或进行单项检验，花键齿的周节累积公差、齿形公差和齿向公差应符合产品图样的规定。

c. 半轴表面不应有折叠、凹陷、黑皮、砸痕、裂纹等缺陷。杆部表面允许有磨去裂纹的痕迹。磨削后存在的磨痕深度不大于 0.5mm，同一横断面不允许超过 2 处。

d. 半轴的静扭强度失效后备系数 K 应大于 1.80（试验方法按 QC/T 293 的规定进行），K 为

$$K = \frac{M}{M_1}$$

式中 M——半轴的破坏转矩，N·m；

M_1——半轴的计算转矩，N·m。

e. 半轴的扭转疲劳寿命见表 14-3。

表 14-3 半轴扭转疲劳寿命（试验方法按 QC/T 293 的规定进行）

类型	中值(50%未破坏)寿命 B_{50}	90%未破坏时的寿命 B_{10}
全浮式半轴	$\geqslant 30 \times 10^4$	$\geqslant 20 \times 10^4$
半浮式半轴	$\geqslant 40 \times 10^4$	$\geqslant 25 \times 10^4$

注：试验方法按 QC/T 293 的规定进行。

14.3 半轴的加工工艺

汽车半轴的加工工艺主要包括半轴毛坯的成形工艺、半轴的机械加工工艺以及热处理工艺。

14.3.1 半轴毛坯的成形工艺

(1) 半轴的平锻工艺

半轴的平锻是在平锻机上进行的,这种工艺方法先利用平锻机锻出半轴的法兰凸缘,然后再利用碾细工艺将杆部碾细碾长。表14-4所示为利用平锻机生产如图14-8所示的轻型货车半轴毛坯的工艺过程。

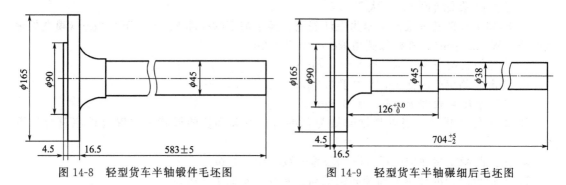

图14-8 轻型货车半轴锻件毛坯图　　　图14-9 轻型货车半轴碾细后毛坯图

表14-4 利用平锻机生产轻型货车半轴毛坯的工艺过程

工序号	工序名称	工序内容
1	切断工序	将40Cr热轧料切成 $\phi 45mm \times 861mm$ 的棒料,质量为10.75kg
2	加热工序	用煤气转炉对棒料进行加热,加热温度为1200~1260℃,加热长度为360mm
3	平锻法兰 凸缘工序	用1200kN的平锻机平锻法兰凸缘,使平锻后的锻件符合毛坯图尺寸要求
4	碾细工艺	对毛坯杆部进行碾细碾长,使加工完成后锻件达到图14-9所示尺寸

利用平锻工艺生产半轴毛坯可以实现"一次加热,两次镦锻"的生产过程,减少了加热次数,提高了生产效率,降低了能源消耗。但这种方法制造的半轴毛坯具有较大的机械加工余量(杆部单边切削余量达3mm以上),大大降低了材料的利用率,增加了机加工的难度。

(2) 半轴的镦挤复合工艺

半轴的镦挤复合工艺是一种利用圆棒料为坯料,融合热镦挤工艺和冷缩径工艺的冷热成形加工工艺。在镦挤复合工艺中,半轴的法兰凸缘采用热镦挤工艺加工,而杆部则采用冷缩径工艺加工。图14-10所示为半轴镦挤复合工艺生产半轴流程图。

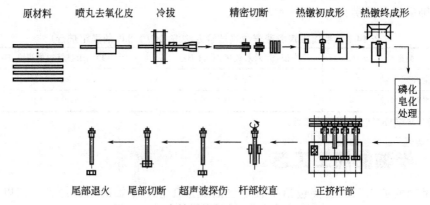

图14-10 半轴镦挤复合工艺生产流程图

表 14-5 所示为利用镦挤复合工艺生产如图 14-8 所示的轻型货车半轴毛坯的工艺过程。

表 14-5 镦挤复合工艺生产轻型货车半轴毛坯的工艺过程

工序号	工序名称	工序内容	注意事项
1	除氧化皮工序	使用 $\phi42mm\times8m$ 的热轧棒料,经过酸洗或喷丸去除棒料表面氧化皮	除锈后应立即进行润滑处理
2	冷拔工序	经过去锈润滑的棒材进入冷拔工序,尺寸从 $\phi42mm$ 冷拔到 $\phi40mm$	采用无尖推拔工艺,棒料不用制尖,即可推入凹模
3	切断工序	将棒料切成长 565mm 的毛坯	
4	电镦头部工序	切断后的毛坯由机械手送给电镦机,对棒料头部进行加热和电镦	电镦后棒料应满足一定的尺寸要求
5	热锻法兰凸缘	在螺旋压力机上对工件进行热锻,并最终得到半轴凸缘的形状	可采用横向夹紧热锻方式,方便上下料
6	润滑处理	为出去热锻后局部出现的氧化皮,对热锻后的工件进行喷丸处理并进行磷化皂化处理	
7	正挤杆部工序	将棒料从 $\phi40.1mm$ 挤到 $\phi25.9mm$。可分四次挤压缩径 (1) 从 $\phi40.1mm$ 缩到 $\phi35.24mm$,断面减少率为 22.8% (2) 从 $\phi35.24mm$ 缩到 $\phi30.83mm$,断面减少率为 23.46% (3) 从 $\phi30.83mm$ 缩到 $\phi27.92mm$,断面减少率为 18% (4) 从 $\phi27.92mm$ 缩到 $\phi25.9mm$,断面减少率为 14%	为了防止挤出的细长杆弯曲,必须将凹模的入口圆角和韧带制得均匀,让四周的阻力一致,并在凹模的出口一侧装上防弯护套,防止挤出的杆弯曲
8	校直工序	为了进一步防止工件弯曲,应在正挤后对工件进行校直	
9	超声波探伤	正挤容易在杆芯部产生裂纹,所以需安排超声波探伤工序	
10	切断尾部工序	正挤后尾部凹凸不平,可采用切断机切齐尾部	
11	尾部退火工序	冷拔后杆部硬度提高,材料可塑性降低,为了方便机械加工,应进行退火处理	

镦挤复合工艺加工半轴坯料主要变形过程如图 14-11 所示。

(3) 半轴的摆碾成形工艺

摆碾成形是一种可用于大批量锻件生产的锻造工艺。半轴的摆碾成形是在摆碾机上进行的,其加工原理如图 14-12 所示。

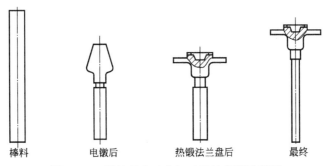

图 14-11 镦挤复合工艺加工半轴变形示意图

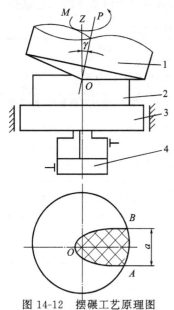

图 14-12 摆碾工艺原理图
1—摆头；2—工件；3—凹模；4—液压缸

在加工时，将工件 2 装夹在凹模 3 上；摆头 1 的轴线 OP 绕摆碾机的轴线 OZ 旋转，使摆头的圆锥母线在工件端面上碾压；液压缸 4 推动凹模 3 完成轴向进给。经过摆头的连续滚压，工件的上端面将沿着空间螺旋面逐步成形。在摆碾工艺中的每一锻造行程中，只对一定范围内的工件进行锻造，因此整个工件锻造完成需要经过多个摆碾循环。由于在摆碾时，摆头所碾压的只是工件端面的一部分，所以摆碾时，工件只是局部（图中阴影部分）产生变形。

目前，汽车半轴的摆辗成形工艺可分为两种：一是将坯料整体加热，然后进行杆部拔长预制坯，在预锻成形后再对局部进行加热，经过摆辗终锻后成形；二是直接对坯料局部加热，然后在压力机局部镦粗预锻，预锻成形后再局部加热，最后摆辗终锻成形，例如，BJ-130 轻型汽车后桥半轴的摆辗工艺加工流程为：下料→局部加热（1200～1230℃）→第一次聚积变形→局部加热（1200～1230℃）、第二次聚积变形→摆辗成形（800℃）。

与传统锻压工艺相比，摆碾成形工艺具有以下特点。

① 每一工作行程所需的变形力小，可以减小设备的吨位。摆碾工艺以连续的局部变形来代替常规锻造中的整体变形，大大减少了工件成形所需的锻压力，摆碾所需的力仅为传统锻造的 1/10～1/15。

② 工件变形均匀，加工质量好，加工余量小。摆碾工艺加工出的锻件坯料变形均匀，金属流动合理，工件纤维完整，而且在碾压过程中有加工硬化现象，大大提高了锻件的力学性能。同时，摆碾工艺具有很高的加工精度（冷摆碾工艺的加工精度在 0.03～0.1mm 之间；热摆碾工艺的加工精度在 0.1～0.5mm 之间），大大减少了后续加工的加工余量，提高了材料的利用效率。经过摆碾成形的工件表面粗糙度 Ra 可达 $0.08\mu m$。

③ 劳动环境好，生产效率高。摆碾工艺的加工过程采用无冲击加压，因此机器产生的噪声和振动都很小，大大改善了工人的劳动环境。而且摆碾工艺易于实现机械化、自动化生产，具有很高的生产效率。

④ 生产投资小，设备损耗低。摆碾工艺的加工过程连续平稳，同一时间只有一部分坯料受压，整个过程没有冲击，减小了设备所受的碾压力，降低了设备（尤其是模具）的损耗，有助于提高设备的使用寿命。而且相比于传统锻压，摆碾工艺所用设备的占地面积要小很多，所需的生产投资也要小很多。

(4) 楔横轧工艺轧制半轴

楔横轧是一种先进的轴类零件成形技术，其工作原理如图 14-13 所示。图中 1 和 3 为楔模，2 为工件。工作时，将工件和楔模装于楔横轧机床上，机床使楔模 1 和 3 同向旋转并带动工件 2 转动，楔模上的楔形轧制工件，在楔模孔型的作用下工件产生轴向延伸和径向缩细，成为各种形状的阶梯轴。

楔横轧工艺又分为单楔工艺和多楔工艺。单楔横轧可直接在楔横轧机床上使用单楔模具对加热后的棒料进行轧制。用楔横轧单楔工艺轧制汽车半轴只需一副模具即可完成除法兰凸缘连接处以外的半轴成形，

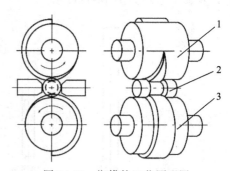

图 14-13 楔横轧工艺原理图
1,3—楔模；2—工件

而且单楔横轧工艺加工出的工件尺寸精度高，表面质量好，轧制出的半轴杆部不必再进行车削加工，半轴其他部分可省去粗加工工序，而直接进行后面的精加工。

多楔横轧工艺所使用的楔模为具有多对楔的多楔模具，其原理和单楔工艺相同。

与其他工艺相比，楔横轧工艺具有单机生产效率高、加工余量小、材料利用率高、工作环境好、加工工序少、生产成本低的优点。但由于目前楔横轧工艺尚不成熟，所以在半轴生产中的应用较少。

14.3.2 半轴的热处理工艺及机械加工工艺

(1) 半轴的热处理工艺

半轴的热处理工艺和半轴的材料选择以及半轴的机械加工工艺是密切相关的，不同的材料和机械加工工艺路线对应着不同的热处理工艺。

① 日本五十铃公司中型载重汽车半轴制造工艺：SCM4（相当于42CrMo）棒料切断→法兰、花键部分热轧成形（感应加热、镦锻机）→正火→淬火、回火→喷砂→钻中心孔→校直→法兰和花键部分切削加工→感应加热淬火、回火→校直→磁力探伤→法兰部分加工。

② 美国克莱斯勒公司万伦脱（Valliant）小客车半轴制造工艺：SAE1039（相当于40Mn）棒料切断→法兰热轧成形→正火→喷砂→清洗→表面磷化→水平挤压成形（三段，用175t压力机）→法兰和轴承部分切削加工→滚轧花键→感应加热淬火、回火→磨削安装轴承颈→法兰部分加工。

在半轴的选材中给出了半轴常用材料及相应的热处理要求。有些材料在加工前要做正火或退火处理（例如上述工艺中的正火），其目的是细化晶粒，改善材料的加工性能。

半轴的技术要求中推荐使用的热处理工艺为调质后表面中频淬火工艺。汽车半轴调质的目的是获得晶粒细小均匀的回火索氏体组织，提高半轴心部的力学性能，使半轴具有足够的强度和良好的韧性。表面中频淬火目的是对材料表面进行强化，提高工件的使用寿命。

目前，半轴的表面淬火大多采用感应加热淬火的方式。与传统淬火工艺相比，它具有加热速度快、热能利用率高、加热时间短、淬火效果好的优点。

(2) 半轴的机械加工工艺

半轴的机械加工工艺主要包括半轴杆部的加工、半轴花键的加工、半轴法兰凸缘的加工以及必要的校直、检验等工序。例如，国内某汽车车桥厂后桥半轴机械加工工艺为：校直（单柱校直液压机 Y41-10B 10t）→铣端面打中心孔（铣端面打中心孔机床 Z8210）→车削杆部（液压半自动仿形车床 CE7112 $\phi125\times710$）→磁力探伤（磁力探伤机 CEW-2000）→校直（单柱校直液压机 Y41-10B 10t）→车削法兰端（普通车床 C616 $\phi320\times750$）→铣削花键（半自动花键轴铣床 YB6212 $\phi125\times900$）→校直（单柱校直液压机 Y41-10B 10t）→磨削安装轴承颈（高精度半自动万能外圆磨床 MGB1420A $\phi200\times1000$）→法兰端部孔的加工（立式钻床 Z5125A $\phi25$）→铣削螺纹（半自动螺纹铣床 SB6110A $\phi100\times80$）→磁力探伤（磁力探伤机 CEW-2000）→清洗（通用通过式三箱清洗机 SQX-400II）。

一般情况下，在半轴的整个机械加工过程中需要设置两次校直工序：一次是毛坯校直；另一次是热处理后校直，这两次校直的作用、原理是一样的。英国福特汽车公司热处理后校直是在 8t 密尔斯（Mills）液压机上进行的，其操作方法是：将半轴支承两端夹在夹具上，保证夹具能够从一端移到另一端；当夹具在半轴上移动时，压头就能在花键端与法兰端之间的任何高出部位加载，从而完成半轴的校直。在校直过程中，需要用两个千分表进行测量，其中一个表垂直安装，用于测量半轴的摆动；另一个表水平安装，用来测半轴法兰的摆动。

在完成热处理工艺后，要对工件进行磁力探伤检验，以确保半轴无裂痕和损伤，及时剔除不合格的工件。另外，在半轴加工完成后，还要对半轴进行100%退磁处理。

第15章 轮毂制造工艺

15.1 轮毂的结构特点及结构工艺性

轮毂是汽车车轮的重要组成部分，它起着连接制动鼓、轮辐和半轴凸缘的作用。

汽车车轮的发展经历了漫长的过程。最开始的汽车车轮继承马车车轮的结构形式，由轮毂、轮辋和轮辐三部分组成，各部分结构独立，概念鲜明。随着工业的发展，铸造工艺开始被应用于汽车车轮的生产中，这时的汽车车轮的各组成部分虽然在形式上还是明显存在的，但在结构上已经开始合为一体了。现在，随着铝合金整体铸造技术在车轮上的应用越来越广泛，汽车车轮各部分间的区分也越来越模糊，人们习惯上将轮胎和车轴之间的整个车轮部分称为轮毂，如图15-1 所示。但在很多载货汽车上，由于仍然采用的是具有结构独立的轮毂，因此其轮毂指的是和轮辋、轮辐并列的一部分，如图15-3 所示。本章节介绍的轮毂指的是前一种。

图 15-1 凯越轮毂

◆ 15.1.1 轮毂的结构特点

轮毂是一个类似于圆桶形的零件，其壁厚较薄且基本均匀，轮缘直径大，高度适中。轮毂和轮胎相互配合共同组成汽车的车轮。轮毂可以分为轮辋和轮辐两部分。

（1）轮辋

轮辋又称为轮圈，是轮毂上用来安装轮胎的部分。从结构上可以将轮辋分为三种类型，即深槽式、平底式和对开式，如图 15-2 所示。

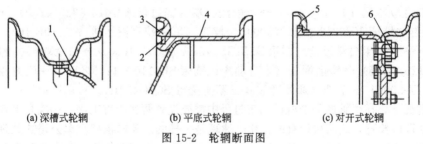

(a) 深槽式轮辋　　　　(b) 平底式轮辋　　　　(c) 对开式轮辋

图 15-2 轮辋断面图

1—轮辐；2—锁圈；3, 5—挡圈；4—轮辋；6—螺栓

深槽式轮辋的中间是一深凹槽，两边为带肩的凸缘，如图 15-2(a) 所示。这种轮辋结构简单，刚度大，重量小，适合搭配尺寸小、弹性大的轮胎，多用于轿车或轻型货车上。

平底式轮辋的中部截面是平直的，只有一边有凸缘，另一边是用锁圈紧固的可拆卸挡圈，如图 15-2(b) 所示。在安装轮胎时，先将轮胎套在轮辋上，再套上挡圈并用力将挡圈向内推,直到挡圈越过轮辋上的环形槽,然后将锁圈嵌入环形槽内将挡圈固定。这种轮辋适合安装尺寸大、硬度高的轮胎,因此多用于载货汽车上。

对开式轮辋是由内、外两部分组成的,如图 15-2(c) 所示。这种轮辋的两部分之间依靠螺栓连接,其中一部分与轮辐固连,在安装轮胎时仅需拆下螺栓即可方便地取下轮胎。

轮辋上开有气门嘴伸出孔,用于伸出轮胎的气门嘴。

(2) 轮辐

轮辐又称为轮盘,它是将轮辋和汽车驱动桥相连接的部分。根据轮辐的结构,可以将其分为辐板式和辐条式两种。

辐板式是现在应用比较广泛的轮辐类型,大多数货车汽车都采用这种轮辐结构。这种轮辐的结构为圆盘状,可以通过冲压或铸造获得。轿车车轮的辐板较薄,常制成复杂的形状,以提高其刚度。货车车轮的辐板常制成深凹形,以便于车轮的安装。图 15-3 所示为载货汽车辐板式车轮。辐板上的六个锥形孔称为通风孔,其作用是减轻车轮的重量,增强车轮的散热性,并方便接近气门嘴,同时还可以作为安装时的把手,方便对中。

辐条式轮辐的结构为钢丝辐条或铸造辐条。钢丝辐条由于造价昂贵,维修不便,目前应用较少。铸造辐条结构多样,造型美观,正逐渐成为轿车轮毂所钟爱的结构。图 15-4 所示为某轿车辐条式轮毂。

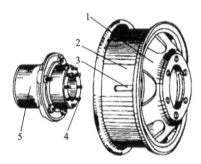
图 15-3　载货汽车辐板式车轮

图 15-4　轿车辐条式轮毂

1—轮辐;2—轮辋;3—气门嘴伸出孔;4—螺栓;5—轮毂

汽车轮毂的轮辋和轮辐可制成一体,也可分开制造并通过焊接连为一体。

15.1.2　轮毂的结构工艺性

轮毂和轮胎相互配合,共同实现车辆的支承并完成汽车的各种规范运动。为了保证汽车的正常使用,轮毂必须满足以下要求。

① 具有足够的刚度和强度,以承受汽车自重及负载。
② 具有较轻的重量,以减小车辆在行驶中的阻力和能量消耗,提高运输效率。
③ 具有一定的保形性,以防止轮毂因变形过大而损坏。
④ 具有良好的传力性,以传递驱动力、制动力、转向力等,保证汽车的可控性。
⑤ 具有一定的弹性,能够承受并缓冲冲击,以适应不同路况。

为此,在设计汽车轮毂的结构时,需要对其进行以下工艺性处理。

(1) 轮毂安装面的设计

轮毂的安装面指的是轮毂和汽车驱动桥相连接的部分,主要包括支承面、中心孔、螺栓孔、螺母座等。在设计轮毂的支承面时,要使轮毂和汽车驱动桥的对应表面一致,保证轮毂的支承平稳均匀;在设计中心孔时,应使轮毂对中方便,便于装卸,孔的尺寸应预留足够的间隙，防止锈死；在设计螺栓孔时，应尽量使各螺栓的拧紧力矩均匀，保证螺栓产生的最大夹紧力负荷作用在安装面的最大直径处。

(2) 轮辋的设计

汽车轮毂的轮辋的形式已由相关标准加以规范，在设计时只需根据需要加以选择即可。轮辋上的气门嘴伸出孔的设置接合根据所选用的制动鼓、里程表等装置一起考虑，留出足够的间隙，以便对车胎进行充放气。

(3) 轮辐的设计

轮辐的边缘要和轮辋相连，在设计时应尽量减少轮辐边缘与轮辋接合处所受的负荷，并减小轮辐边缘的刚度，以增加轮毂的抗冲击性。对于辐板式轮毂，轮辐上还开有通风孔，孔的位置要合理，大小要适中，以保证在不降低轮毂强度和刚度的情况下，提高轮毂的散热性。另外，在需要对轮辐进行特殊造型时，要先根据相关标准选定轮辋的形状和尺寸，然后在所选轮辋的基础上完成造型。

为了使轮毂安装面上的高应力区不受车轮弹性变形的影响，需要将轮辐变形区和安装面高应力区隔离开来。为此，一般在轮毂的安装面和轮辐之间设计一道凸起的圆环（加强圆环），以改善轮毂的受力情况。在加强圆环处，应使轮辐的刚度增强，以限制产生过大的变形。

15.2 轮毂的材料及主要技术要求

15.2.1 轮毂的材料

汽车轮毂材料的发展经过了一个漫长的过程。目前，用来制造轮毂的材料主要包括三大类，即钢铁材料、铝合金材料以及镁合金材料。

(1) 钢铁材料

钢铁材料在轮毂上的应用可以追溯到 20 世纪初。由于钢材具有强度高、散热性好、耐磨损的特性，因此很长一段时间里，它都是制造轮毂的主要材料。但在使用过程中，钢制轮毂的缺点也十分明显。

首先，由于钢材的强度比较低，为了满足使用要求，轮毂的轮盘和轮辋的厚度必须达到一定条件，因此钢制轮毂的重量一般都比较大，加大了轮毂的惯性和车辆的控制难度，增加了燃油的消耗。

第二，为了满足轮毂的性能要求，钢制轮毂的散热孔一般都比较小，而且钢制轮毂的结构也限制了刹车盘的散热面积，因此，钢制轮毂的散热性较差，容易导致车辆制动系统的失效，降低了车辆的安全性。

第三，钢制轮毂造型比较单一，难以在轮毂表面进行装饰，不能满足人们对轮毂的美学要求。

虽然钢制轮毂有如上所述的种种缺点，但由于钢制轮毂具有结构简单、性能优良、成本低廉、工艺成熟，能够满足大多数车辆的使用要求，因此钢制轮毂在汽车市场上仍然占有相当的份额。

(2) 铝合金材料

铝合金材料在轮毂上的大量应用始于 20 世纪 70 年代。铝合金轮毂的出现极大地弥补了钢制轮毂的不足，满足了人们对轮毂的各项要求，因此获得广泛推广，正逐步取代钢制轮毂。与钢制轮毂相比，铝合金轮毂具有以下优势。

① 重量轻，能耗小　相比于钢制轮毂，相同尺寸的铝合金轮毂重量要轻 30%～40%，这对实现汽车轻量化、降低车辆能源消耗有着重要的意义。而且，汽车轮毂重量的降低也减

小了车轮的惯性,有助于提高车辆的制动性。

② 散热好,安全性高 铝合金的导热性是钢材的5倍,采用铝合金制造的轮毂具有更好的散热效果。当车辆高速行驶时,车轮会产生大量的热,如果散热不好,会大大降低轮胎的使用寿命,过高的温度还容易导致车辆制动系统失效。铝合金轮毂优良的导热能力大大提高了车辆的安全性。另外,铝合金轮毂的结构和加工精度使其可以使用子午线轮胎,从而实现"无内胎化",从而避免了爆胎等问题的困扰,这对于高速行驶的车辆意义十分重大。

③ 综合性能优异,可以提高车辆的行驶性能 铝合金具有较高的强度和刚度,受力变形小,轮毂抗变形能力强。而且,铝合金具有优良的力学性能,可显著提高轮毂的加工精度,使车辆在高速行驶时依然可以保持良好的抓地性、偏摆性以及平稳性,提高了车辆的行驶性能。

④ 造型多样,美观精致 铝合金轮毂的制造工艺可以制出任意的空间曲面和形状,造型丰富,可满足不同车型、不同用户的要求。而且铝合金的耐蚀性好,不会生锈,经过涂装后的铝合金轮毂,表面光泽夺目,而且经久耐用,增强了轮毂美感,有助于提升车辆的品质。

目前,用于制造轮毂的铝合金主要为铸造铝合金。表15-1所示为部分铝合金轮毂所用的材料及工艺。

表 15-1 铝合金轮毂所用材料和生产工艺

铝合金牌号	生产工艺	处理
AC3A	砂型铸造	铸态
ADC3	压力铸造	铸态
ADC10	压力铸造	铸态
AC4C	金属型铸造 金属型铸造 低压铸造 液态挤压铸造	铸态 热处理(T6) 热处理(T6) 热处理(T6)
AC4CH	低压铸造 低压铸造 金属型铸造 液态挤压铸造	铸态 热处理(T6) 热处理(T6) 热处理(T6)
AC7A	低压铸造	热处理

铝合金轮毂所用材料的性能见表15-2。

表 15-2 铝合金轮毂所用材料的性能

牌号	力学性能				物理性能				
	抗拉强度/MPa	屈服强度/MPa	伸长率/%	剪切强度/MPa	5×10^8疲劳强度/MPa	密度/g·cm^{-3}	凝固温度/℃	20℃热导率/10^{-7}W·m^{-1}·K^{-1}	热膨胀系数/10^{-6}℃$^{-1}$
AC3A(铸态)	189	77	13.3	158	57	2.65	285～574	37	20.0
AC4C(T6)	274	185	5.0	220	96	2.68	613～558	36～40	21.5
AC4CH(T6)	281	196	10.5	192	96	2.68	613～558	36～40	21.5

续表

牌号	力学性能				物理性能				
	抗拉强度/MPa	屈服强度/MPa	伸长率/%	剪切强度/MPa	5×10^8疲劳强度/MPa	密度/g·cm^{-3}	凝固温度/℃	20℃热导率/10^{-7}W·m^{-1}·K^{-1}	热膨胀系数/10^{-6}℃$^{-1}$
AC7A（铸态）	172	82	9.0	137	48	2.65	641～599	33	35
ADC3（铸态）	316	165	5.0	139	123	2.68	590～566	35	37
ADC10（铸态）	288	144	3.0	185	137	2.72	593～538	23	23

(3) 镁合金材料

镁合金作为密度最小的结构材料及可回收的绿色材料近年来备受关注。相比于其他材料，镁合金具有以下优势。

① 镁合金的屈服强度与铝合金相当，弹性模量和密度却比铝合金和钢铁都要小，因此，用镁合金制造轮毂不仅可以有更轻的重量，而且在相同受力条件下，镁合金轮毂可以消耗更大的变形功，承受冲击的能力以及降噪、减振功能都要更加优异。

② 镁合金具有较好的铸造性能和机械加工性能，因此镁合金轮毂的设计自由度大，加工精度高。而且镁合金有较高的尺寸稳定性，稳定的收缩率可使轮毂的抗变形能力得到提升。

③ 镁合金的导热性能优良，可有效改善轮毂的散热效果。

④ 镁合金可回收利用，符合现今节能环保的要求。

由于镁合金的这些优良特性，镁合金轮毂的发展正不断吸引着人们的目光。但由于镁合金价格较高，延展性低，还未能成为汽车轮毂的主流材料。

15.2.2 汽车轮毂的主要技术要求

汽车轮毂直接关系着车辆的行驶安全，因此对其各方面都有着严格的要求。

① 汽车轮毂安装面平面度要求（QC/T 243—2004）
   a. 载货汽车轮毂双轮安装面（外侧安装面）平面度要求小于或等于 0.50mm。
   b. 载货汽车轮毂单轮安装面和双轮内安装面（内侧安装面）平面度要求小于或等于 0.40mm。
   c. 轿车钢制轮毂安装面平面度要求小于或等于 0.20mm。
   d. 轻合金轮毂安装面平面度要求小于或等于 0.10mm（中心下凹）。

② 汽车轮毂跳动量的要求（QC/T 717—2004）。
   a. 5°DC、SDC 和 FB 汽车轮毂跳动量要求见表 15-3。

表 15-3 5°DC、SDC 和 FB 汽车轮毂跳动量要求　　　　　　　　　　mm

跳动量要求	乘用车轮毂	商用车轮毂	
	5°DC	5°DC、SDC≤16″	5°DC、SDC、FB＞16″
径向跳动量	0.8	1.5	2.2
轴向跳动量	1.0	1.7	2.5

注：SDC 车轮轮辋焊接位范围内的跳动量除外，FB 车轮轮辋焊接位范围内的跳动量除外。

b. 15°DC 汽车轮毂跳动量要求见表 15-4。

表 15-4　15°DC 汽车轮毂跳动量要求　　　　　　　　　　　　　　mm

跳动量要求	轮毂类型		
	≤17.5″	17.5″～19.5″	>19.5″～24.5″
平均径向跳动量	0.8	1.3	1.8
平均轴向跳动量	1.0	1.5	2.0

③ 汽车轮毂不平衡量要求（QC/T 242—2004）

a. 乘用车轮毂动不平衡量要求见表 15-5。

表 15-5　乘用车轮毂动不平衡量要求

轮毂名放直径/in①	12	13	14	15	16	17	18	19	20
动不平衡量/g·cm	400	450	450	500	650	750	750		

① 1in=0.0254m。

b. 商用车轮毂静不平衡量要求见表 15-6。

表 15-6　商用车轮毂静不平衡量要求

轮毂名义直径/in	12	13	14	15	16	17.5	18	19.5	20	22.5	24.5
静不平衡量/g·cm	400	500	500	1700	1700	1500	2500	1500	2500	2000	2000

注：15in，16in 轮毂如为一件式轮毂，则其静不平衡量最大为 700。

c. 不平衡量的确定。不平衡量 U 为

$$U = mR$$

式中　m——不平衡质量，g；

　　　R——校正半径，cm。

④ 轮毂性能要求

a. 载货汽车轮毂性能要求满足标准 GB/T 5909—1995。

b. 乘用车轮毂性能要求满足 GB/T 5334—2005。

c. 轮毂动态弯曲疲劳试验最低循环次数见表 15-7。

表 15-7　轮毂动态弯曲疲劳试验最低循环次数

摩擦因数 μ	强化系数 S	最低循环次数	
		载货车轮毂	乘用车轮毂
0.7	1.60	3×10^4	
	1.33	5×10^4	15×10^4
	1.10	6×10^4	

d. 轮毂动态径向疲劳试验最低循环次数见表 15-8。

表 15-8　轮毂动态径向疲劳试验最低循环次数

强化系数 k	最低循环次数	
	载货汽车轮毂	乘用车轮毂
2.25		50×10^4
2.0(2.2)	50×10^4	100×10^4
1.8	70×10^4	
1.6	100×10^4	

⑤ 汽车轮毂表面涂层要求（企业标准 Q/ZXJT 101—2008）

a. 漆膜厚度：电泳漆≥18μm，面漆≥35μm；粉末涂层≥50μm。

b. 漆膜附着力≤1级（划格法）。

c. 耐盐雾性≥500h。

d. 漆膜硬度≥H（铅笔法）。

表面涂层要求也可参照 QC/T 484—1999 汽车油漆涂层 TQ4 标准。

⑥ 弹性挡圈或锁圈开口要求（企业标准 Q/ZXJT 101—2008） 弹性挡圈或锁圈在工作状态下，开口间隙为 3～9mm。

⑦ 铝合金车轮外观质量要求

a. 铸造外观质量：要求轮毂表面无夹渣、气孔、冷隔、欠铸等缺陷，分型面、顶杆及排气塞等无明显痕迹误差，轮毂相应标志清晰。

b. 涂层外观：要求轮毂表面涂层光滑平整，色泽均匀，无缺漆、起泡、脱落、露底、麻点、流痕、针孔、起皱、划伤等缺陷。对于镀铬等金属涂层，要求镀层的平整、致密光洁。

15.3 轮毂的加工工艺

目前，使用较多的汽车轮毂主要是钢制轮毂和铝合金轮毂，这两种轮毂约占整个汽车轮毂市场的 95% 以上。

15.3.1 钢制轮毂制造工艺

钢制轮毂大多采用分体式结构，即轮辋和轮辐是分开的。分体式轮毂制造时，先分别制得轮辋和轮辐，然后再将二者焊接在一起。其制造过程主要包括四大流程，即轮辋成形、轮辐冲压成形、组装焊接以及轮毂涂装，其中轮辋成形工艺和轮辐冲压成形工艺尤为关键。

轮辋成形工艺主要有型钢带卷/焊接工艺、平板钢带卷/焊/滚工艺、无缝钢管旋/滚工艺等。其中前两种工艺是由型钢或带钢卷焊而成，在轮辋上会留下一条贯通的焊缝，由于焊缝的气密性难以保证，所以一般不用作无内胎车轮。而后一种工艺主要采用大口径薄壁无缝钢管通过旋压工艺制成截面直筒，然后再滚制成轮辋。这种工艺制得的轮辋因为不存在焊缝，轮辋的气密性好，可以满足各种车型的需要，因此其正逐步成为钢制轮毂轮辋的主要生产工艺。

轮辐冲压成形一般在多工位冲压机床上进行，包括剪切落料、粗拉伸、反向拉伸成形、切边、冲螺栓孔、翻边、挤螺栓孔、冲通风孔、去毛刺等工序。受钢材的成形性限制，钢制轮毂的轮辐一般都设计得结构简单、造型单一。

15.3.2 铝合金轮毂制造工艺

铝合金轮毂的制造方法主要有焊接法、铸造法和锻造法等，其中铸造法是目前应用最为广泛的。有统计数据表明，市场上的铝合金轮毂有 80% 以上的是采用铸造工艺生产的。

铸造铝合金轮毂的生产流程一般包括铸造成形、热处理、机械加工以及表面处理等。例如，某企业生产铝合金轮毂的工艺流程为：下料→材料金相及力学性能分析抽查→铸坯加热→预铸→铸造→热处理→抽查材料金相及力学性能分析→旋压成形→钻孔→车加工→立式动平衡检验→（径向跳动及三坐标尺寸检验抽查）→打磨抛光→清洗→氦气气密性检验→前处理→烘干→喷涂底粉（电镀）→烘干→喷涂水性漆→烘干→喷涂透明粉→烘干→性能试验[尺寸、盐雾、耐候、碎石、漆膜厚度、十字划格、力学性能（冲击、弯曲、疲劳、径向疲劳等试验抽查）]→最终检验→包装→入库。

(1) 铸造成形

铝合金轮毂铸造成形工艺主要有以下几种。

① 金属型重力铸造法 金属型重力铸造法是在常压下，利用液体金属自身的重力作用

使金属液充填金属铸型而获得铸件的一种铸造方法,也是一种古老的铸造方法。在金属型重力铸造法中,由于金属液在金属铸型中冷却速度较快,因而制得的铸件要比砂型铸造的组织致密。这种方法具有工序简单、设备投资少、生产成本较低的优点,但该方法生产的铝合金轮毂内部质量较差,缩孔、缩松现象严重,而且在浇注过程中容易卷入氧化膜、熔渣、气泡等夹杂物。因此该法已被国外的生产厂家所淘汰,仅在国内少部分厂家中还有应用。

② 金属型低压铸造法　金属型低压铸造工艺是利用干燥、洁净的气体产生一定的低压将铝合金液自下而上地压入金属型中获得铸件的方法。铝合金轮毂低压铸造所用的气压一般为 0.1MPa。金属型低压铸造法由于是在一定低压下完成充型和凝固的,因此铸件组织结构致密,缩孔、缩松现象少,产品内部质量好。

目前,金属型低压铸造已成为铝轮毂生产的首选工艺,日本的丰田汽车公司、东京轻合金制作所、美国福特汽车公司和 Amcast 工业有限公司的一些下属厂家等均采用此工艺生产铝轮毂,国内的很多铝合金轮毂制造企业也都是采用比工艺进行生产。

③ 压力铸造法　压力铸造法是利用高压使金属液快速充满型腔,并在高压下凝固而获得铸件的方法。由该方法生产的铸件组织细密,强度和表面硬度高,尺寸精确,表面质量好,力学性能优异。但这种工艺由于金属液填充速度快,型腔中气体难以排尽,容易在铸件中形成气孔,因此不能进行热处理。

④ 挤压铸造法　挤压铸造法又称为液态模锻,是一种集铸造、锻造工艺为一体的新型工艺。该工艺将一定量金属液直接浇铸在敞开的金属型腔内,在金属填充和凝固时,用冲头对液态金属施加一定的力,使金属的晶粒得到细化,从而获得所需的铸件。挤压铸造工艺在金属液填充型模的过程中不存在湍流和扰动,极大限度地避免了气体的卷入,因此制得的铸件组织致密,晶粒均匀而细小,没有缩孔、气孔、缩松等缺陷。通过挤压铸造得到的铸件力学性能接近锻件,但其成形效率高,投资小,铸件精度高。

(2) 热处理

铝合金轮毂所用的铸造铝合金在铸态下的性能一般较低,强度和硬度很难达到汽车轮毂的要求,因此需要对其进行热处理以提高其综合性能。

铸造铝合金轮毂采用的热处理工艺一般为 T6,即固溶处理＋完全人工时效或固溶处理后沸水处理＋完全人工时效,在实际生产中用得较多的为后一种,其热处理工艺流程为:固溶(加热→保温→水冷)→时效处理(加热→保温→空冷)→检验,用的设备为井式电炉、箱式电炉、铝合金车轮专用热处理生产线、专用连续生产线如风处理生产线等。

固溶是指将合金加热到高温单相区并恒温保持,使合金内的过剩相充分溶解到固溶体中,然后快速冷却,以得到过饱和固溶体的热处理工艺。铝合金轮毂的固溶处理是加热到 (540 ± 3)℃,保温 5～6h,然后放在 50～70℃的水中冷却。时效处理是在 (180 ± 5)℃的环境中放置 5～6h 后空冷,最后进行检验并校直。

(3) 机械加工

铸造成形后的铝合金轮毂的尺寸精度和表面质量均无法达到最终要求,因此还需进行机加工。由于铝合金轮毂的形状一般较为复杂,传统的机械加工工艺无法完成,目前国内外轮毂生产厂家大都采用的是 CNC 机床进行加工,其加工过程由电脑程序控制。加工时,采用独特的螺栓孔定位夹紧系统和先钻后车的生产工艺顺序,仅需一次装夹即可完成轮毂内、外圆的加工。CNC 机床的主轴转速快,生产效率高,加工精度和加工质量都可以很好地保证。图 15-5 所示为加工铝合金轮毂的夹具。图 15-6 所示为 CNC 机床加工铝合金轮毂。

一体式铝合金轮毂的加工工艺过程可以分为以下四个工序。

a. 加工轮毂一侧的所有加工表面。

b. 钻螺栓孔、通风孔等。

c. 加工轮毂另一侧所有加工表面。
d. 钻气门嘴伸出孔。

图 15-5　加工铝合金轮毂的夹具

图 15-6　CNC 机床加工铝合金轮毂

在完成轮毂的机加工后，需要对轮毂进行检验，以确保其尺寸精度、平衡度、气密性等满足相关要求。

（4）表面处理

为了提高轮毂的外观，增加轮毂的美感，在机加工后还需对轮毂表面进行进一步的处理。生产中常用的铝合金轮毂表面处理工艺包括抛光工艺、喷涂工艺两种。

① 抛光　抛光工艺（又称镜面加工）是指利用机械、化学或电化学的作用，降低工件表面粗糙度、提高工件表面质量，从而获得光亮、平整的表面而采用的加工工艺，该工艺基本不会改变工件的尺寸精度和形状精度，仅提高工件的表面质量。抛光不仅可以增加工件的美观性，而且能够改善材料表面的耐蚀性、耐磨性及其他特殊性能。轮毂的抛光处理一般是为涂装做准备。

目前，我国的铝合金轮毂的抛光主要依靠工人通过电动或气动抛磨工具手工进行抛光，这种方法不仅生产效率低下，而且在抛光过程中会产生大量的粉尘，容易造成环境污染和安全事故。以浙江金华的轮毂生产企业为例，月产两万只轮毂的生产企业，在轮毂抛光这道工序上需要雇佣 300 名工人，同时占用了相当大面积的厂房进行加工。国外有的厂家采用喷丸、喷砂等工艺，可进行机械化抛光处理。

② 喷涂　对轮毂进行涂装的目的主要有两个：一是提高轮毂的耐蚀性、耐久性以及运行可靠性；二是提高轮毂的外观装饰性。

喷涂的工艺方法很多，适用铝合金轮毂的主要是静电喷涂和空气喷涂两种方法。前者适用于粉末和油漆，后者仅适用于油漆。静电喷涂的生产效率和涂料的利用率高，对环境的污染也少，但其生产投资大，工艺操作复杂，国内应用较少；空气喷涂虽然工艺简单，容易操作，但涂料损失较多。这两种方法均可实现自动生产线喷涂，但由于铝合金轮毂的结构比较复杂，自动喷涂往往会出现一些喷涂死角，为了确保涂层的完整性，一般在自动喷涂后还需增加人工补喷的环节。

粉末静电喷涂的主要工艺参数为：粉末细度小于等于 180 目；工作电压 80~100kV；空气压力 0.9~1.8MPa。喷涂工艺流程：上料→预处理→烘干→喷粉→固化→喷漆→固化→下料。其中预处理包括九道工序：两道除油、一道冲洗、一道脱脂、一道冲洗与镀铬、二道去离子水冲洗。另外，有些轮毂在粉末喷涂后还要对表面进行钻石精饰，即用钻石刀对轮毂表面精车。

在喷涂时需要注意以下事项。

a. 在油漆涂料喷涂后，需使溶剂挥发约 5min，再进入烘炉烘干固化，粉末喷涂后则应尽快进入烘炉固化；在进行溶剂挥发的区域，必须保证该区域的空气洁净，以免尘埃黏附在漆层表面，造成涂层产生颗粒等杂质影响表观质量。

b. 在喷涂前后若轮毂表面有细小的气孔，应先用腻子填平并打磨平整，再进入下道工序的喷涂，烘干固化时进入炉的区域的温度不要太高，以免形成缩孔，影响喷涂质量。

第16章 转向节制造工艺

16.1 转向节结构工艺性

16.1.1 转向节的结构特点和主要技术要求

转向节（俗称羊角）是汽车转向桥上的主要零件之一。转向节的功用是承受汽车前部载荷，支承并带动前轮绕主销转动而使汽车转向。在汽车行驶状态下，它承受着多变的冲击载荷，因此，要求其具有很高的强度。

转向节在转向桥（前桥）中的位置如图16-1所示。转向节的主销孔通过主销与轴的拳部相连，使前轮可以绕主销偏转一定的角度而使汽车转向。为了减小磨损，转向节的主销孔内压入青铜套。

法兰面上有四个均布的 $\phi16.5mm$ 螺钉孔，由四个M16的螺钉把法兰面和制动器的制动盘连接在一起。转向节的上耳锥孔与转向节臂配合和转向纵拉杆连接，左、右转向节下耳锥孔则装配着与转向横拉杆连接的转向节臂。转向节外端的轴颈上装有圆锥滚子轴承，通过该轮毂轴承与轮毂相连接。转向节上的油嘴注入润滑脂，通过油槽润滑。

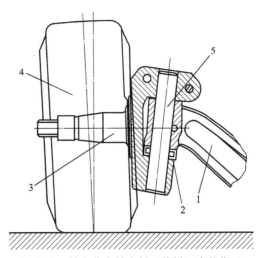

图16-1 转向节在转向桥（前桥）中的位置
1—前梁；2—轴承；3—转向节；4—车轮；5—主销

转向节的形状比较复杂，图16-2所示为转向节的实物图，从图中看出其结构兼具有轴、套、盘环、叉架四类零件的结构特点。转向节由轴颈、法兰面、叉架三大部分组成。

（1）轴颈部分

轴颈的结构形状为阶梯轴。其结构特点是由同轴的外圆柱面、圆锥面、螺纹面，以及与轴线垂直的轴肩、过渡圆角和端面组成的回转体。轴颈精度要求高的部位有四个外圆、两个端面、两处圆角。与轮毂轴承相配合的两个支承轴颈，分别为"$\phi40f6$"、"$\phi50f6$"及端面，油封轴颈"$\phi85h8$"及端面，刹车盘止口"$\phi140h11$"，两处圆角"$R7 \times 1$" "$R4 \times 1.5$"。

图16-2 转向节实物图

除刹车盘止口外，上述加工表面粗糙度 Ra 为 $0.8\mu m$。两支承轴颈对轴心线的同轴度公差等级为 IT6 级，两支承轴颈对轴线的同轴度不大于 $\phi0.01mm$，端面对轴心线的垂直度公差为 $0.03mm$。

油封轴颈对轴心线的同轴度公差等级为 IT8 级，对公共轴线的同轴度为 $\phi0.05$mm，其端面对轴心线的垂直度公差为 0.05mm。

"$R4\times1$"处是受力集中部位，要求具有高的强度。"$\phi85h8$"油封轴颈端面易磨损，要求表面硬度高。因此，在此区域要求高频淬火，淬硬层深 3~6mm，硬度 53~58HRC。

(2) 法兰面部分

法兰面上有均布的"$4\times\phi16.5$mm"螺钉孔，其功用是和刹车盘相配合的。法兰面对轴颈轴线的位置度为 $\phi0.3$mm，其对轴心线的垂直度为 0.1mm。轴心线是螺钉孔和限位螺钉孔位置度的测量基准，故应以加工后的支承轴颈为定位基准加工螺钉孔。限位螺钉孔"$M16\times1.5$"与轴心线在同一水平面内，距离为 60mm，限位螺钉控制前轮的转向角。

法兰背面因锻造拔模角是斜面，为了使螺母端面与法兰面贴合性好，每个螺钉孔均锪有"$\phi22$"的沉坑。

(3) 叉架部分

转向节的上、下耳和法兰面构成叉架形体，其精度高的部位有以下几个。

① 主销孔 在上、下耳制有同轴的用以安装主轴的主销孔，主销孔是长 225mm 的断续长孔，尺寸要求"$\phi41H8$"，最大实体状态同轴度公差为 0.012mm，与轴心线的位置度公差为 $\phi0.3$mm，与轴心线间夹角的极限偏差不大于±10′。其到叉架底面距离为 43mm。

为了减少磨损，在主销孔内压入青铜衬套。青铜衬套的尺寸为 $\phi38^{+0.039}_{+0.025}$mm，最大实体状态同轴度公差为 0.015mm，表面粗糙度 Ra 为 0.8μm。在压入衬套时，转向节注油孔应与衬套油孔相吻合，以便润滑油通过喷嘴压入衬套油槽内。

② 轴承窝座 轴承窝座是放置止推轴承的。其尺寸为"$\phi67H12$"，端面至上耳内端面的距离为 $112^{+0.35}_{0}$mm，对主销孔的垂直度公差为 0.05mm。

由于空间位置决定轴承窝座的加工只能采用以主销孔定位锪座的加工方法，而且工艺系统的累积误差大于形位公差的要求，故垂直度公差不易保证。

③ 锥孔 锥孔小端直径为 $\phi29$mm，孔长 55mm，锥度为 1:8，小端面与量规不齐度为±0.3mm，锥孔与塞规着色面积不小于 75%（以转动角度 180°做检验）。

下耳外端面至锥孔中心线 34mm，两锥孔距离为 160mm，至主销孔中心线距离为 44mm。由于在加工中受锥铰刀制造锥角误差和对刀误差的影响，故锥孔与塞规着色面积不易达到 75%。

16.1.2 转向节的毛坯材料及制造方法

由于转向节形状复杂，强度要求高。材料一般采用 40Cr 或 40MnB 等高级优质合金结构钢。转向节毛坯一般采用锻造，根据生产类型的不同，可以采用不同的锻造方法。大批大量生产时，转向节毛坯采用模锻。通过模锻加工的毛坯制造精度高，加工余量小，生产效率高，而且金属材料经模锻后，纤维组织的分布有利于提高零件的强度。

为了提高转向节的强度和抗冲击能力，模锻后的毛坯应进行调质处理和表面淬火处理，使其具有较高的综合力学性能。

转向节的受力集中部位，例如，支承轴颈与油封轴颈的过渡圆角处、油封轴颈与端面的过渡圆角处，要求有高的强度。由于油封轴颈及端面容易磨损，故其表面要有高的硬度。因此，在此区域采用中频感应加热淬火。

16.1.3 转向节结构工艺性

① 转向节的设计基准是转向节轴颈轴线和主销孔轴线及两轴线交点，在加工中应以轴颈轴线和加工后的支承轴颈及主销孔作为定位基准。

② 轴颈与法兰面的过渡圆角"$R4$"处是受力集中部位，要求较高的强度；"$\phi85h8$"的

油封轴颈端面容易磨损，为了提高其强度和硬度，多对其采用高频淬火。由于高频淬火区域大，淬火层深，易产生淬火裂纹，国外多采用冷压工艺，因为冷压使零件产生了塑性变形，显著提高了零件的抗疲劳强度、耐磨性和耐蚀性。

③ 法兰面上的均布了 4 个 $\phi16.5$mm 的螺钉孔，其轴线的位置度和法兰面对轴颈轴线的垂直度要求都较高，由于垂直度误差会导致制动时摩擦片与制动鼓贴合性差，影响制动性能。故在加工时应以加工后的支承轴颈为定位基准钻螺钉孔。

④ 放置止推轴承的轴承窝座 $\phi67$mm，对主销孔的垂直度不大于 0.05mm，由于空间位置决定轴承窝座的加工只能采用以主销孔定位锪窝座的加工方法，而且工艺系统的累积误差大于形位公差的要求，垂直度公差不易保证，加工时应密切注意。

该零件还有 1∶8 锥孔，如小端尺寸为 $\phi29$mm，1∶8 接触面积在 75% 以上，加工时也应该密切注意。

16.2 转向节的加工工艺

16.2.1 转向节加工工艺过程概述

影响转向节机械加工工艺过程的因素很多，不仅要考虑企业现有设备的情况，更要考虑其生产类型。对于成批生产，在生产中常采用通用机床，部分采用专用机床和专用夹具进行机械加工，按没有严格节拍的流水线生产方式进行；对于大量生产，转向节的机械加工过程按比较严格的节拍在流水生产线上进行或在自动生产线上进行，生产中广泛采用先进工艺和高生产率专用机床、专用夹具。

表 16-1 所示为我国某汽车制造厂生产转向节的主要工序，生产纲领为 24 万件/年，90% 的设备采用专用机床，各工序均采用专用夹具。

表 16-1 我国某汽车制造厂生产转向节的主要工序

工序号	工序内容	设备
1	铣上、下耳内外端面	专用机床
2	钻、扩主销孔	两面十轴组合钻床
3	拉主销孔	卧式拉床
4	铣端面、钻中心孔	铣端面钻中心孔机床
5	车轴颈、台肩及端面	专用液压仿形车床
6	粗磨轴颈及端面	双砂轮端面外圆磨床
7	钻、扩法兰面螺栓孔	卧式钻、扩组合机床
8	锪沉孔	组合机床
9	攻螺纹	立式机床
10	清洗	清洗机
11	中频感应加热淬火	中频淬火机
12	半精磨轴颈及端面	双砂轮端面外圆磨床
13	铣耳环侧面	特种铣床
14	钻、铰锥孔	立式六工位钻铰组合机床
15	拉键槽	卧式拉床
16	锪轴承窝座	特种镗床

续表

工序号	工序内容	设备
17	精铣上耳内端面	特种铣床
18	钻孔、攻螺纹	立式钻床
19	中间检查	
20	压入衬套	单柱液压校正机
21	修磨中心孔	中心孔修磨机
22	精磨轴颈及端面	双砂轮端面外圆磨床
23	镗衬套孔	专用镗床
24	车螺纹	高速螺纹车床
25	铣平台	立式铣床
26	去毛刺、修螺纹	钳工台
27	挤压衬套孔	压床
28	磁力探伤	探伤机
29	精洗	
30	终检	

16.2.2 转向节的机械加工工艺分析

(1) 定位基准的选择

由于转向节形状复杂，加工过程中不易定位，且其尺寸精度、形状精度和位置精度以及表面粗糙度要求都很高，因此在机械加工有很多困难。定位基准的选择对保证精度和技术要求都是很重要。

转向节轴颈中心线和主销孔中心线及两中心线交点是零件的设计基准，也是所有加工面的测量基准，因此，在加工过程中，均以中心线和精加工后的轴承轴颈及主销孔作为定位基准。转向节加工中常用的定位方案有两种。

① 转向节的轴颈部分的公共轴线是转向节轴颈部分、法兰盘部分和主销孔位置精度的设计基准和测量基准；主销孔轴线及其与轴颈轴线的交点又是法兰部分和叉架部分的设计基准。选择转向节轴颈部分的支承轴颈和法兰面的毛坯表面作为粗基准铣端面钻中心孔，如图 16-3 所示，再以两中心孔作为精基准加工轴颈和端面（包括法兰面），然后以经过加工的两个支承轴颈及法兰面作为精基面加工主销孔，其他部分加工均以支承轴颈和主销孔作为精基准。

此方案定位基准的选择符合"基准重合""基准统一"和"互为基准"的原则。很容易保证转向节的各项位置精度要求。

② 以上、下耳侧面、法兰面及支承轴颈的毛坯表面作为粗基准定位同时加工上、下耳内外端面，再以上、下耳侧面与顶面及远端的支承轴颈的毛坯表面作为粗基准加工主销孔，然后再以主销孔及上耳外端面作为精基准钻中心孔，轴颈部分的加工以两中心孔作为辅助精基准。其他部分的加工均以支承轴颈和主销孔作为精基准。此方案有利于保证主销孔对上、下耳外廓壁厚均匀，但上耳侧面及轴颈

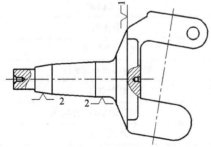

图 16-3　铣端面钻中心孔工序简图

的毛坯表面作为粗基准使用了两次，定位精度不高。

国内各种型号的载重车转向节加工多采用第二种工艺方案。第一汽车制造厂因换型改造时利用了部分原有设备，所以 CA1092 转向节采用第一种工艺方案。

(2) 主要表面的加工

转向节的主要加工表面是轴颈和主销孔，其本身的加工精度及二者的相互位置精度将直接影响转向节的工作质量和使用寿命。

① 轴颈的加工　由于转向节尺寸精度和位置精度要求均较高，而且形状比较复杂，毛坯精度很难达到较高的程度。轴颈的加工顺序为：粗车→精车→粗磨→感应淬火→半精磨→精磨。由于轴颈部分毛坯余量较大，而产品尺寸精度、表面质量、位置精度要求均较高，为保证产品质量，降低制造费用，轴颈的车削加工在液压仿形车床上，以中心孔作为定位基准，分为粗车轴颈锥体、粗车轴颈、精车轴颈。为保证加工精度和表面质量，加工时，粗加工、半精加工和精加工分开进行，去除大部分加工余量，为磨削加工达到图纸要求做好准备。

由于转向节轴颈部分的尺寸精度、表面质量和形状位置精度的要求都很高。为了保证加工精度，轴颈部分的加工按"先粗后精"的顺序，在车削加工后分别安排了粗磨、半精磨和精磨轴颈及端面 3 个磨削工序。

对转向节三处轴颈和端面的磨削，若按传统工艺采用端面外圆磨床和外圆磨床磨削，则每个阶段又需要再分为三个磨削工序，进行三次装夹。由于多次装夹产生的定位误差和工艺系统的误差，难以保证产品要求。若采用同样的设备，一次装夹顺序磨削以上 3 处外圆和 2 处端面，生产率很低，仅适用于单件或小批生产。

为了提高生产率和减少多次装夹产生的定位误差，同时为了保证各轴颈间同轴度及端面对轴承颈轴心线的垂直度，在一次装夹中同时磨出各轴颈、过渡圆弧及端面，我国某厂对转向节轴颈的粗磨、半精磨和精磨的 3 个磨削加工采用进口的程控、数显、自动测量及自动补偿并带有端面定位器的双顶尖可做轴向移动、切入式的双砂轮磨床的双砂轮端面外圆磨床，每个工序只需一次装夹定位，就可以同时磨出 3 处轴颈外圆、2 处端面以及外圆与端面的连接圆角。

砂轮的一个工作循环（精磨工序）为：快速进给→稍停→粗磨→稍停→精磨→稍停→光磨→稍停→快速退回等程序。每次稍停时间虽然很短，但起到了在磨削过程中减少冲击和使工艺系统的弹性变形恢复的作用，并可以起到工件圆度修整、无火花磨削等作用。磨削过程中动态显示到预定尺寸砂轮架自动退回。合理选择砂轮、合理制定磨削特性曲线、正确使用冷却液、及时修正砂轮和正确确定测量仪的测量尺寸，是保证磨削质量的主要因素。

为了补偿中心孔定位而产生的轴向定位误差，该磨床具有轴向探测器，使得工件装夹后，探测器自动检测端面的轴向位置并自动调整砂轮架与工件的相对位置，保证轴向定位精度，进而保证各轴都能等量磨削。

该磨床能按程序自动修整砂轮，每磨削规定件数，金刚石按仿形靠模自动修整砂轮，使砂轮切削微刃总处于锐利期，从而获得正确的几何形状和较小的表面粗糙度。该磨床具有自动测量和自动补偿机构，当砂轮经修整后直径变小，自动补偿机构中的步进电动机驱动砂轮架递进补偿。该磨床的整个工作过程均为动态数字和信号显示。

② 主销孔的拉削　转向节上的主销孔是断续同轴长孔，两个主销孔的尺寸精度和同轴度要求都较高。主销孔的加工顺序为：钻孔→扩孔→拉孔→压入衬套后推挤。首先在毛坯上进行钻孔和扩孔及倒角加工，紧接着安排了拉孔工序。对于大量生产的转向节，主销孔拉削不仅生产率很高，还能保证加工精度和较小的表面粗糙度值要求。为保证同轴度的要求，两主销孔应同时加工。由于耳部叉形结构在切削力的作用下极易产生变形，使同轴度不易保

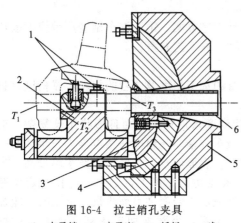

图 16-4 拉主销孔夹具
1—支承销；2—支承座；3—摇板；4—球面滑块；5—本体；6—导向套

证，为避免主销孔拉削后同轴度超差和拉刀弯曲变形，拉削时采用图 16-4 所示的三球面夹具。该拉主销孔夹具主要由带内球面的本体 5、带外球面和内弧面的球面滑块 4、带外弧面和外球面的摇板 3、支承座 2、支承销 1、导向套 6 及连接螺栓、限位挡块等零件构成。

加工时将工件放在夹具上，由四个可沿垂直方向移动的支承销 1 分别支承法兰面两侧，由于工件的重量作用迫使支承销下移，转向节主销孔与导向套孔同轴对应。摇板 3 通过弹簧和螺钉与球面滑块 4 连接，球面滑块能起到自动定位的作用。

当拉削工件时，工件端面 T_1 先受力，当端面 T_2 先接触支承座时，拉削轴向力迫使球面滑块上部球面部分与端面 T_3 接触，在拉削过程中端面 T_2 和 T_3 同时靠在夹具上，使工件不致产生变形。当端面 T_3 先接触球面时，拉削轴向力使支承座端面与端面 T_2 接触。在拉削过程中，端面 T_2 和 T_3 同时靠在夹具上，承受相同的拉削力，使工件在夹具中定位不动，保证拉削的两个主销孔同轴。

在拉削过程中，若工件端面与拉刀不垂直，则球面发生转动，使拉削的主销孔与拉刀轴线同轴，来保证拉削后的主销孔同轴，同时保证拉刀不受径向力，避免拉刀的弯曲，进而保证主销孔的精度要求。

主销孔拉削后压入铜套，铜套孔经过迢削加工达到图纸要求，为保证铜套与主销孔配合贴切，最后要对铜套孔进行挤压加工。

16.2.3 转向节加工精度的检验

转向节的形状复杂，精度要求比较高，为保证加工质量，除每道工序加工后要求操作工人自检外，零件全部加工结束后，还要由专职检查员进行最终检验。检验内容如下。

① 表面粗糙度　现场用粗糙度样板与工件加工表面比较，定期用粗糙度仪进行抽检。

② 尺寸精度　采用卡规和气动量仪进行检验。

③ 锥孔锥度　采用锥度塞规检验锥孔小端端面与量规的不齐度和锥孔与塞规配研着色面积。

④ 螺纹　采用螺纹塞规与螺纹环规，必要时用工具显微镜进行检验。

⑤ 位置精度　采用同轴度塞规检验孔的同轴度，采用位置度量规检验孔的位置度。其他位置度采用专用夹具进行检验。

⑥ 其他　采用专用检验夹具配合检验其他一些精度要求。

参考文献

[1] 王宝玺，贾庆祥主编. 汽车制造工艺学. 第3版. 北京：机械工业出版社，2007.
[2] 侯家驹主编. 汽车制造工艺学 机械加工工艺. 北京：机械工业出版社，1991.
[3] 曾东建主编. 汽车制造工艺学. 北京：机械工业出版社，2006.
[4] 杨叔子主编. 机械加工工艺师手册. 第2版. 北京：机械工业出版社，2010.
[5] 宋新萍主编. 汽车制造工艺学. 北京：清华大学出版社，2011.
[6] 钟诗清主编. 汽车制造工艺学. 广州：华南理工大学出版社，2011.
[7] 孟少农主编. 机械加工工艺手册. 第1卷. 北京：机械工业出版社，1991.
[8] 华健等. 现代汽车制造工艺学. 第3版. 上海：上海交通大学出版社，2012.
[9] 王珒主编. 汽车制造工艺学. 北京：国防工业出版社，2011.
[10] 任正义主编. 机械制造工艺基础. 北京：高等教育出版社，2010.
[11] 阎秀华，苗淑杰. 机械设计与制造基础. 北京：机械工业出版社，2002.
[12] 马敏莉主编. 机械制造工艺编制及实施. 北京：清华大学出版社，2011.
[13] 赵艳红，张景耀主编. 机械制造技术基础. 北京：人民邮电出版社，2011.
[14] 叶文华，陈蔚芳，马万太主编. 机械制造工艺与装备. 哈尔滨：哈尔滨工业大学出版社，2011.
[15] 周华祥，刘瑞已主编. 汽车制造工艺与数控设备. 北京：机械工业出版社，2007.
[16] 周文主. 机械制造工艺. 北京：北京师范大学出版社，2008.
[17] 王启平主编. 机械制造工艺学（第2次修订）. 哈尔滨：哈尔滨工业大学出版社，1994.
[18] 袁夫彩. 机械制造工艺学. 北京：科学出版社，2008.
[19] 安承业，范文雄主编. 机械制造工艺及设备冷加工篇. 北京：科学出版社，1991.
[20] 陈福恒，孔凡杰主编. 机械制造工艺学基础. 济南：山东大学出版社，2004.
[21] 郝兴明，姚宪华主编. 工程训练：制造技术基础. 北京：国防工业出版社，2011.
[22] 宋绪丁主编. 机械制造技术基础. 西安：西北工业大学出版社，2011.
[23] 侯书林，朱海主编. 机械制造基础. 下册. 北京：北京大学出版社，2011.
[24] 何国旗，何瑛主编. 机械制造工程实践教程. 北京：化学工业出版社，2011.
[25] 周桂莲，付平主编. 机械制造基础. 西安：西安电子科技大学出版社，2009.
[26] 陈永泰主编. 机械制造技术实践. 北京：机械工业出版社，2001.
[27] 胡忠举，陆名彰主编. 机械制造技术基础. 第2版. 长沙：中南大学出版社，2011.
[28] 熊良猛主编. 机械制造技术. 北京：机械工业出版社，2008.
[29] 葛汉林主编. 机械制造. 北京：中国轻工业出版社，2012.
[30] 张恩生，申铁固. 机械制造工艺系统学. 上海：上海交通大学出版社，1990.
[31] 王国顺. 机械制造基础. 下册. 修订版. 武汉：武汉大学出版社，2011.
[32] 倪小丹，杨继荣，熊运昌主编. 机械制造技术基础. 北京：清华大学出版社，2007.
[33] 金振亚主编. 林业机械制造工艺学. 哈尔滨：东北林业大学出版社，1995.
[34] 余承辉，姜晶主编. 机械制造工艺与夹具. 上海：上海科学技术出版社，2010.
[35] 贾振元，王福吉主编. 机械制造技术基础. 北京：科学出版社，2011.
[36] 周哲波，姜志明主编. 机械制造工艺学. 北京：北京大学出版社，2012.
[37] 于涛等主编. 机械制造技术基础. 北京：清华大学出版社，2012.
[38] 李菊丽，何绍华主编. 机械制造技术基础. 北京：北京大学出版社，2013.
[39] 李凯岭，宋强主编. 机械制造技术基础. 北京：国防工业出版社，2005.
[40] 尹成湖主编. 机械制造技术基础. 北京：高等教育出版社，2008.
[41] 陈宏钧主编. 实用机械加工工艺手册. 第2版. 北京：机械工业出版社，2003.
[42] 徐慧民主编. 模具制造工艺学. 北京：北京理工大学出版社，2007.
[43] 丁德全主编. 金属工艺学. 北京：机械工业出版社，2008.
[44] 孙以安，鞠鲁粤. 金工实习（机械制造工程基础实践训练）. 上海：上海交通大学出版社，2005.
[45] 洪慎章，王国祥. 实用压铸模设计与制造. 北京：机械工业出版社，2011.
[46] 吕炎主编. 锻造工艺学. 北京：机械工业出版社，1995.
[47] 沈冰主编. 金工实习. 北京：中国电力出版社，2008.
[48] 张俊红主编. 内燃机制造工艺学. 天津：天津大学出版社，2009.
[49] 田欣利. 再制造与先进制造的融合及其相关技术. 北京：国防工业出版社，2010.

[50] 刘思尚,王虎成. 企业现代管理方法概论. 北京:北京出版社,2006.
[51] 胡家富主编. 铣工(中级)鉴定培训教材. 北京:机械工业出版社,2011.
[52] 黄家骏主编. 汽车制造工艺学 机械加工工艺. 武汉:湖北科学技术出版社,1995.
[53] 白海清. 典型零件工艺设计. 北京:北京大学出版社,2012.
[54] 韩英淳. 汽车制造工艺学. 第3版. 北京:人民交通出版社,2013.
[55] 王焱山主编. 锻压. 北京:机械工业出版社,2002.
[56] 唐远志. 汽车制造工艺. 北京:化学工业出版社,2012.
[57] 吴礼军主编. 现代汽车制造技术. 北京:国防工业出版社,2013.
[58] 于骏一主编. 典型零件制造工艺. 北京:机械工业出版社,1989.
[59] 赵桂范,杨娜主编. 汽车制造工艺. 第2版. 北京:北京大学出版社,2013.
[60] 王宏雁,陈君毅. 汽车车身轻量化结构与轻质材料. 北京:北京大学出版社,2009.
[61] 谷正气主编. 汽车车身现代技术. 北京:机械工业出版社,2009.
[62] 唐远志,向雄方. 汽车车身制造工艺. 北京:化学工业出版社,2009.
[63] 华健,赵晓昱. 现代汽车制造工艺学. 第3版. 上海:上海交通大学出版社,2012.
[64] 周庆玲主编. 柴油机制造工艺学. 哈尔滨:哈尔滨工程大学出版社,2006.
[65] 焦小明,孙庆群主编. 机械加工技术. 北京:机械工业出版社,2007.
[66] 袁兆成. 内燃机设计. 北京:机械工业出版社,2012.
[67] 王忠. 机械工程材料. 北京:清华大学出版社,2005.
[68] 臧杰主编. 汽车构造(下). 北京:机械工业出版社,2011.
[69] 关文达主编. 汽车构造. 第2版. 北京:清华大学出版社,2009.
[70] 刘涛. 汽车设计. 北京:北京大学出版社,2008.
[71] 邱孟书,王小平. 低压铸造实用技术. 北京:机械工业出版社,2011.
[72] 王忠诚,齐宝森,李杨. 典型零件热处理技术. 北京:化学工业出版社,2010.
[73] 王先逵主编. 金属材料的冷塑性加工. 北京:机械工业出版社,2008.
[74] 王玲,梅天庆主编. 高级电镀工技术与实例. 南京:江苏科学技术出版社,2005.
[75] 邢书明,鲍培玮. 金属液态模锻. 北京:国防工业出版社,2011.
[76] 张士宏等. 塑性加工先进技术. 北京:科学出版社,2012.
[77] 王忠诚,孙向东. 汽车零部件热处理技术. 北京:化学工业出版社,2007.
[78] 姜继海,李志杰,尹九思. 机械类专业学生实习教材 汽车厂实习教程. 哈尔滨:哈尔滨工业大学出版社,1998.
[79] 闻健萍主编. 中等专业学校试用教材 机械制造实习教程. 北京:机械工业出版社,1999.
[80] 罗守靖,陈炳光,齐丕骧. 液态模锻与挤压铸造技术. 北京:化学工业出版社,2007.